Jutta Noetzel
Maleachi, ein Hermeneut

Beihefte zur Zeitschrift für die alttestamentliche Wissenschaft

Herausgegeben von
John Barton, Ronald Hendel,
Reinhard G. Kratz und Markus Witte

Band 467

Jutta Noetzel

Maleachi, ein Hermeneut

—

DE GRUYTER

ISBN 978-3-11-037269-4
e-ISBN (PDF) 978-3-11-036873-4
e-ISBN (EPUB) 978-3-11-038604-2
ISSN 0934-2575

Library of Congress Cataloging-in-Publication Data
A CIP catalog record for this book has been applied for at the Library of Congress.

Bibliografische Information der Deutschen Nationalbibliothek
Die Deutsche Nationalbibliothek verzeichnet diese Publikation in der Deutschen
Nationalbibliografie; detaillierte bibliografische Daten sind im Internet
über http://dnb.dnb.de abrufbar.

© 2015 Walter de Gruyter GmbH, Berlin/Boston
Druck und Bindung: CPI books GmbH, Leck
♾ Gedruckt auf säurefreiem Papier
Printed in Germany

www.degruyter.com

MIX
Papier aus verantwor-
tungsvollen Quellen
FSC® C083411

Vorwort

Mensch, die Figur der Welt vergehet mit der Zeit:
Was trotzt du denn auf ihre Herrlichkeit?

Angelus Silesius: Der cherubinische Wandersmann 4,19

Meine Hand ist ganz Werkzeug
einer fernen Sphäre.
Mein Kopf ist es auch nicht,
was da funktioniert, sondern etwas anderes,
ein Höheres, Fernes, Irgendwo.
Ich muss da große Freunde haben,
helle aber auch dunkle. Das ist gleich,
ich finde sie alle von großer Güte.

Paul Klee, 1918

Die vorliegende Studie wurde im Januar 2011 von der Theologischen Fakultät der Martin-Luther-Universität Halle-Wittenberg als Dissertation angenommen und für diese Drucklegung gekürzt und überarbeitet.

Für die Begleitung auf dem Weg dorthin habe ich vielen zu danken, an erster Stelle Prof. em. Dr. Arndt Meinhold (Halle), Prof. Dr. Uwe Becker (Jena) und Prof. Dr. Ernst-Joachim Waschke (Halle), die diese Arbeit anregten und betreuten, Prof. em. Dr. Bernd Janowski (Tübingen) für die Ermutigung und die Einladung in sein Kolloquium in Tübingen. Prof. Dr. Stefan Schorch (Halle) und Prof. Dr. Raik Heckl (Leipzig) sei für die Erstellung des Zweit- und des Drittgutachtens gedankt. Meine Landeskirche (EKM) förderte das Entstehen dieser Arbeit durch eine Teilfreistellung innerhalb von vier Jahren. Die Begleitung durch Vertreter so unterschiedlicher methodischer Zugangsweisen zu Texten des Alten Testaments und die Erfahrung meiner pfarrdienstlichen Tätigkeit haben in mir viele Diskussionen angeregt, die in der Arbeit ihre Spuren hinterlassen haben.

Den Teilnehmenden an den Sozietäten in Halle, Jena und Tübingen gilt herzlicher Dank fürs Zuhören, kritische und anregende Diskussionen. In besonderem Maß haben Dr. Marianne Schröter (Wittenberg) und Dr. Johannes Thon (Halle) Zeit für Gespräche und Korrekturlesungen aufgewendet. Werner Meyknecht half beim Korrekturlesen der Druckfassung und Mirjam Blumenschein erstellte die Register. Viele Freunde unterstützten mich durch ihre Gastfreundschaft während verschiedener Bibliotheksaufenthalte und mit immerwährendem ermunterndem Nachfragen. Ihnen allen danke ich sehr, besonders Barbara.

Schließlich danke ich Prof. Dr. John Barton, Prof. Dr. Reinhard Gregor Kratz, Prof. Dr. Ronald Hendel und Prof. Dr. Markus Witte für die Aufnahme der Arbeit in die Reihe der BZAW, für die verlegerische Betreuung Sophie Wagenhofer und Sabina Dabrowski.

Über dem Schreibtisch meiner Tante, an dem sie ihre Predigten schrieb, hing die Lutherfassung von Mal 2,7: »Denn des Priesters Lippen sollen die Lehre bewahren, dass man aus seinem Munde Weisung suche; denn er ist ein Bote des HERRN Zebaoth.« Maleachi hat mir das Verständnis für die Tiefe dieser Worte beim Auslegen der Schrift geöffnet – der Versuchung der Unterhaltsamkeit von Bagatellen und Marginalien zu widerstehen, es um Alles gehen zu lassen, Mut zu haben, prophetisch zu sein und sich inspirieren zu lassen im vollen Bewusstsein, an der eigenen Gebrochenheit nicht vorbeizukönnen – wenn er es war, ist dieses hermeneutische Wirken vielleicht mein größter Gewinn.

Herzberg, im Juli 2014

Inhalt

Abbildung 1: Paul Klee: Angelus novus (1920/32)
Israel Museum, Jerusalem, VG Bild-Kunst, Bonn 1993.

1 Einleitung

1.1 Die Frage dieser Arbeit

Um Maleachi, den letzten der kleinen Propheten, rankt sich das Geheimnis seiner Existenz. In den Texten, die seine prophetische Botschaft bekunden, ist die Zweideutigkeit seines Daseins seit Anbeginn zu greifen. Das Grab Maleachis auf dem Ölberg in Jerusalem, dessen Identifikation wahrscheinlich erst auf mittelalterliche Traditionen zurückgeht, bezeugt, dass er einst als reale Persönlichkeit aufgefasst wurde. Dieses Verständnis ist bereits in einer Notiz Ben Siras zu den zwölf Propheten dokumentiert:

»Und die Gebeine der zwölf Propheten mögen aufblühen von ihrem Ort; denn sie haben Jakob ermutigt, und sie haben sie durch den Glauben der Hoffnung losgekauft.« (Sir 49,10)

Auch der Maleachi-Eintrag in den *vitae prophetarum* schreibt Maleachi als dem letzten der zwölf Propheten eine Geburts- und eine Grabesnotiz zu.

»1 Malachias. Dieser ist nach der Rückkehr in Sofa geboren worden und (obwohl er) noch ganz jung (war), führte er einen guten Lebenswandel. 2 Und da ihn das ganze Volk verehrte als einen Frommen und Sanftmütigen, nannte es ihn Malachi, was übersetzt heißt Engel, denn er war auch schön anzusehen. 3 Jedoch auch alles, was er selbst sagte in Prophetie, wiederholte ein am selben Tag erschienener Engel Gottes, wie es geschah in den Tagen der Anarchi, wie geschrieben steht in Sfarfotim, das ist im Buch der Richter. 4 Und noch jung wurde er zu seinen Vätern gelegt in seinem Gehöft.«[1]

Maleachis Lebenswandel wird als der eines Frommen charakterisiert, ähnlich wie die Maleachischrift Levi vorstellt (Mal 2,4–8). Sein Name jedoch wird auf zweifache Weise erklärt: Ungeachtet seiner grammatikalischen Form wird »Maleachi« als *appellativum* verstanden, dessen Übersetzung »Engel« sowohl eine religiösethische als auch eine ästhetische Konnotation zugeschrieben wird – sein Lebenswandel und seine schöne Gestalt. Die zweite Etymologie seines Namens wird aus der Verdoppelung der Verlautbarung seiner Botschaft durch einen Engel Gottes abgeleitet. Sie wird in ihrer Funktion mit der des Boten Jhwhs aus Ri 2,1–5 verglichen. In dieser Doppelung der Stimme Maleachis liegt das Geheimnis beschlossen, das sich um seine Identität rankt. Ist Maleachi eine historische Person oder nicht?

Im Werk des Künstlers Paul Klee (1879–1940) kommt das problematisierte Phänomen in einem Bild zum Ausdruck, das *Angelus novus* heißt (Abb. 1). Perdita Rösch, Literatur- und Kunstwissenschaftlerin, beschreibt darauf »eine entfernt menschliche Gestalt, die Arme erhoben in einer Mischgeste zwischen Abwehr, Warnung, Ergebung und Segnen [...] auffallend die Betonung des großen Kopfes. [...] Eine besondere Betonung liegt auf den Sinnesorganen. [...] Der restliche Körper ist unproportioniert im Verhältnis zum Kopf und wirkt wie der Körper eines Huhns oder eines anderen Vogels. Die ausgespannten Arme könnten Flügel sein, wären da nicht die fünf Fingerstümpfe, in denen sie enden. [...] Eine Mischgestalt also aus Mensch und Vogel mit weiteren eher raubtierhaften Anklängen, die in einer ebenso gemischten Geste die Flügelarme hebt.«[2] Paul Klee nannte diese Figur *Angelus novus*, ein *neuer* Engel, *der* neue Engel. Der Titel suggeriert, dass es eine

---

1 Übersetzung nebst Kommentaren bei Schwemer: *Vitae prophetarum*, 634–636.
2 Rösch: Hermeneutik, 52f.

konventionelle Anschauung von Engeln gibt, von der Klee sich absetzt. Perdita Rösch deutet das Gemälde *Angelus novus* als Selbstporträt Klees in seiner Funktion als Künstler, indem sie es zu anderen Selbstporträts Klees in Beziehung setzt und frappierende Ähnlichkeiten in der Gesichtsphysiognomie findet, die stärkste Affinität jedoch in dem etwa zur gleichen Zeit entstandenen Selbstbildnis »Versunkenheit« (1919).[3] Es stellt den Künstler im Moment der Aufnahme dar, in äußerster Konzentriertheit. Dieser Vorgang der Inspiration scheint bedingt. Durch die gegenstrebige Darstellung der Linien, die in diesem Gesicht umschlossen sind, ist ein Gleichgewichtszustand zum Ausdruck gebracht, der Voraussetzung für das Aufsteigen innerer Bilder ist. Der Vergleich dieser beiden Bilder erschließt das Funktionsschema des Künstlers. Klees Selbstdarstellung als *Angelus novus* entspricht seiner Funktion als Bote. Seine Geste ist Verkündigung. Er erscheint damit als Vermittler seiner Botschaft, als Hermeneut. Die eigenartige Bannung des *Angelus novus* scheint dem Moment der Inspiration verpflichtet, seine Sinnesorgane hingegen der Vermittlung. Gleichzeitig stellt Klee die Gebrochenheit dieses *Angelus*, die seiner geschöpflichen Kontingenz entspricht, dar. Die grotesken Flügelarme sind nimmer zum Fliegen geeignet. Hingegen symbolisieren die Flügel traditioneller Engel die gelingende Verbindung von ›oben‹ und ›unten‹, zwischen der Quelle der Inspiration und dem Ort seiner Verkündigung. Klees *Angelus novus* bleibt gebrochen. Seine Arme sind verkündigend erhoben, doch gleichzeitig warnend, abwehrend. Er fliegt nicht, aber er steht auch nicht. Er ist inspiriertes Medium von etwas Göttlichem. Er überbringt Botschaften aus einer anderen Welt, ist Künder einer Wahrheit, die nicht aus ihm selbst stammt. Gleichzeitig ist der Künstler Schöpfer und – in der Verabsolutierung solchen Bewusstseins – gefallener Engel. Das im Porträt *Versunkenheit* erkennbare Gleichgewicht gegensätzlicher Kräfte bleibt im *Angelus novus* divergent. Er bewegt sich »im Spannungsfeld des ›Dazwischen‹, doch anstatt die Distanz zu überbrücken zwischen [...] eigener und geschauter Wirklichkeit, wird diese offengehalten.«[4]

Auch wenn Gershom Scholem die Locken des Kleeschen Engels als Schriftrollen gedeutet hat,[5] entspricht der *Angelus novus* nicht ›Maleachi‹. Aber die hermeneutische Funktion ›Maleachis‹ wird an der Deutung dieses Bildes durch Perdita Rösch greifbar.

Der wie eine Prophetengestalt erscheinende Maleachi überbringt in der letzten Schrift des Zwölfprophetenbuchs Israel die Offenbarung Gottes, »Wort Jhwhs« (Mal 1,1). Er gewinnt in der Maleachischrift auf zweierlei Weise Gestalt.

---

3 Rösch: Hermeneutik, 54; zu den im Folgenden kurz angerissenen Deutungen siehe dort.
4 Rösch: Hermeneutik, 64.
5 Scholem: Benjamin, 58.

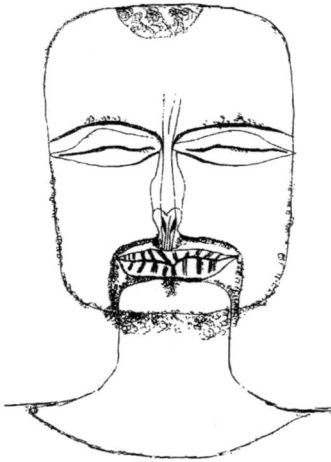

Abbildung 2: Paul Klee: Versunkenheit (1919)
(Rösch: Hermeneutik, 55)

Zuerst als Hermeneut der bereits in der Tora an Israel ergangenen Offenbarung für die Gegenwart, die in der Spezifik der Texte als Schriftauslegung greifbar wird. Zum anderen auf der Handlungsebene, und zwar als Hermeneut für die levitische Priesterschaft, der ihr bei der wahrheitsgemäßen, dem göttlichen Willen entsprechenden Auslegung der bereits ergangenen, schriftlich niedergelegten Offenbarung dient. Prophetie wird so als Schriftauslegung definiert. Auch wenn der Tora als grundlegender Offenbarung anerkannt Dignität eignet, so bedarf es in der Interpretation dieses Textes eines inspirativen Moments, durch das der Auslegende der Übereinstimmung mit dem göttlichen Willen in der Gegenwart gewiss wird. Der Tora Levis, des Vaters der levitischen Priesterschaft, eignet in der Darstellung der Maleachischrift diese Übereinstimmung. Seinen ihr Amt unbefriedigend ausführenden Nachfolgern jedoch sendet Jhwh ›Maleachi‹, um die Verbindung von ›oben‹ und ›unten‹ wieder herzustellen (Mal 3,1). In der folgenden Deutung des Textes läutert der Bote die Söhne Levis, die eigentlichen Mittler und Diener der Offenbarung, die offensichtlich ihrer Mittlerfunktion komplett verlustig gegangen sind. Durch diese Läuterung sollen sie erneut für die Quelle der Inspiration und den Ort der Verkündigung und des Kults durchlässig werden (Mal 3,3f).

  ›Maleachi‹ ist nicht der *Angelus novus*. Er ist nicht konkret, er hat keine Gestalt. Solange der Bote Jhwhs keine Gestalt hat, ist er ungebrochen. Weil er gestaltlos ist, ist er mit etlichen Gestalten identifiziert worden. Zwei davon finden sich bereits im Text der Maleachischrift: Levi, der ideale Priester (Mal 2,7), und Elia, der Prophet *par excellence* (Mal 3,23). In der christlichen Deutung fand ›Maleachi‹ seine Gestalt in Johannes dem Täufer, auch in Jesus Christus selbst. Keine von ihnen geht in der

Funktion ›Maleachi‹ auf. Sobald ›Maleachi‹ eine Gestalt hat, ist er kontingent, den Grenzen menschlicher Erkenntnis, Raum und Zeit, den Irritationen über die Grenze zwischen Selbst und Gott unterworfen.

Im Wortsinn ist ›Maleachi‹ innerhalb der alttestamentlichen Texte aber doch *angelus novus*. Offenbarungsgeschichtlich ist er es nicht. Das ›Double‹ seiner Botschaft wird in den *vitae prophetarum* mit einem Phänomen aus der Frühzeit Israels verglichen, in der es das über eine Institution vermittelte Wort Jhwhs noch nicht gab. Dort – im Buch der Richter – erscheint der Bote Jhwhs als Gewissen Israels, das es an den Bundesschluss, an die Urerrettung aus Ägypten und an die Gabe des Landes erinnert (Ri 2,1–5). Der Bote Jhwhs spricht von Angesicht zu Angesicht mit Gideon (Ri 6) und mit Manoach (Ri 13). Er ist der Offenbarungs-mittler des göttlichen Wortes, über dessen Gestalt wir nichts erfahren.[6] ›Maleachi‹ ist als Ausdruck der Unmittelbarkeit der göttlichen Stimme den Boten Jhwhs vergleichbar, die zu den Erzvätern gesprochen haben. Die neue Komponente seiner kommunikativen Mittlerfunktion in der Maleachischrift liegt in der Her-meneutik des neuen Offenbarungsträgers, der Tora. Der Bote ist nicht mehr Of-fenbarungsmittler, sondern Hermeneut der am Sinai ergangenen, schriftlich fi-xierten und anerkannten Offenbarung.

Schon oftmals ist in der Geschichte der Forschung zur Maleachischrift be-zweifelt worden, dass ›Maleachi‹ eine Prophetengestalt im Sinne einer histori-schen Persönlichkeit ist. Auch hinsichtlich der Funktion der Maleachischrift mehren sich die Stimmen derer, die Maleachi nach Sach 13 ein neues Verständnis der Prophetie, nämlich Prophetie als Anwendung und Auslegung der Tora, zu-schreiben. Häufig wird diese Bestimmung am sogenannten doppelten Nachtrag Mal 3,22–24 festgemacht.[7] Dass dies die Kernfrage des Buches ist und der leitende Gedanke bei der Entstehung des Textes, ist die Grundthese dieser Arbeit. Vor dem Hintergrund der Genesisüberlieferung über den Erzvater Jakob, genannt Israel, wird die Geschichte des Gottesvolkes für die Gegenwart gedeutet. Jakob und Esau, Levi und Juda – sie sind die Prototypen dieser Geschichte, die in der Maleachi-schrift als Eponyme Deutemuster für die gegenwärtige Zeit abgeben.

---

6 Vgl. z. B. die Interpretation Görgs: NEB 31, 18: »Der ›Engel Jahwes‹ entspricht einer Führungs-funktion, die in Ex 23,20–33; 33,2 u. a. signalisiert ist. [...] Die ›Stimme‹ des voranziehenden Engels Jahwes ist zugleich die schlagende Hand Gottes und erinnert an den ›Vernichter‹ ...«
7 Z. B. Hieke: Kult, 10; Lauber: Sonne, 455.

1.2 Aufbau und Methodik

Eine Darstellung zum Stand der Maleachiforschung ist dieser Arbeit vorangestellt (c. I). Die inzwischen unüberschaubare Vielzahl der Kommentare, vor allem im amerikanischen Raum, konnte nicht vollständig berücksichtigt werden. Die mir zugänglichen Titel sind im Literaturverzeichnis aufgeführt; die mir sprachlich und logistisch zugänglichen Arbeiten in die Darstellung eingeflossen. Ebenso verhält es sich mit den seit 2000 erschienenen Monographien und Aufsätzen. Christlich-messianische Auslegungen wie zum Beispiel der jüngst erschienene Band von Werner Mücher werden nicht diskutiert, weil sie ein späteres Stadium der Wirkungsgeschichte in den alttestamentlichen Text eintragen.

C. II leitet die Untersuchungen zur Maleachischrift durch eine Annäherung an unterschiedliche Deutungen von Prophetie im Zwölfprophetenbuch ein. Ein Schlüssel dafür liegt in der Verwendung des Nomens נָבִיא und dessen Ableitung נבא Ni. Das Prophetische der Maleachischrift liegt in der Inspiration bei der Schriftauslegung. Zu Beginn des Zwölfprophetenbuchs wird Mose als Urbild des Propheten im Rückgriff auf die mythologische Befreiungsgeschichte, den Exodus, vorgestellt (Hos 12). Interessant ist, dass Mose innerhalb des Buches Exodus jedoch niemals »Prophet« genannt wird. Hos 12 ähnelt in seiner Art den Texten der Maleachischrift, insofern auch hier ein Text aus der Jakobüberlieferung (Gen 28,10–22) referiert wird. Meiner Vermutung nach besteht zwischen den beiden Texten ein konzeptioneller Zusammenhang, der innerhalb der einzelnen Bücher des XII eingehender geprüft werden müsste, was im Rahmen dieser Arbeit nicht geleistet werden kann.

Mit c. III beginnt die Exegese der Maleachischrift. Um der formgeschichtlichen Prämisse zu entgehen und die Deutung der Maleachischrift lediglich auf die »Botschaft« der einzelnen Diskussionsworte zu beschränken, wird hier die Bedeutung der Überschrift für die Gesamtanlage der Maleachischrift erarbeitet, ferner erfolgt eine Auseinandersetzung mit dem Begriff »Diskussionswort« als Gattungsbegriff, schließlich werden textlinguistisch erschlossene Referenzsysteme dargestellt, die den gesamten Kontext der Maleachischrift prägen und den Horizont der einzelnen Diskussionsworte überschreiten.

Es ist offensichtlich, dass die Maleachischrift kein ursprünglich einheitlicher sondern ein gewachsener Text ist. Das bezeugen Reformulierungen und revidierende theologische Akzentuierungen im Text. Jedoch ist die methodische Prämisse dieser Arbeit mit dem Ziel gewählt, eine Deutung des vorliegenden Textes zu versuchen. Unter synchronem Frageansatz wird daher zuerst die Oberflächenstruktur der Maleachischrift untersucht. Die daraus folgende Gliederung in sechs Textabschnitte und einen Anhang entspricht der klassischen, die in der historisch-kritischen Exegese die formgeschichtliche Frage nach der Bestimmung dieser

Texteinheiten als Diskussionsworte aufbrachte. Diese Gliederung, ohne ihr eine formgeschichtliche Bedeutung zuzumessen, ist Grundlage der exegetischen Teilkapitel (c. IV). Diese gliedern sich jeweils in die Untersuchung von Textbestand und -struktur, die mit Methoden der Textkritik und der Textlinguistik[8] arbeitet, und in die Darstellung einer Textdeutung, die Methoden der Wort- und Satzsemantik sowie der Intertextualität zugrundelegt.

Intertextualität wird hier nicht in dem von Julia Kristeva entwickelten text-ideologischen Sinn einer allgemeinen Kultursemiotik verstanden, sondern als deskriptive Methode. Danach ist Intertextualität der Verweis auf einen oder mehrere Texte durch partielle Rekurrenz.[9] Die Frage, wie umfangreich diese Wiederholung von gleichen sprachlichen Formen in einem Text sein muss, um als intertextuelle Bezugnahme identifiziert werden zu können, beantwortet Jörg Helbig in der Weise, dass Einzellexeme genügen, sofern sie hinreichende semantische Prägnanz besitzen.[10] Der Referenzcharakter wird stärker, je kleiner der Kontext ist. Insgesamt geht die Deutlichkeit intertextueller Signale in der Maleachischrift nicht über die Reduktionsstufe hinaus. Schriftzitate werden im Unterschied beispielsweise zur Chronik nicht gekennzeichnet. Die Bezugnahme auf andere Texte wird nicht offengelegt. Die Mehrzahl der intertextuellen Bezüge der Maleachischrift besteht zur Jakobüberlieferung der Genesis und zu Texten des Deuteronomiums. Inwieweit das die uns bekannten Fassungen aus dem Pentateuch sind, kann nicht bewiesen werden. Jedoch bestehen einige Beispiele referentieller Intertextualität mit Texten, die aktuellen Pentateuchhypothesen zufolge zu den letzten in der Entstehungsgeschichte des Pentateuch gehören. Aber auch bei diesen Beispielen kann nicht mit Sicherheit geklärt werden, ob tatsächlich der Text die Präsupposition ist oder eine wie auch immer überlieferte Tradition. Ein »Prätext« bezeichnet, wenn wir von Intertextualität als Spezifikum literarischer Texte sprechen, den Text also auf Literatur und Dichtung beschränken, textuelle Präsuppositionen. Insofern ist es kaum möglich, textgenetische Konnotationen offenzulassen. Vertreter eines solchen Ansatzes untersuchen die Beziehungen der Texte innerhalb des Kanons und beziehen die Begriffe »Prätext« und »Folgetext« auf die kanonische Leseanordnung, nicht auf die Abfolge ihrer zeitlichen Entstehung.[11] Mit dieser Entscheidung wird zwar das methodische Problem der Textgenese alttestamentlicher Texte umgangen, jedoch der in dieser Begrifflichkeit gefragte Aspekt der Präsupposition nicht erhellt. Der Kanon bietet dem

---

8 Hier folge ich der Methodik nach Linke / Nussbauer / Portmann: Linguistik, 241–292.
9 Stierle: Intertextualität, 355.
10 Seiler: Intertextualität, 282, auch Grundlage von Helbig: Intertextualität, 98–100.102.
11 So Childs, Steins, Lohfink, Zenger mit Textangaben bei Seiler: Intertextualität, 278 Anm. 27.

heutigen Leser den Rahmen zum Aufdecken intertextueller Bezüge. Aber er ist das Ergebnis eines Prozesses, der erst um 100 n. Chr. abgeschlossen war.

Die deskriptive Methode der Intertextualität zieht die Frage nach dem Kanon nach sich. Die Maleachischrift ist Teil unterschiedlicher Kanones. Innerhalb des TNK hat sie ihren Platz als letzte im Zwölfprophetenbuch. Schon in den Handschriften der jüdischen Tradition – und bis in die heutigen kritischen Editionen, zu deren *textus receptus* die TNK-Form geworden ist – werden die zwölf kleinen Propheten durchgängig als ein Buch gezählt.[12] Zwar tragen die Zwölf keine Überschrift, als der älteste Beleg, dass sie als eine Einheit verstanden wurden, gilt Sir 49,10. Bereits die ältesten Handschriftenfunde aus Qumran bezeugen, dass die zwölf Propheten auf eine Rolle geschrieben wurden (4QXII[a-g])[13]. Die materiale Gestalt der Rolle war ein wichtiger Stabilitätsfaktor für die Tradierung der Bücherfolge. In der alttestamentlichen Forschung wird vielfältig diskutiert, inwieweit diese Reihenfolge der Schriften von den Autoren bzw. Redaktoren intendiert war oder nicht.[14] Mit anderen Worten – wie sind hinsichtlich der mannigfachen intertextuellen Bezüge innerhalb des Zwölfprophetenbuchs deren Kommunikativität und Autoreflexivität zu beurteilen? Ein Argument gegen eine intendierte Komposition der zwölf Schriften bietet – neben der Septuagintaanordnung – 4QXII[a]. Das Fragment lässt die singuläre Stellung der Jonaschrift nach Maleachi vermuten. Jedoch ist dieses Zeugnis nicht unumstritten.[15] Die masoretische Anordnung belegt die relativ gut erhaltene Handschrift Mur 88. In den Septuagintakodizes steht Maleachi durchgängig am Ende des Zwölfprophetenbuches, wenngleich die Reihenfolge der sechs ersten Propheten gegenüber der

---

12 Brandt: Endgestalten, 134 f.

13 Publiziert von Fuller: DJD XV.

14 Nogalski: Processes, 204–201, Redditt: Redaction, 252–254; und viele redaktionsgeschichtliche Untersuchungen gingen davon aus, dass die Reihenfolge durch eine oder mehrere Redaktionen intendiert seien; davon abweichende Abfolgen werden entweder nicht berücksichtigt oder auch auf einen Wissensverlust zurückgeführt. Zusammenfassend so auch Jeremias: RGG[4] 6, 1714. Ben Zvi: Twelve, 125–156, schloss aus der Vielfalt der Anordnungen, dass dies schwer denkbar sei. Von einer Anthologie der Schriften in flexibler Anordnung, die sich später fixierte, spricht Beck: Dodekapropheton, 16–18; ebenso Guillaume: Sequence, 2.10, der überdies 4QXII[a] als Beleg dafür aufzeigt. Siehe auch Römer: Introduction, 1–10.

15 Oesch: Bedeutung, 205 Anm. 63, schrieb, dass sich diese Vermutung in der Microfiche-Edition von E. Tov nicht verifizieren ließe. Steck: Abfolge, 249, kommt zu einem positiven Ergebnis. Die Publikation der Fragmente in DJD XV, pp. 221–318 and plate XL-XLIII, zeigt deutlich, dass Mal 3 nicht das Ende der Rolle ist. Guillaume: Sequence, 10, versucht auf den kritischen Beitrag von Brooke: Prophets, 21 f, hin eine alternative Deutung der Fragmente und rät zur Vorsicht gegenüber der These, die Schriften Mal-Jon hätten das Zwölfprophetenbuch beschlossen; vgl. auch Kessler: HThKAT, 13,12, 74.

jüdischen Tradition differiert.[16] Hingegen bezeugt 8ḤevXIIgr[17], eine frühe Revision der LXX, die Einordnung von Jona und Micha in der aus der jüdischen Tradition bekannten Weise.[18] Unter den verschiedenen Überlieferungen der LXX finden sich auch mehrfach Deutungen der kleinen Propheten als einzelne Bücher. Allerdings ist es weniger die Annahme einer Gesamtkomposition als vielmehr konzeptionelle Argumente in der exegetischen Betrachtung der Maleachischrift, die in dieser Arbeit zu der These führen, der Text sei von Anfang an für das Ende des Zwölfprophetenbuches geschrieben worden, eine These, der auch die Schriftenfolge in 4QXII[a] – wenn sie denn stimmt – nicht widersprechen muss, da in der Jonaschrift ein prophetischer Gedanke weitergedacht wird.

Demgegenüber gibt es in den Handschriften für die Nebi'im im dreiteiligen Aufbau des TNK in der jüdischen Tradition keine einheitliche Anordnung. Die auch im *Codex Leningradensis* belegte Abfolge Jes-Jer-Ez-XII ist innerhalb der Hss die älteste und am häufigsten belegte. Daneben bezeugen Hss ab dem 12. Jh. die Reihenfolge Jer-Ez-Jes-XII; im 12.–14. Jahrhundert gab es auch die Ordnung Jer-Jes-Ez-XII.[19] Interessant ist dabei, dass lediglich die Stellung des Jesajabuches variiert. In der christlichen Überlieferung zählen das XII, Jes, Jer mit Zusätzen, Ez und Dan mit Zusätzen zur prophetischen Überlieferung. Die Reihenfolge variiert in den Listen der Kirchenväter des 2. und 3. Jahrhunderts. Mit den großen Kodizes Vaticanus und Alexandrinus scheint sich jedoch die Reihenfolge XII-Jes-Jer-Ez-Dan gefestigt zu haben. Die Unterschiede in der jüdischen und in der christlichen Überlieferung, ferner die Qumranfragmente, die belegen, dass es auch zur Zeitenwende noch keine einheitliche Gestalt des Jesajabuches gab,[20] lassen kaum Schlüsse über die Kommunikativität der intertextuellen Bezüge zwischen der Maleachischrift und dem Jesajabuch zu. Weil eine ursprüngliche Textfassung und eine ursprüngliche Reihenfolge der Bücher nicht greifbar sind, ist es auch der Grad der Bewusstheit der intertextuellen Referenzen sowie die Intentionalität bei den Autoren nicht. Der griechische Prolog des Sirachbuches wird zwar des öfteren als Beleg bemüht, die Dreigliedrigkeit des entstehenden Kanons zu belegen, jedoch ist auch hier kein Hinweis auf den Umfang und die Reihenfolge der Schriften enthalten. Auch aus der Reihenfolge der Gestalten im »Lob der Väter« (Sir 44ff) kann keine Anordnung von Büchern geschlossen werden,[21] hinsichtlich der

---

16 Hos-Am-Mi-Jl-Ob-Jon-Nah-Hab-Zef-Hag-Sach-Mal.
17 DJD VIII, Plate IV.
18 BHQ, 7*.
19 Brandt: Endgestalten, 143 f.
20 Vgl. die zusammenfassende Darstellung bei Beuken: HThKAT 10,1, 37.
21 So auch Brandt: Endgestalten, 66 f.

Propheten jedoch die Darstellung einer der Überlieferung entnommenen Idee von Prophetie.

Dieser Befund lässt daran zweifeln, dass die Bücher Jos-Mal ein bewusst komponierter Zusammenhang sind.[22] Auf einen solchen weisen jedoch Mal 3,22–24. Die unterschiedlichen Textfassungen der LXX und der jüdischen Überlieferung geben Zeugnis davon. Aus diesem Grund und weil sie sich in der Textkohärenz aus dem Kontext der Maleachischrift herausheben, ist ihnen ein eigenes Kapitel gewidmet (c. V).[23]

Ferner sind in der Maleachiforschung mehrfach die terminologischen Besonderheiten in Mal 3,13–21 aufgefallen, besonders die Metaphern, die in dieser Konstellation zum Teil singulär im AT sind. Aufmerksam wird man auf diese Veränderung durch Kohärenzstörungen. Die Irritationen entstehen durch den ironischen Gebrauch von Vorstellungen aus dem vorangegangenen Textabschnitt. Mannigfache Referenzen zu Texten großer theologischer Themen sind hinsichtlich der Metaphern zu finden. Sie erscheinen sprachschöpferisch als »lebendige Metaphern«. Sie öffnen in ihrer Bedeutung »eine Vergrößerung des Entdeckungs- und Verwandlungsvermögens, das die Rede gegenüber wahrhaft ›neuen‹ Realitätsaspekten, ›unerhörten‹ Aspekten der Welt besitzt.«[24] Diese heuristische Funktion meint eine Neubeschreibung der Wirklichkeit. Der Rahmen für die Erfassung des so beschriebenen Potenzials der Metapher ist nicht das Wort, sondern der Text, der sie umgibt, mindestens aber die Ebene des Satzes. Die Erzeugung einer neuen Metapher geschieht durch einen semantischen Bruch, Ricœur beschränkt ihn auf die Prädikation und nennt die semantische Inkongruenz »impertinent«. Die Metaphern am Ende des 3. Kapitels der Maleachischrift lassen mit

---

22 Brandt: Endgestalten, 62; Zenger: Einleitung[8], 24, spricht von einem »theologischen Konzept«.
23 Auffällig in der BHS sind auch Intertextualitätsindikatoren zwischen Mal 3 und Ps 1–2. Sie entfalten ihre Wirkung besonders in den Kodizes der jüdischen Tradition, in denen der Psalter auf das Zwölfprophetenbuch folgt (siehe die Auflistungen bei Beckwith: Canon, 452–464; Brandt: Endgestalten, 151–164). Brandt meint auch, dass das Akronym אמ״ת für die »großen Ketubim« (Hi, Prov, Ps) ein Beleg dafür ist, wie wenig Beachtung man der Reihenfolge zollen wollte. Streitigkeiten um die »richtige« Reihenfolge, wie der Text von *Adath Deborim* (zitiert bei Brandt: Endgestalten, 149) bezeugen Gegenteiliges. Die Herausgeber der BHS stellten entgegen der Ordnung des *Codex Leningradensis* B 19ᵃ die Chronik ans Ende der Kᵉtubîm, und ließen den dritten Kanonteil mit dem Psalter beginnen. Aufgrund dieser Textabfolge, die bBer 57b entspricht und in Rabbinerbibeln seit dem Mittelalter verbreitet ist, entwickelte Erich Zenger seine These von den Themen- und Stichwortzusammenhängen an den Rändern der drei Kanonteile (Zenger: Einleitung[8], 26 f). Freilich belegen sehr frühe Zeugnisse wie Josephus (*Contra Apionem* 1,40) und vielleicht Lk 24,44 diesen Zusammenhang. Die große Vielfalt der Abfolgen lässt jedoch kaum Schlüsse darüber zu, ob diese intertextuellen Bezüge von den Autoren intendiert waren. Hingegen sind Sinnkonstitutionen unter rezeptionsästhetischen Prämissen beschreibbar.
24 Ricœur: Metapher, II.

ihren intertextuellen Bezüge Deutungen zu, innerhalb derer gewichtige theologische Topoi reformuliert und gewichtet werden (c. 4.6.2).

Freilich konstituiert sich Intertextualität immer erst durch den Vorgang der Rezeption. Der Lektüreprozess ist immer ein offener. Im Hinblick auf die Texte des Pentateuch ist der Intertext nicht mehr greifbar. In der jüdischen Exegese habe ich jedoch mehrfach Zeugnisse gefunden, die seine Spuren in sich tragen oder Deutungen darstellen, die die vorgetragene stützen. Sie sind nach den im Literaturverzeichnis angegebenen Übersetzungen im Text aufgeführt.

Es wurde bereits angemerkt, dass Spuren der Textgeschichte in der Maleachischrift unübersehbar sind. Neben der synchronen werden die Texte daher auch unter diachroner Perspektive betrachtet. Erhard Blum hatte darauf aufmerksam gemacht, dass »[z]wischen Diachronie und Synchronie [...] weit mehr als eine ›Relation‹ der ›Komplementarität‹ bestehe«: zum ersten in einer unbezweifelbaren methodischen Interdependenz; zum zweiten zielen beide Perspektiven auf den gleichen umfassenden Bezugsrahmen der Textinterpretation.[25] Durch diese methodische Interdependenz wurde im Rahmen der textlinguistischen Untersuchungen und bei der Erarbeitung der intertextuellen Bezüge eine textgenetische Hypothese für die Maleachischrift sichtbar, die ebenfalls dargestellt wird (c. 6).[26]

Die Arbeit schließt mit dem Ausblick auf ein Offenbarungsverständnis, das gerade in seiner Unmittelbarkeit ein lebenslanges Ringen um die lebendige Aneignung des mitgeteilten und in der Tora niedergeschriebenen Offenbarungsgehalts einfordert. Die Auffassung göttlicher Offenbarung wie sie in der Maleachischrift zum Ausdruckt kommt, spiegelt eine Dimension, die für das jüdische Leben durch alle Jahrhunderte so grundlegend geworden ist und mit einem Zitat von Robert Cummings Veville zum Ausdruck gebracht werden könnte: »Revelation is not a special kind of knowledge, but a special kind of learning.«

---

25 Blum: Komplexität, 83. Vgl. auch Berges: Synchronie, 249–52, der den Ansatz einer »diachron reflektierten Synchronie« als zukunftsweisend darstellt.
26 Die Verfasser der Texte, auch der späteren Fortschreibungen, werden grundsätzlich ›Autoren‹ genannt. Jede ›Stufe der Textentstehung‹ lässt einen Text erstehen, der eine Sinnkonstitution ermöglicht. Demzufolge gibt es keine ›unechten‹ oder ›sekundären‹ Passagen. Vgl. zu diesem Paradigmenwechsel in der Redaktionsgeschichte Becker: Exegese, 80: »Zum andern ›entdeckte‹ man den Redaktor als schöpferische Person, die nicht nur Sammler oder Arrangeur vorgegebener Traditionen war, sondern Autor im Vollsinn des Wortes ...«

1.3 Tendenzen der Maleachiforschung in den letzten 30 Jahren

Die Forschungsgeschichte zur Maleachischrift ist mehrfach dokumentiert und nachgezeichnet worden. In den 30er Jahren des 20. Jahrhunderts veröffentlichte der in Dorpat lehrende Theologe und Orientalist Alexander von Bulmerincq einen fulminanten Maleachikommentar, in dem er in zwei Bänden die historisch-kritische Maleachiforschung seit den Anfängen aufarbeitete, das biblische Buch so umfassend kommentierte wie niemand vor ihm und seine Forschungsergebnisse in den theologischen Diskurs seiner Zeit stellte. Der erste Band ist Einleitungsfragen und theologischen Sachproblemen gewidmet, die heute aufgrund mannigfacher Erkenntnisse auf dem Gebiet der Textüberlieferung, der Archäologie, der Religionsgeschichte vielfach überholt sind. Der zweite Band enthält eine prägnante Exegese der Maleachischrift, die – natürlich unter anderen sprachwissenschaftlichen Prämissen – noch heute ein Gewinn für die Forschung ist. Eine numerische Auflistung und Wertung der bis 1993 erschienenen Titel, die sich dem letzten kleinen Propheten widmen, erstellte Matthias Krieg.[27] Julia O'Brien, selbst Verfasserin einer umfassenden Monographie zur Maleachischrift, legte 1995 in einem Aufsatz sowohl die in der letzten Zeit erschienenen Monographien als auch die gegenwärtigen Tendenzen und Schwerpunkte der Maleachiforschung seit den 80er Jahren – nach Topoi geordnet – dar.[28] Einen ausführlichen Forschungsüberblick, die formgeschichtliche Fragestellung betreffend, stellte Karl William Weyde seiner 2000 erschienenen Monographie »Prophecy and Teaching« voran. Zwei Bibliographien zur Maleachischrift aus den Jahren 1995 und 2002 liegen gedruckt vor.[29] Ein kleines Kompendium der exegetischen Einzelentscheidungen aus dem Bereich der englischsprachigen Literatur zur Maleachischrift gab 1998 James N. Pohlig heraus. Die neueste umfassende Zusammenstellung (fast) aller seit Bulmerincq erschienenen Literatur ist in Arndt Meinholds 2006 erschienenem Kommentar zu finden.

Der oft geäußerte Eindruck, die Maleachiforschung führe ein Schattendasein, entbehrt inzwischen jeder Substanz.[30] Abgesehen von der Anzahl der Veröffent-

---

27 Krieg: Mutmaßungen, 12 f. Er zählte aus dem Zeitraum der letzten 150 Jahre 50 Kommentare, 41 Aufsätze, 21 Noten und 4 Monographien.
28 O'Brien: Research, 81–94.
29 Thompson: Malachi, *passim*. Mills: Zechariah and Malachi, *passim*.
30 Das sagt auch Hieke: Kult, 9. Innerhalb der christlichen Verkündigung in Gottesdiensten und Bibelkreisen konstatiert er jedoch dieses Schattendasein Maleachis, wobei sich das bei der Mehrzahl der Kleinen Propheten und bei dem Bekanntheitsgrad prophetischer Texte, ausgenommen Jesaja verallgemeinern ließe.

lichungen der vergangenen 30 Jahre[31] bezeugen die unterschiedlichen Betrachtungsweisen des Buches das Gegenteil. Mit den Erkenntnissen der Prophetenforschung in den letzten drei Jahrzehnten[32] haben sich auf dem Gebiet der alttestamentlichen Wissenschaft die Einsichten in die Maleachischrift allerdings erheblich geändert. Die Hauptlinien dieser Debatten werden im Folgenden skizziert. Zu ihnen gehören die Einschätzung der Prophetengestalt (A), die historische Verortung des Buches (B), die Frage nach seiner literarischen Gattung (C), die Einschätzungen um die Textgeschichte des Buches (D) und – daraus resultierend – die Frage seiner Funktion am Ende des Schriftprophetenkanons (E).

(A) Die dem romantischen Geniegedanken geschuldete Suche nach der historischen Prophetengestalt, für die Maleachi aufgrund der nicht vorhandenen biographischen Informationen wenig interessant war, setzte Parameter in der Prophetenforschung, die für das Gesamtverständnis der Maleachischrift zwei Fragen aufwarfen, an denen die Forschung der letzten 30 Jahre sich abgearbeitet hat und die nun als überholt betrachtet werden dürfen: die nach der Historizität einer Prophetengestalt namens Maleachi und die nach der mündlichen Überlieferung der Diskussionsworte. Zwar wird in der Literatur meist noch erwähnt, dass der Name Maleachi als Personenname wahrscheinlich im 7. Jh. bezeugt ist;[33] die Tendenz, Maleachi als literarische Gestalt zu betrachten, gewinnt jedoch mehr und mehr Kontur.[34] So schrieb schon Otto Eißfeldt in seiner Einleitung: »... es liegt auf der Hand, dass dies *mein Bote* nur durch ein Mißverständnis zum angeblichen Namen des hinter unserem Büchlein stehenden Propheten geworden ist. Man hat nämlich später den Boten Jahwes, der nach 3,1 den Weg vor Jahwe bereiten soll,

---

31 Mindestens 41 Kommentierungen, 20 Monographien, mannigfach Aufsätze und Noten, nicht eingeschlossen die Untersuchungen zur Maleachischrift als Bestandteil der Forschung zum Zwölfprophetenbuch. Ein Großteil der Kommentare ist jedoch eher konfessionell als wissenschaftlich-kritisch orientiert. Die zum Teil schwer zugängliche und kaum überschaubare Kommentarliteratur aus dem englischsprachigen Bereich ist annähernd im Literaturverzeichnis zusammengestellt, wird in dieser Arbeit aber nur zum Teil diskutiert. Die Fülle der Aufsätze und Noten kann hier nicht systematisierend in den ihnen gebührenden Einzelheiten erfasst werden und bleibt somit den Diskussionen im *corpus* der Arbeit vorbehalten.
32 Vgl. zum Beispiel Kratz: Propheten, oder die beiden Aufsätze von Becker, Uwe: Die Wiederentdeckung des Prophetenbuchs (2004) und Die Entstehung der Schriftprophetie (2006). Den Versuch, Methoden und Ergebnisse der neueren Prophetenforschung am Beispiel des XII zu evaluieren, unternahm Alain André Rabarijaona in seiner nicht publizierten, aber 2008 zugänglich gemachten Dissertation. Dass die Beurteilung der einzelnen Entwürfe die Arbeit am Einzeltext erfordert, bezeugt das auf vier Seiten zusammengefasste Ergebnis.
33 Meinhold: BK XIV/8, IX; Utzschneider: RGG⁴ 5, 711; Willi-Plein: ZBK.AT 24.4, 225. Verhoef: NICOT, 162, hält die Diskussionsworte noch für mündlich gesprochene Texte.
34 Von den neueren Kommentaren (seit den 70er Jahren) sehen Rudolph: KAT XIII/4, 249; Reventlow: ATD 25,2, 133; Stuart: Malachi, 1279, u. a. »Maleachi« als Eigennamen an.

mit dem Verfasser unseres Buches identifiziert ...«[35] Joseph Blenkinsopp erwähnte 1983, dass man in den späteren prophetischen Texten מַלְאָכִי zunehmend als Synonym für ›Prophet‹ gebrauchte,[36] doch auch diese Beobachtung wurde erst später aufgenommen, untersucht und weiterentwickelt. Zwar wuchs das Bewusstsein der Funktionalität des Namens Maleachi, es blieb jedoch vorerst bei Andeutungen, wie z. B. der von Beth Glazier-McDonald:

> »His name, מַלְאָכִי, which aptly discribes his function, may have been assumed at his call to be a prophet. Like Elijah who proceded him and who was soon to reappear, Malachi was Yahweh's מַלְאָךְ, his spokesman.«[37]

Programmatisch hingegen spielt Odil Hannes Steck den Gedanken durch, hält Maleachi für ein Appellativum und fragt, ob dieser in der Nachfolge Moses und Josuas eben diese prophetische Doppelfunktion innegehabt hätte – »Gebotsvermahnung an Israel ... zur Vermeidung des Jahwegerichts und Gerichtsankündigung über Schuldige«[38]. Aus der Betrachtung von Sir 49,10 (LXX) gewinnt er die Frage, ob das XII nicht insgesamt als Explikation von Gen 28,12 zu lesen ist – und die XII Propheten den Boten entsprächen – zum Heil für Jakob.[39] Die Überlegung mag spekulativ sein, findet in dieser Arbeit jedoch erhebliche Stützung. Infolge eingehender exegetischer Überlegungen beschreibt Arndt Meinhold in der Einleitung seines Kommentars die Konzeptionalität der Figur Maleachis als »intendierte reale, symbolisch benannte Prophetengestalt« über dem letzten Prophetenbuch:

> מַלְאָכִי bündelt alle fünf Botengestalten, die in der Maleachischrift begegnen, und vermag dadurch die »Angleichung von irdischen und himmlischen Gestalten«, prophetischen und priesterlichen Funktionen sowie der Begriffe מַלְאָךְ und נָבִיא.[40]

Die Konzeptionalität, die dieser Bündelung bzw. einer Redefinition des Prophetenbegriffs zugrunde liegt, ist aus unterschiedlichen Perspektiven in einem 2004 erschienenen Aufsatzband betrachtet worden.[41] Ansätze zu einer Verhältnisbe-

---

35 Eißfeldt: Einleitung⁴, 596.
36 Blenkinsopp: Prophetie, 211. Aber auch er verstand »Maleachi« als Pseudonym (Prophecy, 120).
37 Glazier-McDonald: Malachi, 275.
38 Steck: Abschluß, 130–135.
39 Steck: Abschluß, 143.
40 Meinhold: BK XIV/8, IX.
41 Grabbe/Bellis: The Priests in the Prophets. Siehe auch die instruktiven Beiträge von Naomi Cohen und Edgar W. Conrad.

stimmung von Priester und Prophet im XII aus der Perspektive von Mal 2,7 formulierte Ruth Scoralick in der 2006 publizierten Festschrift für Arndt Meinhold. Die Gliederung des Buches nach Diskussionsworten hielt lange die Überzeugung wach, es handle sich um gesprochene Prophetie. So nahm noch Beth Glazier-McDonald (1987) – wie viele Exegeten in der älteren Forschung – an, dass der Prophet seine Reden separat an seine unterschiedlichen Zeitgenossen (Priester, Frevler oder Gottesfürchtige) gerichtet habe und sie später von ihm selber oder seinen Schülern (disciples) aufgeschrieben worden seien.[42] Hingegen klassifizierte Erich Zenger in der 7. Auflage seiner Einleitung den Text »als von Anfang an als literarische Prophetie entstandene[s] Buch«[43]. Das entspricht den Ergebnissen der neueren Arbeiten von Helmut Utzschneider, Bosshard/Kratz, Odil Hannes Steck und wird in den neuen Kommentaren von Arndt Meinhold und Ina Willi-Plein bestätigt.[44]

(B) Meist hat man die Maleachischrift aufgrund von vier Argumenten ins 5. Jh. v. Chr. datiert. Unumstritten ist dabei die Einweihung des zweiten Tempels 515 v. Chr. als *terminus a quo*. Der *terminus ad quem* wird dann mit Hinweis auf die folgenden Faktoren bestimmt:
- Mal 1,3f blicke auf die Vernichtung Edoms unter Nabonid (553/52) zurück: »Etwa Mitte des 5. Jh. dürfte Mal 1,4a Edoms ›Untergang‹ als unwiderrufliche Verwerfung durch Jhwh postuliert haben.«[45]
- Die Erwähnung des Statthalters (פֶּחָה) in Mal 1,8b weise in die nachexilische Zeit, die persische Epoche. Eine ins Jahr 486 v.Chr. datierte Keilschrifttafel BM 74554 bezeuge, dass es in der Provinz Jehud schon vor Nehemia Statthalter gab.[46]

---

42 Man habe dabei mit einer Periode der Verschriftlichung zu rechnen, so dass das Ganze der Prophetie als bewusstes literarisches Produkt Maleachis gelten kann (Glazier-McDonald: Malachi, 273). Ähnlich auch Graf Reventlow: ATD 25,2, 131; Deissler: NEB 21, 316f; Habets: Vorbild, 16f.
43 Zenger: Einleitung[7], 584. Das entspricht dem Beitrag der 8. Auflage Seite 696.
44 Utzschneider: Künder, *passim*; Bosshard/Kratz: Maleachi, 46; im Anschluss Steck: Abschluß, 32f; zur Schriftlichkeit der Diskussionsworte bereits Meinhold: Vorsprüche, 198f; BK XIV/8, XI; Willi-Plein: ZBK.AT 24.4, thematisiert die Frage gar nicht mehr. Neuerdings rechnet Lauber: Sonne, 458, wieder damit, »dass dem in der literarkritischen Analyse festgestellten Grundbestand der Redeeinheit in Mal [3,]13–15.19–21 eine mündliche oder zumindest primär für den mündlichen Vortrag schriftlich konzipierte Verkündigung zugrundeliegt.«
45 Meinhold: BK XIV/8, XXII.44–47; Elliger: ATD 25,2, 180; Petersen: OTL, 172; Habets: Vorbild, 6–8; O'Brien: Priest, 117; Stuart: Malachi, 1252; Graf Reventlow: ATD 25,2, 131, ohne Einordnung; dass alternativ auch die Etablierung der persischen Eparchie Idumäa im Hintergrund stehen könnte, meint Willi-Plein: ZBK.AT 24.4, 237. Zenger: Einleitung[8], 696, wertet den Edom-Bezug nicht historisch aus; vgl. Rudolph: KAT XIII/4, 249.
46 Meinhold: BK XIV/8, XXIII.115–117; Willi-Plein: ZBK.AT 24.4, 226; Reventlow: ATD 25,2, 130; Rudolph: KAT XIII/4, 248. Utzschneider: RGG[4] 5, 712. Habets: Vorbild, 6. O'Brien: Priest, 118–120;

- Die Mischehenfrage sei in der Maleachischrift nicht so rigoros entschieden wie bei Esra und nach dessen Wirken nicht mehr denkbar. Auch das Vorgehen Nehemias in Sachen Mischehe (Neh 13) sei härter. Darum habe Maleachi vor Nehemia gewirkt.[47]
- Die Mal 3,9a.10b.11 geschilderten Verhältnisse spiegelten eine angespannte ökonomische Lage. Resignation und Enttäuschung über das Nichteintreten der Heilszeit mit der Fertigstellung des Tempels und daraus resultierende Laxheit in der Abgabenpraxis (1,6–8) setzten einen gewissen zeitlichen Abstand seit 515 v. Chr. voraus.[48]

Diese Einordnung des Textes ins 5. Jahrhundert hat bisweilen dazu geführt, einzelne Verse als ›unecht‹ oder ›sekundär‹ auszuscheiden, weil man sie zu dieser Zeit theologisch nicht für denkbar hielt. In den alten Kommentaren finden sich daher Listen sekundär betrachteter Verse, die meist (in Auswahl) Mal 1,11(-13.14); 2,2.7; 2,11f; 2,16; 3,1b(-4); 3,22–24 enthalten.[49] Beth Glazier-McDonald verfocht dagegen die literarische Einheitlichkeit der Maleachischrift und wandte sich dagegen, Verse auszuscheiden, die angeblich nicht in die Epoche des Propheten passen:

»It is axiomatic that a prophet must be understood, not only against the background of the historical, political and religious circumstances in which he was active, but also in relation to the society in which he lived and for which his message was proclaimed.«[50]

---

dies.: Inquiri, 66f, verweist hingegen darauf, dass Jes 36,9//II Reg 18,24 פֶּחָה bereits einen assyrischen Beamten bezeichne.

47 Meinhold: BK XIV/8, XXIII.195–197; Habets: Vorbild, 6; Glazier-McDonald: Malachi, 24; Stuart: Malachi, 1252f; Zenger: Einleitung[8], 695f. Kritisch aufgrund von Neh 13, wo zu sehen ist, wie schnell die Nachlässigkeiten wieder Einzug erhalten, Rudolph: KAT XIII/4, 248f. Rudolph erwägt eine Gleichzeitigkeit Maleachis mit Esra irgendwann im Zeitraum zwischen 450 und 420 v. Chr. Willi-Plein: ZBK.AT 24.4, 264, fragt, ob Maleachi »sich gerade gegen solche religiösen Eiferer wie den im Esra-Nehemia-Werk geschilderten Esra« wenden könnte (siehe dazu S. 152ff.). Für die Datierung Maleachis nach Nehemias Rückkehr (kurz nach 433 v. Chr.), mit dem Hauptargument, dass Maleachi vor »the Priestly Code« angesetzt werden müsse: Verhoef: NICOT, 157–59. Auf die Unterschiede, die gegen eine Vergleichbarkeit von Esr/Neh und Mal 2,10–16 sprechen, macht O'Brien: Priests, 122, aufmerksam.

48 Meinhold: BK XIV/8, XXII.299f; Graf Reventlow: ATD 25,2, 130; Willi-Plein: ZBK.AT 24.4, 274.291.

49 Z. B. Elliger: ATD 25,2, 178; Horst: HAT I/14, 261; Rudolph: KAT XIII/4, 250; van der Woude: Haggai 28.80.

50 Glazier-McDonald: Malachi, 6.

Maleachis Milieu beschreibt sie als Leben in einem kleinen politischen System innerhalb des persischen Weltreichs.[51] Zwei unterschiedliche Standpunkte zum sozialgeschichtlichen Umfeld Maleachis repräsentieren die Arbeiten von Jon L. Berquist und Paul L. Redditt. Berquist setzt die Prämisse, die Maleachischrift gehöre in die Zeit zwischen 515 v.Chr. und dem Wirken Nehemias. In Auseinandersetzung mit den sozialgeschichtlichen Verortungen von Blenkinsopp, Childs, Fishbane, Hanson, Stern u. a. beurteilt er die aus den Maleachitexten sprechende Klassifizierung der Gesellschaft als zu einseitig. Die Exegese der Maleachischrift müsse die Existenz der drei Gruppen (Gottesfürchtige, Arrogante und Frevler, Skeptiker und gewisse Priester) reflektieren. Ihr Verhältnis zueinander zeige das Ringen um Tradition und Identität im Anpassungsprozess an die neue Situation in Jerusalem in frühnachexilischer Zeit.[52] Redditt steht für eine spätere Verortung des Textes. Ihm zufolge findet die Gemeinde im Buch Maleachi sich an der Peripherie der judäischen Gesellschaft, ebenso wie die Zeitgenossen des Propheten Joël, wobei er die in Sach 11,4–17 und 12,10–13,16 (!*) durchscheinende Rolle der führenden Jerusalemer Familien für später hält.[53] Der sozio-ökonomischen Konzeption im gesamten Haggai-Sacharja-Maleachi-*corpus* widmete Lutz Bauer seine 1992 erschienene Dissertation. Den ganzen Textkomplex datiert er aufgrund von Sach 9,13 in die griechische Zeit. Den legislativen Prozess der Kodierung betrachtet er mit Crüsemann bei Maleachi als abgeschlossen. Dass die ›Grundsteinlegung‹ in Wirklichkeit als »Reorganisation schon bestehender ökonomischer und kultischer Bezüge zu deuten ist, wie sie in hellenistischer Zeit an vielen Tempeln belegt«[54] ist, und die Datierung Sach 7,1 das Ende der persischen Ära markiert, indem es sich auf das letzte Jahr Darius III. bezieht, bestätige die Einordnung des Textes in die Ptolemäerzeit. Bauer hebt die Bedeutung des zweiten Tempels als Wirtschaftszentrum, jedoch unter Einbeziehung aller geographischen Bereiche, in denen Angehörige des Volkes Israel wohnen, hervor. Die ökonomische Konzeption des *corpus* bezeuge ein kräftiges Korrektiv zur relativen Wirtschaftsblüte der Ptolemäerzeit, indem sie auf Gerechtigkeit gegenüber den Schwachen und Armen ziele.[55]

Linguistische Argumente brachten Julia O'Brien dazu, Mal zwischen 605 und 550 v.Chr. zu datieren, nicht zuletzt aufgrund sprachlicher Ähnlichkeiten mit Sach

---

51 Glazier-McDonald: Malachi, 273; vgl. auch Rudolph: KAT XIII/4, 293.
52 Berqist: Setting, 125.
53 Reddit: Setting, 254. *vermutl. Sach 13,6.
54 Bauer: Zeit, 294.
55 Die vier Beispiele zeigen, dass die Texte keine ›Hinweise‹ auf die sozioökonomische Lage ihrer Entstehungszeit liefern, sondern dass umgekehrt die entsprechenden Passagen gedeutet werden müssen, nachdem sie aufgrund handfesterer Indizien historisch verortet worden sind.

1–11.[56] Arndt Meinhold verweist im Zusammenhang mit seiner Datierung in die 1. Hälfte des 5. Jh. auf die sprachliche Nähe zu Prov 1–9.[57] Eine linguistische Analyse des XII auf Basis derer von Robert Polzin legte Andrew Hill in seiner Dissertation (1981) vor. Ihr gemäß gehöre Maleachi in die Zeit zwischen 600 und 400–350 v. Chr., ein Zeitfenster, das er dann doch auf 520–458 v. Chr. einengt.[58]

Insgesamt ist zu verzeichnen, dass die Exegeten, die redaktionsgeschichtliche Fragestellungen innerhalb des XII in den Vordergrund ihrer Untersuchung stellen, spätere Datierungen des Textes vornehmen (vgl. c. 6.1). Julia O'Brien, obgleich sie dieser Methodik nicht folgt, widerlegte in ihrem 1995 publizierten Aufsatz sämtliche Anhaltspunkte der breit akzeptierten historischen Einordnung der Maleachischrift mit dem Ergebnis: »... it is not the book itself that gives us that impression [nachexilischer Entstehung]; instead that impression has been molded by the shape of the canon (including superscriptions that have taught the reader to look for historical settings) and by the reader's expectation of historical information.«[59]

(C) Einen breiten Raum in der Maleachiforschung nimmt die formgeschichtliche Fragestellung ein. 1908 meinte Octavian Isopescul, wie auch etliche andere Exegeten am Übergang vom 19. zum 20. Jh., dass durch Maleachi »eine Art dialogischer Form beobachtet [werde], es kommen Fragen, Antworten und Einwürfe vor, welche sehr stark an die spätere synagogale Lehrmethode erinnern.«[60] Deutungen wie diese wurden in der Forschung des 20. Jh. dahingehend weitergeführt, dass im Gefolge von Hermann Gunkel und Egon Pfeiffer die dialogische Struktur

---

56 O'Brien: Priest, 113–133.

57 Meinhold: BK XIV/8, XXIII.

58 Zusammengefasst in einem 1983 erschienenen Aufsatz: Hill: Dating, 84. Die Einengung gewinnt er, indem er Maleachi traditionell vor Esra/Nehemia datiert und die Datierungen aus Hag/Sach historisch deutet. Ähnlich kritisiert O'Brien: Inquiri, 70; ausführlich O'Brien: Priest. In seinem 17 Jahre später erschienenen Kommentar in der Reihe »The Anchor Bible« setzt er die Datierung um 500 v. Chr. aufgrund seiner topologischen Sprachanalyse voraus (Hill: AncB 25D, 54.81–84.) Auf dieser Grundlage kontextuiert er die Orakel Maleachis in die 90er Jahre des 5. Jh., als Dareios nach Ägypten zog (497/96) und dabei mit Sicherheit auch durch Palästina reiste. Die Schlacht bei Marathon war möglicherweise der Auslöser für die Orakel Maleachis (Hill: AncB 25D, 74). Die Prominenz der levitischen Priesterschaft begründet er aus der politischen Polarisierung zwischen persischer Provinz und Hierokratie. Die soziale Situation bringt er mit Neh 5,3–8,17 in Verbindung; die religiöse (Mal 1,6–8) sei der geminderten Rolle des zweiten Tempels gegenüber dem ersten geschuldet. Die eschatologischen Auffassungen des Propheten könnten Annäherungen an Elemente der zoroastrischen Doktrin erfolgreicher Weltreichspolitik reflektieren (Hill: AncB 25D, 75 f). Gegen dieses methodische Vorgehen am Beispiel von Jl, Hag, Sach, Mal: Ehrensvärd, Martin: Why Biblical Texts Cannot be Dated Linguistically. HS 47 (2006) 177–89.

59 O'Brien: Inquiri, 77.

60 Isopescul: Malachias, 16; vgl. 1912 Smith: WBC, 4.

der Maleachischrift selbst als Gattung interpretiert worden ist. In mannigfachen Variationen beschrieb man das ›Diskussionswort‹ mit unterschiedlichen Formelementen,[61] was die Diskussion nach sich zog, ob diese Gespräche tatsächlich stattgefunden haben (siehe schon zu A).[62] In den vergangenen 30 Jahren sind – nicht zuletzt weil literaturwissenschaftliche und linguistische Methoden die Werkzeuge alttestamentlicher Exegese erweiterten – neue Versuche der Bestimmung vorgenommen worden: Die unterschiedlichen Ansätze von Julia O'Brien (*rîb*-Pattern), Theodor Lescow (*tôrôt*), Matthias Krieg (Argumentationswort, hellenistischer Rhetorik entstammend)[63] und David L. Petersen (*Diatribe*) sind im forschungsgeschichtlichen Überblick bei Karl William Weyde diskutiert.[64] Seitdem erschienen zwei weitere Aufsätze zu diesem Thema, der eine von Rainer Kessler zu den »Strukturen der Kommunikation in Maleachi« (2007), der andere von Stephan Lauber zu »Textpragmatische[n] Strategien im ›Disputationswort‹ als gattungsbildende[m] Kriterium« (2008) (siehe c. 3.2).

(D) Erich Bosshard und Reinhard Gregor Kratz begannen 1990 mit ihrem Aufsatz »Maleachi im Zwölfprophetenbuch« ein neues Kapitel der Maleachiforschung. Sie fragten zum ersten Mal im Rahmen der neu erstandenen Auseinandersetzung mit dem XII als einem Prophetenbuch[65] spezifisch nach der Redaktionsgeschichte der Maleachischrift in diesem übergeordneten literarischen

---

61 Detailliert dargestellt bei Weyde: Prophecy, 18–27; vgl. Meinhold: BK XIV/8, 25 f.

62 Dem widersprach z. B. Wallis: Wesen, 232: Die Diskussionen seien nicht in protokollarischer Form aufgeschrieben, zumal die Gesprächspartner nur im Zitat des Autors zu Wort kommen. »Die Diskussionsworte geben nicht eine Diskussion wieder, sondern gehen auf eine solche zurück.« Graffy: Prophet, 16.22 f gab zu bedenken, dass nur die Texte im AT, die tatsächlich ein direktes Gespräch wiedergeben wie z. B. im Hiobbuch, als »disputation speech« bezeichnet werden können. Eine begriffliche Alternative schlägt er nicht vor.

63 Notiz zur Arbeit von Matthias Krieg, der eigenwillige Umstellungen im Text vornimmt: 1. Einheit: Z.4–26 = 1,2–5; 2. Einheit: Z.27–89 = 1,6–14 ohne 7a und 8; 2,1 und 1,14bβ vertauscht; 3. Einheit: Z. 83–88.37–39.70–77.43–46.81f.101–105.63–66 = 1,14a, 14bα, 7a, 12b, 13a, 8a, 13b, 2,3a+b, 1,11a; 4. Einheit: Z. 121–122.110–119.137 f.152 f.133–136.154–159.164–167.169 f = 2,7a; 2,5–6; 14a; 10; 14b; 15b; 16a; 5. Einheit: 160–161.163.173–210 = 2,15a+2,17–3,5; 6. Einheit: 246–262.279–297.274–278 = 3,13–16a.19–21.18; 7. Einheit: 212–15; 223–245 mit einigen Vertauschungen = 3,6–12. Das Siebenwort wurde in der 2. Hälfte des 3. Jh. verfasst. Im frühen 2. Jh. sei es durch eine das Zwölfprophetenbuch abschließende Redaktion zu der uns vorliegenden Maleachischrift ausgearbeitet worden (229–242). Textbeobachtungen dieser Arbeit fließen ein, darauf basierende problematische Thesen werden nicht diskutiert.

64 Weyde: Prophecy, 28–37.

65 Obwohl das XII in fast allen Fragmenten als mehrere Schriften umfassendes Werk bezeugt ist und auch im Talmud als zusammengehöriges Werk verstanden wird (BB 14b; 15a), ist die das ganze Zwölfprophetenbuch in den Blick nehmende Forschung erst im letzten Drittel des 20. Jahrhundert wieder erwacht. Seltene Ausnahmen z. B. Eißfeldt: Einleitung[4], 515–517: §48 zum Dodekapropheton als Ganzem.

Kontext. In den vorausgegangenen Jahren wurden in der englischsprachigen Maleachiforschung bereits zwei Ebenen der Redaktion unterschieden, Mal 1,1–3,12 und Mal 3,13–15.16–21.[66] Die drei 1987, 1989 und 1990 erschienenen Monographien von Beth Glazier-McDonald, Ewell Ray Clendenen und Julia M. O'Brien vertreten jedoch die Einheitlichkeit der Maleachischrift, den Epilog 3,22–24 eingeschlossen.[67] Bosshard/Kratz und Odil Hannes Steck stießen jedoch in der deutschsprachigen Forschung die Diskussion an, inwieweit die Entstehung der Maleachischrift Bestandteil des Redaktionsprozesses des XII sei. Danach hätten spätere Textpassagen nicht einfach die Funktion der Aktualisierung innerhalb des unmittelbaren Kontextes,[68] sondern wären Resultat umfassender Redaktionsarbeit im entstehenden XII, der möglicherweise analog zu ähnlichen Prozessen im Jesajabuch zu verstehen sei (Steck, 1997, auch Bosshard-Nepustil). Aufgrund vielfacher Stichwortverknüpfungen suchen sie die ältere These, die Maleachischrift sei gar kein eigenständiges Werk, sondern eine Fortschreibung von Sach 1–8, zu verifizieren. Damit entwickeln sie die Annahme weiter, der gemäß Maleachi neben Deutero- und Tritosacharja eine dritte anonyme Sammlung sei, die an den letzten mit Namen bekannten Propheten Sacharja angehängt wurde.[69] Erst im Zuge der Endredaktion der Nebi'im sei sie zu einem eigenständigen Buch redigiert worden. Diese Hypothese erfuhr eine recht breite Rezeption.[70] Viele Exegeten halten jedoch an der ursprünglichen Eigenständigkeit des Buches fest und rechnen erst im Zusammenhang seiner Erweiterungen damit, dass es ins XII integriert wurde.[71] Ein Vertreter dieser Auffassung ist James Nogalski, der zur Diskussion stellte, die einzelnen ›Bücher‹ des XII als ›Schriften‹ zu bezeichnen, und damit insgesamt der Konzeption des *XII* als *Prophetenbuch* gerecht zu werden, ein Vorschlag, der von

---

66 McKenzie/Wallace: Covenant, 560–563. Diese Einschätzung wird im Wesentlichen bis heute von etlichen Exegeten geteilt (Zenger: Einleitung[8], 697; Hill: AncB 25D, 393–395; Beck: »Tag YHWHs«, 292; Meinhold: BK XIV/8, XIV, vertritt das nur in Bezug auf die Grundschrift der Diskussionsworte I-V. »Markante Abweichungen vom Gattungsformular in 1,6–2,9; 2,10–16; 2,17–3,5 deuten auf spätere Ergänzungen.« [TRE 22, 7; BK XIV/8, XII]).
67 So auch die meisten Kommentare aus dem anglo-amerikanischen Bereich, die überwiegend im Kontext gesamtbiblischer Theologie reflektieren, wie z.B. Stuart: Malachi, 1391.
68 So z.B. van der Woude: Haggai, 80, in Bezug auf Mal 1,11–14; 2,2–2,3b; 2,7; 2,12; 2,15; 3,1b–4.
69 So z.B. Eißfeldt: Einleitung[4], 595.
70 Die Darstellung der für Maleachi relevanten redaktionsgeschichtlichen Entwürfe erfolgt in c. 6.1.
71 So die meisten Kommentatoren, auch Beck: »Tag YHWHs«, 309; Schart: Entstehung, 295; Krieg: Mutmaßungen, 237, auch wenn er die redaktionellen Texte anders bestimmt. Dass Maleachi eigens für diesen Buchschluss komponiert worden ist, meint Nogalski: Processes, 191f.204ff. Davon unabhängig ist die Frage, ob man Maleachi innerhalb eines Haggai-Sacharja-*corpus* (Hill: Malachi, 12–15; vgl. Pierce: Connectors, *passim*; Reddit: NCBC, 189–91) oder des XII (Watts: Introduction, 379–80; Freedman: Formation, 328–330) liest.

Aaron Schart aufgegriffen und – bei unterschiedlicher Auffassung über die redaktionsgeschichtlichen Thesen – von Arndt Meinhold, Thomas Hieke und vielen
anderen plausibel befunden und ebenfalls aufgenommen wurde.[72]

Dass Mal 3,22 und Jos 1,7 eine Klammer um den Kanonteil Nebi'im bilden, hat
Wilhelm Rudolph in die Diskussion eingebracht.[73] 1977 deutete Joseph Blenkinsopp den gesamten Epilog 3,22–24 als hermeneutisches Konstrukt, das die
beiden Kanonteile ›Tora und Propheten‹ einer Verhältnisbestimmung unterzie-
he.[74] Ob Mal 3,22.23 f insgesamt als *corpus*übergreifender Anhang zu verstehen
sind, wird zur Zeit wieder kontrovers diskutiert.[75] Die damit aufgeworfene methodische Grundfrage, welcher Verweischarakter einer Textpassage ›innewohnt‹,
wird unter dem Stichwort »canonical approach« (kanonischer Zugang) zur Hermeneutik der Texte reflektiert.[76]

(E) Aus diesen Erkenntnissen folgte, dass man zunehmend Aspekte des
konzeptionellen Charakters der Maleachischrift innerhalb des XII herausarbeitete.
In dieser Weise Theodor Lescow, der zeigte, dass der *qua* Zitat wiederkehrende
Umkehrruf in Sach 1,3 und Mal 3,7 beide Texte als Rahmentexte einer Epoche
erscheinen ließe: vom Neubau des Tempels bis zum Auftreten Esras im Jahre 398 v.
Chr. Sprachliche Prägungen wie die Legitimationsformel »hat Jhwh Zebaoth gesagt« sowie das Auftreten des אָדוֹן genannten Bundesboten stützten den Zusammenhang dieses Überlieferungskomplexes.[77] Maleachi sei – wie oben gesagt – ein
»originäre[r] Neuansatz von Prophetie [...], der an Tora *als Weisung* für die Gegenwart anknüpft ...«[78]

Auch die großen redaktionsgeschichtlichen Entwürfe von Bosshard/Kratz
(1990), Odil Hannes Steck (1991), James Nogalski (1993), Paul L. Redditt (1996),
Aaron Schart (1998) und Jakob Wöhrle (2008) ziehen konzeptionelle Schlüsse für
die Gesamtkomposition des XII. Jedoch finden die unterschiedlichen Topoi und

---

72 Schart: Putting, 332; ders.: Entstehung, V; Rendtorff: Tag Jhwhs, 1; Meinhold: BK XIV/8, Xf;
Hieke: Kult, 9 Anm. 4.
73 Rudolph: KAT XIII/4, 291.
74 Blenkinsopp: Canon, 85–89.
75 Während meistens der *corpus*übergreifende Charakter der beiden Nachträge herausgestellt
wird (z. B. Meinhold: BK XIV/8, 408; ähnlich Schart: Entstehung, 303; Hieke: Kult, 80 f), begreifen
z. B. Schwesig: Rolle, 270–72, und Willi-Plein: ZBK.AT 24.4, 286, ihn als Schluss der Maleachischrift. Willi-Plein: ZBK.AT 24.4, 288, fügt jedoch hinzu, dass Mal 3,22–24 im jetzigen Kanon »als
Schlusswort zum Kanonteil der Propheten insgesamt einen redaktionell durchdachten Schlusspunkt hinter ein oder das Zeugnis der Schriftprophetie setzen.«
76 Fünf kritische Fragen bei Chapman: Approach, 136; siehe ferner: Childs: Critique, *passim*; in
der deutschen Forschung Rendtorff: Theologie, *passim*; Steins: Kanonisch lesen, *passim*.
77 Lescow: Maleachi, 159 f.
78 Lescow: Maleachi, 184.

Einzeltexte dabei zu wenig Berücksichtigung. Einzelaspekte wurden in den Folgejahren in Aufsätzen untersucht, die in Sammelbänden wie dem von Erich Zenger 2002 publizierten »Wort JHWHs, das geschah (Hos 1,1)« oder dem von Paul L. Redditt und Aaron Schart 2003 herausgegebenen Band »Thematik Threads in the Book of the Twelve« veröffentlicht sind. Hinsichtlich der Rolle und Funktion der letzten Tag-Jhwhs-Dichtung im XII äußerten sich Rolf Rendtorff 2002 und James Nogalski 2003 in Aufsätzen, Martin Beck in seiner 2005 erschienenen Habilitationsschrift »Der ›Tag YHWHs‹« und Paul-Gerhard Schwesig in seiner Dissertation »Die Rolle der Tag(JHWHs)-Dichtungen im Zwölfprophetenbuch«, erschienen 2006. Martin Roth untersuchte unter traditions- und redaktionsgeschichtlicher Fragestellung die Völkerperspektiven im XII, bezog jedoch aufgrund der Gesamtanlage seiner Arbeit die Maleachischrift nur im Ausblick in die Überlegungen ein.

Eine hermeneutische Reflexion über die Position der Maleachischrift am Ende des Schriftprophetenkanons legte Donald K. Berry 1996 in seinem Aufsatz »Malachi's Dual Design« dar. Maleachi betrachtet er als ein Buch auf der Schwelle, einen Endpunkt der Prophetie am Beginn der Apokalyptik.[79] Er arbeitete für Mal 1 + 2 und Mal 3 Makrostrukturen heraus, in denen Topoi wie Unreinheit und Reinheit, Auflehnung und Gehorsam oder Vernichtung gegenübergestellt werden. Der Stellung der Maleachischrift als letzter Schrift im Kanon räumt er aufgrund von Anspielungen von Wörtern und Themen aus allen Kanonteilen eine besondere Funktion ein, die bei ihrer Abfassung entscheidend war: Mit Mal 3,1 »the book's commitment to openness/closure reveals a cyclical or a reciprocating pattern«[80]. Diese hermeneutische Offenheit schließt eine Gruppe von Schriften und eröffnet eine Zukunft, die in Kontinuität zur Tradition steht. Berry arbeitet hermeneutisch an der Endgestalt des Textes und interpretiert – der Methode entsprechend – die Oberflächenstruktur der Maleachischrift innerhalb des christlichen Kanons.

Wer konzeptionell über die Maleachischrift nachgedacht hat, ist oft auf die Frage nach dem Anschluss des Psalters aufmerksam geworden. So schreibt Theodor Lescow am Ende seiner Monographie: »Der bereits in frühnachexilischer Zeit zu den Psalmen hin offene Schluß der Mal-Grundschrift sollte im Auge behalten werden.«[81] Aaron Schart arbeitete für die Maleachischrift die Konturen zweier Argumentationslinien heraus, von denen die eine mit dem kodifizierten Recht argumentiert (Mal 1,6–2,9; 2,10–16; 3,6–12) und die andere auf die eschatologische Erwartung gestützt ist (Mal 2,17; 3,13–21). Beide Linien verhielten sich so

---

79 Berry: Design, 270. Leider unterscheidet er dabei nicht zwischen literarischer Gestaltung und religiösem Phänomen.
80 Berry: Design, 302.
81 Lescow: Maleachi, 190.

zueinander, »daß die Argumentation mit dem Tag Jahwes der Absicherung der Einschärfung des Toragehorsams dient.«[82] Paul-Gerhard Schwesig machte auf die Verknüpfung beider *Kanonteile* durch die Baummetaphorik (Mal 3,19by/Ps 1,3) aufmerksam.[83] Die konzeptionellen Bezüge zwischen den Kanonteilen zeigte auch Odil Hannes Steck auf. Nebi'im und der Psalter wiesen die gleichen theologischen Grundkonzeptionen auf – »in Nebi'im mehr indirekte Anleitung zur Torafrömmigkeit im weit geöffneten Horizont erfahrener Gerichte und vorweisender Weissagung, im Psalter mehr direkte Anleitung im weisheitlichen Erlebnisfeld, aber durchaus in demselben Horizont.«[84]

Angesichts dieser Erkenntnisse ist es nicht plausibel, die Maleachischrift oder gar nur eine Passage daraus unabhängig von ihrem Kontext im XII zu betrachten, so wie es Stephan Lauber in seiner 2006 erschienenen Dissertation tat. Er legte zwar eine präzise gearbeitete literaturwissenschaftliche Exegese des VI. Diskussionswortes (Mal 3,13–21) vor, die formkritische Beschränkung auf das letzte Diskussionswort verhindert jedoch die hermeneutische Untersuchung des Gesamtzusammenhanges. Da die Maleachischrift die letzte eines Schriften*corpus* ist, wäre aufgrund der gegenwärtigen Erkenntnisse der Redaktionsgeschichte des XII und der Prophetenforschung die Frage nach der Bedeutung des Textes an dieser Stelle von hoher Bedeutung.[85]

Ebenfalls 2006 erschien ein kleiner Band namens »Kult und Ethos« von Thomas Hieke, der synchron vorgeht und den Blick auf die Maleachischrift beschränkt, jedoch dezidiert auf den Lesevorgang, d. h. die sensible Wahrnehmung des Endtextes, gerichtet ist, um die fremd anmutenden kultischen Themen des Maleachibuchs für das Grundverhältnis von Gottesdienst und Ethik für die christliche Verkündigung fruchtbar zu machen. Er zeigt dabei Verbindungslinien zwischen den Diskussionsworten auf und differenziert resümierend zwischen zwei Themenkomplexen, nämlich denen, die sich eher auf den kultischen Bereich

---

82 Schart: Entstehung, 296.

83 Der Zusammenhang der Bilder von Mal 3 und Ps 1 ist bereits bei Brandenburg: Wort 11, 155ff, aufgezeigt, ohne jedoch kanontheologische Schlüsse daraus zu ziehen.

84 Steck: Abschluß, 164; vgl. 157–166 »Anhang: Schlußredaktionen des Psalters«, wo die Ergebnisse seines 1988 in der FS Pannenberg erschienenen Aufsatzes »Der Kanon des hebräischen Alten Testaments« zusammengefasst sind. Steck hält fest, dass die Redaktion der Nebi'im etwa um 200 v.Chr. abgeschlossen war, während die Psalterschlussredaktion später anzusetzen ist (aaO 163). Problematisch ist jedoch, dass die viel später entstandenen *codices* nur selten die Psalmen auf Maleachi folgen lassen. Die unterschiedlichen Überlieferungen in der jüdischen Tradition und der Septuaginta-Tradition stellen die Konzeptionalität solcher Zusammenhänge in Frage.

85 Lauber: Sonne, 457 f.

(II, V) und denen, die sich eher auf den ethischen Bereich (I, III, IV, VI) beziehen. Beide Bereiche korrespondieren miteinander.[86]

2006 war ein ertragreiches Jahr für die Maleachiforschung! Arndt Meinholds Kommentar in der Reihe »Biblischer Kommentar« wurde – nachdem er seit 2000 schon in Teillieferungen erschienen war – abschließend veröffentlicht. Dieses Werk ist ein Kompendium, dem eine diffizile Exegese der Maleachischrift zugrunde liegt, und in dem die gesamte Maleachiforschung des 20. Jahrhunderts im Kontext derer zum Zwölfprophetenbuch präsentiert ist. Die zum Teil subtilen Einzelbeobachtungen sind unter Berücksichtigung religionsgeschichtlicher Erkenntnisse auf 480 Seiten dargestellt und diskutiert. Einige Bezugnahmen auf sein Werk finden sich bereits in dem zu seinen Ehren zusammengestellten und im gleichen Jahr publizierten Aufsatzband »Die unwiderstehliche Wahrheit«.

Ein Jahr später, 2007, erschien in der Reihe der Zürcher Bibelkommentare zum AT der von Ina Willi-Plein verfasste Band zu Haggai-Maleachi. Der erfrischend exegetisch unvoreingenommene, religionsgeschichtlich fundierte Blick der Exegetin schließt den Blick auf Haggai und Sacharja ein.

Schließlich ist mit dem 2011 von Rainer Kessler erarbeiteten Band in Herders Theologischem Kommentar zum Alten Testament ein weiterer umfassender Kommentar zur Maleachischrift erschienen, der die exegetischen Fragestellungen der einzelnen Textpassagen bündelt und besonders die theologische Bedeutung der einzelnen Textpassagen diskutiert. Auch dieser leistet, was der Autor als Anspruch formuliert: »... ein Kommentar sollte sich nicht in erster Linie durch Originalität von allem früher Geschriebenen abheben, sondern sollte zusammenführen, was bisher erforscht wurde, und dies in ein einheitliches Bild einzeichnen.«[87]

Diese Formulierung sowie der forschungsgeschichtliche Einblick insgesamt zeigen, dass exegetische Detailfragen zur Maleachischrift in den vergangenen Jahren umfassend diskutiert worden sind. Auf der Grundlage dieser Ergebnisse versucht diese Arbeit eine These zur Idee der Maleachischrift und ihrer Hermeneutik.

---

86 Hieke: Kult, 74–76.
87 Kessler: HThKAT 13,12, 10.

2 Prophetie im Zwölfprophetenbuch

2.1 Anstelle einer Höllenfahrt

Wer anfängt zu fragen was Prophetie im Alten Testament eigentlich ist und wie dies sich mit Bildern von Prophetie, die der romantische Genius uns bescherte, überlagert, gelangt schnell an Grenzen, wie sie treffender als bei Thomas Mann nicht beschrieben werden können: »Tief ist der Brunnen der Vergangenheit. Sollte man ihn nicht unergründlich nennen?« Auch von der Frage nach der Prophetie ließe sich sagen: »Da denn nun gerade geschieht es, daß, je tiefer man schürft, je weiter hinab in die Unterwelt des Vergangenen man dringt und tastet, die Anfangsgründe ... immer wieder und weiter ins Bodenlose zurückweichen. Zutreffend aber heißt es hier ›wieder und weiter‹; denn mit unserer Forscherangelegenheit treibt das [nunmehr] Unerforschliche eine Art von foppendem Spiel: es bietet ihr Scheinhalte und Wegesziele, hinter denen, wenn sie erreicht sind, neue Vergangenheitsstrecken sich auftun ...«[88] Unmöglich ist darum, diese Frage im Rahmen dieser Arbeit umfassend zu beantworten.

Die Maleachischrift stellt konzeptionell die Frage nach dem Wesen der Prophetie. Religionsphänomenologisch steht dies im Zusammenhang mit einem sich verändernden Verständnis der Prophetie zu der Zeit, als Texte die Grundlage der Offenbarung werden. Damit stellt sich auch die Frage nach der Vermittlung der Offenbarung neu. Dabei scheint die Maleachischrift innerhalb des Zwölfprophetenbuches ein kompositorisches und ein semantisches Moment vorauszusetzen:

Das kompositorische Moment betrifft den Erzählablauf im Zwölfprophetenbuch, der durch die Abfolge der einzelnen prophetischen Schriften entsteht. »Anfang der Worte des Herrn mit Hoschea« legt der Talmud Hos 1,2 aus und versteht den Vers als historische Zeitangabe.[89] Davon ausgehend ist in der Forschung zum Zwölfprophetenbuch die Kenntnis gewachsen, dass durch die Zusammenfügung der Einzelschriften eine höhere Einheit entsteht, in der die Geschichte der Prophetensendungen Gottes an sein Volk repräsentativ zur Geltung kommt.[90] Die Zusammenstellung der einzelnen Schriften stellt die »Abfolge von

---

88 Mann: Joseph, 11.

89 Die Passage im Traktat bBB 14b begründet jedoch pragmatisch, warum Hosea zusammen mit den nachexilischen Prophetien Haggais, Sacharjas und Maleachis verschriftlicht worden ist. Danach habe Jhwh zuerst zu Hosea gesprochen (Hos 1,2). Obwohl zwischen Mose und Hosea viele Propheten wirkten, so sei Hosea doch der älteste von den überlieferten. Weil seine Prophetie »klein ist [und] sich verlieren [könnte]«, ist sie im XII festgehalten worden.

90 Schart: Entstehung, 28. Wohl aus diesem Grund stellte die Überlieferung der LXX das mit Hosea beginnende Dodekapropheton an den Anfang der prophetischen Bücher (Brandt: Endge-

Propheten, die die Geschichte Israels deutend begleiten«[91], dar. Aufgrund des Datierungssystems der Überschriften repräsentieren die Schriften Hosea bis Zefanja die Prophetie vor dem Exil. Der Untergang Samarias ist mit Mi 1,7 als epochaler Einschnitt gekennzeichnet. Ab Mi 1,8 treten nicht mehr die Assyrer als Vollstrecker des göttlichen Zorns auf, sondern die Babylonier, wobei Micha der Datierung in 1,1 gemäß schon nicht mehr gelebt hat. Haggai und Sacharja werden als nachexilische Propheten nach den persischen Königen datiert. Maleachi bekommt seinen Platz hinter ihnen, weil diese Schrift den fertigen Tempel voraussetzt. Bestätigt findet sich die Deutung historisierender Darstellung in der Einfügung der Jonaschrift, die mit Sicherheit nachexilisch ist, aber aufgrund der Angabe in II Reg 14,25 vor Micha eingefügt wurde.[92] Diese Darstellung als »Geschichte von Prophetensendungen« wirft die Frage auf, welche Art Prophetie den Texten der Maleachischrift eignet, nachdem in der Leseabfolge des Zwölfprophetenbuches mit Sach 13,1–6 das »Ende der Prophetie« angezeigt worden war.

Das semantische Moment liegt in einer spezifischen Verwendung des für einen Propheten im AT geläufigen Titels נָבִיא im Zwölfprophetenbuch. Das Verb נבא (Ni und Hitp) ist vom Nomen נָבִיא abgeleitet und aufgrund der Parallelstruktur zu anderen *qatīl*-Bildungen mit ›Berufener‹ zu übersetzen.[93] Das Wort beschreibt im AT ein umfassendes Phänomen. Es wird für unterschiedlichste Formen von Prophetie verwendet, auch für solche, die theologisch disqualifiziert werden. So wird es I Sam 10,5.10 für Propheten gebraucht, die in Verzückung geraten sind. Im Unterschied dazu kommt Saul in Verzückung, weil Jhwhs Geist über ihn kommt (I Sam 10,6). Auch Mose ist נָבִיא (Dtn 18,15.18). Hingegen kann im Dtn die Wurzel auch im Sinne ›falscher‹ Prophetie verwendet werden (Dtn 13,5). Ebenso gegensätzlich ist die Bezeichnung Jeremias als נָבִיא לַגּוֹיִם (Jer 1,5) einerseits und die Verwendung von נָבִיא für die zu kritisierenden Kollegen in Jer 23,11 andererseits. Die schematische Gegenüberstellung von wahrer und falscher Prophetie[94] bezeugt

---

stalten, 179 Anm. 836). Der These widerspricht auch die unterschiedliche Reihenfolge in der jüdischen und der christlichen Überlieferung nicht; lediglich die Kriterien dieser historisierenden Darstellung differieren.

91 Schart: Entstehung, 39.
92 Zur Gesamtdarstellung Schart: Entstehung, 37–39. Die lexikalischen Verknüpfungen der Joël- und Obadjaschrift zu den jeweils ›benachbarten‹ Büchern gingen nach Schart dieser Historisierung voraus, so dass diese nun als Propheten des 8. Jh. zu stehen kommen. Die Probleme, die mit dieser Betrachtung einhergehen, können hier nicht vertieft werden; skizziert wird lediglich die These, dass die geschichtliche Dimension prophetischer Rede dem XII eingeschrieben ist.
93 Müller: ThWAT V, 145.
94 Zu deren unterschiedlichen Facetten siehe Hossfeld/Meyer: Prophet, 21.35f.43.50.112f.159f, auch wenn einzelexegetische Entscheidungen und historische Verortungen hier nicht mehr geteilt werden.

die Auseinandersetzung um unterschiedliche Auffassungen dessen, was im AT Prophetie ist. Ernst Joachim Waschke hat dargelegt, dass der Titel נָבִיא in dtr Darstellungen nach dem Exil von den Hofpropheten auf die übergegangen war, deren Botschaft sich angesichts der Katastrophe 587 v. Chr. bewährt hatte.[95] Die Glaubwürdigkeit der Prophetie nach den Erfahrungen von Zerstörung und Exil musste geschichtlich verifizierbar sein (vgl. Dtn 18,22; Ez 13,9–11.15 f). Manche Unheilsprophetie erwies sich in der Retrospektive als wahr und wurde in die prophetische Überlieferung des Gottesvolkes eingebunden. Am Ende konnte der Titel נָבִיא auf alle übertragen werden, die man in der Sukzession Moses glaubte.

Die Texte des XII, die die Wurzel נבא aufweisen, sind Hos 4,5; Hos 6,4; Hos 9,7 f; Hos 12,11.14; Jl 3,1; Am 2,11 f; Am 3,7 f; Am 7,12–16; Mi 3,5 f.11; Hab 1,1; 3,1; Zef 3,4; Hag 1,1.3; 1,12; 2,1.10; Sach 1,1.4.5.7; 7,2.12; 8,9; Sach 13,2–5 und Mal 3,23. Die 43 Vorkommen sind auch hier nicht Träger eines einheitlichen Prophetieverständnisses, sie scheinen im XII insgesamt jedoch dem prophetischen Gedanken der *successio mosaica* verpflichtet. Nur vier der zwölf Propheten, Amos implizit, Habakuk, Haggai und Sacharja explizit, und als fünfter schließlich Elia, werden im XII נָבִיא genannt. Auch die Passagen der Hoseaschrift setzen dieses auf Mose gründende Prophetieverständnis voraus.[96] Drei Texte parallelisieren die beiden Mittlergestalten Priester und Prophet und demonstrieren kleine Kompetenzrangeleien hinsichtlich der Deutungshoheit in Torafragen (Mi 3,5.6.11; Zef 3,4; Sach 7,2.7). Wie ein Spannungsbogen erscheinen darüber Hos 4,4–6 und Mal 2,7, zwei Texte, deren intertextuelle Referenzialität schon in der rabbinischen Auslegungstradition gesehen und gedeutet wurde.[97] Liest man diese Texte in ihrer Abfolge im XII, gleich ob im MT oder in der LXX, so gewinnt der Prophet zunehmend Anteil an der Verantwortung für die Tora. Im ersten Text, Hos 4,4–6, werden deutlich die Vergehen des Priesters formuliert, die des Propheten bleiben im Dunkeln. In der alttestamentlichen Exegese hat man dies damit zu begründen versucht, dass der Prophet von einer späteren Redaktion hinzugefügt worden war, so dass der Vorwurf des Versagens im Umgang mit der Tora nach dem Verständnis dieser Redaktion nun beide traf.[98] Mi 3,5–8 dokumentieren eine Reformulierung des prophetischen Verständnisses aus 3,9–12. Zef 3,3–5 bezeugen die Verantwortung von Priester und Prophet gegenüber der zuverlässigen Rechtsgabe Jhwhs, wobei die Aufgabe des Propheten wiederum nicht klar zum Ausdruck kommt. Haggai, zwar Prophet in der *succesio mosaica* und מַלְאַךְ יְהוָה, delegiert eine kultische Frage nach

---

95 Waschke: Titel, 69.

96 Eindeutig Hos 12,14, wo Mose als Prophet genannt ist, zu Hos 4,4–6 siehe unten; zu Hos 6,5 und 9,7 siehe Köckert: Leben, 190 Anm. 28.

97 Z. B. SchemR zu Ex 31,1.

98 Vgl. den textkritischen Apparat der BHS zur Stelle.

der Tora an die Priester (Hag 2,11), möglicherweise, weil er selber kein Priester ist. Sacharja, der Prophet *und* ausgewiesene Angehörige eines Priestergeschlechts (Sach 1,1), ist hingegen befugt, eine Toraauskunft zu erteilen (Sach 7,3).

Wie gesagt, die Rolle des Priesters als Toragelehrter im Midrasch SchemR zu Ex 31,1 wird just durch die Auslegung dieser beiden Texte Hos 4,4–6 und Mal 2,7, die hier aufeinander bezogen wurden, thematisiert. Der Midraschabschnitt könnte somit als ein erhaltener Intertext gelesen werden:

> »Und Gott erwies eine Ehre dem Aaron, dass er ihn wie die Dienstengel kleidete, wie es heißt Mal 2,7: ›Denn er (der Priester) ist ein Engel des Ewigen Zebaoth.‹ Daher haben die Alten gesagt, bemerkte R. Jehuda, jeder Priester, welcher die Hebe genießt, aber nicht gesetzeskundig ist, wird auch nicht einst Priester sein; er wird wegen dreier Dinge verachtet (geringgeschätzt), wie es heißt Hos. 4,6: ›Weil du die Kenntnis verschmähest, so verschmähe ich dich, mir Priester zu sein,‹ weil die drei Aleph in dem Wort ואמאסאך sind, um anzudeuten, dass er verworfen wurde vom Priestertum, vom Heiligtum und vom Levitentum, ist er aber ein Gesetzeskundiger, so ist er wie ein Engel, wie es heißt Mal 2,7 ...«

Der literarische Bogen, der durch den intertextuellen Bezug zwischen Hos 4,4–6 und Mal 2,7 entsteht, beschreibt ein Ringen um Kompetenzen zwischen Priester und Prophet, an dessen Ende der Priester die auf der *successio mosaica* basierende prophetische Rolle in sich aufnimmt. Levi in Mal 2,7 steht dafür, dass beide Funktionen, die prophetische und die priesterliche, die Mose- und die Aaronfunktion, in einem Amtsträger vereint sind.[99] Der Engel bleibt das Ideal. Sobald er eine Gestalt hat, ist er kontingent. Der מַלְאָךְ ist offen für die göttliche Offenbarung; er steht als hermeneutisches Prinzip für das inspirative Moment der Auslegung. Folgerichtig, dass auf der Erzähleben des XII mit Sach 13,2–6 das ›Ende der Prophetie‹ propagiert wird.

Die Grundlage des sich auf Mose berufenden Prophetentums, die Stilisierung der als נָבִיא bezeichneten Propheten im XII und die These vom ›Verlöschen des prophetischen Geistes‹ sind Gegenstand der folgenden Teilkapitel.

2.2 Mose, das Urbild des נָבִיא

Timo Veijola erklärte in seiner Studie zum Übergang von der Prophetie zum Schriftgelehrtentum Dtn 1,5 und Dtn 18 zu den Gründungstexten aller, die später

---

99 Diese These wird im Kapitel über das II. Diskussionswort entfaltet und begründet.

auf dem Stuhl des Mose sitzen und lehren.[100] Einheitliche Grundlage dafür sei das Prophetengesetz Dtn 18,9–20,[101] die einzige Passage (abgesehen von der darauf bezogenen Dtn 34,10), die Mose im Pentateuch einen ›Propheten‹ nennt.

Die offenbarungstheologische Voraussetzung für die Bedeutung des Prophetengesetzes liegt in der Gottesbergperikope (Dtn 5) und in der dort dargestellten Mittlerposition des Mose.[102] Der literarische äußere Rahmen der Perikope 5,1/32 f fordert, die Gesetze אֶת־הַחֻקִּים וְאֶת־הַמִּשְׁפָּטִים zu lernen, zu halten und zu tun. Dtn 5,2 f betonen die bleibende Aktualität der Horeb-בְּרִית. Dtn 5,4/22 erinnern an Jhwhs Sprechen zu Israel von Angesicht zu Angesicht. Dtn 5,2–21 zitieren den Dekalog. Anschließend lassen Dtn 5,23–27 der Bitte des Volks eingedenk sein (Ex 20,18 f), Mose möge der Mittler der Worte Jhwhs sein. Die Repräsentanten Israels bitten Mose erneut, er möge »als Mittler zwischen Gottes Reden und Israels Hören trete[n]«. Die Bitte wird in Dtn 5,28–30 von Jhwh gebilligt und in Dtn 5,31 so geordnet: »Jahwe redet zu Mose כָּל־הַמִּצְוָה, nämlich הַחֻקִּים und הַמִּשְׁפָּטִים; Mose soll diese Israel lehren, so dass Israel sie im Lande (!) tut. Während die unmittelbare Horeboffenbarung mit dem Dekalog abgeschlossen ist (לֹא יָסָף Dtn 5,22), stellt 5,31 jede weitere Willensoffenbarung Gottes unter die Offenbarungsmittlerschaft Moses.« Mose ist der von Gott autorisierte Lehrer des dtn Gesetzes, Interpret des Dekalogs. Dtn 18 greift diesen Gedanken auf, indem 18,16 Dtn 5,24–26 zusammenfasst und auf 5,25 zurückweist; Dtn 18,17 zitiert 5,28b. Die Passagen, in denen um Mose als Mittler gebeten wird, fehlen jedoch; an seine Stelle soll in der Zeit nach Moses Tod »im Lande« ein »Prophet wie Mose« treten (Dtn 18,18). Seine Vertreter werden nicht nur von Jhwh erwählt, wie der König; Jhwh lässt sie erstehen, was »jede menschliche Mitwirkung unmöglich macht«[103]. Dieses Verständnis von Prophetie in der *succesio mosaica* ist von Anfang an der Offenbarung an Mose verpflichtet. In dieser Sukzession werden die Propheten עֲבָדִים genannt. Der עֶבֶד-Titel ist hier nicht Ausdruck der Unterordnung eines Menschen unter einen anderen,[104] sondern aus der Sprache des Königtums adaptiert.[105] In dtr Texten wird oftmals David als idealer König »David, mein Getreuer« genannt

---

100 Veijola: Erben, 216 f: Dem Beginnen (יאל Hi) des Mose in Dtn 1,5 folgt keine erkennbare Füllung; באר Pi lässt Mose als ersten Ausleger der Tora auftreten, »dessen ursprünglich mündliche Auslegung später eine schriftliche Gestalt und göttliche Dignität bekommt.«
101 Kriterien für die Einheitlichkeit des Textes bei Köckert: Leben, 210 f.
102 Folgende Ausführungen bei Köckert: Leben, 212 f.
103 Köckert: Leben, 214.
104 Ringgren: ThWAT V, 994–997.
105 Vgl. auch Achenbach: Tora, 33. Formal belegbar ist dies anhand der in Palästina gefundenen Dienstsiegel, die die Formulierungen עֶבֶד הַמֶּלֶךְ oder עבד + Königsnamen tragen (Rüterswörden: ThWAT V, 997). Entsprechend tragen die Belege, um die es im Folgenden gehen wird, grundsätzlich eine auf Jhwh bezogene Suffigierung oder den Gottesnamen als *nomen regens*.

(II Sam 3,18; 7,5; I Reg 11,13.32.34.38; II Reg 19,34; 20,6).[106] Entsprechend ist im Pentateuch, der großen Darstellung der ›königslosen Zeit‹, Mose der Getreue Jhwhs *par excellence*.[107] Wenn Mose »Getreuer Jhwhs« genannt wird, dann »meist in formelhaften Hinweisen auf ihn als Gesetzgeber und Vermittler von Gottes Befehlen«.[108] Mose wird zum *individuum pro specie* des toragetreuen Regierenden.

Die Idee, Mose zum Propheten zu stilisieren, gehört in den Kontext der Verschriftung der Tora. Hand in Hand mit dieser Idee geht die des toragetreu regierenden Königs (Dtn 17,18–20). Beide Funktionen lagen bisher in Moses Hand. Die Sorge um die schriftlich vorliegende תּוֹרָה liegt mit Dtn 17,18 in der Hand der levitischen Priester. Für den ganzen Stamm Levi, der hinfort für die Lehre der תּוֹרָה an Israel verantwortlich ist, steht im Mosesegen (Dtn 33,10) der Stammvater. Das ist Moses Vermächtnis. Damit erfolgt eine Transformation des Offenbarungsmediums. Nicht mehr Mose ist der Offenbarungsmittler, sondern die Tora. Dtn 34,10 qualifiziert lediglich die Unmittelbarkeit der Offenbarung, die an Mose erging, als exklusiv gegenüber der an das Offenbarungsmedium gebundenen der in seiner Nachfolge stehenden Propheten. Auffällig ist, dass in den Texten, die die Exklusivität des Mose betonen (Num 12,7; Dtn 34,10; Jos 1,2.7; Mal 3,22), oft der Titel des Getreuen verwendet ist. Die Bezeichnung der Propheten als »Getreue« hebt folglich die Treue der Propheten zum Gesetz des Mose hervor. Im XII sind Propheten in Am 3,7 und Sach 1,6 in der Kontinuität zu ihrem Urbild zu verstehen.

Ein Moment des Prophetenamtes, wie es im Pentateuch verstanden wird, liegt ferner in der Fürbitte. Abraham, der mehrmals im AT »Getreuer« genannt wird (Gen 26,24; Ex 32,13; Dtn 9,27; Ps 105,42), wird an einer Stelle als »Prophet« bezeichnet (Gen 20,7). Der Prophetentitel bezieht sich hier einzigartig auf Gen 18 und Abrahams Rolle als Fürbittenden, dem Gott antwortet.[109] Das rabbinische Judentum sah in der Fürbitte die klassische Aufgabe eines Propheten (bPes 87a-b; HldR 1,6; ExR 43,11). In seiner Funktion als Übermittler des göttlichen Gesetzes übernimmt in der Exodusüberlieferung auch Mose diese Funktion (Ex 32).[110] In

---

106 Ein Text, der II Chr nicht überliefert ist. Außerhalb des sogenannten DtrG wird David I Chr 17,4; Ps 89,21; Jes 37,35; Jer 33,21 f; Ez 34,23 עַבְדִּי mit Bezug auf Jhwh genannt.

107 Mose als Prophet: Dtn 18,15.18; als Getreuer: Ex 4,10; 14,31; Num 11,11; 12,7 f; Dtn 34,5; Jos 1,1 f.7.13.15; 8,31.33; 9,24; 11,12.15; 12,6; 13,8; 14,7; 18,7; 22,2.4 f; I Reg 8,53.56; II Reg 18,12; 21,8; I Chr 6,34; II Chr 1,3; 24,6.9; Neh 1,7 f; 9,14; 10,30; Ps 105,26; Dan 9,11; Mal 3,22. Der Titel ist zwar kein Privileg des Mose, da im Pentateuch auch Kaleb (Num 14,24), die Jakobsöhne (Gen 50,17), die Israeliten (Lev 25,55) und die Erzväter (Ex 32,13; Dtn 9,27) »Getreue Jhwhs« genannt werden können. Die Exklusivität des Mose wird über die 40 Vorkommen dieser Formulierung erzielt.

108 Ringgren: ThWAT V, 1001, mit Belegen.

109 Jacob: Genesis, 470.

110 In diesen Kontext gehört auch die Einsetzung Maleachis als Garant des göttlichen Willens (Ex 32,34).

dieser Tradition stehend wird auch Amos als Fürbittender für Jakob dargestellt
(Am 7,1–8).

2.3 Moses Erben im XII

Innerhalb des XII ist auffällig, dass die meisten der zwölf Propheten nicht נָבִיא
genannt werden, lediglich Habakuk, Haggai und Sacharja. Amos, der den Titel von
sich weist, wird implizit zum נָבִיא stilisiert.[111] Diese Propheten werden als Moseerben nach dem Prophetengesetz (Dtn 18) dargestellt. Mose als der Mittler und
Hermeneut der göttlichen Offenbarung im Dtn gibt das Urbild für den נָבִיא im XII.
Einzig außerhalb des Pentateuch wird er in Hos 12,14 נָבִיא genannt. Mit dieser
Perikope wird die mit Hosea beginnende »Geschichte der Prophetensendungen«
(siehe S.26) im XII überlagert und der Ursprungsmythos der Prophetie erzählt. Er
beginnt beim Auszug aus Ägypten mit dem Propheten Mose (Hos 12,14), chrono-
logisch also vor Hosea (gegen Hos 1,2), wird weitergeführt mit Amos, dessen
prophetische Rede an dem mit dem Makel des Kalbs behafteten Kultort in Bethel
nicht nur ungehört verhallte, sondern die Ausweisung des Propheten zur Folge
hatte. Sie zielt auf eine Veränderung des Prophetieverständnisses als Schriftauslegung, die das Prophetenbild des XII prägt und in der Maleachischrift ihr Ziel
findet.[112]

2.3.1 Amos

Die dtr geprägte Amosschrift macht die Stilisierung des Amos als Prophet in der
successio mosaica beispielhaft deutlich. Die Amazjaperikope (Am 7,12–16) datiert
das Wirken des Amos in die Zeit Jerobeams II., der nach Darstellung von II Reg
14,23–29 nicht abließ »von allen Sünden Jerobeams«. Amos wirkte an der Stätte
dieser Ursünde, in Bethel (Am 7,12). Von dort soll er auf Initiative des Priesters
Amazja des Landes verwiesen werden, weil das Land seine Worte nicht ertragen

---

111 Bezüglich der Michaschrift konstatierte Kessler: »Die Worttheologie der Überschrift setzt ein
vereinheitlichtes Prophetenbild voraus.« (HThKAT 13,6, 73).
112 Daneben gab es andere Neuheiten in der nachexilischen Prophetie, wie den Boten in Ob 1, der
aber, wie Jer 49,14, צִיר genannt wird. Dieser sieht ältere Worte in Erfüllung gehen, nimmt diese
Erfüllung als Zeichen der anbrechenden Endzeit und rückt geschichtliche Erfahrungen und
endzeitliche Erwartungen eng aneinander. Auch diese Art der Prophetie rechnet mit schriftkun-
digen Lesern und bezeugt den hohen Anspruch an die prophetische Tradition (Jeremias: Theologie, 280).

kann. Ausdrücklich distanziert sich Amos davon, von Haus aus Prophet zu sein (Am 7,14); er beruft sich auf seinen Auftrag, den er von Jhwh erhalten hat (7,15). Eine Begebenheit wie diese beschreibt die Israelstrophe am Ende des Fremdvölkerzyklus (Am 2,6–16) als typischen Umgang Israels mit seinen Propheten (2,12b) und als Ursache der unheilsvollen Ereignisse des kommenden Tages.[113] Die Fremdvölkersprüche sind auf die Israelstrophe hin konzipiert. Formal kommt das in den als Zahlenspruch gestalteten Worten gegen Damaskus, Gaza, Ammon und Moab zum Ausdruck, die jeweils nur einen Frevel ausführen, obwohl vier angekündigt sind.[114] Die vier Frevel werden für Israel entfaltet. In der Letztgestalt der Israelstrophe[115] ist es Israels Abweisung des prophetischen Wortes, die zum Untergang geführt hat. Das prophetische Wort konnte seine schuldaufdeckende Kraft nicht mehr ans Licht bringen. Am 2,11 rekurriert auf die Formulierung קום Hi + מִן + Familienmetapher für Israel[116] aus Dtn 18,15.18. Mit dieser Referenz auf das Prophetengesetz wird Israel vorgeworfen, einem »wahren« Propheten prophetisches Redeverbot erteilt zu haben (Am 2,12b). Innerhalb der Amosschrift wird damit zum Ausdruck gebracht, dass Amos zu diesen Propheten gehört und dass das Nichthören auf die von ihnen gesprochene Tora Ursache für den Untergang war.[117] Diese Reflexion lässt erkennen, dass Amos zum Repräsentanten eines Typos gemacht worden ist, des Prophetentypos, dessen Verkündigung Schuld aufdeckende Unheilsprophetie ist,[118] die sich nach 587 v. Chr. als wahre Prophetie erwiesen hat und Bestandteil der *Heils*geschichte für Israel ist.

Mittels der Wurzel צוה, die in Bezug auf Mose die Unbedingtheit der göttlichen Willensbekundung in der Tora zum Ausdruck bringt, wird in Am 2,12 der Kontrast, der im Handeln Israels liegt, manifest: »Israel soll zwar stets einen Propheten

---

113 Vgl. Schart: Entstehung, 60: »Die Formulierung לֹא תִנָּבְאוּ setzt offensichtlich Am 7,16 (לֹא תִנָּבֵא) voraus [mit Verweis auf Schmidt und Wolff]. Der Am 7,10–17 berichtete Einzelfall, der in eine bestimmte historische Situation hineingehört, wird in Am 2,12 zum Regelfall gemacht.« So auch Köckert: Leben, 187. Zum Zusammenhang zwischen Am 2,11 und Dtn schon Zobel: Prophetie, 207.
114 Köckert: Leben, 184, im Anschluss an Gese.
115 Zur literarkritischen und redaktionsgeschichtlichen Überlegungen siehe Köckert: Leben, 184–186.
116 Dtn 18,18 schreibt מִקֶּרֶב אֲחֵיהֶם, was den Aspekt der Ebenbürtigkeit betont, zumal die Rede am Tag vor Moses Tod ergeht; Am 2,11 schreibt hingegen מִבְּנֵיכֶם, was den Aspekt der Kontinuität über den Lauf der Geschichte hin betont.
117 Zur umfassenden Kritik der klassischen Thesen: Steins: Amos, 585–602.
118 Köckert: Leben, 187. Zur Datierung der Amazjaperikope: Becker: Wiederentdeckung, 54. Schmidt: Redaktion, 168–193. Werlitz: Amos, 246 f. Siehe dort zur literarischen Einbettung des Textes. Der Verfasser ordnet alle Äußerungen zum Prophetentum der dtr Redaktion des Buches zu. Anders, aber lediglich mit der Begründung, dass gegen eine Datierung zur Zeit des historischen Amos nichts spricht: Behrens: Visionsschilderungen, 93–95.104.

haben der ›ihnen alles sagt, was ich ihm gebiete (צוה)‹, ›doch ihr habt diesen
Propheten geboten (צוה): Ihr sollt nicht prophezeien!‹«[119] Die Darstellung der Is-
raelstrophe knüpft somit unmittelbar an das Prophetieverständnis von Dtn 18,18
an: Amos hatte prophetisch geredet alles, was Jhwh ihm geboten hatte, allein, das
Volk hatte sich dem widersetzt. Innerhalb des XII wird Amos als Prophet in die
Regierungszeit Jerobeams II., dessen Name und Handeln auf die Ursünde des
Gottesvolkes (I Reg 12; II Reg 14,23–29; vgl. Ex 32) weisen, in die Reihe der pro-
phetischen Sukzession gestellt, die mit Mose ihren Anfang nahm.

2.3.2 Haggai und Sacharja

Haggai und Sacharja werden auch außerhalb des XII als נָבִיא bezeichnet. Esr 5,1 erzählt, dass beide als Propheten wirkten. Das Attribut ‚Prophet‘ (נְבִיאָה *qᵉre nᵉbiyyāʾ*)
erhält jedoch nur Haggai, Sacharja hingegen wird Sohn seines Vaters בַּר עִדּוֹא genannt,
entsprechend Esr 6,14. Dass ein Sacharja Angehöriger des Priestergeschlechtes Iddo
gewesen sei, belegt Neh 12,16.[120] Gemäß der genealogischen Aussage in Sach 1,1.7
wäre Iddo der priesterliche Adoptivater Sacharjas.[121]
  Im XII agieren Haggai und Sacharja ganz im Sinne der Moseerben. Ein Kon-
stitutivum der in Dtn 18 propagierten rechtmäßigen Prophetie ist das Hören auf
Jhwhs Stimme (Dtn 13,5; 18,14.15.16.19). Entsprechend hören in Hag/Sach Serubbabel, Jehoschua und das ganze Volk auf die Stimme Jhwhs, ihres Gottes, und auf
die Worte Haggais, des Propheten, die ihm Jhwh, ihr Gott, geschickt hatte, und das
Volk fürchtete Jhwh (Hag 1,12; Dtn 13,5; 18,16). Sacharjas Umkehrruf (Sach 1,1–6)
erinnert daran, dass die Väter die Worte der früheren Propheten nicht hörten und
nicht aufmerkten (Sach 1,4; 7,11).[122] Hingegen wird das Wort Sacharjas wiederum
gehört (Sach 8,9; vgl. Dtn 18,18). Die Kritik an den Vätern (Sach 1,4–6) geschieht mit

---

119 Köckert: Leben, 190.
120 לַעֲדוֹא mit Qere; das Ketîb setzt auch LXX voraus. Vgl. auch Lux: Berufung, 293. Das könnte die
aramaisierende Schreibweise in Esr 5,1; 6,14, die auf א endet, im Unterschied zu Sach 1,1 erklären;
dass es sich um dieselbe Person handelt, ist dennoch nicht bewiesen.
121 Pola: Priestertum, 43 f. Ein Seher oder Prophet Iddo, der zur Zeit Rehabeams und Jerobeams
bzw. Abijas wirkte, ist II Chr 9,29; 12,15; 13,22 genannt. Eine genealogischer Zusammenhang mit
Sacharja ist dort nicht angeführt und kann historisch auch nicht bestehen.
122 Die Formulierung findet sich auch häufig bei Jeremia (Jer 23,18.25.27) und im XII z.T. auffällig
an Stellen, die Prophetie bzw. Mittlerposten reflektieren (Hos 5,1; Sach 1,5; 7,11; Mal 3,16).

Verweisen auf Jer 23,9ff, dem *locus classicus* wahrer und falscher Prophetie nach dtr Verständnis.[123]

Haggai und Sacharja sind die ersten Propheten des neuen Tempels. Just in dem Moment, da der Höhepunkt des Heilsanbruchs in der Haggaischrift dargestellt wird, als die priesterlichen Tora eingeholt wird (Hag 2,10–14), die Ermutigung zum Tempelbau sowie dessen Grundsteinlegung (Hag 2,15–19) erfolgen und die Verheißung an Serubbabel (Hag 2,20–23) ergeht, ruft Sacharja zur Umkehr (Sach 1,1–6).[124] Rüdiger Lux hat gezeigt, dass die dem Umkehrruf folgenden Nachtgesichte in der kanonischen Leseabfolge eine Bekräftigung und zugleich eine Modifikation der Weissagung Haggais (Hag 2,20–23) sind. Die intertextuellen Referenzen an den Randstellen der Haggai- und Sacharjaschrift sparen den Sacharjaprolog (Sach 1,1–6) aus. Nur das Lexem עֶבֶד stellt die Brücke her (Hag 2,23; Sach 1,6).[125] Oben wurde bereits der motivgeschichtliche Zusammenhang zwischen dem Königstitel und dessen Weitergabe an den Propheten gezeigt (vgl. c. 2.2). Vor diesem Hintergrund kann aufgrund der partiellen Rekurrenz von עֶבֶד der Umkehrruf Sacharjas als eine Explikation der Verheißung an Serubbabel gelesen werden.[126] Gleichzeitig steht er in Kontinuität zu den früheren Propheten, den Getreuen, die zur Umkehr riefen (Sach 1,4). Sach 1,6b rekurriert auf 1,4b. Der Vers ist ein Zitat aus Jer 25,5, das im Jeremiakontext den Grund für die in 25,8–13 erfolgende Gerichtsankündigung nennt. Durch das Eintreffen des Jhwh-Wortes erweist sich der Verkünder als wahrer Prophet (Dtn 18,21). Die Deutung der Verheißung an Serubbabel erzählt somit die Installation eines neuen Mittleramtes mit der Fertigstellung des zweiten Tempels. Der Prolog stellt die Verbindung zwischen den beiden alten Institutionen – dem Tempel und der Prophetie – her. Es folgen die Nachtgesichte. Anschließend fingieren Sach 7,1–4 einen Fall, um dies Problem zu

---

123 Etliche sehen in Jer 23,9–40 den *locus classicus* für die Unterscheidung von wahrer und falscher Prophetie (ausführlich dazu Münderlein: Kriterien; Hossfeld/Meyer: Prophet; Hermisson: Kriterien, *passim*); Boda: Freeing, 353.

124 Zur Datierung und ihrer Interpretation Lux: Zweiprophetenbuch, 5; Pola: Priestertum, 39 f.

125 Lux: Zweiprophetenbuch, 8 f.

126 Vielleicht weist die genealogische Notiz (Sach 1,1), Sacharja sei ein Sohn Berechjas und stamme aus dem davididischen Geschlecht (I Chr 3,20), darauf. Sieben Personen unter diesem Namen begegnen im AT (JBL, 119 f). Pola: Priestertum, 49, versteht ihn mit der Deutung des Targum (Thr 2,20) als »Urbild« des das Martyrium erleidenden prophetisch begabten Priesters (II Chr 24,20ff). Bisweilen wird Berechja auch mit Jeberechja, einem Vorfahr des Sacharja, der Zeitgenosse der Prophetie Jesajas war (Jes 8,2), und somit Zeuge der vorexilischen ›wahren‹ Prophetie, in Beziehung gebracht (schon Bertholdt, Leonhard: Historisch-kritische Einleitung in sämmtliche kanonische und apokryphe Schriften des alten und neuen Testamentes. Bd. IV. Erlangen 1814, 1720–1724).

entfalten. Eine Delegation kommt aus Bethel,[127] um das Angesicht Jhwhs zu besänftigen (vgl. Am 5,5) und fragt Priester *und* Prophet um einen Rat in kultischer
Angelegenheit:

וַיְהִי בִּשְׁנַת אַרְבַּע לְדָרְיָוֶשׁ הַמֶּלֶךְ הָיָה דְבַר־יְהוָה אֶל־זְכַרְיָה בְּאַרְבָּעָה לְחֹדֶשׁ הַתְּשִׁעִי בְּכִסְלֵו: וַיִּשְׁלַח בֵּית־אֵל שַׂר־אֶצֶר
וְרֶגֶם מֶלֶךְ וַאֲנָשָׁיו לְחַלּוֹת אֶת־פְּנֵי יְהוָה: לֵאמֹר אֶל־הַכֹּהֲנִים אֲשֶׁר לְבֵית־יְהוָה צְבָאוֹת וְאֶל־הַנְּבִיאִים לֵאמֹר הַאֶבְכֶּה
בַּחֹדֶשׁ הַחֲמִשִׁי הִנָּזֵר כַּאֲשֶׁר עָשִׂיתִי זֶה כַּמֶּה שָׁנִים: פ
וַיְהִי דְּבַר־יְהוָה צְבָאוֹת אֵלַי לֵאמֹר:

Und es war im 4. Jahr des Königs Darius, als das Wort Jhwhs zu Sacharja geschah, am 4. des
neunten Monats, im Kislev: Und Bethel sandte Sar-Ezer und Regem-Melech und seine Männer
zu besänftigen das Angesicht Jhwhs zu den Priestern, die im Haus Jhwh Zebaoths sind, und
zu den Propheten: »Soll ich weinen im fünften Monat beim Fasten wie ich es getan habe so
viele Jahre?« Aber das Wort Jhwh Zebaoths geschah zu mir: …

Ein inhaltliches Problem und ein Metathema sind miteinander verschränkt. In-
haltlich geht es um die Fastenfrage (7,3b), die in 7,5b–6; 8,19a beantwortet wird.
Auf der Metaebene werden jedoch Wechsel und Kontinuität in der Geschichte der
Prophetie, sowie die Autorität von Prophet und Priester, speziell am Jerusalemer
Tempel, thematisiert. Wie die einzelnen Sätze aneinander schließen, Subjekte und
Objekte eindeutig bestimmt werden, ist Gegenstand umfangreicher Forschungs-
diskussionen. Wir beschränken uns auf die Funktionen von Priester und Prophet.
Sach 7,3a wird durch לֵאמֹר gerahmt und enthält lediglich das Objekt des voran-
gegangenen Satzes. Obwohl Priester und Propheten gefragt sind, antwortet in 7,5a
Sacharja, offensichtlich als Repräsentant der Propheten unter Verwendung der für
sie typischen ›Wortereignisformel‹, dem ganzen Volk des Landes *und den Priestern*. Die Notiz in 7,3a erscheint so als Aussage auf einer Metaebene, die mit der
Fastenfrage gar nichts zu tun hat, sondern die Deutungshoheit hinsichtlich einer
religiösen Frage thematisiert.[128] Die Antwort des Propheten stellt die Kontinuität
zur Botschaft der »früheren Propheten« her (Sach 7,8–10)[129] und bezieht sich auf
Texte der Tora (Dtn 18,10; Ex 22,17; Ex 20,14; Dtn 5,18; Lev 19,12; Dtn 24,14; Dtn 24,17,

---

127 Zur Bestimmung Bethels in v. 2 als Subjekt: Pfeiffer: Heiligtum, 80 Anm. 59; ebenso Stead:
Intertextuality, 221 Anm. 7; Schaper: Priester, 170; dagegen Willi-Plein: ZBK.AT 24.4, 123.
128 Chapman: Law, 210–218.
129 Sach 7,7 kann sich syntaktisch auf 4–6 oder 8–10 beziehen. Wahrscheinlich ist jedoch, dass
»die Worte der früheren Propheten« die Sozialkritik der Verse 8–10 zum Inhalt haben. Willi-Plein:
ZBK.AT 24.4, 124, meint, dass diese Verse erst später als Inhalt der Botschaft der früheren Propheten eingefügt wurden.

Ex 22,20 f).[130] Sacharja, der anerkanntermaßen ein Prophet des neuen Tempels ist, ist in dieser Darstellung ein Interpret der Offenbarung an Mose.

Sach 7 ist eine Schlüsselstelle für das Prophetieverständnis im XII.[131] Sach 7,2 f lassen Hag 2,11 f assoziieren, eine Torafrage an die Priester, die der Prophet erst einholen muss. Überraschenderweise antwortet hier Sacharja. Er ist der letzte Prophet, gleichzeitig ein Priester. Auf der Textebene wird dieses neue Verständnis der Prophetie an den Bau des zweiten Tempels gebunden: die Datierung nennt den 7. Dezember 518 als späteste Datierung in Hag/Sach, genau zwei Jahre nach Beginn der Nachtgesichte Sacharjas, zwei Jahre nach der Grundsteinlegung, drei Jahre vor seiner Einweihung und genau zwei Jahre nach der Torafrage Haggais. Interessant ist, dass später der Targum die נְבִיאִים des MT in Sach 7,3 als סָפְרַיָּא deutete.[132]

2.3.3 Habakuk

Vor diesem Hintergrund wird offenbar, warum auch Habakuk, dessen Sprache und Textgestalt sich wesentlich von der Haggais und Sacharjas unterscheiden, נָבִיא genannt wird. Hab 2,1–3 enthebt das prophetische Gesicht der Unmittelbarkeit und stellt es in seiner Autorität neben die Gesetzestafeln (vgl. II Chr 5,10):

עַל־מִשְׁמַרְתִּי אֶעֱמֹדָה וְאֶתְיַצְּבָה עַל־מָצוֹר וַאֲצַפֶּה

לִרְאוֹת מַה־יְדַבֶּר־בִּי וּמָה אָשִׁיב עַל־תּוֹכַחְתִּי:

וַיַּעֲנֵנִי יְהוָה וַיֹּאמֶר

כְּתוֹב חָזוֹן וּבָאֵר עַל־הַלֻּחוֹת לְמַעַן יָרוּץ קוֹרֵא בוֹ:

כִּי עוֹד חָזוֹן לַמּוֹעֵד וְיָפֵחַ לַקֵּץ וְלֹא יְכַזֵּב אִם־יִתְמַהְמָהּ חַכֵּה־לוֹ כִּי־בֹא יָבֹא לֹא יְאַחֵר:

Auf meinen Wachposten trete ich und stelle mich auf den Festungswall und spähe,
um zu sehen, was er mir sagt und was er erwidert[133] auf meine Einrede.
Und Jhwh antwortete mir und sprach:
Schreib ein Gesicht und mach es deutlich auf Tafeln, damit man es auf ihnen geläufig lesen

---

130 Nach Chapman: Law, 213, sind mit הַתּוֹרָה und הַדְּבָרִים in Sach 7,12 der Pentateuch und ein frühes *corpus* prophetischer Schriften gemeint. In der Parallelstellung meine Tora vielleicht eher die umfassende Offenbarung, die dem Pentateuch innewohnt, הַדְּבָרִים die Worte der Sinaioffen-barung, die den Dekalog und die Gebote des Bundesbuches einschließt (incl. der Überlieferung im Dtn; vgl. Dtn 5,22). Zur Problematik des Versuchs, הַתּוֹרָה und הַדְּבָרִים mit der viel später überlie-ferten Struktur des Kanons oder seiner hypothetisch angenommen Vorgänger zu identifizieren, siehe c. 5.
131 Auch Steck: Abschluß, 173, liest diese Stelle als hermeneutischen Schlüssel für ein neues Verständnis von Prophetie, das Mose und das dtn Bild eines Propheten als Maßstab angelegt haben.
132 לְמֵימַר לְכָהֲנַיָּא דְמִשָּׁם בְּבֵית מַקְדְּשָׁא דַּיוי צְבָאוֹת וּלְסָפְרַיָּא לְמֵימַר
133 Übersetzung folgt dem Lesevorschlag der BHS יָשִׁיב mit Peš als Textzeugen.

kann.
Denn erst ein Gesicht für den festgesetzten Zeitpunkt ist es und es keucht zum Ende und trügt nicht;
wenn es zögern sollte, warte darauf, denn es kommt ganz bestimmt und säumt nicht.

Der Prophet bekommt Anweisung, die ihm zukommende Offenbarung schriftlich auf Tafeln zu fixieren, was an das Aufschreiben der Gebote durch Mose (Ex 24,4) erinnert. So meint auch Markus Witte, dass »die Anspielung auf die ›Tafeln des Mose‹ in 2,3 und die Lokalisierung der Jahweerscheinung in 3,3ff. [...] das Buch als eine eschatologische Auslegung der Mosetora [kennzeichnen].«[134] Dadurch erscheint Habakuk als ein Prophet »wie Mose« (Dtn 18,18), wenn auch nicht in dtr Sprachfassung. Die fixierte Zugänglichkeit seines Gesichts auf Tafeln birgt die göttliche Verlässlichkeit seines Eintretens. Vor diesem Hintergrund erhält die Ablehnung des חֹזֶה in Sach 13,4 (vgl. c. 2.4) einen Sinn.[135]

Eine Deutung aus Qumran bezog dieser Deutung entsprechend Hab 2,1 auf den »rechten Lehrer, dem Gott alle Geheimnisse seiner Knechte, der Propheten, kundgetan hat« (1QpHab 7,4f).[136] Mit dieser stilistischen Reminiszenz an die dtr Darstellung der Propheten, wird auch er in die Reihe der Erben aufgenommen.

2.3.4 Die Nachkommen der Erben

Im XII werden die Propheten נָבִיא genannt, die in der Sukzession des Mose gesehen werden. Mit נָבִיא wird hier nur das prophetische Auftreten der Moseerben positiv bewertet. Wenn auch ohne diese begriffliche Differenzierung, ist in den Prophetenbüchern dieses Verständnis nichts Ungewöhnliches. Wahre Prophetie besteht in der Aktualisierung der Tora, wie auch späte Deutungen im Jesaja- und Jeremiabuch bezeugen, wie Jes 8,20,[137] Jer 7,5–8; 22,1–5 und 34,12–17.[138]

Die jüngste Schrift des XII, Jona,[139] zeigt eine über das Prophetieverständnis aus Dtn 18,21f hinausgehende Reflexion, die sich mit dem Problem der unerfüllten Prophezeiungen auseinandersetzt. Was geschieht, wenn die Stadt sich bekehrt und die Rede des Propheten sich nicht zu erfüllen braucht? Joseph Blenkinsopp nannte sie eine »neue Form der Prophetie: apostolische Prophetie«. Sie führt ein

---

134 Witte: Orakel, 90.
135 Zur Besonderheit dieser Funktionszuschreibung siehe nochmals Witte: Orakel, 86.
136 Zur Interpretation Koch: Profetenauslegung, 321–334. Zur prophetischen Funktion des »Lehrers der Gerechtigkeit« siehe Brooke: Teacher, 99–118.
137 Vgl. den Zusammenhang mit Dtn 18,18 bei Fischer: Tora, 52.
138 Maier: Lehrer, 370f.
139 Zur Datierung Schart: Entstehung, 283–291.

neues Verständnis des prophetischen Amtes ein, das in der »einfachen Überzeugung gründet, Gott habe letztlich und überall nur das Heil im Sinn«, eine Sicht,
die »wir vielleicht noch nicht einmal verstanden haben«.[140] Dieses Argument
könnte beispielsweise begründen, warum 4QXII[a] die Jonaschrift auf die Maleachischrift und die an ihrem Ende stehende Gerichtsszenerie folgen ließ.

In der Abhandlung der mit נָבִיא bezeichneten Propheten im XII fehlt noch Elia
(Mal 3,23). Er erscheint hier als Prophet *par excellence* und steht in dieser Exklusivität einem kollektiven prophetischen Ideal gegenüber, das innerhalb des XII
am weitgehendsten in Jl 3,1 formuliert ist. Zwischen beiden Passagen (Jl 3,1 und
Mal 3,23) bestehen intertextuelle Referenzen (siehe dazu c. 5.2). Jede Erbschaft
birgt Konfliktpotenzial.

Die Konzeptionalität, die sich in der Verwendung der Wurzel נבא im MT des XII
spiegelt, spielt in den Prophetenbuchüberschriften des prophetischen Targum
keine Rolle. In dieser Zeit, also etwa im 4. Jh. n.Chr., wurde auch die Tätigkeit
anderer Propheten im XII wieder mit der Wurzel נבא zum Ausdruck gebracht
(Hosea [1,1], Joël [2,1]; Amos [9,1]; Micha [7,1.7.14]; Nahum [1,1]). LXX hingegen folgt
in dieser Frage dem MT peinlich genau (abgesehen von Hag 2,20!).

2.4 Das Ende der Prophetie (Sach 13)

Ist schon an der Figur des Sacharja deutlich geworden, dass sie die letzte Prophetengestalt – bereits in kaschierter Doppelfunktion – ist, wird das Ende der
Prophetie im XII mit Sach 13,2–6 manifest.

> Und es wird geschehen an jenem Tag – Spruch Jhwhs Zebaoth – da werde ich schlagen die
> Namen der Götzenbilder von der Erde, und nicht wird man mehr (ihrer) gedenken, und auch
> die Propheten [אֶת הַנְּבִיאִים] und den Geist der Unreinheit werde ich wegschaffen von der Erde.
> Und es wird geschehen – wenn immer noch jemand prophetisch redet [יִנָּבֵא], werden sein
> Vater und seine Mutter, die ihn geboren haben, zu ihm sagen: ›Du sollst nicht leben, denn
> Lüge redest du im Namen Jhwhs.‹ Und sein Vater und seine Mutter, die ihn geboren haben,
> werden ihn durchbohren in seinem Prophetischreden [בְּהִנָּבְאוֹ]. Und es wird geschehen an
> jenem Tag, da werden die Propheten [נְבִיאִים] sich schämen – jeder über sein Gesicht in seinem
> Prophetischreden [בְּהִנָּבְאֹתוֹ] und sie werden nicht mehr den härenen Pelz anziehen, um zu
> lügen. Und man wird sagen: ›Nicht ein Prophet [נָבִיא] bin ich, ein Mann, der dem Acker dient,
> bin ich, denn als (Acker)Mensch bin ich geschaffen von meiner Jugend an.‹ Und wenn man
> ihn fragt: ›Was sind dies für Schläge zwischen deinen Händen?‹ wird er sagen: ›Sie sind mir
> geschlagen worden im Haus derer, die mich lieben.‹

---

140 Blenkinsopp: Prophetie, 247. Die Wurzel נבא kommt in der Jonaschrift nicht vor.

Sechsmal begegnet die Wurzel נבא innerhalb der fünf Verse.[141] Ihre Semantik im XII sowie die gezeigte Verwendung des Titels נָבִיא im XII legen nahe, dass dieser legitimen Form von Prophetie der Garaus gemacht werden soll, auch wenn das immer wieder zu widerlegen versucht wurde und die alten Übersetzungen dagegen zu sprechen scheinen.[142] Ebenso scheint die auf einem חָזוֹן basierende Prophetie ihre religiöse Autorität verloren zu haben (Sach 13,4a).

Der Text beginnt mit einer Reminiszenz an Hos 2,19f. Die Aufnahme ist inhaltlich modifiziert. Der Namen der Götzenbilder soll nicht [mehr] gedacht werden. Durch den auf מִן הָאָרֶץ endenden Parallelismus entsteht in Sach 13,2b eine Analogie, der entsprechend den Propheten das gleiche Schicksal droht.

Parallel mit den Propheten wird der »Geist der Unreinheit« von der Erde weggeschafft. Die Fügung רוּחַ הַטֻּמְאָה ist singulär im AT. רוּחַ bezeichnet in etlichen Zusammenhängen die (prophetische,) von Gott gewirkte Rede;[143] in Hos 9,7 ist אִישׁ הָרוּחַ der Prophet. Das Nomen טֻמְאָה allein steht meist in kultischen Zusammenhängen.[144] Die Wortschöpfung in Sach 13,2 könnte ironisch eine Art geistgewirkter Prophetie ins Gespräch bringen, ähnlich wie רוּחַ זְנוּנִים (Hos 4,12; 5,4) andeutet, dass ein verkehrter Geist die Hinwendung zu Jhwh verhindert. Sach 13,2b beschriebe dann die Ablenkung vom Jhwh-Dienst durch prophetische Rede, die Nicht-Kult-Konformität[145] der Propheten, ein ironischer Hieb auf ihre für den neu installierten Kult am 2. Tempel nicht mehr notwendige kultkritische Rolle.[146]

Sach 13,3 erscheint in Übereinstimmung mit Dtn 13 und 18, sowie den Auseinandersetzungen um ›wahre und falsche Prophetie‹ in Jer 23. Die elterliche Verurteilung des Propheten (13,3) erinnert an Sach 5,4. Dieser Bezug lässt assoziieren, dass der »geschriebene Fluch« in der Vision Sacharjas der Vorschrift über den falschen Propheten (Dtn 18,20) »entspricht, die 13,3 angewendet wird«[147]. Die Todesandrohung an den Propheten in Sach 13,3 erinnert an die Radikalität in Dtn 13,5 (vgl. auch die Rolle der Familie in 13,7–12); der implizite Vorwurf der Frevelhaftigkeit an Jer 23,11. Der Vorwurf der Lüge in Sach 13,3.4b (שֶׁקֶר und כַּחֵשׁ)

---

141 Zur Textabgrenzung siehe Willi-Plein: ZBK.AT 24.4, 204.210.

142 So z.B. Kartveit: Ende, 153, der den Text gegen falsche Jhwh-Propheten und »(geheime?) kanaanäische Propheten« gerichtet sieht. Der Targum liest für הַנְּבִאִים in v. 2 נְבִיֵּי שִׁקְרָא »Lügenpropheten«, die LXX ψευδοπροφήτας, die Peš *nabijja daggala* »Lügenpropheten«.

143 Num 24,2; Dtn 34,9; II Sam 23,2; II Reg 2,15; Jes 29,10 (!); 37,7 (!); Ez 2,2; II Chr 20,14 oder die bezeichnende Stelle I Reg 22,21–24//II Chr 18,20–23.

144 Lev: 18mal; Num: 2; Ri 13: 2; II Sam 11,4; Ez 7; Mi 2,10 (mit v. 11); Thr 1,9; Esr 6,21; 9,11; II Chr 29,16.

145 Willi-Plein: ZBK.AT 24.4, 205.

146 Nicht dass der Kult keiner Kritik mehr bedurft hätte, aber auch die Kultkritik wird sich künftig an der Schrift messen lassen müssen.

147 Bilić: Jerusalem, 155f; hier 157.

ähnelt dem in Jer 23,25 (שֶׁקֶר). Das Nomen נָבִיא (Sg und Pl) rekurriert innerhalb der Sacharjaschrift auf Sach 1,1.7 und 7,7.12. Den in c. 1–8 positiv gewerteten vorexilischen Propheten, in deren Kontinuität Sacharja steht, steht nun mit Sach 13 die Ausrottung der Propheten gegenüber.

Sach 13,4a macht deutlich, dass *jedwedes* Gesicht und *jedes* prophetische Reden den Propheten zur Scham gereicht. Die Assonanz an Mi 3,5–8[148] bringt in der Modifikation wiederum zum Ausdruck, dass es sich um rechtmäßige Prophetie handelt: Die Propheten werden sich schämen, nicht weil sie – wie Mi 3,5–8 – keine Botschaft von Gott empfangen, sondern *weil* sie prophetische Rede äußern. Entsprechend muss Sach 13,4b gedeutet werden. Der Prophet erscheint im härenen Mantel. Das Tragen dieses Mantels legitimiert einen Propheten in der Nachfolge Elias (II Reg 1,8; 2,13.14). Der Vers kann auf zweierlei Weise gedeutet werden: entweder ist nun sogar die Botschaft der legitimen Nachfolger Elias als »Lüge« zu werten oder das Tragen dieser legitimierenden Kleidung hat so sehr zu Missbräuchen geführt, dass der Mantel kein Zeichen legitimer Prophetie mehr ist. Auf den ersten Interpretationsvorschlag scheint auch Sach 13,5 zu weisen. Hier klingt das Amosmotiv der Amazjaperikope (Am 7,10–17) an. Die Chance des Propheten, mit dem Leben davonzukommen, wäre, sich auf seine ureigene Bestimmung zurückzuziehen und den Prophetentitel für sich abzulehnen (vgl. Am 7,14). Ina Willi-Plein rekonstruiert die Bedeutung des Verses entsprechend: »Ich gehe einer ganz normalen Arbeit nach und stehe, seit ich denken kann, in einem ganz gewöhnlichen Dienstverhältnis.«[149] Die Aufnahme von Am 7 in Sach 13,2–5, sowie im größeren Kontext die Konfrontation prophetischer Stimmen, die sich von Elia her legitimieren, mit dem Vorwurf, Lüge zu reden, legen den Schluss nahe, dass Sach 13,2–6 das Ende des Prophetentums proklamiert. Durch Autoritäten verbürgtes Prophetentum wird es nicht mehr geben. Dabei geht es nicht um das Ende des *Phänomens* prophetischer Rede, sondern um das Ende der theologischen Legitimation solcher Rede. Sach 13,2–6 erinnern mit den Anklängen an Elia und Amos an die feinsten Vertreter alttestamentlicher Prophetie und machen damit deutlich, dass es hier nicht um die Vernichtung falscher Prophetie geht. Der Text zieht einen Schlussstrich unter die bisher legitime Form der Prophetie (so die Anklänge an Dtn 13; 18; Jer 23).[150]

Diese Programmatik steht neben der historischen Realität, für die zum Beispiel Qumrantexte belegen, dass es auch danach Propheten und prophetische

---

148 Willi-Plein: ZBK.AT 24.4, 205.
149 Zur Deutung der schwierigen Formulierung אָדָם הִקְנַנִי Willi-Plein: ZBK.AT 24.4, 208 f.
150 Im Sinne eines Übergangs zur Schriftgelehrsamkeit formuliert auch Tai: End, 349: »In this sense, the century long dispute about prophecy, ... comes to an end. Authority now lies in the interpretation of the tradition and no longer with ecstatic prophets.«

Äußerungen gab, die sich an Dtn 13 und 18 messen lassen mussten. Ferner gab es Propheten in der jüdischen Geschichtsschreibung.[151] Auch in der jüdischen Tradition gab es Texte, die Maleachi als letzten Propheten verstehen: »Seitdem die letzten Propheten, Haggaj, Zekharja und Maleakhi, gestorben sind, wich der heilige Geist von Jisraél, dennoch bedienten sie sich noch der Hallstimme.«[152] Dies tritt der alttestamentlichen Darstellung des XII zufolge schon mit Sach 13,2–6 ein. Maleachi ist kein נָבִיא. Mit dem literarischen Bezug von Sach 13,2–6 zu Mal 3,23, dem nächsten und letzten Vorkommen der Wurzel נבא in der kanonischen Leseabfolge des XII, ist die Option einer Prophetengestalt eschatologisch offengehalten worden.

Die Maleachischrift, so die These dieser Arbeit, inszeniert am Ende des XII literarisch den Übergang von der Prophetie zur Schriftgelehrsamkeit. Sprach Wellhausen auch vom »Tod der Prophetie«[153], der Ewige hielt seine Boten lebendig. Historisch ist dies dem derzeitigen Stand der Pentateuch- und Prophetenforschung[154] zufolge als Prozess zu verstehen, der sich in nachexilischer Zeit bis ins 2. Jh. v. Chr. vollzogen hat und wesentlich mit der wachsenden Autorität geschriebener Texte einherging. Bernhard Lang hat in seinem Aufsatz »Vom Propheten zum Schriftgelehrten« gezeigt, dass in der literarischen Darstellung des Deuteronomiums beide Instanzen als Autorität einander abgelöst haben.[155] Hans-Friedrich Weiß betonte, wie das Element des Prophetischen in der Schriftexegese fortbestand; er spricht von »inspirierter« oder »charismatischer Exegese«[156]. Hans-Peter Mathys beschrieb für die Chronik die Ausdifferenzierung des prophetischen Amtes hin zum Schriftgelehrtentum. »Inhaltlich besteht sie im דרש, formal im ›niederschreiben‹.«[157] Beispielhaft wird das in der Darstellung vom Auffinden und Vorlesen des Buches des Bundes, das im Tempel aufgefunden worden war, unter König Joschia II Chr 34,30 sichtbar, wo im Unterschied zur

---

151 Siehe dazu Stemberger: Propheten, 145–149, und Then: Fortgang, *passim*.

152 bSyn 11a; vgl. bJom 9b; bSot 48b; die ›prophetenlose‹ Zeit bezeugen 1Makk 9,27; 14,41. »Die ›Hallstimme‹, ein Echo der göttlichen Stimme, ersetzt für die Rabbinen die Prophetie der biblischen Zeit.« (Stemberger: Einleitung, 79.)

153 Wellhausen: Prolegomena, 421. Ähnlich Lods: Propheten, 153: »... das Schicksal der Propheten war besiegelt, als neben dem lebendigen Wort des Boten Jahwes eine neue Autorität auftauchte: die des geschriebenen Wortes.«

154 Blenkinsopp: Canon, 151 f; Chapman: Law, 1–70; Achenbach, Tora, 26.

155 Lang: Propheten, 91. Das Austarieren dieser neuen Bestimmung ist unmittelbarer noch im Jeremiabuch erhalten: Jer 23; 26; 28; 29. Dazu Köckert: Ort, 89.92 f. Zur Beobachtung schon Wellhausen: Prolegomena, 422.

156 Weiß: Propheten, 18 f.

157 Mathys: Prophetie, 289.

Überlieferung in II Reg 23,2 anstelle von וְהַלְוִיִם וְהַנְּבִיאִים zu lesen ist.[158] Die Leviten sind an die Stelle der Propheten getreten. Levi ist das Herz Israels (I Chr 6), nicht an das Heiligtum gebunden, sondern die »Funktion Israels«, die die Tradition Israels in angemessener Weise und in Konformität zur Schrift in den Kult am Jerusalemer Tempel einbezog.[159]

In ähnlicher Weise wird im XII die prophetische Funktion in die Figur des Priesters aufgenommen, dessen Urbild Levi ist (Mal 2,7). Diese prophetische Funktion steht auf dem Fundament der *successio mosaica*. Die Semantik des Titels נָבִיא im XII ist davon geprägt. Das prophetische Amt des Mose (Dtn 18; 31; 34) steht im Zusammenhang mit der Verschriftlichung der Tora. Auch wenn Dtn 18 und Darstellungen über den Prozess der Verschriftlichung der Tora voraussetzen, dass der Pentateuch noch nicht vollendet ist, denn an ihm wird ja gerade geschrieben, so setzen diese Texte doch die Idee voraus, die an Mose ergangene Offenbarung schriftlich zu fixieren und zur Grundlage jeder weiteren Offenbarung zu machen. Die gezeigten Texte im XII zeichnen die Idole der von dieser Idee geprägten Propheten. Auf der Erzählebene des XII gibt es mit dem Tempelbau eine neue Form von Prophetie, die in der nun zu bewältigenden königslosen Zeit das in der Tora aufgeschriebene göttliche Recht für die jeweilige Situation aktualisiert und auslegt. Maleachi ist kein נָבִיא. Er nimmt in der Buchüberschrift (Mal 1,1) den Platz ein, der bis dahin von den Propheten ausgefüllt wurde.[160]

---

158 Vgl. Japhet: HThKAT 25,2, 473; so schon von Rad: Geschichtsbild, 114; aktuell: Luchter: Prophets, 31–47, der diese Veränderung im Prophetenverständnis an der Darstellung Jeremias als Moseerben und levitischem Priester [Jer 1,1; 11,3–5 vgl. Dtn 27] deutlich macht. Den soziokulturellen Kontext des josianischen Königtums wird man hingegen weniger als das bereits verschriftete Dtn zugrunde legen [aaO 43–45]). Auf die sprachliche Affinität zwischen Mal 2,7 und Jer 1,1; Ez 1,3, Propheten, die zur Priesterklasse gehörig dargestellt werden, verweist Hill: AncB 25D, 213.

159 Willi: Leviten, 95.

160 Im Mittelalter ist eine Auslegung des Maimonides (More II 34) populär geworden, in der er Ex 23,20ff dahingehend interpretierte, dass der Bote der Dtn 18,18f angekündigte Prophet sei, den Gott nach Mose dem Volk erstehen lassen werde. So meint auch Oesch: Bedeutung, 192, Maleachi sei ein »Prophet wie Mose«, jedoch nur der Funktion nach. Die Gestalt ist vielfältig.

3 Die Maleachischrift als Ganze

3.1 Die Überschrift (Mal 1,1)

Das Buch Maleachi ist mit einer Überschrift versehen, die das Werk einerseits in engem Bezug zu anderen Texten im Zwölfprophetenbuch erscheinen lässt und gleichzeitig deutliche Unterschiede markiert. Sie besteht aus drei[161], nach konzeptionellen Kriterien sogar aus vier Elementen, die jeweils als Teil eines übergreifenden Gedankens im Zwölfprophetenbuch gelesen werden können. Die Tragweite der Überschrift erschließt sich erst aus der Lektüre der gesamten Maleachischrift. So wie der geheimnisvolle Offenbarungsmittler bedarf auch das Buch seines *corpus*, um verstanden zu werden. Die Entschlüsselung der einzelnen Elemente dieser Überschrift ergeben die Teile dieses Kapitels.

Ausspruch, Wort Jhwhs / an Israel / durch / meinen Boten[162]

3.1.1 Eine wahre Offenbarung

Die Maleachischrift ist in der Art ihrer Prophetie oft Deutero- und Tritosacharja gleichgestellt worden. Dieser Theorie gemäß sei sie neben Sach 9–11 und 12–14 als dritte Fortschreibung von Sach 1–8 zu betrachten. Später sei Maleachi als selbständiges Buch abgegrenzt worden, weil die Bücher des *corpus propheticum* ein Analogon zu den drei Erzvätergestalten und den zwölf Söhnen Jakobs bilden sollten.[163] Otto Eißfeldt hat diese These von Georg Heinrich August Ewald[164] aufgenommen und entfaltet.[165] Dass sie immer wieder rezipiert wird,[166] ist dem geschuldet, dass die sehr ähnliche Gestaltung der Überschriften Sach 9,1; Sach 12,1 und Mal 1,1 redaktionsgeschichtlich gedeutet wurde.

---

161 So auch Kessler: HThKAT 13,12, 95.

162 LXX schreibt »seines Boten«, was für ein funktionales Verständnis spricht, und ergänzt aus Hag 2,15.18 θέσθε δὴ ἐπὶ τὰς καρδίας ὑμῶν, was der hebräischen Fassung שִׂימוּ נָא עַל־לְבַבְכֶם entspricht (vgl. Hag 1,5.7). Mit dieser Rekurrenz wird die Verkündigung des Boten in Kontinuität zur Verkündigung Haggais verstanden (siehe dazu c. 3.1.4.1).

163 Meinhold: TRE 22, 7; Blenkinsopp: Prophetie, 212.

164 Ewald: Propheten, 80 f.

165 Eißfeldt: Einleitung⁴, 595.

166 Mit einschlägiger Wirkung von Bosshard/Kratz: Maleachi; Steck: Abschluss, 129.134.

Ihre ersten drei Worte sind äquivalent; die Unterschiede im Folgenden sind schwer zu deuten.[167]

Sach 9,1		בְּאֶרֶץ חַדְרָךְ	מַשָּׂא דְבַר־יְהוָה
Sach 12,1	נְאֻם־יְהוָה	עַל־יִשְׂרָאֵל	מַשָּׂא דְבַר־יְהוָה
Mal 1,1	בְּיַד מַלְאָכִי	אֶל ־יִשְׂרָאֵל	מַשָּׂא דְבַר־יְהוָה

Mal 1,1 erscheint klar strukturiert. Der dreigliedrigen Einleitung folgt die Angabe der Adressaten mittels אֶל, die in anderen Prophetenbüchern immer den Propheten nennt (Hos 1,1: אֶל־הוֹשֵׁעַ; Jl 1,1: אֶל־יוֹאֵל; Jon 1,1: אֶל־יוֹנָה; Zef 1,1: אֶל־צְפַנְיָה). Mit Hag 1,1 ändert sich das. Die Botschaft ist dort an Serubbabel und Joschia gerichtet (אֶל־זְרֻבָּבֶל ... וְאֶל־יְהוֹשֻׁעַ). Haggai ist die Mittlerfigur (בְּיַד־חַגַּי הַנָּבִיא). Entsprechend ist in Mal 1,1 Maleachi die Mittlerfigur (בְּיַד) und seine Prophetie ist an (אֶל) Israel gerichtet.

Im Folgenden wird die Funktion der drei einleitenden Begriffe untersucht. Bemerkenswert ist, dass sie syntaktisch nicht aufeinander bezogen sind. מַשָּׂא und דְּבַר יְהוָה stehen – abgesehen von den drei genannten Beispielen – sonst nie als Überschrift nebeneinander. Dies ist in der jüngeren redaktionsgeschichtlichen Literatur zum Zwölfprophetenbuch mehrfach so gedeutet worden, dass es sich hier um Gattungsbegriffe handele.[168]

דְּבַר יְהוָה leitet oftmals eine Prophetenschrift ein (Hos 1,1; Jl 1,1; Jon 1,1; Mi 1,1; Zef 1,1; nach der Datierung Hag 1,1 und Sach 1,1; Mal 1,1) und kennzeichnet den Offenbarungscharakter des folgenden Textes (Gen 15,1; I Reg 6,11; 13,20; 16,1; 17,2; II Chr 12,7; 18,4; Esr 1,1 u. ö.).

Was aber ist ein מַשָּׂא? Klaus Koch, auf den die Unterscheidung in Dabar-, Chazon- und Massa-Gruppe in den Überschriften des XII zurückgeht, ist der Meinung, dass מַשָּׂא ursprünglich für göttliche Unheilsworte über feindliche Völker gebräuchlich war und erst dann auch auf Israel bezogen wurde. מַשָּׂא könne weder

---

167 Nogalski: Processes, 188: »Zech 12:1 implies Israel as a subject (עַל) while Mal 1:1 implies it as the recipient (אֶל).« Petersen: OTL, 165, nimmt eine Art klimaktische Folge an: Sach 9,1 sei gegen ein Fremdvolk gerichtet, 12,1 Israel betreffend, Mal 3,1 an Israel. Mir ist bisher nicht deutlich geworden, worauf die Formulierung עַל־יִשְׂרָאֵל in Sach 12,1 zielt. Auch Willi-Plein: ZBK.AT 24.2, 193, gewinnt aus der intensiven Auseinandersetzung mit Sach 12–14 offensichtlich keine Antwort und lässt die Frage offen. Sie ist auch deshalb schwer zu beantworten, weil im späteren Hebräisch אֶל und עַל unspezifisch verwendet worden sind (vgl. Mal 3,22).

168 Floyd: מַשָּׂא, 401–22; auch Wöhrle: Sammlungen, 30.40. Das im Anschluss an Koch vorgeschlagene Gattungsmuster geht nicht auf, da mehrfach zwei dieser ›Gattungen‹ nebeneinander genannt sind (Nah 1,1 u. ö.). Zwar wird die Reihenfolge eine Rolle spielen, die nachgeordneten Begriffe aber als »optional« (Wöhrle: Sammlungen, 32) zu betrachten, wird ihnen nicht gerecht. Blenkinsopp: Prophetie, 212, spricht von einem Orakel, so auch schon 1932 Torczyner.

mit Jhwh noch mit einem Prophetennamen verbunden werden, weshalb im XII stets ein klassifizierendes Nomen (חָזוֹן /דָּבָר) hinzutreten müsse; deswegen sei die Bedeutung »Ausspruch« unwahrscheinlich.[169] Der Begriff sei das jüngste Muster für Überschriften innerhalb des XII und für Prophetenliteratur mit anonymem Verfasser üblich.[170] Das ist angesichts der Buchüberschrift Nah 1,1, vor allem aber aufgrund von Hab 1,1, wo מַשָּׂא determiniert per Relativsatz direkt auf den Propheten Habakuk bezogen ist, unwahrscheinlich.

Gewöhnlich werden für מַשָּׂא im Alten Testament drei unterschiedliche Bedeutungen angegeben:[171]

- als Eigenname – Massa, der siebte Nachkomme Ismaels (Gen 25,14; I Chr 1,30). Durch seinen Namen wird Prov 30,1–14; 31,1–9 die Herkunft dieser Weisheiten aus dem nordarabischen Raum angeben.[172] Die LXX hingegen stützt diese Deutung nicht. Sie übersetzt Prov 31,1 χρηματισμός, V entsprechend *visio*.
- als Verbalabstraktum der Wurzel נשא in der Bedeutung »Tragen«, »Last«,[173] vgl. auch die Übersetzung der Vulgata mit *onus*.
- als Offenbarungsbegriff im Sinne von »Ausspruch«. Diese Bedeutung wird etymologisch seit dem Jeremiakommentar von K. H. Graf (1862) von נשא קוֹל »die Stimme erheben« hergeleitet.[174] Dagegen wandte Ina Willi-Plein ein, dass dies ein reines Postulat sei, weil nirgends im AT die Verbindung mit קוֹל belegt sei.[175]
- hinzuzufügen wäre die Übersetzung der LXX mit λῆμμα = das Empfangene.

Versucht man, über die Übersetzung der LXX und der V den Deutungen von מַשָּׂא in den alten Übersetzungen näher zu kommen, vergrößert sich das Rätsel zunächst. מַשָּׂא, determiniert oder indeterminiert, im Sg oder Pl, begegnet 67mal[176] im AT. Die griechische Übersetzung mit λῆμμα, wie sie in Mal 1,1; Sach 9,1; 12,1 geschieht, hat

---

169 Koch: Profetenbuchüberschriften, 170.

170 Wie schwierig diese Bestimmung ist, zeigt die Beschreibung Scharts, die – ohne Koch korrigieren zu wollen – dieser diametral entgegensteht: Nah und Hab seien beide als מַשָּׂא klassifiziert, nicht als Wort Gottes und auch nicht datiert; beide enthalten keine Gerichtsworte gegen Israel; auch Fremdvölkerbedrohung als Strafe Jhwhs wird nicht erwähnt. מַשָּׂא war vermutlich nie als eigenständige Prophetenüberschrift gemeint, sondern als Gattung, derer sich Propheten bedienen durften, die aber nicht die prophetische Botschaft als ganze ausmachten (Schart: Entstehung, 247–250).

171 So Ges[18], 745; K-B[3] II, 604; Meinhold: BK XIV/8, 13f.

172 Meinhold: BK XIV/8, 13.

173 Diese und die folgende Bedeutung lässt z. B. Willi-Plein: ZBK.AT 24.4, 233, in ihrer Übersetzung »Lastwort« anklingen.

174 Müller: ThWAT V, 21.

175 Willi-Plein: Wort, 432.

176 Nach Lisowsky.

14 Vorkommen (II Reg 9,25; Jer 23,33–40 [8x], Nah 1,1; Hab 1,1; Sach 9,1; 12,1; Mal 1,1). Die Deutung dieser Textstellen durch die LXX, indem sie מַשָּׂא mit λῆμμα übersetzt, erhellt die auf den Gattungsstreit enggeführte Diskussion.[177] II Reg 9,25 nennt הַמַּשָּׂא ein Geschick, das Jhwh auferlegt hat (יְהוָה נָשָׂא עָלָיו). In diesem Fall ist es das Geschick, das Elia Ahab wegen der Geschichte mit Nabot vorausgesagt hat (I Reg 21,17ff) bzw. seinem Sohn Joram, nachdem sein Vater Buße getan hatte (I Reg 21,29). In diesem Sinn könnte מַשָּׂא ein Geschick, eine Last, die jemand zu tragen hat, meinen. Ein solcher Ausspruch, wie er hier auf den Propheten Elia zurückgeführt wird, scheint in Jer 23,33–40 eine grundsätzlich abfragbare Größe gewesen zu sein:[178]

וְכִי־יִשְׁאָלְךָ הָעָם הַזֶּה אוֹ־הַנָּבִיא אוֹ־כֹהֵן לֵאמֹר מַה־מַשָּׂא יְהוָה וְאָמַרְתָּ אֲלֵיהֶם אֶת־מַה־מַשָּׂא וְנָטַשְׁתִּי אֶתְכֶם נְאֻם־יְהוָה:

Wenn dieses Volk oder der Prophet oder der Priester dich fragt: Was ist die Last Jhwhs? Sollst du zu ihnen sagen: Welche Last, denn ich habe euch verworfen – Spruch Jhwhs.

Die folgenden Verse scheinen mit dem Wort מַשָּׂא יְהוָה bzw. מַשָּׂא יְהוָה zu spielen.[179] Wer noch einmal das Wort מַשָּׂא יְהוָה im Munde führen sollte, wird bestraft. Denn es gilt, das zu hören, was Jhwh wirklich gesagt hat. Der מַשָּׂא (ohne Gottesnamen als *nomen rectum*) gehört dem »Mann seines Wortes«. Prophet, Priester und Volk aber haben das Wort des lebendigen Gottes verdreht. Ein מַשָּׂא, so dieser Text, ist hinfort kein ›Schicksalsspruch‹ mehr, ein מַשָּׂא ist an das Wort des lebendigen Gottes gebunden. Er setzt ein aktuelles Gespräch voraus, das etwas »Empfangenes«, λῆμμα (> λαμβάνω)[180] einschließt. Folgerichtig werden die Fremdvölkersprüche im Jesajabuch nicht mit λῆμμα überschrieben, sondern mit ὅρασις »Gesicht« oder ῥῆμα »Angelegenheit«. Grundsätzlich kann das mit מַשָּׂא zum Ausdruck gebrachte Geschick natürlich auch ein Fremdvolk treffen;[181] dass hingegen *ursprünglich* ein Fremdvolk betroffen sein sollte, kann daraus nicht erhoben werden.

Dem Kontext Jer 23 nach zu urteilen, gehört auch die Auseinandersetzung um den מַשָּׂא in den Deutungsprozess um wahre und falsche Prophetie.[182] Der מַשָּׂא ist

---

177 Dass die Übersetzung von Mal 1,1 mit λῆμμα in Abhängigkeit von Jer 23,33–40 zu betrachten sei, bemerkte auch Eißfeldt: Einleitung⁴, 595.
178 So auch Willi-Plein: Wort, 434.
179 Dafür auch Werner: NSK.AT 19,1 z. St.
180 Benselers Griechisch-deutsches Wörterbuch. Leipzig ¹⁹1990.
181 Vgl. die Fremdvölkersprüche bei Jesaja: Jes 13,1; 14,28; 15,1; 17,1; 19,1; 21,1; 21,11; 21,13; 22,1; 23,1.
182 Auch Boda: Freeing, 353, versteht Jer 23,33–40 als Grundlage für die Verwendung von מַשָּׂא in Sach 9,1; 12,1; Mal 1,1. Das Volk soll keinen מַשָּׂא vom Propheten mehr erbitten, ebenso wie das Orakelerfragen dem Propheten in Jer 14,1–15,4 verboten werde. Die dem Willen Jhwhs entspre-

nun Teil der Botschaft des wahren Propheten, sofern er das einzige Kriterium wahrer Prophetie erfüllt: Sie setzt gemäß Dtn 13 und 18 die Bundestreue zu Jhwh voraus und ist am Gesetz mit seinem Hauptgebot an der Spitze, vermittelt durch den Propheten Mose (Dtn 18,15), messbar.[183] In diesem Sinn ist die Maleachischrift unter ihrem ersten Wort (1,1) der Inbegriff eines מַשָּׂא: wahre Prophetie, Wort Jhwhs. Doch hintergründig klingen weitere Assonanzen:[184]

– Wie in den Fremdvölkersprüchen des Jesajabuchs leitet מַשָּׂא in Mal 1,1 ein gegen Jhwhs Feinde gerichtetes ›Orakel‹ ein. Weil das Hauptproblem an den Fremdvölkern ist, dass sie Jhwh nicht dienen, könnte מַשָּׂא (Mal 1,1) auf die bezogen werden, die Gott nicht dienen (Mal 3,18 f). Innerhalb der Maleachischrift wären dies neben Edom Menschen aus dem eigenen Volk.[185]
– Eine weitere Deutung schlägt Ina Willi-Plein vor: II Chr 35,3 klingt an. Die »Last« der Lade muss nicht mehr getragen werden, die Leviten sollen nun im Tempel Jhwh dienen.[186]

Die Bedeutung von מַשָּׂא in Mal 1,1 erscheint mehrdimensional. Der Vergleich mit der LXX weist in den Fragehorizont von wahrer und falscher Prophetie. Die theologische Reflexion darum, die in Jer 23,33–40 greifbar wird, setzt einen ›Offenbarungsspruch‹ voraus, der in der ursprünglichen Bedeutung »Last« als etwas, das dem Menschen schicksalhaft auferlegt ist, kritisiert wird. Diese Verwendung bezeugt nicht מַשָּׂא als ›Gattungsbegriff‹ im Kontext der Fremdvölkersprüche, sondern dass eine von Jhwh auferlegte Last seine Feinde trifft (vgl. II Reg 9,25).

Diese Semantik von מַשָּׂא ist ausschlaggebend für das Verständnis des Begriffs als Bestandteil einer Prophetenbuchüberschrift. Die übereinstimmende Wortfolge מַשָּׂא דְבַר יְהוָה in Sach 9,1; 12,1 und Mal 1,1 verbindet diese drei Texte, was zu der oben vorgestellten These von den drei Anhängen an Sach 1–8 geführt hat. Mal 1,1 ist strukturell der Überschrift in Hag 1,1 nachgebildet (siehe c. 3.1.4.1). Ob Sach 9,1 und

---

chende Prophetie, Wort Jhwh, sind die unter diesen Überschriften subsumierten Schriften (Boda: Freeing, 356).

183 So Nissinen: Falsche Prophetie, 194, der dieses Hauptkriterium aus Dtn 13 aus der strukturellen Ähnlichkeit mit dem Assarhaddonvertrag (SAA 2 6) herleitet.

184 So auch Willi-Plein: Wort, 431. Zur Semantik von »Wort Jhwh« als »divine revelation« im gesamten AT siehe Verhoef: NICOT, 189.

185 Vgl. Beck: »Tag YHWHs«, 291, der allerdings meint, dass מַשָּׂא sich sonst nur in Unheilsankündigungen gegen fremde Völker findet. Dass dann Israel Adressat sein kann, setzt eine Differenzierung innerhalb Israels voraus und damit die Unterscheidung zwischen Gerechten und Frevlern. Das Element מַשָּׂא verdanke sich so der Redaktion, die das VI. Diskussionswort geschrieben hat. Der Rest der Buchüberschrift gehöre zu MalG. In dieser Arbeit wird neben der anderen Deutung von מַשָּׂא auch redaktionsgeschichtlich anders geurteilt (siehe c. 6.3.2).

186 Willi-Plein: Wort, 433.

12,1 von Mal 1,1 literarisch abhängig sind, kann hier aufgrund fehlender Erkenntnisse über die Texttiefenstruktur von Sach 9–14 nicht entschieden werden.[187] Möglicherweise qualifizieren auch Sach 9,1 und 12,1 diese späten und in ihrer Gattung schwer zu fassenden Texte als ›wahre Prophetie‹. In diesem Sinne wäre מַשָּׂא nicht einfach ein »Ausspruch«, sondern ein ›wahrer Prophetenspruch‹, vielleicht im Sinne des »Nachgetragenen«. Die Unverfügbarkeit des Prophetenwortes geht zu Ende, der Weg zur indirekten Übermittlung des Wortes bahnt sich an; insofern bezeichne מַשָּׂא eine besondere Textsorte »prophetischer Überlieferung«.[188] מַשָּׂא דְּבַר יְהוָה ist somit nicht die Doppelung von Gattungsbegriffen, sondern die Bestätigung der Rechtmäßigkeit dieser Schrift als göttliche Offenbarung.

Die Bedeutung als ›wahrer Prophetenspruch‹ ist wohl auch Grundlage der Verwendung von הַמַּשָּׂא in Hab 1,1 (vgl. c. 2.3.3). Die Überschrift der Nahumschrift könnte ebenso verstanden werden. Das סֵפֶר חֲזוֹן stellte das aufgeschriebene Gesicht in seiner Autorität neben das schriftlich fixierte Wort. Die göttliche Offenbarung erginge nicht mehr an eine geistbegabte Person. Sie ist in der Textfassung zugänglich und muss für die jeweilige Gegenwart neu ausgelegt werden.[189] מַשָּׂא in Nah 1,1 könnte wiederum die Doppeldeutigkeit zwischen wahrem Prophetenspruch und Fremdvölkerspruch zeigen, der wie die Fremdvölkersprüche in Jes 13ff mit מַשָּׂא + Nennung des Fremdvolkes bzw. seines Wohnsitzes eingeleitet wird.

Die überwiegende Mehrzahl der Belege für מַשָּׂא ist der Bedeutung »Last« im engeren oder weiteren Sinn zugeordnet. Zumindest im prophetischen Kontext ist ein Homonym mit der Bedeutung »Ausspruch« nicht klassifizierbar. Der Zusammenhang ist eher etymologisch-theologisierend zu verstehen.[190]

---

187 Dass Sach 9,1 und 12,1 von Mal 1,1 abhängig seien, meinen: Rudolph: KAT XIII/4, 253; Meinhold, BK XIV/8, 9, dort auch Literatur; Nogalski: Processes, 99 f.136.187–89. Dagegen z. B. Steck: Abschluss, 129, der glaubt, dass Sach 9,1 der ursprüngliche Vers sei. Willi-Plein: ZBK.AT 24.2, 224, schreibt, dass »das literarische Verhältnis zwischen II-Sacharja und Maleachi [...] sich in Bezug auf die Endgestalt beider Bücher nicht definitiv klären lässt«; doch räumt sie dem Grundbestand des Mal (dem sie fast das ganze Buch zurechnet) die Priorität ein, meint aber auch, dass Mal 1,1 nach dem Vorbild von Sach 9,1 evtl. auch 12,1 geschrieben sei (226). Zu Sach 12–14, aber ohne Erklärung von מַשָּׂא: Bilić: Jerusalem, 138 f.
188 Willi-Plein: Wort, 437.
189 Dass beide Bücher auf der Erzählebene der babylonischen Zeit zugeordnet werden, muss kein Hindernis sein; im Gegenteil: dieses späte Prophetieverständnis wird damit in die vorexilische Zeit projiziert und stellt in der im XII dargestellten Geschichte der Prophetie ein Moment der Kontinuität dar (vgl. Sach 1,4; 7,4ff).
190 Auch McKane: משא, 39, betrachtet מַשָּׂא I und II als Homonyme.

3.1.2 Gerichtet an ganz Israel

Das nun folgende Element der Überschrift richtet die Maleachischrift, eine als rechtmäßige göttliche Offenbarung מַשָּׂא דְבַר־יְהוָה qualifizierte Schrift, an Israel (אֶל־יִשְׂרָאֵל).

»Israel« ist der Name Jakobs, mit dem er aus der Begegnung am Jabbok (Gen 32) gegangen ist (vgl. Gen 35,10). Mal 1,2 spricht die Leser unter dem Eponym Jakob, Mal 3,6 als בְּנֵי יַעֲקֹב an. Dieser Zusammenhang weist auf die volksetymologische Deutung des Namens Israel in Gen 32,29.

וַיֹּאמֶר לֹא יַעֲקֹב יֵאָמֵר עוֹד שִׁמְךָ כִּי אִם־יִשְׂרָאֵל כִּי־שָׂרִיתָ עִם־אֱלֹהִים וְעִם־אֲנָשִׁים וַתּוּכָל:

Nicht mehr Jakob wird man dich nennen, sondern Israel, denn du hast mit Gott und mit Menschen gekämpft und hast [es] vermocht.

Auf die aus der Genesis bekannte Jakobgeschichte weisen auch Hos 12,4 f:

בַּבֶּטֶן עָקַב אֶת־אָחִיו וּבְאוֹנוֹ שָׂרָה אֶת־אֱלֹהִים:
וַיָּשַׂר אֶל־מַלְאָךְ וַיֻּכָל בָּכָה וַיִּתְחַנֶּן־לוֹ בֵּית־אֵל יִמְצָאֶנּוּ וְשָׁם יְדַבֵּר עִמָּנוּ:

Im Mutterleib betrog er seinen Bruder, in seiner Kraft stritt er mit Gott;
er kämpfte mit einem Engel und vermochte [es], er weinte und bat ihn um Gnade, in Bethel fand er ihn und dort redete er mit ihm.

Beide Texte leiten den Namen Israel von שרה »kämpfen« ab. Israel sei ein Kompositum aus diesem verbalen und dem theophoren Element אֵל, wobei im Unterschied zu der benannten Volksetymologie die Gottheit nicht Objekt, sondern immer Subjekt des Prädikats ist.[191] Falls der Name »Israel« tatsächlich von der Verbwurzel שרה abzuleiten sein sollte, wäre seine Bedeutung »Gott kämpft«.

Unabhängig davon, ob diese Deutung sprachgeschichtlich haltbar ist, scheint Mal 1,1 mit den Bezügen zu Gen 32,29 und Hos 12,4 f zu spielen. Der Zusammenhang von Israel und Jakob in Mal 1,1 f erinnert an beide Texte.

Mit Gen 32,29 ist auf die Jakobüberlieferung der Genesis Bezug genommen. In der Maleachischrift kämpft Gott um sein Volk. Seine Liebeserklärung an Jakob erinnert an dessen Ringen. Der Anklang der Genesisüberlieferung, der durch das Nebeneinander von »Israel« (Mal 1,1) und »Jakob« (Mal 1,2) entsteht, stimmt darauf ein, dass Gen 25–35 für die Deutung der Maleachitexte auch weiterhin einen Referenztext darstellen.

---

191 Möglicherweise können die Belege in I Chr 15,22.27 als prophetische Äußerungen des Leviten Kehat im Kontext eines gewandelten Levitenbildes im gleichen Zusammenhang erklärt werden (Zobel: ThWAT III, 989; vgl. I Chr 25,1).

Hos 12,4 f gehören im Kontext von Hos 12 zu einer Geschichtsdeutung, die den Auszug aus Ägypten der Führung des *Propheten* Mose zuschreibt. Dazu setzt Hos 12,13 in sprachlich dichtester Form die Flucht- und Bewahrungsgeschichte Jakobs in einen Parallelismus, wobei der synonyme Gebrauch von »Jakob« und »Israel« wiederum eine Reminiszenz an Gen 32,29 ist. Hos 12,14 nimmt den Namen Israel auf; diesmal ist das Volk Israel gemeint, das Mose aus Ägypten herausgeführt hat. Die beiden unterschiedlichen Verwendungen des Namens »Israel« werden hier zusammengeführt. Mit Hos 12 ist auf den Text verwiesen, der einzig im XII Mose einen Propheten nennt. Mit dieser Referenz wird im XII ein Zusammenhang deutlich, innerhalb dessen die Maleachischrift theologisch in die Linie der heilvollen Offenbarungen Jhwhs gehört, in denen er durch seine Boten zu Jakob sprach und durch Mose, seinen Getreuen, Israel die Tora gab.

Historisch ist »Israel« seit frühster Zeit der Name für eine möglicherweise politische, bestimmt aber soziale Größe gewesen, wie sie zuerst auf der Stele des Meremptah (ca. 1208 v. Chr.) belegt ist. In staatlicher Zeit bezeichnete er das Nordreich. Mit dem Untergang des Staates Juda veränderte sich die Verwendung des Namens – hin zur Bezeichnung einer ethnischen und zugleich religiösen Gruppe.[192] Da die nachexilische Entstehung der Maleachischrift von niemandem bestritten wird, wird »Israel« hier im umfassenden Sinn des Gottesvolkes zu verstehen sein, als die ehemaligen politischen Monarchien Israel und Juda transzendierende[193] und alle zwölf Stämme umfassende Größe. Thomas Willi hat am Beispiel der Chronik gezeigt, dass seit der Perserzeit die Juden in der Diaspora immer in den Namen »Israel« eingeschlossen sind. Das »Haus Gottes« (Jes 56,5.7; 66,20) ist universal ausgerichtet, kein Nationalheiligtum von Jerusalem.[194] Levi, Eponym der Leviten, ist das Herz Israels, Repräsentant der Torakultur, die durch die Ausführungsbestimmungen zum Kult den Jerusalemer Kult erst zum Kult für den Gott Israels werden lässt.[195] In dieser Funktion schafft Levi den einenden Zusammenhalt für Israel. Dieses Verständnis wird man auch für die Maleachischrift geltend machen müssen, wie die Auslegung der Texte zeigen wird. Die Maleachischrift gehört nicht in die frühnachexilische Zeit, wie meist angenommen

---

192 Wagner: http://www.bibelwissenschaft.de/nc/wibilex/das-bibellexikon/details/quelle/WIBI/zeichen/i/referenz/21934/cache/9772b4a84a0f8103c8ade1ad6291e16 f/#h5 (cited 9. Februar 2012).

193 Vgl. den Nachweis der differenzierten Verwendung des Begriffs im Jesajabuch bei Kratz: Israel, 101. Dass der Begriff in spätpersisch/hellenistischer Zeit Samaria einschließt, während die Bezeichnung ›Juden‹ die Bewohnerschaft Samarias ausschließt, zeigt Kessler: Sozialgeschichte, 164 f.

194 Willi: Leviten, 82.

195 Willi: Leviten, 95.

wird. Sie bezeugt eine große Ähnlichkeit theologischer Argumentation mit den Texten der Chronik, oder mit Willi gesprochen: »Was Maleachi von prophetischer Warte aus formuliert, erscheint in der Chronik auf der Ebene der Geschichtsschreibung.«[196] »Israel« ist im Kontext des persischen Großreiches oder des Ptolemäerreiches eine »genealogisch konstituierte Größe der Nachfahren Israels = Jakobs«[197]. Sozialgeschichtliche Überlegungen zur prophetischen Literatur zeigen, dass der zweite Tempel *per se* universal ausgerichtet gewesen ist. Die nationale Identität beruhte schon in der Perserzeit einzig auf der Abstammung (Esr 2,59/Neh 7,61) und drückt sich in der Lebenshaltung (בְּרִית), zu der Sprache und Kultur, Beschneidung und Sabbat gehörten, aus.[198]

Innerhalb der Maleachischrift wechselt die Bedeutung des Namens »Israel«. Den Konnotationen der Formulierung גְּבוּל יִשְׂרָאֵל »Gebiet Israels« in Mal 1,5 wird im Kontext von Mal 1,2–5 nachgegangen. Mal 2,11 nennt Israel neben Jerusalem, allerdings in einem geschichtlichen Rückblick in die Zeit der Monarchien, so dass hier mit Israel das Nordreich gemeint ist. Mal 2,16 spricht von יְהוָה אֱלֹהֵי יִשְׂרָאֵל »Jhwh, der Gottheit Israels«. Hier ist Israel wieder im umfassenden Sinn – wie in der Überschrift – zu verstehen. Ebenso auch in Mal 3,22, wo explizit gesagt ist, dass die Tora des Mose am Horeb »ganz Israel« geboten worden war.

3.1.3 Autorisiert in der Vermittlung

Die Präposition בְּיַד ist das nächste Element der Überschrift. Strukturell markiert es im XII die entscheidenden Eckpunkte der Darstellung der Prophetie in der *successio mosaica*, und bringt so einmal mehr deren Kontinuität zu den vorexilischen Propheten zum Ausdruck.

Arndt Meinhold hat bereits in einer Übersicht seines Kommentars gezeigt, wie die mittels בְּיַד eingeleiteten Formulierungen für die Übermittler prophetischer Botschaften im XII miteinander verklammert sind: Hos 12,11 dokumentiert, dass Jhwh durch (בְּיַד) die Propheten redete, wobei hier die Gesamtheit aller Propheten seit dem Auszug im Blick ist. Ihr Prototyp ist Mose (12,14). Gegen Ende des XII wird auf die Botschaft, die durch (בְּיַד) die »früheren Propheten« vermittelt war, zurückgeblickt (Sach 7,7). In Verschränkung damit erfolgt die Übermittlung des göttlichen Wortes an das nachexilische Volk durch (בְּיַד) Haggai, den Propheten (Hag 1,1.3; 2,1). Mit Mal 1,1 empfängt Israel wiederum durch (בְּיַד) eine prophetische

---

196 Willi: Leviten, 92; ähnlich 84.
197 Kessler: HThK.AT 13,12, 99.
198 Willi: Leviten, 82f.

Einzel›gestalt‹, die »Maleachi« genannt wird, das Wort Jhwhs.[199] Dieser literarische Zusammenhang wird nicht allein durch die Präposition, sondern mannigfache weitere intertextuelle Bezüge konstituiert. Sie verwiesen in dieser Arbeit schon mehrfach auf Hos 12; Hag 1,1.3; 2,1; Sach 7. In diesem Referenzsystem bringt die Präposition zum Ausdruck, dass Maleachi das prophetische Werk Haggais weiterführt, das in Kontinuität zu den früheren Propheten in der Nachfolge des Mose steht. Schon mit Haggai beginnt die neue Form der Prophetie; er ist bereits מַלְאָךְ (vgl. Hag 1,13). Literarisch wird dieses neue Verständnis der Prophetie an den Beginn der neuen Ära gesetzt, ins zweite Jahr des Darius, an den Beginn des Tempelbaus (Hag 1,1; vgl. c. 6.3.2).

3.1.4 Der Bote anstelle des Propheten

Bereits unter den alten Übersetzungen ist die Deutung Maleachis als Person breit belegt. Die LXX versteht Maleachi als Boten, also funktional; die Vulgata als Person, also individuell, was daran deutlich wird, dass sie »Malachias« als Eigennamen unübersetzt in der Buchüberschrift belässt.[200] Solche Deutung war bereits mit Jesus Sirach (49,10)[201] und den *vitae prophetarum* (ca. 1. Jh. n. Chr.)[202] gegeben. Abgesehen von der Grabnotiz, die einen Erweis der ›realen‹ Personalität darstellt, wäre Maleachi nach diesem Zeugnis der jüngste Prophet und der einzige, der nach dem Exil geboren ist, dessen guter Lebenswandel und schöne Gestalt ihm seinen Namen einbrachten.[203] Ein Krughenkel aus dem 7. Jh. v. Chr., der in Tell Arad gefunden wurde, belegt, dass es Malachi[yahu] als Personennamen gegeben hat.[204] Maleachi könnte so die Kurzform eines î-haltigen Eigennamens sein, der allerdings nirgends sonst bezeugt ist.[205] Die bisherigen Ergebnisse dieser Arbeit weisen darauf, »Maleachi« als Programmnamen zu verstehen, ebenso die Deutung Maleachis als Esra, den Schreiber, in der jüdischen Tradition. Die in der

---

199 Meinhold: BK XIV/8, 8.
200 Ebenso Peš und der Talmud (bMeg 15b).
201 »Und die *Knochen* der zwölf Propheten mögen grünen, wo sie liegen.«
202 Siehe Einleitung, S.2; zur Datierung: Schwemer: *Vitae prophetarum*, 547.
203 Schwemer: *Vitae prophetarum*, 634f.
204 Davies: Inscriptions, 97, Nr. 2097. Rudolph: KAT XIII/4, 247; Childs: Introduction, 493; Glazier-McDonald: Malachi, 28; Verhoef: NICOT, 156; zur linguistischen Auseinandersetzung um den Rudolphschen Vorschlag Hill: AncB 25D, 17. Dagegen Freedman-Willoughby: ThWAT IV, 896: »*mal'ākî* als Kurzform ist wegen des Fehlens von Parallelbelegen suspekt.« Meinhold: TRE 22, 7, wies darauf hin, dass aufgrund der Bruchkanten auf besagtem Krughenkel nicht erkennbar sei, ob es sich um die Kurz- oder eine Langform handele.
205 Meinhold: BK XIV/8, 15.

früheren Forschung verbreitete Annahme, Maleachi sei »ein Kunstname für die anonyme Prophetie am Ende des Sacharjabuches«[206] ist gewissermaßen Bestandteil dieses Programms. Zwei intertextuelle Referenzen erhellen die Bedeutung Maleachis, Hag 1,1 und Ex 23,20 ff.

3.1.4.1 Mal 1,1 – Hag 1,1

Zwischen den Überschriften Hag 1,1 und Mal 1,1 besteht mit den Elementen בְּיַד [...] דְּבַר־יְהוָה + Mittlergestalt sowie der Angabe der Adressaten mittels der Präposition אֶל eine textoberflächenstrukturelle Referenzialität.

Hag 1,1 ... הָיָה דְבַר־יְהוָה בְּיַד־חַגַּי הַנָּבִיא אֶל־זְרֻבָּבֶל ... וְאֶל־יְהוֹשֻׁעַ ...

Mal 1,1 מַשָּׂא דְבַר־יְהוָה אֶל־יִשְׂרָאֵל בְּיַד מַלְאָכִי׃

Unterschiede bestehen in der Datierung, die sich bei Hag findet, bei Mal aber nicht; dem Begriff מַשָּׂא, mit dem das Mal beginnt, Hag aber nicht. Hag 1,1 beginnt mit dem Verb היה, dem die csVerbindung דְּבַר יְהוָה folgt. Der Mittler des göttlichen Wortes und die Gruppe, an die es gerichtet ist, begegnen in der umgekehrten Reihenfolge. Die strukturellen Gemeinsamkeiten sind im XII singulär, die Signifikanz des Bezugs daher gewichtig. Der Name des Propheten ist in Hag 1,1 mit הַנָּבִיא qualifiziert. In Mal 1,1 tritt מַלְאָכִי an diese Stelle. Dass מַלְאָכִי nicht als הַנָּבִיא bezeichnet wird, stärkt aus der Strukturanalogie heraus die Annahme der Funktionalität Maleachis.[207] Der Bote aus Mal 3,1 nimmt formal den Platz des Propheten ein.

Nun wird ausgerechnet Haggai als einziger von den namentlich benannten Propheten ebenfalls מַלְאַךְ יְהוָה genannt (Hag 1,13). In der Maleachischrift ist jedoch der Priester מַלְאַךְ יְהוָה (Mal 2,7). Naomi Cohen meint, dass der Priester den Titel aufgrund seiner prophetischen Aufgabe bekommt.[208] Die Bezeichnung מַלְאַךְ יְהוָה in der Haggaischrift begründet sie damit, dass die Betonung der göttlichen Inspiration seiner Botschaft offensichtlich von höchster Bedeutung war.[209] Die Frage nach dem Ursprung des Titels in der Maleachischrift ist damit jedoch nicht geklärt. Möglicherweise zeigt Edgar Conrad eine weiterführende Fährte auf, indem er auf den Zusammenhang zwischen Hos 12,5–6 und Sach 7 aufmerksam macht. Die im XII dargestellten un-

---

206 Schwemer: *Vitae prophetarum*, 634.

207 Cohen: Nabi, 16, meint, dass נָבִיא und מַלְאַךְ ab der nachexilischen Zeit synonym gebraucht werden können; die Sache ist jedoch komplexer, wie folgt.

208 Cohen: Nabi, 20.

209 Cohen: Nabi, 19. Auch die Deutung des מַלְאַךְ יְהוָה durch Bulmerincq: Maleachi II, 336) als prophetischen Ehrentitel (Jes 44,26; Hag 1,13), der jetzt erstmalig auf den Priester übertragen (vgl. Koh 5,5), genügt nicht.

terschiedlichen Epochen Hos-Zef bildeten die Geschichte der Prophetie in der Assyrerzeit ab, Hag-Mal die Geschichte der Prophetie in der Perserzeit. Letztere zeichne sich durch das zunehmende Auftreten von Boten aus (Hag 1,13; Sach 1–6; 12,8; Mal 1,1; 3,1). Im vorderen Teil des XII begegnet nur ein einziger Bote: Hos 12,5.[210] Der Kontext spielte bereits eine Rolle (c. 3.1.2). Er ist eine Deutung der Gestalt aus Gen 32,27, Jakob kämpfte mit ihr. Daran schließt Hos 12,6 an:

וַיהוָה אֱלֹהֵי הַצְּבָאוֹת יְהוָה זִכְרוֹ:

Und Jhwh, der Gott der Heerscharen, Jhwh ist sein Gedenken.

Der Name Sacharja sei daher abgeleitet; ein Programmname, der die Erinnerung der »engelischen« Vergangenheit trüge.[211] זְכַרְיָה verbinde die Gegenwart mit der Väterzeit, als Jhwh durch Engel zu den Vätern sprach. Die These Conrads kräftigt die Annahme, dass der מַלְאָךְ im XII als eine mythische Größe geführt wird, dessen Offenbarungsmittlerschaft im Ringen Jakobs um die Nähe seines Gottes für das Volk Israel symbolisiert ist.[212] Das Prophetentum Moses wird auf dem Fundament der Gen 28,21–22 an Jakob ergangenen Offenbarung gedeutet. Dabei ist die an Mose ergangene Offenbarung die weitergehende, da er in seiner Sendung als Prophet Israel aus Ägypten führte und damit die für Israel grundlegende Befreiungstat vollzog.[213] Sacharja und sein Zeitgenosse Haggai stünden dann für die Vergegenwärtigung der Botensendungen am Anfang der Geschichte Israels. Haggai wird deswegen ebenfalls מַלְאָךְ genannt. Nicht von ungefähr erneuert er die Bethelzusage an Jakob (Gen 28,15): אֲנִי אִתְּכֶם (Hag 1,13). In Gen 28 sieht Jakob zuerst die Boten Gottes, hört dann seine Stimme. Beides ist Anlass für den Altarbau. In Hag und Sach geschieht das Sprechen von Boten nicht nur im Zusammenhang mit dem Tempelbau, sondern ihr Hören und Sehen schafft die Gegenwart Jhwhs. Allen prophetischen Gestalten, die nach dem literarischen Zeugnis des XII in der Per-

---

210 Conrad: End, 76.
211 Conrad: End, 77.
212 Hos 12 scheint Grundsätzliches für das Prophetieverständnis des XII darzustellen (das Verständnis des מַלְאָךְ, Mose als Urbild der Propheten [נָבִיא], durch [בְּיַד] den das ›wahre Prophetentum‹ bereits in der Wüstenzeit etabliert wurde) – diese Behauptung müsste im Spiegel des Hoseabuches untersucht werden. Ansätze bei Blum: Traum, 21–41. Anders als Blum: Traum, 36, meint, bezieht Hos 12 sich doch wahrscheinlich auf die im Pentateuch vorliegende Jakobüberlieferung. Die Deutung seines Auslandsaufenthaltes in Aram in Hos 12,13 ist mehrdeutig, aber der Genesisüberlieferung entsprechend positiv: das Wortpaar עבד und שמר bezieht sich im Dtn und der darauf basierenden Überlieferung auf das Tun und Halten der Gebote, so dass Hos 12,13 auf Jakobs Treue angesichts der Religiosität seines Oheims anspielen könnte.
213 Hier liegt ein ähnlicher Rezeptionsprozess wie in der Maleachischrift vor. So bereits Gertner: *masorah*, 241–284; Gese: Jakob, 38–47; Eslinger: Hos 12:5a, 91–99.

serzeit auftreten, kommt das Botenimage zu.[214] Maleachi wäre mit ihnen in derselben Funktion wie die Boten der Vorzeit zu verstehen, die die unmittelbare Verbindung zwischen Jhwh und Mensch eröffneten und die Gottesbegegnung wirklich ermöglichten – nach einer Zeit, in der der Kult mit seinen institutionalisierten Mittlergestalten, Prophet, Priester, König, versagt hatte. Dem entspricht der Umkehrruf Sach 1,3, der Mal 3,7 korrespondiert und den drei letzten Büchern des XII einen gemeinsamen Horizont gibt: Der Tempel schafft noch nicht die Präsenz Jhwhs; das Hören auf die Stimme des Boten gehört wesentlich dazu.[215]

3.1.4.2 Mal 3,1 – Ex 23,20.23

Oftmals wurde gefragt, ob der Maleachi der Überschrift mit dem aus Mal 3,1 identisch sei.[216] Liest man die Schrift als literarisches Gesamtwerk, rekurrieren beide Verse aufeinander. Arndt Meinhold ist hingegen der Meinung, dass die Maleachiüberschrift zwar eine Anspielung auf 3,1 sei, »aber das dort als ›mein Bote‹ bezeichnete himmlische Wesen [...] in Mal 1,1 nicht gemeint sein [könne], weil das dem Gestaltungsprinzip und der Sinngebung von בְּיַד חַגַּי הַנָּבִיא in Hag 1,1.3; 2,1 nicht gerecht würde. Das Weglassen von הַנָּבִיא bringt eine Mehrdeutigkeit zustande, die den verschiedenen Textbelangen in Maleachi Rechnung zu tragen vermag, bis hin zur Gleichsetzung des Priesters mit dem Boten JHWHs (Mal 2,7) und zu den Zusätzen 3,1b–4; sogar 3,23f erscheinen integrierbar.«[217] Jedoch ist auffällig, dass Mal 1,1 mit מַלְאָכִי die mit 3,1 identische Form aufweist, obgleich damit innerhalb von 1,1 eine syntaktische Inkongruenz entsteht, die zugleich die Aufmerksamkeit auf die Rekurrenz zwischen 3,1 und 1,1 erhöht. Diese Inkongruenz in der Überschrift »Das Wort Jhwhs ... durch ›mein Bote‹« (Mal 1,1), deute ich aus der zitierenden Aufnahme des Appellativums mit Suff 1PSg aus Mal 3,1.[218] Rainer Kessler deutet »Maleachi« (Mal 1,1) als Eigennamen, der programmatisch eine theologische Kernaussage des Buches umreißt – wie auch Ezechiel oder Micha.[219] Die Idee ist bestechend, jedoch wären dann die buchinternen Deutungen des Boten mit Levi und mit Elia nicht möglich. Die alten Übersetzungen und Übertragungen wie LXX und Targum haben die Offenheit der Interpretation gewahrt.

---

214 Zu Sacharja siehe Conrad: Zechariah, 131.

215 Vgl. Jes 42,19: Der Bote ist taub – die Fundamente des Tempels liegen noch nicht (Conrad: Messengers, 93).

216 Schon Bulmerincq; Eißfeldt: Einleitung⁴, 596. Zur Forschungsdiskussion Meinhold: BK XIV/8, 254–258, zur alten Diskussion Bulmerincq: Maleachi II, 331f.

217 Meinhold: BK XIV/8, 10.

218 So auch Willi-Plein: ZBK.AT 24.4, 225.

219 Kessler: HThKAT 13,12, 100f.

Die Deutung Maleachis wird durch einen weiteren intertextuellen Bezug bereichert, der zwischen Mal 3,1 und Ex 23,20.23 besteht und sich durch folgende textoberflächenstrukturelle Referenzen konstituiert:[220]

Ex 23,20 הִנֵּה אָנֹכִי שֹׁלֵחַ מַלְאָךְ לְפָנֶיךָ לִשְׁמָרְךָ בַּדָּרֶךְ

Ex 23,23 כִּי־יֵלֵךְ מַלְאָכִי לְפָנֶיךָ

Ex 23,20 Siehe, ich sende einen Boten, um dich auf dem Weg zu bewahren
Ex 23,23 … denn mein Bote wird vor dir hergehen.

Zwar ist auch in diesem Fall die Bezugnahme nicht explizit; die ersten drei Worte aus Ex 23,20 stimmen jedoch mit Mal 3,1 fast wörtlich überein.[221] In den Versen folgt das PtAktSg von שלח, dann מַלְאָכִי,[222] der sich im Fall von Ex 23,20 durch 23,23 als Jhwhs Bote erweist, durch den er selbst redet. מַלְאָך mit einem Personalsuffix der 1PSg begegnet nur an den genannten Stellen und in Jes 42,19. Die Interjektion הִנֵּה aus Ex 23,20 mit dem folgenden Personalpronomen für Jhwh erscheint in Mal 3,1 als Kontraktion. Ferner geht es in beiden Fällen um das Begehbarmachen eines, wahrscheinlich *des* Weges. Die Wegrichtungen stehen sich durch die unterschiedlichen Suffixe spannungsvoll gegenüber und verweisen mittels לִפְנֵי zugleich aufeinander.

In der Idee des מַלְאָך sind Jhwh und die prophetische Gestalt aufs engste verbunden – כִּי שְׁמִי בְּקִרְבּוֹ (Ex 23,21). Die bis zur Identität reichende Nähe von Jhwh und dem Boten hat Rainer Kessler in den Redestrukturen der Maleachischrift mehrfach gefunden, beispielsweise in Mal 1,6:

Jhwh-Rede: 1,6a Ein Sohn ehrt den Vater und ein Knecht den Herrn.
                6bα Wenn ich Vater bin – wo ist meine Ehre?
                Und wenn ich Herr bin – wo ist meine Ehrfurcht?
Prophetenrede: hat Jhwh Zebaoth zu euch gesagt, Priester, Verächter meines (!) Namens.[223]

---

220 Auf diese Parallele machte Stier: Gott, 62 ff. 84 ff., Freedman-Willoughby: ThWAT IV, 897; später auch Blenkinsopp: Prophetie, 214, aufmerksam; Homerski: Tag, 7; Hill: AncB 25D, 265; Glazier-McDonald: Mal'aḳ habberît, 98–100. Aufgrund der literarischen Verbindung zu Ex 23,20 sah schon Blenkinsopp Maleachi in der *successio mosaica* (Prophetie, 214). So auch Meinhold: BK XIV/8, 155; Scalise: Fear, 412.
221 Codex 597 (Kennicott: Vetus II, 304) hat für Mal 3,1 die mit Ex 23,20 identische Lesart. Umgekehrt belegen die Lesarten der alten griechischen Handschriften, des Samaritanus und der Vulgata, die מַלְאָכִי auch für Ex 23,20 bezeugen, später Kimḥi, dass beide Verse aufeinander bezogen wurden. Im MT wird durch 23,23 deutlich, dass Jhwhs Bote, מַלְאָכִי, gemeint ist. Auch in der jüdischen Leseordnung sind beide Texte aufeinander bezogen worden (Maier: Schriftlesung, 559).
222 מַלְאָך mit auf Gott bezogenem Personalsuffix Gen 24,7.40; mit Personalsuffix der 1Sg Ex 23,23; 32,34; Jes 42,19; Mal 1,1; Mal 3,1; Pl mit Suffix Jes 44,26; Ps 91,11; 103,20; 104,4; 148,2; II Chr 36,15.
223 Kessler: Strukturen, 238; eine ähnliche Beobachtung benennt Redditt: NCBC, 162.

Zwischen Jhwh und Prophet findet keine Kommunikation statt. Aus ebenfalls sprachanalytisch angelegter Untersuchung folgert Josef M. Oesch: »Für das Bild Maleachis ergibt sich daraus, daß er vor allem als reines ›Sprachrohr JHWHs‹ gezeichnet werden soll, der ohne irgendeine Brechung durch die eigene Persönlichkeit das Wort JHWHs ausrichten soll.«[224]

In der Sinaiperikope folgt dem Epilog, der die Botensendung enthält, der Bundesschluss (Ex 24) – möglicherweise ein Hintergrund für die Bezeichnung מַלְאָךְ הַבְּרִית (Mal 3,1b). Auf die konstitutive Bedeutung des Bundes, mit der die Rolle des Boten verbunden ist, könnte auch die auffallende Häufung der csVerbindungen mit בְּרִית in Mal 2,8b; 2,10b; 2,14b; 3,1b verweisen. Innerhalb des Exodusbuches rekurrieren Ex 23,20.23 kataphorisch auf Ex 32,34:

$$\text{הִנֵּה אָנֹכִי שֹׁלֵחַ מַלְאָךְ לְפָנֶיךָ לִשְׁמָרְךָ בַּדָּרֶךְ}$$
$$\text{... כִּי־יֵלֵךְ מַלְאָכִי לְפָנֶיךָ}$$

Siehe, ich sende einen Boten, um dich auf dem Weg zu bewahren ...
denn mein Bote wird vor dir hergehen.

$$\text{הִנֵּה מַלְאָכִי יֵלֵךְ לְפָנֶיךָ}$$

... siehe, mein Bote wird vor dir hergehen.

Darüber hinaus weist die Perikope in Ex 32 etliche intertextuelle Bezüge zur Maleachischrift, insbesondere zu c. 3, auf. Diese Geschichte ist es, die die Rolle der Levisöhne in Mal 3,1b–4 und die Rolle Maleachis darin durch die Eiferepisode (Ex 32,26–30) zu erhellen vermag, dem Buch des Gedächtnisses (Mal 3,16) eine Deutung einschreibt (Ex 32,32f), den Tag (Mal 3,1b–2) mit dem Tag der Heimsuchung (Ex 32,34) konfrontiert, vor allem aber eine Funktion Maleachis (Ex 32,34) ins Gespräch bringt: Jhwh ist in Ex 32 im Gespräch mit Mose. Als er das Treiben um das goldene Kalb am Fuße des Berges sieht, schickt er schleunigst Mose herab (32,7), da *dessen* Volk schlecht handelt (כִּי שִׁחֵת עַמְּךָ). Jhwhs Zorn entbrennt und er beschließt, das Volk zu vernichten (32,10). Doch Mose bittet Jhwh um Gnade und fragt ihn לָמָה יְהוָה יֶחֱרֶה אַפְּךָ בְּעַמֶּךָ »warum, Jhwh, ist dein Zorn entbrannt wegen *deines* Volkes?« Es geht zwischen Gott und Mose um die Frage von Verantwortung und Autorität, um die Frage des recht verstandenen Mittleramtes durch Mose, die Frage, die im Fortgang des Textes eskaliert. Daher zurück zum Erzählablauf: Die Fürbitte des Mose wirkt schließlich die Reue Jhwhs (v. 14). Doch als Mose unten angelangt ist, entbrennt *sein* Zorn (וַיִּחַר אַף מֹשֶׁה). Er wird zum Nachahmer Jhwhs. Aaron akzeptiert diese Verwechslung offensichtlich, indem er antwortet: אַל־יִחַר אַף אֲדֹנִי »nicht entbrenne der Zorn meines Herrn (Sg)!« Doch Mose wird zum Voll-

---

224 Oesch: Bedeutung, 191.

strecker des göttlichen Zorns, den er sich angezogen hat, obwohl er dafür keine Legitimation hat. Er nimmt die Richterposition ein, indem er sich ins Tor stellt (32,26) und ruft: מִי לַיהוָה אֵלָי »Wer für Jhwh ist, zu mir!« Woraufhin sich alle Söhne Levis (!) um ihn sammeln und das ihnen von Mose aufgetragene Gemetzel, das auch vor Familienmitgliedern nicht halt macht, im Lager vollziehen. Nachdem Mose dem Volk gesagt hat, dass er wieder zu Jhwh hinaufgehen will, um Sühne zu erbitten, und das Volk ihm nicht widerspricht (32,30), steht er nun vor Jhwh und bittet um Vergebung für *dieses* Volk (הָעָם הַזֶּה). Er bindet sein eigenes Schicksal an die Vergebung Jhwhs dem Volk gegenüber und setzt es dem Angebot Jhwhs aus 32,10 entgegen. Doch darum geht es schon längst nicht mehr (Ex 32,14). In der Gegenüberstellung von אכל in 32,10 und הרג in 32,27 wird die Anmaßung deutlich, die Mose begangen hat. Entsprechend doppeldeutig bleibt die Formulierung in 32,33. Johannes Taschner machte darauf aufmerksam, dass der nun folgende Auftrag, das Volk zu führen mit dem entsprechenden Hinweis auf den Boten, der Mose vorangehen soll, auffallend distanzierend wirke.[225] Mit ihm tritt eine Mittlerinstanz zwischen Jhwh und Mose, solange bis Mose seine Offenbarungsqualität wiedererlangt hat.[226]

Dieser Bote hat die gleiche Funktion wie in Ex 23,20ff, wie die benannte Rekurrenz und die Aufzählung derselben Fremdvölker belegt. Ex 23,20–33 bilden den Epilog des Bundesbuches.[227] Gegen ein Gebot des Bundesbuches hat Mose verstoßen (Ex 2,12–14). Nun mag der Bote, der dem Volk vorangehen soll, ihn davor bewahren, aus Eigenmächtigkeit zu handeln, ohne nochmals auf die Stimme Jhwhs zu hören.

Die Botenkonzeption der Sinaiperikope trägt aufgrund der gezeigten intertextuellen Bezüge zu Mal 3,1 eine offenbarungstheoretische Deutung in die Maleachischrift ein.[228] Der Bote verkörpert die Stimme Jhwhs. Damit hat er eine prophetische Funktion. Er ist Hüter des am Sinai gegebenen Gottesrechts und tritt als Mittlerinstanz – wenn notwendig – auch zwischen eine autorisierte Mittlergestalt und Jhwh. In der Maleachischrift soll Maleachi das Kommen Jhwhs ermöglichen (Mal 3,1). Er tritt zwischen Jhwh und die sich verfehlt habenden Priester, die wiederum die Verbindung zwischen Jhwh und seinem Volk herstellen

---

225 Taschner: Mosereden, 238.

226 Über diese entstandene Distanz wird in den nächsten Kapiteln neu verhandelt, solange bis die Gottesunmittelbarkeit פָּנִים אֶל־פָּנִים wieder bestätigt ist (Ex 33,11). Vom Boten ist nach 33,2 nicht mehr die Rede.

227 Vgl. Achenbach: Grundlinien, 56–80.

228 Vgl. auch Num 22,32 oder die unterschiedlichen Funktionen des Jhwh-Boten und Josuas in Ri 2,1–6, ferner I Reg 19,7; II Reg 1,15, wo Elia Wegweisung vom מַלְאַךְ יְהוָה empfängt; in I Chr 21,16.30 auch David.

sollen. Jhwh sendet »Maleachi«, um durch seine Priesterschaft ein Bewusstsein seiner Rechtsordnung zu schaffen, bevor er selbst zum Rechtsakt naht (3,5).[229]

Beide Referenztexte – Hag 1,1 und Ex 23,20.23 – evozieren Offenbarungsvorgänge, wie sie im Pentateuch erzählt werden. Darin beschlossen ist das Wahren der בְּרִית, die insbesondere mit dem Halten des am Sinai empfangenen Gesetzes verbunden ist. Jedoch tritt »Maleachi« – das legt die Intertextualität mit Ex 23,20 und 32,34 nahe – nicht einfach in die Rolle des durch Dtn 18 neu definierten Propheten. Er tritt in der Überschrift an die Stelle des Propheten, jedoch nur seiner Funktion nach. Wie in der Sinaiperikope hat er Wegbereiterfunktion. Er bleibt von Levi, dem Priester und Propheten der Maleachischrift unterschieden.[230] Die einzig verbindliche Offenbarungsquelle ist die Tora. Der Bote verkörpert für den Dienst des Levi und all seiner Nachfolger das Prinzip einer wegweisenden Instanz, die das inspirative Moment der Toraauslegung für die Gegenwart beinhaltet und deren institutioneller Verfügbarkeit wehrt.[231] Die Levisöhne sind hingegen die Bewahrer des Bundes, den sie schon einmal auf Stein und Bein verteidigt haben (Ex 32). They are »charged to model covenant keeping for the rest of Israel through the teaching of the Mosaic law and and the service of worship leadership in the cultus.«[232] Erst in der Auslegungstradition, die schon innerhalb der Maleachischrift beginnt, wird dieses Moment der Unverfügbarkeit wieder der Institution untergeordnet. Der מַלְאָךְ יְהוָה ist Priester (Mal 2,7).[233]

»Maleachi« ist die literarische Gestaltungsform der Integration der prophetischen Rede (in Form der Toraauslegung) in den Dienst des Priesters. Er bereitet den Weg Israels (Ex 23) und umgekehrt den Weg Gottes zu Jakob (Mal 3,1). Der מַלְאָךְ wird im gesamten AT positiv gesehen,[234] ein Beleg dafür, dass er mit keiner menschlichen und damit fehlbaren Gestalt gleichzusetzen ist.

---

229 Ähnlich Hill: AncB 25D, 267.

230 Dass Maleachi die Kontinuität von beiden, Priester und Prophet, als Boten Jhwhs verbürgt (Verhoef: NICOT, 250–51) geschieht erst durch v. 7. Priester sind sonst im AT keine Boten. »Maleachi« beschreibt das göttlich Inspirierte im Handeln des Priesters.

231 Eine konkrete Gestalt wird nicht greifbar. So auch Oesch: Bedeutung, 189: »... in der Überschrift [fehlt] jeglicher Anhaltspunkt dazu, mit welcher historischen Figur er [sc. der fiktive Adressat] diese Gestalt identifizieren könnte, und im nachfolgenden Korpus des Buches verschwindet er anscheinend fast vollständig, da darin nichts über ihn erzählt wird und von den gehaltenen Reden die meisten aus dem Munde JHWHs ergehen. Und selbst dort, wo Maleachi sich einmal zu Wort meldet (2,11–16), geht seine Rede sehr bald und fast unmerklich in eine JHWH-Rede über.« Die von Willi-Plein: ZBK.AT 24.4, 225, vage vorgeschlagene Einordnung eines sehr weit entwickelten kanonischen Verständnisses findet sich in den Beobachtungen bestätigt.

232 Hill: AncB 25D, 221, mit Verweis auf Dtn 33,8–11 und Hos 4,4–6!

233 Zur Exegese von Mal 2,4–8 siehe c. 4.2.1.5 und 4.2.2.5.

234 Röttger: Mal'ak, 262.

Oft wurde gefragt, ob Maleachi ein himmlisches Wesen sei oder ein irdisches, *angelus* oder *nuntius*. Die Frage muss im Kontext der Maleachischrift unterschiedlich beantwortet werden. »Maleachi« in 1,1 und 3,1 ist gestaltlos, Wegbereiter, Stimme Gottes, *angelus*, eine Funktion. Er wirkt in den Levisöhnen die Erkenntnis des wahren göttlichen Willens (Mal 3,3 f). Erst der Autor von Mal 2,7 deutet ihn als eine irdische Gestalt, *nuntius*.[235] Mal 3,1b legt nahe, dass dieser dann auch das Läuterungsgericht an den Levisöhnen vollzieht,[236] ein Akt, der vorher wohl geistig verstanden wurde. Die zweite Explikation Maleachis geschieht in der Gestalt des Elia *redivivus*.[237] Mal 3,23 deutet mit dem in den Himmel entrückten Elia מַלְאָכִי wiederum als konkrete Gestalt.[238]

Das gezeichnete Bild Maleachis legt eine gattungskritische Revision nahe. Die Maleachischrift ist keine »literarische Prophetie bzw. Tradentenprophetie«[239]. Sie legt – durch die Überschrift zum Prophetenbuch stilisiert – literarisch dar, wie Prophetie in Zukunft sein wird. Wie Sach 9,1 und 12,1 gebraucht Mal 1,1 דְּבַר יְהוָה ohne finites Verb. Das Wort ›ereignet‹ sich nicht. Es hat sich bereits am Gottesberg ereignet und wird nicht mehr mittels Botenformel gekennzeichnet, sondern durch die אָמַר יְהוָה צְבָאוֹת-Formel, eine ›Offenbarungskonformitätsformel‹.[240] Prophetie

---

235 Verhoef: NICOT, 154, verweist auf die appellativische Bedeutung »Maleachis« in der jüdischen Tradition und bei den Kirchenvätern, that »he indeed was an Angel who appeared in human form.« Maleachi wird erst mit 2,7 auf eine menschliche Gestalt bezogen. Auch kann man für Mal 3,1 nicht geltend machen, was Conrad anhand des Jesajabuches gezeigt hat. Demnach stünde Jes 42,19 und 44,26 der מַלְאָךְ dem עֶבֶד nahe (beide Fälle im *parallelismus membrorum*). Der עֶבֶד erhält bei Dtj prophetische und königliche Züge. Ähnlich wie der König ist auch der מַלְאָךְ ein Repräsentant Jhwhs. Durch seinen intertextuellen Lesevorgang der מַלְאָךְ-Stellen von Jes 40–66 vor dem Hintergrund des XII, wo er das Auftreten von Boten einer zusammenhängenden Vorstellung zurechnet, will er diese Annahme stärken (Conrad: Messengers, 87; vgl. Sach 12,8; vgl. auch Cohen: From Nabi, 21). Die mit Hos 12 gelegte Pointe zielt innerhalb des XII aber gerade auf die Unverfügbarkeit des Boten.
236 Noch unbestimmt ist die Formulierung in Mal 3,1b מַלְאָךְ הַבְּרִית, deren *nomen rectum* aufgrund der vierfachen Verwendung von בְּרִית in Mal 2,4–9 diesen Kontext referiert (als irdischen Vertreter deutet Glazier-McDonald: Malachi, 122; für ein himmlisches Wesen plädiert Hill: AncB 25D, 269 u. a.). Diese Offenheit ermöglichte einerseits ihre Interpretation mit Onias III. im Sinne des »priesterlichen Messias« (Hill: AncB 25D, 269), andererseits die als Vorläufer (3,23) bzw. Mt 11,10 // Mk 1,2 // Lk 7,27.
237 Vgl. Kugel: Elevation, 32. Eine eschatologische Figur, wie Scalise: Fear, 410, meint, ist Maleachi erst im Zusammenhang der Fortschreibungen von 3,1b.2 bzw. 3,23 f.
238 Vgl. Cohen: From Nabi, 22.
239 Zenger: Einleitung⁸, 697. Maleachi als Seher zu bezeichnen (Blenkinsopp: Prophetie, 214), ist nicht nur in der Forschung überholt, sondern auch terminologisch nicht gedeckt.
240 Die von Willi-Plein festgehaltene Unterscheidung (ZBK.AT 24.4, 233) resultiert aus der Übertragung der Priestertora aus Hag 1,13 auf Mal 2,4–8. Willi: Leviten, 86, macht anhand von Chroniktexten darauf aufmerksam, dass die Berufung auf die Schrift und die Schriftkonfor-

besteht in der Aktualisierung der Weisungen, die am Sinai Israel offenbart wurden. Ein Bote kann nach dem Verständnis der Maleachischrift jeder Priester nach dem Ideal Levis sein, der die Tora wahrheitsgemäß auslegt, schreibt der Autor von Mal 2,7.[241] Die unterschiedlichen Interpretationen des Boten in 2,7; 3,1b.2 und 3,23 zeigen die Spannung zwischen Funktion und Gestalt, Ideal und Realität. Der Bote, der Repräsentant Jhwhs, wird die Levisöhne, die sich offensichtlich in der Realität immer wieder disqualifizieren, läutern.[242] Nach dem Läuterungsgericht werden sie das göttliche Recht aufrichten können (Mal 2,17–3,5) und werden als ›neue Priesterpropheten‹ bzw. deren Nachfolger eingesetzt.[243] Nun kann geschehen, dass die Jhwh-Verehrung auf der ganzen Erde (Mal 1,11) mit der reinen Gabe des Gottesvolks seine Krone erhält.[244]

Historisch ist Prophetie als Auslegung des Gesetzes mit dessen Vorhandensein und dem Herausstellen seiner autoritativen Dignität denkbar. Die jüdischen Quellen datieren dies in die Perserzeit. So identifiziert der Targum Maleachi mit Esra, indem er in den meisten MSS an מַלְאָכִי in Mal 1,1 relativisch anschließt: »dessen Name Esra, der Schreiber, lautet«[245]. Im MT ist Esra lediglich Priester und Schreiber. Das apokryphe Buch 4Esra belegt für die Zeit um 100 n.Chr. die Auffassung, Esra sei der letzte Prophet gewesen (12,42).[246] Womöglich erhielt er diese Zuschreibung als Urbild prophetisch inspirierter Schriftauslegung. Auch Josephus situiert das Verständnis von Prophetie als Schriftauslegung in der Perserzeit, indem er die zuverlässige Sukzession der Propheten vom Tod Moses bis Artaxerxes dauern lässt (c. Ap. 1,40 f), und dabei Esra 7,1 f im Auge hat, der den Schreiber im 7. Jahr des Artaxerxes nach Jerusalem hinaufziehen lässt. Innerbiblisch könnten die in Neh 8 geschilderten Begebenheiten darauf verweisen. Wie eingangs er-

---

mität entweder explizit gesagt ist (z.B. II Chr 35,12) oder implizit durch Formulierungen wie »nach der Weisung Jhwhs durch Mose« oder »durch Mose geboten« vorausgesetzt wird (I Chr 15,15; II Chr 30,16; 34,14). Willi nennt die dafür verwendeten Formeln »Schriftkonformitätsklauseln«. Die אָמַר יְהוָה צְבָאוֹת-Formel stellt diesen Bezug zur Tora in prophetischer Hinsicht her. Die ist daher eine »Offenbarungskonformitätsformel«.

241 Stützen dürfte diese Deutung die Lesart des Codex 327 (Kennicott: Vetus II, 304), die den Plural מַלְאָכִים tradiert.

242 Gegen Glazier-McDonald: Mal'ak habberît, 98.

243 So z.B. auch Weyde: Prophecy, 402: »... the prophet was a Levit and taught with prophetic authority ... Prophecy and teaching went hand in hand; prophecy had become interpretation of the traditions as they were received and transmitted.«

244 So Glazier-McDonald: Mal'ak Habberît, 103; die aber Mal 1,11 eschatologisch deutet.

245 דְיִתְקְרֵי שְׁמֵיהּ עֶזְרָא סָפְרָא

246 Vgl. anders Tosefta Sota 13,4: »Als Haggai, Sacharja und Maleachi, die letzten Propheten, gestorben waren, schwand der heilige Geist aus Israel.«

wähnt, gibt es für die Existenz einer normativen Heiligen Schrift in dieser Zeit keinen Beweis, lediglich – wenn auch begründete – Vermutungen.

3.2 Die Frage der Textgattung

Seit dem 18. Jahrhundert liest man in der exegetischen Literatur zur Maleachischrift, dass deren Besonderheit in ihrer dialogischen Struktur gefunden wurde. »Es konnte daher seitdem eine hervorragende Eigenthümlichkeit in der Diction M. s insgesammt nicht entgehen, welche darin besteht, dass [...] durch ›Satz und Gegensatz‹ Belehrung und Besserung angestrebt wird.«[247] Die Funktion und der ›Sitz im Leben‹ von »Satz und Gegensatz« blieben bis zum Ende des 20. Jahrhunderts Gegenstand der exegetischen Diskussion.

Wieder und wieder – und zu Recht – wurde der Maleachitext ungeachtet dieser dialogischen Struktur auf seine textimmanenten Gliederungsmomente hin untersucht. Fast alle von ihnen führten zurück zu der Auffassung, Maleachi bestehe aus sechs ›Redeeinheiten‹ (ausgenommen Mal 3,22–24) mit gleichen, immer wiederkehrenden Strukturelementen.[248] Mit der dialogischen Struktur wird jedes Mal ein neues Thema eingeführt. Jeder Abschnitt weist ein eigenes lexematisches Referenzsystem auf, wie die Einzelanalysen zeigen. Beispielsweise wird dieses Referenzsystem innerhalb von Mal 1,6–2,9 durch die √בזה etabliert. Die Wurzel begegnet nur innerhalb dieses Abschnittes der Maleachischrift. Die im ersten Vers als Verächter des göttlichen Namens Angesprochenen sind im letzten Vers selbst die Verachteten im ganzen Volk. Durch diese Inklusion, innerhalb derer dann formal zur Debatte steht, ob 1,11 oder 2,1 nicht einen Neueinsatz darstellen, wird dennoch die Geschlossenheit dieser Textpassage suggeriert. Darüber hinaus gibt es jeweils diese Struktur übergreifende Referenzen (vgl. c. 3.3).

---

247 So zum Beispiel 1867 Sänger: Maleachi, 6, unter Berufung auf Carl Friedrich Keil.

248 Dokumentiert sind diese Versuche zum Beispiel von Willi-Plein: ZBK 24.4, 226–230, die lediglich mit der Abgrenzung 3,1–12 anders gliedert. Diskrepanzen gibt es auch um die Textabgrenzung zwischen vierter und fünfter Redeeinheit: Hieke: Kult, 21, trennt nach 3,7b; Meinhold: BK XIV/8, 291 und viele andere nach 3,5. Versuche, die durch die Diskussionsworte gegebene Gliederung des Textes zu umgehen, konnten bisher nicht überzeugen: Hill: AncB 25D, 26 f, erhält durch die Gliederung nach gottesdienstlichen Leseabschnitten unterschiedlich gewichtete Perikopen, teilweise mit Unterteilungen. Sie bilden bereits eine Interpretation des Buches ab, einen sekundären Deutungsakt und unterscheiden sich zudem in den Manuskripten. Matthias Krieg versuchte eine Interpretation des Textes nach Zeilen, weil sie den kritisch aufbereiteten Text repräsentiert, die Einheit von Form und Inhalt gewährleistet, keine sekundäre Hierarchie suggeriert, die Unterscheidung von Textstrata ermöglicht ... (Krieg: Mutmaßungen, 22), seine Eingriffe in den Text verwischen jedoch das gewonnene Bild.

Die in der Maleachiforschung mithin klassische Gliederung in Überschrift, sechs Redeeinheiten und einen Anhang ergibt sich aus den dialogischen Strukturen und den spezifischen lexematischen Referenzsystemen. Problematisch ist, dass diese so deutlich unterschiedenen Textstücke in der Maleachiforschung meist formgeschichtlich klassifiziert werden. Die Begriffe für eine solche ›Gattung‹ differieren: »prophetische Streitrede oder Disputation«[249], »prophetisches Streitgespräch«[250], »Niederschlag öffentlicher Diskussionsrede des Propheten« oder »Lehrdisputation«[251], »Disputationswort«[252], »Diskussionswort«[253]. Obwohl schon Wellhausen meinte, dass es sich bei dieser »Discussion« um eine »schriftstellerische Form«[254] handelt, ist immer wieder angenommen worden, dass das Diskussionswort auf eine tatsächliche Diskussion zurückgehe.[255] A. S. van der Woude betont »de uitgesproken pastorale inslag van Malachi's profetieën«, deren »vorm een weerspiegeling is van toespraken tot de priesters en het volk«[256]. David L. Petersen verwies auf Ähnlichkeiten mit der griechischen Diatribe, was Stephan Lauber jüngst wieder in die Diskussion brachte.[257]

Schon Hans-Jürgen Hermisson hatte Zweifel angemeldet, ob man es beim Diskussionswort überhaupt mit einer *Rede*gattung im präzisen Sinn der Formgeschichte zu tun hat.[258] Obwohl lange um Kompromisse gekämpft wurde, hat sich seit Beginn dieses Jahrtausends die Meinung durchgesetzt, dass die stilistische Form der dialogischen Struktur in der Maleachischrift auf eine schriftliche Fassung zurückgehe.

Uneinigkeit bestand dagegen in der Anzahl der Strukturelemente. Arndt Meinhold unterscheidet im Anschluss an Hans Jochen Boecker derer vier: Feststellung (+

---

249 Gunkel: Propheten, LXVII. Blenkinsopp: Prophetie, 204, schreibt diese Gattung – in nicht ganz so ausgereifter Form – auch Haggai zu und rechnet ihr Aufmerksamkeitsrufe, rhetorische Fragen, die Vorwegnahme von Einwänden und ihre Beantwortung (Hag 1,2–6) zu. Tate: Questions, 391, findet diese Gattung mehrfach in der prophetischen Literatur (Hag 1,4–6.7–11; 2,3–5.15 f; Sach 1–8; Mi 2,6–11; Jes 40,12–17): »In prophetic literature, this form is used to answer implied or stated charges made against God.«
250 Wallis: Wesen, 236.
251 Horst: HAT I/14, 261.265.
252 Pfeiffer: Disputationsworte, 554 f; Rendtorff: Einführung, 254. Dagegen Graffy: Prophet, 16: »In the speeches of Malachi, by contrast [to Isa 40,27–31], the opening words are of God or the prophet, not of the people. The fundamental difference is that the aim of the forms in Malachi is to convince the listeners of the initial stated point, and not to reject the people's quoted opinion.«
253 Boecker: Bemerkungen, 79; Kaiser: Einleitung, 239 f.395.
254 Wellhausen: Propheten, 203 f.
255 Die Verbindung beider Thesen findet sich bei Tiemeyer: Interlocutors, 176, auch bei Glazier-McDonald: Mal'ak habberît, 99.
256 Van der Woude: Haggai, 81.
257 Petersen: OTL, 31–33; Lauber: Strategien, 262 f.
258 Hermisson: Diskussionsworte, 666.

theologischer Vorspruch) (I), Einrede der Adressaten (II), Entfaltung der Feststellung (III) und Folgerungen (IV),[259] Egon Pfeiffer, Lena-Sofia Tiemeyer u. a. nur drei: Redeeinleitung (I), Nachfragezitat (II), Erläuterung/argumentative Begründung der These (III).[260] Die Gliederung in vier Elemente geht im II., III., V. und VI. Diskussionswort nicht auf. Aber auch die Einteilung in drei Strukturelemente erfasst die Spezifik der Texte nicht, weil sie nur die Anfänge der Texteinheiten im Blick hat, ihren Fortgang aber weitgehend unbestimmt lässt. Im Hinblick auf die IV. und VI. Redeeinheit wird sie der argumentativen Rückweisung der These nach vorausgegangener Entfaltung nicht gerecht.

Dieser Schwierigkeit ist beispielsweise Theodor Lescow mit der Applikation seines anhand von Am 5,18–20 entwickelten 3-Stufen-Schemas auf die Maleachischrift begegnet. In seiner 1993 erschienenen Monographie zeigt er, dass die Grundtexte der Maleachischrift dialogisch strukturiert und um *tôrôt* gruppiert seien. Lescow resümiert: »[W]ir haben hier in der Tat einen neuen Typus von Prophetie vor uns, der sich unter den Bedingungen der nachexilischen Tempelgemeinde entwickelt hat: seine Verkündigungsform ist Tora, und ihre Aneignung erfolgt durch Dialog.«[261] Diese Erkenntnis ist ein Verdienst Lescows, auch wenn seine Methode formal nicht einleuchtet. Anhand seines Schemas wird eher die Unterschiedlichkeit als die Vergleichbarkeit der Diskussionsworte deutlich, zudem erklärt er unter formkritischen Kriterien bestimmte Texte von vornherein als sekundär. Schließlich räumt er selbst ein, dass in drei der sechs Fälle »Tora vorliegen könnte«, aber nicht, worin sie besteht. Lescow hat trotzdem Entscheidendes gesehen: die hermeneutische Bedeutung der dialogischen Struktur und den »andersprophetischen« Charakter der Texte. Terminologisch setzt er beim Pfeifferschen Begriff »Disputationswort« an; nach ihrer Umgestaltung seien die Reden dann am besten als »Streitreden« zu bezeichnen.[262]

Zwei Autoren, die den Text mit sprachwissenschaftlichen Methoden betrachtet haben, kommen zu dem Ergebnis, dass den Diskussionsworten kein einheitliches Schema zugrunde liege. Rainer Kessler resümiert: »Wir haben also drei Gruppen von Diskussionsworten, die symmetrisch angeordnet sind. Die

---

259 Meinhold: Vorsprüche, 198; ders.: TRE 22, 8, ähnlich Krieg: Mutmaßungen, 70, der in Aussage, Rückfrage, Erläuterung und Bestätigung gliedert. Auch Stuart: Malachi, 1248, gliedert in assertion, questioning, response, implication.

260 Lauber: Strategien, 363; vgl. Tiemeyer: Interlocutors, 178; Redditt: NCBC, 152. Eine grundsätzlich andere Lesart, die nicht formkritisch definiert ist, schlägt Willi-Plein: ZBK.AT 24.4, 247 f.255, vor. Sie erwägt für Mal 1,6–2,9, dass der Text eine Komposition von Priesterorakeln sei. Die Pointe des in der Schwebe bleibenden »Sprechers« scheint mir jedoch in der Botenkonzeption des Buches zu liegen (c. 3.1.4).

261 Lescow: Maleachi, 148.

262 Lescow: Dialogische Strukturen, 211.

beiden ersten und die beiden letzten lassen in der Schwebe, ob die Redemarkierungen der Sprecher-Origo zuzuweisen sind oder Zitate in der Gottesrede darstellen. ... Beim III. und IV. Diskussionswort ist eindeutig, dass die Redeeinleitungen allesamt auf die Sprecher-Origo zurückgehen.« ... Die Uneindeutigkeit im I. und VI. Diskussionswort sei bewusstes Stilmittel: »*Sie rückt die prophetische Sprecher-Origo und JHWH als Redenden in diesen vier Worten in kaum zu unterscheidende Nähe.*«²⁶³ Kessler arbeitet die Kommunikationsstrukturen heraus, die belegen, dass die dialogische Struktur der Maleachischrift eine Fiktion ist. Die formkritisch gebotene Konsequenz zieht jedoch erst Stephan Lauber auf Grundlage seiner textpragmatisch ausgerichteten Untersuchungen. Demnach hat lediglich das Nachfragezitat in Mal 2,17–3,5 und Mal 3,13–21 themenauslösende Funktion. In Mal 1,2–5; 2,10–16 und 3,6–12 hat es rein rhetorische Funktion und fungiert als stilistisches Mittel allein zur »Belebung des Redegangs«²⁶⁴. Es dient der »Entfaltung und Erhärtung der die Redeeinheit eröffnenden Illokution, ohne dass auf einen Einwand explizit Bezug genommen wird, sondern indem der Adressat aufgefordert wird, der Stichhaltigkeit der für die These vorgebrachten fortschreitenden Argumentation zu folgen«²⁶⁵. Ebenso verhält es sich mit dem doppelten Nachfragezitat im Abschnitt Mal 1,6–2,9; erst Mal 1,12f hat die themenauslösende Funktion inne. Wird auf das Zitat, das die These der Adressaten wiedergibt, durch Satisfaktive Bezug genommen, spricht Lauber vom »Disputationswort«, für die durch Konnektive gekennzeichneten Redeeinheiten schlägt er die Bezeichnung »Argumentationswort« vor. Für die Gattungsfrage entscheidend ist, dass auch diese Begriffe lediglich den Textstrukturtyp beschreiben, nicht aber den Textfunktionstyp, also die Redeabsicht des textuellen Sprechers. Die Ergebnisse Kesslers und Laubers bestätigen eine Bemerkung Alwin Renkers von 1979: »... dieses gleichmäßig über die Themen des Buches geworfene Netz der Darstellungsform des Diskussionswortes ist letztlich eher hinderlich, wenn es gilt, die gewachsenen Voraussetzungen der Kontroverse einzubeziehen. Es handelt sich bei einem solchen Diskussionswort ja zunächst um einen Darstellungsstil. Dieser wird vom natürlichen Motivgrund diktiert sein; aber er ist doch auch eine Kunstform.«²⁶⁶

Folgende Übersicht mag dies verdeutlichen:

---

263 Kessler: Strukturen, 237f. Noch deutlicher in seinem Kommentar: HThKAT 13,12, 48: »Man könnte auch sagen, JHWH und sein Prophet seien austauschbar. Es ist ›gleich gültig‹ – im wahrsten Sinne des Wortes – ob JHWH oder der Prophet selbst das Wort ergreifen.«
264 Lauber: Strategien, 362.
265 Lauber: Strategien, 364.
266 Renker: Tora, 101. Ähnliche Kritik äußerte Willi-Plein: ZBK.AT 24.4, 230.

	Feststellung	Einrede	Theol. Vorspruch	Nachfragezitat		Strukturmerkmal
Mal 1,2–5	Feststellung mit kurzer אָמַר יהוה-Formel (1,2)	Einrede mittels מָה		Verb (אהב) des Nachfragezitats bezieht sich auf das Verb der Feststellung	Liebeserklärung	Konnektive als dominantes Strukturmerkmal
Mal 1,6–2,9	Doppelung der Einrede (מָה)		Theol. Vorspruch (1,6abα)	Verb (בזה) des 1. Nachfragezitats bezieht sich auf das Partizip (= Angeredete) der Feststellung (1,6); Verb der 2. Zitierung der Angeredeten (1,13) weist keinen Bezug zur Feststellung auf	Anklage	Konnektive und Satisfaktive
Mal 2,10–16	Einrede lediglich: עַל-מָה		Theol. Vorspruch (2,10a)	Kein Verb im Nachfragezitat	-	Konnektive
Mal 2,17–3,5	Einrede mittels מָה			Verb (יגע) des Nachfragezitats bezieht sich auf das Verb der Feststellung	Anklage	Satisfaktive als dominantes Strukturmerkmal
Mal 3,6–12	Doppelung der Einrede (מָה)		Theol. Vorspruch (3,6 +7)	Verb (שוב) des Nachfragezitats bezieht sich auf das Verb der Feststellung	Anklage	Konnektive
Mal 3,13–21	Feststellung mit kurzer אָמַר יהוה-Formel (3,13)	Einrede mittels מָה		Verb (דבר) des Nachfragezitats bezieht sich auf das Subjekt (דִּבְרֵיכֶם) der Feststellung	Anklage	Satisfaktive

Die Darstellung der Unterschiedlichkeit hinsichtlich Form, Syntax und Funktion der Strukturelemente innerhalb der einzelnen Textabschnitte macht unwahrscheinlich, dass ein das Diskussionswort klassifizierendes Gattungsformular zugrundeliegt. Ferner ist ein ›Sitz im Leben‹ nicht erkennbar. Die beschriebene Drei- oder Viergliedrigkeit eines Gattungsformulars begegnet nur in der Maleachischrift, auch wenn es Ähnlichkeiten dialogischer Strukturen in anderen Prophetenbüchern gibt. Dieses ›Gattungsformular‹ ist erst aus der Maleachischrift entwickelt worden! Schon seine Anwendung auf den Maleachitext ist nicht unproblematisch. Aus diesem Grund kann keinesfalls geschlossen werden, dass »markante Abweichungen vom Gattungsformular in 1,6–2,9; 2,10–16; 2,17–3,5, [...] auf spätere Ergänzungen hin[deuten]«[267].

Vielmehr erscheint die wiederkehrende Abfolge der dialogischen Struktur als stilistisch-rhetorische Figur.[268] Sie strukturiert den Beginn des Textabschnittes. Ihre Funktion ist eine hermeneutische. Die Diskussionsworte sind eine ›Kunstform‹, wie Renker sagte, ein Paradigma künftiger Kommunikation, durch welche die Aneignung der Tora erfolgen soll. Insofern beschreibt die einst von Aaron Schart gegebene Definition der dialogischen Form nicht die neue Form der Prophetie, sondern den durch diese literarische Form beabsichtigten Kommunikationsprozess.[269] Sie beschreibt keinen »Sitz im Leben«, sondern den Prozess der Gegenwartsdeutung als einen inspirierten Akt auf der Grundlage der Tradition. Das Nachfragezitat signalisiert mit dem knappen Fragewort immer Unverständnis in Bezug auf die im vorangegangenen Satz erfolgte Situationsbeschreibung. Die auf die Frage folgenden Ausführungen korrelieren die eingangs formulierte Feststellung mit der Tradition. Dass dies Otto Ipiscopul an die »synagogale Lehrmethode« erinnerte, ist vielleicht kein Zufall. Dieser Stil lässt plausibel er-

---

267 Meinhold: TRE 22, 7. Zur Kritik auch Willi-Plein: ZBK.AT 24.2, 230.

268 So auch Hill: AncB 25D, 38; Clendenen: NAC 21 A, 233.

269 Schart versuchte, der dialogischen Form einen Sitz im Leben zuzuweisen. Er betrachtet Maleachi als eine neue Form der Prophetie im formalen Sinn: Maleachi nimmt Gegenfragen von nicht mehr identifizierbaren Gegnern auf und versucht, sie zu entkräften. »Ein Diskussionswort nimmt seinen Ausgang von einer vom Propheten formulierten provokativen These. Die Antwort der Hörer lässt auch nicht lange auf sich warten. Wichtig ist, dass sie keine Antithese formulieren, sondern Fragen stellen (typisch ist בַּמֶּה). Sie verlangen keine Explikation der These. Sie verlangen, dass der Prophet konkrete Beispiele nennt. Es geht also nicht darum, ob diese These wahr oder falsch ist, sondern darum, ob sie mit der Lebenswelt der Hörer in Deckung zu bringen ist. Für das Verständnis der Leserperspektive ist wichtig, dass man durch die lebendige Darstellung der Diskussion durch These, Frage, Gegenfrage, Argumentation in den Diskussionsprozess einbezogen wird.« Schart: Entstehung, 292, ähnlich Keel: Geschichte II, 1083; vgl. auch Lescow: Maleachi, 148.

scheinen, dass die Beauftragung des prophetischen Sprechers fehlt.[270] Um die Ipiscopulsche Assoziation nicht geltend zu machen, verzichtet diese Arbeit auf Begriffe wie ›Midrasch‹ oder ›Protomidrasch‹. Andrew Hill beschrieb, dass die literarische Textur der Maleachischrift sich vom ›prophetischen Stil‹ unterscheidet.[271] Rainer Kessler sieht das ›Prophetische‹ in der direkten Ansprache.[272] Dies wäre der verbindende Aspekt im Vergleich mit den meisten anderen Prophetenbüchern; der gravierende Unterschied liegt jedoch in der Nichtgreifbarkeit des Offenbarungsmittlers.

Die inhaltlichen Unterschiede in den sechs Texteinheiten lassen deren Spezifica erkennen und widersprüchliche Positionen (z. B. zwischen Mal 1,6–2,9 und Mal 2,10–16) nebeneinander einen Diskurs eingehen. Wir nennen die Redeeinheiten weiterhin ›Diskussionsworte‹ und meinen damit einen literarischen Stil, der hermeneutisch das neue Verständnis dessen, was Prophetie ist, zur Darstellung bringt. Das auf diese Weise definierte ›Diskussionswort‹ begegnet nur in der Maleachischrift.[273] Die dialogischen Strukturen gliedern den Text in sechs Texteinheiten und geben so die Abgrenzungen für einzelne Redegänge vor, ohne die Gesamtkonzeption des Buches zu relativieren. Versuche, aus jedem Diskussionswort eine ›Botschaft‹ zu erheben,[274] werden der Gesamtkonzeption der Maleachischrift nicht gerecht.

Dieses Kapitel schließt mit einem kurzen Blick auf die traditionellen Gliederungen der Maleachischrift in der jüdischen und christlichen Tradition, in denen die Struktur der Diskussionsworte nur zum Teil ein Kriterium zur Abgrenzung der Abschnitte darstellte.

Die Einteilung des Textes in $p^e t \hat{u} ch \hat{o} t$ und $s^e t \hat{u} m \hat{o} t$ in der jüdischen Lesetradition der Texte setzt einige interessante hermeneutische Perspektiven. Hier eine Auswahl hebräischer Bibelkodizes:[275]

---

270 Vgl. Kessler: HThKAT 13.12, 45.

271 Hill: AncB 25D, 26.

272 Vgl Kessler: HThKAT 13.12, 48.

273 בַּמֶּה begegnet im *corpus propheticum* noch Jes 2,22 und Mi 6,6. Längere Textpassagen strukturierende Diskussionsvorgänge finden sich im XII noch in Jon 1 zwischen den Schiffsleuten und Jona; Mi 6,1–8; in den Nachtgesichten des Sacharja (zwischen Sacharja und dem Deuteengel), vgl. auch Am 7–8.

274 Vgl. Hill: AncB 25D, 41–45, sowie die meisten Kommentare.

275 Für 4QXII^a, M^L, M^A und M^C siehe BHQ 13–15*, für CP (*Prophetarum Posteriorum Codex Babylonicus Petropolitanus* [The Hebrew Bible – Latter Prophets: Babylonian Codex of Petrograd]. Ed. H. L. Strack, new ed. with Prolegomenon by P. Wernberg-Møller. New York 1971), CR (*Codex Reuchlinianus* no. 3 of the Badische Landesbibliothek in Karlsruhe (formerly Durlach No. 55). Ed. A. Sperber. Copenhagen 1956) und PB (*Codices Palatini*. II. The Parma Bible [Ms. Parma No. 2808, formerly de Rossi No.2]. Ed. A. Sperber. Copenhagen 1959) siehe Oesch: Bedeutung, 207.

Codex/Vers	4QXII[a]	ML=BHS	MA	MC	CP	CR	PB
1,1		3LZ	3LZ	3LZ	3LZ	2LZ	P
1,14		S	S	–	–	–	–
2,10		P	P	P	P	S	S
2,13		P	P	–	S	S	S
2,17		S	P	P	P	S	P
3,13		S	P	P	S	P	S
3,16	S	–	–	S	–	P	–
3,19	–	S	P	P	–	S	–
3,22	P	P	P	S	–	P	S

Die Vorschrift, dass zwischen den einzelnen Büchern mindestens drei Leerzeilen freizulassen sind, entstammt pMeg I 9 und Sof II 4 und ist bereits im Qumranfragment MurXII zu beobachten.[276] Interessant ist, dass keine Leseordnung zwischen I. und II. Diskussionswort trennt, beide Diskussionsworte stehen insofern in einem hermeneutischen Zusammenhang. Einhellig wird nach dem II. Diskussionswort eine Zäsur gesetzt. Vier der hier angeführten *Codices* trennen nach 2,12 die Mischehenproblematik von den folgenden Versen 2,13–16, die oftmals separat als Scheidungsverbot gedeutet werden. Wiederum übereinstimmend wird nach 2,16 getrennt. Ebenso einheitlich werden das IV. und das V. Diskussionswort in einem hermeneutischen Zusammenhang gelesen. 4QXII[a], M[C] und CR teilen die eschatologischen Tag-Jhwhs-Ereignisse in mehrere Abschnitte. Die anderen lassen wie LXX nach dem Untergang der Frevler einen neuen Abschnitt beginnen. Bis auf CP betrachten alle aufgeführten *Codices* Mal 3,22–24 als separaten Passus.[277]

Die Parascheneinteilung ist bereits in den ältesten uns bekannten *Codices* bezeugt. Interessant ist, dass die Einteilung im Aleppo-*Codex* und im *Petropolitanus* bis auf die Unterschiede von offenem und geschlossenem Abschnitt nach 2,16, 3,12 und 3,19 identisch ist. Das Qumranfragment 4QXII[a] belegt mit der s[e]*tûmâ* nach 3,16 und der *p[e]tûchâ* nach 3,21,[278] dass – soweit das Fragment es hergibt – diese Gliederung bereits in dem ältesten bekannten Textzeugen überliefert wurde. Ist die dort vorgestellte Rekonstruktion von Col. III richtig, hat es nach 3,12 keine Zäsur gegeben.[279] Sind diese Gliederungselemente ursprünglich vielleicht Leseanweisungen gewesen, ist heute unstrittig, dass *p[e]tûchôt* und *s[e]tûmôt* die Funktion

---

276 Oesch: Bedeutung, 205.

277 Oesch: Bedeutung, 208, kommt in seiner Gliederung auf Abgrenzungen, die den einhelligen Zäsuren der Kodizes entsprechen: 1,1–2,9; 2,10–16; 2,17–3,12; 3,13–24.

278 BHQ, 15*.

279 DJD XV, 224.227 f; Plate XL und XLI.

haben, den Text in Sinnabschnitte zu gliedern.[280] Der dadurch gegebene hermeneutische Rahmen erfährt im Einzelnen in c. 4 Berücksichtigung.

Die durch Stephen Langton, Erzbischof von Canterbury, vorgenommene Kapiteleinteilung, die ursprünglich in die Vulgata eingetragen wurde, erfolgte 1206. Da diese 1300 Jahre jünger als die ältesten Zeugen ist, besteht ihr exegetischer Wert im Unterschied zur Parascheneinteilung lediglich in einem Beitrag zur Auslegungsgeschichte.[281] Sie bezeugt eine christliche Interpretation des Textes, die eine mittelalterlich geprägte, mitunter ambivalente Deutung nahelegt. Deren Darstellung und die Auseinandersetzung mit dieser ideologisch geprägten Sichtweise wäre Gegenstand einer eigenständigen Arbeit.

3.3 Die Binnenstruktur

Während die dialogische Struktur und die angesprochenen lexematischen Referenzsysteme das Maleachibuch in sechs Diskussionsworte, Überschrift und Anhang gliedern, gibt es daneben sprachliche Indikatoren, die ein die Diskussionsworte übergreifendes Referenzsystem konstituieren.

Durchgängiges, die Maleachischrift prägendes und eine einheitliche Konzeption suggerierendes Element ist die אָמַר יְהוָה צְבָאוֹת-Formel.[282] Sie begegnet 19mal in dieser Form, dreimal in der modifizierten kurzen Variante (1,2; ,13; 3,13). Die kurze Form hat Referenzcharakter innerhalb der Maleachischrift, wie zu zeigen sein wird, wohingegen einige LXX-Fassungen צְבָאוֹת ergänzen. In Mal 2,16 begegnet die singuläre Variante אָמַר יְהוָה אֱלֹהֵי יִשְׂרָאֵל, eine Transformation, die sich aus dem Textzusammenhang inhaltlich erklären lässt. Das erste Diskussionswort

---

280 Oesch: http://www.bibelwissenschaft.de/nc/wibilex/das-bibellexikon/details/quelle/WIBI/
zeichen/p/referenz/30007/cache/3f9d871b3ed922a2ac1b15850f4623ad/ cited 19. Juli 2012.

281 Oesch: Petucha, 27.

282 אָמַר יְהוָה צְבָאוֹת – Jer 46,25 (am Versanfang); Hag 2,7.9; Sach 1,3; 4,6; 7,13; 8,14; Mal 1,4.6.8 ff.13 f; 2,2.4.8.16; 3,1.5.7.10 ff.17.19.21. Rudolph: KAT XIII/4, 293, schreibt hingegen über den Propheten: »Von seiner Berufung erfahren wir nichts (...), aber wir erkennen sie an der Sicherheit seines Auftretens und an dem häufigen Gebrauch der Botenformel ›so hat Jahwe gesprochen‹«, ... die in der Maleachischrift nur einmal verwendet ist! Utzschneider: Künder, 79, bemerkt die Modifikation. Demgegenüber verkennt die Bezeichnung als »modifizierte Botenformel« (Schmitt: Wende, 247) den Sinn der Phrase. Oesch: Bedeutung, 171, weist auf die Problematik des Begriffs »Botenformel«. Die modifizierte אָמַר יְהוָה-Kurzformel findet sich in Mal 1,2; 3,13; ihr eignet lexematisch diese Spezifik nicht (vgl. Ex 6,26; Num 10,29; 14,40; 21,16; 26,65; Dtn 9,25; 10,1; Jos 5,2; I Sam 24,5; I Reg 11,2; II Reg 17,12; 20,17; 21,4.7; I Chr 27,23; II Chr 33,4; Ps 106,34; Jes 39,6; 48,22; 49,5; 54,1; 57,19; 59,21; 65,7.25; 66,20 f.23; Jer 6,15; 8,12; 15,11; 30,3; 33,13; 44,26; 48,8; 49,2.18; Jl 3,5; Am 1.5.15; 2,3; 5,17; 7,3; 9,15; Zef 3,20; Hag 1,8).

enthält die meisten Abweichungen von der אָמַר יְהוָה צְבָאוֹת-Formel. Mal 1,2 zitiert die sonst in der prophetischen Literatur, aber nicht ausschließlich dort verbreitete Formulierung נְאֻם יְהוָה.[283] Ihre Verwendung ist mit dem Blick aufs Ganze etwas überraschend, weshalb die Herausgeber der BHS sie wohl auch gleich eliminieren wollten. Ebenso die vor allem im Jeremiabuch verbreitete Botenformel (כֹּה אָמַר יְהוָה צְבָאוֹת), die Mal 1,4 verwendet, und die in diesem Kontext Bestandteil eines fiktiven Zitats ist. Die אָמַר יְהוָה צְבָאוֹת-Formel (ohne כֹּה) ist eine Besonderheit der Maleachischrift. Sie konstatiert in immer wiederkehrender Weise seine prophetische Eigenart, Schriftauslegung zu sein. Das auf eine persönliche Offenbarung eines Propheten verweisende כֹּה entfällt. Das Wort Gottes ist gesprochen und wartet auf seine Deutung in der Gegenwart. Mal 3,22–24 enthalten die Formel in keiner der Varianten. Das stärkt formal das oftmals gefällte Urteil, die Verse als von den Diskussionsworten unabhängigen Metatext zu verstehen.

Der in der Formel enthaltene Gottesname bringt die in dieser Offenbarung manifeste Königsherrschaft Jhwhs zum Ausdruck. Das Epitheton »Zebaoth« begegnet weder im Pentateuch, noch in den Büchern Josua und Richter, auch nicht bei Ezechiel und Tritojesaja, dafür gehäuft im Buch Jeremia (82x) und in den Psalmen, besonders in den Zionspsalmen. Möglicherweise ist es aus ägyptischem Kontext auf Jhwh gekommen. Die alttestamentlichen Texte beschreiben mit diesem Attribut vor allem die königliche Majestät Jhwhs.[284] In der am Sinai ergangenen Offenbarung hat Jhwh seine Königsherrschaft in die Hand Israels gegeben, die es nun zu verwirklichen und in den Alltag zu übersetzen gilt.

---

283 Gen 22,16; Num 14,28; I Sam 2,30; II Reg 9,26; 19,33; 22,19; II Chr 34,27; Ps 110,1; Jes 14,22 f; 17,3.6; 22,25; 30,1; 31,9; 37,34; 41,14; 43,10.12; 49,18; 52,5; 54,17; 55,8; 59,20; 66,2.17.22; Jer 1,8.15.19; 2,3.9.12.29; 3,1.10.12 ff.16.20; 4,1.9.17; 5,9.11.15.18.22.29; 6,12; 7,11.13.19.32; 8,1.3.13.17; 9,2.5.8.21.23 f; 12,17; 13,11.14.25; 15,3.6.9.20; 16,5.11.14.16; 17,24; 18,6; 19,6.12; 21,7.10.13 f; 22,5.16.24; 23,1 f.4 f.7.11 f.23 f.28 ff; 25,7.9.12.29.31; 27,8.11.15.22; 28,4; 29,9.11.14.19.23.32; 30,3.8.10 f.17.21; 31,1.14.16 f.20.27 f.31 ff.36 ff; 32,5.30.44; 33,14; 34,5.17.22; 35,13; 39,17 f; 42,11; 44,29; 45,5; 46,5.23.26.28; 48,12.25.30.35.38.43 f.47; 49,2.6.13.16.26.30 ff.37 ff; 50,4.10.20 f.30.35.40; 51,24 ff.39.48.52 f; Ez 13,6 f; 16,58; 37,14; Hos 2,15.18.23; 11,11; Jl 2,12; Am 2,11.16; 3,10.15; 4,3.6.8ff; 6,8.14; 9,7 f.12f; Ob 1,4.8; Mi 4,6; 5,9; Nah 2,14; 3,5; Zef 1,2 f.10; 2,9; 3,8; Hag 1,9.13; 2,4.8 f.14.17.23; Sach 1,3 f.16; 2,9 f.14; 3,9 f; 5,4; 8,6.11.17; 10,12; 11,6; 12,1.4; 13,2.7 f; Mal 1,2. Weyde: Prophecy, 100, gibt zwei mögliche Interpretationen: sie kennzeichnen ein Heilsorakel innerhalb einer prophetischen Rede oder sie geben eine Verbindung zu anderen Edom-Traditionen und zeigen, dass diese aktualisiert und in einen neuen Kontext gestellt worden sind. Die erste Begründung ist wohl zu formal angelegt, die zweite dadurch vage, weil die Formel auch in etlichen anderen Kontexten begegnet.

284 Im Anschluss an die Herleitung Manfred Görgs aus dem Ägyptischen siehe Kreuzer: Zebaoth, 355–360.

Die Textbezüge zwischen den einzelnen Diskussionsworten sind unterschiedlich stark und begegnen auf lexematischer, struktureller, stilistischer und inhaltlicher Ebene.

Formal referieren die ›Strukturelemente‹ des I. und des VI. sowie des II. und des V. einander (Tabelle Seite 66). Die eröffnenden Halbverse im I., IV. und VI. Diskussionswort sind analog gestaltet. Auch die auffällige Häufung von Chiasmen ist diesen drei Diskussionsworten eigen. Die übrigen Diskussionsworte beginnen mit einem von Arndt Meinhold so genannten ›theologischen Vorspruch‹, dessen Richtigkeit als allgemeingültig vorausgesetzt und anhand dessen das Fehlverhalten der Angesprochenen herausgestellt wird. Dies muss erst bereinigt werden, bevor das Heil eintrifft.[285] Im I., IV. und VI. Diskussionswort hingegen tritt ohne Zutun der Angeredeten das Gericht ein.

Der formalen Ähnlichkeit zwischen I. und VI. Diskussionswort entsprechen mehrere Referenzen zwischen beiden Texten, die durch gleiche Lexeme konstituiert werden. Zuerst die bereits erwähnte kurze אָמַר יְהוָה-Formel. Ferner die Wurzel בנה in Mal 1,4 und Mal 3,15, die in beiden Fällen semantisch die Wohlfahrt Edoms bzw. der Frevler zum Ausdruck bringt. Diese ist jedoch zum Scheitern verurteilt, sie hat in beiden Fällen keinen Bestand. Das Wort רִשְׁעָה – sowohl Mal 1,4 als auch 3,15 sowie 3,19 wirkt die Verbindung zwischen beiden Gruppen. Das Nomen wird im AT selten verwendet, jedoch dreimal in der Maleachischrift. In allen drei Fällen ist es Teil einer csVerbindung. Diese beschreibt in Mal 1,4 ein Gebiet, eine Metapher, die der Partizipialkonstruktion עֹשֵׂי רִשְׁעָה (Mal 3,15) bzw. עֹשֵׂה רִשְׁעָה (Mal 3,19) korrespondiert. Diese bezeichnen einen Personenkreis, der gewöhnlich רְשָׁעִים genannt wird (vgl. Mal 3,21). Diese etwas künstlich wirkende Konstruktion steigert die Signifikanz des Textbezugs. Hinsichtlich der Kommunikation charakterisiert beide Personengruppen, die Bewohner des Frevel-Gebiets und die Freveltäter, zudem, dass mit ihnen nicht geredet wird. Beide fallen einem göttlichen Vernichtungsgericht anheim. Die durch die Antithetik von ›lieben und hassen‹ aufgestellte Polarisierung von Jakob und Esau im I. Diskussionswort hat in der von Gerechten und Frevlern im VI. Diskussionswort eine Entsprechung. Im ersten und im letzten Diskussionswort beschreibt das Imperfekt von ראה in Mal 1,5 wie das *perfectum confidentiae* in Mal 3,18 ein zukünftiges Schauen der Adressaten. In beiden Texten fungiert שׁוּב als Formverb und zielt auf die Wiederherstellung eines heilvolles Zustands, den Edom in Mal 1,4 vergeblich herzustellen sucht, da Gottes Urteil feststeht, eben so wie das über die Gerechten und Frevler in Mal 3,18. Die Deutlichkeit der Textbezüge zwischen beiden Diskussionsworten ist

---

285 Vgl. Meinhold: Vorsprüche, 203 ff.

umso stichhaltiger, als die benannten Lexeme innerhalb der Maleachischrift nur in diesen beiden Diskussionsworten begegnen.

Arndt Meinhold[286] verweist auf starke Bezüge des I. zum V. Diskussionswort, »die sich vor allem aus jeweiliger, wenn auch differenzierter Ich-Rede Gottes zum Volk als ganzem unter Verwendung des Jakob-Namens und bei Völker- und Landbezug ergibt«. Konkret sei diese Verbindung in dem großen umfassenden Chiasmus zu fassen, der die Doppelaussagen umschließt.

1,4bα Frevelgebiet   3,12a alle Völker preisen glücklich

1,4bβ Volk, dem Jhwh flucht   3,12 Land des Wohlgefallens

Zweifellos besteht ein inhaltlicher Spannungsbogen. Eine referenzielle Verknüpfung besteht durch die Aufnahme des Namens Jakob (Mal 1,2) in der Ansprache des Volkes als Jakobsöhne (Mal 3,6). Die Rekurrenzen auf der lexematischen Ebene lassen jedoch die Verbindungen zwischen I. und VI. Diskussionswort dominieren.[287]

Konzentrisch nach innen gehend, weisen das II. Diskussionswort und das V. Diskussionswort formal und inhaltlich etliche Verbindungen auf.[288] In Mal 3,6 sind die Jakobsöhne angesprochen, was die Vater-Sohn-Metaphorik aus Mal 1,6 aufnimmt. Die Analyse der beiden Diskussionsworte wird ergeben, dass beiden Texten intertextuelle Bezüge auf der Reduktionsstufe mit der Jakobüberlieferung der Genesis zugrunde liegen. Ein weiterer auffälliger Bezug entsteht aufgrund der doppelten Ausgestaltung der Einrede der Adressaten (1,6bβ+7aβ; 3,7b+3,8aβ) in beiden Diskussionsworten. Ferner ist beiden die Behandlung kultischer Fragen gemein, während es im III. und IV. um sozialethische, im I. und VI. um theologische Fragen geht. Darüber hinaus tragen einzelne Lexeme Verweischarakter: Die Wurzel שמר Mal 3,6 erinnert an 2,9, wo den Priestern vorgeworfen wird, die Wege Jhwhs nicht bewahrt zu haben. Die Dichotomie von Segen und Fluch begegnet in beiden Diskussionsworten. Mal 2,2 steht das Verfluchen der Segnungen unter dreimaliger Verwendung der √ארר (vgl. aber 1,4) als Folge für den Ungehorsam der

---

286 Meinhold: Zustand, 176; BK XIV/8, 34.299. Auch Lescow: Maleachi, 69 sowie Koenen: Heil, 62.
287 Vgl. Zenger: Einleitung[8], 696; Schmitt: Wende, 256, im Anschluss an Dahlberg: Studies, 111. In der älteren Forschung hatten Sellin und Nowack aufgrund der inhaltlichen Verbindung zwischen I. und V. Diskussionswort die These aufgestellt, dass ursprünglich das V. gleich im Anschluss an das I. gestanden habe (so in der neueren Forschung auch Reddit: NCBC, 161), womit sie zu Recht keine Nachfolger gefunden haben, wie van der Woude: Haggai, 85, bemerkte.
288 Auch Meinhold bezeichnet am Ende seiner Interpretation des II. Diskussionswortes dieses und das V. als »miteinander verwandt« (BK XIV/8, 164).

Priester. In Mal 3,9 ist der Fluch – unter zweifacher Verwendung der √ארר –
Antwort auf den Betrug der Jakobsöhne, dessen Wiedergutmachung die Verheißung des Segens (3,10) nach sich zieht. Entsprechend stehen die Sätze אֵין־לִי חֵפֶץ
בָּכֶם (Mal 1,10b) und כִּי־תִהְיוּ אַתֶּם אֶרֶץ חֵפֶץ (Mal 3,12) einander gegenüber. Dieser
Gegensatz ist in beiden Fällen durch das verursacht, was die Adressaten Gott
bringen oder unterlassen zu bringen (בוא Hi Mal 1,13a; 3,10a). Signifikant für das V.
Diskussionswort ist das fünffache לָכֶם innerhalb der Segensverheißung (3,10b.11),
das wie programmatisch in der Anrede des II. Diskussionswortes (1,6) ebenfalls zu
finden ist, innerhalb dieser Einheit noch in Mal 2,3 und zwar wie in Mal 3,11 i. Z. mit
einer Ableitung der √גער. Die Signifikanz der Verbindung wird durch den Fluch-
und Segenskontext erhöht. לָכֶם findet sich dann noch einmal in den letzten
Passagen des Buches (Mal 3,20 und 3,23), wie Karl Elliger bereits dargestellt
hatte.[289]

Das II. Diskussionswort weist ferner lexematische und strukturelle Bezüge
zum III. Diskussionswort auf. Beide Diskussionsworte beginnen mit einem
theologischen Vorspruch, der in beiden Fällen als Parallelismus aufgebaut ist, im
ersten Glied metaphorisch von Gott als Vater spricht sowie Auslöser der pro-
blemanalysierenden Frage des folgenden Argumentationsganges ist. Die csVerbindung בְּרִית אֲבֹתֵינוּ »Bund unserer Väter« (2,10b) schließt hingegen referentiell
durch das Lexem בְּרִית an die vorausgegangene Passage des Levibundes (2,4.5) an.
Eine weitere csVerbindung mit בְּרִית erscheint in Mal 2,14b und verdeutlicht, dass
mit dem im dritten Diskussionswort angesprochenen sozialethischen Problem die
auf der בְּרִית zwischen Jhwh und Israel beruhende Identität des Gottesvolkes auf
dem Spiel steht. Mal 3,1 erfolgt unter Verwendung desselben Lexems eine Rück-
bindung an Mal 2,5–8, die durch die zusätzliche Referenz in Mal 2,7b geradezu
unausweichlich wird. מַלְאַךְ הַבְּרִית rekurriert innerhalb von Mal 3,1 auf מַלְאָכִי. Weil
diese Form der des bisher noch geheimnisumwobenen Offenbarungsträgers aus
dem Titel entspricht, genießt sie die gesteigerte Aufmerksamkeit des Lesers. Unter
dieser Prämisse verweist sie anaphorisch auf den in Mal 2,7 genannten מַלְאָךְ יְהוָה
צְבָאוֹת. Die csVerbindung מַלְאַךְ הַבְּרִית (Mal 3,1b) weist somit zwiefach auf Mal 2,4–8
zurück. Der Bote aus Mal 3,1a erfährt so eine Deutung, die Rückschlüsse auf den
Gesamtentwurf der Maleachischrift zulässt.

Ferner wird in beiden Diskussionsworten ein Fall von Entweihung (חלל Mal
1,12/ Mal 2,10.11) verhandelt. Das dritte Diskussionswort nimmt zur Darstellung
dieses Falls die Stichworte auf, mit denen im zweiten Diskussionswort der Fall von

---

289 Elliger: ATD 25, 209. Auf die besondere Bedeutung des theologischen Vorspruchs in der
doppelten Abfolge von Schelte, Mahnung, Verheißung im V. Diskussionswort verweist Meinhold:
BK XIV/8, 295 f.

Entweihung geschildert worden war, und zwar durch die Formulierung מִנְחָה נגש (Pt.) zugunsten Jhwhs (Mal 1,11/2,12b). פְּנוֹת (Mal 2,13bα) referiert das Idiom נשׂא פָנִים aus Mal 1,8b, jeweils parallel zu den Wurzeläquivalenten הֲיִרְצְךָ (Mal 1,8b) und רָצוֹן (Mal 2,13bβ). Letztere nimmt in ihrer Zusammensetzung רָצוֹן מִיֶּדְכֶם die Gesamtinklusion um 1,10b–1,13b auf. Das ist deswegen erwähnenswert, weil beide Passagen ihr Thema der ›Entweihung des Heiligen‹ vor der Frage der Bedeutung Israels im universalen Kontext stellen. Die in Mal 1,11–13 focussierte Problematik der Entweihung durch das Darbringen unreiner Opfergaben spielt im dritten Diskussionswort keine Rolle. Unter Aufnahme der vor allem in Mal 1,10–13 verwendeten Terminologie wird eine andere Dimension von Entweihung angeprangert. Am Darbringen der מִנְחָה für Jhwh Zebaoth (Mal 2,12b) gibt es hier nichts auszusetzen.

Geheimnisvoll bleibt der durch das Lexem זֶרַע in Mal 2,3 und 2,15 gegebene Bezug. Seine Signifikanz entsteht vor allem durch die Übersetzungsprobleme in beiden Fällen.[290] Innerhalb des III. Diskussionswortes weisen Mal 2,11.12a und 2,14–16 keine auf andere Diskussionsworte übergreifenden Referenzen auf.

Zwischen dem III. und dem IV. Diskussionswort bestehen – außer den buchübergreifenden – kaum strukturelle und lexematische Verbindungen. Zwar wird bisweilen die formale Gemeinsamkeit, nur sie seien Prophetenrede, hervorgehoben.[291] Diese ist jedoch nur im ersten Vers eindeutig; Mal 3,1 wechselt bereits in Gottesrede. Mal 2,14 und 3,5 verwenden jeweils das Nomen עֵד[י] »Zeuge«. Die Signifikanz dieses Bezuges ist eher gering, was durch die Determination und die *mater lectionis* in 2,14 verstärkt wird.

Sind die literarischen Bezüge des IV. zum III. Diskussionswort eher spärlich, sind sie in viel höherem Maße zwischen II. und IV. Diskussionswort greifbar. Der dialogisch gestaltete Einsatz des IV. Diskussionswortes in Mal 2,17 nimmt auf mancherlei Weise Mal 1,6–10 auf. Die doppelte Frage der Angesprochenen (Mal 1,6 f) wird in Mal 2,17 zwar nicht übernommen, dafür jedoch hat man die Antwort ohne Frageunterbrechung gedoppelt. Der ersten Antwort in Mal 2,17aβ folgt unter gleicher Einleitung durch eine Infinitivkonstruktion wie Mal 1,7b (בֶּאֱמָרְכֶם), die zudem nur an diesen beiden Stellen begegnet (abgesehen von der *imitatio* in 1,12), in Mal 2,17bα eine zweite Antwort. Mit dem Nomen רָע wird auf die Anklage in Mal 1,8 rekurriert, eine Formulierung, die durch den Parallelismus eine gesteigerte Signifikanz besitzt. Die Semantik des Nomens wird in Mal 2,17 jedoch ethisch gewendet, was durch das komplementäre טוֹב deutlich wird. Diese Zuspitzung bestimmt das gesamte IV. Diskussionswort. Deutliche Verstärkung erfährt der

---

290 Vgl. dazu Meinhold: BK XIV/8, 143.224.
291 Meinhold: BK XIV/8, 33 f.

Rückverweis auf Mal 1,6–10 durch das abschließende Fazit in 2,17: וּבָהֶם הוּא חָפֵץ, was in deutlichem Gegensatz zu 1,10 אֵין־לִי חֵפֶץ בָּכֶם formuliert ist.

Mal 3,3 rekurriert mit מִנְחָה מַגִּישֵׁי auf Mal 1,11. Die Stichwortaufnahme מִנְחָה + genetivus possessivus »Judas und Jerusalems« konstrastiert die Formulierung בְּכָל־מָקוֹם aus Mal 1,11. Der mit Mal 3,3f beschriebene wiederhergestellte heilvolle Zustand nimmt mit der Qualifikation der Levisöhne als טִהַר die Makellosigkeit ihres Urahns aus Mal 2,4–8 auf (die Rekurrenz liegt im Namen Levi) und stellt ihre Opfergabe der מִנְחָה טְהוֹרָה aus Mal 1,11 gleich. Durch die Komplexität dieses Rückbezugs wird die Referenz, die die Formulierung מִנְחָה מַגִּישֵׁי zu Mal 2,12 aufweist, überlagert.

Dieser Gedanke wird mit einem weiteren buchübergreifenden Referenzsystem in Beziehung gesetzt. In dem weisheitlichen Vorspruch, der dem II. Diskussionswort vorangestellt ist, wird nach der Gott gebührenden Ehrfurcht gefragt (Mal 1,6). In Mal 2,5 wird die Gottesfurcht Levis als vorbildhaft darauf bezogen. Die Wurzel ירא, mittels derer der Gedanke in der Maleachischrift entfaltet wird, erscheint wieder in Mal 3,5 und stellt dort die Lebenseinstellung der Rechtsbrecher wiederum der Gottesfurcht des Levi gegenüber. Die literarischen Bezüge werden im VI. Diskussionswort weitergeführt, in dem die Adressaten als יִרְאֵי יְהוָה angesprochen werden.

Die benannten Referenzen sind zwischen dem IV. und VI. Diskussionswort weitergeführt und verstärkt worden. Diese Bezüge haben in der Geschichte der Exegese zur Maleachischrift häufig dazu geführt, das VI. als Fortschreibung des IV. Diskussionswortes zu betrachten.[292] Doch an dieser Stelle stehen keine textgenetischen Erwägungen, vielmehr soll gefragt werden, welche Beobachtungen aus dem Bereich der Textphorik dem zugrunde liegen.

Der Vorwurf an die Adressaten ist ähnlich (Mal 3,13 stellt eine semantische Steigerung der דִּבְרֵיכֶם gegenüber Mal 2,17 dar). Auf der inhaltlichen Ebene entspricht dem eine Zuspitzung der Theodizeefrage. Lexematisch kommt das in der ungewöhnlichen, parallel gestalteten Formulierung כָּל־עֹשֵׂה רָע (Mal 2,17) und כָּל־עֹשֵׂה רִשְׁעָה (Mal 3,19) zum Ausdruck (vgl. den Unterschied zu 3,15). Innerhalb des VI. Diskussionswortes wird in Mal 3,21 aus der Handlungszuschreibung ein Charakter, jeder כָּל־עֹשֵׂה רִשְׁעָה (Mal 3,19), gehört zu den רְשָׁעִים (Mal 3,21), eine Identifizierung, die durch die √רשע und das gleiche Geschick der mittels dieser Wurzel beschriebenen Personengruppen referent ist. Oben wurde beschrieben, dass die Wendung כָּל־עֹשֵׂה רָע (Mal 2,17) bereits Bestandteil eines Referenzstranges

---

292 Koenen: Heil, 59.61f; Meinhold: BK XIV/8, 345; Bosshard/Kratz: Maleachi, 37–39. Einige haben sogar durch literarkritische Eingriffe das VI. unmittelbar nach dem IV. Diskussionswort zu stehen kommen lassen: Sellin: KAT XII, 536; Krieg: Mutmaßungen 72–75.80f.103, demzufolge hätten 3,13–21 in der Grundschicht vor 3,6–12 gestanden.

ist, der mit Mal 1,6 beginnt. Das Nomen רִשְׁעָה aus Mal 3,15.19 wiederum weist auf Mal 1,4 zurück (siehe Seite 72). Diese Anaphorik deutet den im I. Diskussionswort durch die Gegenüberstellung der beiden Brüder ins Spiel gebrachten Erwählungsgedanken. Über alle Diskussionsworte hinweg liegt das Tun des »Bösen« in der Entscheidung der Handelnden. So liegt auch dem Ergehen des Frevlertypus (Mal 3,18) ein eigener Entschluss über sein Gottesverhältnis zugrunde. Dem רִשְׁעָה/רָע-Referenzsystem korrespondiert das ירא-Referenzsystem. Antonymität zeichnet ihr Verhältnis aus. Mal 1,6bα weist in dem weisheitlichen Spruch, der das II. Diskussionswort eröffnet, darauf hin, dass einem Herrn selbstverständlich Ehrfurcht (מוֹרָא) gebührt. Die Opferpraxis der Angesprochenen steht dem diametral gegenüber (Mal 1,8). Positives Gegenbeispiel ist wiederum Levi (Mal 2,5aβ). Wiederum kontradiktisch dazu werden die Rechtsbrüchigen in Mal 3,5bα befunden, deren Handeln in 2,17 mit עֹשֵׂה רָע beschrieben worden war. Die beiden antonymen Referenzsysteme münden im VI. Diskussionswort in die Gegenüberstellung von Gottesfürchtigen und Freveltätern. Die sprachlich eindeutigste Gegenüberstellung geschieht in den eschatologischen Prognosen über ihr Ergehen mittels der Wurzel היה (Mal 3,17.19). Die daran anknüpfende Dichotomie von Gerechtem und Frevler (Mal 3,18) sowie deren syntaktisch dichteste Fassung im Parallelismus hat im Psalter und in Proverbien mannigfache Entsprechungen. Das ירא-Referenzsystem erfährt innerhalb der Maleachischrift eine Unterstreichung. Das im Parallelismus stehende erste Glied des weisheitlichen Spruches in Mal 1,6bα weist darauf hin, dass einem Vater selbstverständlich Ehre gebührt. Auch diese Metapher wird in Mal 3,17 wieder aufgenommen, nicht lexematisch, aber durch den semantischen Gehalt der Sohn-Metapher.

Über dieses buchübergreifende textphorische System hinaus sei auf eine weitere Textreferenz zwischen IV. und VI. Diskussionswort verwiesen. Die Konstituenten 3mPl היה + *lamed ascriptionis*[293] mit Bezug auf Jhwh aus Mal 3,3 וְהָיוּ לַיהוָה werden in Mal 3,17–21 wieder aufgenommen. Die genannten Konstituenten beschreiben in Mal 3,17 das Geschick der Gottesfürchtigen. Parallel dazu führt die gleiche Verbform in Mal 3,19 das Ergehen der Frevler ein. Ob die beiden Passagen, deren Kontext in beiden Fällen eine Gerichtsszenerie ist, durch diese Referenz parallelisiert werden oder ein Gedanken transformiert wird, wird an späterer Stelle geklärt (siehe Seite 211).

Schließlich steht noch der Blick auf die literarischen Bezüge zwischen V. und VI. Diskussionswort aus. Hier ist eine Eigentümlichkeit zu verzeichnen. Zwei Lexeme, die aufgrund ihrer Seltenheit in den Prophetenbüchern als Konstituenten in einen signifikanten Bezug treten, finden sich in beiden Diskussionsworten,

---

293 Jenni: Präposition Lamed, 54–83; so auch Lauber: Sonne, 48.

auffällig am Ende des V. und zu Beginn des VI. In Mal 3,10 werden die Adressaten aufgerufen, mit der rechten Abgabe des Zehnten Gott um seine Segensgabe zu (v)ersuchen (בחן), Mal 3,15 hingegen befindet בְּחֲנוּ אֱלֹהִים als Handlung der Frevler als bestrafungswürdig. Mal 3,12 verheißt dem Volk als ganzem, dass die anderen Völker es glücklich nennen werden (אַשְׁרֵי). Diese Verheißung wird angesichts des Ergehens der Arroganten 3,15 ironisch in ihr Gegenteil verkehrt. Die formale Anknüpfung geschieht bei inhaltlicher Diskontinuität. Das semantische Gegenstück der Lexeme im VI. Diskussionswort führt keinen Gedanken aus dem V. fort. Diese Beobachtung wurde in der Maleachiforschung bereits mehrfach angestellt[294] und meist redaktionskritisch dahingehend gedeutet, dass das Ende des V. Diskussionswortes (Mal 3,12) den ursprünglichen Schluss des Buches abgegeben habe und das VI. Diskussionswort später hinzugefügt worden sei.[295]

Nicht nur an diesem Übergang, auch an anderen Stellen gibt es formale und inhaltliche Spannungen innerhalb und zwischen den Diskussionsworten der Maleachischrift. Zwar erscheinen diese als in sich geschlossene Textpassagen, die durch ein eigenes System der Textphorik suggeriert wird. Andererseits gibt es ein partiell mehr oder weniger stark verknüpftes Referenzsystem innerhalb der Maleachischrift, das durch partielle Rekurrenz Themen der einzelnen Diskussionsworte aufnimmt, weiterdenkt, zuspitzt. Auch die innere Geschlossenheit der Diskussionsworte kann darüber nicht hinwegtäuschen. Das aufgezeigte Referenzsystem hat für die Bedeutungskonstitution der Maleachischrift große Bedeutung. Die dadurch entstehenden Zusammenhänge ringen um nichts Geringeres als um das Verständnis der Identität Israels im universalen Kontext, in diesem Zusammenhang um die Bedeutung seines an Jerusalem gebundenen Kults, um Grundfragen der Zugehörigkeit zu Israel. Sie ringen um die Frage nach der Grundlage seiner Identität, um das rechte Verhältnis zwischen Tradition und Gegenwart.

Diesen Fragen ist in der Maleachiexegese bisher wenig Aufmerksamkeit zuteil geworden. Darum ist das übergreifende Referenzsystem an den Anfang dieser Arbeit gestellt worden. Es soll in die Betrachtung der einzelnen Diskussionsworte einbezogen werden.

Folgende Übersicht dient der Zusammenfassung: Die Referenzen weisen vor allem vom ersten zum letzten, vom zweiten zum dritten, vom zweiten zum vierten und vom zweiten zum fünften Diskussionswort.

---

294 Vgl. Schwesig: Rolle, 241; Stuart: Malachi, 1374.
295 Meinhold: BK XIV/8, 298. Die terminologischen Verknüpfungen zwischen V. und VI. Diskussionswort, die Bauer: Zeit, 133 f, festhält, zeichnen nicht die Struktur des Textes, sondern sind inhaltlicher Art.

I.
```
   II.══════════════════════════V.╲
       ╲────III.        ────IV.────╲
                                      ╲══VI.
```

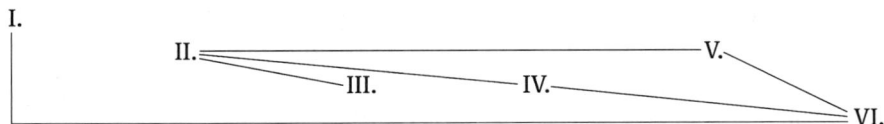

Schließlich soll am Ende dieses Kapitels betrachtet werden, in welchen Konstellationen Israel in den einzelnen Diskussionsworten angesprochen wird. Mal 1,1 adressiert die gesamte Schrift an Israel. Israel ist im umfassenden Sinn als Gottesvolk angeredet, als Bundesvolk, das auf dem Sinai die göttlichen Gebote empfangen hat (Ex 19,2). Die Anrede mit Jakob im ersten Diskussionswort entspricht dem (Gen 32,29; vgl. Ex 19,3; Num 23,7 u. ö.). Die Forschungsdiskussion hat jedoch vor Augen geführt, dass es innerhalb der Maleachischrift zu Uneindeutigkeiten kommt. Folgende Tabelle veranschaulicht das Referenzsystem.

Diskussionswort	I	II	III	IV	V	VI
Anrede	Jakob	Priester	»wir«		Jakobsöhne הַגּוֹי כֻּלּוֹ	סְגֻלָּה Namens-fürchtige
Wurzel רִשְׁעָה		גְּבוּל רִשְׁעָה				עֹשֵׂי רִשְׁעָה
Wurzel רָע			אֵין רָע		עֹשֵׂה רָע	
Wurzel נגש Hi		נגש Hi in falscher Weise	נגש Hi eine מִנְחָה bereinigt Gottesverhältnis nicht	נגש Hi eine reine מִנְחָה (nach der Läuterung)		
Wurzel ארר			אָרוֹתִי			נָאֲרִים
Wurzel ירא			Gegenbild Levi מוֹרָא וַיִּירָאֵנִי	Übertreter des Gesetzes לֹא יְרֵאוּנִי		Gerechte יִרְאֵי יְהוָה יִרְאֵי שְׁמִי

Das zweite Diskussionswort spricht explizit die Priester an. Diesem Text eignet ein Changieren, das im Unklaren lässt, ob hier manchmal nicht auch das Volk gemeint ist. Davon unterscheidet sich das III. Diskussionswort, in dem das kollektive »wir« wohl auf das ganze Gottesvolk zielt. Die ihm Zugehörigen bringen – wie die Jerusalemer Priester in 1,10 und die in 1,11 Genannten überall auf der Welt – eine מִנְחָה dar (נגש Hi). Im IV. Diskussionswort erfolgt keine direkte Anrede. Die Formulierung עֹשֵׂה רָע (Mal 2,17) könnte suggerieren, dass die Priester die Angesprochenen sind, ebenso die Formulierung לֹא יְרֵאוּנִי (Mal 3,5) und Mal 3,2–4, die wiederum die Levisöhne als מִנְחָה in Gerechtigkeit Darbringende (נגש Hi) darstellen. Andererseits legt die Reihe der Sozialdelikte nahe, dass das Diskussionswort doch an das ganze Volk gerichtet ist; auch עֹשֵׂה רָע (Mal 2,17) kann auf die sozialethische Dimension zielen. Ebenso spräche die an 3,5 anschließende Anrede als Jakobsöhne gegen die Priester als Angeredete in 2,17. Im V. Diskussionswort sind eindeutig die Jakobsöhne angeredet; die Formulierung כֻּלּוֹ הַגּוֹי (Mal 3,9) bestätigt das. Im VI. Diskussionswort bringt das als שָׁמַרְנוּ מִשְׁמַרְתּוֹ (Mal 3,14) bezeichnete Handeln der Angeredeten wiederum die Erwägung ins Spiel, ob es sich nicht doch um priesterliches Tun handelt. Die Metapher der סְגֻלָּה erklärt diese Doppeldeutigkeit und lässt zudem Offenheit in der Deutung zu.

Die dargestellten Referenzsysteme zeigen Zusammenhänge innerhalb der Maleachischrift auf, die für die Deutung der einzelnen Diskussionsworte nicht unberücksichtigt bleiben dürfen. Sie zeigen ferner, dass offensichtlich unterschiedliche Stimmen in der Maleachischrift zu Worte gekommen sind. Methodisch kann dies unter synchroner (c. 4) und unter diachroner (c. 6) Perspektive weiter betrachtet werden.

4 Die Diskussionsworte im Einzelnen

4.1 Mal 1,2–5 (I. Diskussionswort)

4.1.1 Text und Struktur

2 Ich liebe euch, hat Jhwh gesagt.[296]
Ihr aber sagt[297]: Wodurch liebst du uns?
Hat nicht Jakob[298] einen Bruder Esau? Spruch Jhwhs.[299] Jakob gewann ich lieb,
3 aber Esau begann[300] ich zu hassen, und ich setzte sein Gebirge[301] zur Verwüstung und
seinen Erbbesitz für die Schakalweibchen[302] der Wüste. 4 Wenn[303] Edom[304] sagte: Wir wurden
zerstört, aber wir wollen die Trümmer wieder aufbauen! So hat Jhwh Zebaoth gesagt:[305] Sie
mögen aufbauen – ich aber werde einreißen.
Und man wird sie ›Gebiet des Frevels‹ nennen und ›Volk, dem Jhwh für immer zürnt[306]‹. 5 Eure

---

296 אָהַבְתִּי präsentisch übersetzt (GK §106g), gegen LXX und V; die Zeitstufe drückt die Kontinuität im Handeln Gottes aus, innerhalb der Maleachischrift ist sie Mal 3,6 theologisch begründet. אָמַר übersetze ich als Bestandteil der in Maleachi feststehenden Formel אָמַר יְהוָה צְבָאוֹת immer auf derselben Zeitstufe. Hingegen übersetzen die meisten Bibelübersetzungen präsentisch; in der exegetischen Literatur wird meistens die Vergangenheit verwendet (Habets: Grundsatzerklärung, 438 f.).

297 LXX und V übersetzen im Präteritum, Targum umschreibt als Fall: »und wenn ihr sagt«; der einmal gemachten Aussage Jhwhs wird die jeweils aktuelle Erwiderung der Leser gegenübergestellt (vgl. die Übersetzung von Buber-Rosenzweig; Meinhold: BK XIV/8, 21).

298 *Dativus possessivus* GK §31a.

299 Die Herausgeber der BHS schlagen vor, die Spruch-Jhwhs-Formel aus metrischen Gründen zu tilgen. Auffällig ist, dass die Formel sich in der gesamten Maleachischrift nur hier findet.

300 Inchoative Bedeutung der beiden Verben; vgl. Kessler: HThKAT 13,12, 109.

301 LXX übersetzt τὰ ὅρια αὐτοῦ »seine Grenzen«, was vielleicht ein Abschreibfehler von τὰ ὄρεια αὐτοῦ »seine Berge« ist.

302 LXX leitet תַּנּוֹת von נתן her und übersetzt εἰς δόματα »zu Gaben«; Vulgata dann wiederum *in dracones deserti* »zu Wüstenschlangen«. Zur Diskussion um die Übersetzung dieses *hapaxlegomenon*: Meinhold: BK XIV/8, 22; Habets: Grundsatzerklärung, 449 f.

303 כִּי leitet hier einen Konzessivsatz ein: Weyde, Prophecy, 92 f. Meyer §119.

304 LXX schreibt Ιδουμαία, im Unterschied zu Gen 36, wo sie mit Εδωμ übersetzt. Dem liegt vermutlich eine historische Deutung zugrunde.

305 Die Formel weist Kessler: Strukturen, 235; HThKAT 13,12,106 f, der Sprecher-Origo zu. Da von Esau/ Edom aber nur in der 3P die Rede ist und Dritte in der Maleachischrift niemals direkt Stimme bekommen (so er selbst: Strukturen, 242; völlig formal und damit unlogisch bei Glazier-McDonald: Malachi, 31), betrachte ich v. 4aα als fiktives Zitat und entsprechend 4aβ als Fortsetzung der Gottesrede. Formal wäre die Redeeinleitung nicht notwendig, weil die Passage bereits als Gottesrede ausgewiesen ist; daher schreibe ich ihr emphatische Bedeutung zu.

306 Die Übersetzung der LXX mit παρατέτακται »martert, peinigt«, ist eine theologische Emphatisierung.

Augen werden es sehen und ihr werdet sagen: Groß erweist sich Jhwh über das Gebiet Israels hinaus[307]!

Das erste Diskussionswort beginnt mit einem Satz, bestehend aus zwei Worten: אֲהַבְתִּי אֶתְכֶם. Der Satz erscheint durch die folgende אָמַר־יְהוָה-Formel als Gottesrede. Chiastisch[308] verschränkt folgt genauso knapp die Antwort: בַּמָּה אֲהַבְתָּנוּ, die Redeeinleitung verwendet gleichermaßen die Wurzel אמר.

Die folgende rhetorische Frage in 1,2b scheint zunächst zusammenhangslos, auch die folgende Gottesspruchformel erschließt sich nicht. Ina Willi-Plein hält den Halbvers für ein ursprünglich selbständiges Jhwh-Orakel,[309] wofür es jedoch keine Anhaltspunkte gibt. Auch wenn die Gottesspruchformel ein Stilmittel ist, das sich im Anschluss an rhetorische Fragen auch häufig im Jeremiabuch findet,[310] bleibt dennoch die Frage nach ihrer Bedeutung offen. Vielleicht ist sie als Referenz auf das Urteil Jhwhs über Edom zu deuten, wie es Jer 49,13 und Ob 8 vorausgesagt und in Mal 1,3 als vollzogen beschrieben ist.

Der folgende Chiasmus 1,2bβ.3a knüpft mit der Wurzel אהב an 1,2a an und überträgt durch die Antithetik von ›lieben‹ und ›hassen‹ diese Spannung in das 1,2bα textintern noch nicht charakterisierte Bruderverhältnis.

Lief 1,2 auf die Aussage »Jakob gewann ich lieb« zu, beginnt mit 1,3b die Entfaltung der chiastischen Gegenseite: »aber Esau begann ich zu hassen«. Die Anknüpfung an וְאֶת־עֵשָׂו שָׂנֵאתִי mit וָאָשִׂים ist als Paronomasie gestaltet, so als läge in der Aussage

---

307 מֵעַל Kontraktion aus מִן und עַל (zur Diskussion Hieke: Kult, 24).

308 Chiasmen als das I. Diskussionswort strukturierende Stilmittel beschrieb ausführlich S. D. Snyman. In seiner Dissertation arbeitete er für Mal 1,2–5 drei Chiasmen heraus, die jeweils eine Antithese zum Ausdruck bringen und alle Beteiligten zueinander in Beziehung setzen: Jhwh-Gottesvolk; Jakob-Esau, Jhwh-Edom. Damit begründet er die Einheitlichkeit des Textes (kurz Snyman: Antitheses, 436–438), was methodisch schwierig ist. Chiasmen sind rhetorische Figuren, die nicht notwendig etwas über die Geschichte der Textentstehung aussagen.

309 Willi-Plein: ZBK.AT 24.4, 235.

310 Meinhold: BK XIV/8, 42, im Anschluss an Rendtorff.

schon beschlossen, was nun folgt. Die Handlung steht im Narrativ. Sie wird somit rückblickend geschildert.

Mal 1,4 fährt als Gottesrede fort. Jedoch wird ab jetzt nicht mehr von den Brüdern, sondern von den Völkern Edom und Israel gesprochen. Dieser Wechsel kommt nicht überraschend, denn die Beschreibung des Geschicks in 1,3b war bereits eine Reminiszenz an bekannte Fremdvölkersprüche gegen Edom. Zudem lag durch die Verbindung von Israel und Jakob in Mal 1,1f mit der Gegenüberstellung von Esau die dazugehörige Größe Edom schon im Bereich des Assoziierbaren. Das Imperfekt ist im Zusammenhang mit כִּי konzessiv zu verstehen. Mal 1,4a ist als Parallelismus gestaltet, der zuerst synonym aufgebaut zu sein scheint; die letzten beiden Wortgruppen enthüllen jedoch seine Antithetik:

$$\text{כִּי־תֹאמַר אֱדוֹם רֻשַּׁשְׁנוּ וְנָשׁוּב וְנִבְנֶה חֳרָבוֹת}$$
$$\text{אָמַר יְהוָה צְבָאוֹת הֵמָּה יִבְנוּ}$$
$$\text{וַאֲנִי אֶהֱרוֹס}$$

Der Rede Edoms, die im Kontext ein fiktives Zitat ist, ist die Rede Jhwhs parallel gestellt. Jhwh behält das letzte Wort. In einem zweiten Parallelismus ist dem Aufbauversuch Edoms das Zerstören Jhwhs zugeordnet, auch hier ist seine Tat die schlussendliche.

Mit 1,4b.5 wird eine weitere Antithetik aufgestellt, die mit גְּבוּל רִשְׁעָה und גְּבוּל יִשְׂרָאֵל an den Chiasmus von 1,2bβ.3a zurückschließt. Dadurch wird stilistisch unterstrichen, dass גְּבוּל רִשְׁעָה für Edom stehen muss. Wieder ist der Stil der zu ergänzenden Variable gewählt worden: גְּבוּל יִשְׂרָאֵל kann nur Jakob meinen, dem antithetisch Esau gegenübersteht. Also muss ihm גְּבוּל רִשְׁעָה entsprechen. Aber auch syntaktisch schließt 1,4b eindeutig an 1,4a: לָהֶם nimmt Personalpronomen und 3PPl des Verbs auf. Mal 1,5b stellt formal wiederum einen Gegensatz zu 1,4aα dar. Der Rede Edoms steht die Rede Israels gegenüber. Die Rede Edoms ist eine Absichtserklärung, den Wiederaufbau selbst in die Hand zu nehmen, ein Ansinnen, das zum Scheitern verurteilt ist; die Rede Israels ist ein Lobpreis auf Gottes Großtaten.

Der große, übergreifende Chiasmus zwischen 1,2bα.3a und 1,4b.5 fokussiert die Aussagen des I. Diskussionswortes:

וָאֹהַב אֶת־יַעֲקֹב	וְאֶת־עֵשָׂו שָׂנֵאתִי
וְקָרְאוּ לָהֶם גְּבוּל רִשְׁעָה וְהָעָם אֲשֶׁר־זָעַם יְהוָה עַד־עוֹלָם	וְאַתֶּם תֹּאמְרוּ יִגְדַּל יְהוָה מֵעַל לִגְבוּל יִשְׂרָאֵל

Der übergreifende Chiasmus ist kein Argument für die Einheitlichkeit des I. Diskussionswortes.[311] Jedoch steht syntaktisch der Kohäsion, logisch der Kohärenz des Textes nichts entgegen.[312] Arndt Meinhold verweist diesbezüglich auf den Personenwechsel nach 1,4 und betrachtet 1,5 als eine »Zitierung in Propheten-›Rede‹«[313]. Der Personenwechsel ist jedoch in der Antithetik von גְּבוּל רִשְׁעָה und גְּבוּל יִשְׂרָאֵל syntaktisch möglich und stilistisch folgerichtig. Israel bzw. Jakob wird immer in der 2mPl angeredet, hingegen wird über Esau/Edom in der 3PSg/Pl gesprochen.[314] Innerhalb dieser Jhwh-Rede kann ein Zitat imaginierten Sprechern in den Mund gelegt werden, in dem diese von Jhwh in der 3. Person reden. Folglich kann der gesamte Abschnitt als Gottesrede gelesen werden.

4.1.2 Bedeutung

»Ich liebe euch.« Die Gewichtigkeit dieses ersten Satzes, der in seiner grammatikalischen Grundform schlichter kaum sein könnte, ist deskriptiv schwer einzufangen. Goswin Habets nannte ihn *articulus stantis et cadentis Israelis*[315], Arndt Meinhold »furiosen Auftakt« oder »Final«[316]. Als einziges Diskussionswort der Maleachischrift beginnt das erste nicht mit einem Vorwurf, sondern mit einer Liebeserklärung. Auch kein anderes biblisches Buch beginnt so. Dass Jhwh Israel liebt, wird hingegen manchmal gesagt. Die Aussage in Jes 43,4 stellt beispielsweise eine ähnliche theologische Herausforderung dar wie Mal 1,2.[317] Hos 11,1 beginnt in der ersten Schrift des XII einen geschichtstheologischen Rückblick mit den Worten: »Als Israel jung war, gewann ich ihn lieb …« Die inchoative Bedeutung ist ähnlich wie in Mal 1,2. Und auch in der Maleachischrift setzt diese Geschichte sich mit Ablehnung und Nichtachtung fort (Mal 1,6ff).

---

311 Meinhold: BK XIV/8, 31. Vgl. Lauber: Strategien, 356.

312 Für die Einheitlichkeit auch Weyde: Prophecy, 105f.110; Graf Reventlow: ATD 25,2, 134; Meinhold: BK XIV/8, 26; dagegen: Lescow: Strukturen, 197f, der v. 3b.4b.5 als Ergänzung betrachtet, die er formal als »nachträgliche Prosaisierung des Grundtextes« (198) beschreibt. Ältere Kommentare wie der von Elliger oder Rudolph thematisieren das Problem nicht, sondern behandeln die Passage als einheitlich.

313 Meinhold: BK XIV/8, 29. Damit würden in Mal 1,2–5 die an 4. Stelle im Gattungsformular aufgezeigten »Folgerungen« fehlen. An Jes 30,15–17 zeigt Meinhold, dass das IV. Strukturelement nicht unbedingt zum Diskussionswort gehört haben muss.

314 Ausführlich dazu Kessler: HThKAT 13,12, 108f.

315 Habets: Grundsatzerklärung, 433.

316 Meinhold: BK XIV/8, 38.

317 Siehe dazu Berges: HThKAT 10,4, 275f.

Schon der Chiasmus des ersten Satzes zeigt stilistisch die Störung der Liebesbeziehung. Rainer Kessler schrieb: »Wer einem Menschen … erklärt: ›Ich liebe dich‹ …, erwartet nur eine Antwort: ›Ich dich auch‹. Alles andere kommt einer Zurückweisung gleich.«[318] Israel antwortet mit Unverständnis: בַּמָּה »worin [zeigt sie sich]? Weswegen? Wie?« Die Frage kann unterschiedliche Facetten ansprechen: den Grund der Liebe, den Erweis der Liebe, die Art der Liebe.

Die folgende rhetorische Frage soll auf בַּמָּה אֲהַבְתָּנוּ eine Antwort geben. Sie ruft ein Brüderpaar in Erinnerung, das in Israel offensichtlich jeder kannte. In der schriftlichen Überlieferung weist diese Referenz auf Gen 25–36, wo das Geschick der beiden Brüder breit entfaltet ist. Die folgende Aussage (1,2bβ) betont durch die Inversion von Subjekt und Prädikatsnomen die gleiche Position der beiden Brüder. Wenn aus der Überlieferung die Geschichte der Zwillinge bekannt ist, wird sofort die Frage der Gleichbehandlung evoziert. Innerhalb der als Familiengeschichte erscheinenden Genesisüberlieferung herrscht Ausgewogenheit: In Gen 25,28 heisst es: »Und Isaak liebte Esau, denn Wild war nach seinem Mund, Rebekka aber liebte Jakob.« Dass damit auch Antipathien verbunden sein könnten, könnte die chiastische Stellung der Namen der Eltern und der Verbwurzel אהב andeuten. Das ungleiche Geschick, das die beiden erwartet, war ihrer Mutter bereits pränatal verheißen worden (Gen 25,23). Die Geburt als Zwillinge beschreibt die nahezu gleiche Ausgangssituation der beiden Kinder: am gleichen Tag, unter gleichen Umständen. Und doch entwickelt sich das Leben des einen so, das des anderen so.[319] Den beiden Brudergestalten entspricht in den Versen 2b.3a die Antithetik von »lieben« und »hassen«, wie der Chiasmus zum Ausdruck bringt. Ein Blick auf die Geschichten der Genesis zeigte, dass diese Antithetik dort so nicht entfaltet wird. Rainer Kessler hatte darauf aufmerksam gemacht, dass Lieben und Hassen in den Erzelterngeschichten als relative Aussagen zu verstehen seien.[320] Auch im Fortgang der Familiengeschichte sei zwar Jakobs Frau Lea die Gehasste (Gen 29,31.33), ein Grund dafür, dass Jhwh ihr Kinder schenkte, in dem dazwischenliegenden Vers wird die Aussage aber dahin gedeutet, dass Jakob Rahel *mehr* liebte als Lea.

Eine Untersuchung der Antithetik von »lieben« und »hassen« im AT erbringt, dass diese immer den Dualismus von Gut und Böse, Recht und Unrecht, Klugheit

---

318 Kessler: HThKAT 13,12, 111.

319 Rainer Kessler zeigt, wie diese Konstellation alle Brüdergeschichten in Erinnerung ruft, die ebenfalls mit dem Motiv der gefühlten Ungleichbehandlung zurechtkommen müssen (Kessler: HThKAT 13,12, 114). Die Urtypen dieser Erfahrung im AT sind Kain und Abel. Die Frage der Opfergabe wird im II. Diskussionswort eine Rolle spielen.

320 Kessler: HThKAT 13,12, 112.

und Dummheit, Gehorsam und Ungehorsam gegen Gott zum Ausdruck bringt.[321] Den Gegensatz von Lieben und Hassen *qua* Analogie aus der Jakob-Esau-Geschichte in Gen 25,23 abzuleiten, ist nicht möglich: weder hasst Isaak Jakob noch Rebekka Esau.[322] Sie haben nur ihre Lieblinge (Gen 25,28). Entsprechend gebietet Lev 19,17 f programmatisch, keinen Hass gegen den Bruder im Herzen zu tragen.

Der semantische Befund für beide Verben in antithetischem Gebrauch lässt Jakob und Esau als Typen erscheinen, die eine Haltung Gott gegenüber repräsentieren. Die Geschichte Esaus ist hintergründig auch die Geschichte der Abkehr, die Geschichte dessen, der hethitische Frauen heiratete (Gen 26,34 f). Auf Grundlage der תֹּלְדֹות Esaus, das ist Edom (Gen 36), gehört zu dieser Geschichte auch die seiner Nachkommen Haman[323], Eliphas (Hi 2,11; 4,1; 15,1; 22,1; 42,7.9) und Amalek (Ex 17,8–16), denen etwas typisch Frevelhaftes eignet. Mal 1,5 verheißt metaphorisch, dass die Stammessippe der Gottesfeinde aus ihrem Stammesgebiet (גְּבוּל רִשְׁעָה) ausgelöscht wird. Die Antithetik von »lieben und hassen« ist eine Antwort Gottes auf die Einstellung des Menschen zu ihm. Das ist die Programmatik des I. Diskussionswortes. Es inszeniert mit seinen rhetorischen Figuren die Erwählung Jakobs für ganz Israel. Wohl darum haben viele Exegeten Mal 1,2b vor dem Hintergrund von Dtn 7,6–9 gelesen. כִּי מֵאַהֲבַת יְהוָה אֶתְכֶם – eine Formulierung, die in Lexemen und Wortstellung mit Mal 1,2aα übereinstimmt – begründet hier die Erwählung Israels (וַיֶּבְחַר).[324] Das dadurch zugespitzte Problem der in der Wirkungsgeschichte sogenannten ›doppelten Prädestination‹ im ersten Diskussionswort der Maleachischrift ist oft diskutiert worden.[325] Wohl darum, weil nie-

---

321 Ex 20,5 f // Dtn 5,9 f; 7,9 f; Ps 11,5; 45,8; 97,10; 119,113.163; Prov 1,22; 8,36; 9,8; 12,1; Koh 3,8; Jes 61,8; *Ez 16,36 f; Hos 9,15; Am 5,15; Mi 3,2.

322 So zum Beispiel Petersen: OTL, 169. Dagegen auch Tate: Questions, 395, der alternativ jedoch eine politische Dimension des Begriffs unterstreicht, bei dessen Verwendung die persönliche Intensität reduziert sein soll. Dagegen spricht die Programmatik des Satzes aus göttlichem Mund: »Ich liebe euch.« Vgl. hingegen Habets: Grundsatzerklärung, 444–47. Clendenen: NAC 21 A, 253, versteht »God's choice of Israel« ebenfalls so, »that they would be his primary instruments for bringing salvation to the sinful world ...«

323 Vgl. die Herleitung des Agagiters Haman (Est 3,1.10) über den Amalekiterkönig Agag (I Sam 15,8–33) aus dem Geschlecht Amaleks, einem Enkel Esaus (Gen 36,12.16) bei Meinhold: BK XIV/8, 58.

324 Habets Grundsatzerklärung, 436, der den Zusammenhang dahingehend zuspitzt, dass »die Erwählung auf die Liebe als ihren letzten Grund zurückgeführt« sei. Wie die meisten Exegeten liest er die Passage vor dem Hintergrund von Dtn 7,7–9, konstatierend, dass »seit dem Dt [...] die Begriffe Liebe und Erwählung so eng miteinander verbunden [sind], dass der eine Begriff den anderen aufruft« (437). Vgl. auch Krause: Tradition, 475.483–85; Hill: AncB 25D, 165.

325 Brandenburg: Wort 11, 129; Stuart: Malachi, 1256.1283–85. Dagegen Verhoef: NICOT, 201 f: »The effect of both ›love‹ and ›hate‹ will be that Jacobs descendants would be established in their country and those of Esau would be uprooted.«

mand sich eine Vorstellung von einem Gott machen will, der grundlos hasst,[326] hat
man versucht, Mal 1,2–5 historisch zu begründen, und zwar mit der Schuld, die
Edom im Zusammenhang mit dem Untergang Jerusalems auf sich geladen hatte.[327]
Doch davon lassen Mal 1,2–5 nichts durchblicken.

Die folgenden 1,3b.4a suggerieren durch die Erzählperspektive, auf ein real-
historisches Ereignis, Edom betreffend, zurückzublicken. So verstehen wohl auch
die Übersetzer der LXX den Text, wenn sie אֱדוֹם mit Ιδουμαία wiedergeben, der
griechischen Bezeichnung für das Siedlungsgebiet der Edomiter,[328] während in
Gen 36 Εδωμ belassen wird. Ina Willi-Plein meint, dass die Benachteiligung Esaus
bei der Landvergabe den historischen Hintergrund darstellen könnte, wenngleich
hier »die wüste Beschaffenheit des Edomitergebietes auf einen besonderen Ein-
griff Gottes [...] zurückgeführt [wird], während nach Gen 27 Esau einfach den aus
israelitischer Sicht schlechteren Landstrich [...] erhielt.«[329] In der älteren Forschung galt die Beschreibung der Verwüstung Edoms Mal 1,2–5 als ein Anhaltspunkt für die Datierung des Buches.[330] Der historische Hintergrund dieser Annahme sei kurz skizziert:[331]

»Edom« wird erstmals in einem Brief, dem Papyrus Anastasi VI 51–61, aus dem
8. Jahr Mer-en-Ptahs (1216 v.Chr.) in Verbindung mit den Schasu-Beduinen, die mit
ihren Kleinviehherden in Ägypten an den Wasserstellen des Amuntempellandes
von Sukkot Aufnahme gefunden haben, genannt.[332] Der Name Edom, das »Rote«
oder »rotes Land«, bezieht sich wahrscheinlich auf den roten nubischen Sand-
stein, der am östlichen Bruchrand des Grabens des *Wadi l-ʿAraba* die Landschaft
bestimmt. Nach Dtn 2,12 sollen die Edomiter die Horiter bei ihrer Sesshaftwerdung
vertrieben haben, eine Aussage, die im Kontext der Brudervolkaussagen zu deuten
ist (Dtn 2,8). Dagegen steht, dass die Genealogie in Gen 36 eine Verbindung
zwischen den Horitern und den Söhnen Esaus mittels der Namen der Frauen Esaus

---

326 Beispielsweise Dtn 12,31 und Am 5,21 bringen Ursachen zum Ausdruck, die Jhwh zum Subjekt
des Hassens werden lassen.

327 Botterweck: Jakob, 36 f; auch Krause: Tradition, bes. 485, obwohl er den »pastoralen Zweck«,
die von einer historischen Begebenheit unabhängige Pragmatik des Textes erarbeitet.

328 Keel/Küchler: Orte 1, 660.

329 Willi-Plein: ZBK.AT 24.4, 235.

330 Elliger: ATD, 192; so noch Reventlow: ATD, 135. Weyde: Prophecy, 88–90, argumentiert, dass
1,3–4a sich auf die militärische Katastrophe in der frühen Perserzeit beziehen.

331 Ausführlicher dazu Weippert: TRE 9, 291–299; Bartlett: Edom, *passim*; Dietrich: RGG⁴ 1, 1061–
1063; Hertzberg: RGG³ III, 572f; Keel/Küchler: Orte; Knauf: DDD, 520–522; Meinhold: BK XIV/8, 1;
Noth, Martin: RGG³ II, 308–309; Worschech: Land, *passim*; Zeitler: Pottery, 167–176.

332 Weippert: TRE 9, 293.

(Gen 36,22.25 mit 36,2.5.14.18) andeutet.[333] Die Gleichsetzung Esaus mit Edom geschieht in Gen 25,30 und Gen 36,1.8.19. Das Motiv vom Auslöschen der Urbevölkerung wird in Analogie gleicher Aussagen über den Landnahmevorgang der Israeliten verständlich, und zwar in der Tradition, die Edom als Brudervolk beschreibt, und dessen Zugehörigkeit zum Gottesvolk in der dritten Generation mit Dtn 23,8 f rechtlich kodifiziert ist.

Wodurch sind dann die edomfeindlichen Äußerungen in der alttestamentlichen Prophetie motiviert? An die Spannungen, die seit David zwischen Edom und Israel kriegerisch ausgefochten wurden und mit dem Fall Elats zur Zeit des syrisch-emphraimitischen Krieges zur Ruhe kamen (II Reg 16,5–9; II Chr 28,17) – zumindest enden damit die biblischen Berichte – denkt man in der Forschung nicht mehr. Meist wurde gemutmaßt, dass Edom ›irgendwie‹ an der Katastrophe von Jerusalem 587 v. Chr. beteiligt war. Aus den dazu herangezogenen Texten (Ez 25,12 f; 35,1–15; Jl 4,19; Ob 10–14; Ps 137,7) geht hervor, dass Edom Israel/ Juda Gewalt angetan hat bzw. schadenfroh war über dessen Schicksal. Dass die Edomiter den Tempel in Brand gesteckt hätten, wie 3Esr 4,45 behauptet wird, ist Ideologie, nicht historische Nachricht und steht auch im Widerspruch zu II Reg 25,8 f. Jedoch soll Edoms Verhalten gegenüber der herrschenden Großmacht von Suprematie bestimmt gewesen sein. Ein Ostrakon aus Arad soll bezeugen, dass es zur Zeit der Rebellion Jojakims gegen Nebukadnezar II. edomitische Streifscharen gegen Juda gegeben hat, was eventuell in II Reg 24,2 ebenfalls zum Ausdruck kommt. Othmar Keel meint, dass der Hass der Judäer gegen Edom hier verwurzelt ist.[334] Dazu passt die Auskunft des Flavius Josephus, Nebukadnezar habe den Untergang Jerusalems bereits 587 herbeigeführt, 582 die Staaten Moab und Ammon ausgelöscht;[335] das Ende der Eigenstaatlichkeit Edoms habe jedoch erst Nabonid besiegelt, der seit 553 Araberfeldzüge unternahm. Aus Ez 35,10.12 wird oft geschlossen, dass sich Edom den südlichen Teil des ehemals judäischen Staats-

333 Boecker: ZBK.AT 1.3, 137. Aus Gen 36 wurde meist geschlossen, dass es in Edom eine Art »Wahlkönigtum« ohne dynastische Thronfolge gegeben hat, da keiner der Könige der Sohn seines Vorgängers war. Aus welcher Zeit die Liste stammt, weiß man nicht genau – wenn sie auch nur annähernd auf die Zeit verweist, von der sie redet, dann ist wohl Weippert u. v. a. recht zu geben, die bei den Königen von Edom an lokale Herrscher denken (Weippert: TRE 9, 293). Dafür spricht die Bezeichnung »Stammeshäuptling« (אַלּוּף) Gen 36,15–19, die im AT nur für Edomiter und Horiter gebraucht ist (vgl. 36,21.29 f; Ex 15,15). Übersetzt man 36,31b als Temporalsatz, geht daraus hervor, dass es in Edom Könige gegeben hat, bevor es das Königtum in Israel gab (Bosshard-Nepustil: Königtum, 145–152).
334 Aharoni: Ketubot, 48 f Nr. 24, zitiert bei Keel/Küchler: Orte, 219.
335 So jedenfalls ist es bei Flavius Josephus bezeugt (Flav. Jos. Ant. 10,9.7), dessen Ausführungen historisch unsicher sind; vgl. z. B. die Verödung Jerusalems und Judas in der Zeit der 70 Jahre Gefangenschaft (dazu z. B. Willi-Plein: ZBK.AT 24.2, 289; Willi: Leviten, 81).

gebiets einverleibt habe. Aufgrund epigraphischer Zeugnisse wurde angenommen, dass es sich die Kontrolle über die Handelsroute nach Gaza gesichert hat. Etliche aramäische Ostraka, die aus persischer Zeit in Arad gefunden wurden und edomitische Personennamen mit dem theophoren Element des edomitischen Nationalgottes Qaus zeigen, bezeugten das. Jedoch führten bereits im 8./7. Jh. Handelsrouten vom Roten Meer nach Gaza durch den Negev,[336] so dass den perserzeitlichen Funden nichts hinsichtlich der Rolle Edoms bei oder nach der Katastrophe von 587 v. Chr. zu entnehmen ist. Belegbar ist aufgrund aramäischer und griechischer Inschriften aus Marissa und Adora (Dura), dass aus diesem Territorium das spätere Idumäa hervorgegangen ist. Anderseits gibt es ebenso archäologische Zeugnisse dafür, dass in Beersheva in hellenistischer Zeit ein jüdischer Tempel existiert hat, zusätzlich fand man Ostraka mit jüdischen Namen aus dem 4. Jh. v. Chr., was mit den sonstigen Zeugnissen interkultureller Vermischung in hellenistischer Zeit übereinstimmt. Gemäß dem Zeugnis des Flavius Josephus wurden die Idumäer 129 v. Chr. durch Johannes Hyrkan I. per Zwangsbeschneidung judaisiert.[337]

Wie mit dem eigentlichen edomitischen Reich verfahren worden ist, entzieht sich unserer Kenntnis. Vielleicht sind die Nabatäer auch auf dem Wege friedlicher Infiltration zu Herrschern des ehemals edomitischen Staatsgebiets geworden.[338] Seit dem 2. Jh. ist ein nabatäisches Staatsgebiet bekannt,[339] das vielleicht auch schon früher bestand; es gelangte zu hoher politischer, wirtschaftlicher und kultureller Bedeutung. 106 v. Chr. wurde es durch die Römer besetzt und als *Provincia Arabia* ins Weltreich eingegliedert, während das Handelsmonopol an Palmyra überging.[340]

Mal 1,2–5 enthalten kaum historische Informationen. Darum stellt sich die Frage, ob der Text in den dargestellten Verhältnissen des 5. Jahrhunderts verortet werden kann. Mehrere Argumente machen dies unwahrscheinlich, denn Mal 1,2–5 zeichnen vielmehr ein Feindbild im Bewusstsein Israels, das historisch nicht ganz unbegründet sein wird, jedoch mit seinem durch und durch antithetischen Charakter ein ideologisch geprägtes Bild zeichnet.[341] Dass die Zerstörung Edoms

---

336 Jerecke, Detlef: Art. »Beerscheba«. www.wibilex.de [cited 10. Januar 2010]. Diese Handelswege werden in der Archäologie als Voraussetzung für die umfassende Siedlungstätigkeit gewertet.

337 Zum Tempel in Beersheva: Runesson: Synagogue, 288. Zu Josephus: Flav. Jos. Ant. 13,9.1.

338 Vgl. Bienkowski: Edomites, 60 f; Zayadine: Königreiche, 180; Kasher: Jews, 3ff; Meinhold: BK XIV/8, 35 f.

339 Roschinski: Nabatäer, 140. In der von Kasher: Jews, 212, rekonstruierten Königsliste ist 169 v. Chr. Aretas I. als erster König genannt.

340 Zayadine: Königreiche, 120.

341 Gegen Krause: Tradition, 478.

historisch in der Vergangenheit liegt, könnten formal der Narrativ in 1,3 und die Verwendung von עַם statt גּוֹי in 1,4b belegen, bezeichnet עַם doch meist eine verwandtschaftliche Zusammengehörigkeit im Hinblick auf ein Volk, גּוֹי hingegen die politisch territoriale Existenz eines Volkes.[342] Der semantische Unterschied ist an den alttestamentlichen Texten nicht eindeutig verifizierbar, so dass das Argument vage ist. Innerhalb der antithetischen Gegenüberstellung von Jakob und Esau, Gottes Liebe und seinem Hass, schlösse die Erzählung von der Zerstörung Edoms ein, dass Jerusalem wieder aufgebaut ist. Dieser Analogieschluss weist in eine Zeit, in der es Edom als reale politische Größe nicht mehr gab.[343]

Die Terminologie in Mal 1,3–4 ruft zunächst jedoch zahlreiche prophetische Gerichtsankündigungen auf.

Der erste Stichos von Mal 1,3b trägt signifikante Bezüge zu Ez 35. Der Prophet erhält dort den Auftrag, gegen die Berge Seïrs zu prophezeien. הַר + שׁמם tragen Leitwortcharakter; der intertextuelle Bezug zwischen beiden Stellen wird in seiner Prägnanz erhöht, da הָרָיו für das Gebiet Edoms nur in diesen beiden Texten gebraucht ist.[344] Die Signifikanz der Verbindung wird in Ez 35,3aβ–5aα deutlich:

הִנְנִי אֵלֶיךָ הַר־שֵׂעִיר וְנָטִיתִי יָדִי עָלֶיךָ וּנְתַתִּיךָ שְׁמָמָה וּמְשַׁמָּה:
עָרֶיךָ חָרְבָּה אָשִׂים וְאַתָּה שְׁמָמָה תִהְיֶה וְיָדַעְתָּ כִּי־אֲנִי יְהוָה:
יַעַן הֱיוֹת לְךָ אֵיבַת עוֹלָם ...

3 ... Siehe, ich werde mich zu dir hinwenden, Gebirge Seïr, und werde meine Hand gegen dich ausstrecken
und werde dich anheimgeben zur Wüste und Verwüstung.
4 Deine Städte werde ich setzen zur Trümmerstätte,
und du wirst Wüste sein, und du wirst erkennen, dass ich Jhwh bin.
5 Weil (dein) Dasein für dich ewige Feinschaft ist ...

Die feindselige Einstellung Seïrs wird als Ursache der Vernichtung geltend gemacht; seine Ablehnung der Erkenntnis Jhwhs. Moshe Greenberg zeigt in seinem Ezechielkommentar, in welcher Weise Ez 35,1–36,15 die Aussagen aus Ez 6 explizieren: so, dass die einst gegen Israel gerichteten Verdammungen nun an Edom

---

342 Meinhold: BK XIV/8, 53. Hill: AncB 25D, 308. Siehe auch Botterweck: ThWAT I, 966f.
343 So auch O'Brien: Inquiri, 66; Kasher: Jews, 16–24, führt die Entwicklung, dass Edom im jüdischen Bewusstsein zu einem Symbol des Bösen gereift ist, auf die politischen Koalitionen der Ptolemäerzeit zurück.
344 Meinhold: BK XIV/8, 47f; zur Bezeichnung des Gebiets Edoms als נַחֲלָה (auch Ez 35,15; 36,12) siehe dort. Die antithetische Gegenüberstellung von הַר עֵשָׂו und הַר צִיּוֹן begegnet im letzten Obadjavers.

gehen, aber den Bergen Israels Restitution erwächst.[345] Auch Greenberg schreibt dem Orakel eher ideologische als historische Bedeutung zu. Es scheine eigene Noterfahrungen des Volkes Israel widerzuspiegeln und zu externalisieren.[346]

Die Formulierung תַּנּוֹת מִדְבָּר »Schakalweibchen der Wüste« (Mal 1,3bβ) gehört – inklusive etlicher Belege im *masculinum* – im AT ebenfalls zum Vokabular von Gerichtsandrohungen.[347] Vor allem die Belege im Jeremiabuch sprechen dafür, sie als Metapher für die »Unbewohnbarkeit nach gewaltsamer Zerstörung«[348] zu verstehen. Das gesamte Gruselkabinett zerstörter Herrlichkeit, das jeden Menschen abhalten würde, hierher zu kommen, ist exemplarisch im ersten Fremdvölkerspruch in Jes 13,20–22 geschildert. Vielleicht dachte man beim Lesen der Metapher auch an Anubis, den altägyptischen Gott der Totenriten. Ein signifikanter intertextueller Bezug lässt sich nicht zeigen.

Mit der Formulierung für die Endgültigkeit des Geschicks (עַד־עוֹלָם) im Fremdvölkerspruch gegen Edom (Mal 1,4; Jer 49,13 vgl. aber auch Jes 34,10.17; Ez 35,9; Ob 10b)[349] und der Beschreibung der zerstörten Städte Edoms als חֳרָבוֹת (Mal 1,4; Jer 49,13), was in Bezug auf Edom nur an diesen beiden Stellen geschieht, besteht eine gewisse Referentialität zwischen beiden Versen. Mal 1,3b greift mit allen verwendeten Lexemen auf Vokabular aus den Fremdvölkersprüchen gegen Edom und andere Völker zurück, zum Teil auch 1,4a, ohne dass ein Rückbezug auf ein konkretes Wort gegen das Brudervolk signifikant würde, die Bezüge bleiben im Bereich des Assoziativen. Vielleicht ist auf diese Assoziationen mit der Gottesspruchformel in 1,2bα angespielt. Entscheidend ist, dass Mal 1,3b auf das in den Fremdvölkersprüchen Angedrohte zurückblickt und damit in der Erzählperspektive alle Orakel gegen Edom voraussetzt.

Wenn es in Mal 1,2–5 eine Begründung für das Geschick Edoms geben sollte, dann mit 1,4a. Die Eigeninitiative Edoms, die sich nicht um Jhwhs Rat schert, ist die Ursache seines Geschicks. Diese Selbstherrlichkeit Edoms ist zentrales Thema in der Obadjaschrift, angerissen auch in Jer 49,16. Auf diese Lesart weisen die oben gezeigte Gegenüberstellung von כִּי־תֹאמַר אֱדוֹם (Mal 1,4aα) und וְאַתֶּם תֹּאמְרוּ (Mal 1,5bα), sowie der weisheitliche Hintergrund der Antithetik von בנה und הרס (Mal 1,4). Karl William Weyde verwies darauf, dass diese Gegenüberstellung auch in Hi

---

345 Greenberg: HThKAT 12,2, 415. Greenberg erwähnt auch mögliche Bezüge zu den Fluchsätzen Dtn 28 und Lev 26.
346 Greenberg: HThKAT 12,2, 417.
347 Jes 13,22; 34,13; 35,7; Jer 9,10; 10,22; 14,6; 49,33; 51,37; Mal 1,3.
348 Frevel: ThWAT VIII, 706.
349 Fischer: HThKAT 11,2, 555.

12,13 f begegnet.[350] Dieser Zusammenhang manifestiere das Aufbauen und Ein-reißen als Weisheit und Kraft, Ratschluss und Einsicht Jhwhs. Menschliche Weisheit ist nicht dort, wo man sie gemeinhin vermutet.[351] Auch in Ps 28,5 sind הרס und בנה antithetisch gestellt. Die רְשָׁעִים und פֹּעֲלֵי אָוֶן (Ps 25,3) haben die Folgen ihres Handelns Gott gegenüber zu tragen: »Denn sie achten (יָבִינוּ) nicht das Tun Jhwhs und das Werk seiner Hände.« Beide Beispiele belegen, dass Hybris die Betroffenen zu Fall gebracht hat. Das unterstreicht auch der Parallelismus in Mal 1,4, in dem Jhwh nicht nur das letzte Wort, sondern auch die letzte Tat hat.

Daran schließt sich eine Reaktion der Allgemeinheit (1,4b).[352] Die Formulie-rung גְּבוּל רִשְׁעָה (Mal 1,4b) ist einmalig im AT. גְּבוּל kann »Grenze« oder »Gebiet« heißen, ist aufgrund der Parallele גְּבוּל יִשְׂרָאֵל (Mal 1,5bβ) aber mit »Gebiet« zu übersetzen.[353] Angesichts der Bedeutung Israels in der Perserzeit ist diese For-mulierung verwunderlich. Rainer Kessler machte auf die mögliche Anspielung auf Num 20,14–21 aufmerksam. Nach Gen 25–27 ist Esau zwar der Zurückgesetzte, jedoch versöhnten sich die Brüder, als Jakob zurückkehrte (Gen 33–35). Die nächste im Pentateuch geschilderte Begegnung der beiden Brüder erfolgt nach dem Auszug aus Ägypten (Num 20,14–21). Der Bote, den Mose schickt, beruft sich sogar auf das Bruderverhältnis: »So sagt dein Bruder Israel (20,14) ... lass uns doch durch dein Gebiet (גְּבוּלֶךָ) hindurchziehen (20,17).« Doch Edom droht ihm militä-rische Gewalt an. Das Lexem גְּבוּל ist im Numeritext das entscheidende Thema, so Kessler.[354] Möglicherweise verweist Mal 1,4b darauf. Das *nomen regens* רִשְׁעָה greift den unter der Antithetik von בנה »aufbauen« und הרס »einreißen« dargestellten weisheitlichen Hintergrund auf, so wie er Ps 28,5 prägnant auf den Punkt gebracht ist: Die Frevler (28,3) »achten nicht das Tun Jhwhs und das Werk seiner Hände (28,5).« Die Wurzel רשע wird sonst im AT niemals direkt für Esau/Edom verwendet. Sie bezeichnet denjenigen, der aufgrund seiner frevelhaften Taten schuldig ge-sprochen werden muss, wobei der forensische Aspekt im Vordergrund steht.[355] גְּבוּל רִשְׁעָה steht metaphorisch für den Wirkungskreis der Frevler. Mit Mal 1,5 ist erstmals nach 1,2 Jakob wieder kollektiv in der 2PPl angesprochen. Mal 1,5b stellt dem

---

350 Weyde: Prophecy, 97. Die Gegenüberstellung von הרס und בנה findet sich Jer 1,10; 24,6; 31,28; 42,10; 45,4; Mal 1,4; Hi 12,14, Ps 28,5.

351 Es dürfte kein Zufall sein, dass dieser dritten Rede Hiobs eine Rede des Elifas von Teman, eines Edomiters (vgl. Gen 36,16), folgt (vgl. die Vernichtung der Weisen [Ob 8b]).

352 Kessler: HThKAT 13,12, 118, vergleicht sie mit Ez 36,36, dort eine Reaktion der Völker; das unpersönliche »man« in Mal 1,4b ist jedoch kein bisschen schmeichelhafter.

353 Meinhold: BK XIV/8, 53. Weyde schreibt, dass גְּבוּל hauptsächlich in der dtr Geschichte, meist als *terminus* für das geeinte Königreich begegnet (Prophecy, 107). Zur religiösen Bedeutung des Begriffs siehe Meinhold: BK XIV/8, 53.

354 Kessler: HThKAT 13,12, 118 f.

355 Habets: Grundsatzerklärung, 456. Ringgren: ThWAT VII, 676.

fiktiven Einspruch Edoms (1,4) das angesichts seines Handelns offensichtlich unausweichliche Bekenntnis Jakobs gegenüber: »Groß erweist sich Jhwh über das Gebiet Israels hinaus.« Mit der Formulierung גְּבוּל יִשְׂרָאֵל wird die bisher offene Unbekannte in der Gleichung Esau – »Gebiet des Frevels«, Jakob – »Gebiet Israels« vervollständigt. Der Name Israel bindet das I. Diskussionswort an die Überschrift (Mal 1,1) zurück. »Gebiet Israels« ist in Mal 1,5 ebenso metaphorisch zu verstehen wie die Komplementärformulierung »Gebiet des Frevels«. Sie steht für den Wirkungskreis derer, die sich im persischen Weltreich zu Israel zählen (c. 3.1.2). Doch die Wirkmacht Jhwhs ist universal. Das entspricht der komparativischen Bedeutung von מֵעַל לְ, wie sie die alten Kommentatoren der Maleachischrift verstanden haben.[356]

Arndt Meinhold machte auf den intertextuellen Bezug zwischen Mal 1,5 zu Dtn 11,1–7 aufmerksam. Die Referenz entsteht durch die Äquivalenz der ersten beiden Lexeme (das begründende כִּי in Dtn 11,7 ausgenommen), ferner durch das mittels der Wurzel גדל beschriebene Wirken Gottes. Vor allem aber besteht eine Analogie in der Argumentationsstrategie beider Texte. Die zu Beginn des Textes eingeforderte Erkenntnis – entweder explizit (Dtn 11,1+2) oder implizit durch einen fingierten Dialog (Mal 1,2) – wird in den Folgeversen durch geschichtliche Rückblicke plausibel zu machen versucht. In beiden Texten geschieht das durch die Beschreibung der Feindüberwindung oder die Vernichtung des/der Bösen. Am Ende (Mal 1,5/Dtn 11,7) steht die »Einsicht« (עֵינֵיכֶם תִּרְאֶינָה /הָרֹאֹת) Israels in die Geschichtsmächtigkeit seines Gottes.

Im Jesajabuch wird in den späten Texten Jes 33f (sc. 34,2.6), Jes 63,1–6 das Gericht an Edom als *pars pro toto* für das an den Völkern beschrieben, so wie auch in der Obadjaschrift. Damit wird Edom zum Feind*typos* stilisiert.[357] Mal 1,2–5 teilt mit Obadja die Bezüge zu Jer 49,13, vor allem aber, dass Edom nur hier im *corpus propheticum* unter dem Eponym Esau auftritt. Für den Gesamtkontext des XII hat Arndt Meinhold gezeigt, dass mit Mal 1,2–5 die Verfehlungsgeschichte Esau/Edoms abschließend auf den Punkt gebracht werde.[358]

Die Transformation in Mal 1,2–5 setzt mit der Assonanz an Jer 49 vor der obadjanischen Stilisierung Edoms zum Frevlertyp an, um am Ende des Zwölfprophetenbuches die Fremdvölkerfrage abschließend zu beantworten. Die Gesamtanlage der Maleachischrift geht über die bloße Stilisierung Edoms zum Typos des Frevlers hinaus (siehe c. 4.6.3).

---

356 Hitzig: Propheten, 417; Marti: Dodekapropheton, 462; Nowack: Propheten, 411.
357 Meinhold: Weisheitliches, 83. Vgl. die rabbinische Tradition, z. B. bMeg 28a.
358 Vgl. Meinhold: BK XIV/8, 52, zu den Stellen und weiteren feinsinnigen Beobachtungen. Sach 5,5–11 haben wohl Mi 6,10f und 7,18f im Hintergrund (Delkurt: Schuld, 361).

Die Diffamierung Esaus zum Toren hielt sich im alttestamentlichen Verständnis über zwei Jahrtausende. Sie ist in der mischnischen Auslegung von Maleachi 3,19 (hier eine Spur des Intertextes!) wiederum auf eine Feindmacht – Rom – projiziert.[359] Die Deutung Esaus als Frevlertypus belegt z. B. auch der Traktat bBB 16b (vgl. auch bJom 10a):

> »Fünf Verbote übertrat dieser Frevler an jenem Tage [am Todestage seines Vaters, Anm. LG]: er beschlief eine verlobte Jungfrau, er beging einen Mord, er verleugnete Gott, er verleugnete die Auferstehung von den Toten und er verachtete die Erstgeburt.«

Auch noch August Klostermann konnte in seiner Rektoratsrede 1885 sagen: »Die Weisheit sei das Wissen über das seiner Natur nach Wertvollste. Es charakterisiert den Weisen, dass er durch den Genuß des Wertvollsten seine Befriedigung sucht und dass er das Wertvollste produziert ... während der Tor die Erstgeburt um ein Linsengericht verkauft.«[360]

4.1.3 Stellung in der Maleachischrift

Mal 1,2–5 haben innerhalb der Maleachischrift eröffnenden Charakter. Einzig unter den Diskussionsworten beginnen sie mit einer bedingungslosen Liebeserklärung an Israel.[361] Die Liebe Jhwhs zu Jakob sei das zentrale theologische Thema des ersten Diskussionswortes, meinte einst Johannes Botterweck. Überraschend jedoch ist, dass – nachdem dieser Eindruck sich mit dem dreimaligen Vorkommen der √אהב im ersten Vers (Mal 1,2) vorerst bestätigt – statistisch mehr als die Hälfte aller Wörter der Entfaltung des Hasses Esau gegenüber gewidmet sind. Dem entspricht die Gewichtung in der Auslegungsgeschichte, wohl weil das Rätsel des Hassens sich kaum in die Gottesvorstellung der meisten Menschen integrieren lassen will, diese anthropomorphe Beschreibung Gottes, die Liebe und Hass als Gegensätze in sich trägt, diese tiefen Emotionen, die sich gegenseitig ihre Kraft geben. Die Eingangsfrage des I. Diskussionswortes war jedoch nicht »Warum hasst

---

359 Zur Genese der Gleichsetzung Roms mit Edom: Avemarie: Hände, 180 f; zur Übertragung der Esau-Metapher auf das christliche Abendland nach dem Untergang des römischen Reiches, 206. Vgl. auch die Auslegungen von Dtn 2 in der jüdischen Tradition, dargestellt von Maier: Ausdeutungen, 135–184.
360 Klostermann: Gottesfurcht, 15 f.
361 So auch Meinhold: BK XIV/8, 38; Willi-Plein: ZBK.AT 234; schließlich Kessler: HThKAT 13,12, 120. Weyde: Prophecy, 110, hatte vorgeschlagen, die Gattung von Mal 1,2–5 nicht als »disputation speech« zu bestimmen sondern als Heilsorakel.

du Esau?«, sondern »Wodurch liebst du uns?« oder »Wie zeigt sich deine Liebe zu uns?«

Die Beantwortung der Frage geschieht in der Referenz der Jakob-Esau-Geschichte, der Erzählung, die in der Maleachischrift noch mehrfach zur Deutung der gegenwärtigen Situation des Gottesvolkes herangezogen werden wird. Die Geschichte der Zwillinge wirft die Frage nach der Erwählung auf. Zum Frevler wird Esau jedoch erst dadurch, wie er auf seine Zurücksetzung reagiert.[362] Das klingt vor dem Hintergrund von Num 20 an, das zeigt sich in seiner Mal 1,4 problematisierten Selbstherrlichkeit. Die Stilisierung Edoms zum Frevlertyp leitet am Ende des Zwölfprophetenbuches eine Umdeutung vom ethnisch verstandenen Gottesfeind zum individuell gefassten ein. Diese Transformation entsteht durch die referentiellen Verbindungen zwischen I. und VI. Diskussionswort, speziell zwischen Mal 1,4 und 3,15.19 vor dem Hintergrund von Ob 18. Das I. Diskussionswort mit seinen Anklängen an Erwählung und Verwerfung, Gerechtigkeit, Gnade und Bestrafung, verhilft argumentativ über die Geschichte Esaus/Edoms Israel zur Einsicht, nicht aus eigener Potenz, sondern aus der Kraft göttlicher Gnade und Macht zu leben. Zum eigenen Sprechen dieses Bekenntnisses leitet die fingierte Dialogstruktur des Diskussionswortes. Die Referenz auf Dtn 11,1–7 präludiert bereits die in den folgenden Diskussionsworten geforderte Toratreue. Dtn 11,7 fungiert »als nachgestellte Begründung für die dort eingangs formulierte Aufforderung, JHWH zu lieben, was sich im Halten seiner Gebote und Satzungen zeige.«[363] Vor diesem Hintergrund wird in der Maleachischrift eine Antwort auf die Frage nach der Liebe Gottes gegeben, die innerhalb des I. Diskussionswortes noch nicht zum Tragen kommt: Gott erweist seine Liebe zu Israel in der Gabe der Tora, die Israel davor bewahrt, auf den Weg des Frevlers zu geraten. Denn – das impliziert die von der Ethnie losgelöste Frage nach dem Frevler – niemand ist davor gefeit. Die Maleachischrift erzählt mehrfach, wie Menschen aus dem Gottesvolk, sogar Priester, unter den Fluch kommen (Mal 2,2; 3,9) oder zu Frevlern geworden sind (Mal 3,15.19).

Am Anfang jedoch steht Gottes Liebe zu Israel. Diese Programmatik des I. Diskussionswortes nehmen die folgenden Diskussionsworte auf und entfalten, wie in den Metaphern der Maleachischrift die unterschiedlichen Aspekte der Liebe Gottes ihren Ausdruck finden: in der Liebe zwischen Vater und Sohn, Mann und Frau, Getreuem und Herrn.[364]

---

362 So auch Kessler: HThKAT 13/12, 115.
363 Meinhold: BK XIV/8, 55.
364 Botterweck: Jakob, 32f.

4.2 Mal 1,6–2,9 (II. Diskussionswort)

4.2.1 Text und Struktur

1,6a Ein Sohn ehrt (den) Vater und ein Knecht[365] seinen Herrn.

6bα Und wenn ich Vater bin – wo ist meine Ehre?

Und wenn ich Herr[366] bin – wo ist die mir gebührende Ehrfurcht?

hat Jhwh Zebaoth zu euch gesagt, Priester, Verächter meines Namens.

6bβ Ihr aber sagt: Wodurch verachten wir deinen Namen?

7aα Ihr bringt auf meinem Altar unreine Speise dar.

7aβ Ihr aber sagt: Wodurch verunreinigen[367] wir dich?

7b Mit eurem Gerede[368]: Der Tisch Jhwhs, verachtenswert ist er.

8aα Denn ihr bringt Blindes zum Opfer dar [und meint]: Es ist nicht schlimm.[369]

8aβ Denn ihr bringt Lahmes und Krankes dar [und meint]: Es ist nicht schlimm.

8b Bring es doch deinem Statthalter – wird er Gefallen an dir finden[370] oder wird er dein

---

365 Einige Handschriften der LXX schreiben die Ellipse aus: φοβηθήσεται. Ähnlich einige HS der Vulgata. Zur Übersetzung von עֶבֶד: In diesem nichtmetaphorischen Zusammenhang wird die Übersetzung »Knecht« für עֶבֶד belassen, auch wenn die Analogie auf das Verhältnis von Jhwh und seinen עֲבָדִים zielt. Die metaphorische Verwendung des Terminus wird in dieser Arbeit mit »Getreue« wiedergegeben, um die in heutigem Sprachgebrauch ausschließlich negative Konnotation des Wortes »Knecht« incl. den seit der Aufklärung kritischen philosophischen Auseinandersetzungen zu vermeiden.

366 Rösel: Warum, 171, versteht den Plural als *pluralis majestaticus* in dem Sinn, dass Jhwh als der Herr schlechthin zu sehen ist; ähnlich Meinhold: BK XIV/8, z. St. Eine interessante Deutung hat Willi-Plein: ZBK.AT 24.4, 244, die als generalisierenden Abstraktplural bestimmt, der wie im Bundesbuch (Ex 21,4 u. ö.) die »Dienstherrschaft« meint, der jemand in einem persönlichen Abhängigkeitsverhältnis dient, womit die Priester Angestellte des Großkönigs wären.

367 גאל II heißt »kultisch unrein machen bzw. werden« (K-B³ I, 162 f). MT mit dem Suff. der 2mSg würde bedeuten, dass Gott selbst von der Verunreinigung getroffen wäre. Die LXX versucht diese Anstößigkeit offensichtlich durch die Übersetzung mit ἠλισγήσαμεν αὐτούς »wir verunreinigten sie« zu lösen; αὐτούς bezöge sich dann auf ἄρτους »Brote«. Dem daran angepassten Vorschlag der Herausgeber der BHS ist nicht zu folgen, weil deutlich ist, dass der Grund für die Textänderung ein theologisches Problem der LXX-Übersetzer ist, das bei den Herausgebern Verständnis fand.

368 בְּאֶמָרְכֶם begegnet nur Mal 1,7.12; 2,17. Die Übersetzung »Gerede« soll zeigen, dass es sich nicht nur um eine innere Einstellung einzelner Priester handelt, sondern um offen artikulierte Gleichgültigkeit, die in dem zynischen Zitat gesteigert wird. Im Folgenden doppelt LXX den Vorwurf hinsichtlich des Tisches und der daraufgelegten Speise; auch von BHQ als Deutung klassifiziert.

369 Zu den vier in der Forschung divergierenden Übersetzungsmöglichkeiten siehe Weyde: Prophecy, 128. Ich stütze mich auf den Hintergrund von Dtn 15,21, wo die auch hier zitierten Beschädigungen (עִוֵּר und פִּסֵּחַ) als מוּם רָע bezeichnet werden.

370 LXX und einige Handschriften derselben ändern wiederum das Suffix der 2mSg in die 3mSg und beziehen es damit auf die Opfergabe. Meinhold: BK XIV/8, 68, zeigt überzeugend, dass das im

Angesicht erheben? hat Jhwh Zebaoth gesagt.[371]

9a Und jetzt besänftigt doch das Angesicht Gottes, dass er uns gnädig sei[372].

9b Aus eurer Hand ist dies geschehen – kann man[373] euretwegen [überhaupt euer] Angesicht erheben? hat Jhwh Zebaoth gesagt.[374]

10a Wer[375] von euch würde die Türflügel[376] verschließen, dass ihr nicht mehr vergeblich meinen Altar erleuchtet?

10bα Ich habe kein Gefallen an euch, hat Jhwh Zebaoth gesagt,

10bβ und eine Gabe[377] gefällt mir nicht aus eurer Hand.

11 Ja,[378] vom Aufgang der Sonne bis zu ihrem Untergang ist mein Name groß[379] unter den Völkern, an jedem Ort lässt man Opfer aufsteigen, dargebracht meinem Namen, eine reine (Opfer)Gabe[380], ja, groß ist mein Name unter den Völkern, hat Jhwh Zebaoth gesagt. 12 Ihr

---

Parallelismus stehende Suffix von פָּנֶיךָ für die Beibehaltung von MT spricht. Hinsichtlich des *Dageš forte* ist den Lesarten im Aleppocodex und im Cairoer gegen MT Vorrang zu geben.

371 Die kritische Anmerkung der Herausgeber der BHS, die אָמַר יְהוָה צְבָאוֹת-Formel sei wegen des Versmaßes zu tilgen, begründet nicht hinreichend.

372 MT ist hier fehlerhaft (so auch BHQ); viele Handschriften fügen ein *Dageš forte* ein: וִיחָנֵּנוּ, was begründet ist (GK §20a). LXX schreibt δεήθητε αὐτοῦ »bittet ihn/zeigt euch ihm bedürftig«, einige LXX-Handschriften ergänzen dann doch ἵνα ἐλεήσῃ ὑμᾶς. Die erste Variante ist Interpretation des schwer verständlichen Perspektivenwechsels im MT, die Ergänzung wiederum Angleichung an MT, allerdings unter Beibehaltung der 2PPl.

373 LXX übersetzt λήμψομαι, also 1PSg, was eine Anpassung an die folgende אָמַר יְהוָה צְבָאוֹת-Formel ist.

374 Vgl. Anm. 371.

375 LXX fasst 2,10 als Begründung zu 2,9 auf und leitet mit διότι »deshalb« ein. Der Fragecharakter geht verloren.

376 CD liest hier יִסְגּוֹר דְלָתַיִ. Das schwer zu übersetzende ı des MT gibt es hier nicht. Das Suffix bezieht sich wohl auf den Tempel, der Singular wäre nur sehr spekulativ zu deuten. LXX hat den Plural θύραι, den Dual gibt es im Griechischen in diesem Fall nicht.

377 מִנְחָה = Geschenk oder Gabe ist in den unterschiedlichen profanen und kultischen Kontexten des AT unterschiedlich zu übersetzen, oftmals spielt der Text auch mit der Mehrdeutigkeit (Fabry: ThWAT IV, 987–997), auch hier. מִנְחָה ist bereits in früher Zeit für »Opfer« verwendet worden – die profane und die kultische Bedeutung zeigt Ri 6,11–24 – denn »zunächst bezeichnet מִנְחָה eine den Gast ehrende Mahlzeit, bestehend aus Fleisch und Vegetabilischem, die dann aber durch den Boten JHWHs (...) zum Opfer wird (v. 21).« (Meinhold: BK XIV/8, 123). In den Prophetenbüchern wird es nur selten verwendet: Jes 1,13; 19,21; 39,1 (Geschenk); 43,23; 57,6; 66,3.20; Jer 14,12; 17,26; 33,18; Hos 10,6 (Tribut); Jl 1,9.13; Jl 2,14; Am 5,22.25; Zef 3,10; Mal 1,10.11.13; 2,12.13; 3,4 und 15mal in Ez 40–48. Siehe zur Deutung c. 4.2.2.2 und 4.2.2.3.

378 כִּי kann als kausale Konjunktion oder deiktische Partikel übersetzt werden. Sie leitet einen neuen Abschnitt ein (Meinhold: BK XIV/8, 69). Auch ohne explizite Begründung hat der Abschnitt funktional begründenden Charakter. LXX übersetzt auch wieder mit διότι »denn, deshalb«. Zur Diskussion schon Bulmerincq: Maleachi II, 109f.

379 LXX liest δεδόξασται »ist gepriesen worden«. Die *inclusio* mit der Formulierung in 2,14b geht hier verloren.

380 Zur Konsequenz des textkritischen Vorschlags, das ı wegzulassen, vgl. Bulmerincq: Maleachi II, 115–121. Übersetzt man es als ı-*apodosis* (GK §143d), ist so die exponierte Entfaltung des im

aber entweiht ihn mit eurem Gerede: Der Tisch des Herrn[381] kann verunreinigt werden und seine Frucht, seine Speise ist verachtet[382]. 13 Und ihr sagt: Siehe, welche Mühsal. Und ihr blast ihn an[383], hat Jhwh Zebaoth gesagt, und bringt Geraubtes[384], das Lahme und das Kranke. Ihr bringt es als Gabe – soll ich etwa an ihr Gefallen haben aus eurer Hand? hat Jhwh gesagt.[385] 14a[386] Verflucht sei ein Betrüger[387], der in seiner Herde ein tadelloses Männliches[388] hat und es gelobt und (anstelle dessen) dem Herrn Verstümmeltes opfert. 14b Ja,[389] ein großer König bin ich, hat Jhwh Zebaoth gesagt und mein Name ist ehrfurchtgebietend unter den Völkern. 2,1 Und jetzt an euch, Priester, das, was euch gesetzlich zusteht!

Passivsatz ungenannten Subjekts ausgedrückt. Die Vulgata übersetzt das doppelte Hof'alpartizip additiv: *sacrificatur et offertur nomini meo oblatio*, LXX lässt sie weg. Ein Deutungsversuch für MT siehe S. 121.

381 Gegenüber 1,7 ist das Tetragramm durch אֲדֹנָי ersetzt, was nach Rösel: Warum, 172, ein Kennzeichen der beginnenden Ersetzung sein kann, um den eigentlichen Namen zu schützen und nicht auch der Gefahr der Entweihung zu unterliegen. Im Kontext liest es sich als Reminiszenz an 1,6a und dem פֶּחָה v. 1,8b.

382 וְנִיבוֹ sei den Herausgebern der BHS zufolge aus einer Dittographie von zwei Radikalen des Verbs נוב hervorgegangen, wie Peš und Targum nahelegen. Zur Diskussion: Meinhold: BK XIV/8, 70. Der Vorschlag der BHS, anstelle von כֻּלּוֹ אָכְלוֹ zu lesen, ist ebenfalls motiviert, um das verdoppelt erscheinende Subjekt des Satzes zu korrigieren. Kessler: HThKAT 13,12, 128, hält das Wortspiel וְנִיבוֹ נִבְזֶה für das Ursprünglichere, das Häufigere אָכְלוֹ für eine Erläuterung. Die Lesart der LXX ist eine Angleichung an deren Lesart von 1,7b.

383 BHS schlägt vor, mit Suffix der 1PSg zu lesen, eventuell in Anpassung an die אָמַר יְהוָה צְבָאוֹת-Formel. Das Suffix der 3mSg verwiese auf den Altar; נפח würde dann das Entfachen des Feuers auf dem Altar meinen. Gab es im Hebräischen auch die metaphorische Bedeutung des Wortes i. S. des Englischen »you sniff at it« (Hill: AncB 25D, 171), wäre damit die Gleichgültigkeit der Priester angeprangert. LXX hat in einigen Handschriften ἐξεφύσησα αὐτά »ich habe es ausgeblasen«, womit ein Bezug auf 2,10 entsteht.

384 Durch die fehlende *nota accusativi* hebt sich der Ausdruck von den beiden folgenden ab. גזל zielt in etlichen Texten auf das gewaltsame, widerrechtliche Entreißen von etwas (ThWAT I, 999 f). Weyde: Prophecy, 153, schlägt vor, es vor dem Hintergrund von Lev 5,20–26 zu lesen. Eventuell könnte man גזל wie Prov 22,23b parallel zu קבע lesen (Seite 189). Dann bezieht sich גָּזוּל auch hier auf den Raub gegenüber Gott, nicht auf das Opfertier.

385 Dem Vorschlag der BHS, im Anschluss an viele Handschriften, LXX und die Peš nach der Londoner Polyglotte, »Zebaoth« einzufügen, um die für Maleachi geläufige Formel zu erhalten, wird nicht gefolgt. Die Kurzform referiert innerhalb der Maleachischrift Mal 1,2 und 3,13.

386 Der Halbvers wurde von den Herausgebern der BHS als ein zu tilgender mit inhaltlicher Begründung deklariert: Der Vers richte sich gegen Laien, nicht gegen Priester (188). Abgesehen von diesem in der Exegese nicht mehr zulässigen Vorgehen, belegt 5Q 17 f, dass es den Vers in dieser Zeit gab, indem es Mal 1,14 zitiert und kommentiert (DJD III, 180).

387 LXX leitet נוֹכַל von יכל ab und übersetzt ὃς ἦν δυνατός »der, der in der Lage ist«, eine Relativierung.

388 זָכָר ist als Bezeichnung eines Opfertieres im Sinne von זָכָר תָּמִים zu verstehen (Lev 1,3.10; 4,23; 22,19; Vorschlag und Belege bei Meinhold: BK XIV/8, 70).

389 Zur deiktischen Funktion vgl. כִּי zu Beginn von 2,11.

2,2[390]aα Wenn ihr nicht hört und wenn ihr euch nicht zu Herzen nehmt[391], meinem Namen Ehre zu geben, hat Jhwh Zebaoth gesagt,

2,2aβyb werde ich den Fluch[392] gegen euch senden und ich werde eure Segnungen[393] verfluchen und ich habe sie bereits verflucht, weil ihr es euch nicht zu Herzen nehmt.

2,3 Siehe, ich[394] schreie euch die Nachkommenschaft[395] an – ich streue den Inhalt der Gedärme in eure Gesichter, die Exkremente eurer Feste[396], man trägt euch zu ihnen.[397]

2,4 Und ihr werdet erkennen, dass ich das, was euch gesetzlich zusteht, zu euch geschickt habe,[398] um des Bestehens meines Bundes mit Levi willen[399], hat Jhwh Zebaoth gesagt.

2,5 Mein Bund mit ihm bestand: Das Leben und den Frieden, sie gab ich ihm, Ehrfurcht[400], dass er mir Ehrfurcht erwies, und vor meinem Namen erschrak er.

---

390 Auch dieser Vers sei nach Angabe der Herausgeber der BHS hinzugefügt. Für Elliger: ATD 25,2, 188, ist die Entscheidung folgerichtig, nachdem er 1,14a getilgt hat und nun auch dieser Vers mit dem »Fluch operiert«. Damit erinnere der wiederholende Stil an 1,11 – ein Folgeargument in Elligers Modell.

391 Zur Übersetzung »sich zu Herzen nehmen« siehe Vanoni: ThWAT 7, 771.

392 מְאֵרָה nur noch Mal 3,9a, Dtn 28,20; Prov 3,33; 28,27; vgl. Hill: AncB 25D, 198 f.307.

393 Soll auf Raten der Herausgeber der BHS im Anschluss an LXX in den Sg gesetzt werden, um mit dem Suff 3 fSg von אֲרוֹתִיהָ kongruent zu sein. Aufgrund der Referenz zu Dtn 28,2 wird MT belassen.

394 *futurum instans* (GK[7/28] §116p) im Sinne einer Ankündigung, bei der sich der Sprecher auf etwas festlegt, was er tun wird. Mit Partizip auf die Zukunft hinweisend (Ges[18], 282) vgl. Mal 3,1.

395 זֶרַע versteht Weyde: Prophecy, 162, im Licht von Dtn 28. Ansich stellt das Lexem keine Referenz dar; mit den anderen Bezügen zu Dtn 28 ist es ein Frequenzindiz für den intertextuellen Bezug. Zur Änderung der Punktation zu הַזְּרֹעַ im Anschluss an LXX und der damit zusammenhängende Konjektur von גער zu גדה schrieb Meinhold: »Daß bei der Veränderung von גדע zu גער zwei Versehen eine Rolle gespielt hätten [...] ist weniger naheliegend als eine bewußte, interpretierende Textgestaltung.« (Meinhold: BK XIV/8, 72) Das Argument, Mal 3,11a für die Richtigkeit von גער geltend zu machen, ist aus den durch die Segen-Fluch-Thematik entstehenden Referenzen im II. und V. Diskussionswort folgerichtig.

396 BHS gibt dies als Glosse aus.

397 Gilt wegen seiner schwierigen Verständlichkeit in BHS als hinzugefügt, LXX und Peš sind spätere Deutungsversuche; Meinhold: BK XIV/8, 72, vermutet einen interpretierenden Zusatz, der formal von 2,3ay abhängig ist. Das Suffix der 3mSg bezieht sich auf פֶּרֶשׁ.

398 Für die Zusammengehörigkeit von 4a.b auch Weyde: Prophecy, 175; LXX liest emphatisierend ἐγὼ ἐξαπέσταλκα »ich habe ausgesandt«.

399 לִהְיוֹת wird hier im Sinne eines Gerundium (GK § 114 f) verstanden. Der Bund mit Levi besteht (vgl. 2,5) und damit das in Zukunft auch weiterhin gewährleistet ist, schickt Jhwh den Priestern הַמִּצְוָה (2,1–4a). Zu den unterschiedlichen Übersetzungsvarianten siehe Thon: Pinhas, 71 f, und Weyde: Prophecy, 173 f. In Bezug auf den Levibund die interessante Deutung der LXX, die den Hohenpriester einspielt, ausgewertet bei Utzschneider: Schriftprophetie, 389. LXX übersetzt ferner bereits hier τοὺς λευίτας, was sie nicht hindert, im folgenden Vers im Singular fortzufahren. Der Verweis auf den Urahn und die Intertextualität mit den davon erzählenden Texten werden verdunkelt.

400 BHS schlägt vor, וְהַמּוֹרָא zu lesen, und so den Subjekten in v. 5aα anzugleichen, oder das Verb auszulassen. LXX übersetzt: ἐν φόβῳ φοβεῖσθαί με, jedoch ist auch diese Lesart nicht durch alle HS

2,6 Wahrheitsgemäße Tora war in seinem Mund und Verkehrtheit wurde nicht auf seinen Lippen gefunden, in Frieden und Geradheit wandelte er mit mir,
viele ließ er umkehren von der Sünde.
[401]2,7 Denn die Lippen des Priesters sollen Erkenntnis bewahren und Tora sucht man aus seinem Mund, denn ein Bote Jhwhs ist er.
2,8 Ihr aber seid abgewichen vom Weg[402]
und habt straucheln[403] lassen viele in der Tora.
Ihr habt zugrundegerichtet den Bund des Levi, hat Jhwh Zebaoth gesagt.
2,9a Ich meinerseits[404] mache euch nun zu Verachteten, zu Niedriggeschätzten vom ganzen Volk[405],
2,9b weil ihr meine Wege nicht bewahrt und bei[m] (der) Tora[sprechen] Ansehen der Person übt.

Mit 1,6 beginnt eine neue Redeeinheit, die – als II. Diskussionswort bezeichnet – mit 2,9 endet. Für beide Abgrenzungen gibt es mehrere Inkohäsionsindikatoren. Auf der Textoberfläche enthalten 1,6 und die folgenden Verse keine Rekurrenzen zu 1,2–5. Mit 1,6 verändert sich der Stil, die Anrede wechselt. Stilistisch wird dieser Neueinsatz durch Alliterationen illustriert. Nicht weniger als 11mal lauten in 1,6abα die Worte mit א an, was die Zusammengehörigkeit der ersten vier Stichen stärkt und ihren eröffnenden Charakter hervorhebt. Der logische Zusammenhang zwischen dem I. und II. Diskussionswort erschließt sich nicht gleich. Durch die Geschichte der Zwillinge, die im I. prototypisch für das Verhältnis von Israel und Edom und ihre Gottheit[en] steht, knüpft Mal 1,6 semantisch mit der Vatermetapher an 1,2–5 an.

Das Ende des II. Diskussionswortes wird durch die letztmalige Verwendung der *termini*, die in der Maleachischrift nur innerhalb des II. Diskussionswortes verwendet werden, Leitwortcharakter haben und die Thematik vorerst zu Ende bringen, deutlich. Es handelt sich um das für die Priester gebrauchte נִבְזִים, womit das gesamte Diskussionswort in eine *inclusio* gefasst ist,[406] ferner um נֹשֵׂא פָנִים, eine

---

abgesichert. Tg deutet i. S. der vollkommenen Gesetzeslehre אוּלְפָן אוֹרַיְתִי שְׁלִים, Venema denkt an den Gesetzeslehrer Esra מוֹרָא gleich מוֹרָה. Siehe zur Diskussion weiterer Lesarten Bulmerincq: Maleachi II, 205–208.

401 BHS betrachtet den Vers als später hinzugefügt, wahrscheinlich wegen des Wechsels der Erzählperspektive.

402 Negativ: Ex 32,8; Dtn 9,12.16; 11,28; 31,29; Ri 2,17; Jes 30,11; positiv: Dtn 2,27.

403 כשל Hi vgl. in ähnlichem Kontext Jer 18,5; eine ähnlich antithetische Funktion hat כשל jedoch Hos 14,10 (כשל Ni).

404 וְגַם betonend (K-B³ I, 188).

405 Viele Handschriften, LXX und Vulgata haben den Plural »Völker«, wahrscheinlich im Anschluss an Mal 1,11–13; der Singular zielt auf die Verantwortung der Priester innerhalb von Israel.

406 Der Gliederung folgen fast alle Exegeten, die *inclusio* gilt als Argument (z. B. Habets: Vorbild, 10).

Formulierung, die dreimal im II. Diskussionswort verwendet wird und die pervertierte Art der priesterlichen Amtsausübung beschreibt. Mal 2,10 setzt wiederum mit einem theologischen Vorspruch ein, der strukturell die gleiche Funktion wie der in Mal 1,6 innehat und den Beginn eines neuen Diskussionswortes darstellt. Auffällig ist, dass Mal 2,9 nicht – wie das IV., V. und VI. Diskussionswort – mit der אָמַר יְהוָה צְבָאוֹת-Formel endet, sondern bereits Mal 2,8. Das II. Diskussionswort ist das längste seiner ›Gattung‹ in der Maleachischrift.

Die *inclusio* hat im II. Diskussionswort textgliedernde Funktion. Teilweise sind die Inklusionen miteinander verschränkt. Auffällig sind zudem die beiden mit וְעַתָּה eingeleiteten Sätze in 1,9 und 2,1. וְעַתָּה leitet oft einen neuen Gedanken oder Abschnitt ein[407] und gliedert innerhalb des II. Diskussionswortes zwei Argumentationsgänge. Die häufig zu findende Zweiteilung in Schelt- (1,6–1,14) und Drohwort (2,1–9)[408] trifft den Kern der beiden Passagen nicht. Beide Abschnitte enthalten Fluchandrohungen; die semantisch härtere Ausdrucksweise in 2,3 ist mit dieser Unterscheidung nicht zum Ausdruck gebracht. Im II. Diskussionswort eröffnet וְעַתָּה jeweils die Gedankengänge eines internen und eines externen Gegenbildes zu den 1,6–8 angeprangerten Zuständen.

Abschnitt	Verse	inkludierende Stichwörter
1	1,8b–10bβ	רצה
1a	1,8b–9bβ	נשׂא פָּנִים
2	1,10bβ–1,13	מִיֶּדְכֶם
2a	1,11–14	גָּדוֹל ... שְׁמִי ... בַּגּוֹיִם
3	2,1–2,4	הַמִּצְוָה הַזֹּאת
4	2,4b–2,8	בְּרִית לֵוִי
gesamt a	1,8b–2,9bβ	נשׂא פָּנִים
gesamt	1,6–2,9	בזה

4.2.1.1 Exposition (Mal 1,6–8)

Mal 1,6 beginnt mit einem weisheitlichen Spruch. Er ist als synthetischer Parallelismus gestaltet, wobei das finite Verb des zweiten Teils ausgelassen ist. Sein erster Teil wird im folgenden Stichos weitergeführt. Der Sprecher identifiziert sich mit dem Objekt אָב; nach der Handlung des Subjekts wird gefragt: אַיֵּה כְבוֹדִי. Im folgenden Stichos identifiziert sich der Sprecher parallel mit dem Objekt des zweiten Teils des Parallelismus אֲדוֹנִים. Adäquat zum vorangegangenen Stichos

---

407 Belege bei K-B³ III, 853.
408 Z. B. Habets: Vorbild, 9.

wird nach der Handlung des Subjekts gefragt, hier erfolgt ein überraschendes Moment: nicht nach dem elliptisch einzufügenden כבד Pi wird gefragt, sondern אַיֵּה מוֹרָאִי.[409] Der vierte Stichos legt die bisher gesprochenen Worte Jhwh in den Mund und lässt sie an die Priester gerichtet sein, die durch die Apposition als בּוֹזֵי שְׁמִי disqualifiziert werden. בזה ist ein Gegenteil von כבד Pi, so dass die Apposition zum Ausdruck bringt, dass die Priester diejenigen sind, denen mangelnde Ehrerbietung und Ehrfurcht Jhwh gegenüber vorgeworfen wird. Innerhalb des II. Diskussionswortes wird das Lexem כָּבוֹד in der Nominalform aus 1,6 in Mal 2,2aα wieder aufgenommen, das parallele מוֹרָא in Mal 2,5aβ.

Die Entfaltung der Apposition בּוֹזֵי שְׁמִי aus Mal 1,6bβ erfolgt in Mal 1,7b–8 in einer Kettenargumentation, die die Verachtung des göttlichen Namens auf die des שֻׁלְחָן zurückführt. Der Vorwurf der Untauglichkeit (גאל) wird erst mit Mal 1,12 wieder aufgenommen. Hinsichtlich der Textkohäsion sind die Zuordnungen der Satzglieder eindeutig möglich, inhaltlich führt Mal 1,7b wieder zu 1,6b zurück. Jedoch schließt die Frage בַּמֶּה גֵאַלְנוּךָ »Womit verunreinigen wir dich?« (Mal 1,7aβ) nicht logisch an 1,7aα an. Dort war lediglich der Vorwurf unreiner Speise auf dem Altar erhoben worden. Eine Erklärung wird unten versucht.

Ebenfalls durch lexematische Rekurrenz setzt auch Mal 1,8a an 1,7aα an, und gibt mit beiden parallel formulierten כִּי-Sätzen die Begründung für den dort formulierten Vorwurf der Untauglichkeit. Der synonyme Parallelismus (1,8a) subsumiert unter dem Infinitiv cs. zu זבח die *defecta* עִוֵּר, פִּסֵּחַ und חֹלֶה. Die Formulierung אֵין רָע »es ist nicht schlimm« wird in Mal 1,10bα aufgenommen. Diesem Ausspruch der Priester (1,8) steht ein Gotteswort gegenüber: אֵין־לִי חֵפֶץ בָּכֶם »ich habe kein Gefallen an euch«.

4.2.1.2 Die *inclusio* mittels רצה (Mal 1,8b–10bβ)

Mal 1,8b wechselt vom Indikativ in den Imperativ, vom Plural in den Singular. Der Personenwechsel liegt in der Semantik des Gleichnisses vom Statthalter; die zwei mit der Fragepartikel הֲ eingeleiteten rhetorischen Fragen bringen die zwei Termini ins Spiel, mit denen die beiden Hauptargumentationsstränge des II. Diskussionswortes verbunden werden – die Opferpraxis, deren Schilderung mit dem durch וְעַתָּה in Mal 1,9 gekennzeichneten Neueinsatz beginnt;[410] und die Torasprechung, die – ebenfalls mit וְעַתָּה eingeleitet – ab Mal 2,1 beginnt. Aus inhaltlichen und stilistischen Gründen wurden 1,8b–10 oft als Fortschreibung von 1,6–8a ver-

---

409 Vgl. die textkritischen Bemerkungen zum Explizitmachen der Ellipse in Anm. 365.
410 So auch Niccacci: Poetic Syntax, 75.

standen.[411] Man sprach von einer ›Statthalterperikope‹. Die Inkohäsionen liegen im Wechsel der Anrede von 2mPl zu 2mSg und fehlenden lexematisch-kataphorischen Rekurrenzen. Die Anknüpfung geschieht auf der inhaltlichen Ebene. Das Gleichnis vom Statthalter hat die Funktion, den bisher geschilderten Missstand aufzunehmen und anhand eines profanen Beispiels nach dem Sinn von Opferhandlungen zu fragen. Mit der Formulierung נשׂא פָנִים wird ein Scharnierbegriff zur Frage des Segens (Mal 2,2) eingeführt. Er lässt den aaronitischen Segen assoziieren (Num 6,24–26) und überführt so die Priester, dass ihre derzeitige Amtsausführung die Weitergabe des Segens an Israel (Num 6,27) ganz unmöglich macht. Ob die Inkohäsionen textgenetisch zu erklären sind, wird unten (c. 6.3.1) gefragt.

Mal 1,9a wechselt wieder in den Plural. Durch die Parallelisierung Imperativ + נָא wird deutlich, dass es sich um eine Analogie handelt, bestätigt wird dies durch den parallelen Gebrauch des Wortes פָּנִים. Folglich steht außer Frage, dass wiederum die Priester mit ihren rituellen Aufgaben angeredet sind. Auffällig ist, dass hier von Gott in der 3PSg geredet wird, noch auffälliger ist der Wechsel des Sprechers in die 1cPl.[412] Mal 1,9b wechselt wiederum die Perspektive, und zwar zurück in die aus 1,6–8.

Die ersten beiden Stichen in Mal 1,9b haben verknüpfende Funktion. Der erste Teil verbindet 1,6–8 mit 1,10bβ. זֹאת meint offensichtlich die in 1,6–8 beschriebenen Zustände. מִיֶּדְכֶם rekurriert auf die adäquate Formulierung in 1,10b und stellt die Intention der geschilderten Opferung als מִנְחָה dar. Die Semantik des Wortes nimmt den durch das Statthaltergleichnis eingebrachten Aspekt des Tributs auf, sowie die mit 1,9a eingebrachten Textreferenz (siehe dazu c. 4.2.2.2). Der zweite Teil nimmt die Formulierung aus 1,8b im Plural auf und macht die durch das Gleichnis eingebrachte sachliche Analogie als Herausforderung angesichts der 1,6–8a geschilderten Missstände explizit: Nach allem Blinden, Lahmen und Kranken, was aus eurer Hand an Gott gerichtet wurde, glaubt ihr, dass er euch überhaupt noch geneigt sein kann? Wollt ihr etwa mit eurer Opferpraxis das Wohlwollen des Herrn, eures Herrschers, erheischen?[413] Ähnlich ironisch wie Mal 1,8b mutet mit dem Vorschlag, das Tempelareal gleich ganz zu schließen, 1,10a an.[414] Formal schließt

---

411 So Utzschneider: Schriftprophetie, 382; zur Begründung vgl. Meinhold: BK XIV/8, 75 f.

412 Nur hier und Mal 2,10 gibt es die Perspektive der 1cPl in der Maleachischrift, so dass der Hinweis Kesslers: HThKAT 13/12, 134, solche Perspektivenwechsel seien in antiken Texten üblich, nicht zufrieden stellt. Ein Deutungsversuch bei synchroner Lesart siehe S. 114, unter diachroner siehe S. 266.

413 Für eine ironische Interpretation ebenso wie 1,8b und 9b plädiert auch Tiemeyer: Interlocuters, 183: die Verse dienten dazu, die Unwahrscheinlichkeit irgendeiner Erscheinungsform göttlichen Erbarmens für sie alle, dank des priesterlichen Verhaltens, zu unterstreichen.

414 Auf die Affinität beider Verse verweist auch Meinhold: BK XIV/8, 75, zum Ironiebegriff siehe dort und bei Weyde: Prophecy, 137.

er auf allen Ebenen fließend an 1,9b an. Mal 1,10bα bindet mit אֵין Mal 1,8b–10a wieder an 1,6–8 zurück. Mal 1,8–10 werden jeweils mit der אָמַר יְהוָה צְבָאוֹת-Formel beschlossen, vielleicht ein literarisches Mittel, die Eigenartigkeit dieser Verse als der göttlichen Offenbarung entsprechend zu qualifizieren.

4.2.1.3 Die *inclusio* mittels מִנְחָה אֶרְצֶה מִיֶּדְכֶם (Mal 1,10bβ–1,13)

Mal 1,10bβ weist kataphorisch auf die rhetorische Frage in 1,13: »die מִנְחָה, soll ich etwa an ihr Gefallen haben aus eurer Hand?« und bildet die *inclusio* für die folgende Passage 1,11–13. Diese (incl. 1,14) soll dem Druckbild der BHS zufolge Prosa sein (ohne 1,11a),[415] ist jedoch eine Mischung aus hymnischer Sprache und metrischer Nachbildung von 1,6b–8.[416] Der Beginn von 1,11 mit כִּי könnte kausal übersetzt werden. Möglich – und hier aufgenommen – ist auch die Übersetzung als deiktische Partikel.[417] Damit treten 1,11–13 durch die Parallelisierungen neben 1,6b–8. Mal 1,11 ist weiterhin Gottesrede. Der Nominalsatz verleiht der Gottesrede etwas Feierliches, Gewichtigkeit. Die Zeitlosigkeit des Gesagten kommt darin zum Ausdruck. Die Verwendung der Lexeme betreffend erfolgt ein Neueinsatz. Der logische Zusammenhang mit 1,6–10 entsteht erst in der zweiten Langzeile (1,11aβ) durch das Hof'alpartizip מֻגָּשׁ, das durch partielle Rekurrenz den Vers an die Schilderungen in 1,7–8 zurückbindet. Das dort Berichtete wird jedoch in 1,11aβ kontrastiert – in der Qualifikation der Opfergabe als מִנְחָה טְהוֹרָה entsteht der Gegensatz zu der durch die Jerusalemer Priester verursachten Verunreinigung (1,7). Der feierliche Beschluss: »Denn groß ist mein Name unter den Völkern« nimmt die Formulierung aus 1,11a auf und deutet die Opferpraxis בְּכָל־מָקוֹם als flächendeckend, also nicht auf bestimmte Orte beschränkt. Das Nebeneinander der beiden Hof'alpartizipien ist schwer zu deuten; syntaktisch haben sie dieselbe Funktion. Mit Mal 1,12 erfolgt unter Rückgriff auf 1,7 wiederum die Darstellung der Negativseite. Hatte Mal 1,11 eher deklarativen Charakter, ist die Gottesrede nun

---

415 Die Herausgeber der BHS geben an, dass diese Verse auf eine spätere Redaktion zurückgehen. Die Begründung dazu gibt Elligers Kommentar: Aufgrund literarkritischer Überlegungen nimmt er die Zusammengehörigkeit von 1,11–13 an. Sie brächten gegenüber 1,7–10 »nur billige Wiederholungen« (188). Der Grund dafür, den Text für jünger als seinen Kontext zu halten, lag in der damaligen Forschung darin, dass die »Verbreitung des Dienstes eines ›Himmelsgottes‹ im persischen Reich, der hier mit dem Gott der Juden gleichgesetzt würde (vgl. Esr 6,9 f; 7,12), als ein religionsgeschichtlich spätes Phänomen betrachtet wurde (187 f).
416 Meinhold: BK XIV/8, 81, im Anschluss an Horst: HAT I/14, 267. Den Strukturzusammenhang von 1,6–14 belegt auch Clendenen: NAC 21 A, 260.
417 Die theologisch problematische Konnotation bei kausalem כִּי, »ich habe kein Gefallen an euch, denn vom Aufgang der Sonne ...«, ergo, Jhwh würde womöglich des Kults bedürfen, entfällt.

erneut an die Priester gerichtet. Mal 1,12b zitiert das Gerede (בְּאֱמָרְכֶם) aus 1,7b mit zwei Veränderungen:

בְּאֱמָרְכֶם שֻׁלְחַן יְהוָה נִבְזֶה הוּא
בְּאֱמָרְכֶם שֻׁלְחַן אֲדֹנָי מְגֹאָל הוּא

Mal 1,12 verwendet im Unterschied zu 1,7 den Gottesnamen wie in 1,6 und statt בזה in 1,7 das dort als Wechselbegriff fungierende גאל, das semantisch in 1,12 einen deutlichen Kontrast zu טְהוֹרָה in 1,11 darstellt. Der Begriff מְחַלְּלִים »Entweihung« in diesem Kontext ist neu, verschärft aber die Problematik und deutet sie als Profanisierung des Heiligen. Das Lexem בזה erscheint wiederum im zweiten Teil der Aussage (1,12bβ). Mittels dieser beiden aus 1,7 f aufgenommenen Leitworte werden nun die dort vorgebrachten Vorwürfe in zwei parallelen Sätzen koordiniert. וְנִיבוֹ נִבְזֶה אָכְלוֹ »und sein Ertrag, seine Speise, ist verachtet« kleidet das Leitwort בזה in eine Assonanz. אָכְלוֹ ist wegen der äquivalenten Form am besten als Apposition zu וְנִיבוֹ zu lesen. Da, wo in 1,7 das Gespräch beendet war, lässt der Autor die Priester in 1,13 weiter reden. Funktional wäre die Einleitung וַאֲמַרְתֶּם erstmals keine erwidernde Frage, sondern eine Weiterführung ihrer Rede – wiederum als Zitat in Gottes Mund.

Mal 1,13aβ führt neue Termini ein: das Darbringen des Opfers wird anstatt mit נגש (Mal 1,7 f.11) mit בוא Hi zum Ausdruck gebracht. גָּזוּל »Geraubtes« fungiert als Prädikation der ohnehin schon defekten Opfertiere aus 1,8aβ (umgekehrte Reihenfolge!). Diese qualitativ noch unansehnlichere Gabe wird – wie in 1,10bβ – מִנְחָה genannt. Mit der rhetorischen Frage, die die eigene Ablehnung (1,10bβ) übersteigt, weil eine ablehnende Haltung der Bringenden selbst forciert wird, wird die *inclusio* geschlossen.

Der Abschnitt innerhalb dieser *inclusio* gibt eine Zuspitzung in der Darstellung des Konflikts aus Mal 1,6–8. Indem die Opferterminologie aus 1,6–8 mit dem Gleichnis in 1,8b und begrifflich in 1,10bβ in den der מִנְחָה überführt worden war, kann die Opferpraxis am Jerusalemer Tempel der weltweit dargebrachten Gabe diametral entgegengestellt werden. Das Darbringen einer מִנְחָה ist nicht an kultische Vorschriften gebunden, ihre Wirksamkeit, das Wohlwollen des Empfängers, ist eine Frage der spürbaren inneren Einstellung dessen, der sie bringt. Mit diesem Abschnitt formal und thematisch verschränkt ist 1,14. Mal 1,14b gehört in den Kontext des Jhwh-Königtums, und nimmt in einigen Lexemen die Parallelformulierung aus 1,11 auf. Die beiden Attribute גָּדוֹל וְנוֹרָא des Königtums Jhwhs (so z. B. auch Ps 99,3) setzen strukturell den Rahmen des Abschnitts und definieren so seinen theologischen Horizont. גָּדוֹל im letzten Stichos verklammert 1,11 mit 1,14b. Die Rahmung durch 1,11bα und 1,14bβ ist nicht zu übersehen, obwohl sie die *inclusio* von 1,10bβ–13b überschneidet. Dadurch wird der Fluchsatz in 1,14a in diesen Kontext eingebunden.

4.2.1.4 Die *inclusio* mittels הַמִּצְוָה הַזֹּאת (Mal 2,1–4a)

Mal 2,1 markiert – wie 1,9 – mittels וְעַתָּה einen Neueinsatz.[418] אֲלֵיכֶם הַמִּצְוָה הַזֹּאת bildet mit der darauf rekurrierenden Formulierung in 2,4a (mit *nota accusativi*) die *inclusio*. Der Vers endet mit der wiederholten Adressierung an die Priester, die textlinguistisch nicht notwendig wäre und im vorliegenden Text emphatische Funktion hat. Mal 2,2 beginnt mit einer bedingten Strafandrohung. Die beiden Bedingungen sind mit אִם־לֹא + finitem Verb der 2mPl parallel gestellt. Positiv gefordert wird die Ehre Gottes (כָּבוֹד לִשְׁמִי), ein Rückgriff auf Mal 1,6. Der Vers ist auch durch die eigene *inclusio* שִׂים עַל־לֵב,[419] durch seine Länge und durch das dreimalige Vorkommen der Wurzel ארר eine Besonderheit innerhalb des Abschnitts.[420] Mit 2,2bα enthält der Vers ein Element, das die vorausgegangene Fluchansage als bereits geschehen beurteilt.[421]

Mal 2,3 setzt die Gottesrede fort; die Suffixe der 2mPl beziehen sich weiter auf die Priester; das Partizip bringt als *futurum instans* im Zusammenhang mit הִנְנִי das unmittelbare Bevorstehen und mit Sicherheit eintreffende Handeln Jhwhs zum Ausdruck (GK §116p). Durch die in der Textkritik dargestellte Unsicherheit entstehen Zweifel auf der Ebene der Textkohärenz. גֹּעֵר לָכֶם אֶת־הַזֶּרַע »ich bin einer, der [für] euch die Nachkommenschaft anschreit« ergibt in dem Zusammenhang keinen Sinn. Wenn Mal 2,3aα jedoch von Mal 3,11a aus gedeutet wird, auf die Mal 2,3aα kataphorisch verweist, ist das handelnde Subjekt identisch; die Handlung ist jeweils gegen die Bedrohung der göttlichen Segensgabe gerichtet. Im Fall von Mal 2,3aα wäre das die Nachkommenschaft der Priester, die das desaströse Dienstethos ihrer Väter fortsetzt. Mal 2,3aβ schließt syntaktisch auf allen Ebenen an 2,3aα an. Die Negativität der göttlichen Handlung entspricht dem ersten Teil. Durch פְּנֵיכֶם wird ein Kontrast zu נשׂא פָּנִים in 2,8.9 gesetzt. Das Verhalten der Priester hat ihnen das Gegenteil von dem eingebracht, was intendiert gewesen sein

---

418 K-B³ III, 853.
419 Die LXX zu Mal 1,1 lässt die Spur eines Intertextes erkennen. Danach sind wohl Hag 1,5.7; 2,15.18 und Mal 2,2 in intertextuellem Bezug gelesen worden. Die Schreibweise weist jedoch Unterschiede auf: in den Haggaipassagen fehlt die Präposition עַל; ferner steht לְבַב statt לֵב.
420 Meinhold: BK XIV/8, 84f.
421 Das Problem der Übersetzung bezeugt z. B. Tate: Questions, 399, wenn er vorschlägt, den Versteil als »stylistic device to emphasize that time is running out and action is imperative« zu verstehen oder den Passus auf הַמִּצְוָה v. 1 zu beziehen, wobei der Rückbezug angesichts des vorausgegangenen möglichen Bezugswortes בְּרְכוֹתֵיכֶם schwer erklärbar wäre.

sollte. Mal 2,3aγ nimmt das Lexem פֶּרֶשׁ aus 2,3aβ auf und klassifiziert es als פֶּרֶשׁ חַגֵּיכֶם »die Exkremente eurer Feste«, also vermutlich das, was der Tradition zufolge durch das »Misttor« aus dem Tempelareal geschafft wurde. Mal 3,3b schließt daran an: die Priester werden somit ebenfalls aus dem Tempelareal entsorgt, was – so schließt 2,4 an – die Erkenntnis dieser Lehre erbringen wird. Mal 2,4 schließt und öffnet die beiden hier zusammentretenden Inklusionen הַמִּצְוָה הַזֹּאת und בְּרִית לֵוִי in den jeweiligen Varianten.

4.2.1.5 Die *inclusio* mittels בְּרִית לֵוִי (Mal 2,4b–8)

Die letzte *inclusio* des II. Diskussionswortes schließt mit finaler[422] Begründung an die vorhergehende an. לִהְיוֹת ist im Sinne eines Gerundium »damit [mein Bund mit Levi] sei«[423] zu deuten. Die Formulierung בְּרִיתִי aus Mal 2,4b wird in 2,5 aufgenommen und in einem historisierenden Rückblick gestaltet. מוֹרָא in 2,5aβ rekurriert auf מוֹרָאִי in 1,6 und stellt Levi als Gegenbild zu den im II. Diskussionswort angeredeten Priestern dar.

Mal 2,7 hebt sich formal durch die veränderte Erzählperspektive in der 3mSg vom Kontext ab. Mit כֹּהֵן wird das Handeln Levis als das des Priesters und Boten Jhwhs ausgewiesen.

Mal 2,8 nimmt die Anrede der Priester wieder auf. Das adversative וֹ leitet den Gegensatz ein. Die Gegenüberstellung des Handelns Levis und des der Priester geschieht in 2,8aα durch das semantische Umfeld der Wegmetapher: Levi wandelte (הלך) in Frieden und Geradheit mit Gott (2,6bα) – die Priester sind abgewichen vom Weg (2,8aα). In 2,8aβ geschieht die Gegenüberstellung über die Lexeme תּוֹרָה und רַבִּים: Aus Levis Mund kam wahrheitsgemäße Tora (2,6aα), viele (רַבִּים) ließ er umkehren von der Sünde (2,6bβ) – die Priester haben bewirkt, dass viele (רַבִּים) an der Tora strauchelten (2,8aβ). Mal 2,8b schließt mit der Schlussfolgerung aus 2,8a, dass die Priester den Bund Levis mit ihrem Verhalten zerstört haben, und schließt die *inclusio*. Zwar stellt Mal 2,8 eine Gegenüberstellung des Handelns der Priester zu Levi dar, weist aber keine textoberflächenstrukturellen Referenzen zur vorangegangenen Passage (2,1–4a) auf, auch nicht zum kultischen Versagen der Priester in 1,6–13. Dieser Beobachtung wird im folgenden Kapitel Rechnung gezollt.

---

422 GK §114 f.g.h; vgl. Meinhold: BK XIV/8, 72.
423 Siehe Anm. 399. GK § 114 f. So auch Habets: Vorbild, 45; Kessler: HThKAT 13,12, 167.

4.2.2 Bedeutung

4.2.2.1 Das Gewicht des Konflikts

Das II. Diskussionswort beginnt mit einem weisheitlich stilisierten Spruch,[424] der aus dem sozialen Bereich auf Jhwh als Vater und Herr appliziert wird (וְאִם ... אָנִי). Damit wird die folgende Argumentation auf die Grundlage des Elterngebots aus dem Dekalog gegründet. Die Vatermetapher legt die Deutung beider Metaphern in Analogie zur intersubjektiv-soziologischen Beziehung nahe. Aber beide Metaphern gehören auch in den Kontext altorientalischer Königsideologie.[425] Die Deutung der Vatermetapher in Bezug auf Israel[426] kann kaum von ihrem königsideologischen Ursprung gelöst werden. Sie ist somit nicht allein ein Bild einer innerfamiliären Beziehung, sondern trägt die semantische Konnotation der Erwählung. Annette Böckler hatte gezeigt, dass das auf das Gott-König applizierte Vater-Sohn-Verhältnis im AT in nachexilischen Texten eng mit der Forderung des Gehorsams verbunden ist.[427] »Die meisten alttestamentlichen Texte verwenden das Bild von Gott als Vater im Sinne des Bildes von Israel als Gottessohn, von dem die Loyalität zum Vater erwartet wird.«[428] Um keine Missverständnisse entstehen zu lassen, sind in Mal 1,6 das Vater-Sohn- und das Knecht-Herr-Verhältnis parallelisiert und gehen durch ihre auf Gott bezogene Metaphorik eine Synthese ein. Der wörtliche Anklang an das Elterngebot des Dekalogs כַּבֵּד אֶת־אָבִיךָ »ehre deinen Vater« (Ex 20,12a/Dtn 5,16a) macht die unbedingte Gültigkeit der Forderung deutlich, und stellt die nun in Folge geschilderten kultischen Nachlässigkeiten als einen Verstoß gegen das erste der am Gottesberg empfangenen Gesetzes*corpora* dar.

In der vierten Langzeile erst stellt sich heraus, dass die Anrede den Priestern gilt. Dieses Überraschungsmoment wirft die Frage auf, inwiefern der weisheitliche Spruch auf das Verhalten der Priester zu beziehen ist. Die Wirkung ist hyperbolisch. Durch die Dekalogreferenz wird deutlich, dass die Priester nicht etwa gegen eine randständige Bestimmung im Kultgesetz verstoßen, sondern gegen den für ganz Israel grundlegenden, schon Kindern bekannten Verhaltenskodex. Die Va-

---

424 Zur literarischen Gestaltung dieses Vorspruchs vgl. Meinhold: BK XIV/8, 78. Zum traditionsgeschichtlichen Hintergrund des Weisheitsspruchs in Gesetzestexten: Weyde: Prophecy, 117.
425 Vgl. das Resümee bei Böckler: Gott, 343; anders die eindeutige Bemerkung von Häusl: Gott, 273. Botha: Honor, 392–400, versteht »Honor and Shame« als Schlüssel zur Interpretation der Maleachischrift. Deren Semantik ist in seiner Darstellung sehr weit gefasst.
426 Neben Mal 1,6; 2,10 noch Dtn 32,6; Jes 63,16; 64,7; Jer 2,27; 3,4.19; 31,9b; Ps 103,13.
427 Vgl. Böckler: Gott, 377 ff.
428 Böckler: Gott, 381.

termetaphorik lässt im Anschluss an das erste Diskussionswort Gen 27,6–45[429] assoziieren, und so das Thema der Weitergabe des Segens an den dort noch nicht Israel genannten Jakob.[430]

Beide Elemente der auf sie bezogenen Apposition »Verächter meines Namens« werden nun in der Erwiderung der Priester aufgenommen: »Wodurch verachten wir deinen Namen?« – und innerhalb des Textabschnittes mit unterschiedlichen Bezügen und Intentionen variiert, bis in Mal 2,9 Jhwh den Spieß umdreht und die Priester als Verachtete des ganzen Volks erscheinen lässt. כָּבוֹד »Ehre/Gewicht«[431] und בזה »verachten« schließen einander aus.

Der Vorwurf der Verachtung des göttlichen Namens wird nun mit dem der Nachlässigkeit bei der Ausführung der kultischen Handlungen begründet. Rainer Kessler machte darauf aufmerksam, dass die Sprache vor allem in Mal 1,7aα »auffällig profan« sei.[432] נגש (Hi) bedeutet zunächst einfach »herbeiführen, bringen«.[433] Gen 27,25 wird es für das Auftragen der Speise durch Jakob verwendet, während das Auftragen der Speise durch Esau mittels בוא (Hi) ausgedrückt ist. Gen 48,9 f verwendet נגש (Hi) synonym zu לקח: Joseph brachte die Kinder zu Jakob, dass er sie segne. נגש ist im Pentateuch kein *terminus* der Ritualsprache, in der Maleachischrift aber *terminus technicus* der Opferdarbringung,[434] hingegen wird in Mal 1,8b für den Profanbereich ein Begriff aus der Opferterminologie (קרב Hi) gebraucht. Der Vorwurf der Verunreinigung des Altars betrifft im Zusammenhang mit der Priesteransprache ihren kultischen Dienst.[435]

מִזְבֵּחַ ist in diesem Zusammenhang wohl der Altar am Jerusalemer Tempel. Der parallel zu מִזְבֵּחַ in Mal 1,7aα genannte שֻׁלְחָן in 1,7b kann einen Tisch im profanen Sinn meinen (I Reg 13,20; Prov 9,2; Dan 11,27), speziell den »Tisch des Königs«

---

429 Meinhold, BK XIV/8, 96.

430 Viele Kommentatoren konstatierten die Besonderheit, dass die Vater-Metapher hier nur auf eine Gruppe im Volk, die Priester, bezogen sei (z. B. Rudolph: KAT XIII/4, 261; Elliger: ATD 25,2, 195). Die traditionsgeschichtlichen Untersuchungen bei Habets: Vorbild, 14, schließen zu eng: »In Mal 1,6 beziehen sich Jahwehs Vater-Sein und Herr-Sein auf die Jerusalemer Gemeinde, welche die Fortführung des Volkes Israel ist.« Israel ist in dieser Zeit umfassender zu denken (c. 3.1.2). Bauer: Zeit, 131, sieht das Verhältnis Vater-Sohn in dem von Jhwh-Jakob/Priester explizient; das von Herr-Knecht in dem von Jhwh-Esau/Völker. In der Maleachischrift ist der Gerechte beides, Diener und Sohn (3,17 f). Zum Changieren der Adressatengruppe zwischen Priestern und Volk siehe c. 6.3.2.

431 Habets: Vorbild, 12; Fabry: ThWAT IV, 14–17.

432 Kessler: HThKAT 13,12, 141.

433 Ringgren: ThWAT V, 235.

434 Meinhold: BK XIV/8, 104, im Anschluss an Rendtorff: BK III/1, 106, zur Differenzierung der drei Opferbegriffe siehe dort.

435 Gegen Kessler: HThKAT 13,12, 141. גאל II als Ableitung von געל hat in allen Stämmen die Bedeutung kultischer Verunreinigung (Ges[18], 190).

(I Sam 20,29.34; II Sam 9,13; I Reg 5,7; 18,19). Die Belege im Pentateuch meinen mit שֻׁלְחָן den Schaubrottisch im Tempel (Ex 25,27.30; Num 4,7). Innerhalb des *corpus prophaticum* (3mal Jes; 13mal Ez) ist das Wort im kultischen Sinn, also im Sinne des Pentateuch gebraucht, sonst begegnet es abgesehen von den Belegen der Maleachischrift nicht.[436] Möglicherweise gibt im Zusammenhang von Mal 1,6–8 die Opferterminologie לִזְבֹּחַ kataphorisch Aufschluss über den wurzelverwandten מִזְבֵּחַ.

Die Opferkritik in Mal 1,8a scheint vor dem Hintergrund von Dtn 15,20 f zu stehen. Die Assoziation entsteht durch den seltenen Zusammenhang des physischen Makels eines Opfertiers und einem Negativurteil, das mittels רַע zum Ausdruck gebracht wird. Aus dem assoziierten Text würde auch der hervorgehobene Aspekt des Gemeinschaftsopfers plausibel, auf den Kessler in seinem Kommentar verwiesen hatte.

לִפְנֵי יְהוָה אֱלֹהֶיךָ תֹאכֲלֶנּוּ שָׁנָה בְשָׁנָה בַּמָּקוֹם אֲשֶׁר־יִבְחַר יְהוָה אַתָּה וּבֵיתֶךָ:
וְכִי־יִהְיֶה בוֹ מוּם פִּסֵּחַ אוֹ עִוֵּר כֹּל מוּם רָע לֹא תִזְבָּחֶנּוּ לַיהוָה אֱלֹהֶיךָ:

Vor Jhwh, deinem Gott, sollst du es essen Jahr für Jahr, an dem Ort, den Jhwh dir und deinem Haus erwählt hat. Wenn aber ein Makel an ihm ist, dass es lahm oder blind ist, irgendein schlimmer Makel, darfst du es nicht Jhwh, deinem Gott, opfern.

Die Gesetzesbestimmung aus Dtn 15,21 bezieht sich auf das Darbringen von Erstlingen. Das זֶבַח-Opfer ist vielleicht die älteste Form des Opfers im AT und vor allem auf den *communio*-Gedanken des gemeinsamen Essens vor Gott fokussiert. Der Hausvater konnte es vollziehen; ein Priester wurde nicht benötigt.[437] Der Priester hatte aber offensichtlich die Reinheit dieser Tiere festzustellen. Die Assoziation dieses Textes lässt Mal 1,8a als ein fingiertes Urteil der Priester erscheinen: die Makelhaftigkeit der Opfertiere, die ihr bringt, ist nicht schlimm: אֵין רָע. Mal 1,8a hat die umgekehrte Reihenfolge von »blind« und »lahm« gegenüber Dtn 15,21; חֹלֶה hingegen fehlt,[438] entspricht jedoch bezüglich der Opfertiere semantisch dem Dtn 15,21 untersagten מוּם.[439]

---

436 Ernst: ThWAT VIII, 78, meint, dass שֻׁלְחָן nur hier den Altar meine oder – räumt er ein – »darf man aus dem ›besudelten Brot‹ schließen, dass in der prophetischen Kritik Altar und Schaubrottisch in eins fallen?« Meinhold sagt, dass wegen der 8a.13a erwähnten Tiere nicht der Schaubrottisch gemeint sein kann. Die LXX versteht שֻׁלְחָן als Schaubrottisch, indem לֶחֶם mit ἄρτους »Brote« wiedergegeben wird.

437 Utzschneider: Künder, 49 f. Dazu: Willi-Plein: Opfer, 71–79. Auf den Hintergrund von Dtn 15,21–23 weisen auch Habets: Vorbild, 21; Petersen: OTL, 180, hin.

438 Die Terminologie findet sich sonst nirgendwo im AT in Bezug auf ein Opfer oder als Begründung von Unreinheit im Kultgesetz. Meist beschreibt es die Krankheit von Menschen (Gen 48,1; Dtn 29,21; I Sam 19,14; II Reg 8,29; Jes 38,1; 39,1 u. ö.)

Im Zusammenhang von Mal 1,6–8 zeigt der Hintergrund des Gemeinschafts-aspekts gewisse Verwandtschaft mit der prophetischen Kultkritik (vgl. Am 5,22; Sach 7,8–10). Die Gottesbeziehung hat immer eine vertikale und eine horizontale Dimension, eine auf Gott und eine auf die soziale Gemeinschaft gerichtete. Die Wurzel des Wortes מִזְבֵּחַ enthält, dass desse ureigene Funktion im Darbringen des זֶבַח liegt.[440] Der Gemeinschaftsgedanke ist untrennbar damit verbunden. Das Darbringen makelbehafteter Opfertiere beschädigt diese Tischgemeinschaft. Diese Störung belastet zuerst die Gottesbeziehung, davon betroffen ist gleichzeitig aber bereits die gerechte soziale Ordnung. Denn wer meint, das Bessere für sich selbst zurückhalten zu können, wird auch nicht auf das gerechte Ergehen seines Nächsten blicken (c. 4.4.2).

Die im vorigen Kapitel gezeigten Inklusionen des II. Diskussionswortes glie-dern den Text nicht nur formal, sondern fokussieren auch thematisch die nun folgenden Argumentationsschritte, wie folgende Tabelle zeigt.

Abschnitt	Verse	Inklusionen	Fokussierung
1	1,8b–10bβ	רצה	Zweck eines Opfers wird aus dem Profanen hergeleitet: Sinn einer Gabe ist das Geneigtsein des Empfängers
1a	1,8b–9bβ	נשׂא פָנִים	Zuspitzung innerhalb von 1: Beispiel aus Gen 32f; enthält durch 9bα Verknüpfung mit 10bβ–13
2	1,10bβ–1,13	מִנְחָה אֱרָצֶה מִיֶּדְכֶם	*externes Gegenbild:* dem unreinen Opfer aus der Hand der Angesprochenen wird die reine, allgemeine und universal dargebrachte Opfergabe gegenübergestellt
2a	1,11–14	גָדוֹל ... שְׁמִי ... בַּגוֹיִם	Zuspitzung innerhalb von 2: Das Opfer der Jerusalemer Priester und das Opfer des betrügenden Einzelnen beleidigen den König der ganzen Erde
3	2,1–2,4a	הַמִצְוָה הַזֹּאת	das den Priestern Zustehende aufgrund ihrer Vergehen und ihre bedingte Suspendierung vom Dienst
4	2,4b–2,8	בְּרִית לֵוִי	*internes Gegenbild:* den sich verfehlenden Priestern wird das Urbild des mit Jhwh wandelnden Levi gegenübergestellt, der Bund mit ihm ist bleibende Grundlage des Priestertums
gesamt	1,8b–2,9bβ	נשׂא פָנִים	umschließt den Gesamtzusammenhang und stellt die reine Gabe an allen Orten der Erde und wahrheitsgemäße Ausle-gung der Tora durch Levi unsachgemäßem Priesterdienst entgegen
gesamt	1,6–2,9	בזה	die pervertierte Einstellung der Priester zu Jhwh wird offenbar und schließlich gegen sie selbst gerichtet

---

439 Oft werden Lev 21,17ff zur Deutung herangezogen, dort beziehen sich עִוֵּר אוֹ פִסֵּחַ, die mit vielen anderen Gebrechen ebenfalls unter מום subsumiert werden, auf die kultische Reinheit des Menschen bzw. des Priesters.

440 Dohmen: ThWAT IV, 789.

4.2.2.2 Die Gabe zum Wohlgefallen (Mal 1,8b–10bβ)

Das Gleichnis in Mal 1,8b veranschaulicht die Funktion des Opfers. Auf der Bildebene wird eine Audienzsituation imaginiert, in der ein Untergebener dem Statthalter[441] mit einer Gabe gegenübertritt, um sein Wohlwollen zu erwirken, ihn anzuhören und gegebenenfalls seiner Bitte stattzugeben. Ausdruck dieses Wohlwollens ist, dass der Herrscher das Angesicht des Bittenden erhebt (נשא פנים). Etymologisch ist die Formulierung der Proskynese entnommen, »bei der der Audienz Suchende tatsächlich auf dem Boden liegt.«[442] Jeder Makel an einer solchen Gabe hätte das Gespräch nicht nur sofort beendet (so Kessler); niemand würde sich mit einer makelhaften Gabe erst auf den Weg dorthin machen.

Die Analogie zwischen dem weltlichen Herrscher (פֶּחָה) und dem göttlichen Herrn (אֲדֹנִים) liegt schon in der Terminologie von Mal 1,8b. קרב Hi ist der im Buch Leviticus geläufige *terminus* zum Darbringen von Opfern, um sein (Jhwhs) Wohlwollen (לִרְצֹנוֹ) zu erlangen (Lev 1,3; 19,5; 22,19.29; 23,11). Zudem zielen die Texte alle auf die Fehlerlosigkeit des Opfers ab. Die Deutung des Gleichnisses ist somit im Text bereits enthalten: Niemand würde sich trauen, vor seinem Statthalter so zu erscheinen, wieviel weniger dürfte ihr Priester euch vor dem Herrn der Welt so erdreisten.

Dem Gleichnis folgt mit Mal 1,9 eine Aufforderung an die Priester. Die Redewendung חלה פנים (Pi) begegnet auch Ex 32,11; I Reg 13,6, Sach 7,2; 8,21 f u. ö.[443] In Mal 1,9 trägt sie eine Besonderheit, denn nur hier wird nicht vom »Angesicht Jhwhs« gesprochen, sondern vom »Angesicht Gottes« – פְּנֵי־אֵל. Helmut Utzschneider hat dargestellt[444], dass damit jener Ort aus Gen 32 anklingt, den Jakob nach seiner nächtlichen Begegnung am Jabbok »Pniel« genannt hatte, weil er dort das Angesicht Gottes gesehen hat und gerettet worden war. Die Formulierung פְּנֵי־אֵל sei – abgesehen von Hi 15,4 (mit לְ) – singulär im AT. Die Begebenheit am

---

441 Zur Bedeutung des פֶּחָה siehe den ausführlichen Exkurs bei Meinhold: BK XIV/8, 113–117; auch Kessler: HThKAT 13,12, 143 f.
442 Kessler: HThKAT 13,12, 144.
443 Petersen: OTL, 181. Die Wendung begegnet 16mal (Ex 32,11; Lev 19,15 [gegen Seybold ohne חלה]; I Sam 13,12; I Reg 13,6; II Reg 13,4; Jer 26,19; II Chr 33,12; Sach 7,2; 8,21 f; Mal 1,9; Ps 45,13; 119,58; Hi 11,19; Prov 19,6; Dan 9,13) im AT und lässt sich insgesamt schwer herleiten und verorten (vgl. den entsprechenden Artikel von Seybold: ThWAT II, 970).
444 Utzschneider: Künder, 50, erarbeitete die Kotextualität von Gen 32f. Auch Meinhold geht davon aus, dass die Statthalterperikope auf Grundlage von Gen 32f verfasst worden ist: die Gabe Jakobs an Esau besteht in lebenden Tieren, bei ihrer Zweckbestimmung werden ebenfalls der Ausdruck נשא פנים und das Verb רצה verwendet. Überdies ist die Gabe in beiden Texten freiwillig. (Meinhold: BK XIV/8, 110). Gegen Utzschneider sagt Meinhold, dass die Freiwilligkeit gegen Tribut an die persischen Oberherrscher spreche und deswegen auch nicht von einer antipersischen Tendenz die Rede sein kann (110).

Jabbok unterbricht die Schilderung der Erstbegegnung zwischen Jakob und Esau nach der Betrugsgeschichte um den Erstgeburtssegen oder ist in sie eingebunden. Die Geschichte in Gen 32f erzählt, dass Jakob seinem Bruder eine מִנְחָה vorausschickt, und zwar die imposanteste im AT, um Gnade in seinen Augen zu finden und Versöhnungsbereitschaft. Das wird mit Worten beschrieben, die – ganz wie Mal 1,8 – im Profanen eine religiöse Dimension einschließen:

Gen 32,21 אוּלַי יִשָּׂא פָנָי   Vielleicht wird er mein Angesicht erheben?
Mal 1,8 הֲיִשָּׂא פָנֶיךָ   Soll er etwa dein Angesicht erheben?

Gen 33,8–15 beschreiben das Bruderverhältnis mit den Begriffen הָאָדוֹן und עֶבֶד, Herr und Knecht (vgl. Mal 1,6a). Gen 33,8 antwortet Jakob auf die Frage seines Bruders, was der ganze Auflauf solle, wiederum in zweideutiger Sprache: לִמְצֹא־חֵן בְּעֵינֵי אֲדֹנִי »um Gnade zu finden in den Augen meines Herrn«. Die Zweideutigkeit wird 33,10 aufgelöst:

אִם־נָא מָצָאתִי חֵן בְּעֵינֶיךָ וְלָקַחְתָּ מִנְחָתִי מִיָּדִי כִּי עַל־כֵּן רָאִיתִי פָנֶיךָ כִּרְאֹת פְּנֵי אֱלֹהִים וַתִּרְצֵנִי׃

Wenn ich doch Gnade gefunden habe in deinen Augen, so nimm doch meine Gabe aus meiner Hand. Denn dafür habe ich dein Angesicht gesehen wie man das Angesicht Gottes sieht. Und du hast Wohlgefallen an mir gefunden.

Jakob weiß wohl, was in der Begegnung mit seinem Bruder auf dem Spiel steht. 21 Jahre früher hätte ihn die Begegnung mit ihm das Leben gekostet (Gen 27,41). Das vorausgeschickte Geschenk, sein Tribut an den um seinetwillen Zurückgesetzten, um dessen Wohlwollen (wieder) zu erlangen, ist gut gewählt. Die מִנְחָה verbindet die zwei Ebenen, die in der Semantik des Begriffs zusammenkommen. Die soziale Ebene und das Gottesverhältnis werden in Beziehung gesetzt. Gen 33,10 versteht die menschliche und die göttliche Vergebungsbereitschaft im Zusammenhang: »Ich habe dein Angesicht gesehen wie man das Angesicht Gottes sieht.« Die Formulierung weist referentiell auf Gen 32,21 אוּלַי יִשָּׂא פָנָי zurück. Diese Formulierung nehmen Mal 1,8b.9b auf. Die Intertextualität mit Mal 1,8–10 wird durch die Lexeme als מִנְחָה מִיַּד + Suff und die gewünschte Folge mittels רצה konstituiert. Parallel dazu referiert der Vergleich רָאִיתִי פָנֶיךָ כִּרְאֹת פְּנֵי אֱלֹהִים aus Gen 33,10 Gen 32,31 (רָאִיתִי אֱלֹהִים פָּנִים אֶל־פָּנִים). Die Formulierung begründet in diesem Vers den Ortsnamen פְּנִי־אֵל. Eben darauf spielt Mal 1,9 an. Die Formulierung נשא פָּנִים hat in Mal 1,8–10 hermeneutisch eine Schlüsselfunktion inne; für das gesamte Diskussionswort strukturell eine inkludierende Funktion. Die intertextuelle Referenz konstituiert sich somit textoberflächen- und texttiefenstrukturell. Das Argument Kesslers gegen die Lesart von Gen 32f als Referenztext, es gehe um »das typische Vokabular einer ritualisierten Begegnung mit einem Höhergestellten

...«[445], ist ein Teil der Pointe, genau in dieser Zweideutigkeit von sozialer und religiöser Dimension. Die Referenzen sind in ihrer Summe signifikant: die Einzigartigkeit des Namens פְּנֵי־אֵל, Jakob als den Darbringenden, die Vorkommen von נשא פָנִים nur hier im *corpus propheticum*, die Verwendung einzelner korrellierter *termini*, vor allem aber die texttiefenstrukturelle Referenz, die den Charakter der Gabe thematisiert und in der sozialen Angelegenheit eine religiöse Dimension durchscheinen lässt. In Mal 1,8 wird mit der Aufforderung, die Opfergaben aus 1,6–8a dem Statthalter zu ›opfern‹, die metaphorische Bedeutung der מִנְחָה klar. Sie dient dem Kommunikationsverhältnis beider Beteiligter. So, wie eine Gabe an den Statthalter dessen Gunst erwirken soll und deshalb gut sein muss, so soll auch ein Opfer für Jhwh so gut sein, dass es ihn seinen Glaubenden geneigt sein lässt. Der Referenztext Gen 32f bringt darüber hinaus zum Ausdruck, wie unmittelbar der soziale und der religiöse Bereich miteinander verwoben sind, ferner, was Menschen einzusetzen bereit sind, wenn sie wissen, was auf dem Spiel steht. Im Anschluss an das I. Diskussionswort ist dies ein weiteres Beispiel für die Deutung der gegenwärtigen Situation des Gottesvolkes durch die Jakobgeschichte der Genesis.

וְיְחָנֵּנוּ im folgenden Vers Mal 1,9 setzt sich in Person und Zahl gänzlich vom Kontext ab.[446] Die Perspektive der 1cPl begegnet erst wieder in 2,10. Beide Passagen sind außerdem durch das nur an diesen Stellen begegnende אֵל miteinander verbunden. In 1,9a wird der Bezugspunkt nicht deutlich. Möglicherweise ist hier die Unterscheidung zwischen Priestern und Volk vorausgesetzt, der Priester als Mittlergestalt, der – zwar in exponierter Stellung – aber gemeinsam mit den anderen auf die Gnadenerweise Jhwhs gewiesen ist.[447] Der Imperativ richtet sich an die Priester – die von ihrem Dienst abhängige Gnade Jhwhs betrifft alle.[448] Die Semantik des Wortes lässt noch einmal in den Kontext von Gen 33 assoziieren. Der Bitte um Gnade (חֵן) in Gen 33,10 entspricht die Hoffnung auf das Gnädigsein Jhwhs (Mal 1,9).

In krassem Gegensatz dazu steht die ironische Forderung aus Mal 1,10a, das Tempelareal ganz zu schließen. Der Leser wird in die Realität zurückgeholt. אֵין־לִי חֵפֶץ בָּכֶם, lautet das Urteil Jhwhs, das die Folge aus dem Verhalten der Priester in 1,8a ist. Der Kontrast kommt in der ebenfalls mit אֵין eingeleiteten Satzstruktur zum Ausdruck. Der letzte Versteil von 1,10 stellt die Brücke zum Folgenden dar.

---

445 Kessler: HThKAT 13,12, 147.

446 Vgl. ebenso Meinhold: BK XIV/8, 76, zur textdramaturgischen Begründung aaO 119.

447 So auch Habets: Vorbild, 25, der jedoch den Propheten in die Formulierung eingeschlossen sieht.

448 Vgl. auch den Vorschlag Meinholds (BK XIV/8, 120), an die Gottesprädikation von Ex 34,6 f zu denken.

4.2.2.3 Die reine Gabe überall auf der Welt (Mal 1,10bβ–13.14)

War in Mal 1,8b.9 das Bringen einer מִנְחָה durch den Referenztext aus Gen 32f bereits evoziert, erscheint der Begriff mit Mal 1,10bβ explizit. Der Teilvers resümiert den Zusammenhang von 1,6–10 und fokussiert die Kritik auf den Gabecharakter der מִנְחָה.

מִנְחָה ist ein Primärnomen, das sich etymologisch von מנח herleitet, und ursprünglich im profanen Bereich die Bedeutung ›Geschenk‹ oder ›Tribut‹ hatte.[449] Rainer Kessler beschreibt drei Grundmerkmale der Gabe: 1. die Freiwilligkeit im Unterschied zum Preis innerhalb eines Warentausches und im Unterschied zur Steuer, wenngleich die »Freiwilligkeit eine gewissermaßen obligate Freiwilligkeit [ist]; ›man kommt nicht ohne Geschenk‹ zu einem Geburtstag«. 2. Die Gabe muss angenommen werden. 3. Die Gabe muss erwidert werden, nicht sofort, aber bei Gelegenheit; nicht mit Gleichem, aber mit etwas, das die Neigung des Empfängers erwirkt.[450] Insofern ist der Tribut ein Extremfall der Gabe, das Kommunikationsverhältnis ist asymmetrisch, die Gabe in Wahrheit unfreiwillig. Doch die Fiktion der Freiwilligkeit wird aufrechterhalten.[451] Im AT begegnet מִנְחָה 213mal, 33 davon mit profaner Bedeutung. Von den 180 verbleibenden Belegen meinen 150 mit מִנְחָה eine spezielle Opferart.[452] Meist ist damit ein vegetabiles Speiseopfer gemeint; aus Gen 4,3–5 wird aber deutlich, dass מִנְחָה auch ein Tieropfer bezeichnen kann. So gebrauchen ca. 30 Vorkommen מִנְחָה allgemein und umfassend als Opfergabe. Davon entfallen sieben auf die drei Kapitel der Maleachischrift.[453] Dieser Verwendung liegt die metaphorische Bedeutung des profanen Begriffs zugrunde, dessen Semantik eindrucksvoll durch das Gleichnis vom Statthalter und die Erzählung von der מִנְחָה an Esau illustriert wurde.[454]

Mit Mal 1,11 verbindet sich ein doppeltes theologisches Problem: Maleachi stellt dem mangelhaften Opfer der Priester am Jerusalemer Tempel eine reine מִנְחָה, die auf der ganzen Welt dargebracht wird, gegenüber. Der Kontext lässt – vielleicht aufgrund der offenen Fragen nach dem Kultort und dem Kultpersonal – manches undeutlich. Wer sind die Darbringenden, Proselyten oder Nichtjuden, die Dia-

---

449 Fabry: ThWAT IV, 988.
450 Kessler: Gabe, 392.
451 Kessler: Gabe, 403 f.
452 Zählung nach Marx: Offrandes, 1.14.
453 Gen 4,3.4.5; Num 16,15; Ri 6,18; I Sam 2,17; 26,19; I Reg 18,29.36; II Reg 3,20; Jes 1,13; 57,6; 66,20; Jer 41,5; Zef 3,10; Mal 1,10.11.13; 2,12.13; 3,4; Ps 96,8 (= I Chr 16,29); 141,2; Dan 9,21; Esr 9,4 f; Neh 13,5.9; II Chr 32,23.
454 Die Bedeutung als Opfergabe schreibt die Übersetzung der LXX mit θυσία fest, V mit *oblatio*.

sporajuden der ganzen Welt oder im Eschaton zu Jhwh bekehrte Heiden?[455] Wie ist die Formulierung בְּכָל־מָקוֹם zu verstehen und wie ist das mit der Forderung des Altargesetzes Dtn 12,13 f in Einklang zu bringen?

Diese Frage hat dazu geführt, dass die Passage in der älteren Forschungsgeschichte für sehr viel jünger als ihr Kontext gehalten wurde.[456] Dabei kann die Formulierung »vom Aufgang der Sonne bis zu ihrem Untergang« sowohl temporal als auch lokal verstanden werden. Die erste Deutung würde jedoch nicht mit der Formulierung בְּכָל־מָקוֹם in Mal 1,11b kongruent sein. Lokal umschreibt sie den universalen Herrschaftsbereich Jhwhs.[457] In jüngerer Zeit deutete Klaus Koch die Stelle als Beleg dafür, dass Jhwh als inklusiv verehrbare höchste Gottheit verstanden wurde, wofür er Belege vom Beginn der Perserzeit bis zu Dareios III. anführt.[458] Otto Kaiser hat in einem Aufsatz gezeigt, dass seit dem 5. Jh. in der griechischen Philosophie und in der biblischen Überlieferung die Vorstellung eines transzendenten Gottes mit der Auffassung seiner Universalität verbunden ist.[459] Zeitlich sehr viel enger situiert Ina Willi-Plein Mal 1,11 in die Zeit des Tempelbaus. In dieser Zeit habe es ein Bewusstsein gegeben, dass erst in »der Vielfalt möglicher Formen der Gottesverehrung in der Vielzahl von Völkern, die sich in einer größeren, multikulturellen und doch einer erkennbaren Obermacht untergeordneten Gemeinschaft befinden, [...] die Rolle der eigenen religiösen Identität im Konzert der Völker so bedacht [wird], dass sie als Dienst auch für die Völker, also als stellvertretender Gottesdienst auch für die Außenstehenden, die ja gleichwohl dem eigenen, als einig-einzigen bekannten Gott zugehören, verstanden

---

455 Zu den Varianten siehe Meinhold: Zustand, 184, oder Kessler: HThKAT 13,12, 152. Daran hängt, ob man den Text präsentisch oder futurisch versteht, da der hebräische Nominalsatz die Zeitstufe nicht festlegt.

456 Die Vorstellung der universalen Jhwh-Verehrung passe nicht zum Gedanken der Exklusivität des Gottesvolkes (1,2–5) und zur Ablehnung der Mischehen (2,11 f). So z. B. Horst: HAT I/14, 267; der Sache nach auch Elliger: ATD 25,2, 187. Dagegen später z. B. Rudolph: KAT XIII/4, 263; Kessler: HThKAT 13,12, 157.

457 Die erste und die letzte Formulierung des Buches Josua, des Buches der ›Landnahme‹, 1,4 und 23,4, geben eine Rahmung durch die Angabe »bis zum großen Meer gegen Sonnenuntergang« (מְבוֹא הַשָּׁמֶשׁ), womit der Westen gemeint ist. Dazwischen gibt es sechs Formulierungen (1,15; 12,1; 13,5; 19,12.27.34), die mit מִזְרַח הַשָּׁמֶשׁ die Gebietsabgrenzung im Osten beschreiben. Die Formulierung begegnet noch dreimal Ri (11,18; 20,43; 21,19), II Reg 10,33 und Jes 41,25. Beide Formulierungen in Kombination fungieren dann in (eschatologischen) Texten des *corpus propheticum* und im Psalter als Ausdruck des universalen Herrschaftsbereichs JHWHs bzw. seiner weltweiten Verehrung (Jes 45,6; 59,19; ähnlich Sach 8,7; Mal 1,11; Ps 50,1; 113,3).

458 Koch: Aufgang, 411. Zu den unterschiedlichen Deutungen dieser Verse vgl. die Forschungsüberblicke bei Redditt: NCBC, 165 f; Meinhold: BK XIV/8, 130–133.

459 Kaiser: Der eine Gott, 343. 346.

werden kann.«[460] Dann müsste der Gottesdienst in Jerusalem gut sein, so gut, dass er die Stellvertreterfunktion innehaben kann – das ist er aber gerade nicht! Wer sind die Darbringenden der מִנְחָה טְהוֹרָה? Hinsichtlich der Datierung wäre zudem in der gesamten nachexilischen Zeit denkbar, dass die Gewissenhaftigkeit der Priester Reserven offen ließ.

Arndt Meinhold hatte dafür plädiert, Mal 1,11 in Auseinandersetzung mit Jes 19,16–25, Jon 1,14–16; 3,5–10 und Zef 2,11 zu diskutieren,[461] Passagen, die die Jhwhverehrung durch Nichtisraeliten im Ausland thematisieren. Sach 14,16f und andere Texte, die von der Jhwh-Verehrung durch Ausländer im Zusammenhang der Völkerwallfahrt zum Zion reden, gehörten nicht dazu.

Jes 19,16–25 ist der Kult in Ägypten – wie auch Jos 22 – legitimiert, weil er auf Jhwhs Land passiert; der ägyptische Boden ist durch einen Altar und eine Steinsäule Jhwh zugeeignet.[462] Jhwh werden מִנְחָה und זֶבַח dargebracht (Jes 19,21).[463] Zudem wird dieses Ereignis erst eschatologisch in Aussicht gestellt.

Jon 1,14–16 beschreiben eine ähnliche Konstellation wie Mal 1,6–14: Dort soll der ungehorsame Prophet zugrunde gehen; die aufgeschlossenen Nichtisraeliten bekehren sich zu Jhwh, bringen ihm Opfer und Gelübde dar (זֶבַח und נְדָרִים). Allerdings geschieht das Ganze gewissermaßen exterritorial, nicht im Ausland. Im Zusammenhang von Jon 3,5–10 ist dann zwar die Bekehrung des ruchlosen Ninive (1,2) geschildert, von Opfern ist in diesem Zusammenhang jedoch nicht die Rede.

Zef 2,11 hat auch lexematisch einige Ähnlichkeiten mit Mal 1,11, nicht nur die Vorstellung der weltweiten Jhwh-Verehrung:

נוֹרָא יְהוָה עֲלֵיהֶם כִּי רָזָה אֶת כָּל־אֱלֹהֵי הָאָרֶץ וְיִשְׁתַּחֲווּ־לוֹ אִישׁ מִמְּקוֹמוֹ כֹּל אִיֵּי הַגּוֹיִם:

Ehrfurchtgebietend ist Jhwh über ihnen, denn er macht alle Götter der Erde dahinschwinden und sie beten ihn an – jeder von seinem Ort, alle Inseln der Völker.

מָקוֹם meint hier »jeden Ort«. Jedoch ist das Opfer kein materielles, der Kult scheint durch eine Form des immateriellen Opfers, die Huldigung, praktiziert zu werden. Insofern trägt die Stelle nichts zur Lösung des Problems bei. Ein Zeugnis im AT dafür, dass מָקוֹם im Zusammenhang der weltweiten Jhwh-Verehrung »jeden Ort« meinen kann, ist jedoch mit Zef 2,11 gegeben. Die Wortwahl in Mal 1,11 spielt wohl

---

460 Willi-Plein: Tempel, 70 .

461 Meinhold: BK XIV/8, 128. Anders z. B. Hieke: Kult, 36.

462 Siehe dazu Schenker: Jes 19,16–25, bes. 6. Mit diesem Grundverständnis des ›heiligen Bodens‹ argumentiert auch die Lehrerzählung II Reg 5,1–19.

463 Hier und auch in allen anderen Texte des *corpus propheticum* (abgesehen von Mal und Jes 1,12f) ist von der מִנְחָה immer im Zusammenhang mit mindestens einer anderen Form des Opfers (נֶסֶךְ, חַטָּאת, עוֹלָה, שְׁלָמִים, לְבוֹנָה ...) die Rede.

mit der ironischen Aussage, das Tempelareal ganz zu schließen (1,10), und der Mehrdeutigkeit von מָקוֹם.[464] Johann Gamberoni meint, dass מָקוֹם auch die Konnotation des Tempels trage,[465] so dass erwogen wurde, ob Mal 1,11 so auszulegen sei, dass das Tempelareal sich auf die ganze Erde erstreckt oder – profan – »allerlei Plätze«[466] bzw. »jeder Ort« gemeint ist. Rainer Kessler hält dagegen, dass מָקוֹם zwar im engeren Sinn einen Kultort bezeichnen kann (Ex 20,24; Dtn 12,3.5; I Sam 5,11); besagte Konnotation entstehe jedoch durch den Kontext und liege nicht in der Semantik des Wortes.[467] Selten jedoch wurde das Altargesetz zur Deutung herangezogen. Dabei wird just in dieser Passage (Ex 20,24) der Bau eines Altars בְּכָל־הַמָּקוֹם »an jedem Ort«[468] gestattet. Carsten Ziegert arbeitete heraus, dass im kanonischen Endtext das Altargesetz im Kontext des Bundesschlusses am Sinai unabhängig von der Dtn 12 geforderten Kultzentralisation verstanden werden kann. Der aus אֲדָמָה gefertigte Altar ist kein Priestern vorbehaltener Altar. Das Gesetz der Kultzentralisation Dtn 12 stehe erst im Zusammenhang mit dem Ex 27 einsetzenden regelmäßigen Kult. Die Rezeption des Altargesetzes aus Ex 20,24–26 in I Reg 5–6 bzw. I Chr 21 steht im Kontext »mehrfacher Zeremonien der Bunderserneuerung«[469]. Das Aufstellen eines Altars בְּכָל־הַמָּקוֹם einschließlich des Dienstes eines Nichtpriesters sind somit schriftkonform. Ferner gehört beim wiederholten Lesen durch den intertextuellen Bezug zwischen Mal 1,1/3,1 und Ex 23,20 die Sinaiperikope bereits zu den vom Leser evozierten Texten.

Die Art des Opfers ist aus den Passivpartizipien מָקְטָר und מֻגָּשׁ nicht klar bestimmbar,[470] nur dass es eine מִנְחָה טְהוֹרָה, eine »reine Gabe« sei, wird gesagt und damit eine qualitative Aussage gemacht. Das Attribut טְהוֹרָה in Mal 1,11 könnte nun auf die kultische Reinheit der Gabe weisen. Diese hatten die Priester festzustellen und zu bestätigen (Lev 10,10 f). Der priesterliche Sprachgebrauch für die Reinheit eines Tiers ist jedoch תָּמִים. Vielleicht deswegen und aufgrund der Anstößigkeit,

---

464 So deutet z. B. Petersen: OTL, 184, in Anlehnung an James Swetnam.

465 Gamberoni: ThWAT IV, 1116.

466 Rudolph: KAT XIII/4, 259.263.

467 Kessler: HThKAT 13,12, 153.

468 Ex 20,24 weist einzig die determinierte Variante בְּכָל־הַמָּקוֹם im AT auf. Die Determination steht im Zusammenhang mit dem darauffolgenden Relativsatz (GK §130c; vgl. Gen 13,3.14) und ist deswegen – wie auch בְּכָל־מָקוֹם Ex 20,24; Num 18,31; Dtn 12,13; Prov 15,3; Am 8,3; Mal 1,11 mit »an jedem Ort« zu übersetzen (vgl. K-B³ II, 452, nicht mit »am ganzen Ort« (Jacob: Exodus, 614, im Gefolge von Marx) oder als Synonym für den Tempel wie Jer 7,20; II Chr 6,20.

469 Ziegert: Altargesetz, 32.

470 Meinhold: BK XIV/8, 126 f. Das PtHo מָקְטָר kann seinen Ausführungen zufolge auf das Verbrennen von Opfertieren, Fettpartien und Speiseopfern auf dem Brandopferaltar, das Räuchern von Aromata in Räucherkästchen und -pfannen im Bereich der persönlichen Frömmigkeit oder auf das Räuchern von Aromata auf dem goldenen Räucheraltar im Jerusalemer Tempel bezogen sein.

dass außerhalb des Landes ein reines Opfer dargebracht werden könnte, deuteten Targum und Raschi מִנְחָה טְהוֹרָה als Gebet, auch der Talmud bezeugt eine geistige Deutung.[471] Möglicherweise sind dies Spuren von Intertexten, den die durch מִמִּזְרַח־שֶׁמֶשׁ עַד־מְבֹאוֹ entstehenden intertextuellen Bezüge hinterlassen haben. Die Formulierung entdeckt man auch in den Psalmen Ps 50,1; Ps 107,3; 113,3. Ps 50,14 fordert unter dieser Überschrift das immaterielle Opfer anstelle des materiellen, Lob (תּוֹדָה) und Gelübde (נְדָרֶיךָ).[472] Helmut Utzschneider machte zudem in Bezug auf Ps 113 auf die Homophonie von מְהֻלָּל (Ps 113,1.3) und מְחֻלָּלִים (Mal 1,12) aufmerksam. Der intertextuelle Bezug zwischen beiden Versen wird durch die Notiz der Massorah Parva, hier seien zwei von drei Fällen im AT, an denen מְבוֹאוֹ *plene* geschrieben sei, unterstrichen: »… Das Wortspiel unterstreicht den Gegensatz: In der ganzen Welt lobt man Jhwh, nur die Priester (in Jerusalem) entehren ihn.«[473] Innerhalb der Maleachischrift erfolgt eine andere Deutung: In Mal 3,3 f wird Wert darauf gelegt, dass die מִנְחָה Judas und Jerusalems wieder in Ordnung ist.[474] Hier wird nicht das Gebet, sondern das Tun von Gerechtigkeit als immaterielles Opfer verstanden.

Diese geistige Deutung ist jedoch schwerlich mit מֻקְטָר (Mal 1,11) in Einklang zu bringen. Ina Willi-Plein schlug vor, »an jedem *(Kult-)Ort* wird Räucherung veranlasst, nahegebracht meinem Namen« zu übersetzen.[475] Hintergrund dieser Deutung ist die Annahme der inklusiven Jhwh-Verehrung. Rainer Kessler hat dieses Verständnis aus der Überzeugung des Propheten, Jhwh sei der einzige Gott, dessen Name groß ist unter den Völkern, ein Bekenntnis, das dem Zeugnis Deuterojesajas nahesteht, versucht nachzuvollziehen. »Identität, die sich am Be-

---

471 Meinhold: BK XIV/8, 127; Kedar-Kopfstein: ThWAT VIII, 694 f. Im Anschluss an Tg: »Wenn du meinen Willen erfüllst (Mss), höre ich dein Gebet und mein großer Name wird durch dich geheiligt, und dein Gebet ist wie eine reine Opfergabe vor mir.« vgl. Deissler: NEB.AT 21, 191. Eine immaterielle Deutung des Opfers incl. der Problematisierung des Zentralisationsgebotes belegt auch ein Beispiel aus dem Talmud: »An jedem Ort wird geräuchert, dargebracht meinem Namen. An jedem Ort? Was kommt dir in den Sinn? Rabbi Schmuel, Nachmanis Sohn, sagte, Rabbi Jonat habe gesagt: Das sind die Gelehrten, die sich an jedem Ort mit der Weisung befassen. Ich lasse es ihnen gelten, als ob sie räucherten und darbrächten meinem Namen. Auch eine reine Gabe. Das ist einer, der Weisung lernt in Reinheit; der eine Frau nimmt und hernach Weisung lernt.« (bMenahot 110a)
472 Die beiden Imperative in Ps 50,14 suggerieren durch das assonante Wortspiel die Erfüllung des Opfers (זֶבַח) durch das Lob, anstelle des Heilsopfers (שְׁלָמִים) steht der Imperativ (שלם) zum Erfüllen des Gelübdes.
473 Utzschneider: Künder, 58. Meinhold: BK XIV/8, 133, verweist darauf, dass Mal 1,11 »allem Anschein nach in sich absichtlich undeutlich gelasse[n]« worden ist und interpretiert der Sache nach ähnlich.
474 Siehe c. 4.4.2.2. Diesen Zusammenhang sieht Bilić: Jerusalem, 191, nicht, wenn er die Pointe der Jerusalem-Erwähnung auf die innere Situation im Gottesvolk reduziert.
475 Willi-Plein: ZBK AT 24.4, 238.

kenntnis zu dem einen und einzigen Gott festmacht, und Universalität, die das Fremde gerade nicht als unwahr abstößt, verbinden sich hier.«[476] Wahrscheinlich ist dies die einzige Möglichkeit, den Vers in seiner Gesamtheit zu deuten. Die archäologisch belegte allgemeine Popularität von Räuchergerät könnte diese Deutung bestätigen.[477]

Schriftkundig, wie sich der Autor der Maleachischrift schon erwiesen hat, wird er aber auch Lev 6,14f kennen, die einzige Passage, an der PtHo von קטר (in Verbindung mit מִנְחָה – dort als vegetabilem Speiseopfer) begegnet, und zwar unter ausdrücklicher Anweisung, dass nur ein gesalbter Priester in der Nachfolge Aarons sie in Rauch aufgehen lassen darf (vgl. Num 16,6f, wo das Darbringen von Räucheropfer den Erweis der Ungleichheit zwischen den Söhnen Levis und den Söhnen Aaron erbringen soll). Möglicherweise belegt die schwer übersetzbare und unverbunden nebeneinandergestellte Doppelung der Hof'al-Partizipien[478] auch eine Fortschreibung in den Text. Vielleicht erfolgte mit der Einfügung von מָקְטָר eine Reglementierung dieser wohl nicht von allen Strömungen des Judentums mitgetragenen offenen Anschauung.

Sowohl formal als auch hermeneutisch stehen Mal 1,10bβ–13 Mal 1,6–8a gegenüber. Die Konfliktkonstellation am Jerusalemer Tempel wird in den Kontext der weltweiten Verehrung Jhwhs gestellt. Die Kultstätten des Diasporajudentums sind wohl nicht gemeint, denn sie befanden sich nicht überall, sondern an sehr wenigen Orten. Wahrscheinlich und durch den vorangestellten Israel-Begriff gedeckt ist aber, dass der Verfasser des Verses die Diasporaerfahrung im Blick hat. Er relativiert den Tempelkult in Jerusalem. Die Gelassenheit, mit der er dies tut, ist vielleicht durch Erfahrung gedeckt. Möglicherweise muss die Vorstellung vom Diasporajudentum als Randphänomen relativiert werden. Wenn Juden außerhalb Palästinas eine verbreitete Realität sind,[479] kann בְּכָל־מָקוֹם die ironische Belächelung der sich als Nabel des Jhwh-Kults inszenierenden Priesterschaft darstellen. Das Partizip מֻגָּשׁ wie auch der Nominalsatz lassen eine Deutung der Zeitstufen auf allen Ebenen zu. Dafür, das Gesagte ins Eschaton zu projizieren,[480] gibt es jedoch keinen Grund.

---

476 Kessler: HThKAT 13,12, 156.
477 Meinhold: BK XIV/8, 126f; so auch Angelika Berlejung in ihrer religionsgeschichtlichen Darstellung bei Gertz: Grundinformation, 169. Archäologisch sind Räucheraltäre aus Kalkstein, die dem Verbrennen von Weihrauch dienten, für diese Zeit beispielsweise in Lachisch, Megiddo und Mizpa belegt.
478 Vgl. die Beobachtung bei Wellhausen: Propheten, 205. Verhoef: NICOT, 225, ordnet folgendermaßen: »I take muqṭār in the sense of a noun, muggāš as a predicate, and minḥāh ṭehôrâ as the second subject: hence ›incense is offered to my name, and a pure offering‹.«
479 Gruen: Diaspora, *passim*.
480 Zu dieser Auslegungstradition die Ausführungen bei Kessler: HThKAT 13,12, 152f.

Die hymnische Doppelung aus Mal 1,11 »(ja,) groß ist mein Name unter den Völkern« wird in 1,14b aufgenommen und zu zwei Aussagen gesteigert: »Ja, ein großer König bin ich.« »Und mein Name ist ehrfurchtgebietend unter den Völkern.« Damit wird der Fluchsatz[481] in Mal 1,14a eingebunden. Er ist im Unterschied zu Mal 1,11–13.14b in der 3mSg formuliert. Ähnlich eingeleitet sind die Sätze des Fluchkatalogs Dtn 27 f.[482] זבח knüpft an den kritisierten Opfervorgang Mal 1,8aα an, wobei עִוֵּר durch מָשְׁחָת ersetzt ist.[483] Im Zusammenhang des Gleichnisses vom Statthalter war die terminologische Übereinstimmung mit Opfervorschriften aus dem Buch Leviticus aufgefallen. Dem benannten Kapitel, Lev 22,18 f, entstammt die Forderung eines makellosen Männlichen als Einlösung eines Gelübdes. Damit besteht die Referenz zu Mal 1,6–8 nicht nur textoberflächenstrukturell, sondern auch durch den inhaltlichen Zusammenhang. Der Fluchsatz in Mal 1,14 treibt den Vorwurf an die Laien, die ein versehrtes Opfer anbringen, auf die Spitze und konstatiert ihren Schuldanteil am nicht gottgemäßen Kult in Jerusalem, bevor ab 2,1 mit den Priestern abgerechnet wird. Die Pointe der מִנְחָה אֶרְצֶה מִיֶּדְכֶם-*inclusio* liegt nicht allein darin, dass die Gabe für Jhwh überall im universalen Herrschaftsgebiet dargebracht wird. Die *inclusio* גָדוֹל ... בַּגּוֹיִם ergänzt, dass auch der Einzelne dafür Verantwortung trägt.

4.2.2.4 Das den Priestern Zustehende (Mal 2,1–4a)

Mal 2,1 und 2,4a inkludieren mit der Formulierung אֲלֵיכֶם הַמִּצְוָה הַזֹּאת den folgenden Sinnabschnitt. Die Determination bringt zum Ausdruck, dass die darin eingeschlossenen Sätze gleichzeitig die Bedeutung dieser מִצְוָה darstellen. Semantisch ist sie reine Ironie. Die eigentliche Bedeutung ist »Befehl, Auftrag, Anweisung, Satzung, Gebot«[484]. Von den 182 alttestamentlichen Belegen entfallen 43 auf das

---

481 Semantisch liegt das Gleiche vor wie in einem Fluch*spruch* der 2PSg oder Pl (gegen Meinhold: BK XIV/8, 83 f). אָרוּר-Sätze gegen die 2. Person finden sich im AT nur Gen 3,14; 4,11; z.T. Dtn 28,16 ff. Alle anderen mit אָרוּר eingeleiteten Sätze sind gegen eine Person oder Sache in der 3. Person gerichtet: Gen 9,25; Gen 27,15/Num 24,9; Gen 49,7; Dtn 27,15–26; Jos 6,26; Ri 5,23; 21,18; I Sam 14,24.28; Jer 11,3; 17,5; 20,14 f; 48,10; Mal 1,14. Dass zwischen 2. und 3. Person nicht formkritisch unterschieden werden muss, zeigt der Vergleich von Dtn 27 und 28.
482 Ausführlicher dazu und mit Verweis auf die inhaltliche Parallele Dtn 27,9–11: Petersen: OTL, 186.
483 Habets: Vorbild, 35, macht darauf aufmerksam, dass auch der תָּמִים-Charakter des Tieres vorausgesetzt ist, weil Lev 22,18–25 u.ö. immer beide Aspekte zusammen genannt sind. Aus der gleichen Passage schließt er, dass es sich um ein kastriertes Tier handeln müsste. So auch Meinhold: BK XIV/8, 136 f. Nach Lev 22,18–25 muss zudem ein Priester in die Entscheidungsfindung einbezogen werden.
484 Ges[18], 724.

Deuteronomium. Dort steht das Lexem i. Z. mit seinen unterschiedlichen Determinationen oft gleichbedeutend mit הַחֻקִּים וְהַמִּשְׁפָּטִים, bzw. dem ganzen göttlichen Gebot.[485] In dieser die anderen subsumierenden Bedeutung meint כָּל־מִצְוֹתָיו Dtn 28,1 ohne Parallelbegriff »alle seine [Jhwhs] Gebote«. Die Semantik des Wortes Mal 2,1.4 eröffnet sich in seiner Ironie erst vor dem Hintergrund des intertextuellen Zusammenhangs mit Dtn 28.

Auf Parallelen zwischen beiden Passagen wurde bereits mehrfach verwiesen,[486] die textoberflächen- und texttiefenstrukturellen Referenzen belegen die Intertextualität beider Texte. Zunächst nimmt Mal 2,2 die für Dtn 28 prägende Grundstruktur auf und wird auch eingeleitet wie Dtn 28,15:[487]

וְהָיָה אִם־שָׁמוֹעַ תִּשְׁמַע בְּקוֹל יְהוָה אֱלֹהֶיךָ לִשְׁמֹר לַעֲשׂוֹת אֶת־כָּל־מִצְוֹתָיו ...

וּבָאוּ עָלֶיךָ כָּל־הַבְּרָכוֹת הָאֵלֶּה ...

וְהָיָה אִם־לֹא תִשְׁמַע בְּקוֹל יְהוָה אֱלֹהֶיךָ לִשְׁמֹר לַעֲשׂוֹת אֶת־כָּל־מִצְוֹתָיו...

וּבָאוּ עָלֶיךָ כָּל־הַקְּלָלוֹת הָאֵלֶּה

אָרוּר אַתָּה ...

Dtn 28,1 Und es wird geschehen: Wenn du ganz bestimmt auf die Stimme Jhwhs, deines Gottes, hörst, zu bewahren und zu tun alle seine מִצְוֹת ... dann werden kommen über dich alle diese Segnungen ...

Dtn 28,15 f Und es wird geschehen: Wenn du nicht auf die Stimme Jhwhs, deines Gottes, hörst, zu bewahren und zu tun alle seine מִצְוֹת ... dann werden kommen über dich alle diese Verfluchungen ... Verflucht bist du ...

Dtn 28 ist *der* Segen- und Fluchtext im AT. Ein Bedingungssatz leitet in Dtn 28,1 eine Reihe von Segenssprüchen ein, während die Negation der jeweiligen Bedingung ab Dtn 28,15 eine Reihe von Fluchsprüchen nach sich zieht. Ein solcher mit אָרוּר eingeleiteter Spruch hat in Mal 1,14a das Thema bereits präludiert. Mit Mal 2,2 wird nun die Negativseite dieses Kapitels referiert. Die Einleitung אִם־לֹא תִשְׁמְעוּ »wenn ihr nicht hört« hat innerhalb des Maleachitextes keine Referenz. Erst die folgende Formulierung לָתֵת כָּבוֹד לִשְׁמִי »meinem Namen Ehre zu geben« rekurriert auf Mal 1,6. Damit wird der Mal 1,6–8 benannte Verstoß gegen eines der Dtn 28,1 subsumierten Gebote (Dtn 15,21) aufgegriffen. אִם־לֹא תִשְׁמְעוּ referiert dann Dtn 28,15 und stellt so die in Mal 1,6–8 dargestellten Zustände unter die Dtn 28,15ff angesagte Fluchreihe. Folglich wird ארר (Mal 2,2) gebraucht, entsprechend der Fluchterminologie der einzelnen Fluchsätze, nicht קלל (Dtn 28,15). Diese recht

---

485 So Weyde: Prophecy, 159–164, wo auch die Forschungsdiskussion übersichtlich nachgezeichnet ist.

486 Meinhold:BK XIV/8, 139 f; Kessler: HThKAT 13,12, 163; Haag: Bund, 29.

487 Auf diese Parallele machten schon Weyde: Prophecy, 173; Habets: Vorbild, 40, u. a. aufmerksam.

seltene Form בְּרָכוֹת + Suff gibt es in Mal 2,2 und Dtn 28,2.[488] Mal 2,2aβ gibt mit vier Elementen eine textoberflächenstrukturelle Referenz zu Dtn 28,20: Das göttliche Subjekt (Jhwh) schickt (שלח) den Fluch (אֶת־הַמְּאֵרָה) an ein Objekt der 2. Person (בְּךָ בָכֶם \). Dass in einem Fall die Priester (Mal 2,2) und im anderen ganz Israel (Dtn 28,20) angesprochen sind,[489] ist kein Argument gegen die Intertextualität, sondern liegt bereits in der Pointe von 1,6, dem Verstoß der Priester gegen eines der grundlegenden Gebote der Tora überhaupt. Auf diesen Zusammenhang ist entsprechend die Referenz gelegt. Die Mal 2,2 umschließende *inclusio* betont – wie auch die anderen *inclusiones* im II. Diskussionswort – die Eigenständigkeit des Verses innerhalb der Gesamthermeneutik des Abschnitts.[490]

Die Formulierung in Mal 2,2bα konstatiert, dass die bedingte Fluchansage bereits eingetroffen ist und entfaltet mit Mal 2,3 die Konsequenz dessen. Die suffigierte, einen Neueinsatz bedeutende und auf Jhwh bezogene Deutepartikel הִנְנִי + PtmSg ähnelt formal der Konstruktion in Mal 3,1. Während sie dort eine Perspektive eröffnet, beendet sie hier ein Verhältnis durch eine Maßnahme, die die Priester als Bestandteil des Abfallhaufens[491] aus dem Tempelareal rauskatapultiert, damit verunreinigt und vom Dienst suspendiert. Innerhalb des II. Diskussionswortes bildet die Aussage ein Pendent zu 1,9 f: Entweder das Tempelareal verschließen, oder die Priester aus demselben entfernen.

Mit Mal 2,3 tritt ein weiteres Element des intertextuellen Zusammenhangs mit Dtn 28 ins Blickfeld. In Dtn 28,20 steht parallel zu הַמְּאֵרָה הַמְּגְעֶרֶת, ein *hapaxlegomenon*, Nominalbildung der Wurzel גער »anschreien, bedrohen«. Sie beschreibt

---

488 Johannes Botterweck bezog die »Segnungen« Mal 2,2 auf den Zusammenhang der Segensverheißung Dtn 33,8–11, und weist damit auf einen Zusammenhang, der in der Texttiefenstruktur bereits die sich in 2,4b–8 anschließende Levibundpassage einbezieht (Botterweck: Ideal, 106). Auch Habets: Vorbild, 40.

489 Kessler: HThKAT 13,12, 163.

490 Vielleicht ist מִצְוָה jedoch auch im Sinne der Chronik zu verstehen, wo der Terminus die »›je aktuelle Tora‹, also unter Einschluss ihrer Weiterentwicklungen« (Steins: Mose, 127) meint. Dann wäre Mal 2,3 die der aktuellen Situation angemessene Auslegung dessen, was den Priestern zusteht.

491 פֶּרֶשׁ (noch Ex 29,14; Lev 4,11; 8,17; 16,27) bezeichnet den Inhalt der Gedärme von Opfertieren, die nach Lev 4,11 f; 8,17; 16,27 außerhalb des Lagers verbrannt werden müssen (Reventlow: ATD 25,2, 143; Hieke: Kult, 38); den zweiten Teil des Verses bezeichnet Meinhold: BK XIV/8, 144, als *crux interpretum* mit der wahrscheinlichen Deutung, dass man die Priester selbst auch noch diesem Abfallhaufen hinzufügt. Zur Deutung des Verses siehe dort. Utzschneider zeigt die Intertextualität von Mal 2,3 zu Dtn 18,3 die auf die Priesterschaft zugespitzte Deutung der LXX. Durch die Wiedergabe von פֶּרֶשׁ »Gedärme samt Inhalt« mit ἤνυστρον »Magen« entsteht folgende Deutung: »Nicht die Abfälle der Opfer fliegen den ungetreuen Priestern um die Ohren, sondern ihr eigener Lohn.« (Schriftprophetie, 389) Dabei ist in der LXX in Mal 2,3aα eine Anspielung an den Hohenpriester vorgenommen (Ex 28,12ff).

im AT im Zusammenhang mit der Präposition בְּ immer die Bedrohung einer feindlichen Größe, die sie in ihre Schranken weist. Diese feindliche Größe, die auch Züge des Chaotischen tragen kann, wäre in Mal 2,3aα die Nachkommenschaft der Priester. Der tiefe Zynismus dieser Aussage kommt erst im Gegenüber zu Mal 3,11, einer in Subjekt, Verbwurzel und Objekt identischen Referenz, zum Ausdruck. Die benefactive Bedeutung von לָכֶם »für euch« erschließt sich aus dieser Referenz (Seite 186 und 195). In Mal 2,2f entfallen – der Intentionalität von Mal 2,2f entsprechend – alle Referenzen in den Bereich der Fluchansagen, also die zweite Hälfte von Dtn 28. Die Fluchansage resultiert – wie strukturell auch im Dtn – aus der Nichteinhaltung eines der Gebote aus dem *corpus* des deuteronomischen Gesetzes (Dtn 15).

Die Intertextualität liegt auf der textoberflächenstrukturellen Ebene, die zum einen in den wörtlichen Übereinstimmungen gegeben ist, zum anderen in der texttiefenstrukturellen Referenz von ›Fluch und Segen‹. Die Selektivität der entscheidenden Passage אִם־לֹא תִשְׁמְעוּ steigert die Signifikanz des Bezugs. Die Priester haben nicht gehört (Mal 1,6–8). Ihre Segnungen sind deshalb bereits verflucht. Zudem wird mit dieser Referenz ein Element der Grundstruktur von Dtn 28 zitiert, was den Bezug noch signifikanter macht. Aus den zugeordneten Referenzen wurden neue Aussagen entwickelt, wie z. B. die Modifikation des Fluches (Mal 2,3). Aus dem texttiefenstrukturellen Bezug wurde auch die inkludierende Verwendung von מִצְוָה entwickelt. Mehrfach wurde in der Maleachiexegese gezeigt, dass mit Mal 2,4 die Semantik von מִצְוָה vom nichteingehaltenen Gebot zum Urteilsspruch gegen die Priester moduliert würde.[492] Ich meine, dass keine andere Bedeutung von מִצְוָה vorliegt, sondern ein Wortspiel. הַמִּצְוָה הַזֹּאת ist sonst nie im AT als Objekt von שׁלח verwendet und begegnet nicht in Verbalsätzen innerhalb der Erkenntnisformel.[493] Strukturell mit der Erkenntnisformel identische Formulierungen [ידה in 2PlImpf + שׁלח mit Jhwh als Handelndem + אֶל] wie Sach 2,15 [Objekt: der andere Engel]; 4,9 [Objekt: der Deuteengel] und 6,15 [Objekt: Sacharja] finden sich innerhalb von Heilsaussagen bezüglich Jerusalems und des Tempels. Diese geläufige Bedeutung wird in Mal 2,4 so gedeutet, dass ›zum Heil für alle‹ eine bedingte Unheilsansage an die Priester ergeht. הַמִּצְוָה wäre wie in Neh 13,5 das, was den Leviten gesetzlich zusteht. Die emphatische Anrede im Vocativ weist darauf hin: »Und jetzt, an euch, Priester, das, was euch gesetzlich zusteht«. Das wird zur Pointe dieses kurzen Textabschnitts und damit Inhalt der *inclusio*.[494]

---

492 Meinhold: BK XIV/8, 139; Thon: Pinhas, 71; Petersen: OTL, 187; Haag: Bund, 27–29.
493 Weyde: Prophecy, 176.
494 Andrew Hill: AncB 25D, 196f, machte darauf aufmerksam, dass die Formulierung in 2,4 kataphorisch auf 2,4–8 weise und im Kern auf das Bewahren des Wortes Jhwhs, dem Bewahren des

4.2.2.5 Der Bund mit Levi (Mal 2,4b–8)

Die *inclusio* wird mittels בְּרִיתִי אֶת־לֵוִי (Mal 2,4bα) bzw. בְּרִית הַלֵּוִי (Mal 2,8bα) konstituiert. Wie oben beschrieben, setzt die Passage sich terminologisch vom Kontext ab und hat auf der Textoberfläche nur mit der אָמַר יְהוָה צְבָאוֹת-Formel in 2,4b, dann erst mit 2,8 wieder Verknüpfungen zum Kontext. Einzig 2,7b weist mit der im AT singulären Formulierung מַלְאַךְ יְהוָה־צְבָאוֹת anaphorisch auf Mal 1,1 und kataphorisch auf Mal 3,1.

Die Formulierung »mein [Jhwhs] Bund mit Levi« steht als idealtypisches Gegenbild zum gestörten Verhältnis zwischen Jhwh und den sich verfehlenden Priestern aus 1,6–10; 2,1–3. Es ist nicht deutlich, ob er als ihr Ideal vorgestellt wird oder ob sein Handeln – das Sprechen der Tora – als der wahre Priesterdienst ihrem Verhalten gegenübergestellt wird. Die Frage, die sich dahinter verbirgt, ist, ob und wie das Verhältnis von Priestern und Leviten hier thematisiert ist und – wenn ja – wie es zu bewerten ist. Für mindestens zwei Positionen gibt es im AT Referenzen – für die Identifikation von Priestern und Leviten (Dtn 17; 33,10; Jer 33,18 u.ö.) und für die Subordination der Leviten als *clerus minor* (Num 8,19; 18,3–6; Ez 44,6ff. u. ö.).[495]

Die erste Formulierung בְּרִיתִי אֶת־לֵוִי (Mal 2,4) kann sich auf die Einzelperson beziehen,[496] die korrespondierende בְּרִית הַלֵּוִי (Mal 2,8) sowohl mit »der Bund Levis« als auch »der Bund des Leviten«[497] übersetzt werden. Beide Wendungen sind *hapaxlegomenon*. Warum das Eponym Levi den angeschuldigten Priestern als Ideal vorgehalten wird, lässt sich nicht aus der Maleachischrift begründen, sondern muss außerhalb gesucht werden.[498] Die einzige Person namens Levi, auf die Formulierung in Mal 2,4b sich innerhalb des Alten Testaments beziehen könnte,

---

Bundes, der Lehre der Gebote und das Darbringen der Opfer auf Jhwhs Altar, ziele, was die vorgetragene Deutung stützt.

495 Die Forschungspositionen sind aufgeschlüsselt bei Pohlig: Malachi, 74f. Terminologisch weiterführend ist die Formulierung בְּנֵי לֵוִי (Gen 46,11; Ex 6,16; 32,26.28; Num 3,15.17; 4,2; 16,7f.10; 18,21; Dtn 21,5; 31,9; Jos 21,10; I Reg 12,31; I Chr 5,27; 6,1; 9,18; 23,6.24.27; 24,20; Esr 8,15; Neh 12,23; Ez 40,46; Mal 3,3). Sie erscheint fast ausschließlich im AT in genealogischen Zusammenhängen; niemals jedoch in der Beschränkung auf die Zuweisung ›niederer‹ Tempeldienste. Vielmehr wird betont, dass die Diener am Heiligtum, die Sänger, Torhüter בְּנֵי לֵוִי sind. Ebenso gehören auch die Söhne Zadoks zu den בְּנֵי לֵוִי (Ez 40,46). Im Unterschied dazu richtet sich der Vorwurf der Dienstanmaßung Num 16,7–10 an die בְּנֵי לֵוִי, für die Korach exemplarisch angesprochen wird. Diese werden von den Söhnen Aarons unterschieden.

496 Die Lesart der LXX wird nicht ernsthaft in Erwägung gezogen, weil deutlich ist, dass sie eine Modifikation des in v. 5 im Singular fortfahrenden Textes ist, vielleicht aufgrund dieser Problemkonstellation.

497 Meinhold: BK XIV/8, 146; O'Brien: Priest, 37f.

498 O'Brien: Priest, 47; Willi: Leviten, 91.

ist der dritte Jakobsohn. Ein Bundesschluss mit ihm ist jedoch im AT nicht überliefert.

Mal 2,5f erzählen nicht von der Initiierung dieses Bundes, sondern davon, worin er bestand. Die drei Satzteile aus Mal 2,4bα werden aufgenommen und ins Perfekt gesetzt. הָיְתָה ist entsprechend Prädikat, nicht Kopula;[499] das *Bestehen* des Bundes ist das Entscheidende. Die Gabe Jhwhs wird zuerst genannt, Ehrfurcht und Gotteszittern Levis sind die Antwort darauf.[500] Mal 2,5 macht eine eher generelle Aussage über die religiöse Einstellung Levis, während Mal 2,6 den Schwerpunkt auf die Amtsführung legt. Mal 2,5a beschreibt mit הַחַיִּים וְהַשָּׁלֹום die göttliche Gabe des »heile[n], vollkommene[n] Leben[s]«[501] an Levi. Syntaktisch vereinsamt ist מֹורָא – sie kann als dritte Gabe zu denen in 2,5a gerechnet werden,[502] gleichzeitig ist sie jedoch mit der folgenden Imperfect-Konsekutivform verknüpft:»Ehrfurcht, dass er mir Ehrfurcht erwies ...«[503] In der göttlichen Gabe liegt gleichzeitig die Antwort Levis. Sie ist das Gegenteil der Einstellung der in 1,6 angeklagten gegenwärtigen Priesterschaft.[504] Ehrfurcht hat eine religiöse und eine ethische Dimension; die Einstellung gegenüber Gott ist vom Lebenswandel nicht zu trennen. Das wird mit 2,6 entfaltet.

Mal 2,6aα und β bilden einen Parallelismus, dessen Teile durch den Mund und die Lippen als äußerem Redebereich[505] synonym gestellt sind, im Kern aber einen Gegensatz enthalten. תֹּורַת אֱמֶת kann eine Toradeutung für eine spezifische Situation auf Grundlage bestimmter Texte oder in der Bedeutung einer Einzelweisung[506] meinen. Die beiden ähnlichen Formulierungen in Ps 119,142b (תֹורָתְךָ אֱמֶת) und Neh 9,13 (תֹּורֹות אֱמֶת) lassen keine Analogieschlüsse zu. Mal 2,6 lässt offen, ob

499 Gegen Bulmerincq: Maleachi II, 203.
500 So auch Elliger: ATD 25, 197; Meinhold: BK XIV/8, 150.
501 Meinhold: BK XIV/8, 151.
502 Meinhold: BK XIV/8, 151; Kessler: HThKAT 13,12, 171.
503 Bulmerincq: Maleachi II, 207.
504 Das wird durch die Rekurrenz von מֹורָא aus Mal 1,6 zum Ausdruck gebracht. Die zweite Referenz, die diesen Gegensatz zum Ausdruck bringt, ist מִפְּנַי »vor [meinem Angesicht]« – eine partielle Rekurrenz von פָּנִים »Angesicht« aus Mal 1,8b.9. Im Gegensatz zu den dort gemeinten Priestern erreichte Levi die zugewandte Seite Gottes (Meinhold: BK XIV/8, 152 im Anschluss an Hartenstein).
505 Meinhold: BK XIV/8, 152.
506 So Meinhold: BK XIV/8, 153; auf Grundlage der Mosetora, aber nicht mit ihr identisch: Kessler: HThKAT, 172. Willi-Plein: ZBK 24.4, 245, meint zwar, dass es hier um Priestertora, also um kultische Anweisungen gegangen sei: »Der Entscheidungs- bzw. Weisungsvorgang als solcher dürfte als ein Prozeß halachischer, d. h. an Normen orientierter Erwägungen zur Entscheidungshilfe bei Fragen der Religionspraxis gewesen sein, wie er auch bei der nicht kultischen mündlichen Tora in Fragen der ›Halacha‹ stattfindet und in der späteren ›rabbinischen‹ Literatur den Toragelehrten zukommt.«

diese Tora kultische oder ethische Anweisungen beinhaltete. Der Parallelismus in Mal 2,6aβ lenkt mit וְעַוְלָה לֹא־נִמְצָא »und Verkehrtheit wurde nicht gefunden« nicht in den kultischen, sondern eher in den Bereich der allgemeinen Lebensführung (II Sam 7,10; Hi 6,29; Ps 37,1). Natürlich ist das Sprechen der Tora ein mündlicher Vorgang. Auf welcher Grundlage sie geschieht, ist die Frage. Ein Richterspruch ist zuerst auch ein mündlicher Vorgang, aber er bezieht sich in der Regel auf ein definiertes *corpus* juristischer Texte. Die Formulierung in Mal 2,8 »ihr aber habt straucheln lassen viele an der Tora« beinhaltet, dass die Tora eine Größe gewesen sein muss, an der man scheitern konnte; somit ist es wahrscheinlich, dass sie eine in gewisser Weise objektiv definierte Größe gewesen sein muss. Ob dies die uns bekannte Tora des Mose ist, ist unsicher. Der Vierfachnennung innerhalb von 2,6– 9 kommt jedoch gewiss symbolische Bedeutung zu.

Mal 2,6b beschreibt Levi weiterhin im narrativen Rückblick als einen, der mit Gott wandelte. Dies wird im AT nur von den zwei Gerechten der Urgeschichte, Henoch und Noah gesagt.[507] Die Formulierung in Mal 2,6bβ hat kaum Parallelen und ist vielleicht mit שוב Hi eine Referenz zu Num 25,11; an sich wenig signifikant, aber auf Grundlage des Gesamtzusammenhangs vielleicht plausibel.[508]

Die narrative Beschreibung des Levibundes in Mal 2,5f zeichnet das weisheitliche Bild eines Gerechten, der Ehrfurcht vor Gott und die Bewahrung der Tora repräsentiert. In der Figur des Levi wird eine neue Kontur gezeichnet, die in den Torapsalmen besondere Bedeutung erlangt (Ps 19,8.10.12; Ps 119,34.38.44). Das Vorbild für dieses Frömmigkeitsideal gibt Levi in Mal 2,6:

Wahrheitsgemäße Tora war in seinem Mund (vgl. Ps 119,43.142)
und Verkehrtheit wurde nicht [auf seinen Lippen] gefunden (Gegensatz Ez 28,15).
In Frieden und Geradheit wandelte er mit mir, (Gegenstück zu Ps 119,3; Prov 14,2)[509]
viele ließ er umkehren von der Sünde.

---

507 Meinhold: BK XIV/8, 153f. Weil Henoch nicht gestorben ist, sondern entrückt wurde, präfiguriere diese Formulierung das Wirken Elias (Mal 3,23), der an dieser Stelle mit dem Boten der Maleachischrift identifiziert wird. Zur Gleichsetzung von Pinhas und Elia in der Wirkungsgeschichte siehe den Exkurs bei Meinhold: BK XIV/8, 156–158.

508 Kessler: HThKAT 13,12, 173, versteht die Formulierung im Kontext des priesterlichen Handelns Levis. Das von ihm angeführte Beispiel (Lev 16,21f) spricht jedoch von Entsühnung, nicht von Umkehr. Auch Meinhold: BK XIV/8, 155, deutet als allgemein: »die verursachende Seite der Sündenverhinderung«.

509 Hos 14,10, ebenfalls ein weisheitlich geprägter Text, kombiniert ebenfalls beide Worte: »denn geradlinig (יְשָׁרִים) sind die Wege Jhwhs, die Gerechten werden auf ihnen wandeln ...«

Mal 2,7 verlässt die Erzählebene, wechselt die Perspektive von der 1PSg zur 3PSg. Das einleitende כִּי begründet nicht 2,6b.[510] Mit שְׂפָתֵי »Lippen« und מִפִּיהוּ »aus seinem Mund« rekurrieren die Elemente des Parallelismus aus 2,6a. Die Pointe dürfte darin liegen, dass der Mund und die Lippen Levis nun als der Mund und die Lippen des Priesters ausgewiesen werden. Das war bisher nicht deutlich. Mit כֹהֵן wird Levi zum Idealbild des Priesters stilisiert, unter Aufnahme des Wortes aus 1,6; 2,1. דַעַת und תּוֹרָה stellen im Parallelismus und vor dem Hintergrund einer Reflexion über das Priesteramt eine Referenz zu Hos 4,1.6 dar. Damit wird am Ende des XII dem Zerrbild des Priesters aus Hosea das Bild des idealen Priesters gegenübergestellt.[511] Die darauf aufbauende Begründung identifiziert den Boten Jhwh Zebaoths mit dem Priester im ersten Versteil. Im AT ist der Bote Jhwhs aber fast nie ein Priester.[512] Auch innerhalb der Maleachischrift rekurriert die Bezeichnung auf Mal 1,1, Maleachi, der dort die Stelle des Propheten eingenommen hat. Mal 2,7 scheint somit einen Widerspruch auflösen zu wollen. Dieser liegt im Geheimnis des Eponyms Levi. Mal 2,7 behandelt auch inhaltlich eine Metaperspektive, die den unmittelbaren Kontext übersteigt.

Mal 2,8 wechselt wieder in die Gottesrede und knüpft an die Priesteranrede aus Mal 2,4a. Die oben dargestellten Textbezüge quittieren den Priestern einmal mehr den Gegensatz ihres Verhaltens zu Levi. Jedoch weist 2,8 keine Referenzen zu 1,6–8.12–13; 2,1–3 auf, ein Argument dafür, dass der Vers eine andere Dimension des Amtsverständnisses thematisiert. Damit ist der Punkt erreicht, an dem nach Text und Welt des Levi-Eponyms, des Levi-Bundes und den sein Priestertum betreffenden Konturen gefragt werden muss.

Im Rahmen historisch-kritischer Fragestellungen wurde meist nach dem traditionsgeschichtlichen Hintergrund[513] des Levibundes gesucht und dieser im

---

510 So schon Rudolph: KAT XIII/4, 266 Anm. 20; Meinhold: BK XIV/8, 158.
511 Wolff: BK XIV/1, 97 f; Renker: Tora, 121; Scoralick: Priester, 420–428; Meinhold: BK XIV/8, 159; Kessler: HThKAT, 173 f.
512 Der Bote Jhwhs ist im AT meist eine vom Propheten *unterschiedene* Gestalt (vgl. z. B. Ex 32,34; Num 22,22–35; I Reg 13,18; 19,7; II Reg 1,15; Dan 6,23; Sach 1,1 f bzw. vom Hohenpriester Joschua unterschieden Sach 3,1–5). Nur Haggai wird »Bote Jhwh« genannt. Im Plural, und damit auf keinen konkreten Propheten bezogen, werden Jes 44,26; II Chr 36,15 Propheten »Boten Jhwhs« genannt. Lediglich in der Botenfigur Koh 5,5 (הַמַּלְאָךְ ohne יְהֹוָה) könnte ein weiterer Priester gesehen werden (siehe auch c. 3.1.4.1).
513 Übersicht zur Forschung bei Weyde: Prophecy, 176–180. Den Versuch einer Rekonstruktion der Idee des levitischen Priestertums in der Geschichte Israels legt Haag: Bund, 32–43, dar.

Levispruch aus dem Mosesegen (Dtn 33,8–11) oder im Friedensbund an Pinhas (Num 25,10–13) gefunden.[514]

וּלְלֵוִי אָמַר תֻּמֶּיךָ וְאוּרֶיךָ לְאִישׁ חֲסִידֶךָ אֲשֶׁר נִסִּיתוֹ בְּמַסָּה תְּרִיבֵהוּ עַל־מֵי מְרִיבָה׃
הָאֹמֵר לְאָבִיו וּלְאִמּוֹ לֹא רְאִיתִיו וְאֶת־אֶחָיו לֹא הִכִּיר וְאֶת־בָּנָו לֹא יָדָע כִּי שָׁמְרוּ אִמְרָתֶךָ וּבְרִיתְךָ יִנְצֹרוּ׃
יוֹרוּ מִשְׁפָּטֶיךָ לְיַעֲקֹב וְתוֹרָתְךָ לְיִשְׂרָאֵל יָשִׂימוּ קְטוֹרָה בְּאַפֶּךָ וְכָלִיל עַל־מִזְבְּחֶךָ׃
בָּרֵךְ יְהוָה חֵילוֹ וּפֹעַל יָדָיו תִּרְצֶה מְחַץ מָתְנַיִם קָמָיו וּמְשַׂנְאָיו מִן־יְקוּמוּן׃

Dtn 33,8–11 Und zu Levi sprach er: deine Tummim und deine Urim sind für den Mann, der dir treu ist, den du in Massa versucht hast, mit dem du gestritten hast beim Wasser von Meriba. Der von seinem Vater und seiner Mutter sagte: »Nicht habe ich ihn gesehen« und seine Brüder nicht kannte und von seinen Kindern nichts wusste, weil sie [die Söhne Levis] dein Wort bewahrt haben und deinen Bund bewachen.
Sie lehren Jakob deine Rechte, und deine Weisung Israel,
sie legen Opferrauch in deine Nase und Ganzopfer auf deinen Altar.
Segne, Jhwh, seine Kraft, und das Werk seiner Hände lass dir gefallen.
Zerschmettere die Hüften derer, die gegen ihn aufstehen, und die ihn hassen, so dass sie nicht aufstehen.

In Dtn 33,8 ist Levi – ebenso wie in Mal 2,4 – als Eponym gebraucht. Vier Lexeme konstituieren erst einmal wenig signifikante Referenzen auf der Textoberfläche:[515] לֵוִי und שמר (mit unterschiedlichen Objekten), תּוֹרָה und בְּרִית. Von einem Bund mit Levi ist nicht explizit die Rede; die beiden Parallelismen (Dtn 33,9b.10) bringen zum Ausdruck, dass Gottes Bund mit Israel gemeint ist.

Dtn 33 erscheint wie Gen 49 aus der Textsorte prophetischer Stammesspruchgedichte. Während im Jakobsegen (Gen 49) Simeon und Levi sich einen Spruch teilen müssen und dieser ihnen aufgrund ihrer Gewalttat (Gen 34) ihre Zerstreuung ansagt, fällt der Levispruch im Mosesegen fast am längsten und ausgesprochen positiv aus. Er gilt Levi, während Simeon herausfällt. Mit Levi ist der Priesterstamm angesprochen. Urim und Tummim sind die Lose, die dem Hohenpriester Aaron bei seiner Investitur zum Finden des Rechtsspruches (מִשְׁפָּט) verliehen wurden (Ex 28,30; Lev 8,8). Dtn 33,10 beschreibt den Dienst der Leviten als Lehrer *und* ihren kultischen Dienst am Altar.[516] Der Levispruch versteht somit den Stamm Levi als den Priesterstamm, obwohl er ihn nicht כֹּהֵן nennt. Diese

---

514 Thon: Pinhas, 75; Redditt: NCBC, 168. Hill: AncB 25D, 205, verweist auf die durch Mal 1,2–5 gegebene Verbindung zu Gen 15. Hill zufolge sei der Levibund ein »promissory type grant«; die Typologie des Begriffs dürfte jedoch auf mehreren Ebenen liegen.
515 Siehe zu den weiteren Hintergründen Fuller: Blessing, 32–36; Stuart: Malachi, 1316. Von einem ausdrücklichen Bezug zwischen Mal 2,4–8 und Dtn 33,8–11 spricht Beyerle: Mosesegen, 119.
516 Beyerle: Mosesegen, 126, schreibt 33,9.10a unterschiedlichen Verfassern zu. Zur Frage der Einheitlichkeit vgl. Achenbach: Priester, 290 Anm. 21; Braulik: NEB 28/2, 240. Redaktionsgeschichtliche Argumente lösen nicht das Problem auf der Ebene des Endtextes.

Zuschreibung ist bemerkenswert, weil im Pentateuch Aaron und seine Söhne die Funktion der Priester haben – abgesehen von Texten wie Dtn 17,9.18; 18,1; 21,5; 24,8; 27,9 und 31,9, wo die levitischen Priester aber auch keinen *kultischen* Auftrag haben.

Die Aufgabenbereiche der levitischen Priester im Dtn erstrecken sich in Dtn 17 auf den Bereich der Rechtsprechung (Dtn 17,9, vgl. 21,5), die Anweisung von Reinheitsvorschriften liegt in ihrer Hand (Dtn 24,8), sie bewahren die Tora (הַתּוֹרָה־הַזֹּאת) auf, von der jeder König, der den Thron besteigt, eine Abschrift anfertigen lassen soll, was auf der Erzählebene auf ein schriftliches Dokument schließen lässt (Dtn 17,18).[517] Dtn 27,9 f. verplichten Mose und die levitischen Priester gemeinsam das Volk auf אֶת־מָצֹותָו וְאֶת־חֻקָּיו; in Dtn 27,15 werden die Leviten bestimmt, Fluch über die Israeliten auszurufen, die ein Götterbild machen oder gießen. Der Text stellt eine intertextuelle Referenz zu Ex 32,26 dar, wo die Levisöhne, nachdem Israel ein gegossenes Bild gemacht hatte, auf die Frage des Mose מִי לַיהוָה »Wer ist für Jhwh?«[518] sich um ihn sammeln und unter den Israeliten, die diesem goldenen Kalb gehuldigt haben, ein Blutbad anrichten.[519] In Dtn 27 folgen diesem ersten zehn weitere Fluchsätze. Der zwölfte und letzte fasst sie subsumierend als הַתּוֹרָה־הַזֹּאת (Dtn 27,26) zusammen. Auf diese Formulierung rekurriert Dtn 31,9: Mose schreibt sie auf und übergibt sie Priestern, Levisöhnen und Ältesten. Dtn 31,9ff erzählen die Ätiologie der Toratradierung am zweiten Tempel.[520] Reinhard Achenbach meint, dass Dtn 31,9ff die Verlesung der Tora

---

517 Dahmen: Leviten, 368–373, sieht im Dtn keinen Hinweis auf deren priesterliche oder kultische Funktion. Zur These der »Levitisierung des Priestertums« vgl. Achenbach: Priester, 286 ff.
518 Diese Frage kehrt als futurische Aussage Mal 3,4 wieder: וְהָיוּ לַיהוָה. Die Intertextualität mit Ex 32 benennen auch Baldwin: TOTC, 234; Hill: AncB 25D, 206.
519 Die goldenen Ohrringe (נִזְמֵי הַזָּהָב), die Aaron einfordert, um das Götterbild zu gießen, findet man auch Gen 35,2–4, inmitten der Aufforderung Jakobs, die fremden Götter wegzuschaffen, unmittelbar nach dem Blutbad in Sichem. Ohne den Zusammenhang mit Ex 32 bliebe schleierhaft, warum die Frauen ihre Ohrringe abnehmen sollten. In der Neuerzählung dieser Passage im Jubiläenbuch wird an dieser Stelle Levi als Priester eingesetzt. Sein Priestertum wird dort vierfach begründet; 1. es ist ihm im Traum verheißen worden, 2. er ist die Einlösung des Zehnten, den Jakob Gen 28,22 gelobt hatte (Jakob hatte von Benjamin aus rückwärts gezählt [Gründe 1+2 Jub 32,1–9]), 3. er bekommt das Priesteramt als Belohnung für die Rache an Dina (Jub 30,18), 4. es ist ihm in einem prophetischen Segen von seinem Großvater Isaak gegeben worden (Jub 31,14–16). Vgl. Kugel: Elevation, 5–7. Zur Nähe von Mose und Leviten Haag: Bund, 36.38 f; Verhoef: NICOT, 245.
520 Zur Argumentation Taschner: Moserede, 282–288: Dies schließe die Schriftlichkeit der 5 Bücher Mose ein: »Wenn die Nachgeborenen [...] Moses Auftrag nachkommen wollen, seine Tora regelmäßig zu verlesen, geht dies nur über den Weg der Lektüre der Tora in der uns vorliegenden Gestalt.« (287 f) Vgl. Glazier-McDonald: Malachi, 70, die die prophetische Funktion dieses Amtes benennt. Finsterbusch: Weisung, 305, vertritt wie etliche andere das Verständnis von Tora als Priestertora (vgl. Hag 2,11ff).

durch die Leviten am Laubhüttenfest fest in der Tradition etabliert ist, was durch die Maßnahmen Esras angestoßen wurde (Neh 8,7.14).[521] Dtn 31,24 erwähnt ausdrücklich die Vollendung der Niederschrift.[522] Den Leviten wird »die Bundeslade anvertraut, d. h. sie haben als Besitzer des ›Originals‹ des göttlichen Bundesdokuments zu gelten, ihre Anweisungen werden am authentischsten der mosaischen Tora entsprechen.«[523] Mal 2,8bα referiert Dtn 31,29aβ. Auch Levis Umgang mit der Tora, der aus seiner Ehrfurcht Gott gegenüber begründet wird (vgl. Dtn 31,12 f), könnte auf einen adäquaten Sinn hinweisen. Bisher hatte Levi im Pentateuch keine kultisch-priesterliche Funktion. Im Numeribuch wird vielmehr deutlich, dass es Kompetenzrangeleien gegeben hat. Num 17,18 wird der Stamm Levi durch Aaron ersetzt, weil die Leviten der Rotte Korach das Priesteramt begehrt und gegen Mose und Aaron aufbegehrt hatten. Sie sind ›nun‹ die Untergebenen der Aaroniden beim Dienst am Heiligtum (Num 18,2 f). Der Altar und das Allerheiligste bleiben Aaron und seinen Söhnen vorbehalten (Num 18,7; vgl. Ez 40,26). Dieser ›Degradierung‹ der Leviten wird im Dtn ihre Einsetzung als Hüter der Tora entgegengestellt. Dieser ›Aufwertung‹ trägt ihre Bezeichnung als ›levitische Priester‹ Rechnung.[524] Ihre spezifische Funktion als Hüter der Tora erhalten die Levisöhne wohl aufgrund ihrer Qualifikation als rigorose Verteidiger der Gesetze des Sinaibundes (Ex 32). Genealogisch wird dies in Ex 6,14–25 bedacht.

Im Mosesegen Dtn 33,8–11 wird Levi die Doppelfunktion der Toraobservanz und des Altardienstes zugesprochen. Diese Zuschreibung ist eine übergeordnete, die sich genealogisch aus dem Zusammenschluss der Funktionen Moses und Aarons speist. Mose steht im Pentateuch für die Tora, Aaron für den Kult. Sie sind Brüder (Ex 6,20; Num 26,59)[525]. Ihrer beider Vermächtnis ist im Erbe ihres Vaters Levi zusammengeschlossen.

Zum zweiten Text, Num 25,10–13:[526]

---

521 Achenbach: Priester, 307. Ebenso Veijola: Erben, 222. Vgl. auch Rendtorff: Esra, 89–91, und Fantalkin: Canonization, 1–18.

522 Taschner: Mosereden, 282, versteht dies als einen Hinweis auf die Kanonisierung. Auch Otto: Deuteronomium, 192, schreibt diese Stelle einem »postredaktionellen Autor« zu.

523 Achenbach: Priester, 290.

524 Dtn 17,9.18; 18,1; 24,8; 27,9; ferner Jos 3,3; 8,33; II Chr 30,27; Jer 33,18 (umfassend); Ez 43,19; 44,15 (beschränkt auf die Söhne Zadoks). Vgl. aber Dtn 31,35; während meist im Zusammenhang ihrer umfassenden Funktion die Formulierung בְּנֵי לֵוִי gewählt ist.

525 Fischer: Levibund, 63, verweist im Kontext des Pentateuch auf die genealogische Verbindung; erwähnt aber im Zusammenhang der Maleachischrift die prophetische Konzeption nicht. Zur unterschiedlichen Interpretation der Genealogien: Thon: Pinhas, 25 ff.

526 Zur Darstellung der Bezüge: Stuart: Malachi, 1316.

וַיְדַבֵּר יְהוָה אֶל־מֹשֶׁה לֵּאמֹר׃

פִּינְחָס בֶּן־אֶלְעָזָר בֶּן־אַהֲרֹן הַכֹּהֵן הֵשִׁיב אֶת־חֲמָתִי מֵעַל בְּנֵי־יִשְׂרָאֵל בְּקַנְאוֹ אֶת־קִנְאָתִי בְּתוֹכָם וְלֹא־כִלִּיתִי אֶת־בְּנֵי־יִשְׂרָאֵל בְּקִנְאָתִי׃

לָכֵן אֱמֹר הִנְנִי נֹתֵן לוֹ אֶת־בְּרִיתִי שָׁלוֹם׃

וְהָיְתָה לּוֹ וּלְזַרְעוֹ אַחֲרָיו בְּרִית כְּהֻנַּת עוֹלָם תַּחַת אֲשֶׁר קִנֵּא לֵאלֹהָיו וַיְכַפֵּר עַל־בְּנֵי יִשְׂרָאֵל׃

> Und Jhwh sprach zu Mose: Pinhas ben Eleasar ben Aaron, der Priester, wandte meinen Zorn von den Israeliten weg, indem er meinen Eifer in ihrer Mitte eiferte, so dass ich die Söhne Israels nicht in meinem Eifer vertilgte. Deshalb sprich: Siehe, ich gebe ihm meinen Bund, Frieden.[527] Der sei ihm und seinen Nachkommen nach ihm – ein Bund ewigen Priestertums, dafür dass er für seinen Gott geeifert hat und gesühnt hat für die Israeliten.[528]

Der Text hat mit Mal 2,4–8 gemein, dass die Person, die den Bund bekommt, jeweils ein Abwenden (שוב Hi) bewirkt; im Numeribuch das Abwenden der göttlichen Zorneshitze durch Pinhas' Eifern und Sühneschaffen, in der Maleachischrift das Umkehrenlassen von der Sünde durch Levi (Mal 2,6). Beide Figuren sind Mittlergestalten zwischen Jhwh und Volk. Ferner bezeichnet שָׁלוֹם in beiden Fällen einen Aspekt des Bundes. Divergent ist die Initiierung des Bundes durch Pinhas' Handeln (Num 25,10–13). Der Bund in Num 25,12 ist ein *meritum* dafür (תַּחַת אֲשֶׁר), dass Pinhas für seinen Gott geeifert hat. In dieser inneren Einstellung liegt die Verbindung zu Levi, wenn sie in Bezug auf ihn auch niemals mittels קנא ausgedrückt ist. Innerhalb des Pentateuchs stellt Gen 34 die Urepisode dieses Eifers dar. Die Rigorosität der Levisöhne im Fall von Idolatrievergehen zeigt die Episode am Sinai (Ex 32,27b.33–35). Weil durch die Mischehe die Gefahr der Fremdgötterverehrung vorprogrammiert ist, besteht zwischen Num 25,10–13 und Mal 2,4–8 ein texttiefenstruktureller Zusammenhang.[529] Vielleicht bildet ein Beispiel der Auslegungsgeschichte im Midrasch BamR 21,3 zu Num 25,12 auch hier die Spur eines nicht mehr greifbaren Intertextes:

> »Darum kommt die Schrift und macht den Pinhas, Sohn Eleasars, Sohn Aarons, des Priesters auf eine rühmliche Weise bekannt. Darum heißt es: Siehe, ich mache mit ihm meinen Bund des Friedens, welcher noch besteht vgl. Mal 2,5: ›Mein Bund war mit ihm, Leben und Frieden und ich gab ihm Furcht, und er fürchtete mich und vor meinem Namen beugte er sich.‹«

Num 25 zeichnet Pinhas nach einem rigoristischen Ideal Levis. Hier dürfte der Anker der »Welt« sein, auf die Mal 2,10–16 aufbauen. Esr 9f, ein Text, der die Scheidung der Mischehen propagiert (Esr 10,11), wurde oft mit Mal 2,10–16 in

---

527 Zur Übersetzung: Thon: Pinhas, 65 f.
528 Der Text wird im Zusammenhang von Num 25,5–13 als einheitlich angesehen (Thon: Pinhas, 62).
529 Glazier-McDonald: Intermarriage, 610 f.

Zusammenhang gebracht. Der Text ist durch den Toraverstoß (Dtn 7,1–4) fundiert und benennt einen Sachverhalt, den der Eifer der Levisöhne (Ex 32) oder der des Pinhas (Num 25) niemals zugelassen hätte. Der Priester Esra ist Esr 7,5 genealogisch von Pinhas hergeleitet.[530] Die Gemeinsamkeit von Pinhas und Esra liegt in deren Auftreten gegen die Vermischung mit fremden Völkern – beide in der Rolle als Priester. Levi erscheint Gen 34 als Urbild dieses Rigorismus und Pinhas wird Ex 6,25 genealogisch auf Levi zurückgeführt. Hinsichtlich ihres Eifers in Bezug auf geschlechtliche Verbindungen mit Ausländern stehen Pinhas, Esra und Levi auf einer Linie. Die Wirkungsgeschichte des Eiferers Levi bestätigt diesen Zusammenhang, wie der Midrasch über Num 25,12 zeigte. Auch ein weiteres Beispiel: In Jub 30,18 bekommt Levi als Belohnung dafür, dass er seine Schwester Dina an den Sichemiten gerächt hat, die Verheißung der Erwählung seines Stammes zu Priestern und Leviten.

Der MT zeichnet zwischen Levi und Pinhas nur eine genealogische Linie, eine, in der er Pinhas dem levitischen Geschlecht zuweist. Ex 6,14–25 betten Elemente einer Aaronidengenealogie in eine Genealogie ein, deren Stammvater Levi ist.[531] Levi ist der dritte Sohn Israels – die Linie der Jakobsöhne bricht nach Levi ab. Die Nachkommen Levis werden so umfassend aufgelistet wie kein anderes Geschlecht. Das Lebensalter Levis mit 137 Jahren entspricht dem seines Enkels Amram, der der Vater von Aaron und Mose ist. Mirjam ist hier nicht genannt. Die Mutter beider Söhne ist Jochebed, seine Tante. Möglicherweise ist Ex 2,1f die Korrektur dieses anstößigen Fakts. Die »Tochter Levis« meint dann keinen Verwandtschaftsgrad, sondern eine Levitin. So sichert der Text ab, dass der Vater Moses und Aarons sich nach der Heiratsvorschrift für Hohepriester richtete (Lev 21,14b).[532] Damit werden beide, Aaron *und* Mose dem hohepriesterlichen Geschlecht zugewiesen. Ex 6,25 folgt auf die Erwähnung des Pinhas, der wohl Zielpunkt der Genealogie ist, der abschließende Satz: »Diese sind die Familienhäupter der Leviten nach ihren Großfamilien.« Darum geht es – um den Nachweis, dass Mose und Aaron, denen Jhwh die Leitung über sein Volk aufgetragen hatte (6,26), *gleichermaßen* dem levitischen Geschlecht entstammen.[533]

---

530 Thon: Pinhas, 135.142. Vgl. auch Rudolph: Esra und Nehemia, 79.
531 Literargeschichtliche Betrachtung und deren hermeneutische Pointen: Thon: Pinhas, 125–132.
532 Thon: Pinhas, 130.
533 Manchmal wird aus Ex 6 gefolgert, Mose werde hinter Aaron zurückgestellt, weil er keine Nachkommen hat (Thon: Pinhas, 127, im Anschluss an Werner H. Schmidt). Von Mose gibt es aber auch sonst keine Genealogien. Sein Amt ist kein dynastisches; sein Erbe ein prophetisches. Darum bleiben seine Nachkommen Randfiguren. Seine Söhne Gerschom und Elieser werden zwar genannt (Ex 2,22; 4,20; 18,2–6), Ex 18,2 überliefert jedoch, dass Mose seine Frau nebst Söhnen ins

Mal 2,4–8 setzen – wie Dtn 33,8–11 – die genealogische Herleitung aus Ex 6,14–25, die der Pentateuchredaktion zugeordnet wird,[534] voraus. Ein Privileg vor anderen Priestern erhalten die Söhne Levis in der Maleachischrift nicht. Sie werden בְּנֵי לֵוִי genannt, nicht הַלְוִיִּם. Eine Unterordnung zum *clerus minor* wie in Ez 40–48 ist nicht zu erkennen.[535] Vielmehr scheint die Darstellung Levis als Ahnherr aller die Unterscheidung von *clerus maior* und *minor* vorauszusetzen und übersteigen zu wollen.

In diesem umfassenden Sinn ist das Amt Levis in der Chronik nicht dargestellt. Thomas Willi beschreibt den Levitismus als eine von drei Säulen des chronistischen Kultverständnisses. Levi ist das Herz Israels (I Chr 6), nicht an das Heiligtum gebunden, sondern die »Funktion Israels«, die die Tradition Israels in angemessener Weise und in Konformität zur Schrift in den Kult am Jerusalemer Tempel einbezog.[536] Die damit beginnende Schriftgelehrsamkeit wird über die Zerstörung des zweiten Tempels hinaus zum »Inbegriff der jüdischen Religion«[537]. Ob das eine zeitliche Vorordnung der Chronik vor dem Abschluss des Pentateuch impliziert, diese unterschiedlichen Gewichtungen unterschiedlichen Verfasserkreisen entstammen, oder Levi umfassend alle den Tempeldienst verrichtenden Institutionen einschließt, lässt sich hier nicht generalisierend sagen.[538]

So klar wie im Pentateuch scheint die Funktion der Leviten auch bei Esr/Neh nicht. Auch das Motiv des ›Eifers‹ der Levisöhne ist dort unbekannt. Jedoch hat der Darstellung zufolge Nehemia den Stand der Leviten und ihre Aufgaben neu zu etablieren versucht (Neh 10–12). Eine kurze Abwesenheit Nehemias verursachte den Zusammenbruch der Ordnung und erforderte ihre nochmalige Restitution (13,10). In diesem Zusammenhang (Neh 13,29) ist explizit von einer בְּרִית הַכְּהֻנָּה וְהַלְוִיִּם, von einem Bund der Priesterschaft und der Leviten, die Rede. Die Formulierung unterscheidet beide. Unmittelbar davor (13,23–28) wird von Nehemias Wutausbruch gegen die jüdischen Männer, die Mischehen eingegangen waren,

---

Haus ihres Vaters zurückgeschickt hatte. I Chr 23,14 hingegen bezeugt, dass die Nachkommen des Mose den Leviten zugerechnet werden.

534 Thon: Pinhas, 126.132.

535 So auch O'Brien: Priest, 136; Glazier-McDonald: Malachi, 121.

536 Willi Leviten, 95. Ders.: Leviten, 92, nimmt an, dass Mal 2,4–8 sich in etwa mit der für die Chronik angenommenen Datierung decken. Dass beide Texte zeitgleich sind, meint auch Haag: Bund, 43; Schaper: Priester, 162. Hengel: Schriftauslegung, 31, datiert später: die Leviten erhalten in der Chronik die Aufgabe als Lehrer und Ausleger der Tora, weil die zunehmende Verweltlichung der Priester unter hellenistischem Einfluss einen Kompetenznotstand hervorbrachte, den sie als Tempeldiener ausfüllten.

537 Schaper: Leviten, 306.

538 Steins: Mose, 115–121, zeigt an etlichen Beispielen, dass die Bücher der Chronik wohl den Pentateuch voraussetzen. Zum diesbezüglichen Kanonverständnis: ders.: Konzepte, 32–37.

berichtet. Obwohl er vorher die Leviten zur Bewachung der Sabbatruhe angestellt
hatte (13,22), nutzt er ›ihren Eifer‹ zur Lösung des Problems hier nicht.[539] Auch das
Verlesen der Tora durch die Levisöhne ist bereits in der Nehemiaschrift beschrieben (Neh 8). Eventuell bezieht sich Neh 13,29 auf den Vertragsabschluss
(Neh 10,1), der explizit aufgrund des Mischehenproblems geschlossen wurde, was
aber Zweifel offenlässt, da dieser Vertragsabschluss nicht בְּרִית genannt wird.

Joachim Schaper nahm an, dass Mal 1,6–2,9 den Konflikt einer Priestergruppe
mit den Zadokiden zur Zeit Nehemias spiegele, die unter Leitung des Hohenpriesters mit dem Tempelkult die politische und religiöse Macht innehatten. Deren
Vergehen stellten zynisch ihre Antagonisten in Mal 1,6–10 dar. Das Ideal ihres
Priesterverständnisses präsentieren sie in Mal 2,4–8. Der Bericht Neh 13,4–14 ließe
vielleicht eine Identifizierung der angeprangerten Priesterschaft mit den Oppo-
nenten Nehemias zu.[540] Hinsichtlich des Problems der Zehntabgabe kann dem
zugestimmt werden. Insgesamt scheint jedoch die *Tätigkeit* Nehemias – auch
aufgrund seines eigenen Einschreitens und nicht der Leviten – eher ein *terminus
post* als ein *terminus ante quem* für Mal 2,4–8 zu sein.[541]

Die Gegenüberstellung des idealen Levi und der sich verfehlenden Priester in
Mal 2,1–8 macht wahrscheinlich, dass in der Maleachischrift das Amt Levis Lehre
und Kult umfasst.[542] Den radikal geschilderten Missständen am Heiligtum kann

---

[539] Achenbach zeigte, dass das Buch Numeri ziemlich am Ende der Literargeschichte des
Pentateuch eine neue Verhältnisbestimmung zwischen Priestern und Leviten in den Text einschreibt. Num 25 müsste eine Reaktion auf den Neh 13 lesbaren politischen Konflikt sein. Num
25,10–13 setzt er vor Mal 2,4–8 an, »da der Text von dem Bestehen des Levibundes ausgeht, dessen
Entstehung Num 25,12f durch die Idee des ewigen Priesterbundes mit dem Aaroniden erst begründet. Mal 2,5 projiziert den Gedanken also erst in die Zeit des Erzvaters zurück.« (Achenbach:
Vollendung, 438–40, hier 440.)
[540] Schaper: Priests, 186 f. In seiner Monographie (Leviten, 246 ff.304) datiert er die Neudefini-
tion des Levitenamts als Ausleger der religiösen Traditionen in die Zeit Esras um 398 v. Chr. Zur
Spätdatierung Esras siehe Schaper: Leviten, 249 u. ö.; dagegen: Koch: RGG⁴, 1584; zur Diskussion:
Zenger: Einleitung⁸, 343ff; Grätz: Edikt, 289 f.
[541] So auch Achenbach: Tora, 33 f. Gegen die meisten Interpreten, die Maleachi aufgrund der
Mischehenfrage vor Nehemia datieren. Siehe i. U. dazu auch die Erwägung bei O'Brien: Priest, 111:
»That the Book of Malachi can use the terms ›priest‹ and ›Levite‹ as equivalents while yet
knowledgeable of the Priestly Code's distinction between these classes attests to its independence
from the politics of the sources from which it borrows.«
[542] Haag: Bund, 44, beschreibt die Funktion des levitischen Priestertums in Mal 2,1–9 so, »daß
der Prophet hier nicht den Vollzug des Opferkultes, sondern – offensichtlich in Anlehnung an die
in Israel von der Prophetie entwickelte Einstellung zum Dienst vor Jahwe – die im Opferkult
zeichenhaft zum Ausdruck kommende Haltung des Glaubensgehorsams und der Ehrfurcht vor
Gott als Kernforderung ansieht. … als weitere Aufgabe [nennt Maleachi] die Pflege und die Weitergabe der Jahweerkenntnis, worunter er das Glaubenswissen von Jahwes heilsgeschichtlicher
Offenbarung und der sich daraus ergebenden sittlichen Weisung versteht. … Wesenhaft für die

nur mit dem radikal für die Reinheit des Volks und des Kults eintretenden Levi begegnet werden.[543] Levi vereint beide Funktionen – den kultischen Dienst und die Bewahrung der Tora. Damit ist das Eponym wie in Dtn 33,8 verwendet.[544]

Bestätigt findet sich diese Einschätzung in zwei weiteren Texten: Jer 33,21 erwähnt explizit einen Bund Jhwhs mit וְאֶת־הַלְוִיִּם הַכֹּהֲנִים מְשָׁרְתָי. Die Reihenfolge »die Leviten, die Priester«, ist in Bezug auf einen Bund im AT singulär, wohl deshalb sind meist Konjekturen vorgenommen[545] oder der gesamte Ausdruck als sekundärer Zusatz verstanden worden.[546] Wie Dtn 33,8 und Mal 2,4 werden die »Leviten« als übergeordneter Begriff zu verstehen sein. Die Leviten repräsentieren die Priesterinstitution, sowie die Parallelformulierung »Bund mit David« die Institution des Königtums. Wiederum sind die levitischen Priester in ihrer Funktion als Diener am Altar dargestellt (Jer 33,18), also mit der Aufgabe der Söhne Aarons betraut. Der Text Jer 33,18–22 ist sicher ein sehr später Text.[547] In welchem Bezugsverhältnis Jer 33,18–22 und Mal 2,4–8 stehen, lässt sich schwer bestimmen. Ähnlichkeiten bestehen in der Hochschätzung des levitischen Priestertums,[548] insofern die Priester in der Nachfolge Levis als Ideal dem vorher kritisierten und suspendierten Kultpersonal gegenübergestellt werden, ferner, indem Levi hier im königlichen Gewand des Gerechten erscheint.

Die zweite Stelle, die in gleicher Weise das Priestertum Levis als Institution neben dem Königtum aufführt, ist Sach 12,12 f. Das Haus David steht hier für das

---

Funktion des levitischen Priestertums ist daher die institutionelle Repräsentanz des Offenbarungsmittlers Mose und seiner von Jahwe bestellten Nachfolger im Amt des Propheten (Dtn 18,15–18) ...« Haag erarbeitet sehr zutreffend beide Funktionen Levis, aber ohne Konsequenzen für die Maleachischrift als prophetisches Buch zu ziehen.

543 Dass der Grundgedanke der »violence« sich mit Levi verbindet, hat Kugler: Patriarch, 22, herausgearbeitet. Das pseudepigraphische Dokument Aramaic Levi datiert er ins 3. Jh. (Kugler: Patriarch, 222), vielleicht ein *terminus ad quem* für Mal 2,4–8? Allerdings erwägt Kugler erneut eine samaritanische Herkunft des Dokuments.

544 Insofern hat Schaper: Priester, 25, Recht, wenn er sagt: »Für die Bestimmung des Verhältnisses zwischen Priestern und Leviten stellt Mal kein verwertbares Material zur Verfügung.«

545 BHS; Dahmen: Leviten, 39.

546 Veijola: Verheißung, 84 f; Levin: Verheißung, 255.

547 Maier: Lehrer, 228 Anm. 16: »Die Verse Jer 33,14–26, die in G nicht überliefert sind, interpretieren 23,5 f im Kontext von Kap. 29–33 neu. Schmid datiert sie ins 3. Jh. v. Chr.« Beide setzten wohl Num 25 voraus, so Hieke: NSKAT 9/2, 257 f. Meinhold: BK XIV/8, 149, hält Jer 33 für die jüngere Stelle gegenüber Mal 2,4–8. Die jüngsten Kommentatoren des Jeremiabuchs lassen die Frage unbeantwortet: Fischer: HThKAT 11.2, 235 f; Wanke: ZBK.AT 20.2, 316.

548 Werner: NSKAT 19/2, 90, denkt an die Doppelspitze, bei der der Hohepriester als zweiter Repräsentant im jüdischen Gemeinwesen in den Blick kommt. Vgl. die hohepriesterliche Stammreihe von Levi aus I Chr 5,30–41; dazu Willi: Leviten, 94.

Königtum, das Haus Nathan für das Prophetentum, das Haus Levi für das Priestertum.[549]

Nachdem die Rolle Levis und die funktionale Beschreibung seines Priestertums an Kontur gewonnen haben, ist die Frage nach dem ›Bund‹ noch offen. Die Betrachtung der Texte lässt mehrere Deutungen zu. Der Begriff בְּרִית ist in der alttestamentlichen Wissenschaft so vielfältig interpretiert worden,[550] dass nicht klar ist, ob unter dem Levibund überhaupt ein institutionelles Bundesverständnis zu verstehen ist. Die folgenden Deutungen versuchen eine Annäherung:

1. Johannes Thon meint, dass er »nichts weiter beschreiben [könne] als einfach die geschichtliche Sonderstellung der Leviten«, die er in Analogie zum »Salzbund« aus der privilegrechtlichen Stellung des Kultpersonals ableitet.[551]

2. Ähnlich wie Jes 56,4 könnte »Bund« im Sinne der späteren Halacha, also im Sinne gottgetreuer Lebensführung, zu verstehen sein, wie es das Bild Levis suggeriert, das der Text in Mal 2,4–8 zeichnet.[552]

3. Die Formulierung bezieht sich nicht auf einen separaten Bundesschluss mit Levi, sondern meint allgemein die בְּרִית Jhwhs mit seinem Volk, hinsichtlich derer in Bezug auf Levi kein Zweifel bestand, weil er »für Jhwh war« (Ex 32,26; vgl. Dtn 33,10).[553] »Mein Bund mit Levi bestand« könnte somit gedeutet werden: »als Israel den Bund gebrochen hat, hielt Levi zu mir«.

4. Aufgrund seines Eifers, der ihn mit Pinhas verbindet, gilt in Mal 2,4–8 der Friedensbund, der einst dem Pinhas ewiges Priestertum verhieß, auch seinem Ahn, dem Levi.

Eine Entscheidung für eine der vier Varianten lässt sich kaum fällen. Die Stilisierung Levis in der Maleachischrift kommt seiner Darstellung in der pseudepigraphischen Literatur am nächsten.[554] Texte wie das Jubiläenbuch, auch TestLevi, das aramäische Levi-Dokument, explizieren das levitische Priestertum als das bereits in der Erzelternzeit etablierte. Das Testament der Patriarchen führt das Amt des Hohenpriesters auf Levi zurück (TestLevi 8,11–17). Deshalb wird die

---

549 In hymnischen Texten kann das Haus Aaron neben dem Haus Levi genannt werden (Ps 135,20 u. ö.).

550 Weinfeld: ThWAT I, 784. Zur Problematik der Etymologie und Bedeutung von בְּרִית im AT siehe Neef, Bundestheologie, 1–23.

551 Thon: Pinhas, 68–70.

552 Vgl. dazu Höffken: NSKAT 18/2, 185. Willi: Leviten, 83.

553 So auch Haag: Bund, 44.

554 Siehe dazu Kugler: Patriarch; O'Brien: Priest, 139 f.142; Jub 32. Die Qumrantexte unterscheiden wiederum zwischen Priestern und Leviten. In Damaskusrolle II und IV sind (wie Ez 44,6ff angezeigt) die Zadokiden die designierten Priester.

Vorstellung vom Levibund in ein recht spätes Stadium alttestamentlicher Textgeschichte gehören.

* * *

Mal 2,9a schließt mit der Rekurrenz auf בְזִינוּ in 1,6, Mal 2,9b mit der auf נֹשְׂא פָנִים
in 1,8 f die einzelnen Inklusionen des Diskussionswortes zusammen. Mit לְכָל־הָעָם
wird die Verantwortung der Priester für das ganze Volk geltend gemacht. Auf der
Textoberfläche sind die einzelnen Textabschnitte zu einer geschlossenen Größe
zusammengefasst. Ein in sich logischer und geschlossener Argumentationsgang
entsteht jedoch nicht. Unterschiedliche Perspektiven und Themenkomplexe
kreuzen einander. Die Indizien der Inkohäsion und die noch zahlreicheren der
Inkohärenz weisen auf eine sukzessive Genese des Textes hin.

4.2.3 Stellung in der Maleachischrift

Mal 1,6–2,9 setzen nach 1,2–5 neu ein und stellen mit der Exposition in Mal 1,6–8
die Mittlerfunktion der Priester in den Fokus der Kritik. Die einzelnen Inklusionen
reflektieren unterschiedliche Facetten dieses Konflikts, die Funktion des Opfers,
die Bedeutung des Jerusalemer Tempels, die Tora-Konformität des Kults, das
Amtsethos des Priesters. Die beiden großen Inklusionen halten diese einzelnen
Argumentationsgänge zusammen. Das übergreifende Thema, das dieses Diskussionswort im Anschluss an das I. entfaltet, ist Israels Umgang mit Jhwhs Segensgabe. Denn Jakob hatte den Segen bekommen, wenn auch auf unlauterem
Weg. Die Weitergabe des Segens an das Volk steht in der Verantwortung der
Priester. Innerhalb der an Israel gerichteten Maleachischrift geht es im II. Diskussionswort um diese Mittlerschaft der Priester. Die texttiefenstrukturelle Proposition dafür liegt in der Kenntnis des Priestersegens (Num 6,24–26). Auf der
Textoberfläche erscheint dieser Bezug durch Anklänge an diesen Text, die durch
eine Häufung gleicher Lexeme entstehen (vgl. 1,8 f; 2,2.6.9b):[555]

וִיחָנֵּנוּ ... הֲיִשָּׂא מִכֶּם פָּנִים
dass er uns gnädig sei ... kann man euretwegen [überhaupt euer] Angesicht erheben? (Mal 1,9)

וִיחֻנֶּךָּ: יִשָּׂא יְהוָה פָּנָיו אֵלֶיךָ
und sei dir gnädig ... Jhwh erhebe sein Angesicht zu dir (Num 6,25 f*)

---

555 Literarische Abhängigkeit von Num 6,23–27 nimmt Fishbane: Form, 115–121, an; siehe auch
Stuart: Malachi, 1297.

Die Priester haben den Auftrag, Israel den Segen zuzusprechen. Die Störung der Gottesbeziehung zum ganzen Volk kommt in der Verkehrung der Segensworte, die leitwortartig das II. Diskussionswort prägen, zum Ausdruck. Die Perversion des priesterlichen Dienstes wird in Mal 2,3 auf den Punkt gebracht (פֵּרֶשׁ עַל־פְּנֵיכֶם – da ist kein Leuchten). An diesen Text wird man beim Lesen immer wieder erinnert, und zwar in allen Abschnitten, Mal 1,11–14 ausgenommen. Die textinterne Argumentation aber geht andere Wege.

Der weisheitlich geprägte Spruch in Mal 1,6 lässt durch die Vater-Metapher im Gefolge von 1,2–5 die Geschichte vom Erlangen des Erstgeburtsegens in Gen 27,6–45 assoziieren. Mag es Zufall sein oder nicht: die Vokabel נגשׁ wird Gen 27,25 für das Auftragen der Speisen durch Jakob verwendet. Diese Analogie zum Auftragen der Speisen auf den Altar könnte schon auf den Betrug weisen, nur dass es der Speise in Gen 27 wohl an nichts gemangelt hätte. Die Deutung der gegenwärtigen Situation Jakobs vor dem Hintergrund der Jakobgeschichten der Genesis findet mit Mal 1,8 f eine Fortsetzung. Sie erzählt von der Freigebigkeit des Urahns, von der Funktion einer מִנְחָה, von Jakobs Versöhnungsbereitschaft. Gottes und das Gesicht seines Bruders, den er sich durch den Betrug um den Erstgeburtsegen zum Feind gemacht hatte, wurden sich dabei zum Verwechseln ähnlich. Während durch das Einspielen dieser Geschichte im Hintergrund schon ein Lösungsansatz für den in 1,6–8 geschilderten Konflikt angeboten wird, bleibt er auf der Erzählebene ungelöst.

Mit Mal 1,11–14 wird die Konfliktsituation mit einem externen Gegenbild konfrontiert: ›Überall auf der Welt wird meinem Namen eine reine מִנְחָה dargebracht, nur nicht hier, in Jerusalem [wo man im Übrigen genauestens wissen müsste, wie das geht].‹ Der Kult selbst wird als *Ent*weihung geahndet. Seine Wirkung steht also im Gegensatz zu seinem eigentlichen Zweck. Die kurze אָמַר יְהוָה-Formel am Ende der *inclusio* dieses Abschnitts verweist innerhalb der Maleachischrift auf die Anfänge des I. und des VI. Diskussionswortes, der beiden, in denen die Definition des Gottesvolkes im universalen Kontext thematisiert wird. Mit 1,11–13 wird dieser Kontext umrissen. Innerhalb des XII wird in Mal 1,11–14 die Bedeutung des Tempels in Jerusalem relativiert. In der Haggai- und Sacharjaschrift symbolisiert der Bau des Tempels das Kommen des Heils (Hag 2,18–23). Er ist das Zentrum der Welt, der Ort der Freude (Sach 8,18), zu dem die Völker kommen werden, um Jhwhs Antlitz zu suchen (Sach 8,20–23). Nach dem großen Gericht werden die Übriggebliebenen der Völker nach Jerusalem ziehen, um Jhwh, dem König der Welt, Verehrung zuteilwerden zu lassen (Sach 14,16). Im Hintergrund dieser Deutung steht die Vorstellung des im Himmel thronenden Jhwh. Ein Abbild seines Himmelsthrons ist der Tempel auf dem Zion. Der Tempelkult spielt in Sach 14 jedoch keine Rolle, sondern die Wallfahrt zum Laubhüttenfest nach Jerusalem, weil damit das Anerkennen der Tora verbunden ist. In der Maleachischrift behält der Kult seine lebenserhaltende Bedeutung, aber die Bedeutung des Ortes als Nabel der Welt[556] wird relativiert.

Scheinen im ersten וְעַתָּה-Abschnitt (Mal 1,9ff) immer wieder die Schuldanteile von Laien und Priestern an der Misere durch, obwohl der Text mit Mal 1,6 an die Priester gerichtet ist, wird im zweiten וְעַתָּה-Abschnitt (Mal 2,1ff) institutionsintern abgerechnet.

Scheint der mit Mal 2,1 beginnende Abschnitt auf der Textoberfläche kaum Bezüge zum Vorangegangenen haben, wird der Zusammenhang mit 1,6–8 durch die intertextuellen Bezüge zum Dtn deutlich. Der Verstoß gegen Dtn 15,21 hat die mit Dtn 28,15ff angedrohten Verfluchungen zur Folge. Denn die levitischen Priester sind die Hüter des Gesetzes. Ihnen wird mit 2,4–8 das Bild ihres Urvaters Levi vorgestellt. Mit c. 2 wird erst deutlich, dass das Priestertum im umfassenden Sinn verstanden werden muss, so wie es Levi repräsentiert, mit der prophetischen Funktion in der *successio mosaica* und mit der priesterlichen Funktion in der Nachfolge Aarons. Neben die Konfliktgeschichte auf der Erzählebene tritt damit das Metathema der Funktionsbeschreibung von Priestern. Die drei Beispiele von Intertextualität mit Texten aus dem Pentateuch unterstreichen dies.

Die Überlieferung vom Rigorismus Levis, mit dem er gegen Beziehungen mit ausländischen Partnerinnen oder Partnern vorging, gaben wahrscheinlich den Anlass, nach dem II. ein III. Diskussionswort anzufügen.[557] Lösungen des Konflikts aus dem II. Diskussionswort erscheinen für die Priester erst im IV., für das Volk erst im V. Diskussionswort.

Die Bedeutung des II. Diskussionswortes für das XII liegt neben der Auseinandersetzung um den Kult Israels im universalen Kontext in der Entfaltung des Amtsverständnisses. Dessen Wirkungen haben das Ringen darum bis zu den Kanzeln mitteleuropäischer Kirchen gezeigt. Rainer Kessler hat in seinem Kommentar dafür beeindruckende Beispiele dargestellt. Für unser Thema besonders beeindruckend daran ist die Inanspruchnahme von Mal 2,7 für die Selbstdeutung evangelischer Prediger. In der St. Marien-Kirche zu Greifswald ziert er in der Vulgatafassung die Brustwehr der Kanzel, am Kanzelabgang der Kirche von Rerik (Mecklenburg) kann der Prediger ihn (auf Deutsch) beim Verlassen der Kanzel lesen.[558] In der Predigt müssen die Treue zur Schriftüberlieferung und der

---

556 Zu dieser altorientalischen Vorstellung, bekannt v. a. aus dem *Enuma Elisch* (TUAT III/4, 565–602), in Bezug auf Jerusalem: Tilly: Jerusalem, 240f.

557 Auch Glazier-McDonald: Malachi, 73–79, umreißt, dass Mal 2,10–16 im vorausgegangenen Zusammenhang 2,4–8 und dessen traditionsgeschichtlichen Verbindungen zu Num 25 gegeben ist.

558 Kessler: HThKAT 13,12, 179–181. Vgl. auch die Umschrift der Kanzel in der Marienkirche zu Güstrow.

prophetische Anspruch in ein gutes Verhältnis gebracht werden. Implizit ist mit diesem Vers also eine Deutung transportiert worden, die die prophetische Funktion Levis wachgehalten hat.

4.3 Mal 2,10–16 (III. Diskussionswort)

4.3.1 Text und Struktur

10 Ist nicht *ein* Vater für uns[559] alle, hat nicht *ein* Gott uns geschaffen?[560]
Warum handeln wir treulos[561], einer gegen seinen Bruder, zu entweihen den Bund unserer Väter?
11 Juda handelte treulos[562] und ein Greuel wurde getan in Israel[563] und in Jerusalem, denn Juda entweihte das Heilige Jhwhs; das er [eigentlich] liebte,[564] und heiratete die Tochter[565]

---

559 Zum ersten Mal nach Mal 1,9a sind die Adressaten kollektiv in der 1cPl angeredet. LXX[R] übersetzt in der 2PPl. Damit schließt sie an 2,9, die Priester sind weiterhin angeredet. Zur Übersetzung in der 1cPl einschließlich LXX-Variante siehe Meinhold: BK XIV/8, 174 f.

560 LXX tauscht die Reihenfolge der beiden Stichen, möglicherweise, damit – wie in Gen – zuerst der Schöpfergott, dann der Vätergott zur Sprache kommt (vgl. Bulmerincq: Maleachi II, 243).

561 Statischer Charakter der Affirmativkonjugation (Meyer § 101.2).

562 Fientische Funktion (Meyer § 101.3a). Die 3 fSg für Juda ist – gegen den textkritischen Vorschlag der BHS – im Zusammenhang ihres Gebrauchs in Hos 5,3 oder Jer 3,8–20 zu erklären.

563 Israel und die folgende Kopula sind nach dem Vorschlag der BHS zu tilgen. »Israel« kommt sonst in Mal nur noch in der Überschrift und 3,22–24 vor und ist dort im umfassenden, Jerusalem einschließenden Sinn zu verstehen (vgl. c. 3.1.2). Dass hier »Israel und Jerusalem« genannt sind, hängt mit der Deutung Judas für das Königtum zusammen.

564 Der mit אֲשֶׁר eingeleitete Nebensatz ist zweideutig und kann sich sowohl auf Jhwhs Liebe zu seinem Heiligtum beziehen als auch auf Judas Liebe zu Jhwhs Heiligtum. Die ganze Passage fehlt in 1MS des Targum. BHS schlägt vor, unter Wegfall von אֲשֶׁר aufgrund einer Haplographie אָהֵבוּ zu lesen. LXX nimmt Juda als Subjekt (ἐν οἷς ἠγάπησεν). Petersen: OTL, 194.198, trägt mit אֲשֵׁרָה אָהַב hier bereits die Fremdgötterverehrung ein, muss aber eine Konjektur vornehmen. Für die *lectio difficilior* im MT ist Rudolph (KAT XIII/4, 268 f) plausibel, der für unwahrscheinlich hält, dass die beiden Verben unterschiedliche Subjekte haben sollen (ebenso Willi-Plein: ZBK.AT 24.4, 256), anders Meinhold: BK XIV/8, 175. Neben der Übersetzung oben wäre möglich: »... welcher [nämlich] liebte und die Tochter eines anderen Gottes heiratete.« Die obige Übersetzung ist mit der masoretischen Versaufteilung plausibel und bringt die Ambivalenz der Gottesbeziehung der Herrscher, die auch im Kult religiöses Kalkül walten ließen, besser zur Sprache.

565 4QXII[a] schreibt anstelle von בַּת בֵּית. Womöglich, weil die Verbform בעל fehlt, kommt anstelle der Mischehenaussage der fremdländische Tempel zu stehen. Auch LXX hat den Mischehenbezug nicht und übersetzt »... das dem Herrn Heilige, das er liebte, und er ging hinter fremden Göttern her« (Meinhold: Bedeutung, 96.) Folgerichtig steht in 2,12 anstelle von לְאִישׁ allgemein τὸν ἄνθρωπον.

eines anderen Gottes. 12 Jhwh soll ausrotten[566] von dem Mann, der sie tut,[567] Schoß und Sproß[568] von den Zelten Jakobs,

auch [wenn er] Darbringer[569] einer Gabe für Jhwh Zebaoth [ist].

13 Und dies tut ihr als Zweites:[570] Tränen bedecken[571] den Altar Jhwhs, [572]Weinen und Klagegestöhn wegen des nicht[573] mehr Zuwendens zur Gabe[574] und des wohlgefälligen Nehmens aus eurer Hand.

14 Aber ihr sagt:[575] Warum? Weil Jhwh Zeuge ist zwischen dir und der Frau deiner Jugend, gegen die du treulos gehandelt hast,[576] dabei ist sie deine Gefährtin und die Frau deines Bundes.

15abα[577] Und kein einziger[578] täte[579] das und ein Rest Geistes für ihn[580] und was ist dieser

---

566 כרת Hi kann nur »ausrotten« bedeuten; לְ zeigt nur noch Jer 44,8 das Objekt an; Jenni: Präposition *lamed*, 65, deutet wie Reventlow: ATD 25,2, 146; Meinhold: BK XIV/8, 175, als *lamed dativum.*

567 Das Suff 3 fSg bezieht sich auf תוֹעֵבָה in 2,11aβ; vgl. auch die Verwendung von עשׂה.

568 Wörtlich: »einer, der wach ist und antwortet« oder »Beschützer und Erwiderer«. Im ersten Fall ist nicht einmal klar, von welcher Wurzel das Wort abzuleiten ist; im zweiten Fall fällt die Auswahl unter ענה I-IV schwer. Zudem ist nicht eindeutig, ob die Wendung eine Explikation des Subjekts sein soll oder das Objekt zu כרת. K-B³ II, 807, schlagen für Mal 2,12 als polare Wendung im umfassenden Sinn »Freund oder Feind« vor; eine ähnliche Intention vertritt Meinhold: BK XIV/8, 176 f; dort auch die umfassende Diskussion der textkritischen Varianten und Lesarten. Die Alliteration der zweiten Deutung, die עֵר וְעֹנֶה als Objekt versteht, stammt von Horst: HAT I/14, 265; aufgenommen von Elliger: ATD 25, 200. Dass damit die Nachkommenschaft gemeint ist, vertritt auf Grundlage der Deutung des Targum בַּר וּבַר בַּר »Sohn und Enkel« auch Reventlow: ATD 25,2, 148. Die Übersetzung bei Willi-Plein: ZBK.AT 24,4, 256, interpretiert als den von Jhwh vollzogenen Abbruch der genealogischen Linie des Mannes (262). Textkonjekturen, auch wenn sie in einigen Handschriften der LXX und 4QXII^a bezeugt sind, erhellen die Passage nicht.

569 LXX liest das Partizip im Plural und stellt ihm die Präposition מִן voran, womit im Anschluss an 2,10 die Priester gemeint sind.

570 Es ist kaum erklärlich, was demgegenüber das Erste ist, denn der Vorwurf zeigt sich in der 2mPl – erstmalig in 2,10–16. LXX löst das Problem durch Konjektur: καὶ ταῦτα ἃ ἐμίσουν ἐποιεῖτε »und dies, was ich hasse, tut ihr«. 4QXII^a bezeugt die Lesart des MT. – Im Zusammenhang mit 2,11b.12 hinzugekommen und darum zu streichen, schlägt BHS vor, andere nehmen allein שֵׁנִית heraus.

571 4QXII^a bezeugt MT. LXX liest in einigen Zeugen תְּכַסּוּ = ἐκαλύπτετε, was mit der Ergänzung im ersten Versteil eine Deutung der offeneren Formulierung des MT ist, der Erzählung in 2,11 f syntaktisch gleichgestellt; ähnlich σ mit καλύπτοντες.

572 4QXII^a, LXX und der Syrer schließen syndetisch an וּבְכִי.

573 Die Lesart von 4QXII^a מֵאֵין, ebenso LXX mit ἐκ κόπων, liegt wohl in einem Abschreibfehler begründet (so auch BHQ), wobei in 4QXII^a nicht deutlich wird, ob das Wort zum vorhergehenden Satzteil wie in LXX gerechnet wurde.

574 Die determinierte Form meint jedwede מִנְחָה (Ges¹⁸ z. St.).

575 = der Einrede in den anderen Diskussionsworten: Mal 1,2.6 f.13; 2,14.17; 3,7 f.13.

576 Der mittels אֲשֶׁר eingeleitete Nebensatz fehlt in 4QXII^a (DJD XV, Tafel XL, Kol. 1, Z. 20), ist sonst aber bezeugt.

577 Von BHS als hinzugefügt deklariert. Der Vers gilt als *crux interpretum* der Maleachiforschung.

eine[581]? Einer, der Nachkommenschaft Gottes sucht? Hütet euch um eures Geistes willen
15bβ[582] und gegen die Frau deiner Jugend soll man[583] nicht treulos handeln.
16aα Wenn er Wegschicken hasst[584], hat Jhwh, die Gottheit[585] Israels, gesagt,
16aβ deckt er Gewalttat über sein[586] Gewand, hat Jhwh Zebaoth gesagt.
16b[587] Hütet euch um eures Geistes willen und keinesfalls dürft ihr treulos handeln.

---

578 LXX liest ἄλλο(ς) »ein anderer«, was einer der vielen Deutungsversuche ist, dem Gehalt von
v. 15 nahe zu kommen. Ist וְלֹא־אֶחָד Subjekt oder Objekt; steht es für Gott oder einen Menschen,
handelt es sich um einen Aussage- oder einen Fragesatz? Zu den vielen Lesarten und Deutungen
findet sich eine Übersicht bei Meinhold: BK XIV/8, 179–81. Auch die Konjekturen führen zu keinem
sicheren Ergebnis, daher wird MT belassen: Verneinung im invertierten Verbalsatz bringt die
Betonung des Subjekts (GK §152b).
579 Konjunktiv (GK §106p).
580 LXX, evtl. auch 4QXII[a] ergänzen εἴπατε bzw. אֲמַרְתֶּם, was die Struktur des Verses in eine zweite
Feststellung und Einrede eines Diskussionswortes setzen würde (wie im II. und V. Diskussionswort).
581 = Anm. 578.
582 Gleich dem vorangegangenen Versteil schlägt BHS vor, den Halbvers auszulassen.
583 Vielleicht ist mit wenigen Handschriften, LXX, V und Targum 2mSg zu lesen; dann wären das
Suffix des Objektes und das finite Verb kongruent; wenn man 3mSg belässt, erhält das Verb
verallgemeinernde Bedeutung (die vom negativen Wunsch bzw. Verbot [GK § 107p] bis zum plu-
ralisch formulierten apodiktischen Verbot [2,16bβ] gesteigert wird [Meyer §100.4e+f]). 4QXII[a] bringt
keine Klärung.
584 In der Auslegungsgeschichte ist dies eine von fünf Interpretationsmöglichkeiten, die bei
Meinhold: BK XIV/8, 182–184, dargestellt sind. Die Herausgeber der BHS schlagen – wohl aus
theologischen Gründen – die Konjektur שְׂנֵאתִי vor, womit Jhwh Subjekt des Satzes wäre. LXX[R]
übersetzt ἀλλὰ ἐὰν μισήσας ἐξαποστείλῃς »wenn du, indem du hasst, fortschickst« stimmt
sinngemäß mit dem zweiten Übersetzungsvorschlag von MT (siehe Seite 149) überein; LXX[L]
übersetzen ἀλλὰ ἐὰν μισήσας ἐξαποστείλον »wenn du hasst, schicke fort« (vgl. V und T) mit dem
ersten, ebenso 4QXII[a] – כִּי אִם שָׂנֵאתָה שַׁלַּח »wenn du hasst, scheide!« oder כִּי אִם שָׂנֵאתָה שַׁלַּח »wenn du
Wegschicken hasst …« (DJD XV, Tafel XL, Kol. II, Z. 4); vgl. in diesem Sinne auch bGit 90b und
Raschi (vgl. Meinhold: Bedeutung, 99; zu weiteren Übersetzungsvarianten Hugenberger: Marriage,
53–76).
585 An diesem Punkt wird die Gottheit Israels explizit benannt und der Satz zu einem religiös-
ethnischen Bekenntnis, das die Treue zu Gott über die Treue zur Frau stellt (vgl. Ex 32,27; ferner
Seite 158).
586 4QXII[a] liest יְכַסּוּ [לְבוּ]שִׁי »sie werden/ man wird bedecken mein Gewand« – je nachdem, wie der
1. Versteil zu deuten ist, wären entweder die Scheidung oder die Scheidungsunterlassung das
Sakrileg, eine Steigerung des Vergehens gegenüber MT.
587 Die Zeile sehen die Herausgeber der BHS als Nachahmung von 2,15bα an. Die Pointe liegt aber
genau in der Wiederholung – die Treulosigkeit gegenüber der Frau wird mittels אַל verboten, 2,16
wird die Aufforderung zum apodiktischen Verbot (Meyer §100.4 f) gesteigert לֹא תִבְגֹּדוּ.

Der Zusammenhang des III. Diskussionswortes Mal 2,10–16 entsteht textoberflächenstrukturell durch Rekurrenzen der Wurzel בגד »treulos handeln«.[588] Sie
kommt in den sieben Versen fünfmal vor, fehlt in 2,12f und im Rest der Maleachischrift. Innerhalb des Diskussionswortes wechselt ihre Bedeutung. In 2,10 ist
von der Treulosigkeit gegen den Mitmenschen die Rede (אִישׁ בְּאָחִיו), also nicht
gegen die Frau wie 2,14f und nicht gegen Gott wie 2,11 + evtl. 2,16.[589] Der Zusammenhang könnte darin bestehen, dass die mit 2,10 angeprangerte Treulosigkeit gegen die Identität der jüdischen Religionsgemeinschaft gerichtet ist, deren
Tradition und kulturelles Erbe durch das Eingehen von Mischehen mit Fremd-
einflüssen überformt werden.

Mal 2,10a setzt wie 1,6 mit einem theologischen Vorspruch[590] ein, der auch hier
als synthetischer Parallelismus aufgebaut ist. Dieser erste Vers enthält die erste
Form von בגד, Mal 2,16, der letzte Vers, entsprechend die letzte. Das Ende des
Abschnitts ist durch die modifizierte Wiederholung von 2,15b in 2,16b angezeigt, in
der die Unbedingtheit des Verbots und die semantisch resümierende Verwendung
von בגד abschließend wirken. Alle wichtigen hebräischen Textzeugen bezeugen
durch $p^e t\hat{u}h\hat{a}$ oder $s^e t\hat{u}m\hat{a}$ das Ende des Abschnitts. Mit 2,17 setzt zudem die für den
Anfang eines neuen Diskussionswortes typische dialogische Struktur ein. Die
Lexeme rekurrieren auf 1,6–8 und zeigen die Fortführung eines Gedankens aus
dem II. Diskussionswort an. Innerhalb des Abschnitts 2,10–16 sind die Sätze durch
Rekurrenzen auf der Textoberfläche miteinander verkettet, wie die folgende
Übersicht zeigt:

---

588 So auch Redditt: NCBC, 153, u. a. בגד (Q) »treulos handeln« kann auf das Gottesverhältnis (Hos
5,7; 6,7; Hab 1,13; 2,5; Jer 3,8; 5,11; 9,1; 5mal Ps; Prov 2,22) auf das Ehe/Liebesverhältnis (Prov 23,28;
Ex 21) oder auf das zwischenmenschliche Miteinander allgemein (Hi 5,16; Thr 1,2; Ri 9,23) angewendet werden. Vgl. Hill: AncB 25D, 226.
589 Bauer: Zeit, 132f, liest das III. zusammen mit dem IV. Diskussionswort. Die Begriffe, die er
dieser Struktur zugrunde legt, sind jedoch zu selektiv herausgegriffen und werden dem Zusammenhang mit Mal 1,6–2,9 nicht gerecht.
590 Meinhold: BK XIV/8, 185.197 f.

			אֶחָד	10a
בְּרִית		לְחַלֵּל	נִבְגַּד	10b
	נֶעֶשְׂתָה	יְהוּדָה	בָּגְדָה	11a
		יְהוּדָה חִלֵּל		11b
	יַעֲשֶׂנָּה			12a
	מִנְחָה			12b
	תַּעֲשׂוּ הַמִּנְחָה			13a
				13b
				14a
בְּרִיתֶךָ אֵשֶׁת נְעוּרֶיךָ			בָּגַדְתָּה	14b
רוּחַ		עָשָׂה	אֶחָד	15a
וְנִשְׁמַרְתֶּם בְּרוּחֲכֶם וּבְאֵשֶׁת נְעוּרֶיךָ			אַל־יִבְגֹּד	15b
				16a
וְנִשְׁמַרְתֶּם בְּרוּחֲכֶם			לֹא תִבְגֹּדוּ	16b

Der sogenannte Vorspruch beinhaltet zwei rhetorische Fragen; ein synthetischer Parallelismus koordiniert die zwei Nominalsätze. Erstmals nach Mal 1,9 wird in der 1cPl gesprochen. Die אָמַר יְהוָה צְבָאוֹת-Formel fehlt fast im gesamten Abschnitt. Erst im letzten Vers des Diskussionswortes erscheint sie wieder.

Mit מַדּוּעַ wird eine dritte Frage eingeleitet, keine rhetorische. Syntaktisch stringent schließt sie mit Mal 2,10b an 10a. Die erste Verbform des Textes bringt das Leitwort בגד in der 1cPlQImpf und hebt so die Gegenwartsrelevanz der Frage hervor. Der Inf cs der √ חלל rekurriert auf Mal 1,12; das Lexem בְּרִית auf Mal 2,4–8.

Mal 2,11 nimmt die beiden Verbformen בָּגְדָה und חִלֵּל auf und knüpft in der 3 fSg mit einem erzählenden Bericht in der Vergangenheit an. Mal 2,11f oder 2,12–13 werden meistens als redaktioneller Zusatz verstanden.[591] Ein Grund dafür scheint in einem Problem der Textkohärenz zu liegen, denn die Treulosigkeit richtet sich nicht gegen den Mitmenschen wie 2,10b, sondern gegen Gott.[592] Jedoch knüpft 2,11a mit בָּגְדָה logisch an 2,10bα; 2,11b interpretiert den erweiterten Infinitiv (לְחַלֵּל). Das Subjekt יְהוָה in Mal 2,12 nimmt einen Teil des Objekts aus 2,11b auf. Der sich anschließende Relativsatz bezieht sich mit dem gleichen Prädikat und dem all-

---

591 Z. B. Meinhold: BK XIV/8, 187–190.204; Petersen: OTL, 195; Renker: Tora, 73 ff.90; Willi-Plein: ZBK.AT 24.4, 258; dagegen z. B. Rudolph: KAT XIII/4, 271.

592 Petersen: OTL, 195, ist der Meinung, dass 2,12f sich gegen Idolatrie wenden und 15bf eine Fortschreibung sind, die das Thema des Abschnitts auf die Scheidung zuspitzt. Reddit: NCBC, 169, unterscheidet zwei Anklagepunkte: die Treulosigkeit gegeneinander (2,10.12) und die Treulosigkeit der Scheidung aufgrund von Mischehen (2,11.13–16).

gemeinen לָאִישׁ »von dem Mann« auf die im Passiv unpersönlich zum Ausdruck gebrachte Handlung in 2,11a. Das Partizip Hi 3mSgAkt in 2,12b bezieht sich – wie das vorangegangene Partizip – wiederum auf אִישׁ. Mal 2,12b verbindet texttiefenstrukturell 2,11–12a mit dem folgenden Vers. Das Darbringen der מִנְחָה, durch das in Mal 1,11 der Jhwh-König von allen Völkern unter der Sonne Verehrung erhielt, wird nun den, der eine Mischehe eingeht, nicht retten. Mal 2,12b rekurriert auf 1,11. Die Referenz entsteht durch die Aufnahme desselben Satzgefüges: נגשׁ (Ptz für die Handlungsträger) + מִנְחָה (Objekt) + לְ + Gott (indirektes Objekt).[593] Mal 1,6– 14 sind dabei propositional vorausgesetzt und stellen die Grundlage für den Zusammenhang mit 2,13 dar. Irritationen bezüglich der Textkohärenz werden durch die Einleitung von 2,13aα und Irritationen bezüglich der Textkohäsion durch den seltsamen Anschluss in 2,13aβ ausgelöst. Die Formulierung in 2,13aα rekurriert textoberflächenstrukturell auf die finite Verbform נַעֲשְׂתָה (Mal 2,11aβ). Dann wäre der Inhalt aus 2,11 f das Erste, 2,13 das Zweite. Dass die Einleitung in 2,11 fehlt, ist nicht das Problem, sondern dass dieses »Erste« sich auf einen erzählenden Bericht in der Vergangenheit bezieht, in dem eine Einzelperson agiert. Die unpersönliche Ausdrucksweise ab 2,11aβ könnte allerdings auf ein kollektives Verständnis der Passage hinweisen. Auch 2,13 greift einige Wendungen aus Mal 1,6–14 auf. Dem Darbringen einer מִנְחָה (Mal 2,12b) folgt das Bedecken des Altars Jhwhs אֶת־מִזְבַּח יְהוָה (vgl. Mal 1,7). Der Grund wird im folgenden Halbvers angegeben: wegen des nicht weiteren Zuwendens (vgl. 1,9b) zur מִנְחָה (vgl. 1,10bβ). Die Folgeformulierung aus 1,10bβ wird im Anschluss zu einer rhetorischen Frage modifiziert. Aus der kommentarlosen Verwendung des Wortes מִנְחָה lässt sich schließen, dass es sich hier nicht um irgendein fehlerhaftes Opfer handelt, sondern um eine Wohlwollen erbittende Gabe für Jhwh.[594] Dass dies ausdrücklich gesagt wird (1,12b), zeigt, dass der Darbringende nicht der Versuchung erlegen ist, anderen Göttern zu dienen, auch wenn diese Gefahr durch die eingegangene Mischehe bestünde.

Sollte diese Zuweisung von »Erstem« und »Zweitem« zutreffen, ist merkwürdig, dass das Zweite soviel harmloser erscheint als das Erste. Die Tränen der Reue – denn so müssten sie vor dem Hintergrund von 1,6–14 zu verstehen sein – sind sonst eher erwünschtes Zeichen der Umkehrbereitschaft (Jer 9,17; Thr 2,18),

---

593 Meist gelten die zwei Verse als späterer Einschub: Meinhold: BK XIV/8, 187; Baldwin: TOTC, 237; Chary: SBi, 255.259; Rudolph: KAT XIII/4, 271; Willi-Plein: ZBK.AT 24.4, 256.258, mit anderer Abgrenzung, aber auch in der Konsequenz, dass die Mischehen später sind; für komplette Einheitlichkeit: Reventlow: ATD 25,2, 147. Tiemeyer: Interlocuters, 185, geht davon aus, dass 2,10–12 nicht unabhängig von 2,13–16 konzipiert sind.

594 Das legt auch die Rekurrenz der Wurzel חלל auf Mal 1,12a nahe: An die Stelle der Entweihung des göttlichen Namens aufgrund unreiner Opfer tritt die Entweihung des Bundes der Väter (Mal 2,10b), speziell, des Heiligen Jhwhs durch die Heirat mit einer Ausländerin (Mal 2,11b).

keineswegs ein Vergehen, das neben den Greuel zu stellen wäre. Wohl aus diesem Grund deutet Rainer Kessler das »Zweite« als die »Entlassung von Frauen durch ihre Ehemänner«[595]. In der Logik des Textaufbaus ist das jedoch schwierig, weil die erwidernde Frage in 2,14 voraussetzt, dass der zweite Vorwurf bereits gefallen ist.

Mal 2,14 schließt syntaktisch stringent an 2,13; hinsichtlich der Kohärenz tritt jedoch ein weiteres Problem auf. Im Unterschied zu den Fragen innerhalb der dialogischen Struktur der anderen Diskussionsworte besteht diese nur aus einem Fragewort (עַל־מָה), ohne Bezug auf das Prädikat der vorangegangenen Aussage. Darum ist nicht eindeutig, worauf sie sich bezieht, ob auf den Vorwurf der Treulosigkeit (2,10b), auf das Verhalten Judas (2,11), den Ausrottungswunsch (2,12) oder die Tränen auf dem Altar (2,13). Syntaktisch eindeutig zuweisbar hingegen ist die Antwort. Sie weist mit עַל direkt auf die Fragepartikel zurück (עַל כִּי־יְהוָה הֵעִיד בֵּינְךָ וּבֵין אֵשֶׁת נְעוּרֶיךָ) und ist somit als argumentative Begründung erkennbar. Der Relativsatz in 2,14b bezieht sich auf אֵשֶׁת נְעוּרֶיךָ; der wiederum das Leitwort בָּגַדְתָּה aufnimmt, aber nicht in demselben Sinn wie 2,10b, auch nicht wie 2,11a, sondern als gegen die Frau gerichtete Treulosigkeit. אֵשֶׁת בְּרִיתֶךָ »Frau deines Bundes« weist mit dem Lexem בְּרִית auf die Formulierung בְּרִית אֲבֹתֵינוּ »Bund unserer Väter« (2,10b) zurück.

Für den schwer verständlichen und darum umstrittenen Vers Mal 2,15 hat in Aufnahme der alten Sellinschen These mit Bezug auf Gen 2 Markus Zehnder einen erneuten Lesevorschlag eingebracht. Konkret schlägt Zehnder zwei alternative Lesarten vor:[596]

> הֲלֹא־אֶחָד עָשָׂה וְאֶשֶׁר רוּחַ לוֹ
> Has He (the One) not made him one, He who has spirit?

> הֲלוֹא־אֶחָד אֶחָד עָשָׂה הוּא אֲשֶׁר רוּחַ לוֹ
> Has not the One made (him) one, He who has spirit?

Auch wenn einige der von Zehnder vorgenommenen Konjekturen in manchen Textzeugen belegt sind, kann seiner Interpretation nicht gefolgt werden. Der notwendigen Textkonjekturen sind zu viele![597] Die rhetorische Frage müsste nach Mal 2,14 Mann und Frau zum Objekt haben, was gegen הוּא in der zweiten Version spricht; in der ersten wäre הֲלוֹא־אֶחָד עָשָׂה zu übersetzen: »hat er nicht eine Einheit

---

595 Kessler: HThKAT 13,12, 196.

596 Zehnder: Fresh Look, 245–251. Den gleichen Bezug legt auch Tate: Questions, 403, zugrunde; ähnlich Clendenen: TAC 21 A, 354 f.

597 Der Text ist so kryptisch, dass Konjekturen immer manipulativ wirken. Vgl. z. B. auch die Lesart bei van der Woude: Struggle, 70, der אֶחָד als אַחֵר »Fremder« punktiert, was alttestamentlich kaum belegt ist, sondern aus der Formulierung אֱלֹהִים אֲחֵרִים abgeleitet ist.

gemacht?« בְּרוּחֲכֶם in 2,15b macht aufgrund des Suffixes unwahrscheinlich, dass 2,15a der Geist Jhwhs gemeint ist. Zehnder legt, wie viele Exegeten, in Mal 2,14 f das Faktum zugrunde, die Juden hätten neben ihrer ersten jüdischen Frau ausländische Nebenfrauen geheiratet. Davon verlautet nichts im Text; diese Prämisse ist jedoch schon in der jüdischen Auslegung im Mittelalter belegt. Die Deutung von 2,15a auf dem Fundament von Gen 2, die sich dann gegen Polygamie richtet bzw. auf die Unauflöslichkeit der Ehe zielt, wird nur unter der benannten Annahme verständlich. Aus diesem Argument kann zudem nicht auf Gottes Suche nach »göttlicher Nachkommenschaft« geschlossen werden, obwohl בקש Pi auch Jhwh zum Subjekt haben könnte (Ex 4,24; Jos 22,23; I Sam 13,14; 20,16 u. ö.) und die Assonanzen an 2,10 bestehend sind.[598]

Ohne eine alles klärende Lösung zu haben, wird hier eine textlinguistisch entwickelte Deutung gezeigt mit dem Versuch, ohne Konjekturen aufgrund zu unterschiedlicher Textzeugen auszukommen. Der Gebrauch von עשׂה (Mal 2,15a) weist auf Mal 2,11a: das Vergehen, das keinem Einzigen unterlaufen sollte, ist die Mischehe. Das Gebot, gegen die »Frau deiner Jugend« nicht treulos zu handeln, fordert im Zusammenhang mit 2,10 die Gemeinschaftstreue zum jüdischen Volk. Die Treulosigkeit steht für das Verlassen des soziokulturellen jüdischen Kontextes, in dem der Mann aufwuchs, und in dem er mit Sicherheit auch seiner ersten Liebe begegnete. Die Suche nach »Nachkommenschaft Gottes« bildet – vorbehaltlich aller textlichen Schwierigkeiten – ein positives Gegenstück zu עֵר וְעֹנֶה (Mal 2,12a). וּשְׁאָר רוּחַ לוֹ bringt mit ו offensichtlich eine Folge zum ersten Versteil zum Ausdruck. Daran schließt sich die Frage in 2,15aβ. Das Subjekt הָאֶחָד wird durch die Determinierung mit אֶחָד aus 2,15aα identifiziert. Das fehlende Prädikat könnte entweder durch eine Kopula »Und was ist dieser Eine?« oder elliptisch durch die Übernahme des Verbs aus 2,15aα »Und was tut dieser Eine?« ergänzt werden. Das nachfolgende Partizip lässt beide Deutungen zu, der semantische Unterschied ist unerheblich. LXX hat vor dieser Frage – und wenn die Deutung der Lücke von Z. 2 der Kolumne II in 4QXII[a] richtig ist[599], auch dieses Fragment – eine der für die Diskussionsworte typischen Erwiderungsformeln: וַאֲמַרְתֶּם. Das würde den Wechsel der Satzarten begründen, das Referenzsystem jedoch nicht erhellen.

Die 2mPlNi ו-cons וְנִשְׁמַרְתֶּם in 2,15b übersetzten schon LXX, Peš und Vul imperativisch.[600] בְּרוּחֲכֶם rekurriert auf den ersten Teilvers, 2,15bα. Der Prohibitiv אַל־יִבְגֹּד (Mal 2,15bβ) bezieht sich zurück auf 2,14bα, wohingegen das parallel gestellte apodiktische Verbot in 2,16b auf 2,11aα zurückweist.

---

598 Hi 14,4 belegt, dass לֹא־אֶחָד auch innerhalb des AT als substantiviertes Subjekt verstanden werden kann.
599 DJD XV, 224.
600 Zur Begründung: Bulmerincq: Maleachi II, 302.

Mal 2,16 ermöglicht in der Folge der hier gelegten Vorentscheidungen zwei Deutungen,[601] beide unter der Voraussetzung, dass שלח Pi im AT auch als Scheidungsterminus belegt ist (Dtn 24,1 u. ö.) und von den meisten Exegeten an dieser Stelle auch so verstanden wird. Syntaktisch versteht die erste Deutung 2,16 als konditionales Gefüge. Der Einsatz mit ו in 2,16aβ wäre als *apodosis* zu lesen und kennzeichnet 2,16aα als *protasis*. שָׂנֵא ist 3mSg Perfekt Q mit dem exemplarischen Adressaten als Subjekt (vgl. 2,15); שַׁלַּח ist Infinitiv abs als *nomen verbale*.[602] Im Anschluss an 2,15 bietet er die Explikation dessen, was es heißt, nicht treulos zu handeln: Schick sie [sc. die Ausländerin] weg.

> Wenn er Wegschicken hasst, hat Jhwh, die Gottheit Israels gesagt,
> deckt er Gewalttat über sein Gewand, hat Jhwh Zebaoth gesagt,
> und hütet euch um eures Geistes willen und keinesfalls dürft ihr treulos handeln.

Im zweiten Fall verstünde man כִּי begründend im Anschluss an 2,15b, שָׂנֵא als finites Verb der 3mSg Perfekt Q mit Jhwh als Subjekt, שַׁלַּח als Infinitiv abs. und könnte übersetzen:

> Denn er hasst Wegschicken, hat Jhwh, die Gottheit Israels, gesagt,
> und dass Gewalttat sein Gewand bedeckt, hat Jhwh Zebaoth gesagt.[603]

Die modifizierte Wiederholung in 2,16 hat – zudem mit dem Rückverweis auf 2,11 und die Ausgangsfrage – eine beschließende Wirkung.

Eine Gliederung des Textes birgt die Gefahr der thematischen Ausgrenzung bestimmter Abschnitte.[604] Die Rekurrenzen und Gliederungssignale könnten Folgendes nahelegen:

2,10   Problem (בגד + חלל)
2,11 f   erster Vorwurf (בגד + חלל)

---

601 Weitere Varianten bei Meinhold: Bedeutung 100 f; Hugenberger: Marriage, 59–76. Ähnlich wie Zehnder, Clendenen: NAC 21 A, 369 f; van der Woude: Struggle, 70, versteht שלח als »abbreviation of the ideomatic expression שלח יד« (vgl. I Sam 6,6; Ob 13): »... for he who neglects (his Jewish wife) puts forth his hand (in hostility) ... and covers his garment with violence« – wobei die beiden Beispiele das Idiom nicht belegen.
602 So auch Meinhold: BK XIV/8, 183 f, Variante 5. Bisweilen werden 2,16aα und 2,16aβ zwar als Konditionalgefüge gedeutet, der Infinitiv שַׁלַּח jedoch als finite Verbform שָׁלַח umpunktiert; vermutlich wegen theologischer Skrupel (siehe z. B. Wöhrle: Abschluss, 234 Anm. 53).
603 Meinhold: BK XIV/8, 174. In ähnlichem Sinn Redditt: NCBC, 175: »If [anyone] hating [his wife] divorces [her], Says the Lord God of Israel, Ther. violence covers his garment, Say the Lord of Hosts.« Verhoef: NICOT, 278–280. Auch Heath: Divorce, 1–8, versteht Jhwh als Subjekt zu שׂנא; die Argumentation geschieht jedoch auf theologischer Basis.
604 Eine Auflistung der Gliederungsvarianten findet sich bei Meinhold: BK XIV/8, 184 f.

2,13 zweiter Vorwurf (וְזֹאת שֵׁנִית תַּעֲשׂוּ)
2,14 Schriftbeweis (בגד)
2,15 Begründung (בגד)
2,16b Handlungsdirektive (בגד)

4.3.2 Bedeutung

Seit jeher hat man in der alttestamentlichen Exegese darauf verwiesen, dass es eine Besonderheit des III. Diskussionswortes ist, fast durchgängig Prophetenrede zu sein.[605] Selten jedoch wurde versucht, das III. Diskussionswort im Kontext der Maleachischrift zu verstehen. Dem unmittelbaren Zusammenhang mit der Levibundpassage (Mal 2,4–8) und den durch die universale Perspektive (Mal 1,11–14) aufgeworfenen Fragen wurde wenig Beachtung geschenkt. Angenommen Levi, der Eiferer, der מַלְאַךְ יְהוָה־צְבָאוֹת, ergreift das Wort, der Prototyp der Jakobsöhne, der gegen geschlechtliche Verbindungen mit Ausländerinnen vorging (Gen 34), der Schriftkundige, der nun wiederum eine Geschichte der Jakobüberlieferung aus der Genesis für die Gegenwart auslegt. Er lässt die Bedeutung dieses III. Diskussionswortes in neuem Licht erscheinen. Mit der 1cPl schließt Levi sich in die Volksgemeinschaft ein, bzw. der Leser, auch wenn er ein Priester ist, wird aufgefordert, sich als Teil dieser Gemeinschaft zu verstehen.[606]

Mal 2,10a nimmt mit zwei im Parallelismus formulierten rhetorischen Fragen die Vater-Sohn-Metaphorik aus 1,6 auf, konfrontiert sie jedoch mit der Vorstellung von Gott als universalem Schöpfer.[607] Die Reflexion betrifft nun das ganze Volk (im

---

605 Belege z. B. bei Oesch: Bedeutung, 171.
606 So gesehen, hätte die 1cPl hier eine appellative Funktion. Kessler: HThKAT 13,12, 191f, weist auf die rhetorische Funktion des »Wir«: »Auch heute kann ein Redner sagen: ›Mit der Nutzung der Atomkraft gefährden wir die Zukunft unserer Kinder‹.«
607 Die Frage, ob ברא hier die Schöpfung der Menschheit allgemein (wie Dtn 4,32; Jes 45,12; Ps 89,48) oder das mit dem Erwählungshandeln kombinierte Schöpferhandeln Gottes in Bezug auf sein Volk wie Dtj (Jes 43,1.15; 45,9.11) meint, ist schwer zu entscheiden. Rudolph: KAT XIII/4, 272, und Bernhardt: ThWAT I, 777, plädieren für die zweite Deutung, ohne Begründung. M. E. wird mit beiden gespielt. Die Zweideutigkeit ist die Frage: Wenn überall auf der Welt Jhwh eine reine Gabe dargebracht wird – wie definieren wir unser jüdisches Bekenntnis zu Gott als Vater und Schöpfer? Darauf zielt auch die verbindende Betonung von אֶחָד. Meinhold: BK XIV/8, 200, versteht ברא vor dem Hintergrund von Gen 1,1–2,4a, mit der Pointe, dass beide Geschlechter gleichwertig seien (Gen 1,27b). Das sollte gegenseitige Solidarität bewirken und unrechte Behandlung ausschließen. Dagegen spricht die Formulierung אִישׁ בְּאָחִיו. Würde die zwischenmenschliche Treulosigkeit sich auf Frauen und Männer beziehen (Rudolph: KAT XIII/4, 271, im Anschluss an Smith), wäre eher eine Formulierung wie אִישׁ אֶת־רֵעֵהוּ zu erwarten. Die Treulosigkeit, die im III. Diskussionswort

Unterschied zu Mal 1,6). Die schöpfungstheologische Frage knüpft an Mal 1,11–14 an. Der Parallelismus in Mal 2,10a legt nahe, dass mit אָב ebenfalls Gott gemeint ist.[608] Dennoch: »Die Vaterschaft Gottes wird hier im Sinne des gemeinsamen Ursprungs«[609] ausgesagt. Die zweite Verwendung des Lexems innerhalb desselben Verses gebraucht אֲבֹתֵינוּ (Mal 2,10bβ) im Plural. Es entsteht jedoch keine Zweideutigkeit. Die *chiastische Verbindung* hebt die Deutung der besonderen Beziehung zwischen Israel und Jhwh hervor, die im Bund mit den Vätern ihr Fundament hat. Der *Parallelismus* der beiden Stichen in 2,10a bringt die Gleichzeitigkeit der universalen Herrschaft Jhwhs und der Unmittelbarkeit dieser Beziehung, wie sie der Familienmetapher innewohnt, zum Ausdruck. Paraphrasiert würde der erste Vers dann lauten: ›Wir haben einen Gott, der uns alle geschaffen hat. Wir haben einen Vater, dem wir als Kinder, die ihm dienen, zugehören. Warum ist es treulos bzw. warum entweihen wir den Bund unserer Väter, wenn wir Frauen aus anderen Völkern [sc. die doch auch seine Geschöpfe sind] heiraten?‹ Der Sprecher würde damit einen Satz zitieren, der eine mitunter vielleicht sogar verbreitete Meinung zum Ausdruck brachte.

In der Frage, welcher Bund mit der im AT singulären Formulierung בְּרִית אֲבֹתֵינוּ in Mal 2,10b gemeint sein könnte, ist häufig auf Hos 6,7 verwiesen worden. Das Volk hat untreu gehandelt (בגד) und den Bund übertreten wie Adam. Hatte der Autor von Mal 2,10 diese Stelle im Blick, könnte die Universalität der Bundesvorstellung angesprochen sein. Der Adambund würde die Frage des Treueverhältnisses jedes Menschen in seinem Verhältnis zu Jhwh Zebaoth thematisieren; der Sinaibund das Treueverhältnis des Gottesvolkes zu Jhwh. Wilhelm Rudolph meinte, dass es schwer vorstellbar sei, dass der »Bund der Väter« in Mal 2,10 weiter gefasst sein soll als der Sinaibund.[610] Das bestätigt

---

durchdiskutiert wird, ist in 2,10 als Treulosigkeit gegen die Volksgemeinschaft verstanden (vgl. auch Böckler: Gott, 325).

608 In der jüdischen Exegese wurde bisweilen der Vater mit Jakob gedeutet (Ibn Esra; Kimchi Mikraot Gedolot z. St.); in der christlichen mit Abraham (Belege bei Böckler: Gott, 326). Rudolph: KAT XIII/4, 168 Anm. 10, vermutete, die LXX habe deswegen die beiden Stichen umgestellt, weil die Voranstellung des menschlichen Erzeugers vor dem göttlichen als unangemessen empfunden worden sei.

609 Böckler: Gott, 331.

610 Rudolph: KAT XIII/4, 272. Deissler NEB.AT 21, 328, verweist auf den »Abrahambund« (Neh 9,8). Vor dem Horizont der Vätergeschichten würde das gewisse Fremdvölker einschließen. Neh 9,8 ist der Abrahambund mit der Landgabe von sechs Völkern verbunden – sechs der sieben Dtn 7,1–4 im Mischehenverbot genannten Völker. Die wären aber auch nicht die, die im Kontext der Vätergeschichten zum Abrahambund gehören (vgl. Dtn 23,4.6), so dass Mal 2,10 nicht auf Neh 9,8 bezogen werden kann. Hinsichtlich der Texte im Pentateuch ergibt sich ein Widerspruch mit der

der Fortgang des Diskussionswortes, speziell in der Formulierung אֱלֹהֵי יִשְׂרָאֵל (Mal 2,16). Um eben diese Diskrepanz scheint es zu gehen. In Mal 2,10 weiß man sich dem Sinaibund verpflichtet, dieser muss aber in einem universal gedachten Kontext neu reflektiert werden.[611] Vor dem Hintergrund einer intertextuellen Beziehung des III. Diskussionswortes zu Gen 31 bezieht sich die Formulierung בְּרִית אֲבֹתֵינוּ auf einen ganz konkreten Bundesschluss, den zwischen Laban und Jakob geschlossenen Bund (Gen 31,44).[612] Adam gehört nicht zu den Vätern. Die Vätergeschichten beginnen mit Abram. Laban ist der Bruder Rebekkas, Jakobs Onkel, ein Aramäer, der in Haran lebt. Hier hat Jakob gelebt und geheiratet. Der Bund beinhaltet Jakobs Versprechen seinem Onkel gegenüber, dass er, wenn er jetzt nach Kanaan zurückgeht, keine weitere Frau heiratet und somit eine Mischehe eingeht.

Mal 2,11 fährt mit einem erzählenden Bericht aus der Vergangenheit fort. Er verwendet Juda als Eponym in zwei unterschiedlichen Bedeutungen, was durch die verschiedenen Geschlechter zum Ausdruck kommt: Juda, in Mal 2,11a *femininum*, weist auf Juda als Volks- und Landbezeichnung und weiblichen Part der Ehe in der Metaphorik für die Beziehung zu Jhwh (vgl. Jer 3,7).[613] Juda, in Mal 2,11b *masculinum*, weist auf Juda als Stammvater der Daviddynastie, der eine Mischehe mit der Kanaanäerin, der Tochter Schuas, eingegangen war.[614] Weil Juda der königliche Ahnherr überhaupt ist (Gen 49,8–12), richtet sich der Vorwurf gegen alle seine Nachkommen, die in der Geschichte des Nordreichs keinen Deut besser waren, weshalb es in Mal 2,11a *expressiv verbis* »in Israel und Jerusalem« heißt.[615] Die Mischehenfrage erinnert neben den Frauengeschichten von Salomo, Ahab und anderen an Hos 5,7, die zweite Stelle in Hos, die בגד enthält:

Völkerliste Esr 9,1, wonach auch die nach der Gemeinderegel Dtn 23 in späteren Generationen zugelassenen Völker in den Scheidungsprozess einbezogen werden.

611 Die Verbindung לְחַלֵּל בְּרִית erinnert auch an Ps 89,34f, wo der Bund Jhwhs mit David reflektiert wird und Jhwh zusichert, dass er seine Huld (חֶסֶד) nicht abzieht und dass er es an Treue (אֱמוּנָה) nicht fehlen lassen, seinen Bund nicht entweihen und seiner Lippen Spruch nicht ändern werde. Die Beschreibung hat leichte Anklänge an Mal 2,4–8.

612 Kessler: HThKAT 13,12, 193, spricht in der Deutung vom »Bund mit unseren Vorfahren«, wodurch eine gedankliche Festlegung auf einen der Bundesschlüsse zwischen Gott und den Vorfahren entsteht.

613 So auch Botterweck: BiLe 1, 181.

614 So auch Kessler: HThKAT 13,12, 200, im Anschluss an Willi-Plein: ZBK.AT 24.4, 260. Die Übersetzung von כְּנַעֲנִי mit »Kaufmann« ist ein Versuch, die Mischehenfrage zu umgehen (vgl. Jacob: Genesis, 711).

615 Die Formulierung bezieht sich ausdrücklich auf die staatliche Zeit und ist nicht als Hendiadys für das Territorium der persischen Provinz Jehud zu verstehen (gegen Hill: AncB 25D, 229).

בַּיהוָה בָּגָדוּ כִּי־בָנִים זָרִים יָלָדוּ

An Jhwh haben sie treulos gehandelt, denn fremde Kinder haben sie gezeugt ...

Ephraim hat Hurerei getrieben, Israel sich verunreinigt. Ihre bösen Taten verhindern, dass sie zu Gott (אֱלֹהִים) umkehren, denn der Geist der Hurerei ist in ihnen und Gotteserkenntnis nicht möglich (Hos 5,3b.4). Der Vorwurf des תּוֹעֵבָה »Greuel« bezieht sich hier auf die mit der Mischehe verbundene Gefahr der Fremdgötterverehrung, die nach Dtn 17,4 durch die Leviten geahndet wird. In Esr 9,1 findet sich der Begriff für die Mischehen verwendet, die das Land beflecken, was dort auf die Unreinheit der Fremdvölker zurückgeführt wird (Esr 9,11). Die Heirat mit der Tochter eines anderen Gottes[616] kann sowohl das Idolatrieverbot als auch das Mischehenverbot verletzen; Dtn 7,3; I Reg 11; Jer 44 machen jedoch deutlich, dass beides Hand in Hand geht.[617]

Begründet wird dieser Tatbestand unter der Proposition von Dtn 7,1–8, wonach den Israeliten geboten ist, sich nicht mit den sieben Völkern des Landes zu verschwägern. In einer Anspielung (Mal 2,11b) auf diesen Text kommt das zum Ausdruck: »Juda entweihte das Heilige Jhwhs« (קֹדֶשׁ יְהוָה vgl. Lev 19,8), »das er liebt« (אֲשֶׁר אָהֵב). Das Verb אָהֵב ist im Eingangsfinal der Maleachischrift auf Jakob bezogen: אָהַבְתִּי אֶתְכֶם. Es ist das einzige weitere Vorkommen der Wurzel in der Maleachischrift mit gleichem Subjekt. Insofern rekurriert der Relativsatz in Mal 2,11b auf 1,2a,[618] und zwar auf dem Fundament der intertextuellen Beziehung mit Dtn 7,6.8 כִּי עַם קָדוֹשׁ אַתָּה לַיהוָה אֱלֹהֶיךָ ... כִּי מֵאַהֲבַת יְהוָה אֶתְכֶם »ein heiliges Volk bist du für Jhwh, deinen Gott ... weil Jhwh euch liebt ...« Der Verstoß gegen Dtn 7,1–4 würde die Profanierung des Gottesvolks bedeuten, die Aufgabe seiner Erwählung, den Grundanker seiner Identität. Auf der Grundlage dieses intertextuellen Bezugs könnte auch die Verwendung des Gottesnamens אֵל (Dtn 7,9) begründet werden.

Im Anschluss an Mal 2,11bα erfolgt vor dem Hintergund von Lev 19,8, wonach derjenige, der das Heilige Jhwhs entweiht hat, aus der Volksgemeinschaft ausgerottet werden soll, mit 2,12 die Ausrottungsformel für den, der sich auf eine Mischehe einlässt,[619] auch wenn er nicht der Gefahr erlegen ist, der Religion seiner Frau zu folgen, sondern eine Gabe für Jahwh Zebaoth darbringt. Mit dieser Rekurrenz auf Mal 1,11–13 wird deutlich, dass es im III. Diskussionswort nicht um die Qualität der Gabe geht. Die Entweihung liegt im Eingehen der Mischehe (Mal

---

616 Zur Argumentation, dass וּבְעַל בַּת־אֵל נֵכָר das Eingehen einer Mischehe meint, siehe Meinhold: BK XIV/8, 207 f. So auch Kessler: HThKAT 13,12, 197, mit Verweis auf Esr 9–10.

617 Tate: Questions, 402.

618 Auch Kessler: HThKAT 13,12, 194.

619 Meinhold: BK XIV/8, 206.209; im Anschluss auch Kessler: HThKAT 13,12, 199.

2,11b). Dass derjenige »aus den Zelten Jakobs« ausgerottet werden soll, ist eine poetische Beschreibung für den Ausrottungswunsch aus der Lebensgemeinschaft des aktuellen Israel,[620] weist aber wiederum auf das Erzählmilieu der Vätergeschichte, auf deren Grundlage die Deutung der gegenwärtigen Situation geschieht.[621]

Nun zur Intertextualität des III. Diskussionswort mit Gen 31,43–54, wo vom Vertragsabschluss zwischen Jakob und Laban erzählt wird:[622]

> Und Laban antwortete und sprach zu Jakob: Die Töchter sind meine Töchter und die Söhne sind meine Söhne und die Herden sind meine Herden und alles, was du siehst, gehört mir. Aber meine Töchter, was kann ich heute für sie tun, oder für ihre Kinder, die sie geboren haben? Aber jetzt komm, lass uns einen Bund schließen, ich und du, und es soll etwas Zeuge zwischen mir und dir sein (וְעַתָּה לְכָה נִכְרְתָה בְרִית אֲנִי וָאָתָּה וְהָיָה לְעֵד בֵּינִי וּבֵינֶךָ). Da nahm Jakob einen Stein und richtete ihn als Mazebe auf. Und Jakob sprach zu seinen Brüdern: Lest Steine auf. Und sie nahmen Steine und machten einen Steinhaufen (גַּל), und sie aßen dort auf dem Steinhaufen. [...] Und Laban sprach: Dieser Steinhaufen sei Zeuge zwischen mir und dir heute (הַגַּל הַזֶּה עֵד בֵּינִי וּבֵינְךָ הַיּוֹם), deshalb nannte er den Steinhaufen ›Gal'ed‹. Und die ›Wacht‹, von der man sagt: Jhwh wacht zwischen mir und dir (יִצֶף יְהוָה בֵּינִי וּבֵינֶךָ), wenn wir verborgen sind, einer vor dem anderen. Wenn du meine Töchter schlecht behandelst und wenn du Frauen nimmst neben meinen Töchtern – es ist ja kein Mensch bei uns – siehe, Gott ist Zeuge zwischen mir und dir (רְאֵה אֱלֹהִים עֵד בֵּינִי וּבֵינֶךָ). Und Laban sprach zu Jakob: Sieh diesen Steinhaufen und sieh die Mazebe, die ich aufgeworfen habe zwischen mir und dir (אֲשֶׁר יָרִיתִי בֵּינִי וּבֵינֶךָ). Zeuge (עֵד) sei dieser Steinhaufen und Zeuge (וְעֵדָה) diese Mazebe, dass ich nicht überschreite zu dir hin diesen Steinhaufen und dass du nicht überschreitest zu mir hin diesen Steinhaufen und diese Mazebe zum Bösen. ...

Die Intertextualität mit Gen 31,43–54 hat ihre wichtigste textoberflächenstrukturelle Referenz in Mal 2,14b und wird durch die viermal begegnende Formulierung עֵד בֵּינִי וּבֵינֶךָ konstituiert. Im Genesistext wird die Position des Zeugen mit einer Repräsentanz Gottes besetzt (vgl. zuerst die offene Position [Gen 31,45], das Zeichen des Steins zwischen mir und dir [Gen 31,48a], die Deutung: Jhwh wacht zwischen mir und dir [Gen 31,49a]; der Rechtsfall zwischen mir und dir, für den Gott Zeuge sein soll [Gen 31,50]; schließlich Mazebe und Steinhaufen als Zeuge zwischen mir und dir und Grenzstein [Gen 31,51 f]). Begrifflich und syntaktisch entspricht die Formulierung der in Mal 2,14, die lediglich auf eine andere Konstellation bezogen ist. Texttiefenstrukturell sind beide Texte durch das mit einem

---

620 So Kessler: HThKAT 13,12, 200; Meinhold: BK XIV/8, 210, mit weiteren Beispielen für den Gebrauch der Formulierung in späten Texten.
621 Zur Bedeutung von Mal 2,13 siehe Seite 146 f.
622 Intertextualität mit diesem Text nimmt auch Kessler: HThKAT 13,12, 204, an, Meinhold: BK XIV/8, 217, bezeichnet ihn als »Vergleichstext«.

Bundesschluss besiegelte Versprechen, keine Ehe mit Ausländerinnen einzuge-
hen, miteinander verbunden. Die für Mal 2,14 entscheidenden Aussagen sind Gen
31,49a.50. Laban verlangt Jakob ab, zu seinen Frauen keine weiteren dazuzu-
nehmen. Da er mit den zwei Schwestern bereits zwei Frauen hatte, kann Polygynie
nicht das Problem gewesen sein. Jakob war jedoch von seinen Eltern nach Haran
geschickt worden, dass er nicht wie sein Bruder eine Mischehe einginge (Gen
28,1 f). Nun hat er bei seinem Oheim getan, was ihm aufgetragen war, und ist im
Begriff, wieder nach Kanaan zurückzukehren (Gen 33,18 f). Jede weitere Heirat
würde folglich eine Mischehe bedeuten. Mal 2,14 nimmt die Formulierung, die für
Gen 31,43–54 Leitwortcharakter hat, auf. Die Rede von der בְּרִית אֲבֹתֵינוּ »Bund
unserer Väter« (Mal 2,10b) steigert die Signifikanz der intertextuellen Beziehung,
ebenso die Formulierung des Ausrottungswunsches »aus den Zelten Jakobs«.
Jakob wäre somit wiederum kollektiv angesprochen. Der Vorwurf im III. Diskussionswort an ihn ist dahingehend gerichtet, dass er das Versprechen an Laban, bei
dem Jhwh Zeuge war, und zwar ein immerwährend wachender (Gen 31,49a), nicht
gehalten hat. Er *hat* fremde Frauen geheiratet. Mal 2,14 geht es nicht darum, ob ein
jüdischer Mann eine Ausländerin als Haupt- oder Nebenfrau dazu geheiratet hat
oder sich von der Frau seiner Jugend scheiden lässt.[623] Der Vorwurf richtet sich
kollektiv an den als Eponym verstandenen Jakob und betrifft jedweden Mann im
Gottesvolk, der in irgendeiner Form eine Ausländerin zur Frau genommen hat.
Dieses Unrecht wird als Treulosigkeit gegenüber der Frau geahndet, die auf
dreifältige Weise bezeichnet wird: אֵשֶׁת נְעוּרֶיךָ »Frau der Jugend« begegnet Jes 54,6,
ebenfalls in einem בְּרִית -Zusammenhang, als Metapher für das von Jhwh verlas-
sene Volk.[624] Prov 5,18b ist die »Frau der Jugend« die immerwährende Quelle, an
der man sich erquicken kann, und der Grund, sich auf die Fremde nicht einzu-

---

623 So die beiden Möglichkeiten, den Vorwurf des »treulos Handelns« 2,14b zu verstehen, die
Meinhold: BK XIV/8, 220, aufgrund von Ex 21,7–11 schlussfolgert. Van der Woude: Struggle, 69, ist
der Meinung, dass Mal 2,14 sich gegen die Bevorzugung einer fremden Frau richtet, die die Ver-
nachlässigung der jüdischen Ehefrau einschließen würde.

624 Jer 3,4 ist Jhwh der »Freund meiner Jugend« (Jl 1,8 der »Mann ihrer Jugend«), doch der
Vorwurf der Treulosigkeit bleibt an die Frau (Juda) gerichtet (3,7); so auch Prov 2,17 [von der
fremden Frau], die den Vertrauten ihrer Jugend verlässt und den Bund ihres Gottes vergisst. (Weil
Mal 2,14 – wenn überhaupt – vom Ehebruch des Mannes ausgeht und die Prov 2–7 dargestellten
literarischen Texte schwer an den alttestamentlichen Gesetzestexten gemessen werden können, ist
es schwierig, Konsequenzen für das Verständnis von Mal 2,14 abzuleiten. [Meinhold: ZBK.AT 16.1,
69]). Von 46 Belegen von נְעוּרִים beziehen sich 10 nicht auf das Verhältnis zwischen Gott und
Gottesvolk (Gen 46,34; Jer 48,11 [auf Moab]; Sach 13,5; Ps 127,4; 129,1.2; 144,12; Thr 3,27; Prov 2,17;
5,18); die direkte Parallelformulierung aus Prov 5,18 stammt aus dem profanen Bereich, allerdings
zeichnet das die Metaphorik aus. Die Belege zeigen nicht eindeutig, dass die »Frau der Jugend« die
erste Frau meint (z. B. Reventlow: ATD 25,2, 149).

lassen. Diese Semantik der csVerbindung entspräche der vorangegangenen Deutung. חֲבֶרְתְּךָ »deine Gefährtin« ist *hapaxlegomenon.* Der Begriff drückt die Partnerschaftlichkeit der Beziehung aus.[625] Der dritte Ausdruck für dieselbe Frau וְאֵשֶׁת בְּרִיתֶךָ »Frau deines Bundes« legt den Akzent wiederum auf die rechtliche Seite. Umstritten ist, ob בְּרִית »die Eheabsprache bzw. -abmachung«[626] meint oder das Bundesverhältnis zwischen Jhwh und seinem Volk, in das die jüdische Frau – weil sie zum Gottesvolk gehört – eingeschlossen ist.[627] Die zahlreichen Untersuchungen zu dieser Frage weisen darauf hin, dass mit beiden Deutungen gespielt wird. Zwar gibt es im AT keine Belege dafür, dass das Eheverhältnis zwischen Mann und Frau als בְּרִית gilt. Jedoch lässt die metaphorische Verwendung des Wortes (Ez 16,8–14; Hos 2,18–22) vermuten, dass die Ehe als Vereinbarung mit Rechtsbindung verstanden wurde.[628] Die Parallelität der Suffigierungen lässt zwar den Schluss zu, so wie נְעוּרֶיךָ auf die gemeinsame Jugend bezogen werden kann, auch בְּרִיתֶךָ auf den gemeinsamen Bund zu beziehen. Dies könnte ein Ehebund ebensogut wie der Bund Gottes mit seinem Volk sein.[629] Vielleicht sollte die Deutung in der Schwebe bleiben, ebenso, wie die von בגד zwischen dem Treueverhältnis zu Gott und dem zur Partnerin changiert. Keinesfalls jedoch bezieht sich die Formulierung rein metaphorisch auf das Verhältnis zwischen Jhwh und

---

625 Lescow: Maleachi, 99.

626 Meinhold: BK XIV/8, 196.221.234. Deissler: NEB.AT 21, 329, geht von einem schriftlichen Ehekontrakt (Tob 7,13 f) aus, wofür es im MT keine Belege gibt, ebenso Stendebach: SKK.AT 16, 73.

627 Rudolph: KAT XIII/4, 274. Auf dem Hintergrund von Prov 2,17 auch Meinhold: ZBK.AT 16.1, 69; BK XIV/8, 221, betont er hingegen stärker den Akzent der Eheabsprache oder -abmachung. Parallel zu 2,10 liest Glazier-McDonald: Malachi, 101, so dass die Bundesformulierung auch hier im Kontext der Sinaitradition zu verstehen sei.

628 Ähnliches wie die aus Elephantine bekannten Eheverträge (TUAT I/3, 260–263) ist für Syrien-Palästina bisher nicht belegt. Auch deren Elemente lassen sich in den alttestamentlichen Texten nicht zuverlässig identifizieren (Meinhold: BK XIV/8, 221–23). Unsicher ist zudem, ob בְּרִית im AT einen Vertrag meint (so Rüterswörden), oder eher eine Vereinbarung oder eine Verpflichtung, die auch einen Eid einschließen kann (Weinfeld: ThWAT I, 784). Hugenberger: Marriage, 216–239, versucht nachzuweisen, dass im AT *verba solemnia* als Element eines als בְּרִית verstandenen Eheverhältnisses gedeutet werden können. Jedoch führt er neben den vielfältigen religionsgeschichtlichen Belegen nur Beispiele ihrer metaphorischen Verwendung an (Hos 2,4; 2,17–19; Prov 7,4 f). Tob 7,12 f stammt aus späterer Zeit und ist nicht Bestandteil des MT; Gen 2,23 kann zur Argumentation nicht hinzugezogen werden (umfassend Meinhold: BK XIV/8, 218).

629 Hugenberger: Marriage, 29, argumentiert, dass in den vier weiteren Fällen im AT, in denen das *nomen regens* sich auf eine suffigierte Form von בְּרִית bezieht (Ps 25,10; Ps 103,18; Gen 14,13; Ob 7), das Bundesverhältnis zwischen beiden Referenzgrößen, also den *qua* Partizip und den *qua* Suffix bezeichneten Personen, besteht. Das Argument ist bestechend (vgl. Meinhold: BK XIV/8, 221). Jedoch kann aus vier Belegen keine allgemeingültige Regel formuliert werden, zumal בְּרִית in der Mehrzahl der Fälle im AT auf das Gottesverhältnis bezogen ist und die Ehe-בְּרִית sonst nicht belegt ist.

Volk.[630] Erstens wegen der genannten Zeugenschaft Jhwhs, die als göttliche Instanz sich von den beiden Beteiligten abhebt (בֵּינְךָ וּבֵין), zweitens wegen der Verkehrung der Metaphorik, wonach Jhwh die »Frau deiner Jugend« wäre, was sonst
nirgends im AT belegt ist.[631] Als Auslegung von Gen 31 bestünde die Treulosigkeit
gegen die Frau der Jugend, die Gefährtin, die Frau deines Bundes darin, dass Jakob
über die Töchter seines Oheims hinaus weitere Frauen heiratet, so wie es in der
Geschichte der Königreiche (Mal 2,11) vielfach geschehen ist und offensichtlich in
der Gegenwart auch (Mal 2,12).

Auf der Grundlage dieses intertextuellen Bezugs wird die Frage in Mal 2,14
verständlicher: »Weswegen?« Das Mischehenverbot in Dtn 7,1–8 bezieht sich auf
die Bewohner des Landes. Die Frage in Mal 2,14a könnte auf die neue Situation im
universalen Kontext gerichtet sein: »Weswegen [sc. ist das heute noch ein Pro-
blem]?« Der daraufhin geführte Schriftbeweis holt die Geschichte Harans herauf.
Laban lebte in Haran (Gen 28,10). Haran lag an der alten Karawanenstraße von
Mesopotamien nach Kappadozien, Syrien, Palästina, Ägypten, nicht auf israe-
lisch-judäischem Gebiet, nicht einmal in seinen kühnsten Ausdehnungsbe-
schreibungen (Dtn 1,7; Jos 1,4). Abraham, dessen Familie von dort stammte, hatte
einen Boten dorthin geschickt, um eine Frau für seinen Sohn Isaak zu suchen (Gen
24,4), Jakob hatte dort seine Frauen geheiratet. Diese Situation, dass Angehörige
der Volksgemeinschaft außerhalb des Landes leben, dürfte der Situation Israels in
der Perserzeit entsprechen, und bot eine Deutung für dieses Problem.

Der so schwierig zu lesende Vers Mal 2,15a setzt mit einer Folgerung für die
Gegenwart ein: »Nicht ein einziger tut dies« [sc. gegen die Frau der Jugend treulos
zu handeln].[632] Das Verb עשׂה rekurriert auf die gleiche Verbwurzel in 2,11a.12a und
lässt das fehlende Objekt in 2,15a mit den dort angestellten Ausführungen elliptisch ergänzen. Im ersten Versteil wäre das Objekt תּוֹעֵבָה, womit die Praktiken
fremder Kulte (Dtn 7,25; Esr 9,1 u. ö.) angesprochen sind, dahingehend weist es auf
die mit der Mischehe verbundene Gefahr der Idolatrie; in Mal 2,12 kann es dann
sogar die Mischehe selbst sein, durch die das Heilige Jhwhs entweiht wird. In
diesem Sinne wäre die Ellipse auch in 2,15 zu deuten. Wer dem Bund zwischen

630 Gegen Torrey; Cutler: עֵר וְעֹנֶה, 176–178; Hvidberg: Weeping, 120–123; in jüngerer Zeit darauf
Bezug nehmend: O'Brien: Inquiri, 69.
631 In der feministischen Exegese wurde dieses Problem erkannt und gelöst: »Denn nun erscheint Jhwh in der Rolle der Frau und nicht mehr des Mannes.« Baumann: Ehemetaphorik, 222,
womit ein Bogen, der mit Hos 2,4 begann, zum Ziel käme (vgl. auch Watts: Frame, 209–217). Auch
Tooze: Framing, arbeitete schon für Hos und Mal (ohne Epiloge) fünf verbindende »literary features« (141 u. ö.) aus, deren erstes die Beschreibung von Israels Treubruch JHWH gegenüber als
Ehebruch Hos 1–3 und Mal 2,10–16 ist. Eine Hermeneutik der inhomogenen Verbindung findet sich
nicht.
632 Zur Begründung Kessler: HThKAT 13,12, 208;

Jakob und Laban zuwider handelt, geht eine Mischehe ein und entweiht so das Heilige Jhwhs.[633] Das tut niemand, der halbwegs bei Verstand (רוּחַ)[634] ist. Die Antwort auf die Frage, was dieser eine [tue], heißt: מְבַקֵּשׁ זֶרַע אֱלֹהִים »ein Suchender Nachkommenschaft von Gott sein«. Das Partizip bringt die Dauerhaftigkeit der Handlung zum Ausdruck. Die Formulierung זֶרַע אֱלֹהִים erinnert an Esr 9,2, wo beklagt wird, dass sich der heilige Same durch die Mischehen mit denen der Völker vermischt hat. So interpretiert könnte Mal 2,15a inhaltlich auf einer Linie mit der vorangegangenen Argumentation liegen.

Mal 2,15b wechselt wieder in die 2mPl und verknüpft lexematisch 2,15a mit 2,14b, so wie es syntaktisch schon im ersten Teil des Verses geschehen war.

Die Deutung von Mal 2,16 hängt an der Übersetzung der ersten drei Worte, wie oben gezeigt wurde (Seite 148 f).

Die erste Deutung zielte auf die Forderung der Scheidung: Schick sie [sc. die Ausländerin] weg. Diese ethisch problematische Deutung könnte die einmalige Verwendung von אָמַר יְהוָה אֱלֹהֵי יִשְׂרָאֵל bestärken – sie betont einmal nicht die Universalität des Königsgottes, sondern die Gottheit des Gottes Israels über alle Götter und damit die Zugehörigkeit zur Identität Israels. Die Formel zitiert Ex 32,27a[635] und damit die Einleitungsformel des Tötungsaufrufs an die Leviten, nachdem das Volk das gegossene Kalb gefertigt hatte und Aarons Anteil formuliert war. Damit würde die Formel in Mal 2,16a auf eine der Gründungslegenden des Eiferns der Levisöhne anspielen; die Radikalität der Exodusepisode wäre die texttiefenstrukturelle Referenz, mit der die Radikalität des Scheidungsaufrufes ergeht. וְלֹא תִבְגֹּדוּ »keinesfalls dürft ihr treulos handeln« würde sich nun auf Gott beziehen. Die Entlassung würde bedeuten, dass der Treuebruch gegenüber Jhwh ungleich größer wäre als Scheidung von einer Ausländerin. Dafür spräche auch die Steigerung von אַל־יִבְגֹּד zu וְלֹא תִבְגֹּדוּ als apodiktischem Verbot, was syntaktisch einem Dekaloggebot entspricht. Der Gegensatz von lieben (2,11) und hassen (2,16) könnte auf Mal 1,2 rekurrieren und damit einen Referenzpunkt zum theologischen Gedanken der Besonderheit Israels für Jhwh setzen, (wobei die unterschiedlichen

---

633 Oft wird in der alttestamentlichen Exegese vertreten, dass Mal 2,11 f und 2,14–16 zwei unterschiedliche Themen behandeln, so Meinhold: BK XIV/8, 188, auch Kessler: HThKAT, 13,12, 206 f, anders Zehnder: Fresh Look, 230. Das Referenzsystem und die intertextuellen Bezüge legen jedoch einen zusammenhängenden Argumentationsgang nahe, was nicht heißen muss, dass die Passage textgenetisch von einer Hand ist.

634 Zu dieser Bedeutung Meinhold: BK XIV/8, 223; auch Kessler: HThKAT 13,12, 208.

635 Die Intertextualität kann aus der Textoberflächenstruktur allein nicht geschlossen werden. Die Formel begegnet 33mal im AT: Ex 5,1; 32,27; Jos 7,13; 24,2; Ri 6,8; I Sam 10,18; II Sam 12,7; I Reg 11,31; 14,7; 17,14; II Reg 9,6; 19,20; 21,12; 22,15.18; II Chr 34,23.26; Jes 37,21; Jer 11,3; 13,12; 21,4; 23,2; 24,5; 25,15; 30,2; 32,36; 33,4; 34,2.13; 37,7; 42,9; 45,2; Mal 2,16. Die Signifikanz liegt in der Tiefenstruktur, die durch den ›Eifer‹ Levis gegeben ist.

Subjekte die Referenzialität verringern). Die Argumentation würde von Anfang an auf den Treuebruch gegen Jhwh zielen. Stimmt die Argumentation, richten sich Mal 2,10–16 nicht gegen Ehescheidung, sie fordern sie geradezu, um des Lebens und der Treue zu Jhwh willen.[636]

Die zweite Deutung würde die Radikalität im Umgang mit der Mischehe zurücknehmen. Sozialgeschichtlich wäre damit eine plausible Erklärung im Gegenüber zu Esr 9 gegeben: dem radikalen Umgang in Fragen der Mischehe wird eine Art Scheidungsverbot zum Schutz der Frau entgegengesetzt.[637] Der Gegensatz von lieben (2,11) und hassen (2,16) hätte hier das gleiche Subjekt, was für diese Lesart sprechen könnte, allerdings wird die Dichotomie durch die unterschiedlichen Objekte aufgehoben.

Die anders laufende Argumentation in Mal 2,10–15 und der Levi-Kontext machen die zweite Deutung jedoch unwahrscheinlich, auch wenn sie dem heutigen ethischen Empfinden eher entspricht. Die erste Deutung entspricht dem Levibild, das Gen 34 und Ex 32 zeichnen und das in der jüdischen Tradition aufgegriffen wurde. Im Kontext der Maleachischrift wird das Mischehenverdikt der Ahndung des eifernden Priesters (vgl. Dtn 17,4) anheimgestellt und als Treulosigkeit gegenüber Jhwh, die schlimmer ist als Scheidung, deklariert. Damit wäre eine Mischheirat nicht mehr diskutabel. Eine Relativierung der Forderung aus Esr 9 ist in seinem Umfeld nicht denkbar; die Übersetzung »ich hasse Scheidung« in diesem Kontext unwahrscheinlich.

Diejenigen, die für die Überlieferung des Textes verantwortlich zeichnen, haben jedoch im Petropolitanus und im Aleppo-Kodex nach Mal 2,12 eine $p^e t \hat{u} \hat{h} \hat{a}$ tradiert. Damit trennen sie die Frage der Mischehen von den folgenden Versen und eröffnen die Möglichkeit, die Thematik des zweiten Teiles als Scheidungsverdikt zu deuten. Diese Interpretation ist bis in die gegenwärtige Kommentarliteratur reich bezeugt.[638]

---

636 In diesem Sinne auch Bulmerincq: Maleachi II, 306; Schaper: Priests, 178. Anders Botterweck: BiLe 1, 184f. Deissler: NEB.AT 21, 330; Reventlow: ATD 25,2, 150; Hill: AncB 25D, 258; Meinhold: BK XIV/8, 233; Weyde: Prophecy, 278; u. a. dass die Argumentation ab 2,14 auf 2,16 zielt, vertritt auch Willi-Plein: ZBK.AT 24.2, 259.264. Petersen: OTL, 206, kommt zu dem Schluss, dass 2,14–16 metaphorisch zu verstehen sind. Die Treue zu Jhwh würde gefordert, indem auf Grundlage von Texten bei Hosea oder Jeremia, die vom Verhältnis Jhwhs zu seinem Volk durch Ehemetaphorik reden, ›Scheidung‹ von Jhwh verhindert werden soll. Vgl. die Varianten der englischsprachigen Bibelübersetzungen bei Clendenen: NAC 21 A, 361–64.
637 So z. B. Willi-Plein: ZBK.AT 24.4, 264.
638 Siehe Anm. 592; beispielsweise auch Meinhold: BK XIV/8, 195f; Willi-Plein: ZBK.AT 24.4, 262.

4.3.3 Stellung in der Maleachischrift

Liest man das III. Diskussionswort im Kontext der Maleachischrift, wird deutlich, wie die Radikalität seiner Thematik in der Charakteristik des Levi ihr Fundament hat. Darauf ist in der Auslegung von Mal 2,10–16 selten geblickt worden; meist hat man aufgrund der Übersetzungsprobleme und der damit verbundenen Schwierigkeiten, das Thema des Diskussionswortes zu bestimmen,[639] einschließlich der ethischen und theologischen Problematik, Zurückhaltung vor weiterreichenden Konsequenzen geübt.

Das III. Diskussionswort gehört in den Mund Levis, des מַלְאַךְ יְהוָה־צְבָאוֹת, des idealen Priesters. Wie Esr 9 und Neh 10,29f ist das gesamte Volk angesprochen und nicht allein die Priester, wie Ez 44,22b.[640]

Textlinguistisch ist deutlich geworden, dass das III. Diskussionswort an das II. anknüpft. Texttiefenstrukturell liegen dem unterschiedliche Passagen der Überlieferung über den Erzvater Levi zugrunde. Die Rekurrenzen auf das zweite Diskussionswort führen jedoch den dort gezeichneten Konflikt nicht weiter, sondern konfrontieren in der Weise, dass das dort gezeichnete Problem minderwertiger Opfer hier gar keine Rolle spielt. Entweihung ist hier nicht die Profanierung des Tisches des Herrn (Mal 1,12), sondern die Entweihung Jhwhs durch das Eingehen einer Mischehe (Mal 2,11). Diese Konfrontation fingiert einen Fall, in dem das Hauptproblem der Mischehen, die mit ihm verbundene Gefahr der Fremdgötterverehrung, gar nicht eingetreten ist: es wird eine Opfergabe für Jhwh dargebracht (Mal 2,12). Allerdings hat die Geschichte gezeigt, wie groß diese Gefahr ist (Mal 2,11b). Ferner scheint die Treue zur Tradition auch ein Ausdruck der Treue untereinander zu sein. Wenn der Bund der Väter gebrochen wird, steht das gemeinsame Fundament, auf dem die Identität Israels gründet, infrage.

Auch auf das I. Diskussionswort weist das III. zurück, allerdings mit wenig signifikanten Rekurrenzen. Wiederum gibt eine Episode aus der Jakob-Esau-Überlieferung die Grundlage für die Deutung eines Problems der Gegenwart. Mit

---

639 Z. B. van der Woude: Struggle, 66: »More decisive, however, is our convinction that Mal. 2:10–16 does not deal with divorce at all.« Ferner zeigen das die Überschriften in den Kommentaren: »[Schelt- und Mahnrede gegen] Mischehen und Ehescheidung« (komplett: Botterweck: BiLe 1, 179, kurz: Deissler: NEB.AT 21, 327); »Ehefragen« (Rudolph: KAT XIII/4, 267; »Die Heirat mit der fremden Zweitfrau« (Reventlow: ATD 25,2, 145); »Faithlessness in Marital Affairs« (Weyde: Prophecy, 215); »Treuebund und menschliche Untreue« (Willi-Plein: ZBK.AT 24.4, 256); die beste Bestimmung, weil sie am Leitwort orientiert ist und seine Bedeutungsunterschiede berücksichtigt, bringt Meinhold: BK XIV/8, 168: »JHWHs Widerwillen gegen Treulosigkeit«; völlig anders benennt Petersen: OTL, 195, das Thema mit »fatherhood«.
640 Willi-Plein: ZBK.AT 24.4, 265, plädiert dafür, dass auch hier die Priester angeredet sind, weil sie, um dem Volk Tora sprechen zu können, dies wissen und ernst nehmen müssen.

dem Rückgriff auf das I. Diskussionswort wird – vor dem Hintergrund der Jakob-Esau-Überlieferung – das Erwählungskapitel Dtn 7 evoziert. In der Mischehen-frage geht es letztlich wiederum um den Kern der Identität Israels als Gottesvolk. Aus textlinguistischer Perspektive wird das Thema im IV.-VI. Diskussionswort nicht weitergeführt. Es gibt keine Referenzen, die darauf zurückgreifen, während das II. im IV. und V., das I. im VI. und das IV. im VI. Weiterführungen erfährt. Insofern ist das III. Diskussionswort in der Gesamtanlage der Maleachischrift ein Nebenschauplatz. Theologisch und sozialgeschichtlich dürfte es eines der Hauptthemen im 4./3. Jh. dargestellt haben.

Innerhalb des XII könnte man überlegen, ob das Kapitel zu den »Rahmen-themen« gehört, die Figuren aus der Hoseaschrift in der Maleachischrift wieder aufnehmen und zu buchübergreifenden Themenkomplexen verbinden. Arndt Meinhold hatte darauf aufmerksam gemacht, dass sich eine solche Rahmung an der Verwendung der Wurzel בגד, dem Leitwort des III. Diskussionswortes, zeigen lässt.[641]

Mal 2,10–16 sind – ausgehend von einem aktuellen gesellschaftlichen Pro-blem – um die Schrift und ihre aktualisierende Auslegung bemüht.[642] Das Verbot der Mischehe mit allen Nichtisraeliten ist kein explizites Toragebot, sondern erst eines des nachbiblischen Judentums (bYev 76a), vielleicht weil Mose, der selber eine Mischehe eingegangen war, als Träger des Verbots nicht geeignet war. Auch wenn die Siebenzahl der Völker des Landes in Dtn 7,1 eine Gesamtheit reprä-sentiert, sind eben die Fremdvölker »im Land« gemeint. Ferner enthält die Tora die Gemeinderegel (Dtn 23,8 f). Der Kontext der Maleachischrift und der generalisie-rende Charakter von Mal 2,10–16 sprechen dafür, dass aus den Texten der Tora ein theologisches Fundament für den Umgang mit dem Problem der Mischehe kon-struiert wird. Dieser Bezug und die Generalisierung des Mischehenverbots Mal 2,10–16 sprechen für eine relative Datierung nach Esr/Neh.[643] Die Datierung der Maleachischrift ist oftmals an der Mischehenfrage verankert worden. Dass diese für die Jhwh-Gemeinde innerhalb des persischen Großreichs ein Problem war, ist aus Esr 9; 10; Neh 6,17–19; 9,1–3; 10,29–31; 13 bekannt. Bezüglich der Einordnung der Maleachischrift wurde aufgrund der als Zusatz aufgefassten Verse Mal 2,11 f im Zusammenhang mit 2,16 angenommen, dass die Mischehenfrage hier nicht so

641 Meinhold: BK XIV/8, 204.
642 So Meinhold: BK XIV/8, 197, ebenfalls Weyde: Prophecy, 276.
643 So auch Weyde: Prophecy, 276; Willi-Plein: ZKB.AT 24.2, 260. Lescow entscheidet in seiner Analyse, die Verbindung zu Esr/Neh vollends herauszulassen, weil sie zu mannigfachen exege-tischen Fehlschlüssen verleitet habe (Maleachi, 112 f). Seine Textgliederung unterliegt aber wie-derum seiner formgeschichtlichen Prämisse. Für die Textintention der »Neuen Ehemoral« gibt es in Mal keine Anhaltspunkte ohne die Mischehenfrage.

radikal entschieden worden sei wie in Esr 9 f.[644] Die Radikalität muss jedoch nicht den Fortschritt eines Gedankens implizieren, wie an diesem Beispiel schon Wilhelm Rudolph zeigte.[645] Die Gleichsetzung von Esra und Maleachi in der jüdischen Tradition (bMeg 15a; Tg Mal 1,1) weist darauf, dass die Geschehnisse, die hinter den Darstellungen im Esrabuch und der Maleachischrift stehen, schon in der frühen Auslegungsgeschichte als dieselben betrachtet wurden.

Die Linie der Forderung der endogamen Ehe aus Dtn 7,1–6, die paradigmatisch von Rebekka für Jakob durchgesetzt wird (Gen 27,46–28,5), lässt sich über Esr 9f bis in den Tobitroman und damit ins 3. Jh. ausziehen.[646] Das Buch Ruth entfaltet den Fall einer sich der Religion ihrer Schwiegermutter anschließenden Ausländerin, die Geschichte einer Frau, die sich der pauschalen Mischehenverdammung widersetzt.[647] Unter dieser Perspektive bekommt die Passage Mal 2,10–16 eine Relativierung. Megillot wie Ruth oder Ester relativieren die Grausamkeit der Scheidungsforderung in Mal 2,10–16, indem sie deutlich machen, dass die Mischehe nur dann wirklich ein Problem ist, wenn die Treue zu Jhwh auf dem Spiel steht. Das suggeriert auch die religiöse Implikation der Formulierung בַּת־אֵל נֵכָר in Mal 2,11.[648] Im Kontext der Maleachischrift wird diese Treue eindrücklich gefordert. An seinem Ende wird die Zugehörigkeit zum Eigentumsvolk Jhwhs nicht ethnisch bestimmt, sondern in die Entscheidung des Einzelnen gelegt: Gerecht ist, wer Gott dient und frevelhaft, wer ihm nicht gedient hat (Mal 3,18).

4.4 Mal 2,17–3,5 (IV. Diskussionswort)

4.4.1 Text und Struktur

2,17 Ihr ermüdet[649] Jhwh[650] mit euren Worten;
ihr aber sagt[651]: Womit ermüden wir[652]?
Mit eurem Gerede[653]: Jeder, der Böses tut[654], ist gut in den Augen Jhwhs

---

644 Renker: Tora, 87.89f; Bosshard/Kratz: Maleachi, 37; van der Woude: Haggai, 79; Zenger: Einleitung[8], 696 f; Deissler: NEB.AT 21, 315. Gegen den üblichen Zusammenhang mit Esr/Neh zugunsten der Edom-Datierung ins 6. Jh.: O'Brien: Priest, 122 f.

645 Rudolph: KAT XIII/4, 249.

646 Kaiser: Ausländer, 71.

647 Kaiser: Ausländer, 74.

648 Zehnder: Fresh Look, 227.

649 Geistiger Affekt oder Zustand wird ins Präsens übersetzt (GK[7/28] §106 g); vgl. Mal 1,2.

650 LXX hat τὸν θεόν, 4QXII[a] אֱלֹהִים (DJD XV, 224), vermutlich aufgrund von מִשְׁפָּט; אֱלֹהֵי הַמִּשְׁפָּט; wobei das Wort aus dem Fragment ם erschlossen ist.

651 Siehe Anm. 297.

und[655] an ihnen[656] hat er Gefallen oder[657] wo ist die Gottheit des Rechts[658]?
3,1a Siehe[659], ich sende[660] meinen Boten, und er bereitet den Weg vor mir.[661]
3,1b Und[662] plötzlich[663] wird kommen[664] zu seinem Tempel[665] der Herr, den ihr sucht,
und der Bote des Bundes, an dem ihr Gefallen habt, siehe[666] er wird dann gekommen sein, hat
Jhwh Zebaoth gesagt.
3,2a Aber[667] wer wird ertragen den Tag[668] seines Kommens, und wer wird bestehen bei seinem

---

652 BHS empfiehlt mit Verweis auf LXX-Handschriften, Peš, Targum und Vulgata, das Objekt anzufügen: הוֹגַעֲנֻהוּ »ermüden wir *ihn*«. LXX und 4QXII[a] (DJD XV, 224) [mit einem Buchstabendreher vorn והגענהו] stützen MT; Meinhold verwies in Anlehnung an Brockelmann auf die elliptische Figur des Halbverses und die Implikation des Objekts durch den 1. Stichos (BK XIV/8, 240).

653 Siehe Anm. 368. Vergleiche hier die Übersetzung der Vulgata mit *sermonibus*, was Menge-Güthling im fünften Bedeutungsfeld als »Gerede der Leute« beschreiben (Enzyklopädisches Wörterbuch, 692).

654 Die Kombination von כָּל mit dem PtmSg von עשׂה findet sich noch Dtn 18,12; 22,5; 25,16 (2); II Chr 34,13; Mal 2,17; 3,19. Gegen die Übersetzung von כָּל im Sinne von »alle«, was die Kongruenz mit וּבָהֶם gewährleisten würde, spricht, dass das nachfolgende Partizip nicht determiniert ist (Ges[18], 544; GK §127b). 4QXII[a] schreibt עֹשֵׂי, wie die Referenzstelle in Mal 3,15.

655 Zur Verstärkung des Lamentierens über den gestörten Tun-Ergehen-Zusammenhang könnte man auch als Komparativsatz übersetzen: »so wie er an ihnen Gefallen hat« (GK[7/28] §161a).

656 Das Suffix bezieht sich auf den kollektiv zu verstehenden Singular (GK[7/28] §135p).

657 Elliptisch zu ergänzen: oder [wenn das nicht der Fall ist] (Ges[18], 21).

658 LXX übersetzt ὁ θεὸς τῆς δικαιοσύνης »der Gott der Gerechtigkeit«, Mal 3,5 hingegen mit ἐν κρίσει »im Gericht«; Vulgata hat D. *iudicii* = Mal 3,5 »Gericht, Prozess«.

659 4QXII[a] hat לָכֵן vorangestellt, wohl um durch die Begründungspartikel die Kohäsionsstörung zu überbrücken. Das Fragment ist dafür jedoch der einzige Textzeuge.

660 *Futurum instans* (GK[7/28] § 116p), vgl. Mal 2,3 (Anm. 394). Elliger liest präsentisch, bezogen auf die Gegenwart, die die Hörer schon erleben, weil Gottes Abwesenheit ein gefährlicher Gedanke ist (ATD 25/2, 195). Die Entscheidung kann nicht aufgrund theologischer Prämissen gefällt werden.

661 LXX liest ἐπιβλέψεται »hinschauen auf«, aufgrund der Punktation וּפָנָה. σ liest σχολάζει »er nimmt sich Zeit, hat Muße«; die Intention erschließt sich schwer.

662 Mal 3,1b, 2. Langzeile, wird von BHS als redaktionell eingestuft. Inzwischen ist eine große Anzahl Exegeten der Meinung, dass mit 3,1b–4 (eine) Fortschreibung(en) vorliegen: Zu den damit zusammenhängenden Fragestellungen und der Forschungsgeschichte: Weyde: Prophecy, 284 ff.

663 Van der Woude: Engel, 295, leitet aus der Verwendung von וּפִתְאֹם ab, dass der Vers sekundär ist.

664 4QXII[a] schreibt יָבֹאוּ statt יָבוֹא (DJD XV, 225). Wenn es keine Verschreibung ist, bezieht sich der Plural auf beide gleichzeitig, מַלְאַךְ הַבְּרִית und הָאָדוֹן.

665 הֵיכָלוֹ meint hier wie Hag 2,15.18; Sach 6,12–15; 8,9; Esr 3,6.10; 4,1; Neh 6,10 den Tempel als Ganzen. Zu den vier Bedeutungen des Wortes im AT: Meinhold: BK XIV/8, 260. Das Suffix bezieht sich auf הָאָדוֹן.

666 4QXII[a] schreibt hier הנו (DJD XV, 225), das Suffix weist auf den Boten des Bundes.

667 Adversatives ו (Waltke/O'Connor 39,2.3b; GK[7/28] §154a.b).

668 4QXII[a] (DJD XV, 225) hat infolge der Lesart von Mal 3,1 (Anm. 664.666) אֹתָם statt אֶת־יוֹם. Die Formen בּוֹאוֹ »sein Kommen« und בְּהֵרָאֹתוֹ »in seinem Erscheinen« sind daran nicht angeglichen; auch würde diese Lesart die parallele Struktur der Halbverses zerstören.

Erscheinen?

3,2b Denn er ist[669] wie das Feuer des Schmelzers[670] und wie das Laugensalz des Wäschers 3,3f[671] und wird sitzen, der Schmelzer und Reiniger des Silbers[672], und reinigen die Söhne Levis[673], und er wird sie läutern wie Gold und Silber[674] und sie werden für Jhwh sein, als die, die eine Gabe in Gerechtigkeit darbringen.[675] 4 Und angenehm wird sie für Jhwh sein, die Gabe Judas und Jerusalems, wie in den Tagen der Vorzeit und den ersten Jahren.

3,5 Und ich werde mich euch zum Recht[676] nahen und werde ein schneller Zeuge sein gegen Zauberer und gegen Ehebrecher und gegen Meineid Schwörende[677]

und gegen die, die den Lohn des Lohnarbeiters[678] drücken, Witwe und[679] Waise und den Fremdling beugen[680]

und keine Ehrfurcht vor mir haben, hat Jhwh Zebaoth gesagt.

---

669 LXX liest zusätzlich εἰςπορεύεται = בָּא »er kommt«, womit von 3,2a zu 3,2b die gleiche Art der referentiellen Verknüpfung gegeben wäre wie von 3,1b zu 3,2a und von 3,2b zu 3,3a.

670 LXX liest χωνευτηρίου »Schmelzofens«, womit die Kohäsionsstörung zu מְצָרֵף in 3,3 behoben ist, vermutlich ist die Lesart also eine Korrektur.

671 BHS kennzeichnet die Verse 3f als wahrscheinlich hinzugefügt, was Elliger in seinem Kommentar mit der »zusammenhanglosen Erwähnung der Levitenpriester« (ATD 25,2, 196) und der Prosafassung begründet. Letzterer wegen ordnet er den letzten Satz von 1b ebenfalls diesem Redaktor zu (197).

672 LXX ergänzt ὡς »wie«, was eine Angleichung an den Vergleich in 3,2bα ist. Desweiteren ergänzt LXX τὸ χρυσίον »das Gold«, ebenfalls eine Ergänzung in Anlehnung an 3aγ und wie dort determiniert.

673 בְּנֵי־לֵוִי sind keine Leviten als *clerus minor*, sondern die Angehörigen der Priesterschaft im umfassenden Sinn (vgl. c. 4.2.2.5).

674 Da der Artikel bei Vergleichen im Hebräischen einen Gattungsbegriff ausdrückt, wird er nicht übersetzt (GK §126l).

675 Mit dem Partizip ist eine Zuständlichkeit ausgedrückt, die mit der Haupthandlung eintritt (GK §116v).

676 LXX hat κρίσει »Gericht«, vgl. Anm. 658. Die Referenz des MT zwischen 2,17 und 3,5 ist somit gelöst.

677 Viele Handschriften und die LXX haben in Anlehnung an Lev 19,12 oder Sach 5,4 zusätzlich בִשְׁמִי, womit Gott als Zeuge oder Bürge für diesen Schwur genannt wäre (K-B³ IV, 1300f). Zur Übersetzung »Meineid« siehe Meinhold: BK XIV/8, 279. Zur Zeugenschaft Jhwhs als dem »Garanten des Rechts« siehe Schenker: Zeuge, 3–6.

678 Die Bemerkung der Editoren der BHS, שָׂכָר als Dittographie zu streichen, leuchtet nicht ein, formal nicht, stilistisch nicht, ferner wird in Dtn 15,21 dieselbe Formulierung verwendet.

679 4QXII^a ohne וֹ, was die feste Redewendung dieser im AO geläufigen Aufzählung unterstreicht.

680 Nach BHS wahrscheinlich vor אַלְמָנָה zu stellen, so dass das Partizip sich auf alle drei Gruppen, die auch sonst im AT zusammen genannt werden, bezöge. Alternativ schlägt BHS vor, »Witwe und Waise« zu tilgen. LXX versieht sämtliche Gruppen von Unterdrückten mit einem Partizip für die Unterdrückenden; auch die im MT finite Verform יְרֵאוּנִי stellt sie in eine Partizipialkonstruktion, so dass sie insgesamt auf acht zu verurteilende Gruppen kommt, von denen die ersten vier mit ἐπὶ »gegen« kombiniert sind.

Mal 2,17 signalisiert nach dem Abschluss in 2,16 und durch den Personalwechsel des redenden Subjekts in die 3mSg mit der Wiederkehr der dialogischen Struktur den Beginn eines neuen Argumentationsgangs.[681] Dieser wird in der Frage nach dem »Gott des Rechts« zugespitzt und im letzten Vers des IV. Diskussionswortes beantwortet. Jhwh selbst naht sich zum Recht. Die csVerbindung mit מִשְׁפָּט ist chiastisch gestaltet, so dass die Übeltäter 2,17 und die, gegen die Jhwh 3,5 zur Rechtsvollstreckung kommt, in Beziehung gesetzt werden:

die, die Böses tun (2,17bα)   Gottes des Rechts (3,5aα)

Gottes des Rechts (2,17bβ)   die, die keine Ehrfurcht vor mir haben (3,5)

Das Diskussionswort beginnt nicht mit theologischen Vorspruch wie Mal 1,6 und 2,10, sondern mit einer im knappen SPO-Satz gehaltenen Anklage.[682] Wie Mal 1,2 bezieht sich die Erwiderung der Angesprochenen auf das Verb der göttlichen Handlung, die kurze אָמַר יְהוָה-Formel gibt es hier jedoch nicht. Auffällig ist, dass diese Erwiderung nicht die Entfaltung des präpositionalen Objektes aus 3,17aα erfragt, sondern noch einmal dasselbe. Ein kohärenter Anschluss ließe erwarten, dass wie in 3,13 nach dem Inhalt der Worte gefragt würde. Die Antwort in 3,17bα erfolgt dennoch in diesem Sinne. Mal 3,17 weist mit einigen referentiellen Bezügen auf die Konfliktexposition des II. Diskussionswortes: בֶּאֱמָרְכֶם rekurriert auf das Gerede in Mal 1,7b.12; die Referenz gewinnt durch רַע, das auf 1,8 weist, Signifikanz; gestärkt durch die Konstruktion חפץ + Obj. mit בְּ aus 1,10b. רַע bezieht sich in Mal 1,8 auf kultisches Fehlverhalten, auch der zweite Beleg von von יגע Hi könnte einen kultischen Kontext nahelegen.[683] Textoberflächenstrukturell rekurrieren also einige Begriffe von Mal 2,17 auf die Kultkritik in Mal 1,6–10;[684] die Dichotomie

---

681 Willi-Plein: ZBK.AT 24.4, 265, lässt 2,17 isoliert unter dem Titel »Resignation« stehen mit der Begründung, dass der vorige Abschnitt durch die sᵉtûmâ abgegrenzt sei, mit c. 3 jedoch die Tag-Jhwhs-Darstellung beginne. Die Wahrnehmung der Kohärenzschwäche ist durchaus begründet, formal weisen die Rekurrenzen auf 1,6–10 in 2,17 aber darauf hin, dass im Fortgang des Textes die noch offene Antwort erfolgt, während auf der inhaltlichen Ebene bereits das nächste Thema verhandelt wird.

682 Zur formalen Affinität der Feststellung zu denen des I. und VI. Diskussionswortes vgl. Meinhold: Vorsprüche, 202. Zum Neueinsatz 2,17 vgl. Rudolph: KAT XIII/4, 277.

683 Das Hi des Verbs findet sich nur noch Jes 43,23f, ebenfalls in kultischem Kontext, mit Jhwh als Subjekt. Dort weist Jhwh von sich, die Adressaten mit Opferforderungen ermüdet zu haben.

684 So auch Weyde: Prophecy, 354.

von Gut und Böse in Mal 2,17 lässt aber Grundsätzlicheres anklingen, so dass die Ursache des Vorwurfs im IV. Diskussionswort erst einmal schillert. Eindeutig weist die Antwort Mal 3,5 in den sozialethischen Bereich.

Angeredet sind im Anschluss an Mal 2,10–16 alle Angehörigen des Gottesvolkes. Eine explizite Anrede wie in Mal 1,6; 2,1 gibt es hier jedoch nicht.[685] Eine Spannung entsteht dadurch, dass Mal 2,17 als Prophetenrede erscheint, 3,5 aber als Gottesrede, die bereits mit 3,1 einsetzt. Strukturell sind Mal 2,17 und 3,5 auch nur durch das Lexem מִשְׁפָּט auf der Textoberfläche aufeinander bezogen, die Rekurrenzen in 2,17 und der sozialethische Schwerpunkt in 3,5 erwecken den Eindruck, dass die Kohärenz dieses Spannungsbogens an seidenen Fäden hängt.[686]

Der Personenwechsel von Mal 2,17 zu 3,1 kann vielleicht mit der Integration des Zitats aus Ex 23,20ff begründet werden.[687] לְפָנַי entspricht der Formulierung im Kontext von Ex 23,20, hier aber ohne Suff 2mSg. Mal 3,1aβ referiert Jes 40,3. Zudem rekurriert das Weg-Motiv auf Mal 2,8 f. An die Perspektive von 3,1a schließt sich erst wieder 3,5 an. Mal 3,1b–4 sind innerhalb des Chiasmus von 2,17–3,5 durch Rekurrenzen miteinander verkettet, wie folgende Übersicht zeigt und wie es ähnlich in Mal 2,11–12 zu beobachten war. Unter literarkritischer Perspektive werden sie meist als ein oder mehrere Einschübe betrachtet.[688]

---

685 Koenen: Heil, 59. Vgl. Meinhold: BK XIV/8, 286/87. Scalise: Fear, 410. Tiemeyer: Interlocuters, 186, meint, dass die Rollen zwischen Priestern und Prophet hier wechseln. Die Priester erwarten nun, dass Gott die Bösen straft und die Gerechten siegen lässt. Mal 3,17 bezeuge die tiefe Unbegreiflichkeit der Priester ob ihrer eigenen Situation, während Maleachi ihnen das perplexe Fehlen des Verstehens ihres Leidens spiegelt, das in Wirklichkeit gerecht ist (187). Auch Bosshard/Kratz sind der Meinung, dass die Adressaten hier die Priester sind (Maleachi, 37.39 f); ebenso Smith: WBC 32, 326.

686 Petersen: OTL, 208, macht den Bezug zu Dtn 18,12; 25,16 aufmerksam, so dass aus diesem Kontext falsche Prophetie und sozialethisch unverträgliches Verhalten gleichermaßen an den Pranger gestellt sind. Zur Sonderstellung von 2,17 siehe auch Clendenen: NAC 21 A, 370 f.

687 Siehe c. 3.1.4.2. Auch Petersen: OTL, 210, deutet den Boten als prophetische Gestalt (cf. II Chr 36,15 f). Die Gemeinsamkeit beider Texte bestehe darin, »that ›something‹ is obeying the stipulations of the covenant.« Petersen begründet aber dessen Aufnahme in 1,1 so, dass er das unmittelbare Bevorstehen des Kommens Jhwhs betone. Stuart: Malachi, 1350, zeigt den intertextuellen Bezug auf, führt sodann jedoch weitere Belege aus dem Pentateuch für »angel stories« auf, die ihm helfen »to clarify how the term might be used here of Yahweh himself.«

688 Elliger: ATD 25,2, 197. Deissler: NEB 1988, 316.330; van der Woude: Engel, 290–93; Lescow: Strukturen, 202–204; ders.: Maleachi, 115.118–122; Koenen: Heil, 54; Petersen: OTL, 207.209. Van der Woude meint, dass der Grundbestand von IV in Mal 2,17.3,1a.5 zu suchen sei und 3,1a.bβ Ergebnis einer gesetzestheologischen Glossierung im Sinne von 2,7 seien (Kaiser: Grundriß II, 160). Für die Einheitlichkeit z. B. Hill: AncB 25D, 260; Verhoef: NICOT, 293, der meint, dass 1–4 einen anderen Aspekt der Antwort auf 2,17 repräsentieren als 3,5.

					חָפֵץ	אַיֵּה אֱלֹהֵי הַמִּשְׁפָּט	2,17
						מַלְאָכִי	3,1a
				יָבוֹא	חֲפֵצִים	מַלְאַךְ הַבְּרִית	3,1b
				יוֹם בּוֹאוֹ			3,2a
			מְצָרֵף			וּכְבְרִית (!)	3,2b
	כֶּסֶף	וּמְטַהֵר	מְצָרֵף				3,3aα
		וְטִהַר					3,3aβ
	וְכִכְּסֵף						3,3aγ
מִנְחָה	לַיהוָה						3,3b
מִנְחַת יְהוּדָה	לַיהוָה						3,4a
							3,4b
						וְקָרַבְתִּי אֲלֵיכֶם לַמִּשְׁפָּט	3,5

Mal 3,1b knüpft mit einem Lexem – חפץ – an 2,17 an, wobei weder das implizierte Subjekt noch das davon abhängige Objekt identisch sind, mit einem zweiten – מַלְאָךְ – an 3,1a. פִּתְאֹם und בוֹא begegnen im AT vielfach in Unheilsansagen, und rücken das Geschehen, das die folgende Imperfektform ausdrückt, im Anschluss an das Partizip in 3,1a in baldige Zukunft. Der Vers ist durch die Partizipialkonstruktionen mit den angeschlossenen Relativsätzen und Formen der Wurzel בוֹא chiastisch strukturiert.

Hart umstritten ist, wer sich hinter הָאָדוֹן und dem מַלְאַךְ הַבְּרִית verbirgt.[689] Die Parallelstruktur der beiden Formulierungen, bestehend aus Subjekt und folgendem Relativsatz, dieser zusammengesetzt aus אַתֶּם + PtmPl, könnte eine Gleichsetzung beider Gestalten suggerieren,[690] die chiastische Stilisierung des Verses rät dagegen. Innerhalb des Alten Testaments meint הָאָדוֹן in der determinierten Form

---

689 Dass die beiden Gestalten identisch sind, meint Reventlow: ATD 25, 152, Darauf verweist auch Glazier-McDonald: Mal'ak Habberît, 97; auch Smith: WBC 32, 328, der im Prinzip in Anlehnung an Driver das Richtige sieht, wenn er das Verhältnis als »representative form« beschreibt. Scalise: Fear, 411, hält den Boten 3,1a und den 3,1b für identisch; den Herrn 3,1b identifiziert sie mit Jhwh (3,5).
690 So van der Woude: Engel, 294; siehe zur Forschungslage Meinhold: BK XIV/8, 260 f, der überdies zeigt, dass der Parallelismus aufgrund der durch בוֹא entstehenden chiastischen Struktur nicht eindeutig ist [246]. Ein forschungsgeschichtlicher Abriss findet sich überdies bei Snyman: Investigating, 1033–1037.

immer Jhwh (Jes 1,24; 3,1; 10,16.33; 19,4; Mal 3,1). Innerhalb des XII steht auch אָדוֹן, zum Teil suffigiert, fast immer für Gott.[691] In der Maleachischrift meinen alle vorausgegangenen Belege Jhwh (1,6.12.14). Nur in Sach 1,9; 4,4f.13f; 6,4 ist eine andere Figur im Blick und zwar ausgerechnet der מַלְאָךְ, der auch als מַלְאַךְ יְהוָה (Sach 1,9) bezeichnet wird. Er steht immer im Singular, was aber auch nicht zur Abgrenzung gegenüber der Bezeichnung Gottes als אָדוֹן beiträgt, denn Sach 6,5 nennt – ebenfalls im Singular – Jhwh den אֲדוֹן כָּל־הָאָרֶץ. Durch die csVerbindung ist die Wendung jedoch determiniert, so dass auch in der Sacharjaschrift die aus der Determination von אָדוֹן folgende Unterscheidung von Gott und seinem Boten ihre Richtigkeit zu haben scheint.[692]

Der »Bote des Bundes« – ein singulär im AT verwendeter Begriff – rekurriert einerseits auf מַלְאָכִי »mein Bote« Mal 3,1a, andererseits – und verstärkt durch die Rahmung der בְּרִית-inclusio – auf Levi (Mal 2,7b). Die Partizipien מְבַקְשִׁים und חֲפֵצִים weisen in unterschiedliche Richtungen. Letzteres rekurriert auf חפץ in 2,17bα und hat auf der Textoberfläche eine verknüpfende Funktion. Ersteres rekurriert auf יְבַקְשׁוּ in 2,7aβ und unterstreicht inhaltlich, dass mit der Sendung des Boten die Erwartung einer göttlichen Offenbarung verbunden ist. Die unterschiedlichen Zeitstufen der √בוא koordinieren das Kommen der beiden Gestalten: Durch בָּא, gleich, ob man es als Partizip oder Perfekt auffasst, wird die Zweistufigkeit des Kommens deutlich. Ein Perfekt, das im Kontext von Zukunftsaussagen erscheint, muss im Sinne des Futur II übersetzt werden.[693] Am Ende des Verses steht eine der beiden אָמַר יְהוָה צְבָאוֹת-Formeln im IV. Diskussionswort.

Mal 3,2 beginnt mit zwei Fragen, die einen synonymen Parallelismus bilden. Mal 3,2a nimmt die Wurzel בוא aus 3,1 auf. Durch die Satzstellung und 3,2b wird eindeutig, dass die Referenz auf das Kommen des Bundesboten in 3,1b geht. Die erste Frage referiert Jl 2,11 (מִי יְכִילֶנּוּ), die zweite Nah 1,6 (מִי יַעֲמוֹד). Textteifen-strukturell entsteht eine Verbindung zu Tag-Jhwhs-Dichtungen im XII.[694] Zugleich setzt die Formulierung יוֹם בּוֹאוֹ mit der Kombination der beiden Wurzeln eine

---

691 Abgesehen von Am 4,1, wo die Pluralform die irdischen Herren meint. Vgl auch Hill: AncB 25D, 268.

692 So auch Hill: AncB 25D, 268; Rösel: Warum, 173; Kessler: HThKAT 13,12, 230.

693 GK[7/28] §106o. Auch Renker: Tora, 75–79; Meinhold: BK XIV/8, 258f, als in eins zu nehmen ebd., 244; Weyde: Prophecy, 291ff; Deissler: NEB, 330; Koenen: Heil, 56, betrachtet neben dem in sich geschlossenen Zusatz 2–4 1bβ als später. Wallis: Wesen, 232.234.236, sieht 3,1–4 als an die Priester gerichtet; Rudolph: KAT XIII/4, 279, bestimmt 3,1bβ.3.4 als sekundär; Krieg: Mutmaßungen, 32–35.72f.116–120, hält 2,15a.17; 3,1–2.5b innerhalb des Abschnitts 2,14–3,6 für originär, die Aussagen in der 3mSg hingegen für sekundär; für die Einheitlichkeit des Diskussionswortes: Reventlow: ATD 25, 151; Smith: WBC 32, 326; Hill: AncB 25D, 260.

694 Nah enthält keine klassische יוֹם־יְהוָה-Formulierung, sondern redet vom »Tag der Bedrängnis« (יוֹם צָרָה), der aber ebenfalls auf ein Strafgericht Jhwhs mit Feuermetaphorik bezogen ist.

Referenz zum Eröffnungssatz der unmittelbar vorausgegangenen Tag-Jhwhs-Dichtung in Sach 14,1. Der Anschluss von Mal 3,2 an 3,1b macht jedoch deutlich, dass die Formulierungen hier auf den Boten übertragen wurden.[695] Mal 3,2b schließt syntaktisch mit zwei Nominalsätzen an 3,2a an. Wie die beiden Fragen sind auch sie im synonymen Parallelismus koordiniert. Der Anschluss an 3,2a geschieht durch כִּי in kausaler Funktion. Zwischen 3,2a und 3,2b bricht das oben gezeigte Referenzsystem ab. Nur hier gibt es kein Lexem, das auf der Textoberfläche beide Verse miteinander verknüpft. An diese Stelle tritt die Paronomasie von הַבְּרִית und כְּבֹרִית – inhaltlich klingt der Vergleich an: der Bote des Bundes ist wie das Laugensalz, strukturell wird durch die Lautähnlichkeit die fehlende Verknüpfung hergestellt.

Mal 3,2b–4 arbeiten mit sechs Vergleichen. Das erste Vergleichsbild in 3,2b כְּאֵשׁ מְצָרֵף, eine singuläre csVerbindung im AT, wird mit der Aufnahme des *nomen regens* in 3,3a weitergeführt. Das zweite Vergleichsbild in 3,2b כְּבֹרִית מְכַבְּסִים weist auf Jer 2,22, Teil einer Jhwh-Rede gegen die Bündnispolitik mit Ägypten, das Bild wird aber in den folgenden Versen nicht entfaltet, was eine gewisse Inkohärenz darstellt.[696]

Mal 3,3 f sind mittels der durch das Pt Akt מְצָרֵף konstituierten Referenz an 3,2bα gebunden und entfalten das Wirken des Bundesboten als Schmelzer. Anders als im vorangegangenen Bild wird der Bundesbote nicht mit dem Feuer des Schmelzers verglichen; er ist selber der Schmelzer. Dem Partizip parallel gestellt wird nun ein zweites – מְטַהֵר כֶּסֶף, womit beides der Referenz »Bundesbote« zugewiesen wird. An das zweite Partizip knüpft mit טהר der folgende Handlungssatz. Diesem durch die beiden Verbformen der 3mSgPiAK + Akkusativobjekt (= Levisöhne) parallel gestellt ist der folgende Teilsatz. זקק Pi begegnet nur an dieser Stelle und kann aufgrund des Parallelismus synonym zu טהר übersetzt werden, was semantisch dem Qal in Hi 28,1 entspricht. Der mit זקק Pi beginnende Parallelsatz ist durch die Vergleiche כַּזָּהָב וְכַכָּסֶף erweitert und damit wieder an 3,3aα zurückgebunden. Mal 3,3b wechselt das Prädikat in die 3mPl, das Objekt בְּנֵי לֵוִי aus Mal 3,3a wird Subjekt. Mal 3,3bβ rekurriert auf Mal 1,11: מַגִּישֵׁי ist die Aktivform zu מֻגָּשׁ; das Dargebrachte ist eine Gabe; die Qualität dieser Gabe, nämlich טְהוֹרָה zu sein, ist den Levisöhnen im Akt der Läuterung möglich geworden. Mit dieser inhaltlichen Referenz, auf die mit der zweimaligen Verwendung der Wurzel טהר angespielt wird, rekurriert 3,3 eindeutig auf 1,11, nicht auf 2,12. Der hier beschriebenen Qualität des Darbringens der Gabe בִּצְדָקָה wird noch nachzugehen sein. Mal 3,4 bringt die Folge der Priesterläuterung für das gesamte Volk zum

---

695 Formen der Wurzel ראה i. Z. mit dem Boten Jhwhs: Meinhold: BK XIV/8, 265.
696 Vgl. auch Meinhold: BK XIV/8, 244.

Ausdruck. Demnach ist nun auch die Gabe Judas und Jerusalems Jhwh angenehm. Einmal mehr wird Mal 1,11 konstrastiert, wonach überall auf der Welt Jhwh eine reine Gabe dargebracht wurde, nur nicht in Jerusalem. Diese Leerstelle ist nun wieder ausgefüllt. Die beiden sich anfügenden temporalen Vergleiche weisen wiederum auf eine Ursituation, wie sie schon mehrfach mit der Verwendung der Eponyme anklang.

Syntaktisch ist möglich, auch Mal 3,2–4 als Gottesrede zu lesen. Jedoch wechselt der narrative Stil der Verse 3.3.4 mit 3,5 wieder in die Ansprache der Kläger aus Mal 2,17. Textoberflächenstrukturell rekurriert Mal 3,5aα mit לַמִּשְׁפָּט »zum Recht« auf 2,17bβ und beantwortet die dort aufgeworfene Frage. Der Rechtsakt Jhwhs richtet sich gegen alle sozialethischen Verbrecher, was durch das vierfache Vorkommen der Präposition בְּ »gegen« ausgedrückt ist. Die Partizipien bezeugen, dass es sich nicht um einmalige Vergehen handelt, sondern dass so zu tun gepflegt wird.[697] Entgegen der Empfehlung der Herausgeber der alten BHS, שָׂכָר »Lohn« als Dittographie zu streichen, stellt die Aufzählung eine stilistisch auffällige Steigerung dar. Der Lautsteigerung der ersten beiden ersten Partizipien folgt ein Partizip, das durch eine Apposition erweitert ist, während das vierte Partizip durch ein doppeltes Objekt erweitert ist, das eine Paronomasie zur Apposition der vorigen Gruppe darstellt.

$$\text{בַּמְכַשְּׁפִים}$$
$$\text{וּבַמְנָאֲפִים}$$
$$\text{וּבַנִּשְׁבָּעִים לַשָּׁקֶר}$$
$$\text{וּבְעֹשְׁקֵי שְׂכַר־שָׂכִיר}$$

In der Reihe der Verbrechen wird auf diese Weise mit jedem neuen Tatbestand stilistisch immer noch eins draufgesetzt bis das Maß voll ist, und dann wird – ohne בְּ – das Vergehen an den *personae miserae* genannt – außerhalb jeder Zählung und das Maß des Ganzen vollends überschreitend. Durch das resümierende לֹא יְרֵאוּנִי erscheinen die in Mal 3,5 Verurteilten in krassem Gegensatz zum Ideal des Levi.[698] Proposition ist dabei der Zusammenhang von Mal 2,4–8.

Formal schließt wiederum die אָמַר יְהוָה צְבָאוֹת-Formel das Diskussionswort ab.[699]

---

697 GK[7/28] § 107d; 116a.c.

698 Weyde: Prophecy, 299, hatte herausgearbeitet, dass mit der Formulierung לֹא יְרֵאוּנִי nicht-prophetisches Material einbezogen wird.

699 Zur Diskussion um das Ende des Diskussionswortes nach 3,5 im folgenden Kapitel.

4.4.2 Bedeutung

4.4.2.1 Die Frage nach dem Gott des Rechts (Mal 2,17; 3,5)

Mal 2,17 schlägt semantisch einen bisher unbeschrittenen Weg ein: »Ihr ermüdet Jhwh mit euren Worten.« יגע Hi findet sich nur noch Jes 43,23, dort in entgegengesetzter Verwendung: וְלֹא הוֹגַעְתִּיךָ בִּלְבוֹנָה »nicht habe ich [sc. Jhwh] dich ermüdet mit Weihrauch«. Die gleiche stilistische Figur der entgegengesetzten Verwendung geschieht im IV. Diskussionswort mit den Referenzen auf Mal 1,6–10: das Urteil der Priester אֵין רָע wird modifiziert zu denen, deren Tat böse ist רָע כָּל־עֹשֵׂה רָע; das Urteil Jhwhs אֵין־לִי חֵפֶץ בָּכֶם »kein Gefallen habe ich an euch« wird modifiziert zu וּבָהֶם הוּא חָפֵץ »und an ihnen [sc. den Übertätern] hat er [sc. Jhwh] Gefallen«. Nur die redestrukturierenden Elemente behalten die gleiche Bedeutung. Formal rekurriert Mal 2,17 auf die Konfliktexposition des II. Diskussionswortes. Inhaltlich wird hier jedoch eine neue Frage gestellt: »Wo ist der Gott des Rechts?« Wir erfahren nicht, was die Angesprochenen erlebt haben.[700] Die zweite Langzeile bringt die Verkehrung, die ihrer Wahrnehmung nach geschehen ist, zum Ausdruck. Die Unterscheidung von Gut und Böse ist eine der göttlichen Fähigkeiten, die der Mensch seit Urbeginn seines Geschaffenseins hat (Gen 3,22). Die Verkehrung von Gut und Böse wird oft im AT, besonders innerhalb der prophetischen Sozialkritik angeprangert (Jes 5,20; Am 5,14 f; Mi 3,2). Jhwh gilt als zuverlässiger Garant des Rechts (Zef 3,5), er liebt es (Jes 61,1; Ps 37,28); er tut es (Gen 18,25; Jer 9,23), er ist der »Gott des Rechts« (Jes 30,18)[701]. Sein Rechtshandeln ist offensichtlich für die im IV. Diskussionswort Angesprochenen nicht spürbar.

In Mal 3,5 wird die Frage nach dem »Gott des Rechts« beantwortet. Gott wird sich zur Vollstreckung des Rechts nahen. Aus der Deutung von אֶל könnten sich Konsequenzen für die Charakteristik der in Mal 2,17 Angesprochen ergeben. Oftmals meint אֶל + קרב ein sich feindliches Nahen.[702] Damit wäre angedeutet, dass die Adressaten das Kommen Gottes anders erleben könnten als sie es erwarten.

---

700 Bisweilen, wie z. B. bei Wengst: Aufgehen, 21, wird geschrieben, dass die Frage eine rhetorische sei, die von Zynikern gestellt wird, »die sich mit allen Mitteln durchgesetzt haben, die über Leichen gegangen sind und damit Erfolg hatten.« Das gibt der Text m. E. nicht her, siehe die Interpretation im Folgenden.

701 Die csVerbindung mit indeterminiertem *nomen rectum* begegnet im MT noch Jes 30,18b; ein Text, der denen, die auf Jhwh warten, zusagt, dass er gnädig (חנן) ist und sich erhebt, um sich ihrer zu erbarmen (רחם). In Bezug auf Gott begegnet רום auch in den Königspsalmen in der Bedeutung des Aufstehens Jhwhs gegen die Feinde. Ferner ist Sir 35,15b vom »Gott des Rechts« die Rede. Dort bestimmen weitere Ähnlichkeiten wie die Unbestechlichkeit Gottes, dass es bei ihm kein Ansehen der Person gibt, dass er die Armen und Witwen sieht, den Kontext. LXX hat hier κύριος κριτής, der hebräische Text wiederum אֱלֹהֵי הַמִּשְׁפָּט.

702 K-B³ III, 1057. אֶל allein auch »wider/gegen« jmd. (Ges¹⁸, 58).

Vielleicht haben sie alle kultisch-religiösen Forderungen eingehalten, aber nun wird ihnen offengelegt, dass ihre Frage nach dem Gott des Rechts den Herrn nur ermüden kann, weil Jhwh ihr mangelhaftes sozialethisches Verhalten sieht? Versteht man אֵל nicht negativ (Num 31,48; Dtn 1,22; Ps 69,19 u. ö.), würde Jhwhs Nahen zum Rechtsakt distributiv zu deuten sein, das sich gegen die Übeltäter richtet, für die unter der jetzigen Verkehrung Leidenden aber ein heilsamer Akt wäre. Das Gerede der Adressaten Mal 2,17 würde dann das Sehnen des Gerechten nach Gerechtigkeit zum Ausdruck bringen.

Die formalen Rekurrenzen auf Mal 1,6–10 weisen darauf, dass mit diesem Diskussionswort der Konflikt gelöst wird, der in 1,6–10 dargestellt worden war und bis jetzt zwar auf zweierlei Weise konfrontiert worden war – mit dem externen Bild der reinen מִנְחָה an allen Orten der Erde und dem internen des idealen Levi. Er hatte dann eine Fluchandrohung an die Priester nach sich gezogen, aber keine Lösung. Diese geschieht mit der Sendung des Boten, von der der folgende Vers erzählt, und der im Fortgang der Darstellung die Läuterung der Levisöhne vornimmt.

4.4.2.2 Die Sendung des Boten und die Läuterung der Levisöhne (Mal 3,1–4)

Mal 3,1a ist der Schlüssel für das Verständnis der Gesamtkonzeption der Maleachischrift.[703] Oben (c. 3.1.4.2) wurde die Intertextualität des Verses mit Ex 23,20ff und Ex 32,34 gezeigt[704] und deutlich gemacht, dass der Bote als Hermeneut der göttlichen Offenbarung auch zwischen eine autorisierte Mittlergestalt und Jhwh treten kann. In dieser Funktion tritt Maleachi hier auf den Plan. Die Analyse des II. Diskussionswortes hatte gezeigt, wie im Agieren der gegenwärtigen Priesterschaft und ihres Urbildes Levi Realität und Ideal auseinanderdriften. Um dieses zu bereinigen, schickt Jhwh in Mal 3,1 seinen Boten. Die Wegmetapher rekurriert auf Mal 2,8, wo gesagt ist, dass die Priesterschaft vom Weg abgewichen ist.[705] Mit der Anspielung auf Jes 40,3 wird zum Ausdruck gebracht, dass der Weg durch den Boten geräumt wird, damit Jhwh kommen kann, dessen Gegenwart in Mal 2,17

---

703 Snyman: Investigating, 1041, identifiziert ihn mit dem Propheten (Mal 1,1), der jedoch kein Prophet ist. Funktional tritt er aber an die Stelle des Propheten (c. 3.1.4.1).

704 Clendenen: NAC 21 A, 388, versteht den Boten auf dem Hintergrund von Jes 42,1–7, die intertextuellen Bezüge zu Ex 23,20ff weisen jedoch eine höhere Signifikanz auf. Gegen Intertextualität mit Ex 23,20ff Snyman: Investigating, 1042, dafür Kessler: HThKAT 13,12, 228.

705 Bosshard/Kratz: Maleachi, 39, die die Wegbahnung in Mal 3,1 aufgrund der Referenz mittels דֶּרֶךְ als Antwort Jhwhs auf die Priesterfrevel in Mal 2,8.9 verstehen. Ähnlich Oesch: Bedeutung, 191 Anm. 36.

vermisst wird.[706] Der Bote würde hier die Stimme (קוֹל) verkörpern, die den Weg frei macht, das heißt, die gestörte Kommunikation zwischen Jhwh und Israel wieder ermöglicht.

In den älteren Kommentaren ist mehrfach vorgeschlagen worden, ihn als Wiederhersteller des Levibundes zu identifizieren.[707] Dass dieser zerstört ist, wurde in 2,4–8 jedoch nicht gesagt. Das drohende Geschick der Priester (2,3) sollte deswegen eintreten, damit Jhwhs Bund mit Levi *weiter* bestehe. Wie in Ex 32,34 würde der Bote hier als Hermeneut zwischen die autorisierte Mittlergestalt, in diesem Fall die Priester, und Jhwh treten, damit diese ihr Amt als institutionell autorisierte Mittler der göttlichen Offenbarung, als Interpreten der Tora, mit Ehrfurcht ausführen und dem Ideal Levis wieder näherkommen.

Die Zustände in der Priesterschaft sind – wie die Darstellung des II. Diskussionswortes zeigte – so desolat, dass dem nur mit Läuterung beizukommen ist. Adam Simon van der Woude lehnte die Deutung von der Läuterung der Levisöhne ab, denn sie »verkennt die Besonderheit der Verse Mal 3,1–4, weil diese zum ersten Mal die Zerlegung des Endgerichts in einen Akt der Reinigung und Läuterung der Gottesgemeinde und einen Akt des Gerichts über andere bezeugen. Von diesen Handlungen fiel die erste dem Wegbereiter, die zweite Gott selber zu. In unserem Text wird das Motiv der Wegbereitung erstmals eschatologisch auf die richterliche Läuterung der Gemeinde angewandt. Die eschatologische Komponente dieser Vorstellung war durch Jes 40,3 und Mal 3,1a, die reinigende durch Jes 57,14 zwar vorgegeben, aber die Verbindung beider begegnet hier zum ersten Mal.«[708] Der Läuterungsakt bezieht sich mit Mal 3,3a jedoch auf die Söhne Levis; ein anderes Objekt kommt im gesamten Diskussionswort nicht infrage. In Mal 3,1a bringt das Partizip das unmittelbare Bevorstehen der Botensendung zum Ausdruck. Erst mit den Assonanzen an Tag-Jhwhs-Dichtungen in Mal 3,2 erhält das Geschehen eine eschatologische Dimension. Damit wird die zeitliche Koordinierung des Kommens des Boten und des Kommens Jhwhs erforderlich, was 3,1b übernimmt.

Die Läuterung der Levisöhne wird erwirken, dass »sie für Jhwh sein werden« (וְהָיוּ לַיהוָה). Die Formulierung referiert Ex 32,26[709] und entfaltet so den mit Mal 3,1 hereingeholten Prätext. Die Söhne Levis werden nun wieder diejenigen sein, die

---

706 Jes 57,14; 62,10 verwenden ebenfalls פנה Pi + דֶּרֶךְ mit ähnlichem Sinn und rekurrieren auf Jes 40,3. Zum religionsgeschichtlichen Hintergrund der Königsstraße: TUAT/A I/4, 405, Z. 34–38.

707 Horst: HAT I/14, 271, im Anschluss Mason: Books, 153; Elliger: ATD 25, 206–208; auch Scalise: Fear, 411.

708 Van der Woude: Engel, 299.

709 Die hier angedeutete Konstellation zwischen Levisöhnen (בְּנֵי לֵוִי, nicht הַלְוִיִּם) und dem Boten basiert auf der Auseinandersetzung um die Rollenarchitektur zwischen Jhwh, Mose und Volk Ex 32,26–33,6.

im ungebrochenen Gehorsam Jhwhs Gebote verteidigen, wenn das Volk von ihnen abgeirrt ist. Die erste Konsequenz dessen ist die Bereinigung der desolaten Zustände, wie sie Mal 1,6–10 beschrieben worden waren. Jetzt werden die Levisöhne ihre »Gabe in Gerechtigkeit« darbringen, und sie wird Jhwh angenehm sein (Mal 3,3bβ.4aα). Der Bote als Wegbereiter für Jhwh hat die Funktion, dass die Priesterschaft, die seinen Willen an das Volk weitergeben soll, wieder dienstfähig ist und das Volk entsprechend lehrt, bevor Jhwh selber zum Rechtsakt kommt.

Vielleicht ist mit וְהָיוּ לַיהוָה auch auf Num 8,14 angespielt, den Zusammenhang von der Initiation und Weihe der Leviten (vgl. die ähnliche Formulierung וְהָיוּ לִי הַלְוִיִּם »und die Leviten werden mir gehören«). Mit diesem Bezug käme das Läuterungsgericht der Levisöhne einer Reinitialisierung ihres Dienstes gleich. In der Numeripassage sind die Leviten jedoch von den Aaroniden unterschieden, so dass sich diese Passage aufgrund der Tiefenstruktur und geringer Signifikanz auf der Textoberfläche nicht als Bezugstext liest.[710] Die Formulierung וְהָיוּ לַיהוָה wird in Mal 3,17–21 aufgenommen und argumentativ weiter entfaltet.

Das Läuterungsgericht an den Levisöhnen (Mal 3,3) bringt die Lösung des Konflikts aus Mal 1,6–8. Die Reinigung der Levisöhne soll die Dienstfähigkeit der Priesterschaft einschließlich des Darbringens der (reinen) Gabe wieder ermöglichen, wie es nach 1,11 überall auf der Erde geschah, offenbar nur nicht in Juda und Jerusalem. Dass Läuterungsgericht dient der Bereinigung der im II. Diskussionswort beschriebenen Missstände, die letztlich – so stellt es Mal 1,6 voran, und so entfaltet es Mal 2,4 f – in einer Fehl*haltung* der Priesterschaft begründet liegen, in der mangelnden Ehrfurcht Jhwh gegenüber.[711] Dieses Verständnis der Läuterung als Korrektur einer grundsätzlichen Haltung dürfte auch den Schlüssel zur mehrdeutigen Formulierung מִנְחָה בִּצְדָקָה מַגִּישֵׁי »[sie werden] eine Gabe in Gerechtigkeit darbringen« sein. Deutlich ist, dass die Formulierung Mal 1,11 kontrastiert. Die Läuterung der Levisöhne rekurriert auch auf Mal 2,4b–7, wo die Opfervorgänge gerade keine Rolle spielen.[712] In Mal 1,6–10 war deutlich, dass die mangelhaften Opfer, die man als Gabe ausgab (Mal 1,10), materielle Opfer waren. In Mal 1,11 war es nicht sicher, ob ein geistig verstandenes Opfer gemeint ist und wie das Räucheropfer (מֻקְטָר) dazu in Beziehung zu setzen sei. Was heißt das für Mal 3,3 f?

Meint das Darbringen der Gabe בִּצְדָקָה den »Gott genehmen [...] Vollzug«[713], also *rite*[714] vollzogenen Opferkult am Jerusalemer Tempel, wie Mal 3,4 mit der

---

710 So auch Meinhold: BK XIV/8, 272; O'Brien: Priest, 45.

711 Anders Kessler: »Die sich aufdrängende Frage, wovon er sie reinige, findet keine Antwort.« (HThKAT 13,12, 237)

712 Meinhold: BK XIV/8, 262.

713 Meinhold: BK XIV/8, 273.

Ortsbezeichnung nahelegt? Oder sind auf der Linie sozialethischer Kultkritik immaterielle Opfer gemeint, die im Tun von Gerechtigkeit bestehen, wie die thematische Fortführung in Mal 3,5 nahelegt?[715] Oder könnte man בִּצְדָקָה so verstehen, dass die Levisöhne im Unterschied zu ihrer in Mal 1,6; 2,8 angeprangerten Haltung nun gottesfürchtig sind und deswegen ihre Gabe »in Gerechtigkeit« darbringen? בִּצְדָקָה kann im AT einfach »im Recht sein« bedeuten (Dtn 9,4 f; Hi 27,6) oder die Anteilhabe an der göttlichen Gerechtigkeit meinen (Ps 5,9; 69,28). Prov 16,8 könnte die Bedeutung »rechtschaffen« nahelegen, ähnlich Koh 7,15; Jes 48,1. Auf eine kultisch korrekt ausgeführte Handlung ist die Formulierung nie bezogen. Die Formulierung, die der in Mal 3,4 am nächsten kommt, ist vielleicht Ps 51,21. Am Ende dieses Psalms wird die wohlwollende Annahme von Opfer (זֶבַח) und Brandopfer (עוֹלָה) an die Gewissensbisse des Herzens gebunden, das zur Umkehr von פֶּשַׁע und חַטָּאָה, also keinen explizit kultischen Vergehen, bereit ist. Diese Einstellung macht die Opfer zu Gerechtigkeitsopfern (זִבְחֵי־צֶדֶק).[716] Das würde der dritten Deutung entsprechen, das Darbringen der Gabe in Gerechtigkeit entspränge einer Haltung. Diese sei von Ehrfurcht gegenüber Jhwh geprägt (wie die Levis 2,5a und im Unterschied zu der 1,6 geschilderten). Sie schließt das Sprechen wahrheitsgemäßer Tora ein, insofern auch kultisch korrektes Handeln und einen gerechten Umgang mit den sozial Unterprivilegierten. Jedenfalls sagt Mal 3,4 aus, dass die Läuterung der Priesterschaft die Gabe Judas und Jerusalems Jhwh wieder angenehm sein lässt, womit der mit Mal 1,11 pointierte Missstand bereinigt ist. Gehen im II. Diskussionswort die Schuldanteile von Priestern und Laien Hand in Hand, so hat hier das Läuterungsgericht an der Priesterschaft Konsequenzen für die Gottesbeziehung des ganzen Volkes.

Die letzten beiden Vergleiche in Mal 3,4 idealisieren die Urzeit und damit wohl die Zeit ungebrochener Kommunikation mit Gott,[717] die Zeit, in der Jhwh durch seine Boten zu den Vätern sprach, die schon einige Male in der Maleachischrift hochgeachtet worden war – als Jhwhs Liebe zu Jakob begann, als Jakob mit der מִנְחָה Esau um Versöhnung bat, als Jakob und Laban den Bund schlossen, als Levi für seinen Gott eiferte ...

---

714 Gegen Weyde: Prophecy, 299. Hi 4,17; 17,9, bes. Koh 9,2, die er als Belegstellen anführt, beschreiben keine kultischen Handlungen, sondern können eher für die Transformation in die andere Richtung stark gemacht werden.

715 So auch Ringgren: ThWAT III, 314.

716 Gegen Meinhold: BK XIV/8, 241, der den Schwerpunkt auf den Opferdienst sieht. Die Formulierung »מִנְחָה in Gerechtigkeit« suggeriert, dass es um ein umfassendes Verständnis des Gottesdienstes geht, der sozial-ethisches gottgemäßes Verhalten einschließt (so auch Koenen: Heil, 57).

717 Auch Kessler: HThKAT 13,12, 239.

4.4.2.3 Das Kommen des Boten und das Kommen Gottes (Mal 3,1 f.5)

In der Textanalyse wurde deutlich, dass Mal 3,1a durch zwei aus Tag-Jhwhs-Dichtungen stammende Zitate und die auf Sach 14,1 weisende Referenz בוא + יום in den Deutungshorizont eines eschatologischen Gerichts rücken. Das 3,1b einleitende פִּתְאֹם bezeichnet in den meisten Texten des AT die Plötzlichkeit des hereinbrechenden Gerichts. Der Begriff begegnet zehnmal in der prophetischen Literatur und siebenmal in der Weisheitsliteratur, wo er oft das plötzliche Ende des Toren einleitet (Hi 5,3; Prov 3,25; 6,15).[718] Der Vers enthält keine der auf Tag-Jhwhs-Dichtungen bezogenen Referenzen; er koordiniert in einem Chiasmus das Kommen des Boten und das Kommen Gottes (Tabelle S. 167). Mit der Verbwurzel בוא weist er auf den folgenden Vers, der mit dem Zitat aus Jl 2,11b beginnt,[719] gefolgt von der Referenz auf Sach 14,1, zwei Bezügen auf Tag-Jhwhs-Dichtungen im XII. Die Intertextualität mit Jl 2,11 mag vorerst nicht sehr signifikant erscheinen, sie wird es im Zusammenhang mit Mal 3,23. Texttiefenstrukturell legt der intertextuelle Bezug die Vorstellungen vom Tag Jhwhs zugrunde und entfaltet – infolge der Koordinierung vom Kommen des Boten und vom Kommen Jhwhs in Mal 3,1b – die Darstellung eines zweiphasigen Gerichts. Der Bote wird nun zum Vorreiter des Jhwh-Tages. An die Stelle der kriegerischen Vernichtungsansagen tritt in Mal 3,3 f das Läuterungsgericht an den Söhnen Levis; die Frage, ob dieser Tag zu überstehen sei, kann nach Mal 3,4 mit »ja« beantwortet werden.[720]

Doch in dem Rückbezug auf Jl 2,11b ist das noch nicht klar. Mal 3,2b illustriert die Unwahrscheinlichkeit, den »Tag seines [sc. des Boten] Kommens«[721] zu überstehen, durch zwei Vergleiche. Der erste vergleicht ihn mit Feuer (אֵשׁ), einer im Zusammenhang mit dem Tag Jhwhs (Jl 2,5; Ob 18), vor allem aber eines Vernichtungsgerichts (Jes 66,15; Jer 11,16; Ez 19,14; Am 1,4.7.10.12; Nah 3,15) geläufigen Vorstellung. Die csVerbindung »Feuer des Schmelzers« ist singulär im AT; auch das Pi von צרף gibt es nur hier und im folgenden Satz. Die Verbwurzel צרף in Verbindung mit den Edelmetallen Gold und Silber wird oft in weisheitlichen Texten gebraucht. Der Schmelzer »strebt als Ergebnis an, die unterschiedlich wertvollen Edelmetalle mittels Schmelz- und Reinigungsprozessen von Verunreinigungen wie z. B. Schlacken oder andere Metalle bzw. deren Oxide zu befreien

---

718 Vgl. Thiel: ThWAT VI, 819 f.
719 So auch Beck: »Tag YHWHs«, 276–278.
720 Zu den Transformationen gegenüber Jl 2,11 auch Meinhold: BK XIV/8, 264.
721 Die synonyme Formulierung »wer wird bestehen, dann wenn er erscheinen wird?« (Meinhold: BK XIV/8, 265) ist ebenso metaphorisch zu verstehen wie בוא im ersten Versteil oder קרב in Bezug auf Gott in v. 5, und impliziert nicht notwendig die Personalität des Boten (vgl. Ex 3,2; Ri 6,21 f; anders Ri 13,3.6). ראה Ni kann ebenso zum Ausdruck der Epiphanie Gottes gebraucht werden (Ex 16,10; Num 14,10 u. ö.).

[...] und sie damit in ihrem Reinheitsgrad und Wert weiter zu steigern.«[722] In weisheitlichen Texten wird diese Semantik in Form einer Metapher auf die Prüfung oder Reinigung des Herzens übertragen (Ps 17,3; 66,10; Prov 17,3; 25,4; 27,21). Intertextualität jedoch entsteht mit Sach 13,9. Nur wenige Kapitel zuvor wird schon einmal der Läuterungsprozess mit dem von Silber und Gold verglichen.[723] Strukturell erhöht sich die Signifikanz des Bezugs dadurch, dass die Beschreibung dieser Läuterung unmittelbar der Tag-Jhwhs-Dichtung in Sach 14, auf die ebenfalls schon rekurriert wurde, vorangeht und auch hier eine Zweistufigkeit der Ereignisse entsteht. Das dürfte dann auch die Pointe dieses Bezugs sein, bei allen Unterschieden wie z. B. der umgekehrten Reihenfolge der Edelmetalle[724] oder der Personen, an denen die Läuterung vollzogen wird.

Mit Mal 3,3 ergibt sich eine stilistische Veränderung. Wurde der Bote in 3,2 mit dem »Feuer des Schmelzers« verglichen, ist er nun selber der Schmelzer. Die Inkohärenz wird dadurch manifest, dass der Parallelismus aus Bildhälfte (מְצָרֵף וּמְטַהֵר כֶּסֶף) und Sachhälfte (וְטִהַר אֶת־בְּנֵי־לֵוִי) nicht zulässt, dass 3,3 eine Entfaltung des Bildes aus 3,2bα ist. Im Textzusammenhang könnte diese Inkohärenz als Fokussierung der Semantik auf die reinigende Kraft des Schmelzers gedeutet werden.

Wird das kommende Gericht in zwei Stufen gedacht, entsteht auch kein Widerspruch zu Mal 3,5. Jhwh wird kommen, um Recht zu schaffen, nachdem sichergestellt ist, dass es durch die zuverlässig amtierende Priesterschaft keinen Unwissenden trifft.[725] Im Zusammenhang des IV. Diskussionswortes ist es Aufgabe der Levisöhne, die Rechtsbrecher des Volks auf den richtigen Weg zu bringen. Die Levisöhne sind die Mittler des göttlichen Willens und der göttlichen Ordnung. Insofern ordnet sich Mal 3,5 in die mit Mal 3,1b vorgenommene Zweistufung eines eschatologischen Gerichts ein, obwohl 3,5 an sich keine eschatologische Bedeutung hat. Die Entfaltung der Ereignisse am Tag Jhwhs erfolgt erst im VI. Diskussionswort (Mal 3,17–21).

Mal 3,5 beantwortet die 2,17 aufgeworfene Frage: »Ich nahe mich euch zum Recht.« מִשְׁפָּט meint dabei einen Rechtsakt. Ein Rechtsakt ist immer distributiv (>

---

722 Meinhold: BK XIV/8, 267.

723 Den Bezug zu Sach 13,7–9 sehen auch Bossard/Kratz: Maleachi, 41; Hill: AncB 25D, 277, und Clendenen: NAC 21 A, 388; stärker macht dieser jedoch Ez 22,18–22, was terminologisch nicht einleuchtend ist.

724 Singer: Metalle, 136–143, meint, dass die Reihenfolge Silber-Gold für die vorexilische und persische Zeit typisch sei, die Reihenfolge Gold-Silber für die späte Perser- und griechische Zeit aufgrund der zunehmenden Sonnenverehrung.

725 Gegen das Argument Koenens: Heil, 57, dass Mal 3,2–4 nicht zu 2,17; 3,1.5 passten, weil die Gerichtsvorstellungen unterschiedlich sind und 3,2–4 anders als 3,5 den Sündern nicht das Gericht ankündigen, sondern eine Reinigung und damit letztlich Heil.

lat. *distribuere* »verteilen«), so dass – wie in der Mathematik – nach der Auflösung beide Teile sich so zueinander verhalten, dass der eine dem anderen verträglich ist. Die schuldig Befundenen werden verurteilt, gleichzeitig wird dadurch den Unschuldigen Recht verschafft. Somit hat der Rechtsakt eine heilvolle Seite.

Darum ist es kein Widerspruch, wenn im folgenden Stichos mit וְהָיִיתִי עֵד מְמַהֵר בְּ »und ich werde ein schneller Zeuge sein gegen ...« ausgedrückt ist, dass die Zeugenaussage zu Lasten und nicht zu Gunsten der Angeklagten ausgehen wird.[726] מְמַהֵר bedeutet wie in Gen 41,32 »Gottes zügiges, wirkungsvolles Handeln«[727]. Einem Zeugen (עֵד) oblag der Schutz des Rechts. Wenn Gott Zeuge ist, ahndet er auch das verborgene Unrecht, weil er als »Gott des Rechts« das Recht verbürgt.[728] Arndt Meinhold vergleicht diese Qualität zu Recht mit der Sonne, die als Metapher (Mal 3,20a) die Zuverlässigkeit des Aufgangs, das Durchscheinen aller Lebensbereiche sogar der Unterwelt, die Universalität des Juristiktionsbereichs und die heilsame Wärme des Erfahrens von Gerechtigkeit in sich trägt.

Das Rechtshandeln Jhwhs ist nun gegen vier Gruppen von Unrechttätern gerichtet. Die Liste ist im umfassenden Sinn zu verstehen, sie rechnet mit denen ab, die sich im religiösen, im innerfamiliären, im juristisch-öffentlichen oder im sozialethischen Bereich schuldig machen.[729] Sämtliche Formen dieses Unrechts sind Verstöße gegen Bestimmungen aus den Gesetzescorpora des Pentateuch.

מְכַשְּׁפִים »Zauberer« verstoßen gegen Ex 22,17 und Dtn 18,10. Die Wurzel כשף Pi wird im AT meist zusammen mit »anderen Termini gebraucht, die verschiedene magische und divinatorische Praktiken bezeichnen, deren genauer Inhalt uns unbekannt ist.«[730] Rüdiger Schmitt arbeitete heraus, dass מְכַשְּׁפִים als »Metapher für widergöttliches Handeln jeder Art«[731] fungieren.

מְנָאֲפִים »Ehebrecher« verstoßen gegen Ex 20,14; Lev 20,10 und Dtn 5,18. In der Prophetie steht Ehebruch bisweilen als Metapher für das Abwenden von Jhwh und das damit verbundene »Fremdgehen« zu anderen Gottheiten (Jer 3,8 f; Ez 16,32.38; Hos 3,1 u.ö.). In Mal 3,5 ist der Ehebruch im Familienkontext gemeint, das unmittelbare Vorangehen des Schuldigmachens im religiösen Bereich auch die metaphorische Bedeutung anklingen lassen kann.[732]

נִשְׁבָּעִים לַשָּׁקֶר »bei der Lüge Schwörende«, Meineidige, verstoßen gegen Lev 5,22.24 und Lev 19,12, im Kern aber auch gegen den Dekalog (Ex 20,16; Dtn 5,20).

---

726 Kessler: HThKAT 13,12, 240.
727 Meinhold: BK XIV/8, 276.
728 Meinhold: BK XIV/8, 276.
729 Vgl. Kessler: HThKAT 13,12, 241.
730 André: ThWAT IV, 375.
731 Schmitt: Magie, 381.
732 Ersteres auch Kessler: HThKAT 13,12, 242; letzteres auch Meinhold: BK XIV/8, 278.

Meineid beim Namen Jhwhs kommt der Entweihung Gottes gleich (Lev 19,12; Sach 5,4). Innerhalb der Maleachischrift stünde der Meineid somit auf einer Stufe mit dem Darbringen makelhafter Opfergaben (Mal 1,12) und dem Eingehen einer Mischehe (Mal 2,11b).

עֹשְׁקֵי שְׂכַר־שָׂכִיר »diejenigen, die den Lohn des Lohnarbeiters drücken« verstoßen gegen Lev 19,13 und Dtn 24,14. עשק gehört zum semantischen Feld lebensbedrohlicher Umstände und lebensfeindlicher Sachverhalte, sie bezeichnet im AT die »gesellschaftliche Gewalt von Stärkeren gegenüber Schwächeren«[733]. Die im AO als *personae miserae* bezeichneten Witwen und Waisen sind im AT um den Fremden ergänzt worden, so im Dtn immer in der Reihenfolge »Fremdling, Waise, Witwe« (14,29; 16,11.14; 24,17.19ff; 26,12f; 27,19; außer 10,18). Das Gebot, diese juristisch und sozial Unterprivilegierten nicht zu unterdrücken, formuliert Ex 22,20f. Der Schutz des Fremdlings wird mit der Fremdlingsschaft Israels in Ägypten begründet, der Schutz von Witwe und Waise mit der Unverfügbarkeit dieses Status in der eigenen Biographie. Mal 3,5 zählt zusätzlich und einzig im AT den Lohnarbeiter zu den *personae miserae*. Auf ihn fällt das Achtergewicht des Verses und somit die göttliche Heilszusage. Die Letztgenannten sind innerhalb der mit בְּ und עַד konstruierten Auflistung schon stilistisch diejenigen, auf denen die Pointe liegt, zudem ist ihre Zahl wiederum auf vier erweitert. Die im AT ähnlichste Auflistung findet sich in Sach 7,10. Das dort im Prohibitiv aufgestellte Gebot ist ebenfalls mit עשק gebildet; die *personae miserae* גֵּר יָתוֹם אַלְמָנָה sind durch den עָנִי, den Elenden, ebenfalls auf die Vierzahl gebracht. Mit dieser Referenz auf Sach 7,10 wird texttiefenstrukturell – durch den bereits in c. 2.3.2 dargestellten Zusammenhang – die dort für richtig befundene Prophetie mit ihrer sozialethischen Prägung für das Leviamt herausgehoben. Das Wirken der Levisöhne bezieht sich auf die Torasprechung im kultischen *und ethischen* Bereich.[734] Durch den intertextuellen Bezug zu Sach 7,10 wird eine der vornehmsten prophetischen Aufgaben im Amt des Priesters starkgemacht. Stilistisch wird durch die doppelte Betonung die Vierergruppe der *personae miserae* ihrer besonderen Sorge beim Vertreten der göttlichen Rechtsordnung anbefohlen.

Die resümierende Formulierung וְלֹא יְרֵאוּנִי zieht sie alle mangelnder Ehrfurcht Jhwh gegenüber. Damit werden sie in gleicher Weise wie die Priester Mal 1,6

---

733 Zum ersten Satzteil Gerstenberger: ThWAT VI, 442; zum zweiten Kessler: HThKAT 13,12, 243.
734 Zur Verbindung mit Sach 7; 8 auch Hill: AncB 25D, 290. Botterweck: Ideal, 109, schreibt: »Im Rahmen des Levibundes entwirft Malachias ein Idealbild levitisch-priesterlicher Gestalt, die durch den Gleichklang von Kenntnis, Lehre, Weisung und Lebenswandel geprägt und mit dem prophetischen Ehrenprädikat ›Bote Jhwhs‹ gerühmt wird.« Levi und der Bote sind jedoch nicht identisch.

disqualifiziert und dem Bild Levis gegenübergestellt, der auf diese Weise als das Urbild des Gottesfürchtigen erscheint.[735]

Die אָמַר יְהוָה צְבָאוֹת-Formel bekräftigt theologisch die Zuverlässigkeit des Angesagten, denn wer sonst als der Herr der Welt sollte der Garant sein für die gerechte Ordnung derselben?

4.4.3 Stellung in der Maleachischrift

Seit Ibn Esra kam die Lesart auf, Mal 2,17 als den Beginn einer neuen Perikope und des zweiten Teils der Prophetie Maleachis zu verstehen.[736] Damit entstanden unzählige Deutungen, die auf einen »Umschwung« zwischen III. und IV. Diskussionswort aufmerksam gemacht haben. Von nun an werden die Angesprochenen nicht mehr wegen ihrer Taten, sondern wegen ihrer Einstellung kritisiert; von nun an richtet sich der Blick der Maleachischrift in die Zukunft.[737] Lässt man sich auf diese Zweiteilung ein, entstehen unweigerlich Missverständnisse. Um die Einstellung der Priester geht es bereits mit Mal 1,6; und um die konkreten Handlungsverfehlungen geht es auch noch in Mal 3,5 und 3,8–10. Liest man das IV. Diskussionswort ohne das II., bleibt unsicher, worauf das Läuterungsgericht sich bezieht und in welchem Verhältnis der Bote und Jhwh zueinander stehen.

Das IV. Diskussionswort bringt die Konfliktlösung des II. Mit Mal 2,17 wird auf die entscheidenden Termini der Exposition in Mal 1,6–10 zurückgegriffen. Inhaltlich wird jedoch schon die weitergehende Frage gestellt: »Wo ist der Gott des Rechts?« Das Versagen der Priesterschaft hatte – im Gesamtkontext betrachtet – offensichtlich solche Ausmaße angenommen, dass man den dahinterstehenden Dienstherrn und Garanten der Rechtsordnung vermisste. Stilistisch ist durch die Rekurrenzen im gegenteiligen Sinn die Verkehrung der Rechtsordnung dargestellt: Unrecht wird nicht mehr als Unrecht wahrgenommen. Diese doppelte Exposition des IV. Diskussionswortes erfährt entsprechend zwei Lösungen.

Die erste ist die unmittelbare Antwort auf Mal 2,17 in 3,5: Jhwh als Herr des Rechts, der die universale Ordnung des Rechts verbürgt, wird sich zum Rechtsakt nahen und die entbehrte Gerechtigkeit umgehend aufrichten. In welchem Bereich auch immer, im religiösen oder familiären, im juristisch-öffentlichen oder sozialethischen, wer Unrecht tut, hat keine Chance.

---

735 Meinhold: BK XIV/8, 285.
736 Verhoef: NICOT, 283; Niccaci: Syntax, 102–104.
737 Kessler: HThKAT 13,12, 244 f.

Die zweite ist die Lösung des im II. Diskussionswort in mehreren Facetten geschilderten Konflikts. Jhwh wird seinen Boten senden. Wie in Ex 32 ist er der Künder des göttlichen Willens, der die sich verfehlt habenden Mittler wieder »auf Linie« bringt. In diesem Fall wird er die Levisöhne läutern. Ihr Dienstethos soll wieder von Ehrfurcht Jhwh gegenüber geprägt sein, wobei ihr Amt von der Person nicht getrennt werden kann. Wie bei Levi ist die Lebenshaltung Grundlage für die Amtsausübung (vergleiche die Abfolge von Mal 2,5.6). Nach dieser Läuterung wird die Gabe Judas und Jerusalems wieder angenehm sein, und auch hier wird Jhwh, der König der Welt, bekommen, was ihm gebührt (vgl. Mal 1,11).

Während die erste Lösung diskussionswortintern ist, stellt die zweite ein buchübergreifendes Thema dar. Während sich im ersten Fall nicht unmittelbar erschließt, welche Rolle die Leviten innerhalb des 2,17 geschilderten Konflikt spielen, lässt der übergeordnete Zusammenhang dies deutlich zutage treten.

Der buchübergreifende Zusammenhang wird im V. und VI. Diskussionswort weitergeführt, obgleich es keine Lexeme gibt, die signifikante Referenzen zum V. Diskussionswort konstituieren. Aber das VI. Diskussionswort greift auf das IV. zurück. Es wendet die Konfliktkonstellation ins Grundsätzliche, die Einstellung gegenüber Jhwh und bezeichnet die Kontrahenten in der pointiertesten Fassung als Gerechte und Frevler (Mal 3,18), so wie es in der Weisheitsliteratur geläufig ist. Das hier in Ansätzen geschilderte Kommen Jhwhs als zweite Stufe des mit dem Tag Jhwhs verbundenen Geschehens wird entfaltet und mit den Konsequenzen für Frevler, Gottesfürchtige und das Verhältnis beider ausgemalt. Ohne dass ein expliziter referentieller Hinweis besteht, ruft vorher das V. Diskussionswort zur Umkehr (Mal 3,7). Eine endgültige Bestrafung gibt es im IV. Diskussionswort noch nicht.[738] Auch wes Unrecht geahndet wurde, bekommt eine Chance.

Das IV. Diskussionswort bringt in der Gesamtanlage der Maleachischrift die Pointe seiner Überschrift zum Ausdruck. Die Sendung des Boten geschieht, damit Recht wieder als Recht und Unrecht wieder als Unrecht erscheint. Der Garant, der die Richtigkeit dieser Ordnung verbürgt, ist Jhwh. Die Offenbarung seiner Lebensordnung ist die Tora. Wahrheitsgemäße Tora zu sprechen und auf diese Weise am Aufrichten der göttlichen Ordnung mitzuwirken, ist die Aufgabe der Priesterschaft, die sich auf Levi beruft. Verfehlt die Priesterschaft sich in ihrer Mittlerfunktion, gibt es Irritationen in der Wahrnehmung der göttlichen Rechtsordnung. In Ex 32 wird sogar dem exklusiven Mittler der göttlichen Offenbarung, Mose, ein Bote vorgesetzt, ein Hermeneut der göttlichen Offenbarung, der ihn vor Missverständnissen hüten soll. Auf Ex 32,34, die Botensendung, und Ex 32,26, den Treueaufruf einschließlich der Bezeichnung בְּנֵי לֵוִי greift das IV. Diskussionswort

---

[738] Kessler: HThKAT 13,12, 245.

zurück, auch wenn es in Ex 32 nicht die Levisöhne waren, die des Boten bedurften, sondern ihr prominentester Vertreter. Maleachi ist der ungebrochene Hermeneut des göttlichen Willens. Diesen bringt er der Priesterschaft durch Läuterung nahe, ein Prozess, der auch metaphorisch verstanden werden kann. In dieser Funktion tritt er in der Buchüberschrift an die Stelle des Propheten. Seit die Tora zum Inbegriff der göttlichen Offenbarung geworden ist, besteht inspirierte Prophetie im wahrheitsgemäßen Sprechen der Tora, in ihrer Auslegung für eine spezifische Situation in der Gegenwart. Eine der wichtigsten Aufgaben prophetischer Sozialkritik, der Schutz der *personae miserae*, wird Mal 3,5 der besonderen Aufmerksamkeit anbefohlen.

Die Rolle als Vorbote gewinnt Maleachi im Kontext der Tag-Jhwhs-Vorstellung. Darin wird er mit Elia identifiziert (Mal 3,23), im Neuen Testament mit Johannes dem Täufer (Mt 11,10; Lk 7,27; Mk 9,11–13).

4.5 Mal 3,6–12 (V. Diskussionswort)

4.5.1 Text und Struktur

3,6 Fürwahr, ich bin Jhwh[739], ich habe mich nicht geändert, und ihr seid Jakobsöhne, ihr habt nicht Zurückhaltung geschafft[740].

7aα Seit[741] den Tagen eurer Väter seid ihr von meinen Satzungen abgewichen und habt [sie]

---

739 LXX liest κύριος ὁ θεὸς [ὑμῶν] und referiert somit die LXX-Fassung von Gen 28,13.

740 4QXII[c] stützt die Lesart. Die Übersetzung von כלה mit »zurückhalten« (THAT I, 831) versucht, der teleologischen Bedeutung des Verbs gerecht zu werden und gleichzeitig die Anspielung auf קבע (Mal 3,8), die in der Paronomasie zur Namensetymologie Jakobs als ›Fersenhalter‹ (Gen 25,26) besteht, wiederzugeben. Zwei übliche Varianten »ihr aber seid Jakobsöhne, die ihr nicht aufgehört habt« (sc. es zu sein) oder »mit denen es ([?] noch) nicht aus ist« finden sich bei Ges[18], 546, erstere auch K-B[3] II, 454. LXX übersetzt aufgrund der Lesart כלא ἀπέχεστε und zieht die ersten beiden Wörter des folgenden Verses hinzu: »nicht habt ihr Abstand genommen von den Ungerechtigkeiten eurer Väter«; Tg mit Neuinterpretation: »… ich habe nicht verändert meinen alten Bund, aber du, Haus Israel, denkst, dass wenn ein Mensch stirbt in dieser Welt, sein Gericht aufgehört hat.« V *non estis consumpti* könnte »nicht habt ihr Eifer darauf verwendet« oder »nicht seid ihr umgekommen« heißen. Zur Diskussion der sieben Varianten (mit Modifikationen): Bulmerincq: Maleachi II, 397–402. In neuerer Zeit hat Stokes: Changed, 270, einen Übersetzungsvorschlag vorgelegt, der jedoch einer Konjektur + Hilfskonstruktion bedarf, um von שנה auf שׂנא zu kommen: »I, Yhwh, have not hated [you]; and you, children of Jacob, have not been destroyed.«

741 4QXII[c], das von Maleachi nur das Fragment von 3,6 f enthält, hat hier vermutlich כְּ (DJD XV, 251), was die Kontinuität zum Verhalten der Vorfahren ebenso ausdrückt.

nicht bewahrt[742].

7aβ Kehrt um zu mir, damit ich zu euch umkehren kann, hat Jhwh Zebaoth[743] gesagt.

7b Ihr aber sagt[744]: Worin sollen wir zu dir umkehren?[745]

8aα Kann der Mensch[746] Gott berauben[747]?

Denn ihr beraubt mich.

8aβ Ihr aber sagt: Worin berauben wir dich?

8b Der Zehnte und die Abgabenerhebung![748]

9 Mit dem Fluch seid ihr verflucht[749] und mich beraubt ihr, Volk als ganzes[750]

10 Bringt den ganzen Zehnten[751] zum Schatzhaus, so dass Nahrung[752] in meinem Haus[753] ist,

---

742 Lesart ist von 4QXII^c, LXX, sogar V und T gestützt. Der Konjekturvorschlag der BHS wird wegen mangelnder Textzeugen und der offensichtlichen Intention ihrer Herausgeber nicht weiter verfolgt.

743 4QXII^c schreibt hier אֵל, die folgende Leerstelle könnte die Ergänzung zu אֱלֹהִים nahelegen, ist aber oft in den Qumrantexten alternativ zu MT zu finden (DJD XV, 251). Die Kurzform könnte auch bezeugen, dass die Intertextualität mit Gen 28,10–22 gesehen wurde und würde diese mit der Referenz auf Gen 28,19 verstärken.

744 4QXII^a liest וְאָמַרְתָּ – das Fehlen des ם, das den abrupten Wechsel in die 2mSg verursacht, ist vermutlich ein Abschreibfehler. LXX stützt MT.

745 BHS schlägt die Tilgung des Halbverses vor, vermutlich wegen der »Doppelung« im folgenden Vers.

746 אָדָם als grammatischer Singular meint den Menschen generell (GK §87t).

747 LXX ändert in das auf die Namensetymologie des Erzvaters (Gen 25,26) zielende עקב. Das Verb πτερνίζω gibt es im Griechischen nur als literarische Kunstform von πτέρνα »Ferse, Schinken«. Mit der Übersetzung der LXX, der viele Interpreten gefolgt sind, wäre ein Bezug zu den Jakobsöhnen in Mal 3,6 gegeben. Allerdings sind dies stilistische Argumente, was gegen eine Konjektur spricht, jedoch die These der Intertextualität mit der Genesisüberlieferung stärkt.

748 Die Lesarten von Peš, Targum und Vulgata versuchen, mittels der Präposition בְּ die Textstringenz zur vorangegangenen Frage herzustellen. Buber/Rosenzweig übersetzen als Akkusativ. LXX liest ὅτι τὰ ἐπιδέκατα καὶ αἱ ἀπαρχαὶ μεθ' ὑμῶν εἰσιν »weil die Zehnten und die Erstlinge bei euch sind«. Die Varianten verändern den Sinn nicht, der auch in der jetzigen Form deutlich wird. Meinhold machte auf den formalen Sinn des Ausrufs aufmerksam (BK XIV/8, 297).

749 PtPass – Zuständlichkeit, die durch fremde Handlungen herbeigeführt worden ist (GK §116a) – vgl. zum Urheber der Handlung den chiastischen Aufbau. 4QXII^a liest ומראים אתם ראים [Punktation unsicher], was LXX καὶ ἀποβλέποντες ὑμεῖς ἀποβλέπετε »und ihr seht bewusst weg« zu entsprechen scheint. Die Ursache dieser unterschiedlichen Lesarten ist schwer nachvollziehbar. MT wird die Priorität gegeben. V interpretiert MT in penuria vos maledicti estis »in eurem Mangel seid ihr verflucht«.

750 Die Spannung, die die Anrede an das ganze Volk im Kontext hervorruft, wurde auf unterschiedliche Weise zu lösen versucht: LXX übersetzt τὸ ἔθνος συνετελέσθη »das Volk wurde vernichtet« = כָּלָה statt כֻּלּוֹ. BHS sucht das Problem durch Konjektur und Textumstellung zu lösen: הֲגַם כֻּלּוֹ »sind sie auch ganz?« sei an das Ende von 3,8 zu setzen und bezöge sich dann auf Zehnten und Abgabenerhebung.

751 4QXII^a (DJD XV, 226) ohne Artikel, wie auch Lev 27,32 und Num 18,21, die ebenfalls die indeterminierte Form und כָּל zusammen haben. Zur Übersetzung i. S. der Vollständigkeit: z. B.

und versucht mich doch auf diese Weise, hat Jhwh Zebaoth gesagt,
ob ich nicht für euch die Schleusen des Himmels öffne und Segen[754] für euch ausgieße bis
kein Platz mehr ist[755].
11 Und für euch den Fresser anschreie, dass er für euch nicht verderbe die Frucht des Feldes
und nicht unfruchtbar werde für euch der Weinstock auf dem Feld, hat Jhwh Zebaoth gesagt.
12 Und wahrhaft glücklich nennen werden euch alle Völker,[756] denn ihr, ihr[757] werdet sein ein
Land des Wohlgefallens, hat Jhwh Zebaoth gesagt.

Der mit כִּי einsetzende Vers Mal 3,6 hat zu Debatten um die Abgrenzung des Textes geführt. Das Qumranfragment 4QXII[a] (DJD XV, 226) zeigt hier keine Lesepause (*vacat*) an wie vor Mal 2,17, auch die Parascheneinteilungen der großen Codices trennen hier nicht. Mal 3,6 fährt wie 3,5 als Gottesrede fort. Jedoch kann der Vers wegen der unklaren Bedeutung des am Ende stehenden verneinten Verbalsatzes sowohl positiv als auch negativ verstanden werden, was die Frage der Abgrenzung nicht erleichtert. Beide Satzteile von 3,6 stehen im *parallelismus membrorum* und sind jeweils aus einem Nominalsatz und einem verneinten Verbalsatz zusammengesetzt. Mal 3,7aα setzt die Gottesrede fort und gibt die Begründung für 3,6b, die in ihrer Bedeutung eine negative Konnotation von כלה nahelegt. Dem einleitenden כִּי folgt mit der kurzen Selbstvorstellungsformel[758] eine Reminiszenz an Gen 28,13. Der Parallelismus koordiniert eine Selbstauskunft des göttlichen Ichs mit einer Aussage über die angeredeten Jakobsöhne. Die Struktur des Parallelismus legt Äquivalenz nahe, keine Antithetik. Die Selbstvorstellungsformel, die

---

Verhoef: NICOT, 306. LXX liest τὰ ἐκφόρια »die Erträge«, im Kontext der Gesamtdarstellung in der Vergangenheit.

752 Hier liest LXX διαρπαγὴ αὐτοῦ »sein Plündern«, andere Zeugen ἡ ἁρπαγὴ τοῦ πτωχοῦ »der Raub des Armen« – die Varianten sind im Zusammenhang mit den vorigen zu deuten. Die LXX legt in ihrer Interpretation den Fokus auf die Plünderung des Tempels.

753 Die Lesart von 4QXII[a] בְּבֵיתִי enthält vermutlich ein Abschreibfehler, stützt aber das Suffix im MT gegen LXX ἐν τῷ οἴκῳ αὐτοῦ »in seinem Haus«. Gegen die Lesart einiger Handschriften ἐν τοῖς οἴκοις ὑμῶν »in euren Häusern« betont der Targum mit בְּבֵית מַקְדְּשֵׁי wieder den Tempel.

754 4QXII[a] liest אֶת הַבְּרָכָה »den Segen«, LXX τὴν εὐλογίαν μου »meinen Segen«.

755 Wörtlich »bis ohne Bedarf« (Meinhold: BK XIV/8, 321). Die Formulierung bezeugt 4QXII[a], LXX und V formulieren mit ἕως τοῦ ἱκανωθῆναι »bis es genug ist« und *ad abundatiam* »bis zum Überfluss« positiv.

756 Zur Unterscheidung von אשׁר II Pi und der nominalen Form אֶשֶׁר siehe Sæbø: THAT I, 257–260. Die Verbform steht dem Makarismus nahe. Käser: Beobachtungen, 228 f, formulierte das Verhältnis so, dass die Stellen, die die Verbform verwenden, die Möglichkeit der Proklamation des Makarismus zeigen.

757 Emphatisches Subjekt אַתֶּם + finite Verbform, in allen Textzeugen, einschließlich 4QXII[a], außer S belegt.

758 Wie Gen 28,13 liegt die Selbstvorstellungsformel in kürzester Form vor, darum werden die parallelen Satzteile als Nominalsatz gelesen (Meinhold: BK XIV/8, 291 f; Hill: AncB 25D, 291).

Anrede als Jakobsöhne, das Wortspiel mit dem Namen יַעֲקֹב und קבע »berauben«, die Thematik der Zehntabgabe und die Verheißung des Segens konstituieren Intertextualität mit Gen 28,10–22, was dafür spricht, Mal 3,6 zu diesem Sinnzusammenhang zu zählen.[759] כִּי wäre dann – wie von Arndt Meinhold vorgeschlagen – im emphatisch-deiktischen Sinne »fürwahr« zu übersetzen.[760]

Mal 3,7 setzt in der ersten Langzeile den Vorwurf aus 3,6b fort. לְמִימֵי אֲבֹתֵיכֶם »seit den Tagen eurer Väter« würde im Anschluss an 3,6 in die Zeit der Erzväter weisen. Auf der Kohärenzebene bringt der Verlauf des Verses jedoch eine Irritation, denn das im Folgenden verwendete Vokabular lenkt auf die am Gottesberg ergangenen Satzungen (Dtn 5,1; 6,1 u. ö.). Dem folgt in der zweiten Langzeile ein Aufruf, der auf Sach 1,3 rekurriert und mit Mal 3,7b die für die Diskussionsworte typische dialogische Struktur auslöst. Wie in Sach 1,3 folgt die אָמַר יְהֹוָה צְבָאוֹת-Formel, die in der Sacharjaschrift weniger typisch ist. Mit der Wiederholung der Einleitungsformel וַאֲמַרְתֶּם בַּמֶּה »ihr aber sagt: worin ...« in Mal 3,8aβ wird 3,8aα eingebunden und es entsteht die auch im II. Diskussionswort auffällige Doppelung in der dialogischen Struktur. Der zweite Stichos der ersten Langzeile rekurriert mit der Partizipialform קֹבְעִים auf das finite Verb der vorangegangenen rhetorischen Frage הֲיִקְבַּע אָדָם אֱלֹהִים; ferner in Form einer Paronomasie auf die Anrede der בְּנֵי־יַעֲקֹב in 3,6a sowie mit der Gegenüberstellung von אַתֶּם und אֹתִי auf die Antithetik des Anfangsverses. Die determinierte Form הַמַּעֲשֵׂר »der Zehnte« in Mal 3,8b verklammert den Vers mit den folgenden. Darüber hinaus sind 3,8aα und 3,9a in doppeltem Chiasmus aufeinander bezogen:

Mal 3,8aα	כִּי אַתֶּם קֹבְעִים אֹתִי	הֲיִקְבַּע אָדָם אֱלֹהִים
Mal 3,9a	וְאֹתִי אַתֶּם קֹבְעִים	בַּמְּאֵרָה אַתֶּם נֵאָרִים

Der erste Stichos in Mal 3,8 ist chiastisch auf den zweiten 3,9a gerichtet: den Rahmen ergeben die Formen von קבע. Dass die grundsätzliche Frage des ersten Stichos direkt aus dem Verhalten der in 3,6 Angesprochenen motiviert ist, erbringt innerhalb des Chiasmus die Bezugnahme von אָדָם auf אַתֶּם, von אֱלֹהִים auf אֹתִי. Der Bezug des zweiten Stichos 3,8aα auf den ersten von 3,9a beschreibt jeweils mit dem Personalpronomen אַתֶּם und einem darauf bezogenen Pluralpartizip den Zustand

---

759 Kessler: HThKAT 13,12, 249, begründet ähnlich die Zugehörigkeit von v. 6 zum V. Diskussionswort mit dem durch das Wortspiel בְּנֵי־יַעֲקֹב und קבע gegebenen Sinnzusammenhang.
760 Einen Überblick über die unterschiedlichen Positionen bietet Weyde: Prophecy, 315 f. Meinhold: BK XIV/8, 300, versteht es in Analogie zu 1,11 im emphatisch-deiktischen Sinne, ebenso Verhoef: NICOT, 299; Hill: AncB 25D, 294.

der Jakobsöhne, wobei der erste offensichtlich den zweiten bedingt. Die durch den Chiasmus gegebene Verbindung zwischen אֹתִי und בַּמְּאֵרָה macht auf den Urheber des Fluchs aufmerksam. Der insgesamt viermalige Gebrauch von קבע an erster, an zweiter, an dritter, schließlich an sechster Position beschreibt die vollkommene Absichtlichkeit der Handlung und die damit unausweichlich herbeigeführte Verfluchung. Arndt Meinhold hat zudem gezeigt, dass die beiden Ausrufe »Der Zehnte und die Abgabenerhebung!« und »Volk als Ganzes!« die zwei dazwischenliegenden – diesmal im Parallelismus aufeinander bezogenen – Nominalsätze mit betonter Wortstellung rahmen.[761]

Der Gedankengang von Mal 3,10–12 ist dreistufig aufgebaut – der Handlungsaufforderung, die in 3,10a mit der zweiten אָמַר יְהוָה צְבָאוֹת-Formel abgeschlossen wird, folgt 3,10b.11 die dadurch bedingte Handlung Jhwhs zugunsten der Jakobsöhne. Das fünfmalige לָכֶם, das der jeweiligen finiten Verbform folgt, betont, dass die Taten Gottes ihnen zugute kommen. Zudem rekurriert es auf Mal 2,3. אִם־לֹא korrespondiert der negativen Bedingung von Mal 2,2. אִם־לֹא steht ferner zu Beginn von Schwur- und Beteuerungssätzen (GK §149), so dass die Gewissheit der göttlichen Handlung – insofern die Bedingung erfolgt ist – unterstrichen wird. Auch dieser Abschnitt göttlichen Handelns wird mit der אָמַר יְהוָה צְבָאוֹת-Formel beschlossen.

Mal 3,12b begründet 3,12a. Die entsprechenden Formen von היה geben auch Mal 3,4; 3,17.19.21 das zukünftige Geschick der Angeredeten an. Die csVerbindung אֶרֶץ חֵפֶץ »Land des Wohlgefallens« ist zusätzlich als *homoioteleuton* stilisiert, das im Gegenüber zu den Alliterationen in Mal 1,6 gelesen werden kann. Die Formulierung selbst bildet das Gegenstück zur Aussage 1,10bα und kann deswegen ebenfalls als Lösung des Konflikts im II. Diskussionswort interpretiert werden.[762] Die אָמַר יְהוָה צְבָאוֹת-Formel beschließt die dritte Stufe des Gedankengangs von Mal 3,10–12, der die innerweltliche Beziehung Israels und der Völker beschreibt.

---

761 Diese Doppelung hatte Renker: Tora, 79, veranlasst, das ursprüngliche Diskussionswort hier enden zu lassen.

762 Zur Parallelität des II. und V. Diskussionswortes: Stuart: Malachi, 1362, der kein Interesse an kompositionsgeschichtlichen Fragen hat. Die meisten Exegeten meinen jedoch aufgrund anderer Entscheidungen hinsichtlich der Adressatenfrage, dass hier der Spannungsbogen, der mit Mal 1,4 beginnt, zum Ziel kommt. Vgl. Weyde: Prophecy, 382f; Koenen: Heil, 61f; Meinhold: BK XIV/8, 299.

4.5.2 Bedeutung

4.5.2.1 Segen für Jakobs Nachkommen und das Gelübde des Zehnten (Mal 3,6.8–10)

Das Diskussionswort wird mit der göttlichen Selbstvorstellungsformel in ihrer kürzesten Form eröffnet. Die Anrede בְּנֵי־יַעֲקֹב ist einzig in den prophetischen Schriften.[763] Mal 3,6 und der Beginn von Mal 3,7 reden – wie auch der theologische Vorspruch 1,6 – von Vätern und Söhnen; jedoch nur zum Teil im metaphorischen Sinn. In Mal 3,6 kann die Bezeichnung בְּנֵי־יַעֲקֹב durchaus metaphorisch auf das Verhältnis von Gott zu Israel gedeutet werden. Dann, mit Mal 3,7, stehen die Jakobsöhne jedoch in der Nachfolge ihres Vaters. Der Vers ist eine gezielte, wenn auch pauschalisierende Anklage, kein weisheitlicher Spruch wie Mal 1,6. Die Anrede als »Jakobsöhne« weist auf die Geschichte des Stammvaters Jakob und insofern auf die Diskussionsworte der Maleachischrift, die bereits eine Deutung des Gottesvolkes im Spiegel dieser Geschichte gegeben haben. Reinhard Gregor Kratz hatte der Verwendung des Jakobnamens für das Gottesvolk im Jesajabuch ein Aufsatzkapitel gewidmet, in dem er herausgearbeitet hat, dass ›Jakob‹ eine theologische Interpretation der historischen Monarchien Israel und Juda gewesen sein muss, weil Israel/Jakob der Vater Judas gewesen sei. Damit sei auch die Genesispassage (Gen 32,29), die die Gleichsetzung von Israel und Jakob zum Inhalt habe, in diesem Kontext zu lesen. In den Prophetenbüchern sei durchgängig mit ›Jakob‹ das ganze Gottesvolk angeredet.[764]

Die Kurzform der göttlichen Selbstvorstellung begegnet in etlichen Passagen des AT, im Kontext der Jakobgeschichten in Gen 28,13. Wie in der Geschichte von Jakobs Traum in Bethel geht es auch im V. Diskussionswort um die Beziehung zwischen Jhwh und Jakob, was grammatikalisch durch das zwölfmal in Personalpronomen, Verbformen und Suffixen erscheinende »Ich« Gottes und die Vielzahl der auf »die Jakobsöhne« zielenden deiktischen Pronomina, Afformative und Suffixe der 2mPl zum Ausdruck kommt. Der noch nicht sonderlich signifikante intertextuelle Bezug wird im Verlauf des Diskussionswortes immer prägnanter. Im Spiegel der Genesisgeschichte bezieht sich die Aussage »ich habe mich nicht geändert« auf die an den Erzvater ergangene Zusage: »Ich bin Jhwh«. Meine Zusage gilt wie einst. Parallel formuliert heißt es weiter: Und auch ihr seid Jakob-

---

763 בְּנֵי־יַעֲקֹב Gen 34,13.25.27; 35,5.22.26; 37,2; 46,26; 49,2; I Reg 18,31; II Reg 17,34; I Chr 16,13; Ps 77,16; 105,6; Mal 3,6. Für die Intertextualität mit Gen 28,10–22 auch Scalise: Fear, 414.

764 Kratz: Israel, 193 f. Die Bezeichnung »Jakobsöhne« findet sich – abgesehen von den Genesiserzählungen – eher in späten Texten wie Ps 77,16; Ps 105,6 // I Chr 16,13 oder in dtr geprägten wie II Reg 17,34. Auch Meinhold: BK XIV/8, 303, deutet als »allgemeine Nachkommenschaftsbezeichnung«.

söhne, ihr seid wie euer Vater. Das Wortspiel, das durch das viermalige Vorkommen der Wurzel קבע mit der Namensetymologie des Erzvaters spielt, bringt zum Ausdruck, worin die Jakobsöhne ihrem Ahn gleich geblieben sind. Jakob war wegen seines Betrugs (Gen 27,36) um den Segen auf der Flucht vor Esau, als Jhwh sich ihm in Bethel offenbarte. Das in seiner Semantik schwer deutbare כלה kann »zurückhalten« heißen und die Mäßigung im Erringen des eigenen Vorteils meinen; כלה I kann auch »vollenden« heißen, dann wäre der Parallelismus antithetisch[765] zu verstehen: aber ihr seid Jakobsöhne, ihr habt [es] nicht vollendet, nämlich, was euer Vater damals gelobt hatte. Möglich ist auch die von Arndt Meinhold vorgeschlagene Übersetzung »nicht habt ihr geendet, [dieselben zu sein]«.[766] Vor dem Hintergrund der Genesisgeschichte bedeutet der Vers, dass Gott nach wie vor zu seinem Versprechen, das er Jakob in Bethel Gen 28,10–22 gegeben hat, steht, während Jakob seine Betrügermentalität nach wie vor mit sich herumträgt.

Ina Willi-Plein und Rainer Kessler lesen Mal 3,7 als Fortsetzung von 3,6, so dass der Inhalt von 3,7 das in 3,6b fehlende Objekt ergänzt.[767] Mit Mal 3,7 erhält der intertextuelle Bezug zu Gen 28,10–22, der ab Mal 3,8 weitergeführt und vertieft wird, eine neue Interpretation.

Mal 3,8 nimmt mit benanntem Wortspiel die Betrugsgeschichte auf und spitzt sie unter dreimaliger Verwendung der Wurzel קבע auf die Situation zu. Jakob hatte Gen 28,22 gelobt, von allem, was Jhwh ihm gibt, den Zehnten zu geben. Mit der Forderung des Zehnten in 3,8b wird gesagt, dass die Jakobsöhne diesem Gelübde nicht nachkommen. Sie halten die dem Tempel und damit Gott zustehenden Abgaben zurück. Sie berauben ihn damit und bleiben so dem unrühmlichen Charakterzug ihres Ahnen treu. Die Segensverheißung aus Gen 28,14, die Gott ihm und seinen Nachkommen gegeben hatte, ist nach wie vor gültig (Mal 3,10), aber im Zusammenhang mit der Erfüllung des Gelübdes, das Jakob gegeben hatte, zu betrachten. Die Kontinuität der Segenszusage könnte in der Ähnlichkeit der Formulierungen שַׁעַר הַשָּׁמָיִם »Tor des Himmels« (Gen 28,17b) und אֲרֻבּוֹת הַשָּׁמַיִם »Schleusen des Himmels« (Mal 3,10) Unterstreichung finden. Die Kommunikativität der intertextuellen Beziehung zwischen beiden Texten kommt neben den textoberflächenstrukturellen Referenzen der Lexeme vor allem in der Texttiefenstruktur zum Tragen. Die Intention liegt in der Forderung des Zehnten, dessen Einlösung Segen nach sich zieht. Zehntabgabe und Segen bedingen sich in Gen 28,10–22 nicht. Jakob gelobt den Zehnten, nachdem er die Segensverheißung

---

765 So von Bulmerinqc: Maleachi II, 396.

766 Meinhold: BK XIV/8, 303 f im Anschluss an Orelli, vgl. auch die Einheitsübersetzung und Luther.

767 Willi-Plein: ZBK.AT 24.4, 267, und Kessler: HThKAT 13,12, 248 in Anlehnung an LXX und Peš.

empfangen hat. »Bethel« ist hier im Gen 28,17.19 etymologisch hergeleiteten Sinn als Ort der göttlichen Offenbarung zu verstehen. Die Verse als Ätiologie des Heiligtums von Bethel zu deuten, hat in der Perserzeit und unter griechischer Hegemonie wenig Anhaltspunkte, da der Tempelkult in dieser Zeit archäologisch nicht belegt ist[768] und auch die biblischen Texte – abgesehen von schwer interpretierbaren Aussage in Sach 7,2 – schweigen. Darum ist die Geschichte auch für die Deutung der Abgabenpraxis am Jerusalemer Tempel als »Haus Gottes« (vgl. Mal 3,10aα) offen. Mal 3,6–12 deuten die Geschichte im aktuellen Kontext, in dem die Ordnung der Abgaben am Tempel zu wünschen übrig ließ. Der Zusammenhang von Mal 3,9 erschließt sich ebenfalls vor diesem Hintergrund. Wie in Mal 1,14a zieht das Vorenthalten des Gelobten den Fluch nach sich.

Die Aufforderung, Gott zu prüfen (Mal 3,10), ist im AT einmalig. Dtn 6,16 untersagt, Jhwh zu versuchen, jedoch unter Verwendung des synonymen נסה Pi. Mit Bezug auf das dort erwähnte Wasserwunder zu Massa (Ex 17,7) gebraucht Ps 95,9 נסה Pi und בחן parallel. Nach Mal 3,15 entspricht es dem Handeln des Frevlers, Gott zu versuchen. Doch in Mal 3,10 spricht Gott selbst. Er hat sich nicht geändert, seine Segensverheißung gilt, nur die Erfüllung des Gelübdes des Empfängers steht noch aus. Darum wird בחן gebraucht, nicht נסה Pi. בחן kann auch im synonymen Parallelismus mit צרף stehen (wiederum Sach 13,9) und somit die Konnotation der Läuterung tragen.[769] Die augenscheinliche Anmaßung, die in der Aufforderung וּבְחָנוּנִי נָא »prüft mich doch« stecken könnte, ist in Wahrheit keine, sondern die indirekte Aufforderung zur Bereinigung eines Missstandes. Der Prüfung Gottes muss die eigene Prüfung und das Eingeständnis des eigenen Schuldanteils vorausgehen. Die Formulierung behält ihre Provokation; wer aber über den Zusammenhang nachdenkt, wird zu sich selber zurückgeführt.

קבע ist ein im AT selten verwendetes Verb und begegnet neben den vier Vorkommen Mal 3,8f in Prov 22,23b, und zwar in Gegenüberstellung zum synonymen גזל (Prov 22,22a). Eine solche Gegenüberstellung stellen die beiden Wurzeln auch zwischen dem II. und dem V. Diskussionswort dar. In Mal 1,13 werden die mangelhaften Opfergaben unter גָּזוּל »Geraubtes« subsumiert. Wird dort der Schuldanteil der Priester konstatiert, wird in Mal 3,8f mittels des synonymen קבע der Schuldanteil der Laien, der im Zurückhalten des Zehnten und der Hebe die Arbeit am Tempel kolportiert, zum Ausdruck gebracht. Die Schlussformulierung von Mal 3,9 הַגּוֹי כֻּלּוֹ »Volk in seiner Gesamtheit« unterstreicht das.

---

768 Koenen: Art. »Bethel [Ort]«. http://www.bibelwissenschaft.de/nc/wibilex/das-bibellexikon/details/quelle/WIBI/referenz/10612/cache/edc56dbc22aee6f95601e23447058177/ (cited 14. März 2012).
769 Tsevat: ThWAT I, 589f.

4.5.2.2 Der Umkehrruf und die Forderung der Abgaben (Mal 3,7.10a)

Arndt Meinhold hatte darauf hingewiesen, dass Mal 3,6 Gen 28,22 referiert, sich jedoch gegen eine Deutung des Verses im Zusammenhang der Zehntforderung vor diesem Hintergrund erklärt mit dem Einwand, dass mit אֲבֹתֵיכֶם (Mal 3,7) nur die Generation gemeint sein kann, die auf die Sinaigesetzgebung zurückblickt, weil die Zehnt- und Abgabenregelung dort verortet ist.[770]

Besagte Formulierung אֲבֹתֵיכֶם hat in der Performation des Lesevorgangs in Mal 3 jedoch zwei Bedeutungen. Im Anschluss an Mal 3,6 bezieht sie sich auf die Erzväter. Die Formulierung בְּנֵי־יַעֲקֹב zieht den Sinngehalt der Erzvätergeneration nach sich. Erst im Verlauf von Mal 3,7 wird sie auf die Gesetzgebung am Sinai bezogen, denn Mal 3,7aα weist mit חֻקִּי auf die dort verankerten gesetzlichen Bestimmungen, zu denen auch die Forderung des Zehnten und der Hebe gehört. Mit סַרְתֶּם מִן »ihr seid abgewichen von« rekurriert der Vers auf Mal 2,8a und parallelisiert das Abweichen der Jakobsöhne mit dem dort beschriebenen Abweichen der Priesterschaft vom göttlichen Weg. לֹא שְׁמַרְתֶּם »ihr habt nicht bewahrt« stärkt diese Referenz, insofern die Priester in 2,8 ein Gegenbild zum Priesterideal abgeben, dessen Lippen Erkenntnis bewahren (שמר).[771]

Der Grund für die Intertextualität mit Gen 28,10–22 dürfte auf der theologischen Ebene liegen. Wie schon in anderen Diskussionsworten referiert das V. Diskussionswort der Maleachischrift eine Geschichte der Jakobüberlieferung der Genesis, nicht die entsprechenden gesetzlichen Forderungen. Dass es diese gegeben hat, legt Mal 3,7 nahe. Die Ordnung der Abgaben für Priester und Leviten wird in Num 18 als חָק־עוֹלָם »ewige Satzung« bezeichnet. Die Forderungen des Dtn (Dtn 12; 14; 26) sind in Dtn 12,1 allgemein unter הַחֻקִּים וְהַמִּשְׁפָּטִים »Satzungen und Rechtssätzen« subsumiert. Neh 12,44 nennt die gesetzliche Grundlage für den Zehnten und die Abgabenerhebung, die Priestern und Leviten zugute kamen, תּוֹרָה (Neh 12,44). Die theologische Pointe des intertextuellen Bezugs auf Gen 28,10–22 im V. Diskussionswort liegt darin, nicht einfach einen Verstoß gegen ein heteronom gesetztes Gebot zu konstatieren, sondern darauf zu verweisen, dass Jakob seine Selbstverpflichtung, die sich in seiner unmittelbaren Begegnung mit Gott auferlegt hatte, nicht hält.

Mal 3,7aβ weist Intertextualität mit Sach 1,3 auf und bringt so einen neuen Bezugspunkt in den Deutevorgang ein. Die intertextuelle Beziehung wird durch die nahezu wörtliche Übereinstimmung der Sätze konstituiert. Der einzige Unterschied liegt in der Verbform des im zweiten Teil parallel gestellten Satzes: anstelle des Kohortativs in Mal 3,7 verwendet Sach 1,3 einfaches Imperfekt. Arndt

---

770 Meinhold: BK XIV/8, 305.
771 Vgl. zur Semantik der Formulierung Dtn 9,16 und Meinhold: BK XIV,8, 306.

Meinhold schreibt, dass damit eine Hervorhebung des voluntatives Aspekts geschieht.[772] Sach 1,3 unterbricht die parallel formulierten Satzteile mit der Formel
נְאֻם יְהוָה צְבָאוֹת »Ausspruch Jhwh Zebaoths«. Am Ende des zweiten Satzteils steht
hingegen eine אָמַר יְהוָה צְבָאוֹת-Formel, die in Sach 1–8 nur viermal begegnet und
eigentlich für die Maleachischrift typisch ist. Damit wird auch derjenige, der in der
Leseabfolge des Zwölfprophetenbuchs Sach 1,3 zuerst gelesen hat, beim Lesen von
Mal 3,7 auf Sach 1,3 zurückverwiesen. In Sach 1,3 erging der Umkehrruf am Höhepunkt der Darstellung des Heilsanbruchs in der Haggaischrift (siehe c. 2.3.2).
Der Tempel ist inzwischen gebaut, aber der Bau verbürgt nicht den Segen. Hag 2,19
deutet den Tag der Grundsteinlegung als beginnende Segenszeit: מִן־הַיּוֹם הַזֶּה אֲבָרֵךְ
»von diesem Tag an werde ich segnen«. Die Maleachischrift führt deutlich vor
Augen, dass der ausbleibende Segen andere Ursachen hat. Welche, darauf wiesen
Mal 1,6–14, Mal 3,6 und 7aα mit Perspektive auf 3,8–9 hin.

Konkret fordert Mal 3,8, dass der Zehnte und die Hebe zum Tempel gebracht
werden sollen. Der Zehnte ist als Tempelabgabe allgemein im Alten Orient, in
Ägypten, Mesopotamien, Ugarit belegt.[773] תְּרוּמָה, von Luther als »Hebopfer«
übersetzt, etymologisch von רום Hi herzuleiten, hat im AT unterschiedliche Bedeutungen. Für die meisten der 76 Belege kommt die Bedeutung »Abgabe« mit
vorwiegend »kultischem Verwendungszweck« in Betracht.[774] Im Zusammenhang
mit dem Zehnten wird diese Abgabe im AT neben Mal 3,8 in Num 18,24.26.28; Dtn
12,6.17; II Chr 31,12; Neh 10,38; 12,44; 13,5 gefordert.

Num 18,21–32 dokumentierten offenbar das am zweiten Tempel etablierte Ab-
gabensystem zur Erhaltung des Tempelbetriebs. Lev 27,30–32 hält allgemein fest,
dass der Zehnte der landwirtschaftlichen Erträge (כָּל־מַעְשַׂר הָאָרֶץ) sowie aus der
Viehhaltung (וְכָל־מַעְשַׂר בָּקָר וָצֹאן) Jhwh heilig ist. Er konnte auch finanziell ausgelöst
werden, musste aber an den Tempel abgeführt werden. Num 18,21–32 regeln die
Verteilung. Den ganzen Zehnten des Volkes erhalten die Leviten für ihren Dienst am
Tempel (Num 18,21–24), sie bekommen ihn, weil sie kein Land haben, durch dessen
Bewirtschaftung sie ihren Lebensunterhalt bestreiten könnten. Davon sollen sie als
ihren Zehnten eine Abgabe (תְּרוּמַת יְהוָה) für Jhwh weitergeben. Dieser soll dann an
Aaron, den Hohenpriester, zur Versorgung der Priester gehen.

Die Texte im Buch Nehemia zeigen, wie diese Abgabenpraxis in persischer Zeit
ausgesehen hat. Mal 3,10 fordert, den ganzen Zehnten ins בֵּית הָאוֹצָר »Schatzhaus«
zu bringen, womit wahrscheinlich ebenso Vorratskammern des Tempels gemeint
sind, wie aus der nur noch in Neh 10,38–40 begegnenden Formulierung ge-

---

772 Meinhold: BK XIV/8, 308.
773 North: ThWAT VI, 433 f.
774 Meinhold: BK XIV/8, 312 f.

schlossen werden kann. Aus diesem Zusammenhang geht jedoch nicht klar hervor, dass die תְּרוּמָה der Zehnte vom Zehnten ist, den die Leviten abzuführen hatten (Neh 10,39 f).[775] Diese Uneindeutigkeit des Begriffs תְּרוּמָה wird auch in der LXX greifbar: Num 18,26 f übersetzt mit ἀφαίρεμα (> ἀφαιρέω »wegnehmen«, daher »Tribut, Abgabe«), Neh 10,38 entfällt der Begriff, Neh 10,40 gibt ihn mit ἀπαρχὰς »Erstlinge« wieder. Die Übersetzer der LXX gaben den Begriff auch Mal 3,8 mit αἱ ἀπαρχαὶ »die Erstlinge« wieder. In Neh 12,44 werden תְּרוּמוֹת neben רֵאשִׁית und מַעַשְׂרוֹת genannt, und zwar als gesetzlich festgelegte Anteile für Priester und Leviten (מְנָאוֹת הַתּוֹרָה לַכֹּהֲנִים וְלַלְוִיִּם). Mal 3,8 MT scheint aufgrund der Determinierung der beiden Begriffe die gesetzliche Abgabe zu meinen. Ebenso in determinierter Form erscheint das Begriffspaar in II Chr 31,12. Danach geht die Institution dieser Abgabenregelung, die hier vorausgesetzt ist, auf König Hiskia zurück. Ein Levit war für die gewissenhafte Einlagerung der Abgaben im Tempel (לְשָׁכוֹת בְּבֵית יְהוָה [II Chr 31,11]) zuständig. Da Mal 3,8.10 nicht ins Detail gehen, müssen die aufgezeigten Probleme hier nicht geklärt werden. Es geht um die Institution der Tempelabgaben, die erforderlich sind, damit der Tempelbetrieb würdig vonstatten gehen kann.[776]

Das Begriffspaar מַעַשֵׂר und תְּרוּמָה begegnet auch im Deuteronomium. In Dtn 12,6.11.17 meint es keine in der Menge fixierte,[777] sondern eine freiwillige Abgabe, freiwillig Gelobtes. תְּרוּמָה begegnet hier immer in der csVerbindung תְּרוּמַת יֶדְכֶם »Hebopfer deiner Hand«, der Dtn 12,6.11 parallel genannte Zehnte jeweils im Plural. Die indeterminierte Form מַעַשֵׂר kann in den dtn Texten auch im Singular stehen (12,17; 14,23.28; 26,12). Die beiden letztgenannten Belege reden – ebenso wie Mal 3,10 – vom »ganzen Zehnten« und verbinden seine Abgabe mit der Zusage von Segen, der in Dtn 26,12 auf die Früchte der Erde bezogen ist. Dtn 26,12 ist der Zehnte im dritten Jahr zum Tempel zu bringen, und zwar zur Versorgung der *personae miserae* und der Leviten. Eckart Otto ist der Meinung, dass diese privilegrechtlichen Erstlingsgebote, die mit Dtn 14,22–15,23 und Dtn 26,2–13* einen Rahmen um die materiale Rechtsordnung des Dtn legen, nachexilisch zugunsten der Abgaben für die Priester nicht realisiert worden seien,[778] Ronen Reichman legte hingegen dar, dass ein weiterer Zehnt anlässlich der Wallfahrtsfeste zu entrichten war, der

---

775 Auf der Basis von Num 18,25–32 meinen dies Weyde: Prophecy, 332; Meinhold: BK XIV/8, 313; Hill: AncB 25D, 306; auf der Grundlage von Neh 10,38–40 Wächter: ThWAT VIII, 762. Vgl. auch Ez 45,13–17, wo תְּרוּמָה ebenfalls die Abgabenanteile an Getreide, Öl und Vieh für die Speise-, Brand- und Heilsopfer sind, die der Fürst zur Entsühnung des Volkes darbringen muss.

776 Kessler: HThKAT 13,12, 258; Willi-Plein: ZBK.AT 24.4, 272.

777 Wächter: ThWAT VIII, 760 f.

778 Otto: RGG⁴ 8, 1793.

im dritten und sechsten Jahr an die Armen überführt wurde (Dtn 26,12f).[779] Auch
Rainer Kessler bemerkte, er möge nicht ausschließen, dass Mal 3,10 gleichermaßen an die Armenfürsorge als Funktion des Tempels denkt,[780] was im Anschluss
an Mal 3,5 eine gewisse Plausibilität hat. טֶרֶף (Mal 3,10) meint meist im AT die
Beute, die ein Tier gerissen hat. Hi 24,5 steht es synonym zu לֶחֶם. In diesem allgemeinen Sinn von »Nahrung« wird es auch Ps 111,5 und Prov 31,15 gebraucht,
wobei besonders die fürsorgliche Zuteilung von Nahrung im Fokus steht. Diese
Konnotation fügt sich in den Aspekt der Armenfürsorge gut ein.[781]

Diese gesetzlichen Forderungen des Zehnten gehören in das deuteronomische
Gesetz, dessen Erfüllung Segen oder Fluch in Dtn 28 bedingt. Die intertextuellen
Bezüge mit Dtn 28 liegen auch hier nicht nur auf der Textoberfläche, sondern auch
in der Texttiefenstruktur.

Der intertextuelle Bezug zu Gen 28,22 bewahrt vor einer Zuspitzung auf die
Abgaben an die Priester allein, denn den Zehnten hatte Jakob freiwillig gelobt,
womit ein Bezug zu Dtn 12 gegeben ist.[782] Unter dieser Präsupposition besteht auch
ein Zusammenhang mit dem IV. Diskussionswort.

4.5.2.3 Die Segensverheißung und die Reaktion der Völker (Mal 3,10–12)

Der Raub der Jakobsöhne an Zehntem und Abgabe wird mit dem Fluch geahndet.
Mal 3,9aα gibt zu verstehen, dass das Unheil bereits eingetroffen ist. Scharbert
meint, dass dies bereits in der Semantik des Nomens מְאֵרָה »Fluch« liege.[783]
Demgegenüber könnte das Bringen des Zehnten bewirken, dass die Segensgaben
das Land wieder erfüllen.

Wie in Mal 2,2 ist die Segenszusage kontrastiv zu den Fluchsätzen formuliert.
Die Analyse zum II. Diskussionswort hatte erbracht, dass darin ein intertextueller
Bezug zu Dtn 28[784] besteht, der durch seine Strukturalität Signifikanz gewinnt. Die

---

779 Reichmann: RGG⁴ 8, 1793.
780 Kessler: HThKAT 13,12, 259.
781 Kessler: HThKAT 13,12, 260.
782 In der Mischna sind die Bestimmungen für weitere Zehntabgaben festgelegt (Bunte: Mischna,
I. Seder). Auch wenn die Texte jünger sind, dürfte davon auszugehen sein, dass die Abgaben-
bestimmungen des Dtn nicht mit den Priesterabgaben »überholt« waren (Otto), sondern neben
ihnen ihre Anwendung fanden. Möglicherweise sind die Uneindeutigkeiten in den Formulierungen Neh 10,38–40 ein Indiz dafür.
783 Scharbert: ThWAT I, 445.
784 Für den Zusammenhang von חק und שמר + Verfluchung (Mal 3,9) verwies Weyde: Prophecy,
329, auf Dtn 28,45. חק steht dort jedoch als Femininum und parallel zu מִצְוֹתָיו. Der Zusammenhang
ist semantisch nicht prägnant genug, um Intertextualität zu konstituieren, steigert aber als Fre-
quenzargument den durch die konstrastive Gegenüberstellung von Fluch- und Segen entste-

Nominalform מְאֵרָה begegnet in Mal 2,2; 3,9 und Dtn 28,20.[785] Positiv formuliert ist nur Mal 3,10b. Die Formulierung אֶפְתַּח לָכֶם אֵת אֲרֻבּוֹת הַשָּׁמַיִם erinnert an die Sintflutgeschichte (Gen 7,11; 8,2). Diesmal aber werden keine Wassermassen ausströmen, die Erde zu vernichten. An die Stelle des Wassers tritt der Segen, der das Land erfüllen wird, »bis kein Platz mehr ist«. Dass insbesondere im אֶרֶץ יִשְׂרָאֵל Segen ohne Regen schwer denkbar ist, vor allem, wenn im Kontext von landwirtschaftlichen Erträgen die Rede ist, sei unbenommen. *Expressis verbis* ist von Regen jedoch nicht die Rede.[786] Segen ist viel umfassender, und er schließt die vernichtende Wirkung des Wassers aus. ריק heißt »leer machen« und steigert die erste Aussage insofern, dass Jhwh alle bei sich vorhandenen Segensgaben geben würde. Er würde nichts zurückhalten, im Unterschied zu Jakob, der nicht einmal das bereit ist zu geben, was er gelobt hat.

Mal 3,10 f führen die kosmologischen Dimensionen des Gesamtgeschehens vor Augen. Ist der Tempel von Unregelmäßigkeiten betroffen, dann das symbolische Zentrum der Welt, der Ort, an dem die Königsherrschaft Jhwhs und ihre heilsame Kraft zur Darstellung kommt.[787] Lag in Mal 3,10b der Schwerpunkt auf der kosmologisch-vertikalen Dimension, verschiebt er sich mit 3,11 auf die kosmologisch-horizontale. Dabei sind die agrarischen Schädlinge zu Vertretern der »Antiordnung« stilisiert.[788] Beide Aspekte werden durch das fünfmalige לָכֶם zusammengehalten und bringen zum Ausdruck, dass das göttliche Handeln zugunsten der Jakobsöhne geschehen wird.[789]

Mit Mal 3,11 beginnen drei parallel aufgebaute Stichen, die durch die אָמַר יְהֹוָה צְבָאוֹת-Formel im vierten Stichos beschlossen werden. Dabei ist der erste Stichos den anderen beiden syntaktisch übergeordnet:

---

henden intertextuellen Bezug. Zur Aktualisierung von Dtn 28 in Mal 3,6–12 generell siehe auch Weyde: Prophecy, 338–340; auch Petersen: OTL, 218.

785 Hill: AncB 25D, 315; Scharbert: ThWAT I, 446. Die Nominalform gibt es im AT neben den genannten Vorkommen nur noch Prov 3,33 und Dtn 28,27. אָרוּר ist das Gegenteil von בָּרוּךְ (Keller: THAT I, 237). קלל hingegen – ist eher Opposit zu כבד »schwer sein« und hat damit die Bedeutung »verachtet, unbedeutend sein« (Keller: THAT II, 642). Das Eintreffen einer קְלָלָה meint damit, dass das in der אָרוּר-Formel Ausgesprochene in Erfüllung gegangen ist (Keller: THAT II, 645).

786 Gegen Meinhold: BK XIV/8, 319.321 f; Kessler: HThKAT 13,12, 261.

787 Vgl. die Darstellung Keels in Janowski: Weltbild, 57, wo der Tempel als Mittelpunkt der Welt die himmlische Wohnung Gottes repräsentiert.

788 Meinhold: BK XIV/8, 322–324. Die Hintergründe des von Keel gezeichneten, unterschiedliche biblische Aussagen synthetisierenden Weltbildes und aus Mesopotamien sowie deren Entsprechungen sind dort dargestellt.

789 ל-*dativum* als »benefactive dative« (Waltke/O'Connor 11.2.10d); auch Meinhold: BK XIV/8, 319.

וְגָעַרְתִּי לָכֶם בָּאֹכֵל
וְלֹא־יַשְׁחִת לָכֶם אֶת־פְּרִי הָאֲדָמָה
וְלֹא־תְשַׁכֵּל לָכֶם הַגֶּפֶן בַּשָּׂדֶה
אָמַר יְהוָה צְבָאוֹת׃

Mal 3,11aβ und 3,11bα erscheinen durch das ו-*copulativum* als beigeordneter, von 3,11aα abhängiger verneinter Konsekutivsatz.[790] Die finite Verbform des ersten Stichos ist auf Gott bezogen. Er agiert und weist den »Feind« in seine Schranken, mit den Konsequenzen, die die beiden folgenden Stichen schildern.

גער bedeutet »schelten, schimpfen« und ist im AT im Zusammenhang mit der Präposition בְּ immer gegen eine feindliche Größe gerichtet.[791] In Nah 1,4a und Ps 106,9a kommt zum Ausdruck, wie Jhwh die Macht des Meeres bzw. des Schilfmeeres besiegt, ebenfalls Manifestationen der »Antiordnung«. In Mal 3,11aα ist die feindliche Größe der אֹכֵל »Fresser«. Das Partizip steht im Hebräischen unspezifisch[792] für jegliche Art schädigenden Abfraßes der Kulturpflanzen. Repräsentativ mag im AT das Wirken der Heuschrecke in ihren vier Stadien sein (Jl 1,4). Wo sie entlanggezogen war, war nichts übrig (Ex 10,5). Aber auch ein feindliches Volk kann die landwirtschaftlichen Erträge des Volkes vernichten (Dtn 28,33.51). Der unspezifische Begriff kann somit nicht nur auch auf weitere Tierschädlinge appliziert werden,[793] er kann jede feindliche Invasion, die sich unrechtmäßig an den landwirtschaftlichen Erträgen gütlich tut, bezeichnen. Der Anfang dieses ersten Stichos וְגָעַרְתִּי לָכֶם rekurriert auf Mal 2,3, die in Subjekt, Verbwurzel und Objekt identische Form. Die Doppeldeutigkeit von הַזֶּרַע – Saat und Nachkommenschaft – spielt mit der Gefährdung der landwirtschaftlichen Erträge. Die Pointe der Referenz liegt jedoch darin, dass die Nachkommen der sich verfehlenden Priester in Mal 1,6–2,9 in die Schranken gewiesen werden, so dass sie ihre ordnungswidrigen, somit chaotischen Charakterzüge nicht entfalten.

Der erste Konsekutivsatz thematisiert die Bewahrung der Feldfrüchte, der zweite die Bewahrung des Weinstocks. Die im ersten Fall mit שחת Hi zum Ausdruck gebrachte Attacke des Fressers zielt auf den vollständigen Verlust der Ernte. Die im zweiten Fall mit שכל Pi »eine Fehlgeburt haben« zum Ausdruck gebrachte Attacke des Fressers steht metaphorisch für den Abbruch allen potenziellen Lebens im Land.[794]

---

790 GK §166a; Meinhold: BK XIV/8, 294.

791 Meinhold: BK XIV/8, 325; Kessler: HThKAT 13,12, 261.

792 Kessler: HThKAT 13,12, 261 f.

793 Meinhold: BK XIV/8, 326; Kessler: HThKAT 13,12, 262.

794 Vgl. die schöne und facettenreiche Entfaltung bei Meinhold: BK XIV/8, 328–330.

Die Intertextualität mit Dtn 28 wird in Mal 3,11 mit kleinen Referenzen untermauert, die allerdings im Bereich der synonymen Äquivalenzen bleiben. Dabei werden wie in Mal 2,2f Fluchandrohungen des zweiten Teils von Dtn 28 evoziert, hier jedoch deren Verhinderung verheißen. Das »Öffnen der Schleusen des Himmels« (Mal 3,10b) erinnert an das gegensätzliche »Werden deines Himmels zu Erz« (Dtn 28,23f); das Wüten des Fressers (Mal 3,11aα) erinnert an die Heuschrecke, die das Feld abfrisst (חסל) (Dtn 28,38); in beiden Texten ist die פְּרִי הָאֲדָמָה »Frucht des Feldes« betroffen (Dtn 28,18.33.42.51; Mal 3,11aβ). Die Metapher von der Kinderlosigkeit des Weinstocks (שכל) lässt im umfassenden Sinn Dtn 28,18 anklingen; ebenfalls lässt sich die Fluchansage, nicht einmal die erste Lese des neugepflanzten Weinbergs einbringen zu können (Dtn 28,30), assoziieren. Mal 3,11aα und Dtn 28,51f haben Ähnlichkeit aufgrund des inhaltlichen Motivs der Vernichtung durch eine feindliche Invasion. Abgesehen von der aufgestellten Dichotomie von Segen und Fluch bleibt im V. Diskussionswort der intertextuelle Bezug zu Dtn 28 im assoziativen Bereich. Da sie bereits im Bewusstsein des Lesers konstituiert ist, bedarf es auch nur der Assoziation, die ebenso unspezifisch bleibt wie ihr Primärtext.

Entsprechend können alle Situationen landwirtschaftlicher und entsprechend versorgungstechnischer Missstände mit Mal 3,11 gedeutet werden. In harter Selbstkritik führt der Autor die wirtschaftliche Misere auf einen Fehler im Denken des Volkes zurück, den Rainer Kessler so auf den Punkt brachte: »Solange es uns wirtschaftlich schlecht geht, sparen wir an den Abgaben für den Tempel. Maleachi dreht die Logik um und sagt: Solange ihr an den Abgaben für den Tempel spart, geht es euch wirtschaftlich schlecht.«[795]

Mal 3,12 beschreibt als dritte Stufe des Gedankengangs das aus dem Segen resultierende Verhältnis des Gottesvolkes zu den anderen Völkern. אשר II Pi begegnet im *corpus propheticum* nur in der Maleachischrift. Diese Sicht der Völker auf Israels Ergehen entfaltet auch Dtn 28, als positives Bild innerhalb des Segensteils (Dtn 28,10):

וְרָאוּ כָּל־עַמֵּי הָאָרֶץ כִּי שֵׁם יְהוָה נִקְרָא עָלֶיךָ וְיָרְאוּ מִמֶּךָּ:

... und alle Völker werden sehen, dass der Name Jhwhs ausgerufen ist über dir und sie werden Ehrfurcht vor dir haben.

Und als negatives Bild innerhalb des Fluchteils (Dtn 28,25b):

וְהָיִיתָ לְזַעֲוָה לְכֹל מַמְלְכוֹת הָאָרֶץ:

... und du wirst zum Gegenstand des Schreckens für alle Königreiche der Erde.

---

795 Kessler: HThKAT 13,12, 260.

Im ersten Fall wird der über Israel gekommene Segen von den Völkern gesehen.[796] Die Völker haben die Wirkmacht, auf die der Segen und der Fluch Israels zurückgehen, erkannt. Preisen sie Israel als »Land des Wohlgefallens« glücklich (Mal 3,12), findet sein durch Jhwh gesegnetes Dasein als gelungener Lebensvollzug Anerkennung. Das Gegenteil geschieht im negativen Fall.

Ihre engste Parallele hat die Aussage aus Mal 3,12a in Ps 72,17, wo es vom König heißt:

וְיִתְבָּרְכוּ בוֹ כָּל־גּוֹיִם יְאַשְּׁרוּהוּ:

Segen wünschen werden sie sich in ihm – alle Völker werden ihn glücklich preisen.

Intertextualität entsteht nicht nur durch die Referentialität dieser beiden Sätze, sondern durch weitere Indikatoren, auf die Karl William Weyde aufmerksam gemacht hat.[797] Ps 72,17 gehört wie Ps 72,8–11.15 zur letzten Erweiterung des Psalms,[798] die eine universale davidische Herrschaftsauffassung vertritt und einschließt, dass die Könige der Länder zu ihm kommen, ihm Geschenke bringen und ihm dienen. Der intertextuelle Bezug lässt für die Mal 3,12 entstandene Frage, inwieweit der überzeugende Lebensentwurf Israels bei den Völkern Konsequenzen zeigt, positive Rückschlüsse erwägen. Karl William Weyde hat gezeigt, dass alle Vorkommen von אשר II Pi im AT – ausgenommen Gen 30,13 – aus dem Gesetzesgehorsam resultieren.[799] Mit der Akzeptanz der Tora, woran letztlich nach Dtn 28 und damit auch in Mal 3,6–12 Fluch und Segen hängen, wäre eine Hinwendung der Völker zu Jhwh im Blick.[800]

Der zweite Stichos verheißt Israel, ein Land des Gefallens zu sein. Das Lexem חֵפֶץ »Gefallen« rekkuriert auf Mal 1,10bα. אֵין־לִי חֵפֶץ בָּכֶם »kein Gefallen gibt es für mich an euch« – das war das Resümee des 1,6–8 geschilderten Konflikts. Nach der Lösung des Konflikts und dem ausgeschütteten Segen gibt es ein neues Resümee – תִהְיוּ אַתֶּם אֶרֶץ חֵפֶץ »ihr werdet sein ein Land des Gefallens«. Das Dativobjekt bleibt hier ungenannt. Jhwh oder die Völker – sie sind mit Sicherheit nicht abgeneigt.

---

796 Zu diesem Vergleich Meinhold: BK XIV/8, 331. Vgl. die damit Steigerung gegenüber Mal 1,5.

797 Weyde: Prophecy, 343.

798 Becker: Psalm 72, 138; zur Theologie Janowski: Frucht, 102–105; Meinhold: BK XIV/8, 331.

799 Weyde: Prophecy, 344.

800 So auch Meinhold: XIV/8, 332, der diese Deutung jedoch eschatologisch verlagert, was hingegen der Text selbst und auch seine mannigfaltigen Bezüge nicht nahelegen.

4.5.3 Stellung in der Maleachischrift

Das V. Diskussionswort hat innerhalb der Maleachischrift bündelnde Funktion. Stilistisch wird die in Mal 1,6 beginnende Schilderung des Konfliktes mit Alliterationen unterstrichen, sein Ende mit dem Homoioteleuton Mal 3,12. Dieser Konflikt ist durch mangelhafte kultisch Opfer ausgelöst worden, die nur Symptom einer respektlosen, nicht ehrfurchtsvollen Haltung der Priester gegenüber Jhwh sind. Folge dieses Verhaltens ist der Fluch, der die Priesterschaft bereits erreicht hat, ihre Segnungen ins Gegenteil kehrt (Mal 2,2) und der chaotischen Dimension ihres Wirkens, das sich in ihrer Nachkommenschaft fortsetzen könnte, Einhalt gebietet (Mal 2,3). Doch das Verhalten der Priester ist nicht allein Ursache der Misere. Auch das Zurückhalten des Zehnten und der Abgaben, die das ganze Volk zu erbringen hätte, beeinträchtigen die Arbeit am Tempel in erheblichem Maße. Der Zusammenhang beider Aspekte scheint im II. und im V. Diskussionswort durch, wird aber durch die strukturellen und die Lexembezüge zwischen den beiden Diskussionsworten verdeutlicht. Mit der Dichotomie von Fluch und Segen zeigen beide Texte Intertextualität mit Dtn 28, die wiederum in beiden Texten durch mannigfache Indikatoren signifikant wird. Der Schuldanteil der Priester wird mit dem IV. Diskussionswort einer eigenen Lösung zugeführt (Mal 3,3f). Der Schuldanteil des gesamten Volkes ist Thema des V. Diskussionswortes. Das Bringen des vollständigen Zehnten und der Abgabe bedingt den Segen Jhwhs, der das Leben im Land zu einer der Verheißung entsprechenden Qualität werden zu lassen verspricht und der sogar die Völker vom Gelungensein dieses Lebensvollzugs überzeugt.

Die Problematik jedes der beiden Diskussionsworte wird durch intertextuelle Bezüge ins Licht einer Geschichte der Jakobüberlieferung aus der Genesis gestellt. War es im II. Diskussionswort Gen 32f, wo das Überbringen der Gabe und die Versöhnung mit Esau nach dem Betrug um den Erstgeburtssegen erzählt werden, ist es im V. Diskussionswort Gen 28, wo am Ende der Gotteserscheinung in Bethel von Jakobs Gelübde des Zehnten erzählt wird. Der intertextuelle Bezug zwischen Mal 3,6–9 und Gen 28,22 deutet das Kernproblem des V. Diskussionswortes vor dem Hintergrund des Motivs vom nicht eingelösten Zehnten des Erzvaters.

Aus diesem Zusammenhang erlangt Mal 1,2 Bedeutung. Die Intertextualität mit der Geschichte von Jakobs Traum trägt den vorangegangenen Betrug an seinem Bruder Esau und die dennoch ergehende Verheißung Jhwhs an Jakob in den Zusammenhang ein. »Ich bin Jhwh. Ich habe mich nicht geändert.« Ich halte, was ich versprochen habe: In dir und deinen Nachkommen sollen alle Geschlechter der Erde gesegnet sein (Gen 28,14). Könnte im Erzählablauf der Maleachischrift der Eindruck entstehen, dass Jakob die Liebe Gottes mit seinem Verhalten enttäuscht und verwirkt hat, so trägt der intertextuelle Bezug zu Gen 28, der überdeutlich mit dem Betrugsverhalten Jakobs spielt (Mal 3,8 f), eine Zurückweisung dieses Eindrucks ein: Trotz des Betrugs, ich liebe euch nach wie vor.[801]

Vor dem Hintergrund des intertextuellen Bezugs zu Gen 28 entsteht innerhalb der Maleachischrift auch ein Rückverweis auf das III. Diskussionswort, den es ohne diese Referenz nicht gäbe: Im Anschluss an die Betrugsgeschichte (Gen 27) wird Jakob von seinem Vater zu seinem Onkel ins Ausland geschickt, damit er keine Mischehe eingeht (Gen 28,1–7). Nach einem Seitenblick auf Esaus Heiratspraxis folgt in Gen 28,10–22 die Geschichte von Jakobs Traum in Bethel. In der Welt der Jakobgeschichte folgt somit der Entscheidung, keine Ausländerin zu heiraten, die Offenbarung Jhwhs, in der er seine Treue verspricht, trotz des Betrugs.

Die viel jüngere Interpretation dieser Geschichte im Jubiläenbuch beschäftigte sich ebenfalls mit der Frage, wann Jakob sein Gelübde erfüllt und den Zehnten gebracht hätte. Dies zu erzählen, erweitert es die Überlieferung von Gen 35 MT:

> Jub 32,2 Und er [sc. Jakob] gab den Zehnten von allem, das mit ihm gekommen war, von den Menschen bis zum Vieh, vom Gold bis zu allem Gerät und Kleidern. Und er gab den Zehnten von allem. 3 Und in diesen Tagen wurde Rahel schwanger mit ihrem Sohn Benjamin. Und Jakob zählte von ihm her seine Söhne. Und er ging hinauf (in der Namensliste) und ging hinab (in der Namensliste und kam so) auf Levi durch (Festlegen des) Anteil(s) des Herrn. Und sein Vater bekleidete ihn mit den Gewändern des Priesteramtes.

Der Zehnte ist eine freiwillig gelobte Gabe.[802] Nachdem Jakob ihn ausgesondert hatte, stellte sich ihm die Schwierigkeit, den Zehnten seiner Söhne zu geben. Mit Levi erfüllte er sein Gelübde. Auch Tg Ps-Jonathan zu Gen 32,25 versteht Levi selbst als Zehnten. Vielleicht weisen diese Texte wieder einmal auf die Spur eines Intertextes, der aus der Intertextualität der Genesisüberlieferung und der Maleachischrift entstand. Der Zusammenhang von II. und V. Diskussionswort hat die Darstellung Levis als Priester aufgenommen. Auf der Textebene der Maleachischrift gibt es lediglich eine Referenz, die das Verhalten der Jakobsöhne (Mal 3,7aα) mit denen der Priester innerhalb der Levibundpassage (Mal 2,8aα) parallelisiert und dem Bewahren (שמר) der Erkenntnis durch den Priester gegenübergestellt (2,7a).

Der weder in den jüdischen Leseordnungen noch im Qumranfragment 4QXII[a] vorhandene Einschnitt zwischen 3,5 und 3,6 legt auch einen Sinnzusammenhang zwischen IV. und V. Diskussionswort fest. Deutet man die Partikel כִּי in 3,6 nicht kausal, wird dieser Zusammenhang erst auf einer das Ganze in den Blick neh-

---

801 Auf den hermeneutischen Zusammenhang mit Mal 1,2 verweisen auch von Bulmerinqc: Maleachi II, 394; Meinhold: BK XIV/8, 303; Kessler: HThKAT 13,12, 251.

802 Die מִנְחָה für Esau gibt es hier nicht; die Versöhnung wird lediglich mit einem Satz erwähnt (Jub 29,13).

menden Betrachtungsebene deutlich. Der grundlegende Konflikt des IV. Diskussionswortes besteht darin, dass Unrecht nicht als Unrecht geahndet wird (2,17). Die Bereinigung dieses Missstandes wird Mal 3,5 entfaltet. Diejenigen, die Böses tun (2,17), werden mit ihrem Unrecht konfrontiert (3,5). Hier ist nicht von Spaltungen im Gottesvolk die Rede.[803] Das Böse ist immer noch der Vollzug einer *Handlung* (2,17), nicht die Qualifikation der ganzen Person (Mal 3,18.21). Mit 3,7 besteht die Möglichkeit zur Umkehr, die Rückbesinnung der eigenen Person vor Gott, die Übernahme von Verantwortung für das Gemeinwesen, zu der auch die Abgabe des Zehnten gehört, die für die *personae miserae* bestimmt ist, die offensichtlich angesichts des Verhaltens der Übertäter aus Mal 2,17 die schwächsten Glieder der Kette waren. Gelingt der Lebenswandel, haben sie Teil an der Segensgabe.

Durch den intertextuell eingespielten Text Gen 28,10–22 wird dieser Weg erleichtert. Für Jakob waren in seinem Traum Boten auf der Leiter, die den Weg zu Jhwh sichtbar machten (Gen 28,12), Wegbereiter der göttlichen Verheißung. Für Jakob bereiteten sie den Weg in die Kommunikation mit Jhwh. Das soll auch in der Maleachischrift geschehen. Auf der Buchebene ist dies die Sendung Maleachis an Israel: seinen Weg bereiten, der in die unmittelbare Kommunikation mit Gott führt.

4.6 Mal 3,13–21 (VI. Diskussionswort)

4.6.1 Text und Struktur

13a Stark waren eure Worte gegen mich,[804] hat Jhwh gesagt.[805]
13b Ihr aber sagt: Was beredeten[806] wir denn gegen dich?
14a Ihr sagtet: Nichts ist es, Gott zu dienen,[807]

---

803 Gegen Kessler: HThKAT 13,12, 263 f; Horst: HAT I/14, 274; Sellin: KAT XII, 537.

804 LXX gibt MT mit ἐβαρύνατε ἐπ' ἐμὲ τοὺς λόγους ὑμῶν wieder, macht damit die Angeredeten zum Subjekt wie auch Mal 2,17 bei gleichem Objekt (2,17 Dativ; 3,13 Akkusativ) und ist wohl eine Angleichung. V, Tg und Peš wie MT.

805 LXX[L] ergänzt »Zebaoth«, was in den Feststellungen des II. und des V. Diskussionswortes (Mal 1,6 und 3,7) eine Entsprechung hat; belässt man MT, gleicht die Struktur der Feststellung des I. Diskussionswortes (Mal 1,2a) und 1,13b. So scheint es auch in 4QXII[a] ergänzt werden zu müssen, für die Langform wäre schwerlich Platz (DJD XV, 227). Weil die Kurzform mehrere Entsprechungen hat, gibt es zur Konjektur keinen Anlass.

806 נִדְבַּרְנוּ Ni – GK §51d. Die Lesart ist in allen großen Codices bezeugt, einige Handschriften des Petropolitanus tradieren jedoch das Qal דִּבַּרְנוּ, was wohl als Abschreibfehler gewertet werden darf.

807 LXX und V übersetzen als Partizip (δουλεύων und *qui servit*), evtl. als Angleichung an Mal 3,18.

14bα und – was ist der Gewinn, dass wir sein zu Bewahrendes[808] bewahrt haben,
14bβ und (dass wir)[809] in Trauer[810] gegangen sind wegen[811] Jhwh Zebaoth?
15a Aber[812] jetzt: Wir preisen glücklich die Arroganten[813]:
15bα Sowohl[814] auferbaut worden sind die Freveltäter;
15bβ auch haben sie Gott versucht und sind entkommen[815].
16 So[816] redeten[817] einst die Gottesfürchtigen unter sich, einer mit[818] dem anderen, und Jhwh

---

808 LXX übersetzt mit τὰ φυλάγματα, die Übersetzung im Plural findet sich mehrfach in der LXX (Lev 8,35; 18,30; 22,9 u. ö.). שָׁמַרְתָּ מִשְׁמַרְתּוֹ ist in Dtn 11,1 die Fortsetzung der Forderung, Gott zu lieben, wie sie aus dem שְׁמַע יִשְׂרָאֵל zitiert ist. In der Aufzählung folgen וְחֻקֹּתָיו וּמִשְׁפָּטָיו וּמִצְוֹתָיו. Die Vierzahl könnte auf die Gesamtheit der göttlichen Gebote und Forderungen zielen. Mal 3,14 ist vielleicht vor diesem Hintergrund zu verstehen. Schmitt: Wende, 250, spricht von einem *terminus technicus* zur Benennung des Dienstes der Leviten am Heiligtum (z. B. Ez 44,8.16; vgl. Num 3,7).
809 Kopulatives ו (GK §158a).
810 קְדֹרַנִּית ist *hapaxlegomenon* und vermutlich von der Wurzel קדר abgeleitet. Es begegnet als Partizip in vier Psalmen im Zusammenhang mit הלך im Kontext der Klage: Ps 35,14; 38,7; 42,10; 43,2 (Weyde: Prophecy, 253). LXX liest ἱκέται »schutzflehend«.
811 Von den drei Bedeutungen, die מִפְּנֵי auch im Zusammenhang mit Jhwh haben kann – räumliche oder geistige Distanz oder Kausalität – ist die dritte hier wegen der nicht spürbaren Gerechtigkeit Gottes die geeignete (Meinhold: BK XIV/8, 366; Simian-Yofre: ThWAT VI, 655f).
812 ו drückt hier einen Gegensatz aus (GK § 154a), der im Zusammenhang mit עַתָּה einen zeitlichen Neueinsatz kennzeichnet; vgl. Mal 1,9; 2,1.
813 LXX übersetzt an dieser Stelle ἀλλοτρίους, im Unterschied zu Mal 3,19, wo sie mit ἀλλογενεῖς (= זָרִים) übersetzt, was vielleicht auf eine Verwechslung von ר und ד im MT zurückgeht. Tg liest רְשִׁיעַיָּא und V *arrogantes* wie MT.
814 Die Parallelität von Mal 3,15bα und 3,15bβ entsteht durch גַּם ... גַּם , jeweils verbunden mit dem finiten Verb 3cPl AK. Zur Schwierigkeit der Formulierung und den vielen Übersetzungsvarianten Meinhold: BK XIV/8, 341, und Bulmerincq: Maleachi II, 483. Dieser schlägt vor, der Übersetzung des Targum im Sinne von אַף ... אַף wie Jes 48,8 und Jer 12,2 zu folgen. Mit der emphatisch-rhetorischen Redeweise zur Tatsächlichkeit und Gewissheit des Gesagten wäre der Empörung der Adressaten Rechnung getragen. Die Bedeutung von גם als einzigem hebräischen Adverb, that »can signal a final climax in an exposition ... [or] marks a discourse ending« (Waltke/O'Connor 39.3.4d) ist vermutlich ebenfalls im Blick, denn mit v. 15 verstummen die v. 13 Angeredeten. 4QXII[a] stellt ו davor (DJD XV, 228), was mit Tg übereinstimmt bis auf wenige Hss., möglicherweise ein Argument dafür, גם ... גם nicht disjunktiv zu übersetzen.
815 LXX schreibt ἐσώθησαν »gerettet worden«, also schon in einer theologischen Deutung des Gerichts. MT stellt irdische Erfahrung und eschatologische Zusage gegenüber.
816 Die LXX schreibt ταῦτα, was mit Peš und Tg übereinstimmt. Dementsprechend schlägt BHS vor, dass vielleicht זֶה oder זֹאת zu lesen sei. Zur umfangreichen textkritischen Diskussion: Rudolph: KAT XIII/4, 286 Anm. 16; Weyde: Prophecy, 355; Glazier-McDonald: Malachi, 217f; Meinhold: BK XIV/8, 341; zuletzt und mit eigenem Lösungsansatz Lauber: Sonne, 18. Er hält LXX für den ursprünglichen Text, der absichtlich von einem späteren Redaktor im MT mit אָז ersetzt wurde: »Anscheinend wollte der Redaktor durch den Eintrag einer temporalen Zäsur eine Reaktion der in 3,14 f zitierten Sprecher auf die Anklage durch JHWH in 3,13a andeuten.« (Lauber: Sonne, 20) Die demonstrative Übersetzung der LXX kann mit einer gewissen Nähe von אָז zu den Demonstrativpronomen begründet werden (Waltke/O'Connor 17.2b). Weiterhin kann אָז temporales Adverb

merkte auf und er hörte, und ein Gedächtnisbuch wurde vor ihm geschrieben für[819] die Gottesfürchtigen und seinen Namen Achtenden[820].

17a Und sie werden für mich sein[821] – hat Jhwh Zebaoth gesagt – am[822] Tag, den ich mache, ein besonderes Eigentum,

17b und ich will schonend[823] mit ihnen umgehen, wie einer schonend mit seinem Sohn umgeht, der ihm dient.

18 Dann[824] ihr werdet wieder [den Unterschied] sehen zwischen Gerechtem und Frevler,

---

mit deutlich emphatischer Bedeutung sein (Waltke/O'Connor 39.3.1h). Zusätzlich zu ihrem temporalen Gebrauch haben die beiden temporalen Adverbien עַתָּה und אָז logischen und emphatischen Gebrauch. אָז kann eine logische Wende markieren oder eine betonende Rolle spielen. Folgt ihm eine Perfektform, soll nicht »der allmähliche Vollzug oder das Andauern der Handlung in der Vergangenheit, sondern ihre Tatsächlichkeit« (GK §107c) betont werden. Beides ist hier der Fall, so dass MT beibehalten wird. Schwierig ist, dass die Übersetzung mit »damals« diese Bedeutung nicht hergibt, sondern im Deutschen rein temporale Semantik hat. Daher erscheint es mir erlaubt, die demonstrative Konnotation von אָז mit »so« wiederzugeben, die temporale mit »damals, einst«. Den gleichen Zeitablauf entnimmt Willi-Plein: ZBK.AT 24.4, 276, dem Adverb.

817 *consecutio temporum:* bei einer Reihe von vergangenen Ereignissen steht das erste im Perfekt, sodann wird in Imperfekten fortgefahren. Das nächstfolgende Perfekt wird futurisch übersetzt (GK §49.1a).

818 4QXII[a] liest anstelle von אֶת die Präposition עַל; M[A] und M[C] אֶל. Inhaltlich verändert keine der Varianten den Duktus des Satzes.

819 ל-*dativum* als »benefactive dative« (Waltke/O'Connor 11.2.10d). LXX liest anstelle der Passivform וַיִּכָּתֵב Aktiv ἔγραψε »er [sc. Gott] schrieb«.

820 Zwei textkritische Varianten der Herausgeber: »denen, die ihn fürchten und seinen Namen hochhalten/ achten« oder »die JHWH fürchten und unter seinem Namen Zuflucht suchen« (חסה). Die erste Variante könnte sich auf eine entsprechend kurze Textlücke in 4Q253a (späte Hasmonäer oder frühe herodianische Zeit DJD XXII, 213.) berufen, was aber darin seine Schwierigkeit hat, dass 4QXII[a] (DJD XXXIX, 382) MT exakt wiedergibt. Lediglich der *Codex Sinaiticus* Min. 26 liest αὐτόν. Eine weitere Möglichkeit, die durch viele andere Qumrantexte belegt ist, wäre, אֵל statt יְהוָה zu lesen (für Mal 3,16 in CD XX 18–19; DJD XXII, 214). Die zweite Variante resultiert aus mehreren Versuchen, die Stelle textkritisch zu ändern, da חשב sonst niemals mit dem Gottesnamen und häufig in negativer Bedeutung »gering schätzen« (Seybold: ThWAT III, 249) verwendet wird (z. B. Gen 38,15; I Sam 1,13). Zur phonetischen Herleitung der textkritischen Variante vgl. Lauber: Sonne, 20 f.

821 4QXII[a] hat den Narrativ וַיְהִי. Damit wird vermutlich dem Rechnung getragen, dass von den Adressaten auch nach dem narrativen Mal 3,16 in der 3PPl. die Rede ist, was sich erst ab 3,18 wieder ändert. Doch ist die Variante ist schlecht bezeugt, außerdem würde sie der Parallelform 3,19 entgegenstehen (vgl. die Vermutung bei Schwesig: Rolle, 248 Anm. 70).

822 Jenny: Präposition Lamed, Rubrik 88, 272.

823 Anstelle von חמל על hat LXX αἱρετίζειν »erwählen«, was inhaltlich einen Bezug zum I. Diskussionswort ergibt. Die Frage nach dem Verhältnis von Erwählung und Handeln wird damit thematisiert. MT ist mit 4QXII[a], Aquila, Peš, Tg und V gut bezeugt; die Veränderung ist theologisch motiviert.

824 GK §112x.

zwischen einem, der Gott dient, und einem, der ihm nicht gedient hat.[825]

19a Denn[826] siehe, der Tag[827] kommt, brennend wie der[828] Backofen.[829]

19bα Und alle Arroganten[830] und jeder, der Frevel tut[831], werden Stroh sein.

19bβγ Und dieser kommende Tag wird sie versengen – hat Jhwh Zebaoth gesagt – der[832] ihnen weder Wurzel noch Zweig[833] übrig lässt[834].

20a Für euch aber, die vor meinem Namen Ehrfurcht haben, wird aufstrahlen die Sonne der Gerechtigkeit und Heilung ist in ihren Flügeln.[835]

20b Und ihr werdet herausgehen und springen[836] wie Mastkälber[837].

---

825 LXX übersetzt als Partizip wie im Fall des Gerechten, wohingegen das suffigierte *verbum finitum* im MT die Unwiderruflichkeit des Urteils für den, der Gott nicht gedient hat, zum Ausdruck bringt.

826 Kausale Konjunktion in der Folge von v. 18; LXX, V, auch einige Parascheneinteilungen deuten sie disjunktiv (vgl. Hill: AncB 25D, 327).

827 LXX deutet ihn bereits hier als ἡμέρα κυρίου »Tag des Herrn« (vgl. 3,23 MT).

828 Zur Determination bei der Verwendung als Gattungsbegriff vgl. GK §126o.

829 LXX ergänzt φλέξει αὐτούς (»und er wird sie verbrennen«) und doppelt damit die Aussage 3,19bβ.

830 Siehe Anm. 813.

831 BHS empfiehlt mit vielen Handschriften, Textausgaben und Übersetzungen, den Plural des Partizips עֹשֵׂי zu verwenden und damit an v. 15 anzupassen. Meinhold hat darauf verwiesen, dass MT in die Intention des Diskussionswortes für »alle und jeden Einzelnen« passe (BK XIV/8, 343). Da die Entscheidung des Einzelnen, Gott zu dienen oder nicht, eine individuelle Entscheidung ist, schließe ich mich dem an. Außerdem findet sich עֹשֵׂה in ähnlicher Kombination in 2,17bα, so dass durch die unterschiedliche Schreibweise möglicherweise sogar ein redaktioneller Verweis gegeben ist.

832 LXX liest beiordnend und passivisch καὶ ὑπολειφθῇ ἐξ αὐτῶν »und übrigbleiben wird von ihnen ...«

833 Anstelle von שֹׁרֶשׁ וְעָנָף übersetzen Tg und Raschi בַּר וּבַר בַּר »Sohn und Enkel«. Die Übertragung entspricht der polaren Formulierung עֹנֶה וְעֹנֶה aus Mal 2,12. In beiden Fällen scheint sie die Ausrottung der Nachkommenschaft im Blick zu haben.

834 LXX übersetzt passivisch. Abgesehen davon, dass die Lesart, die Q verwendet, stark bezeugt ist, begründet Bulmerincq: Maleachi II, 525 f , dass das AT עזב Ni stets in der Bedeutung »verlassen werden« verwende, allein für Q sei die Bedeutung »übriglassen« belegt.

835 So Schroer: Schatten, 305; Meinhold sagt »unter«, weil בְּ wie Hos 4,19 und Sach 5,9 mit »einem übertragen zu verstehenden Teil eines Tieres, den Flügeln, verbunden ist« (BK IV/8, 344). Das wäre zwar angesichts der phänomenologischen Herkunft der Flügel zu unterstreichen, jedoch ist für den Horusfalken seine Strahlkraft ausschlaggebend, so dass Schroer gefolgt wird. Codex 4 (Kennicott: Vetus II, 305) schreibt כְּנָפֶיהָ und dekonstruiert so die Metapher der Flügelsonne (siehe c. 4.6.2.6).

836 Zur Vokalisierung von וּפִשְׁתֶּם siehe Meinhold: BK XIV/8, 344.

837 4QXIIa (DJD XV, 228) schreibt anstelle des Plurals כְּעֵגֶל, was mit dem Prädikat nicht übereinstimmt, aber syntaktisch möglich ist. LXX übersetzt ὡς μοσχάρια ἐκ δεσμῶν ἀνειμένα »wie Kälber, von Fesseln losgebunden«.

21a Und ihr werdet die Frevler zertreten,[838] denn sie werden Asche unter den Sohlen eurer Füße sein.
21b am Tag, den ich mache, hat Jhwh Zebaoth gesagt.

Alle oben angeführten Codices lassen mit Mal 3,13 einen neuen Abschnitt beginnen. Auf dem entsprechenden Fragment von 4QXII[a] fehlt er.

Das VI. Diskussionswort weist einige Indikatoren der Inkohärenz gegenüber dem V. auf. Nach dem solennen Schluss in Mal 3,12 wird ein anderes Thema aufgenommen, die Frage aus 2,17 in einer modifizierten Fassung. Die wenigen Lexeme, die den Eindruck von Kohärenz zwischen dem V. und VI. Diskussionswort wecken könnten, werden in semantisch gegensätzlicher Weise verwendet.[839] Mal 3,10 fordert die Jakobsöhne im positiven Sinn auf, Gott mit dem Bringen des Zehnten zu versuchen (בחן), in Mal 3,15 hingegen wohnt בָּחֲנוּ אֱלֹהִים negativ dem frevlerischen Handeln inne. Mal 3,12 verheißt Jakob, dass die anderen Völker es glücklich nennen (וְאִשְּׁרוּ), diese Aussage wird im Blick auf das Ergehen der Arroganten Mal 3,15 ironisch gewendet. Dass beide Wurzeln innerhalb der Prophetenbücher nur selten auftauchen, stärkt die Referenzialität des Zusammenhangs. Die formale Anknüpfung geschieht bei inhaltlicher Diskontinuität. Die Wiederaufnahme der dialogischen Struktur (Mal 3,13f) und die Verwendung der אָמַר יְהוָה צְבָאוֹת-Formel zeigen jedoch die Zugehörigkeit zum Text der Maleachischrift an. Auf der Ebene der Textkohäsion schließt Mal 3,13 logisch an 3,12 an. Die Gottesrede wird fortgesetzt; angeredet ist wiederum eine Gruppe in der 2mPl.

Der Kairoer Codex tradiert nach Mal 3,15 eine s^etûmâ. Mal 3,13–15 werden somit als Sinnabschnitt gelesen, der allein die Disposition des Konflikts beinhaltet.

Nach Mal 3,18 setzen der Petropolitanus und der Reuchlinianus eine s^etûmâ, der Aleppocodex und der Kairoer eine p^etûḥâ. Dieser Sinnabschnitt endet mit der Verheißung, dass die göttliche Gerechtigkeit wieder wahrnehmbar sein wird, die Schilderung der eschatologischen Ereignisse bleibt jedoch offen. Mal 3,13–21 ist als VI. Diskussionswort eine Sinneinheit, die strukturell mit zwei Inklusionen das Erleben depravierter Gegenwart und die Schilderung zukünftigen Heils darstellt. Das Ende des Diskussionswortes nach Mal 3,21 unterstreicht die Verwendung der אָמַר יְהוָה צְבָאוֹת-Formel sowie mehrere Indikatoren von Inkohärenz. Fast alle der benannten Codices setzen auch hier eine Zäsur.[840]

---

838 4QXII[a] (DJD XV, 228) schreibt וְעוּצוֹתָם »und ihre Ratschläge« für וַעֲסוֹתֶם »und ihr werdet zertreten«.
839 Vgl. Schwesig: Rolle, 241; Stuart: Malachi, 1374.
840 4QXII[a] weist den Gesamtabschnitt im Zusammenhang aus, die vacat-Zäsur findet sich erst nach 3,23.

Den strukturellen Aufbau des VI. Diskussionswortes lässt folgende Übersicht erkennen:

Legitimation	Zukunft	Gegenspieler	Gott dienen	Adres-saten	inclusio «דבר»	Vers
אָמַר יְהוָה					דִּבְרֵיכֶם	13a
					נִדְבַּרְנוּ־	13b
		שָׁוְא עֲבֹד אֱלֹהִים				14
	זֵדִים					15a
	בָּחֲנוּ אֱלֹהִים	עֹשֵׂי רִשְׁעָה				15b
			יִרְאֵי		נִדְבְּרוּ	16a
			יְהוָה			
			לְיִרְאֵי יְהוָה			16b
			וּלְחֹשְׁבֵי שְׁמוֹ		inclusio «יוֹם»	
וְהָיוּ לִי ... סְגֻלָּה אָמַר יְהוָה צְבָאוֹת					לַיּוֹם אֲשֶׁר אֲנִי עֹשֶׂה	17a
			הָעֹבֵד אֹתוֹ			17b
		לְרָשָׁע		צַדִּיק		18a
			עֹבֵד אֱלֹהִים			18bα
			לֹא עֲבָדוֹ			18bβ
					הַיּוֹם בָּא	19a
וְהָיוּ ... קַשׁ אָמַר יְהוָה צְבָאוֹת		וְכָל־עֹשֵׂה			הַיּוֹם הַבָּא	19b
	כָּל־זֵדִים	רִשְׁעָה				
	לָכֶם		יִרְאֵי			20a
			שְׁמִי			
						20b
	יִהְיוּ אֵפֶר	רְשָׁעִים				21a
אָמַר יְהוָה צְבָאוֹת					בַּיּוֹם אֲשֶׁר אֲנִי עֹשֶׂה	21b

Die zweite Spalte von rechts zeigt, dass innerhalb dieses Abschnitts zwei Referenzsysteme einander ablösen, die ihn in zwei Teile gliedern: Mal 3,13–16 und 3,17–21.[841] Die Spalten der Tabelle zeigen, dass es Referenzen gibt, die das Diskussionswort in seiner Gesamtheit strukturieren.

4.6.1.1 Die *inclusio* mittels דבר

Mal 3,13 beginnt formal als Gottesrede, anders als Mal 2,17. Auch der Aufbau der dialogischen Struktur ist hier kohärent: נִדְבַּרְנוּ (Mal 3,13b) rekurriert auf דִּבְרֵיכֶם (Mal 3,13a) und erfragt ihren Inhalt. Die Verse 3,13a.b und 16 verweisen durch die

---

841 Vgl. zur Zweiteilung Snyman: Malachi, 489 f.

Wurzel דבר referentiell aufeinander. Die Worte, die die Anklage Jhwhs auf sich ziehen (דִּבְרֵיכֶם), sind terminologisch von den Redeeinleitungen des fingierten Dialogs (וַאֲמַרְתֶּם) unterschieden. Mal 3,13a und 3,13b sind chiastisch aufgebaut, in der Stilfigur, die das gesamte Diskussionswort prägt, wie schon Mal 1,2–5. [842] Die kurze אָמַר יְהוָה-Formel ist eine Referenz auf Mal 1,2 und 1,13.

חָזְקוּ עָלַי דִּבְרֵיכֶם —— אָמַר יְהוָה
מַה־נִּדְבַּרְנוּ עָלֶיךָ —— וַאֲמַרְתֶּם

Der Wendung דבר על + Gott steht jeweils die Redeformel des fingierten Zitats mit אמר gegenüber.

Mal 3,14 f sind durch אֱלֹהִים-Formulierungen gerahmt, so dass sich auf diese Weise das Gottes-Verhältnis der Angesprochenen und der Frevler gegenüberstehen. Mal 3,14a rekurriert mit אֲמַרְתֶּם auf 3,13b. Die Fortsetzung bringt den Inhalt des Gesagten: שָׁוְא עֲבֹד אֱלֹהִים »Nichts ist es, Gott zu dienen.« Das Lexem אֱלֹהִים weist kataphorisch auf 3,15bβ: בָּחֲנוּ אֱלֹהִים וַיִּמָּלֵטוּ »sie haben Gott versucht und sind entkommen.« Mittels dieser Referenz wird die augenscheinliche Ursache des deprimierten Diktums aus 3,14a auf den Punkt gebracht. 3,14b wird stilistisch nach der Figur der zunehmenden Glieder entfaltet: 2 + 3 + 6 Wörter, und unterstreicht damit das zunehmende Bedürfnis des Lamentierens der Adressaten. Metrisch wird das durch den sich wiederholenden und die Klage eindringlich steigernden Rhythmus von 3 Hebungen getragen.[843] שָׁוְא (Mal 3,14a) und בֶּצַע (Mal 3,14b) sind Substitute; die beiden untergeordneten, mit כִּי eingeleiteten und parallel formulierten Sätze entfalten עֲבֹד אֱלֹהִים aus 3,14a.

שָׁוְא עֲבֹד אֱלֹהִים וּמַה־בֶּצַע
כִּי שָׁמַרְנוּ מִשְׁמַרְתּוֹ
וְכִי הָלַכְנוּ קְדֹרַנִּית מִפְּנֵי יְהוָה צְבָאוֹת

Mal 3,15 führt die Rede aus 3,14 fort. Die sarkastisch-ironische Seligpreisung 3,15a referiert 3,12a und verkehrt die dort verheißenen Verhältnisse. Mal 3,15b expliziert sie in zwei untergeordneten, mit גַּם eingeleiteten und im Parallelismus gestellten Vierwortsätzen.

---

842 Snyman: Malachi, 489.
843 Lauber: Maleachi, 100 f.

וְעַתָּה אֲנַחְנוּ מְאַשְּׁרִים זֵדִים
גַּם־נִבְנוּ עֹשֵׂי רִשְׁעָה
גַּם בָּחֲנוּ אֱלֹהִים וַיִּמָּלֵטוּ׃

Der folgende Vers 3,16 ist als *inclusio*[844] gestaltet: Das Reden (נִדְבְּרוּ) der 3,13a Angeredeten wird aus einer Erzählperspektive betrachtet, ebenso, dass es das Aufmerken und Zuhören Jhwhs erbringt (3,16a.bα), dass ihre ehrfürchtige Haltung honoriert wird, und ihnen zugunsten ein Buch des Gedächtnisses geschrieben wird. Mal 3,16 rekurriert anaphorisch mit אָז und der Ni-Form von דבר auf 3,13b. Das Reden der Gottesfürchtigen umfasst damit den gesamten Inhalt von 3,14 f. Die durch den ›benefaktiven Dativ‹ bestimmten Partizipien לְיִרְאֵי יְהוָה וּלְחֹשְׁבֵי שְׁמוֹ weisen kataphorisch auf die aus ihren Elementen kontrahierte Formulierung יְרְאֵי שְׁמִי (Mal 3,20a). Damit hat 3,16 eine Brücken- oder Scharnierfunktion[845] inne. Ein solcher erzählender Bericht ist in den Diskussionsworten der Maleachischrift selten.[846] Die erste Langzeile des Verses resümiert ein Gespräch in der Jetztzeit, die zweite Langzeile schafft mit der Metapher vom Buch des Gedächtnisses (סֵפֶר זִכָּרוֹן) eine zeitliche Brücke zur 3,17–21 entfalteten eschatologischen Szenerie. Durch diese Brücke von 3,16 wird das eschatologische Offenbarwerden des Unterschiedes zwischen Gerechtem und Frevler (Mal 3,18) im Gegensatz zur Wahrnehmung des Missverhältnisses (Mal 3,13 f) möglich.

4.6.1.2 Die *inclusio* mittels יוֹם אֲשֶׁר אֲנִי עֹשֶׂה

Mal 3,17–21 entfalten eine eschatologische Szenerie, die dreigliedrig komponiert ist und so den Charakter einer feierlichen Deklaration aufweist. Den ersten und den letzten Takt bildet die für die Maleachischrift typische אָמַר יְהוָה צְבָאוֹת-Formel, den zweiten und den vorletzten die Formulierungen יוֹם אֲשֶׁר אֲנִי עֹשֶׂה, so dass sich eine chiastisch aufgebaute Rahmung ergibt.[847] An diesem »Tag, den ich [sc. Jhwh] machen werde«, werden die Verhältnisse neu geklärt, und zwar in dreierlei Hin-

---

844 Snyman: Malachi, 488 f.
845 Schmitt: Wende, 253.
846 Z. B. Mal 1,11–13; 2,7; 3,3 f. Weyde: Prophecy, 357, hat versucht, die Zugehörigkeit von v. 16 zum VI. Diskussionswortes dadurch zu stützen, dass er das Phänomen des narrativen Zwischenberichts auch in anderen Texten des XII nachweist (Jl 2,18; Hag 1,12). Das Kriterium Weydes, die narrativen Berichte markierten einen ausschlaggebenden Wendepunkt in Jhwhs Beziehung zu den Adressaten (357) – falls man dies als formgeschichtliches Kriterium geltend machen sollte – käme Mal 3,16 mit der zeitlichen Brücke des Gedächtnisbuches und der Verheißung zukünftiger Wahrnehmbarkeit der göttlichen Gerechtigkeit zum Tragen.
847 Snyman: Malachi, 490; graphisch dargestellt z. B. bei Schmitt: Wende, 255; Schwesig: Rolle, 246.

sicht, was durch die drei Perfekt-Formen von היה zu Ausdruck gebracht wird, die sich gegenseitig referieren.

Mal 3,17: Die שְׁמוֹ לְיִרְאֵי יְהוָה וּלְחֹשְׁבֵי aus 3,16, auf die sich die 3PPl bezieht, werden Jhwhs Eigentumsvolk sein (וְהָיוּ). Damit ist die Heilsaussage 3,20 verknüpft: יִרְאֵי שְׁמִי mit לְ.

Mal 3,19: Die Arroganten und jeder Freveltäter werden Stroh sein (וְהָיוּ).

Mal 3,21: Die vor dem göttlichen Namen Ehrfurcht haben (יִרְאֵי שְׁמִי) werden die Asche der Frevler zertreten (יִהְיוּ).

Alle drei היה-Aussagen finden in der אָמַר יְהוָה צְבָאוֹת-Formel ihre Bekräftigung[848], die im festen Glauben an die göttliche Autorität dieser Worte die jetzt empfundene Ungerechtigkeit erträglich macht. Die Formen von היה können innerhalb dieses Abschnitts als *perfectum confidentiae*[849] verstanden werden, wonach die Gerechtigkeit Gottes nicht als Möglichkeit in Aussicht gestellt, sondern Realität ist, die nur unter den Bedingungen der Existenz nicht immer wahrnehmbar ist.[850]

Mit 3,17 beginnt die Gottesrede, die die Gerechtigkeit zutage bringenden eschatologischen Ereignisse schildert. Von den in 3,13 Angesprochenen, die sich nun als die Gottesfürchtigen erwiesen haben, wird in der 3PPl geredet. Es scheint, als würde die Form der Anrede in der 2PPl von 3,16 zu 3,18 erst schrittweise wieder aufgebaut werden. Mal 3,17bα knüpft mit Prädikat und Objekt an das Dativobjekt לִי im ersten Versteil an (Jhwh), das der Präposition עַל angefügte Suffix der 3mPl an das Subjekt des ersten Versteils (die Gottesfürchtigen). חמל in Mal 3,17bβ rekurriert auf וְחָמַלְתִּי in 3,17bα. כַּאֲשֶׁר leitet den Vergleich ein, der die Metapher aus Mal 1,6a umkehrt. Wurde dort das Verhältnis zwischen Gott und Mensch aus dem sozialen von Vater und Sohn übertragen, so wird hier das Verhältnis zwischen Gott und Mensch zurückübertragen und an dem sozialen gemessen. *Tertium comparationis* sind hier die Formen von חמל mit der Präposition עַל. Jhwh wird schonend mit ihnen umgehen (וְחָמַלְתִּי) gleichwie ein Mann (יַחְמֹל) mit seinem Sohn, der ihm dient (הָעֹבֵד אֹתוֹ). Der Relativsatz mit dem Partizip עֹבֵד weist zurück auf 3,14a, und zeichnet im Rückblick das Handeln der mit ihrem Geschick Hadernden als das Gott Gebührende (Mal 1,6) aus. Das Partizip עֹבֵד in Mal 3,17by rekurriert kataphorisch aber auch auf das in 3,18b. Hier wird explizit formuliert, was der Rückverweis auf 3,14 implizit erbrachte: Wer Gott dient (עֹבֵד), erweist sich als

---

848 Gegen Lauber: Maleachi, 35, der meint, dass eine textstrukturierende Funktion der Formel nicht erkennbar sei. Hier lässt sie sich zeigen, was vielleicht auch für die spätere Abfassung des Textes spricht.

849 Zum Ausdruck einer zweifellos bevorstehenden, daher für das Bewusstsein des Redenden bereits vollzogene Tatsache (GK §106n).

850 Schmitt: Wende, 254.

Gerechter (צַדִּיק). Ein Frevler (רָשָׁע) ist der, der ihm nicht gedient hat. Die Analogie wird hier mittels בֵּין לְ zum Ausdruck gebracht. Damit erfolgt in Mal 3,18 textintern die Lösung des in 3,13–15 formulierten Konflikts. Die Proposition dieses Verses liegt in der Terminologie von צַדִּיק und רָשָׁע (Sg und Pl), wie sie in weisheitlich geprägter Literatur begegnet. Das Begriffspaar schließt die Reziprozität von Tun und Ergehen ein. Das Geschick von Frevler und Gerechtem ist selbstevident, wie die folgenden Verse zeigen. Ab Mal 3,19 wird es – wiederum in chiastischer Struktur – entfaltet.

Mal 3,18
Unterschied zwischen

צַדִּיק	und	רָשָׁע
Mal 3,19 – Erge-		Mal 3,20 – Ergehen
hen des Frevlers		des Gerechten

Mal 3,21 Verhältnis beider untereinander: Unterwerfungsaussage der Gerechten über die Frevler

Mal 3,19 entfaltet das Geschick der זֵדִים und der עֹשֵׂה רִשְׁעָה. Ausführendes Organ dieses Vernichtungsgerichts ist der kommende Tag (הַיּוֹם בָּא). Die emphatische Partikel הִנֵּה + Part. entsprechen dem »announcement formula«[851] (vgl. Mal 3,1). Abgesehen von Mal 3,19by ist der Vers strukturell ähnlich zu 3,1b aufgebaut. Die Formulierung הַיּוֹם הַבָּא (Mal 3,19b) rekurriert auf הַיּוֹם בָּא im ersten Halbvers, zusätzlich hat der Artikel deiktische Funktion. Beide Formen im Zusammenhang rekurrieren auf die *inclusio* יוֹם אֲשֶׁר אֲנִי עֹשֶׂה (Mal 3,17.21) und klären, dass es sich um die Geschehnisse desselben Tages handelt. Aber erst in Mal 3,23 wird »dieser Tag« explizit »Tag Jhwhs« genannt. בֹּעֵר und לֹהֵט sind in die יוֹם בָּא-Aussagen chiastisch inkludiert. Zwischen diesen Gliedern wird wiederum mittels 3PmPl Perfekt das Geschick aller Arroganten und Freveltäter als קַשׁ ausgesagt. Diese Einschließung zeigt »strukturell das unentrinnbare Ausgeliefertsein der ›Spreu‹ an den ›verzehrenden Ofen‹«[852]. Das Prädikatsnomen קַשׁ, das den Zustand der Frevler an diesem Tag metaphorisch zum Ausdruck bringt, steht innerhalb der Langzeile ebenso pointiert in Schlussposition wie das Prädikatsnomen סְגֻלָּה, das das eschatologische Geschick der Gottesfürchtigen in 3,17 beschreibt.

Mal 3,19by erscheint nach diesem durchstrukturierten Vers wie ein Zusatz, der zudem in seiner Metaphorik aus dem Bild herausfällt, weshalb er von einigen als

---

851 Hill: AncB 25D, 345.
852 Schwesig: Rolle, 248.

Glosse betrachtet wird.[853] אֲשֶׁר bezieht sich relativisch auf הַיּוֹם הַבָּא, der so weiterhin die Rolle des Subjekts innehat, das Suffix der 3mPl auf זֵדִים und עֹשֵׂה רִשְׁעָה. Die Imperfektform hält das Resultat fest.

Adversativ setzt Mal 3,20 mit der Entfaltung der Perspektive ein, die sich an diesem Tag für die auftun wird, die vor Jhwhs Namen Ehrfurcht haben (יִרְאֵי שְׁמִי). Die Präposition לְ in 3,17 und 3,20 stellt zwei Seiten einer Beziehung dar: in 3,17 heißt es: sie werden für mich (לִי) das Eigentumsvolk sein, in 3,20a heißt es: für euch (לָכֶם), die vor meinem Namen Ehrfurcht haben, wird aufgehen Sonne der Gerechtigkeit und Heilung ist in ihren Flügeln. Der Bedeutung dieser prominenten Metapher wird in c. 4.6.2.6 nachgegangen, ebenso dem Vergleich, der die Zukunft der Gottesfürchtigen im zweiten Teil des Verses beschreibt.

Mal 3,21 schildert das künftige Verhältnis von Gerechten und Frevlern. Ein Akt der Genugtuung wird beschrieben. Angeredet sind dabei die Gottesfürchtigen aus 3,20. Mit der Formulierung תַּחַת כַּפּוֹת רַגְלֵיכֶם ist eine Unterwerfungsaussage getroffen (vgl. Ps 110,1), die das eschatologische Triumphieren der Gerechten über die Bösen und damit die Widersacher der göttlichen Weltordnung zu Ausdruck bringt.[854] Mal 3,21b schließt mit der umgekehrten Stellung der Stichen aus 3,17a die Gerichtsszenerie ab.

4.6.2 Bedeutung

Auffällig in Mal 3,13–21 ist, dass einzelne Wörter und Wortkombinationen singulär im Gesamtbereich des Alten Testaments sind. Paul-Gerhard Schwesig und Stephan Lauber haben in ihren jeweiligen Dissertationen den Befund statistisch dargestellt.[855] Karl William Weyde hat gezeigt, dass hier in besonders auffälliger Weise weisheitliche Traditionen aufgenommen worden sind. Nun ist nicht gewiss, ob es sich bei den Kombinationen um Kreationen handelt, die wirklich sonst nicht geläufig waren oder um solche, die uns einfach nicht bekannt sind, weil sie in den überlieferten Texten nicht vorkommen. Die Schlüsselworte sind Metaphern. Sie lassen zum Teil theologisch weitreichende Pointen offen, so dass man meinen könnte, sie seien mit ihrer von Paul Ricœur beschriebenen heuristischen Funktion

---

853 Nowack: Propheten, 428; Beck: »Tag YHWHs«, 297 f.310; Meinhold: BK XIV/8, 380; Lauber: Maleachi, 29. Sellin: ATD 25, 204, erklärt die Inkongruenz so: »Anscheinend wechselt v. 19b das Bild vom Backofen zum Blitz, wie auch das Bild für die Frevler vom Stroh zum Baum wechselt.«
854 Das verkennt Koenen: Heil, 60, wenn er diesen Vers als unnötige Doppelung gegenüber Mal 3,19 eliminieren will. Ähnlich Deissler: NEB, 334. Auch Weyde: Prophecy, 366, deutet den Vers als aktive Beteiligung der Gerechten am Sieg über die Frevler (dagegen: siehe 4.6.2.8).
855 Schwesig: Rolle, 250 f; Lauber: Sonne, 90–96.

hier mit Bedacht an das Ende des Zwölfprophetenbuches gesetzt worden. Liest man sie als Metatext, so erweisen sie sich als stilistische Elemente einer hermeneutisch übergeordneten Passage zwischen nationaler Geschichtsdeutung und individueller Lebensdeutung, zwischen historisierend-eschatologischer und präsentisch-transzendierender Perspektive.[856] Sie sind nicht nur rhetorische Ornamente, sondern eröffnen neue Perspektiven der religiösen Verortung des Individuums innerhalb des durch die Tradition vermittelten Weltbildes.[857]

Wie im IV. Diskussionswort sind Worte der Angesprochenen Anlass der »Diskussion«. Während יגע Hi (Mal 2,17) eher die Bekanntheit der folgenden Behauptung und die aus ihrer ständigen Wiederkehr resultierenden Ermüdungserscheinungen zu beschreiben scheint, bringt חזק עַל (Mal 3,13) zum Ausdruck, dass die geführten Reden provokant gewesen sind. In beiden Fällen geht es um die Theodizeefrage.[858] Der entscheidende Unterschied dürfte darin liegen, dass Mal 2,17 ausschließlich nach dem Ergehen der anderen fragt, die nach Meinung der Kläger Strafe verdient hätten. Mal 3,13 aber stellt die Grundsatzfrage der Religion. עבד אֱלֹהִים, das ist das Zeichen vom Sinai (Ex 3,12),[859] das Zeichen des Herrschaftswechsels im Buch Exodus, die Grundlage der Geschichte Gottes mit seinem Volk. עבד in Bezug auf Gott trägt mit seinen vier Vorkommen im VI. Diskussionswort Leitwortcharakter. עבד אֱלֹהִים gibt die Basis für die gemeinsame Geschichte von Jhwh und Israel und »meint das Ganze an JHWH-Verehrung in kultischer wie in ethischer Hinsicht«[860]. Wird diese Basis als שָׁוְא »Nichts, Leere« erlebt, steht am Ende des Zwölfprophetenbuches alles auf dem Spiel.

Die Frage des VI. Diskussionswortes hebt sich in der Textkohärenz von den bisherigen Diskussionsworten ab. Es steht nicht mehr zur Debatte, dass die Art des Gottesdienstes, so wie Israel oder seine Priester ihn praktizieren, nicht angemessen wäre. Die mit Mal 1,6; 2,2; 2,10; 2,17; 3,8.10 benannten Konflikte haben eine Antwort gefunden. Jetzt geht es um die Frage, ob die, die Gott dienen, Sinn und Gewinn in dieser Lebenshaltung finden, die Jhwh als den wahren König der Welt,[861] den Garanten der Gerechtigkeit verehrt. Darum ist nicht verwunderlich,

---

856 Dass das VI. Diskussionswort einen weiteren Horizont im Blick habe als die Maleachischrift, bestreitet Beck aufgrund der Text-Text-Beziehungen in Mal 3,19 (ders.: »Tag YHWHs«, 309).

857 Ricœur: Metapher, Kapitel 3 »Metaphern erfinden Wirklichkeit«, Hartl: Metaphorische Theologie, 93 ff.

858 Meinhold: BK XIV/8, 251; Sellin: KAT XII, 607, Meinhold: Vorsprüche, 203; anders Meinhold: BK XIV/8, 286/87. Reventlow: ATD 25, 151, der hier einen Konflikt zwischen Tempel- und Bürgergemeinde sieht.

859 I. Z. mit Mal 3,17b auch Meinhold: BK XIV/8, 377.

860 Meinhold: BK XIV/8, 361; zitierend auch Kessler: HThKAT 13,12, 276.

861 Meinhold: BK XIV/8, 366, spricht in Aufnahme Smiths vom »Murren über die Weltregierung«.

dass mehrere Metaphern des VI. Diskussionswortes königsideologischen Kontexten entstammen.

4.6.2.1 Verkehrungen der weisheitlichen Ordnungsprinzipien des Königs (Mal 3,14 f)

Karl William Weyde hat in seiner Maleachimonographie gezeigt, dass Mal 3,13–21 weisheitliche Traditionen aufnehmen.[862] Proposition dieses Zusammenhangs ist die weisheitliche Weltsicht der Reziprozität von Tun und Ergehen. Klaus Koch nannte dies gegen ein bis in die Mitte der fünfziger Jahre geglaubtes Vergeltungsdogma eine »schicksalwirkende Tatsphäre«[863]. Die Tat birgt ihre Folge in sich. Jhwh bringt sie lediglich zu Ende (Prov 19,17; 25,21 f). Bernd Janowski spezifizierte unter Aufnahme des von Jan Assmann in der Ägyptologie gewonnenen Verständnisses der »konnektiven Gerechtigkeit«, dass die »Außenseite« der »schicksalwirkenden Tatsphäre« sich aus der sozialen Interaktion einer Gesellschaft entwickle. Diese Reziprozität des Handelns wird in der ersten Dimension[864] aus dem »sozialen Gedächtnis«[865] heraus erhalten, sie ist konstitutiv für Ma'at, wie in der einzigen bekannten »Definition« zum Ausdruck kommt:

> »Der Lohn eines Handelnden liegt darin, dass für ihn gehandelt wird. Das hält Gott für Ma'at.«[866]

Bleibt sie aus, wird die Leben erhaltende Ordnung zerstört und wirkt das Gegenteil:

> »Und so wird Ma'at gegeben dem, der tut, was geliebt wird,
> und so wird Isfet gegeben dem, der tut, was gehaßt wird.

---

862 Weyde: Prophecy, insbesondere 371–380.

863 Koch: Vergeltungsdogma, 89. Für Proverbien, exemplarisch am Hoseabuch für die Propheten und für die Psalmen weist er nach, dass es einen Vergeltungsglauben im Sinne eines strafenden oder belohnenden göttlichen Handelns im AT nicht gegeben hat (ebd 93). Erst die LXX habe diese Deutung ins AT eingetragen, ebd 99 f. Vgl. Janowski: Tat, 177.

864 Assmann: Ma'at, 60–91, beschreibt drei Sünden gegen die Ma'at: 1. Trägheit und Vergessen (gegen Ma'at als aktive Solidarität/Reziprozität); 2. Taubheit und Feindschaft (gegen Ma'at als kommunikative Solidarität/Reziprozität); 3. Habgier (gegen Ma'at als intentionale Solidarität).

865 Janowski: Tat, 180.

866 Neferhotepinschrift (um 1700 v.Chr.), womit die definitorische und apriorische Geltung der Ma'at bei der Begründung einer königlichen Maßnahme festgehalten ist (Assmann: Ma'at, 65).

Und so wird Leben gegeben dem Friedfertigen
und Tod gegeben dem Rebellischen.«[867]

Diesen Zusammenhang legt Bernd Janowski in seiner Interpretation der den Zusammenhang von Tun und Ergehen thematisierenden Sprüche zugrunde: »Die Tat
kehrt [...] zum Täter zurück – aber nicht von selbst, sondern dadurch, dass dem
Handelnden durch andere widerfährt, was (Gutes oder Böses) dieser an ihnen
getan hat. Vergeltung [ist in der alttestamentlichen Spruchweisheit] eine Kategorie
der sozialen Interaktion. Sie gibt allem Handeln Sinn und Verlässlichkeit, weil sie
dem Prinzip der Gegenseitigkeit verpflichtet ist.«[868]

Mit der Theodizeefrage in Mal 3,14 wird formuliert, dass die Tatfolge, die den
Handlungsweisen der Frevler und der Gerechten entspräche, für die Adressaten
des VI. Diskussionswortes nicht erkennbar im Sinne der Jhwh eignenden Gerechtigkeit zu Ende gebracht werden. Das VI. Diskussionswort stellt die gestörte
Wahrnehmung der Reziprozität von Tun und Ergehen derer aus Mal 3,13 stilistisch
so dar, dass es geprägte weisheitliche Metaphern und Begriffe ironisch verkehrt.

Das erste Beispiel dieser Art findet sich in Mal 3,15a: »Aber jetzt: Wir preisen
selig die Arroganten ...« – »Seligpreisungen sind eine Form emphatischer Zusprache von Heil bzw. Lebenserfüllung in weisheitlichen, prophetischen, liturgischen u. a. (auch profanen) Kontexten.«[869] Dabei meint Zusprache einen freudigen Ausruf oder eine begeisterte Feststellung, die aus der Beobachtung des
Menschen resultiert: Wie glücklich ist dieser Mensch! »Was er von der Lebensführung des Mannes meint, von dem er spricht, kann durch ethische Werte nicht
erfaßt werden, und was er von seinem Glück meint, ist in einer anderen Sphäre
behaust als in der Zufriedenheit des Menschen mit sich selbst.«[870] Ohne Gottesbeziehung gibt es diesen Lebensentwurf nicht. Ethos und Selbstbewusstsein
wurzeln in der Gottesbeziehung und werden transzendiert. Der Makarismus hat
darüber hinaus eine pädagogische Funktion, die andere zur Nachahmung des
Lebensvollzugs des Glücklichgepriesenen motivieren will.[871] Formal werden Makarismen in der Regel mit der als Interjektion gedeuteten mPlcs-Form von אֶשֶׁר
»Heil/Glück« eingeleitet.[872] 45 Belege finden sich im AT. Die Ironie[873] in Mal 3,15a

---

867 Sethe: Mysterienspielen, 64 f; Übersetzung bei Assmann: Ma'at, 64. Zum Vergleich der Gerechtigkeitskonzeption in Ägypten und im Alten Testament siehe Koch: Şädäq und Ma'at, 37–64.
868 Janowski: Tat, 186.
869 Frenschkowski: RGG⁴ 7, 1184.
870 Buber: Recht und Unrecht, 55 f.
871 Preuß: Weisheitsliteratur, 49.
872 Cazelles: ThWAT I, 481; Sæbø: THAT I, 257 f.
873 Lauber: Sonne, 94.124 f.

entsteht dadurch, dass der konventionelle Gebrauch der Wurzel אשׁר II Pi hier (und nur hier) auf die זֵדִים als Objekt bezogen wird. Ihr Tun wird in Mal 3,15b entfaltet: Die Freveltäter sind auferbaut worden. בנה »bauen« rekurriert auf Mal 1,4; stellt demgegenüber aber eine Steigerung dar: während dem Aufbauen Edoms das Einreißen Jhwhs entgegenstand, werden hier die Freveltäter selber auferbaut und nichts scheint dagegengesetzt zu werden. Sie haben Gott versucht und sind entkommen. Was in Prov 11,21 (vgl. 19,5; 28,26 u. ö.) sicher scheint: »Seid versichert, der Böse wird nicht ungestraft gehen, aber die Gerechten werden entkommen«, ist in Mal 3,15 pervertiert, indem genau dies für die Frevler beobachtet wird (מלט Ni).[874] Sinn der Ironie ist die Formulierung des Auseinanderklaffens von Erwartung und Wirklichkeit. Vordergründig wird den Bösen ein heilvoller Zustand zugeschrieben, hintergründig damit dessen Legitimität bestritten.[875] Mit der impliziten Kritik am Handeln der Arroganten ist primär Gott und seine Gerechtigkeit angefragt.

Eine Metapher, die weisheitlichem Verständnis gemäß die göttliche Ordnung repräsentiert, ebenfalls in Ps 1 eine wichtige Bedeutung und im VI. Diskussionswort ein Gegenstück hat, ist die Baummetapher.[876] In Mal 3,19 werden zwei Bilder für die Frevler bzw. die Arroganten verwendet, die beide der Pflanzenwelt entstammen. Die konventionelle Metapher קַשׁ »Stroh« ist in der Bildwelt des göttlichen Gerichts geläufig. Sie ist hier kollektiv zu verstehen. Mit der Baummetapher kommt in Mal 3,19bγ hingegen der Einzelne in den Blick.[877] Das zweite Bild שֹׁרֶשׁ וְעָנָף »Wurzel und Zweig« ist dem ersten gegenüber inkongruent. Es koordiniert zwei Metaphern in einem Merismus,[878] wobei die Fragmenthaftigkeit des Bildes auffällt. Das Gegenstück zur Wurzel wäre eigentlich die Krone oder der Wipfel (צַמֶּרֶת oder רֹאשׁ) – doch die Vollständigkeit des Gewächses ist als Metapher für den Frevler nicht denkbar. Die Baummetapher in Mal 3,19bγ beschreibt die nicht mehr vorhandenen »Reste« des Frevlers nach seinem Verfall. In den Textzeugen, die den Psalter auf das Zwölfprophetenbuch folgen lassen, erscheint in Ps 1,3 antithetisch dazu das Bild des Gerechten, der ebenfalls mit einem unspezifizierten Baum verglichen wird.[879] Hier erwächst der Vergleich mit dem Baum aus

---

874 Weyde: Prophecy, 352.
875 Lauber: Sonne, 124.
876 Siehe dazu Nielsen: Baum, 114–131; zur Lebensbaumvorstellung Winter: Lebensbaum, 138–162.
877 Vgl. auch Meinhold: BK XIV/8, 384.
878 Vgl. Ps 80,11 f; Ez 17,6–9.23; Hi 18,16; 29,19; Am 1,9 vgl. Jes 37,31.
879 Vgl. Brandenburg: Wort 11, 155 f. Schon hier ist die Referenz der Bilder von Mal 3 und Ps 1 aufgezeigt, jedoch ohne kanontheologische Schlüsse daraus zu ziehen. Diesen vermutet Meinhold: BK XIV/8, 380 f.

dem Handeln des Gerechten. Es ist die Explikation der göttlichen Ordnung, die in der Tora niedergeschrieben ist, und die er durch beständiges Nachsinnen in seiner Existenz verwirklicht. Der Gerechte trägt darin königliche Züge, was durch den Kontext der Weltenbaumvorstellung, die durch die Zedernmetapher für den Gerechten belegt ist, unterstrichen wird.[880] Der Frevler in Mal 3,19 gibt das negative Gegenbild dazu ab. Ihm fehlt die Lebensgrundlage; so klingt es durch die Lebensbaumthematik an. Seine Hybris hat ihn zu Fall gebracht, was durch die Weltenbaumthematik evoziert wird. Es gibt keine Hoffnung mehr. Die Wurzel ist fort. Kein Zweig bleibt. Die Gedächtnisspur wird ausgelöscht.

4.6.2.2 Das königliche Gedächtnisbuch (Mal 3,16)

Mal 3,16 stellt den Reden der Gottesfürchtigen auf der Erde unter temporaler Markierung der Gleichzeitigkeit das Schreiben eines Buches לְפָנָיו »vor ihm [Jhwh]« ›im Himmel‹ gegenüber. Das ל-*benefactivum* (Mal 3,16bβ) bezeichnet die Gottesfürchtigen, dieselben, die in 3,16a Subjekt sind, als Begünstigte dieses Buches. Das סֵפֶר זִכָּרוֹן »Buch des Gedächtnisses« ist *hapax legomenon*.

In den aramäischen Formulierungen בְּסְפַר־דָּכְרָנַיָּא (Esr 4,15), דָּכְרוֹנָה ... כְּתִיב (Esr 6,2) und סֵפֶר הַזִּכְרֹנוֹת דִּבְרֵי הַיָּמִים (Est 6,1) findet der Ausdruck innerhalb des AT seine engsten Entsprechungen. Aus dem Kontext von Est 6,2 lässt sich auf den Inhalt dieses Gedächtnisbuches schließen. Dort ist das Verdienst Mordechais, der am Ende von Est 2 leer ausgeht, obwohl er eine Verschwörung am Königshof aufgedeckt hatte, die den König fast das Leben gekostet hätte, festgehalten.[881] Erst die schlaflose Nacht (Est 6,1) gemahnt den König, Mordechais Verdienst um sein Leben und Königtum zu belohnen, das in dem Buch festgehalten ist. Esr 6,1f bezeichnen offensichtlich persische königliche Chroniken.[882] Analog könnte mit dem in Mal 3,16 genannten Buch beschrieben sein, dass darin alles Handeln im Dienst des Königtums Jhwhs festgehalten ist. So gewiss die Ordnung und Wiederauffindbarkeit von Dokumenten innerhalb der persischen Staatsarchive ist,[883]

---

880 Aus Assyrien stammt wohl die Gleichung von Weltenbaum und König. Als Weltenbaum repräsentiert die Zeder eine Weltordnung, so wie auch der König, für den sie in vielen Texten steht. Die Austauschbarkeit dieser Repräsentanz ist nicht nur aus literarischen, sondern auch ikonographischen Zeugnissen der Umweltkulturen bekannt, wie z. B. das Relief aus dem Palast Assurnasirpals II. in Nimrud belegt. Im unteren Register ist der stilisierte Baum an einer Stelle durch den König ersetzt (Winter: Lebensbaum, 148).

881 Vgl. dazu Meinhold: ZBK.AT 13, 39–41.62.

882 Wiesehöfer: Persien, 25–31.115 f.

883 Die Analogie kann aus der historischen Situation des Esterbuchs in der Perserzeit gezogen werden, unabhängig davon, ob Mal 3,13–21 in eine spätere Epoche gehören oder nicht. Die persische Administration gilt bis heute als legendär und wird metaphorisch gebraucht.

so sicher ist vor Gott das Tun des Menschen aufgehoben, gemäß dem ihm vergolten wird.[884] Das סֵפֶר זִכָּרוֹן ist eine Metapher.[885] Der Begriff wurde aus dem Kontext der persischen Staatsarchive auf das Königtum Jhwhs übertragen. Die Metapher steht für die absolute Zuverlässigkeit der göttlichen gerechten Ordnung und des daraus resultierenden gerechten göttlichen Urteils, das dem Frommen Heil für sein Verhalten gegenüber dem göttlichen König zusichert.

James Nogalski und – unabhängig davon – David Deuel haben angenommen, dass der Begriff im Sinne von Königsannalen[886] oder eines »*royal memorandum*«[887] zu verstehen sei. Die Schlussfolgerung Nogalskis, es handle sich dabei um die Maleachischrift oder – je nachdem wie man das Zwölfprophetenbuch verstehen mag – auch das XII insgesamt, lässt sich nirgendwo verankern.[888] Die Deutung Deuels als Aktennotiz in einem königlich administrativen Dokument lässt die Frage offen, warum das Buch erst jetzt »vor Jhwh« (לְפָנָיו) geschrieben wird. Arndt Meinhold glaubt deswegen, dass Mal 3,16 ein anderes Buch zu meinen scheint. Dass mit Mal 3,17 der Hauptinhalt des Buches beschrieben ist,[889] ist schwer denkbar. Der Leser des VI. Diskussionswortes erfährt den Inhalt des Buches nicht. Die Verheißung, סְגֻלָּה zu sein, resultiert daraus, ist aber nicht Inhalt des Buches.

Die Formulierung סֵפֶר זִכָּרוֹן »Buch des Gedächtnisses« erinnert zudem an Jes 65,6: »Siehe, aufgeschrieben ist es vor mir« (הִנֵּה כְתוּבָה לְפָנָי). Der Vers entstammt dem großen eschatologischen Szenario, das am Ende des Jesajabuches manch weitere Ähnlichkeit mit dem am Ende des XII aufweist. Er beschreibt, dass vor Jhwh auch negative Taten aufgeschrieben wurden, die Schmähungen, die Jhwh von seinem Volk ertragen musste. Von diesem Verhalten soll durch das Aufschreiben nichts verlorengehen, bis Jhwh vergolten hat. Diese negative Seite des Aufschreibens vor Jhwh ist in Mal 3,16 nicht erkennbar. Aber es geht wiederum um den Schutz des göttlichen Königtums.

884 Nicht die verunsicherten Reden oder die Auseinandersetzung mit der Gesamtsituation (Willi-Plein: ZBK 24.4, 278) sind hier festgehalten, sondern die (Ver)Dienste der Gottesfürchtigen.
885 So auch Scalise: Fear, 416, allerdings meint sie, dass diese auf Jes 4,3; Dan 12,1 basiere.
886 Nogalski: Processes, 209.
887 Deuel: Malachi, 110.
888 Der Disputationsstil, den Nogalski: Processes, 210, als Beweis aufführt, kann erstens auch andere Ursachen haben, zweitens hatte Nogalski: Processes, 184, gerade erklärt, dass 3,13–21 signifikant vom Disputationsstil abweichen, drittens erstreckt er sich ohnehin nicht auf das gesamte XII. Hieke Kult, 83, vermutet hinter dem Buch des Gedächtnisses sogar Tora und Nebi'im, Berry: Design, 295, nur die Tora.
889 Meinhold: BK XIV/8, 373; Koenen: Heil, 60, in Anlehnung an Bulmerincq: Maleachi II, 500.502.

Ex 32,32f, zwei Verse, deren Kontext bereits mehrfach intertextuelle Bezüge zur Maleachischrift aufwies, berichten von einem Buch, das Jhwh zum Zwecke der Garantie eines gerechten Gerichts geschrieben hat. Nachdem Mose das Volk mithilfe der Levisöhne bestraft hat, steigt er hinauf auf den Gottesberg, um Sühne für das Gottesvolk zu erwirken. Dabei sagt er:

וְעַתָּה אִם־תִּשָּׂא חַטָּאתָם וְאִם־אַיִן מְחֵנִי נָא מִסִּפְרְךָ אֲשֶׁר כָּתָבְתָּ׃

וַיֹּאמֶר יְהוָה אֶל־מֹשֶׁה מִי אֲשֶׁר חָטָא־לִי אֶמְחֶנּוּ מִסִּפְרִי׃

Aber jetzt: entweder du vergibst ihre Sünde – und wenn nicht, streich mich doch aus deinem Buch, das du geschrieben hast. Jhwh aber sprach zu Mose: Wer gegen mich gesündigt hat, den werde ich aus meinem Buch streichen.

Die Bitte des Mose müsste das Verständnis des Buches voraussetzen, das auch für Mal 3,16 gelten könnte. Als von Jhwh beauftragter Mittler fühlt er sich schuldig, die administrativen Vorkehrungen, die das Anerkennen der Herrschaft Jhwhs in der richtigen Weise gesichert hätten, nicht getroffen zu haben. Die Schutzvorkehrungen, die Mose angeregt hatte, entsprachen nicht dem göttlichen Willen. Ex 32,33 zeigt, dass das Buch die Namen derer enthält, die nicht gegen Jhwh gesündigt haben. Die Formulierung in Ex 32,32 enthält das *nomen rectum* זִכָּרוֹן nicht. Der Stamm זכר steht oftmals als Imperativ in Bittrufen[890] und Klageliedern[891] in der Bedeutung »wirkmächtig eines Menschen und dessen Taten, der ihm zugesagten Verheißungen oder seines Bundes eingedenk sein«[892]. Für die Gottesfürchtigen des VI. Diskussionswortes sind im סֵפֶר זִכָּרוֹן ihre Dienste (Mal 3,14) zum Schutz und Erhalt des Königtums Jhwhs festgehalten, so dass auch über lange Zeit nicht in Vergessenheit (זכר) gerät, wie sie als Gottesfürchtige gelebt haben.[893] Die Erzählung aus Mal 3,16 gestaltet mit der Metapher vom »Buch des Gedächtnisses« die Brücke zwischen der Jetztzeit und den ab Mal 3,17 entfalteten eschatologischen Ereignissen.

Die anderen Passagen, die assoziiert werden könnten, entstammen noch späteren Texten. Vielleicht steht das Bild des סֵפֶר זִכָּרוֹן motivgeschichtlich am Anfang der später geläufigen Vorstellung eines himmlischen Buches (Dan 7,9f; äthHen 81,4; Jub 5,13; 30,21f u.ö.). Gerechtes Gericht und die Königsherrschaft Gottes sind zwei in der Metapher miteinander verbundene Größen.

---

890 Ex 32,13; Dtn 9,27; Ri 16,28; I Sam 1,11; II Reg 20,3 = Jes 38,3; 64,8; Jer 14,21; 18,20; Hab 3,2; Ps 20,4; 25,6f; 79,8; 89,48.51; 109,14; 119,49; 132,1; 137,7; Hi 7,7; 10,9; Neh 1,8; 5,19; 13,14.22.29.31; II Chr 6,42.

891 Jer 15,15; Ps 25,7; 74,2.18.22; 106,4; Thr 2,1; 3,19; 5,1.

892 Koch: Vergeltungsdogma, 83; Lauber: Sonne, 196.

893 Mit Prädestination hat dies nichts zu tun (vgl. Homerski: Tag, 10).

4.6.2.3 Das königliche Sondereigentum (Mal 3,17a)

Die erste Ausführung über den Tag Jhwhs (Mal 3,17a) qualifiziert das Verhältnis zwischen Jhwh und den Gottesfürchtigen eschatologisch als סְגֻלָּה.

Im profanen Bereich bezeichnet סְגֻלָּה ein »Eigentum im qualifizierten Sinn: persönlich erworbener, sorgfältig gehegter Privatbesitz«[894]. In diesem nichtmetaphorischen Sinn werden zwei der acht Vorkommen von סְגֻלָּה im AT verstanden: Koh 2,8 und I Chr 29,3.

Im alten Orient ist auch die metaphorische Verwendung des Wortes für das Verhältnis zwischen König und Gottheit bekannt. Eine ugaritische Übersetzung eines akkadischen Briefs des hethischen Herrschers an seinen Vasallen König 'Ammurapi von Ugarit erinnert diesen daran, dass er »sein Diener (und) sein Eigentum« [ʾ[bdh].sglth.hw/ʾt] ist (KTU 2 2.39; 7.12).[895] »In der Titulatur des Königs Abba-AN von Alalakh bezeichnet [akk.] sikiltu[m] den ›König als spezielles, persönliches Eigentum‹ als ›Verehrer‹ der Gottheit.«[896] Die Beispiele zeigen, dass der Begriff offensichtlich schon in seiner metaphorischen Bedeutung in die Sprache des Alten Testaments Eingang gefunden hat. In der alttestamentlichen Exegese wird er weitgehend als »fast ganz zum terminus technicus«[897] gewordener Begriff für das Gottesvolk verstanden. Das Potential zum Ausdruck einer neuen Wirklichkeit, das der Metapher innewohnt, bleibt jedoch unerkannt, wenn man סְגֻלָּה als zum terminus technicus erstarrten Begriff verengt. Der hier als Metapher für das Gottesvolk verwendete Begriff weist durch seine Etymologie in den königsideologischen Kontext.[898] Im VI. Diskusionswort ist Jhwh der König. Die סְגֻלָּה ist durch die Präposition לְ Jhwh zugeordnet. Die Jhwh zugehören, sind die treuen Vasallen dieses Königs, Verehrer der Gottheit, sein kostbares Eigentum. Dieses Königtum ist universal gedacht. Alle Belegstellen thematisieren mit dem Wort סְגֻלָּה Israels Rolle in der Völkerwelt.

Im AT findet sich die metaphorische Verwendung des Begriffs an sechs Stellen (Ex 19,5; Dtn 7,6; 14,2; 26,18; Mal 3,17; Ps 135,4). Die signifikanteste intertextuelle

---

894 Wildberger: THAT II, 142.
895 Lipiński: ThWAT V, 751.
896 Wildberger: THAT II, 142; Lipiński: ThWAT V, 750.
897 Wildberger: THAT II, 143. Beck: »Tag YHWHs«, 295, und Willi-Plein: ZBK.AT 24.4, 279, bezweifeln, dass die Formulierung zu den anderen Vorkommen im AT in Beziehung steht, was merkwürdig ist, weil die Semantik des Wortes dieselbe ist, nur die mit der Metapher prädizierten Gruppen unterscheiden sich.
898 Ahn: Herrscherlegitimation, 40. »Zu [den] verschiedenen Formen der Legitimation – Abstammung, Orakel, Erwählung, Zeugung durch einen Gott -, die sich, wie gesagt, für ägyptisches Denken nicht widersprechen, sondern als verschiedene Wege zur Annäherung an die Wahrheit einander ergänzen, tritt noch eine weitere: die Bewährung.« (Zitat Brunner: Altägyptische Religion, 74; Hervorhebung JN)

Referenz bestehen zwischen Mal 3,17 und Ex 19,5,[899] textoberflächenstrukturell durch die syntaktisch parallele Stellung von Ex 19,5.6 sowie die parallele Verwendung von 2mPl היה und לי‎. Lediglich die Einbindung im Kontext lässt den Numerus des Verbs differieren. Die Kürze der Formulierung schmälert zwar die Signifikanz; gestärkt wird sie dadurch, dass nur hier im Unterschied zu den Dtn-Stellen סְגֻלָּה ohne עַם als *nomen rectum* gebraucht ist. Der engere Kontext von Ex 19,5 (Ex 19,3b–8)[900] eröffnet das Sinaigeschehen, das nach Mal 2,17–3,5 assoziativ für den Leser der Maleachischrift bereits im Raum steht, und bindet die סְגֻלָּה-Verheißung wie in der Maleachischrift nicht an die Erwählung, sondern an die Bedingungen, »auf Jhwhs Stimme [zu] hören« und »den Bund [zu] bewahren«. In Mal 3,14bα war dies *expressis verbis* und unter Rückbezug auf Mal 2,2 betont worden.

וְעַתָּה אִם־שָׁמוֹעַ תִּשְׁמְעוּ בְּקֹלִי וּשְׁמַרְתֶּם אֶת־בְּרִיתִי וִהְיִיתֶם לִי סְגֻלָּה מִכָּל־הָעַמִּים כִּי־לִי כָּל־הָאָרֶץ:
וְאַתֶּם תִּהְיוּ־לִי מַמְלֶכֶת כֹּהֲנִים וְגוֹי קָדוֹשׁ

Jetzt aber, wenn ihr ganz gewiss auf meine Stimme hört und meinen Bund bewahrt, werdet ihr sein für mich ein besonderes Eigentum aus allen Völkern, denn mir gehört die ganze Erde. Und ihr sollt für mich eine Königsherrschaft von Priestern und ein heiliges Volk sein.

Wie die csVerbindung מַמְלֶכֶת כֹּהֲנִים übersetzt werden muss, wird debattiert. Adrian Schenker hat herausgearbeitet, dass die Konstruktion wie in allen anderen Fällen im AT, die מַמְלָכָה als *nomen rectum* verwenden, als *genitivus subjectivus* zu verstehen ist. Damit sei die Herrschaft der Priester über das Volk zum Ausdruck gebracht. Unter dieser Herrschaft erweise sich das Volk als heilig.[901] Irmtraud Fischer hingegen plädiert für ein ›demokratisiertes‹[902] Verständnis des Begriffs in Ex 19.[903] Das Volk hätte somit als heiliges Volk innerhalb der Völkerwelt eine priesterliche Funktion. Fischer zeigt anhand der Sinaiperikope und Num 16, dass

---

899 Auch Verhoef: NICOT, 322; Scalise: Fear, 416; Dohmen: HThK.AT 2,2, 62.

900 Im einzelnen Hossfeld: Dekalog, 190–192.

901 Schenker: Königreich, 156.

902 »Demokratisierung« ist ein soziologischer Begriff, der im allgemeinen Sinn den Abbau hierarchischer Herrschaft in unterschiedlichen gesellschaftlichen Bereichen beschreibt. In der alttestamentlichen Forschung, auch in der Ägyptologie, hat sich eingebürgert, mit diesem Begriff einen Prozess zu beschreiben, innerhalb dessen Attribute oder religiöse Handlungen,die ursprünglich dem König vorbehalten waren, auf Privatpersonen bzw. eine Gruppe von Personen übertragen wurden.

903 Fischer: Levibund, 65. So auch die präferierte Lesart bei Blum: Esra, 184: »JHWHs Königsherrschaft über ein priesterliches Volk«; zur Begründung siehe dort. Otto: Kritik, 173ff, sieht einen Ausgleichsversuch zwischen den beiden Priesterschaftskonzeptionen im Pentateuch in diesem Begriff gegeben. Er umfasse sowohl die Vorstellung allgemeinen Priestertums als auch die der Hierokratie.

dort zwei Mittlerkonzepte des Priestertums miteinander konkurrieren. Dabei überschneiden sich in der Sinaiperikope das des Mose und das des Volkes. Der durch Aaron und die ihm unterstehende Priesterschaft vermittelte Kult wird jedoch erst ab c. 25 eingesetzt.[904]

Mal 3,17 gebraucht die Metapher einzig im AT nur für die Gottesfürchtigen Israels.[905] Seine Verehrer sind das kostbare Eigentum des Großkönigs. Die Jhwh verehren und ihm dienen, gehören dazu, obgleich Jhwh ganz Israel erwählt hatte bzw. liebt (Mal 1,2). Die Frevler erscheinen als zerstörerische Kräfte seines Königtums. Sie gleichen Edom, wie die Referenz zu 1,4 beschreibt, und repräsentieren aufgrund ihres Wirkens die »Antiordnung«.[906] Auch in der Maleachischrift stehen zwei Mittlerkonzepte nebeneinander, Maleachi und – durch die Metapher der סְגֻלָּה – auch die Gottesfürchtigen (vgl. c. 4.6.2.5).

Die referentiellen Bezüge zu Mal 1,2–5 lassen fragen, ob mit der Überführung des ethnischen Feindtypos (Edom) in den individuellen (רָשָׁע) auch verbunden ist, dass im Umkehrschluss Ausländer aufgrund ihrer individuellen Entscheidung, Jhwh dienen zu wollen (Mal 3,18), zur סְגֻלָּה gerechnet werden können. Der Text gibt keine eindeutige Antwort, nur den Denkanstoß. Dieser stünde der Intention von Dtn 7,6 zwar entgegen, die hermeneutische Offenheit der Metapher der סְגֻלָּה gibt die Entscheidung den Schriftgelehrten in die Hand, die in der jeweiligen Situation entscheiden müssen, wieviel Offenheit das Gottesvolk verträgt.

4.6.2.4 Das Erbarmen des Königs (Mal 3,17b)

Die Verheißung an die Gottesfürchtigen, סְגֻלָּה zu sein, wird in Mal 3,17b mit einer parataktischen Aussage fortgesetzt, die einen emotionalen Beweggrund Jhwhs für sein Handeln beschreibt. חמל wird in den alttestamentlichen Texten meist gebraucht, um Schonung in einem Vorgang der Vernichtung zum Ausdruck zu bringen.[907] In Jes 63,9 findet sich parallel zu einem Derivat von חמל eines von אהב, eine semantische Angleichung, in der die Grundlage für die Bewahrung durch Gott seit alters formuliert ist. Entweder bezieht sich diese Aussage auf die in Mal 3,19 beschriebene Vernichtung der Frevler, von der die Gottesfürchtigen verschont bleiben. Das entspräche der Semantik von חמל in den meisten alttestamentlichen Texten. Möglich ist auch, das jetzige Erleben der Gottesfürchtigen, die göttliche

---

904 Ziegert: Altargesetz, 32.
905 Weyde: Prophecy, 362.
906 Ähnlich Kessler: HThKAT 13,12, 284: »Sie sind wie Esau/Edom, das eben nicht Jakob/Israel ist und dem JHWHs Hass gilt. Augenblicklich kann man das noch nicht sehen, weil auch die Gewalttäter zum empirischen Israel gehören.«
907 Kessler: HThKAT 13,12, 285; Meinhold: BK XIV/8, 377.

Gerechtigkeit nicht spüren zu können, als vernichtendes Urteil zu deuten, von dem sie zukünftig verschont werden. Das entspräche dem Zusammenhang mit Mal 3,17a. Die weisheitliche Struktur, die dem Gottesfürchtigen weltimmanent Gerechtigkeit zusichert, bleibt gesprengt. Es gibt keinen Mechanismus über Tun und Ergehen. Ihr eschatologisches Offenbarwerden ist ein Akt der Schonung Jhwhs, sie an seiner Gerechtigkeit nicht verzweifeln zu lassen. Der schonende Umgang Jhwhs wird nun mit dem eines Mannes[908] gegenüber seinem Sohn verglichen. Die Wurzel עבד (Mal 3,17bγ) verweist zurück auf 3,14a und versetzt die mit ihrem Geschick Hadernden in die Rolle des Sohnes. Der Vergleich kehrt die Metapher aus Mal 1,6a um. Wurde dort das Verhältnis zwischen Gott und Mensch aus dem soziologischen von Vater und Sohn übertragen, so wird hier das Verhältnis zwischen Gott und Mensch zurückübertragen und an dem soziologischen messbar gemacht.

Funktional gehört auch die Vater-Sohn-Metaphorik (Mal 3,17) in diesen Zusammenhang. Sie wirft eine Reminiszenz an das Hoseabuch auf und gehört damit zu den Rahmenmotiven des Zwölfprophetenbuchs.[909]

4.6.2.5 Die Diener des Königs und die Widersacher (Mal 3,18)

Die in Mal 3,13–21 Angeredeten und ihre Kontrahenten sind begrifflich auffallend differenziert benannt. Mal 3,18 stellt sie als Gerechte und Frevler einander gegenüber und gibt *quasi* eine Definition des Gerechten und des Frevlers: Ein Gerechter ist der, der Gott dient; ein Frevler der, der ihm nicht dient.

Über die Wurzel רשע sind die Freveltäter (Mal 3,15.19) und die רְשָׁעִים (Mal 3,21) dieser Gruppe zugeordnet. Durch den Parallelismus in 3,19, der die זֵדִים jedem Freveltäter כָּל־עֹשֵׂה רִשְׁעָה beistellt, werden auch diese zu ihnen gezählt und also die Glücklichgepriesenen aus 3,15.[910] Diejenigen, die Gott versuchen (3,15bβ), sind mittels גַּם + fin. Verbform 3cPl und das fehlende Subjekt den Freveltätern gleichgesetzt (3,15bα). Damit gibt es drei Begriffe, die dieselbe Personengruppe beschreiben, und im Zentrum des Textes eine Art Definition für sie.

Ähnlich verhält es sich mit den Angeredeten: Als die, die Gott dienen (3,14) sind sie Gerechte (3,18). Damit wird in scharfem Kontrast zu 3,14 ihre Lebens-

---

908 Böckler: Gott, 360, hatte herausgearbeitet, dass die Formulierung mit אִישׁ den individuellen Aspekt des Bildes von Gott, dem Vater, betone, was im neuen Volksverständnis begründet sei, da nicht das ganze Volk Gottes Erwählter sei, sondern die Summe seiner Individuen.

909 Umfassend: Tooze: Framing, 141–218, der fünf verbindende »literary features« findet; Zenger: Einleitung[8], 624; Watts: Frame, 210–217; Baumann: Ehemetaphorik, 225.229 f.

910 Mal 3,15 könnte syntaktisch nahelegen, dass זֵדִים übergeordneter Begriff zu עֹשֵׂי רִשְׁעָה ist (siehe Seite 207). Die beiden Verbalsätze in 3,15b brächten dann das Verhalten der זֵדִים zum Ausdruck. Gegen dieses Verständnis spricht die Beiordnung beider Bezeichnungen in 3,19bα.

führung, die in ihren Augen vergeblich ist, der des Frevlers gegenübergestellt. Auch wenn sie am Sinn ihres Handelns zweifeln, wird im Laufe des VI. Diskussionswortes das Dienen Gottes als für den Gerechten typisch ausgewiesen. Sie werden ferner als יִרְאֵי יְהוָה »Jhwh-Fürchtige«, חֹשְׁבֵי שְׁמוֹ »seinen Namen Hochhaltende« (3,16) und יִרְאֵי שְׁמִי »die, die vor meinem Namen Ehrfurcht haben« (3,20) bezeichnet.

Die Formulierung aus Mal 3,16 (יִרְאֵי יְהוָה) ist ein Verbaladjektiv im Plcs mit substantivischer Bedeutung. In dieser Form und in Verbindung mit Jhwh, Elohim oder einem auf ihn verweisenden Objektsuffix ist sie hauptsächlich in den Psalmen zu finden (21 von 32 Belegen).[911] An vier der elf Stellen, die außerhalb des Psalters das Verbaladjektiv mit göttlichem Objekt verwenden, sind damit Gestalten wie Hiob zu exemplarischen Frommen stilisiert worden (Hi 1,1.8; 2,3).[912] Ps 25,12f bieten eine kleine Charakteristik des Gottesfürchtigen:

מִי־זֶה הָאִישׁ יְרֵא יְהוָה
יוֹרֶנּוּ בְּדֶרֶךְ יִבְחָר:
נַפְשׁוֹ בְּטוֹב תָּלִין
וְזַרְעוֹ יִירַשׁ אָרֶץ:

Wer ist der Mann, der Jhwh fürchtet?
Er weist ihn auf den Weg, dass er ihn wähle.
Seine Lebenskraft nächtigt im Guten
und sein Same wird das Land ererben.

Ferner: Die Gottesfürchtigen sind Jhwhs Vertraute, seinen Bund *lässt er sie wissen* (Ps 25,14), für sie hält Jhwh viel Gutes bereit (Ps 31,20), das Auge Jhwhs ruht auf ihnen (Ps 33,18). Der מַלְאַךְ יְהוָה ist um sie und befreit sie (Ps 34,8). Sie werden קְדֹשָׁיו genannt und werden keinen Mangel haben (Ps 34,10). Sein Heil ist ihnen nahe (Ps 85,10) *und Jhwh erbarmt sich über sie, wie ein Vater über seine Kinder* (Ps 103,13). Sie erhalten *den Segen* Jhwhs (Ps 128,4) und *werden glücklich gepriesen* (Ps 128,1). Ferner erhört Jhwh das Schreien der Gottesfürchtigen, stillt ihr Verlangen (Ps 145,19) und *hat Gefallen an ihnen* (Ps 147,11). Kursiviert gesetzt sind die Wendungen, die auch in der Maleachischrift das Handeln der Gottesfürchtigen beschreiben.

Mit der Formulierung יִרְאֵי יְהוָה ist neben der Aussage über den individuellen Glaubensvollzug eines Menschen im Alten Testament die Frage nach der Zugehörigkeit zum Gottesvolk verbunden. In Ps 22,24 sind die Gottesfürchtigen parallel zu den Nachkommen Jakobs und Israels genannt. In Ps 115,9–11 stehen sie als

---

911 Die Zuordnung von Mal 3,16 zu den Psalmen nimmt auch Stähli: THAT I, 776f, vor.
912 Hossfeld: HThKAT 14,2, 162, nimmt an, dass der Begriff Ausdruck des Treueverhältnisses zwischen Gott und Volk auf Basis von Dtn 6,24 ist.

drittes Glied neben Israel und dem Haus Aaron, deren Aufruf zum Lob durch Silbengradation gesteigert wird (3 + 4 + 5). Die gleiche Struktur mit gleichen Gliedern bei anderem Kontext ist in Ps 118,1–4 zu finden. In Ps 135,19 f ist dieser Trias das »Haus Levi« hinzugefügt. Alfred Bertholet und etliche nach ihm hatten angenommen, es handle sich bei den Gottesfürchtigen in diesen Fällen um Proselyten.[913] Ps 22,24 steht dieser Annahme entgegen. Auch Ps 61,6 scheint im Zusammenhang mit יִרְשַׁת, wodurch das Erbe als Landbesitz verstanden ist, mit יִרְאֵי שְׁמִי Israeliten im Blick zu haben. Die Stilistik in Ps 115 und Ps 118 legt nahe, יִרְאֵי יְהוָה als letzte Steigerung zu verstehen, so dass alle Angehörigen des Gottesvolks unter den Gottesfürchtigen subsumiert sind. Ob auch Proselyten darin eingeschlossen sind, geht aus den Texten nicht hervor. Die genannten Passagen in Ps 115, 118 und 135 weisen eher auf das Verständnis Israels als Priestervolk.

Zurück zu den Kontrahenten: Die Formulierung עֹשֵׂה רִשְׁעָה ist einmalig im AT. Das Nomen רִשְׁעָה rekurriert anaphorisch auf גְּבוּל רִשְׁעָה (Mal 1,4). In Mal 1,4 wäre Edom der Typos des Gottesfeindes, in Mal 3,15.19 der Frevler. Mal 3,18 bindet die Wesensbeschreibung des Frevlers an die individuelle Entscheidung der Bundestreue. Stilistisch wird diese Transformation dadurch unterstrichen, dass sowohl im ersten als auch im letzten Diskussionswort die »Feinde« nicht angesprochen werden, sondern über sie in der 3. Person geredet wird. Während עֹשֵׂי רִשְׁעָה noch die Handlungsebene betont, ist רְשָׁעִים eine Zuschreibung, die das Wesen betrifft. Am deutlichsten tritt die forensische Bedeutung der Wurzel hervor (Ex 23,1.7; Dtn 25,2; Hi 9,24; Koh 3,16).[914] Weil aber das Recht von Jhwh kommt, ist das Unrecht niemals nur ein ethisches sondern immer Sünde (II Sam 4,11). Das Gegenteil ist im AT צַדִּיק »gerecht, der Gerechte«, womit ein Mensch (Dtn 25,1), aber auch Gott selbst (Neh 9,33) bezeichnet werden kann. Die Polarität zwischen Gerechtem und Frevler findet besonders in den Psalmen und Proverbien Verwendung. Dort wird der Gerechte zum Repräsentanten der göttlichen Lebensordnung (תּוֹרָה); als Kontrahent wird der Frevler damit ein Repräsentant der »Antiordnung« (vgl. Jes 57,20; Hab 1,4). Der Frevler wird zum Gottesleugner (Ps 10,4), er bedroht die Ordnung der Welt (Jes 14,5–7; Prov 16,12; 25,5; Ps 119,53) oder bringt sie ins Wanken. Darum sollen die Frevler aus Jhwhs Schöpfung verschwinden (Ps 104,35; Prov 10,30). Er verdient den Fluch, während Segen dem Gerechten zukommt (Prov 3,33).[915] In Ps

---

913 Bertholet: Stellung, 182.
914 Nicht nur beim Verb; Ringgren: ThWAT VII, 676.
915 Wegen dieses umfassenden Verständnisses wurde in dieser Arbeit die Übersetzung der Wurzel רשע mit »frevel-« belassen. Jürgen Ebach hat zu Recht angemerkt, dass sie zu einer verstaubten und darum verharmlosenden Bezeichnung dessen geworden ist, was die Wurzel im alttestamentlichen Hebräisch meinte (Schriftstücke, 224). Zudem stärkt auch die Etymologie des Wortes im Deutschen die Prägnanz des Hebräischen nicht; allein die Tradition, רְשָׁעִים mit

119,51–53 sind זֵדִים und רְשָׁעִים als die dargestellt, die die Tora als Lebensordnung Jhwhs nicht anerkennen. Beide Begriffe bringen eine Haltung gegenüber Jhwh bzw. seinen Anhängern zum Ausdruck. זֵדִים (Ps 119,21.51.69.78.85.112) und רְשָׁעִים (Ps 119,61.95.110) bedrohen den Beter, der sich selbst als Getreuer (עֶבֶד) bezeichnen kann (119,23.38.49.65 u. ö.), bzw. sein Festhalten an der Tora. Wie in Ps 119 versteht sich auch der Beter des 86. Psalms selbst als עֶבֶד (Ps 86,2). Seine Kontrahenten, ebenfalls זֵדִים (Ps 86,14) werden als die beschrieben, die Gott nicht vor Augen haben. Die gleiche Gegenüberstellung findet sich in Ps 19,14. Die Bezeichnung זֵדִים begegnet meist im Psalter und in Proverbien. Darüber hinaus sind die meisten Formen der Wurzel זוד im *corpus propheticum* – außer in Mal 3 und Ez 7,10 – im Kontext von Fremdvölkersprüchen zu finden (Jes 13,11; Jer 49,16 // Ob 3; Jer 50,31 f.). Die Pointe dessen könnte darin liegen, dass die Fremdvölker Jhwh nicht vor Augen haben, ihn nicht als Gott anerkennen (vgl. Anm. 813). Mit der Referenz der Frevlerterminologie in Mal 3,13–21 zu Mal 1,4 entsteht eine Transformation des ethnisch gefassten Gottesfeindes zum individuellen.

Insgesamt ist deutlich, dass mit der Terminologie von Gerechten und Frevlern keine konkrete Situation im Blick ist. Die verbreitete These von den Spaltungen im Gottesvolk ist zu realhistorisch gedacht und zwar denkbar, aber dem Text nicht zu entnehmen.[916] Die Grundsätzlichkeit[917], auf die die Begriffe zielen, betrifft eine Einstellung zu Jhwh, für die sich in allen Epochen der Geschichte Explikationen finden lassen. Der Anspruch überzeitlicher Gültigkeit entspricht dem weisheitlichen Denken, wie es seit frühester Zeit[918] – vor allem aus Ägypten[919] – bekannt war

---

»Frevler« zu übersetzen, rechtfertigt dieselbe (vgl. die Einheitsübersetzung oder Buber-Rosen-zweig). Die Übersetzung mit »Gottlosen« ist wegen der verbreiteten Konfessionslosigkeit nicht möglich. Alternativ führt Ebach die Übersetzungsvarianten der BigS an: »Ungerechte« oder »Machtgierige«. Erstere ist im allgemeinen Sprachgebrauch zu sehr auf die ethische Komponente reduziert, die zweite fasst den Aspekt der Rechtswidrigkeit nicht. Eine gute Übersetzung wurde nicht gefunden. Die Fragmentiertheit des modernen Weltbildes mag eine Begründung dafür sein.

916 Exemplarisch: Lauber: Sonne, 330, interpretiert den Antagonismus als »Fraktionsbildungen innerhalb der Oberschicht und [der] Opposition der Armen zu den Besitzenden angesichts der ökonomischen und sozialen Herausforderungen der Perserzeit«. Albertz: Religionsgeschichte II, 364, deutete die Zuschreibung als »Frevler« zum Zwecke, eine bestimmte Gruppe polemisch auszugrenzen. Diese Gruppe sei in der Mittel- und Oberschicht zu verorten; ihr Vergehen bestehe darin, dass sie den Bestimmungen der hiskianischen und deuteronomischen Reform nicht nachkomme.

917 So auch Meinhold: BK XIV/8, 350; Freuling: Grube, 61; Koenen: Heil, 65.

918 Vgl. z. B. einen Vers aus der Babylonische Theodizee (um 750 v. Chr.): »Für den Frevel, den der Gottlose beging, ist ihm die Fallgrube geöffnet!« (TUAT/A III/1, 149)

919 In der ägyptischen »Lehre eines Mannes für seinen Sohn« (zwischen 11. und 12. Dyn.) heißt es z. B.: »Der Name eines Schweigers aber wird gar zu einem Frevler – nicht einmal der Weise erkennt seinen (wahren) Charakter.« (Brunner: Weisheitsliteratur, 194)

und über Jahrhunderte tradiert wurde. Othmar Keel hatte in seiner Dissertation herausgearbeitet, dass es sich bei den Texten, die den Frevler bzw. Gottesfeind im Blick haben, um Zuschreibungen handelt, die aus der Perspektive des sich selbst als Gerechten verstehenden Jhwh-Gläubigen angestellt werden und den Gegner als falschgläubig darstellen, wobei es sich dabei auch um die Projektion eigener gottwidriger Gedanken nach außen handeln kann.[920]

4.6.2.6 Das Heil des königlichen Tages (Mal 3,20)

Das Heil für die Gottesfürchtigen wird in Mal 3,20 beschrieben. Im Zentrum des Verses steht ein Sprachbild, das im Alten Testament einzigartig ist und zudem Reminiszenzen an ein im Alten Orient verbreitetes ikonographisches Motiv enthält.[921]

וְזָרְחָה ist mit dem ersten Wort des Bildes שֶׁמֶשׁ semantisch kongruent, insofern זרח *terminus technicus* für das allmorgendliche Aufgehen der Sonne ist. Die Hälfte der alttestamentlichen Belege zeigt, dass dem Sonnenaufgang eine metaphorische Dimension innewohnt.[922] Die Sonne geht auf *und* diese aufgehende Sonne gleicht dem Herbeiführen eines gerechten Urteils. Aspekte wie Helligkeit, Klarheit und Universalität werden dabei auf den Rechtsakt übertragen. In der altorientalischen Religionsgeschichte trägt der Sonnenaufgang mythische Implikationen. In Ägypten ist dieses Ereignis, das auch kultisch begangen wurde, gleichzeitig die Geburt der Ma'at, der göttlichen gerechten Ordnung der Welt. Der Zusammenhang von Gerechtigkeit und Heilung,[923] der im AT mit anderer Terminologie Jes 58,8 oder Jes 30,26 belegt ist, kann in der ägyptischen Vorstellung des Sonnenaufgangs zusammengedacht werden, wie beispielsweise in dem folgenden Vers aus der Lehre des Amenemope:

---

920 Keel: Feinde, 184 f.190.

921 Ausführlicher und unter Diskussion der einschlägigen exegetischen Literatur mein Aufsatz: Die Sonne – der König – kein Zufall. Spur eines königsideologischen Motivs. In: Kotjatko-Reeb, Jens; Schorch, Stefan; Thon, Johannes und Benjamin Ziemer (eds.): »Nichts Neues unter der Sonne.« Zeitvorstellungen im Alten Testament (FS Waschke). Berlin, New York, 257–278.

922 Von den 18 Vorkommen des Verbs bezieht sich die Hälfte der Belege auf das kosmische Ereignis des Sonnenaufgangs ([Ex 22,2]; Ri 9,33; II Sam 23,4; II Reg 3,22; Jon 4,8; Nah 3,17; Ps 104,22; Hi 9,7; Koh 1,5). Aber auch in diesen Fällen ist das Bild fast immer Element der Schilderung eines Rechtsaktes, so dass das Aufgehen der Sonne nicht auf den kosmischen Vorgang beschränkt ist ([Ex 22,2]; Ri 9,33; II Reg 3,22; Jon 4,8; Nah 3,17; Ps 104,22; Hi 9,7). Dazu Janowski: Rettungsgewißheit, *passim*.

923 Zur Herkunft der Gottesprädikation im Alten Testament Niehr: JHWH als Arzt, 3–17.

»Bete zur Sonne, wenn sie aufgeht
und sprich: ›Gib mir Heil und Gesundheit!‹«[924]

Mal 3,20a beschreibt aber nicht den Sonnenaufgang, sondern das Aufgehen der geflügelten Sonne. Sprachlich wird das Bild in der Performation des Lesevorgangs entfaltet. Der Vers beginnt mit וְזָרְחָה ... שֶׁמֶשׁ. Die Assoziationen zum Sonnenaufgang entsteht, doch dann wird das Bild überraschend in eine andere Richtung gelenkt. Syntaktisch ist שֶׁמֶשׁ Teil einer csVerbindung, in der das Nomen צְדָקָה im *status absolutus* als Bildempfänger fungiert. Parallel könnte מַרְפֵּא als Bildempfänger zu בִּכְנָפֶיהָ verstanden werden.[925] Jedoch handelt es sich bei dieser Fügung וּמַרְפֵּא בִּכְנָפֶיהָ um einen Nominalsatz. Syntaktisch bezieht sich בִּכְנָפֶיהָ zurück auf שֶׁמֶשׁ. Das Suffix der 3 fSg kann darauf verweisen; der feminine Gebrauch von שֶׁמֶשׁ ist bereits in der finiten Verbform וְזָרְחָה angezeigt. Das sprachliche Bild von der geflügelten Sonne mit den beiden inkludierten *abstracta* ist keine Metapher im eigentlichen Sinn, sondern ein kulturgeschichtlich geprägtes Bild, das bereits emblematischen Charakter hat.

---

924 Brunner: Weisheitsliteratur, 243; vgl. TUAT III/2, 234. Zur Vorstellung der Krankheit als Rechtsfall, um deren Heilung man auch nach babylonischer Vorstellung den Sonnengott anrief, siehe Janowski: Rettungsgewißheit, 90 ff. In der Ptolemäerzeit erfreuten sich die Heilungsriten größter Popularität. Die Isis- und Sarapisreligion verbreitete sich seit dem Ende des 4. Jh. rasch im östlichen Mittelmeerraum über die Grenzen des Ptolemäerreiches hinaus, besonders im Bereich der privaten Frömmigkeit. Das Götterpaar hatte aufgrund seiner griechischen und altägyptischen Vergangenheit stark integrierenden Charakter und entsprach so der doppelgesichtigen Herrscherideologie der hellenistischen Könige (Hölbl: Geschichte, 10–12). Zu dieser Zeit sollen in Ägypten 42 Sarapisheiligtümer bestanden haben, denen man wunderbare Heilungen zuschrieb. Seit der Einführung des Sarapiskults unter Ptolemaios I. hausten auf dem Aufweg zum Sarapeum sog. Katochoi, fromme Einsiedler, woraufhin dort eine Wunderheilstätte entstand, zu der Kranke von weither geströmt sein sollen (Strelocke: Ägypten, 254). Die Prägung des Sarapis als Königsgott lässt darauf schließen, dass sein Zuständigkeitsbereich Heil im umfassenden Sinn war, nicht nur Heilung von Krankheiten, sondern Rehabilitation im rechtlichen und sozialen Bereich. Im Volksglauben erfreuten sich Amulette und Zaubersprüche einer nahezu inflationären Verbreitung. Die Horusgestalt auf dem Amulett und die meist im Hintergrund dargestellte Isis (vgl. die beiden Amulette bei Keel: Gott, 75) bezeugen den Zusammenhang mit der politischen Ordnung. Die Popularität des Kultes im politischen und privaten Bereich ist im Bereich der jüdischen Religion möglicherweise ein Anhaltspunkt, das Heilungsmonopol Jhwhs zu propagieren. Die Verbreitung des Heilgottes in Verbindung mit dem Sonnengott belegt für Syrien-Palästina zum Beispiel ein Basaltaltar, den man bei Gadara gefunden hat. Auf der Hauptseite befindet sich die Darstellung des Herakles; auf den beiden Nebenseiten sind Asklepios und Apollon zu sehen (Riedl, Nadine: Gottheiten und Kulte in der Dekapolis (Diss. Freie Universität Berlin, 2005, 113, Online: http://www.diss.fu-berlin.de/diss/receive/FUDISS_thesis_000000001712 [cited 14 March 2009]).
925 So zum Beispiel Lauber, Sonne, 111.

Ursprünglich ist die geflügelte Sonne ein Königssymbol, das sich von Ägypten aus seit der 5. Dynastie im gesamten Alten Orient verbreitet hat.[926] Für unseren Zusammenhang kommen der persische oder der griechisch-ptolemäische Kontext in Frage – je nachdem, in welche Zeit Mal 3,13–21 gehören.

In Ägypten sind die Flügel der Sonne religionsgeschichtlich über den Königsgott zugewachsen. Durch die Verschmelzung mit Re erst wurde der Pharao Sohn und irdischer Stellvertreter des Sonnengottes. Die geflügelte Sonnenscheibe ist darum kein Göttersymbol, sondern »eine zum Symbol verdichtete Erscheinungsform gottbegnadeten Königtums«[927], eine Deutung, die auch noch für die Ptolemäerzeit belegt ist.[928] Seit Alexander inszenierten sich die griechischen Herrscher als Pharaonen in Ägypten. Sie gründeten ihre Königsherrschaft auf die alten ägyptischen Mythen. Wie zur Pyramidenzeit inszenierten sie sich als Inkarnation des Horusfalken. In Aufnahme der alten Mythen zierte die Flügelsonne als »Horus der Horusse«[929] jeden Gedenkstein und Tempeleingang.[930] Weil die ägyptische Flügelsonne dem Mythos des morgendlichen Sonnenaufgangs verpflichtet ist und nicht ausschließlich den König meint, impliziert sie das tägliche Aufrichten der Ma'at in Kult und Recht.[931]

Religionsgeschichtlich ebenfalls möglich ist, dass das Motiv der geflügelten Sonne in Mal 3,20 eine Reminiszenz an die persische Emblematik ist.[932] Auf nahezu allen achaimenidischen Königsreliefs findet sich die Darstellung des bärtigen Mannes in einer geflügelten Scheibe, die der der neuassyrischen anthropomorphen Šamašgestalt ähnelt. Die Darstellungen der achaimenidischen Glyptik folgen hingegen anderen Gesetzmäßigkeiten.[933] Woher die Achaimeniden das Flügelsonnenemblem haben und was es genau bezeichnet, ist so ungewiss wie die

---

926 Zu den Bedeutungswandlungen in der Religionsgeschichte, die hier nicht ausführlich dargestellt werden können: Mayer-Opificius: Geflügelte Sonne, 190 f; Wildung: LÄ III, 277; Blocher: Sonnen- und Mondsymbolik, 1–4; Pering: Scheibe, 281. Ferner: Otten, Heinrich: Art. »Flügel bei den Hethitern«. RlA III, 91: »Die geflügelte Sonnenscheibe gilt als Emblem des Herrschers im heth. Großreich, auch in Mitanni (Siegel des Sauššatar, beim Sonnengott des Himmels in Yazilikaya)«. Die äußerst vielfältige und genaue Betrachtung von Mayer-Opificius: Sonne, 192, baut auf dem Postulat auf, dass die Flügelsonne in Syrien zunächst vorwiegend den Himmel symbolisiere.
927 Wildung: LÄ II, 278; vgl. die Skizze bei Koch: Geschichte, 136.
928 So in der Opferungsszene des Bocks von Mendes (bezeichnet als »König von Ober- und Unterägypten«) durch Ptolemaios II. (Hölbl: Geschichte, 77; Koch: Geschichte, 498).
929 13. Strophe der Königsherrschaft des Sonnengottes zitiert bei Assmann: Ägyptische Hymnen, 560.
930 Koch: Geschichte, 507. Siehe dazu Koenen: Adaption, 143–190.
931 Dazu Assmann: Politische Theologie, 56.
932 So Willi-Plein: ZBK.AT 24.4, 280.
933 Kaim: Symbol, 31; Blocher: Sonnen- und Mondsymbolik, 354.

Ursprünge des Zoroastrismus. In den Königsinschriften der Achaimeniden begegnet Ahuramazdā als höchste Gottheit, dem die Großkönige ihre Investitur verdanken. Die Flügelsonne mit der anthropomorphen Gestalt wird meist als Symbol des Ahuramazdā gedeutet.[934] Die Palastikonographie Dareios des Großen (522–486 v.Chr.) zeigt die Flügelsonne jedoch auch ohne sie, auffällig sind die stark ägyptisierenden Elemente. Kambyses II. vollzog erstmals den geschickten Schachzug, sich, den »Großkönig aller Fremdländer«, der *per se* als ein Feind Ägyptens angesehen wurde, zum König Ägyptens zu machen, indem er sich zum Pharao krönen ließ.[935] Sein Nachfolger Dareios erbaute nicht nur die neue Residenz in Persepolis sondern förderte das ägyptische Kultwesen, sorgte für die Kodifizierung des ägyptischen Rechts und den Aufbau einer Verwaltung, in der auch Ägypter tätig waren, vollendete den Bau des Suez-Kanals, intensivierte den Handel. Eine 1972 in Susa gefundene, von Dareios jedoch ursprünglich in Heliopolis aufgestellte Stele zeigt Inschriften in Ägyptisch, Altpersisch, Elamisch und Akkadisch. Dem ägyptischen Wortlaut gemäß ist der Perserkönig Dareios von den Göttern Ägyptens anerkannter Pharao; wohingegen nach den Keilschrifttexten Dareios von Ahuramazdā zum König gemacht worden ist.[936]

Obwohl diese Hintergründe die Adaption ägyptischer Herrscherpräsentation durch die achaimenidischen Könige belegen, ist die Übernahme der Flügelsonne aus Ägypten nicht gesichert, da die Darstellungen ikonographisch differieren. Dass das persische Emblem jedoch gleich dem ägyptischen verstanden werden konnte, ist auf den Kanalstelen des von Dareios vollendeten Suezkanals[937] zu erkennen (siehe Abbildung 3): Auf der einen Seite lässt er einen ägyptischen Text von einer Beḥedeti-Flügelsonne gekrönt sein, während auf der anderen Seite mit persischem Text die geflügelte Scheibe mit unägyptischen Ranken und Vogelschwanz dargestellt ist.[938] Die emblematische Verwendung beider Formen zeigt, dass die Achaimeniden wohl auch die Darstellung ihres Herrschaftsbereichs mit dem Flügelsonnenemblem verbanden. Sie haben das Emblem in ihre Herr-

---

934 Koch: Persepolis, 108; z. B. Jacobs: Religion, 214; auch Rashad: Iran, 191.

935 Hölbl: Geschichte, 3; Herodot III 2. Belegt ist, dass die Achaimeniden deshalb viele ägyptische Künstler und Kunsthandwerker engagierten, um ihre Herrschaftslegitimation explizit zu machen. Diesen Hinweis verdanke ich einem Briefwechsel mit Philip G. Kreyenbroek, Prof. der Iranistik, Göttingen.

936 Wiesehöfer: Persien, 51; Kaplony-Heckel: TUAT/A I, 609.

937 Zur Einweihung war Dareios gekommen (Sommer 497 v.Chr.) Übersetzung der Hieroglyphen: »Du bist ... König für die Ewigkeit. ... Dein Befehl ... Sand ... Seit Menschengedenken hat man dort nie Wasser gefunden, man musste [Trinkwasser] mitführen. Deine Majestät hat das erreicht, und jetzt fahren dort Schiffe. Was Deine Majestät ausspricht, das wird Wirklichkeit, genauso, wie alles sich erfüllt, was aus dem Munde des Sonnengottes Rê ausgeht ...« (Hinz: Darius, 213)

938 Koch: Geschichte, 467 f; Hinz: Darius, 213.

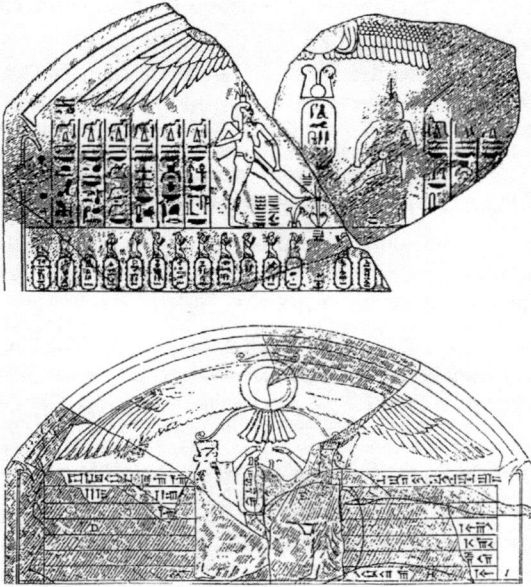

Abbildung 3: Kanalstelen des Dareios mit »ägyptischer« und »persischer« Seite (Koch: Geschichte, 468)

schaftsikonographie aufgenommen, hingegen den mit der Flügelsonne verbundenen ägyptischen Mythos nicht. Der Vogelschwanz zeigt, dass die Flügelsonne mit der sonst verbreiteteren Variante mit anthropomorpher Gestalt identisch ist. Möglicherweise bedeutet die Ähnlichkeit mit der assyrischen Šamašdarstellung, dass die achaimenidischen Herrscher sich ebenso in Kontinuität zu den assyrischen Großkönigen verstanden.[939]

Das Bild der geflügelten Sonne gibt es als literarisches Bild im AT nur in Mal 3,20. Aus den Quellen des Alten Orients ist es mir nur aus ikonographischen Zeugnissen bekannt. Maleachi 3,20a nimmt dies Element bildsprachlicher Metaphorik (Emblematik) auf, und setzt es in sprachlich äußerst verdichteter Form

---

[939] Diese Art der Herrscherikonographie ist – abgesehen von Ägypten – nur in Persepolis und Umland belegt; der Rest des Reiches blieb bildlos. Das spricht für die königideologische Deutung der Symbolik. Das Bildprogramm Dareios I. haben seine Nachfolger nur noch kopiert (Jacobs: Religion, 122). Möglicherweise stellt nach persischer Deutung die Figur in der geflügelten Sonnenscheibe auch *xᵛarənah* dar, eine Art Charisma, das den rechtmäßigen König auszeichnet, ihn aber verlässt, wenn er sich als unwürdig erweist (Bergmann: Strahlen, 46).

als »lebendige Metapher«[940]. In der Geschichte des judäischen Königtums ist es kein Novum, sondern erinnert an ein Königssymbol aus der Zeit der Herrschaft Hiskias.[941] Die ikonographischen Belege aus der Perserzeit und der Zeit der Ptolemäerherrschaft belegen seine Deutung als Emblem des großköniglichen Herrschaftsbereichs.[942]

Im Zusammenhang von Mal 3,17–21 wird das Bild »dekonstruiert«.[943] Entgegen ihrer religionsgeschichtlich belegten Bedeutung erscheint die aufgehende Flügelsonne als Element des von Gott geschaffenen Tags (Mal 3,17), und ist eine von ihm unterschiedene Größe. Die geflügelte Sonne lässt jedoch als sprachliches Bild die ikonographische Darstellung assoziieren. Weil diese innerhalb der Königsideologie ein geprägtes Bild ist, das bestimmte Vorstellungsgehalte in sich verdichtet, wird es hier als Emblem bezeichnet. Mal 3,20 propagiert mit dieser Assoziation das Königtum Jhwhs als das wahre gegenüber einer von Menschen beanspruchten Weltherrschaft.[944]

Das Bild in Mal 3,20b ist vielleicht mit dem der aufgehenden Flügelsonne verwandt. יצא trägt die Grundbedeutung »herausgehen«. Syntaktisch fungiert es Mal 3,20b als Hilfsverb zu פוש,[945] die Semantik des Q beschreibt das Springen von Tieren. Die Kombination beider Verben führt zur Bedeutung »herausspringen«. Im Zusammenhang mit כְּעֶגְלֵי מַרְבֵּק ist auf der Bildebene das Freilassen der im Stall gehaltenen Kälber beschrieben. מַרְבֵּק »Stall« ist im AT viermal belegt, abgesehen von Mal 3,20b noch zweimal als *nomen rectum* einer csVerbindung mit עֶגְלֵי »Kälber« (I Sam 28,24 [Sg]; Jer 46,21 [Pl]). In Am 6,4 ist מַרְבֵּק kontextuell ebenfalls auf עֲגָלִים bezogen, und bezeugt hier die Bedeutung »Kuhstall«. עֵגֶל meint die »Jungkuh«, den »Jungstier«, das Kalb; fem. עֶגְלָה. Es kann im konkreten Sinn oder in Metaphern und Vergleichen, wie hier, vorkommen. Auch das »goldene Kalb« ist ein עֵגֶל.

Wenn das Verhalten der Gottesfürchtigen nach der Epiphanie der heilenden Flügelsonne mit dem von freigelassenen Kälbern verglichen wird, entstehen mehrere Deutehorizonte.

---

940 Ricœur: Metapher, 226.

941 Zu den *lmlk*-Königsstempeln siehe Liwak: Sonne, *passim*.

942 Eine Weihinschrift aus dem 5./4. Jh. belegt die Verbreitung im syrophönizischen Raum (TUAT III/4, 587).

943 Lauber: Sonne, 385, der auf die bei Derrida entfaltete Methode der Dekonstruktion zurückgreift; vgl. dafür die Anm. 835 erwähnte Textvariante.

944 Aus der Metapher lassen sich erst im zweiten Schritt Überlegungen zur solaren Konnotation Jhwhs anstellen. Die Metapher bildet die Auffassung seines Königtums ab. Diese Deutung belegen auch die der Königideologie entstammenden Metaphern in Mal 3,13–21. Gegen Schroer: Schatten, 306; Keel: GGG⁵, 449; Lauber: Ikonographie, 103.

945 Lauber: Sonne, 211.

Abbildung 4: Darstellung im Grab des Sennedjem in Deir el-Medina (19. Dynastie). (Shedid: Grab, 36)

Der erste ergibt sich auf der Bildebene. *Tertium comparationis* ist die ange-kündigte Form der Freudenbekundung der Adressaten, deren Eigenart hier wie an manchen Stellen (Jes 35,6; Jer 50,11; Ps 29,6) durch den Vergleich mit Tieren zum Ausdruck gebracht wird. Dafür plädieren Stephan Lauber und Hubert Irsigler.[946] Das Mythologem trage Reminiszenzen an den ägyptischen Mythos, sei dann aber charakteristisch durch einen Vergleich aus der Lebenswelt Israels überlagert worden (Jer 50,11) und somit ein konventionelles Bild zum Ausdruck der Freude.[947]

Dem Kenner ägyptischer Mythologie erweckt יצא einen zweiten Deutehori-zont. Matthias Krieg machte darauf aufmerksam, dass das Kälbermotiv in den Ägyptischen Hymnen an den Sonnengott im Kontext von vier Vorstellungsele-menten begegnet, die auch für Mal 3,20 tragend sind.[948] Silvia Schroer zeigte einen

---

946 Lauber: Sonne, 120.
947 Irsigler: Mythisches, 24; Lauber: Sonne, 84.387; im Anschluss Kutter: Sonnengottheiten, 403; Meinhold: BK XIV/8, 393, meint, die religionsgeschichtliche Parallele erkläre nicht den der agrarischen Vorstellungswelt entlehnten Begriff מַרְבֵּק. Im alttestamentlichen Kontext könnte das Bild nur eine dekonstruierte Metapher aus dem ägyptischen Kontext sein. Interessant ist, dass der Mastkälbervergleich im AT nur noch Jer 46,21 begegnet, wo er auf ägyptische Söldnertruppen bezogen ist, ferner, dass im Kontext von Jer 50,11 f von der Schmach der Mutter (als Metapher für Jhwh) die Rede ist, die sie geboren hat!
948 Krieg: Mutmaßungen, 168.

Zusammenhang, in dem die Elemente der aufgehenden Sonne und des Kalbs *ikonographisch* miteinander verbunden sind. »Die werdende Sonne, in deren lebensverheißenden Lauf der Verstorbene aufgenommen werden möchte, wird hier als Kälbchen dargestellt, denn der Sonnenball wird nach einer häufig bezeugten Vorstellung von der Himmelskuh, der Göttin Nut, geboren, und das Kind der Himmelskuh ist natürlich ein Kalb.«[949] Das *Springen* der Kälber Mal 3,20b deutet Schroer vor dem Hintergrund des springenden Apisstieres, der in Stellvertretung für Horus die zerstückelten Teile des toten Osiris einsammelt und so die Hoffnung auf neues Leben verkörpert. Der Mythos von der Himmelskuh erlebte in der Ptolemäerzeit eine Renaissance, wie der Bau des Hathor-Tempels in Terenuthis unter Ptolemaios I. und verstärkt unter seinen Nachfolgern wie z. B. in Dendera belegt. יצא in der Bedeutung des Sonnenaufgangs und der Heilsepiphanie lässt eben diesen Aspekt des neuen Lebens vor dem Hintergrund ägyptischer Jenseitsvorstellungen assoziieren. Ob der Autor von Mal 3,20 den Mythos kannte und hier auf ihn anspielte, bleibt offen. Dass der König seine Prosperität und Herrschaft vom Sonnengott empfängt und als Sprössling einer Kuh bezeichnet wird, ist auch aus den sumerisch-babylonischen Hymnen an den Sonnengott bekannt.[950] Werden die, die den Namen Jhwhs fürchten, Mal 3,20b als Kälber bezeichnet, erscheinen sie vor diesem Horizont als ›demokratisierte‹ Könige, Sprösslinge der glänzenden Kuh. Sie werden neu geboren und bekommen Anteil an Jhwhs, des Königsgottes, Sieg über die Feinde (Mal 3,21). Innerhalb des AT trägt das Kalb jedoch – verstünde man es als göttliches Attributtier – immer die Ambivalenz des goldenen Kalbes von Ex 32, zumal der Text durch die intertextuellen Bezüge beim Lesen der Maleachischrift bereits evoziert ist. Insofern wird der Autor von Mal 3,20b das Bild nicht einfach aus dem ägyptischen Kontext adaptieren. Die Transformation des Motivs könnte dann höchstens die mit springenden Kälbern verglichenen Gottesfürchtigen als wahrhaft lebendige Repräsentanzen ihres Gottes im Unterschied zum gegossenen und somit unbeweglichen Kalb beinhalten.

4.6.2.7 Das Vernichtende des königlichen Tages (Mal 3,19)

Die Formulierung יֹום אֲשֶׁר אֲנִי עֹשֶׂה (Mal 3,17.21) rahmt das eschatologische Geschehen, das dem derzeitigen Erleben der Adressaten in Mal 3,13–15 gegenübersteht. Der Relativsatz macht deutlich, dass es sich in beiden Fällen um denselben

---

949 Schroer: Beobachtungen, 306. »Daß die Südostecke des Raumes für die Darstellung dieser Szene ausgewählt wurde, ist also kein Zufall, hier geht die Sonne tatsächlich auf.« (Shedid: Grab, 38 f)

950 Vgl. Schollmeyer: Hymnen, 41.

Tag handelt. Auf das Nomen יוֹם ist er nur in diesem Zusammenhang bezogen.[951] Der Ausdruck אֲשֶׁר אֲנִי עֹשֶׂה begegnet im AT Gen 18,17; Ex 34,10; Jes 5,5; 66,22; Jer 29,32; Ez 22,14; Mal 3,17.21 und ist immer auf eine göttliche Handlung hin ausgerichtet. Bis auf Ex 34,10 zielt er immer auf ein Gerichtsgeschehen. Gen 18,17; Jes 66,22 und Mal 3,17.21 verwenden עֹשֶׂה ohne Objekt.[952] Der von Gott zu schaffende Tag unterscheidet sich von normalen geschichtlichen Tagen mit festgelegten astronomischen Abläufen; er ist ein Tag, den Jhwh im Unterschied zu den jetzigen Tagen (die er ja auch geschaffen hat) schaffen wird.[953] Für diese Deutung spricht auch, dass der Tag in Mal 3,19 *nomen agens* ist – JHWH macht also den Tag, der dann das Gericht vollstreckt.[954] Diese Deutung belegen die Passagen, die אֲשֶׁר אֲנִי עֹשֶׂה ohne Objekt verwenden und im ersten Fall das Gottesgericht über Sodom und Gomorrha meinen,[955] im zweiten die Neuschöpfung von Himmel und Erde im Jesajabuch, wo auf das (ebenfalls eschatologische) Feuergericht (Jes 66,15–17) über die Gottesfeinde zurückgeblickt wird. Die ähnliche Formulierung in Ps 118,24 »ist ein metaphorisches Deutewort eines als ›Wunder‹ Jhwhs beurteilten Geschehens«[956]. Der Tag, den Jhwh macht bzw. gemacht hat, bringt auch hier den Erweis seiner Gerechtigkeit. Raum (Ps 118,20) und Zeit (118,24) zeichnen sich durch die Erfahrbarkeit Gottes aus. Der Tag in Mal 3,17–21 ist der astronomisch messbaren Zeit enthoben, auch ein Ort wird nicht benannt. Der Tag trägt so einen apokalyptischen Zug.

Die יוֹם-Formulierungen aus Mal 3,19 sind durch die Determination in Mal 3,19a auf den Tag in 3,17 bezogen; die Formulierung in 3,19b bestätigt wiederum durch die deiktische Funktion des Partizips, dass eben »dieser« Tag gemeint ist.

Mal 3,17 לַיּוֹם אֲשֶׁר אֲנִי עֹשֶׂה
Mal 3,19a הַיּוֹם בָּא
Mal 3,19b הַיּוֹם הַבָּא
Mal 3,21 בַּיּוֹם אֲשֶׁר אֲנִי עֹשֶׂה

---

951 Abgesehen von Ez 22,14, wo von לַיָּמִים אֲשֶׁר אֲנִי עֹשֶׂה אֲנִי אֹתָךְ »den Tagen, an denen ich gegen dich handeln werde« gesprochen wird.
952 LXX versteht סְגֻלָּה als Objekt. Weyde: Prophecy, 365 f, Schwesig: Rolle, 293, u. a. übersetzen »Tag, an dem ich handle«, wie Ez 22,14. Zur Argumentation dagegen: Meinhold: BK XIV/8, 375.
953 Vgl. Meinhold: BK XIV/8, 375.
954 So z. B. auch Verhoef: NICOT, 322.
955 Zwischen Gen 18/19, Jes 1 und Mal 3 entsteht durch diese Referenz ein Zusammenhang. Die Sonnenmetaphorik spielt bei der Vernichtung Sodoms eine nicht unerhebliche Rolle (vgl. Keel: Sodom, 10–17). In allen Fällen geht um das Gericht der Frevler, die Rettung der Gerechten und um die Frage, wie der Gerechte angesichts des Frevlers leben kann.
956 Hossfeld/Zenger: HThK.AT 14.3, 328.

In eschatologischen Aussagen steht die Ankündigung kommender Tage oft im Plural (II Reg 20,17; Jes 39,6; zuhauf in Jer; Am 4,2; 8,11; 9,13). Die Kombination von יוֹם als Subjekt + בוֹא in finiter Verbform im Singular bezieht sich im Alten Testament immer auf einen göttlichen Gerichtstag.[957] Dabei kann der Gerichtstag in der Vergangenheit oder in der Zukunft liegen. Nur die drei erstgenannten Stellen entstammen den in der Forschung unter dem »Tag Jhwhs« verhandelten Texten. Die beiden Jeremiastellen gehören in die Fremdvölkersprüche. Diese Nähe zu den Fremdvölkersprüchen verstärkt die Semantik des Gerichtstages als Tag des Sieges über die Feinde und ist gleichzeitig ein propositionales Argument der Referenzialität zwischen I. und VI. Diskussionswort.

In Mal 3,19 ist »der Tag« *Medium* des göttlichen Gerichts. Er kommt »brennend wie ein Backofen«. Die Feuermetaphern, mit denen der göttliche Gerichtstag beschrieben wird, werden sonst im AT nicht für die Beschreibung des Tags Jhwhs verwendet. Beide Belege des Stammes בער im XII, Hos 7,6 und Mal 3,19 stellen es in den Zusammenhang des תַּנּוּר »Backofens«[958], der an der ersten Stelle das »Auflodern revolutionärer Leidenschaft, zugleich aber auch die trügerische Unterdrückung dieser Leidenschaft zum Zwecke der Täuschung«[959] versinnbildlicht. Der in dieser Leidenschaft vollzogene Königsmord verkennt Gott als den König, der wirklich heilen kann. Diese hybride Einstellung deckt sich mit der Grundeinstellung der Frevler Mal 3,19.

בֹּעֵר und לְהַט gehören an den vier alttestamentlichen Stellen (Jes 42,25; Mal 3,19; Ps 83,15 und Ps 106,18), an denen sie miteinander kombiniert sind, in den Kontext des Vernichtungsgerichts, aber nicht des Tags Jhwhs.[960] Ps 83,14 f enthält ebenso das Lexem קַשׁ. Im Parallelismus zur Rolldistel ist קַשׁ Vergleich für die Feinde Jhwhs (Ps 83,3a), die, die ihn hassen, woraufhin neun Fremdvölker auf-

---

957 Jes 13,9; Sach 14,1; Jl 2,1; Jer 46,21; Jer 47,4; Ez 7,10 (feminine Verbform)

958 תַּנּוּר ist im AT die einzige Bezeichnung für den Backofen, der von innen geheizt wurde (Lev 2,4; Hos 7,4.6). Wenn das Feuer niedergebrannt war, wurden Brotfladen oder anderes zu Backendes an die Seitenwände des Ofens geklatscht oder auf die am Boden liegenden Steine gelegt. Der תַּנּוּר bestand aus einem oben etwas verengten Tonzylinder und wurde meist zur Hälfte in die Erde eingegraben (vgl. Kellermann: BRL 2², 29 f). Das auf diese Weise domestizierte Feuer zeichnet die Inklusionsstruktur des Verses stilistisch; die Gerechten am Tag Jhwhs werden verschont (Schwesig: Stimmen, 236).

959 Jeremias: ATD 24/1, 95. Auch Hill: AncB 25D, 346; Lauber: *Animadversiones*, 218, rebelliert geradezu dagegen, Hos 7,6 und Mal 3,19 in Beziehung zu setzen, weil »der Kontext ein völlig anderer [sei]: Die Verbindung beider Wörter fungiert bei Hos als Bild für das Verhalten von Königsmördern ...« Eben dies soll von den Frevlern Mal 3,19 gesagt sein – sie leugnen Jhwh und seine Königsherrschaft und zerstören so die von ihm gesetzte Ordnung.

960 Vgl. Weyde: Prophecy, 366.

gezählt werden.[961] Das auf die beiden Pflanzenvergleiche als Objekt gerichtete, im synonymen Parallelismus mittels בְּעַר und לְהַט verglichene Handeln Jhwhs bringt den Wunsch der vollständigen Vernichtung der Feinde Jhwhs zum Ausdruck.

Das Nomen קַשׁ dient meist als Vergleich (Ex 15,7; Jes 5,24) oder Metapher (Jes 33,11; Hi 13,25; 41,20), um in prophetischen Gerichtsankündigungen die Vernichtung des Bildempfängers durch Feuer anzuzeigen.[962] Innerhalb des XII begegnet das Lexem an drei Stellen (Jl 2,5; Ob 18; Nah 1,10; Mal 3,13), dreimal im Kontext von Tag-Jhwhs-Dichtungen. Die קַשׁ fressende Feuerflamme ist Jl 2,5 *comparatio* für die vernichtende Kraft der zerstörerischen Macht innerhalb des Tag-Jhwh-Gedichts (Jl 2,1–11). Als Metapher für die zu vernichtende Größe, in diesem Fall das Haus Esau, dient es Ob 18.

Noch eine Bemerkung zur älteren Forschungsdiskussion: Oftmals wurde dargestellt, dass die יוֹם-Formulierungen aus Mal 3,2.17–21 erst mit Mal 3,23 in eine »echte«[963] יְהוָה יוֹם-Stelle münden. Doch schon Rolf Rendtorff hatte 1997 in einem Aufsatz dargelegt, dass es »unweise« war, die Tag-Jhwhs-Konzepte auf die Texte zu beschränken, die den ›korrekten‹ Ausdruck enthalten. Vielmehr müssten die modifizierten יוֹם-Passagen in die Überlegungen integriert werden.[964] Entsprechend werden Mal 3,2.17–21 als Tag-Jhwhs-Dichtungen verstanden.[965]

4.6.2.8 Der Sieg des Königs über die Feinde (Mal 3,21)

Mal 3,21 beschreibt den Triumphzug der Gottesfürchtigen über die Frevler. עסס, *hapaxlegomenon*, das wahrscheinlich aus derselben Wurzel wie עָסִיס »Most«[966] gebildet ist und ursprünglich das Treten der Kelter meint, wird hier mit »treten« übersetzt. Die Gottesfürchtigen werden – offensichtlich sehr kleinschrittig und pedantisch – treten, und zwar auf die אֵפֶר der Frevler, wie der nachfolgende Begründungssatz zum Ausdruck bringt. אֵפֶר kann »Staub« (Jer 6,26; Jon 3,6) meinen, aber auch »Asche« (Num 19,9 f; Ez 28,18). Letzteres ist im Anschluss an Mal 3,19

---

961 Psalm 83 nennt an erster Stelle der zu vernichtenden Völker Edom. Die Neuneraufzählung beschwört nach Meinung der Kommentatoren »JHWHs Rolle als Bändiger des Chaos zugunsten des Kosmos« (Hossfeld/Zenger: HThKAT 14,2, 501). Vgl. dazu die Neunerzahl auf dem Obelisken Antiochos IV. und [nachträglich eingefügt!] auf dem Felsrelief von Bīsutūn). Auf dem Obelisken des Epiphanes steht: »Es verneigen sich die Großen Ägypten (und) die Neun Bogen (= die Fremdländer) sind vereinigt unter seinen Sohlen wie (bei den) Herrschern der Beiden Länder (= Pharaonen).« (Übersetzung von Adolf Ermann in: Meyer: Obelisk, 35.)
962 Beyse: ThWAT VII, 196.
963 Preuß: Theologie II, 293, bis zu Schwesig: Stimmen, 230 Anm. 3; Meinhold: BK XIV/8, 355.
964 Dazu Nogalski: Day(s), 192–196.
965 Rendtorff: »Tag Jhwhs«, 9 f; Schwesig: Stimmen, 232f; Beck: »Tag YHWHs«, 256.
966 Jes 49,26; Jl 1,5; 4,18; Am 9,13; Cant 8,2; vgl. die variierende Terminologie Jes 63,1–6.

kohärent. Die Positionierung תַּחַת כַּפּוֹת רַגְלֵיכֶם »unter den Sohlen eurer Füße« –
generell eines Menschen unter den Füßen eines anderen – bringt deren vollkommene Demütigung und Unterwerfung zum Ausdruck. Das Bild ist aus der
mythisch geprägten Vorstellung vom Sieg des Königs über die Feinde bekannt (vgl.
Ps 110,1)[967].

Mal 3,19 bringt in seiner Metaphorik die Tatfolge zum Ausdruck: die Gottes-
feinde sind קַשׁ »Stroh«. Die Vollendung ihres Tuns (vgl. Prov 25,21 f) lässt nicht viel
Spielraum. Stroh verweht, verrottet oder verbrennt, jedenfalls ist die vollständige
Vernichtung unabwendbar. Feuer (Mal 3,19) ist die schnellste Variante. Mal 3,21
beschreibt nicht, dass die Gottesfürchtigen das Gericht vollstrecken, sondern den
Triumphmarsch über die bereits Besiegten.

In der exegetischen Kommentierung von Mal 3,21 stieß man sich oft am
Vergeltungsgedanken, so z. B. Wilhelm Rudolph: Die »feste Zuversicht, dass der
Vergeltungsglaube schließlich doch alle Rätsel löst, ist Maleachis Größe, aber
zugleich seine Schranke. Hier haben Männer wie der Verfasser des Hiobbuches
oder der Dichter des 73. Psalms tiefer gesehen. Und den Gedanken, dass die
Frommen am Tag Jahwes die Asche der Gottlosen mit Füßen treten dürfen (3,21),
würden wir gerne missen«[968]. Vielleicht aber werden hier menschliche Vergeltungsgedanken und ihre destruktiven Kräfte gerade entschärft, weil das Recht zum
Richten und die Vollstreckung des Urteils Gott anheimgestellt werden. Das Leben
des Frevlers ist dadurch vor menschlichen Racheakten geschützt, denn der Vergeltung Suchende weiß um das gerechte göttliche Gericht, das ihn einst in der ihm
zustehenden Gerechtigkeit triumphieren lassen wird. Wohl hat Hiob die Theodizeefrage hinter sich gelassen: »Darum habe ich das Interesse [sc. an der Frage
nach der Ursache meines Leids] verloren.« (Hi 42,6) Doch nicht jeder kommt
dahin, Gott zu sehen (Hi 42,5). Für die meisten Menschen bleibt die Frage nach der
ausgleichenden Gerechtigkeit bestehen und man kann von Glück reden, wenn sie
nicht selbst dafür sorgen, sie herzustellen.[969]

---

967 Vgl. Bild und Text der Bīsutūn-Inschrift: »Ahuramazdā brachte mir Hilfe. Durch die Macht
Ahuramazdās zerschmetterte meine Armee die rebellische Armee« (DB II, 24–26; 34–36; 39–41;
45–46; 54–55; 60–61; 86–87; DB III 16–18; 61–63; 66–68); auch die Malerei aus einem ägyptischen
Grab in Abd el Qurna (um 1400 v.Chr.): Dem Pharao sind neun, in Ägypten die Zeichenzahl für
Totalität, Feinde als Schemel unter die Füße gelegt (Lepsius, Carl Richard: Denkmäler aus Ägypten
und Äthiopien V, Berlin 1853, Tafel 69a).
968 Rudolph: KAT XIII/4, 296.
969 Im Begriff עבד steckt im Kontext königsideologischer Sprache ein Moment der Erwählung
(vgl. Jes 44,1). In Mal 1,2–5 transportiert die Jakobfigur diese Frage, wie die Auslegungsgeschichte
belegt. Das mit der Erwählungsmetapher verbundene Aggressionspotenzial, das deren Applikation auf den Einzelnen auslöst, weil es die Wahrnehmung des Gelingens des eigenen Lebens am

4.6.3 Stellung in der Maleachischrift

Wie das V., so hat auch das VI. Diskussionswort der Maleachischrift bündelnde Funktion. Diese ist jedoch nicht als Doppelung von Mal 3,6–12 zu verstehen. Die Textuntersuchungen haben gezeigt, dass das VI. Diskussionswort

a. einige der Rahmenmotive aufweist, die das XII umfassen[970]
b. das Thema des Tages Jhwhs im Zwölfprophetenbuch abschließt
c. mit der Leitmotivik des »Gott Dienens« und der סְגֻלָּה -Metapher die dauerhafte Aktualität der Exodusüberlieferung als Grundlage der Identität der Beziehung zwischen Israel und Jhwh vor Augen stellt
d. mit der Staffelung der Endzeitereignisse die im Zwölfprophetenbuch typischen Zukunftsperspektiven überbietet und gleichzeitig mit der Aufnahme weisheitlicher Traditionen deren Reziprozität von Tun und Ergehen in Frage stellt.

Mit der Formulierung der Theodizeefrage legt 3,13 eine Referenz zu 2,17. Die Unterschiedlichkeit in der Intention beider Fragen kommt gleich im ersten Wort, in der Reaktion Jhwhs auf diese Frage, zum Ausdruck. Dennoch wird durch Rekurrenz ein Zusammenhang zwischen beiden Texten hergestellt. Mittels יוֹם בָּא, der das Vernichtungsgericht an den Frevlern inkludierenden Zeitangabe, weist Mal 3,19 auf יוֹם בּוֹאוֹ (Mal 3,2aα) und in diesem Zusammenhang auf die בוא-*inclusio* des vorausgehenden Verses Mal 3,1b. Der Mal 3,2aα benannte Tag des Kommens des Boten und die Entfaltung der Ereignisse dieses Tages Mal 3,17–21 stehen nun in der Leseabfolge der Maleachischrift nebeneinander. Mal 3,1b koordiniert sie zu einem zweistufigen Geschehen: der Herr kommt und der Bote wird dann schon gekommen sein. Das Nahen Jhwhs zum Rechtsakt (Mal 3,5) wird dadurch dem 3,17–21 beschriebenen Tag Jhwhs gleichgestellt; eine Chance zur Umkehr wie Mal 3,7 gibt es nun nicht mehr. Die bösen Taten (Mal 2,17) haben das Wesen ihrer Handlungsträger durchsetzt (Mal 3,18).

Die in beiden Diskussionsworten mit dem ersten Vers formulierte Theodizeefrage drängt auf ihren Erweis. Im VI. Diskussionswort wird die Auflösung dieser Diskrepanz eschatologisch in Aussicht gestellt. Die der Spruchweisheit eignende Ansicht, dass alle Rechnungen im Diesseits aufgehen müssen, wird in Mal 3,16 durchbrochen. Mit dem Buch des Gedächtnisses wird die Spanne von der Jetztzeit bis zum Anbruch des Jhwh-Tages überbrückt. Unterstrichen wird das

---

anderen misst und das Empfinden eigener Lebensminderung auf Gott projiziert, enthebt den Schematismus von Gerechtem und Frevler seiner Simplizität.

970 Siehe dazu Tooze: Framing, 141–218, der fünf verbindende »literary features« findet; Zenger: Einleitung⁸, 624f; Watts: Frame, 210–217; Baumann: Ehemetaphorik, 225.229f. Für die Vatermetaphorik im XII Meinhold: BK XIV/8, 99; jüngst Biberger: Umkehr, 565–579.

Überschreiten der Zeitgrenze durch das Flügelsonnenemblem, das im gesamten vorderen Orient einen Bezug zum Jenseits zum Ausdruck bringt.[971] In der ägyptischen Religion ist diese Grenze mit der Idee des Totengerichts überschritten.»In der Idee des Totengerichts gehen Weisheit, Moral, Recht und Religion eine unauflösliche Einheit ein.«[972] Im Bild der Herzwägung[973] kommt zum Ausdruck, dass das Gericht individuell gedacht ist, wie auch Mal 3,17–21. In der gegenwärtigen Erforschung des Zwölfprophetenbuchs wird der Tag Jhwhs als eines der buchübergreifenden Themen betrachtet.[974] Vor diesem Horizont wird hier der Tag Jhwhs, der sonst meist an eine kollektive Größe gerichtet war und ihr Vernichtung prophezeite, als Individualgericht vorgestellt.

Dem korrelieren die Referenzen zum I. Diskussionswort. Sie zeigen strukturelle Analogien zwischen Edom als Feindtypos und dem Frevler. Damit wird die innerhalb der Tag-Jhwhs-Dichtungen im XII fast[975] immer gegen ein Fremdvolk gerichtete Aggression auf die Feinde innerhalb des Gottesvolkes übertragen.

Der Tag Jhwhs steht durch seine nicht astronomische Bestimmbarkeit zu den Schöpfungstagen Gen 1 in Beziehung. Er ist eine Metapher des Glaubens, der daran festhalten will, dass der Welt eine göttliche Ordnung zugrundeliegt, deren Gerechtigkeit sich letztlich über alles Unrecht und alles ungerechte Leiden erheben wird. Dieser Tag transzendiert zeitlich alle geschichtlich gedeuteten Jhwh-Tage auf den Tag hin, an dem Jhwhs Gerechtigkeit denen, die an ihn glauben, Heilung und Rechtfertigung verschafft und seine Königsherrschaft offenbart. Er wird nicht lokalisiert.[976] Er richtet sich gegen kein Volk, sondern das Individuum.[977] Der Kampfplatz ist auch im Menschen selbst; die Macht des Bösen in ihm eine reale Macht, die der Hingabe des eigenen Lebens an Jhwh entgegensteht.

Israel, das Sondereigentum des Königsgottes Jhwh, sind die Jhwh-Fürchtigen der ganzen Welt. Die Sonnenmetaphorik Mal 3,20 beschreibt diesen universalen Raum. Mit der Metapher des Sonnenaufgangs rekurriert sie auf Mal 1,11a. Damit entsteht noch einmal die Frage, ob unter den Jhwh-Fürchtigen auch der Ab-

---

971 Blocher: Sonnen- und Mondsymbolik, 357.

972 Assmann: Ma'at, 150 f.

973 Totenbuch des Ani, Papyrus British Museum Nr. 10470 col. 3 (um 1300 v. Chr.); Assmann: Ma'at, 151.

974 Barton: Meaning, 68–79; Nogalski: Day(s), 192–213; Rendtorff: How to read, 420–432; Schart: Entstehung, 232–236.278–282. Zur synchronen Lektüre aller »echten« Tag-Jhwhs-Dichtungen: Rendtorff: Tag, 1–11.

975 Zu Zef 1 (Zef 1,2f.17 f) siehe Meinhold: BK XIV/8, 354; Schwesig: Rolle, 20–69.

976 Zur literarisch vorausgegangenen Universalisierung des Tags siehe Schwesig: These 2.1.4 seiner Dissertation.

977 Vgl. Homerski: Tag, 9.

stammung nach nichtjüdische Jhwh-Verehrer sind.[978] Wie kontrovers diese Frage diskutiert wurde, belegt die die Übersetzung der LXX. Sie übersetzt זֵדִים (Mal 3,15) mit ἀλλοτρίους »Fremde«, das gleiche Wort (Mal 3,19) mit ἀλλογενεῖς »von anderem Volk«, womit Ausländer und keine (beschnittenen) Proselyten gemeint sind, die z. B. nicht am Passafest teilnehmen dürfen.[979] An diesem Beispiel wird deutlich, dass die Abgrenzung gegen Feinde, die im MT ausschließlich theologisch gedacht ist, von der LXX wieder ethnisch definiert wurde.

Eine andere Seite der Kontroverse könnte 4QXII[a] bezeugen, das Fragment, in dem vermutlich die Jonaschrift auf Maleachi folgt. Diese Anordnung eröffnet »die Perspektive von kultischem Wohlverhalten, Bekehrung, Rettung der Heiden bezüglich Jahwe«[980]. Jon 1,16 wäre dann eine Auslegung der Frage nach der ethnischen Zugehörigkeit der יִרְאֵי יְהוָה. Odil Hannes Steck vermutet, dass 4QXII[a], das in die Zeit zwischen 150 und 125 v. Chr. datiert wird,[981] den völkerpositiven Erfahrungen des ersten seleukidischen Jahrzehnts die prophetische Grundlage gibt.

Der Autor von Mal 3,13–21 lässt die Offenheit des Gottesvolkes in der Schwebe. Der Zusammenhang mit dem I. Diskussionswort gibt zu verstehen, dass die Frage, ob jemand Gerechter oder Frevler ist, nicht an seine ethnische Zugehörigkeit gebunden ist. Das II. Diskussionswort enthält die Perspektive universaler Jhwh-Verehrung. Das III. Diskussionswort ahndet den Treubruch gegenüber Jhwh härter als die Scheidung von einer Ausländerin. Das VI. Diskussionswort verzichtet im Unterschied zum V. gänzlich auf die Begrifflichkeit von Volk und Land. Mal 3,15 zeigt, dass es auch innerhalb des Gottesvolkes Frevler geben kann. Ob Proselyten Eingang finden, bleibt offen. Wie offen eine Religion ist, ist immer eine kontingente Frage. Die Stärke der Maleachischrift ist, ihrer Beantwortung nur Impulse zu verleihen.

---

978 Dagegen z. B. van der Woude: Haggai, 81: Auch wenn für den Propheten Jhwh der universale Gott ist (regelmäßiger Gebrauch von Jhwh Zebaoth), der Regen bringen, den Himmel verschließen und über Edom seinen Zorn wüten lassen kann (1,4), so ist doch die Predigt Maleachis an keiner Stelle universalistisch, auch nicht 3,5; 3,11 oder 3,19–21; nur in späteren Passagen seien universalistische Tendenzen vorhanden: 1,11; 2,15. Meinhold: BK XIV/8, 396: die Jhwh-Verehrung von Völkern spielt – anders als in Mal 3,6–12; 1,2–5.11–13 – keine Rolle.

979 Wander: Gottesfürchtige, 41. Umgekehrt kann זֵד in der LXX auch als ἀσεβής übersetzt werden (Jes 25,2.5).

980 Steck: Abfolge, 252.

981 Steck: Abfolge, 249.

5 Der Epilog Mal 3,22–24

5.1 Text und Struktur

22[983] Gedenkt der Tora des Mose, meines Getreuen, die ich ihm geboten habe am Horeb über ganz Israel, Satzungen und Rechtssätze.
23 Siehe, ich bin dabei, euch Elia[984], den Propheten[985], zu senden, [986]bevor der Tag Jhwhs kommt, der große und ehrfurchtgebietende[987].
24 Und er wird kehren das Herz der Väter zu den Kindern und das Herz der Kinder zu den Vätern[988], damit ich nicht komme und das Land mit Vernichtung[989] schlage.

Zahlreiche hebräische Handschriften markieren den Versbeginn Mal 3,22 mit einem großen ז, *littera maiuscula*, und kennzeichnen ihn so als wichtigen Sonderabschnitt.[990] Schon Bernhard Duhm bemerkte zu diesen Versen: »Unechter Zusatz s. Marti. Vielleicht ein Nachtrag zu dem ganzen Zwölfprophetenbuch und ebenso wie Sirach 48,10 einem Midrasch // entnommen, der zu der Geschichte des Elia die zum Teil im Buch Deuterojesaja enthaltenen Lieder vom Knecht Jahwes und Gedichte wie Mch 7₅₋₇ ₈₋₁₀ mitbenutzt hatte.«[991] Wilhelm Rudolph ging im Anschluss von Karl Budde noch einen Schritt weiter und bestimmte die Funktion des Anhangs als Abschluss des Kanonteils Nebi'im.[992] Heute werden Mal 3,22–24 in der historisch-kritischen Forschung nahezu unumstritten als ein oder zwei Anhänge

---

983 Die LXX weist eine andere Versfolge auf: 23–24.22. Zur Deutung siehe c. 5.3.2.
984 Kurzform Elia noch II Reg 1,3.4.8.12; LXX noch I Reg 17,10.11.13.19.
985 LXX hat anstelle von הַתִּשְׁבִּי »Tischbiter«, vgl. I Reg 17,1; 21,17.28; II Reg 1,3.8; 9,36; LXX zusätzlich I Reg 18,27.29; 20,17.
986 Ältere Kommentare stufen die Langzeile als sekundär ein.
987 LXX liest ἐπιφανῆ, wohl in Ableitung von ראה statt ירא.
988 LXX liest ὃς ἀποκαταστήσει καρδίαν πατρὸς πρὸς υἱόν »welcher wieder aussöhnen wird das Herz eines Vaters mit seinem Sohn« und fügt hinzu καὶ καρδίαν ἀνθρώπου πρὸς τὸν πλησίον αὐτοῦ »und das Herz eines Menschen zu seinem Nächsten«. In der Wirkungsgeschichte hat hier die christliche Lehre von der ἀποκάτασις παντῶν ein biblisches Fundament. Die zu MT unterschiedliche Interpretation wird mit der Umstellung dieser Verse in der LXX und die sich dadurch verändernde Funktion des Textes zu begründen sein. Der Targum paraphrasiert »damit ich nicht das ganze Land in Sündenschuld vorfinde und es mit völliger Vernichtung schlage«.
989 LXX schreibt τὴν γῆν ἄρδην »die Erde gänzlich«. Zur Deutung siehe unten.
990 Rudolph: KAT XIII/4, 293.
991 Duhm: Anmerkungen, 95. Heute vertritt diese Funktion des Anhangs Tai: End, 343, in Aufnahme der These Watts, dass Hos 1–3 und Mal den Rahmen des XII bilden würden: der Anhang bilde mit Hos 12,14 eine *inclusio* des Zwölfprophetenbuchs; sein Rahmen bestehe aber im gesamten Hos und Mal.
992 Rudolph: KAT XIII/4, 250.291.

verstanden.[993] Die Einschätzung dessen, welche Texte oder welches *corpus* sie abschließen, ist jedoch unterschiedlich.

Mal 3,22 setzt sich durch fehlende Kohäsions- und Kohärenzindikatoren deutlich von 3,21 ab. Die für das Diskussionswort typische dialogische Struktur wird verlassen.[994] Nach der eschatologischen Szenerie in Mal 3,17–21 folgt ein Imperativ זִכְרוּ »gedenkt!« Er bezieht sich auf das Objekt תּוֹרַת מֹשֶׁה »Tora des Mose«. Diese csVerbindung gibt es 14mal im AT,[995] aber nur dies eine Mal in der Maleachischrift. Das *nomen rectum* תּוֹרַת rekurriert anaphorisch auf Mal 2,6–9. עַבְדִּי ist Apposition zu Mose, der innerhalb des Pentateuch 40mal mit diesem Titel benannt wird. Mit der Wurzel עבד rekurriert er auf die Gottesfürchtigen des VI. Diskussionswortes (Mal 3,14.18). Der folgende Relativsatz weist zurück auf die csForm תּוֹרַת. Der relativische Anschluss mittels אֲשֶׁר צִוִּיתִי ist im AT immer auf eine göttliche Willenskundgabe bezogen.[996] בְחֹרֵב »am Horeb« beinhaltet die Ortsangabe. Die Proposition für die geforderte Erinnerung ist die Offenbarung am Gottesberg. Die Bezeichnung »Horeb« referiert die Überlieferung Dtn 5, ebenso die Empfänger כָּל־יִשְׂרָאֵל »ganz Israel« (Dtn 5,1) sowie die Formulierung חֻקִּים וּמִשְׁפָּטִים »Rechtssätze und Satzungen« (Dtn 5,1). Ob »der Doppelausdruck die Tora des Mose als Bezeichnung für den ganzen Pentateuch beschreibt«[997], kann aus dem intertextuellen Bezug nicht erhoben werden. Dieser referiert lediglich das Offenbarungsgeschehen am Gottesberg. Mal 3,22 rekurriert mit יִשְׂרָאֵל auf die Überschrift Mal 1,1, ansonsten enthält der Vers neben עַבְדִּי und תּוֹרַת auf der Textoberfläche keine Referenzen zu den Diskussionsworten.

Der folgende Vers Mal 3,23 setzt die Gottesrede fort. Mit Mal 3,23aα liegt eine Rekurrenz auf Mal 3,1a vor; הִנֵּה אָנֹכִי erscheint zu הִנְנִי kontrahiert. Das indirekte Objekt לָכֶם rekurriert auf die fünfmalige Verwendung der Präposition + Suff 2mPl in Mal 3,10b.11 und legt so ebenfalls die benefaktive Bedeutung nahe. Im Unterschied zu Mal 3,1 ist das Akkusativobjekt hier אֵת אֵלִיָּה הַנָּבִיא »den Propheten Elia«. Die Kurzform des Namens אֵלִיָּה, die so nur II Reg 1,3f.8.12 und Mal 3,23 verwendet ist, schafft eine intertextuelle Referenz, die durch ihre Seltenheit signifikant ist. Das Partizip שלח im Zusammenhang mit הִנֵּה kann wiederum als *futurum instans*

---

993 Zum Forschungsstand Chapman: Law, 131f; Zenger: Einleitung[8], 25–27.699.
994 Gegen Bulmerincq: Maleachi II, 550; Clendenen: NAC 21 A, 454 Anm. 143. Die Argumente, Mal 3,22–24 als Anhang und nicht ursprünglich zur Maleachischrift gehörend zu verstehen, sind oftmals zusammengetragen worden: mit elf Argumenten Böhme: Maleachi, 210–217; ferner Smith: WBC, 85; Meinhold: BK XIV/8, 404f; Schart: Entstehung, 299f; Mathys: Anfang, 30; vgl. sogar Hill: AncB 25D, 364f; dagegen Verhoef: NICOT, 338.
995 Jos 8,31f; 23,6; I Reg 2,3; II Reg 14,6; 23,15; Dan 9,11.13; Esr 3,2; 7,6; Neh 8,1; II Chr 23,18; 30,16.
996 Ex 29,35; Lev 8,31; Dtn 31,5.29; Jos 7,11; 22,2; Ri 2,20; I Sam 2,29; II Sam 7,7.11; I Reg 2,43; 11,11; II Reg 17,13; I Chr 17,6.10; Jer 11,4.8; Sach 1,6.
997 Meinhold: BK XIV/8, 417. So auch Lescow: Maleachi, 170.

übersetzt werden (vgl. Mal 3,1a). Der Inf cs בּוֹא in 3,23b ist dem durch die temporale Bestimmung לִפְנֵי zeitlich nachgeordnet. Ohne explizit gekennzeichnet zu sein, ist Mal 3,23b exaktes Zitat aus Jl 3,4b. Unter Fortsetzung der Gottesrede wechselt in Mal 3,24 das Subjekt in die 3mSg. Elia wird das Herz von Vätern zu Kindern und das Herz von Kindern zu ihren Vätern wenden. Das וּ-*consecutivum* setzt das Geschehen aus Mal 3,23a fort. Die unspezifisch gebrauchten Begriffe für die Väter- und die Kindergeneration stehen chiastisch einander gegenüber. Die Lexeme rekurrieren auf die Vater-Sohn-Konstellationen in Mal 1,6; 2,10; 3,17. עַל scheint hier wie in Mal 1,7 anstelle von אֶל gebraucht zu sein.[998] פֶּן leitet als finale Konjunktion den von 3,24a abhängigen negierenden Satz ein. Der weiterhin redende Jhwh ist wieder Subjekt. אָבוֹא rekurriert auf בּוֹא (Mal 3,23b). וְהִכֵּיתִי schließt sich in der *consecutio* daran an, dass נכה Hi hier in Konstruktion mit doppeltem Akkusativ zu verstehen ist, belegen die meisten Übersetzungen.

Mit der Wiedergabe der Schlusszählung dokumentieren BHS und BHQ das Ende der Maleachischrift in den tradierten *Codices*.

5.2 Bedeutung

זִכְרוּ »gedenkt!« ist auf Geschehnisse der Vergangenheit gerichtet, das Erinnern vollzieht sich aktualisierend für die Gegenwart (Gen 42,9; Num 11,5 f).[999]

Die csVerbindung תּוֹרַת מֹשֶׁה begegnet niemals innerhalb der fünf Bücher Mosis. Alle 14 Belege lassen darauf schließen, dass die Offenbarung an Mose in der Vergangenheit liegt. Darüber hinaus bezeugen sie in ihrem jeweiligen Kontext die Autorität dieser Mosetora als Handlungsdirektive. Fast alle gehen von einer schriftlichen Fassung dieser Mosetora aus. Etliche dieser Passagen belegen, dass die תּוֹרַת מֹשֶׁה öffentlich bekanntgegeben wurde (Jos 8,32, folglich 23,6; II Reg 23,25; Neh 8,1). Insofern muss es unter diesem Namen ein Schriften*corpus* gegeben haben, dem gewisse normative Bedeutung zugemessen wurde. Auf dieses bezieht sich wohl auch Mal 3,22. Die Formulierung חֻקִּים וּמִשְׁפָּטִים sowie die Gottesbergbezeichnung »Horeb« weisen zwar auf Dtn 5,1 und somit die Überlieferung des zentralen Offenbarungsereignisses, wie es das Dtn überliefert. In der gesamten Sinaiperikope des Exodusbuches ist der Doppelbegriff nicht enthalten. In Mal 3,22 legt die rahmende Stellung der Begriffe תּוֹרַת מֹשֶׁה und חֻקִּים וּמִשְׁפָּטִים nahe, sie synonym zu deuten. Die Formulierung aus Dtn 5,1 würde dann das zentrale Ereignis der göttlichen Offenbarung evozieren. In Mal 3,22 wäre חֻקִּים וּמִשְׁפָּטִים als *pars*

---

998 Meinhold: BK XIV/8, 403; K-B³ I, 48.
999 Meinhold: BK XIV/8, 412.

pro toto für die Gesamtheit der Gottesbergoffenbarung zu lesen, die unter תּוֹרַת מֹשֶׁה als schriftlich niedergelegter Text bekannt war.

Die Mosegestalt begegnet in der Maleachischrift hier zum ersten Mal. Ihr Vermächtnis spielte jedoch bereits eine erhebliche Rolle. In Mal 3,22 wird Mose עַבְדִּי »mein Getreuer« genannt. Der עֶבֶד-Titel ist aus der Sprache der altorientalischen Königsideologie übernommen. Mose ist im Pentateuch, der großen Darstellung der ›königslosen Zeit‹, der Getreue Jhwhs *par excellence*, entsprechend wird der Titel vierzigmal im Pentateuch auf Mose bezogen. In seiner Nachfolge stehen die Propheten, die ebenfalls »Getreue« genannt werden können. Auf eine solche Formulierung rekurriert אֲשֶׁר צִוִּיתִי אוֹתוֹ:[1000] Sach 1,6 beschließt den Sacharjaprolog, mit dem auf der Erzählebene des XII die für den zweiten Tempel rechtmäßige Form prophetischer Rede auf der Basis von Dtn 18 etabliert ist. Der Titel des Getreuen in Bezug auf Mose rekurriert in Mal 3,22 aber auch auf die Gottesfürchtigen des VI. Diskussionswortes. Sie werden nicht »Getreue« genannt, aber sie werden mit 3,22 zur Vergegenwärtigung der Moseoffenbarung aufgefordert, und somit dazu, zu Nachahmern der Propheten zu werden. Sie sind diejenigen, die Gott dienen (עבד אֱלֹהִים), daran sind sie zu erkennen (Mal 3,18). Mose ist ihr Urbild und gleichzeitig der exklusive Offenbarungsmittler, mit dem Jhwh von ›Angesicht zu Angesicht‹ geredet hat. Die an ihn ergangene Offenbarung ist als Mosetora aufgeschrieben, ihre bleibende Aktualität geschieht im Vergegenwärtigen (זכר) dieser Offenbarung.

Auch die Eliagestalt begegnet in Mal 3,23f zum ersten Mal innerhalb der Maleachischrift. Mal 3,23aα stellt eine Rekurrenz auf Mal 3,1a dar. Das Objekt מַלְאָכִי ersetzt sein Autor jedoch durch אֵלִיָּה הַנָּבִיא. Hinsichtlich der Textkohärenz wird damit die mit Mal 1,1 formulierte Programmatik der Maleachischrift, nämlich die Sendung Maleachis, verlassen.[1001] Die Eliagestalt ersetzt in Mal 3,23 den 3,1 genannten namenlosen Boten. Damit erfolgt eine Neuinterpretation des Vorboten, der dem Kommen Jhwhs vorausgeht.[1002] Die Kurzform des Namens אֵלִיָּה referiert II Reg 1,3f.8.12 und damit die Überlieferung der Geschichte, in der Elia die von

---

1000 Mit את + Objektsuffix bei relativischem Bezug auf göttliches Wort bzw. Gesetz nur noch Sach 1,6; ferner Dtn 31,5; II Reg 17,13; Jer 11,4.
1001 Unmerklich was das schon Mal 3,13–21 der Fall. Dies ist ein Argument dafür, Mal 3,23 zwar im Kontext der Maleachischrift, aber als eigenständige Interpretation zu werten. Gegen Baldwin: TOTC, 250f; Bulmerincq: Maleachi I, 136; Glazier-McDonald: Malachi, 243–270; Verhoef: NICOT, 337f.
1002 Snyman: Eschatology, 68f, zeigt, dass der namenlose Bote in 3,1 nicht mit Elia in 3,23 identifiziert sein kann, weil sie unterschiedliche Funktionen haben. Gerade das ist die Absicht! Elia tritt in die Funktion Maleachis ein. Er ist seine Konkretion.

Ahasja zur Orakelbefragung zu Baalzebub[1003] nach Ekron geschickten Boten zu unverrichteter Rückkehr veranlasst. »Dass der Gott Israels durch diese Botensendung übergangen wird, fordert prophetische Intervention geradezu heraus.«[1004] Die Kurzform des Namens Elia referiert somit das theologische Programm, Jhwh allein als den Heil und Leben schaffenden Gott zu verehren.[1005]

Mal 3,23b zitiert Jl 3,4, einen Vers der Tag-Jhwhs-Dichtung, die Jl 3,1–5 umfasst. Damit wird im Kontext dieses Verses Elia zum Vorboten des Tages Jhwh. Zugleich werden alle vorangegangenen Passagen, die mittels des Lexems יום Ereignisse des kommenden Gerechtigkeitshandelns Gottes beschreiben, neu koordiniert. Der Bote aus Mal 3,1 wird mit Elia identifiziert und das Mal 3,17–21 beschriebene apokalyptische Szenario mit dem Tag Jhwhs. Diese Zweistufigkeit entfaltet auch Mal 3,24, Mal 3,24a das Wirken Elias, Mal 3,24b das Kommen Jhwhs. Auch hier wird die Inkohärenz zwischen dem Handeln Maleachis und dem des Elia deutlich. Maleachi kommt zur Läuterung der Priesterschaft; Elia, dass er das Herz der Väter zu ihren Kindern und das Herz der Kinder zu ihren Vätern wende. Der Sinn dieser Diskrepanz wird deutlich, wenn man den Kontext, der durch die Intertextualität mit Jl 3,4 aufgerufen wird, betrachtet. Mit der Aufnahme des Zitats wird eine Interpretation focussiert, die die Tag-Jhwhs-Dichtung Jl 3,1–5 vertritt und für die auch das VI. Diskussionswort der Maleachischrift offen wäre.

וְהָיָה אַחֲרֵי־כֵן אֶשְׁפּוֹךְ אֶת־רוּחִי עַל־כָּל־בָּשָׂר וְנִבְּאוּ בְּנֵיכֶם וּבְנוֹתֵיכֶם זִקְנֵיכֶם חֲלֹמוֹת יַחֲלֹמוּן בַּחוּרֵיכֶם חֶזְיֹנוֹת יִרְאוּ׃
וְגַם עַל־הָעֲבָדִים וְעַל־הַשְּׁפָחוֹת בַּיָּמִים הָהֵמָּה אֶשְׁפּוֹךְ אֶת־רוּחִי׃
[...] לִפְנֵי בּוֹא יוֹם יְהוָה הַגָּדוֹל וְהַנּוֹרָא׃

Und es wird danach geschehen:
ich werde ausgießen meinen Geist über alles Fleisch und eure Söhne und eure Töchter werden prophetisch reden, eure Alten werden Träume träumen, eure jungen Männer werden Gesichte schauen. Und auch über die Knechte und die Mägde werde ich in jenen Tagen meinen Geist ausgießen ... [*Beschreibung kosmischer Veränderungen*] ... bevor der Tag Jhwhs kommt, der große und ehrfurchtgebietende.

Wie in Mal 3,22 Mose, so wird hier Elia als Urbild des Propheten der Demokratisierungstendenz einer Funktion auf das ganze Volk zugrunde gelegt.[1006] Elia verkörpert das theologische Programm von Prophetie. Wie Mose als Urbild für den

---

1003 »Herr der Fliegen«, was wohl eine Verballhornung des בַּעַל זְבוּל »erhabener Fürst« ist, der vielleicht als Lokalgottheit in Ekron verehrt worden ist.
1004 Werlitz: NSKAT 8, 202.
1005 So auch Meinhold: BK XIV/8, 403, mit Bezug auf I Reg 18,21.37.
1006 Diese Disposition macht die Deutung Assis: Moses, 217–219, dass das Kommen Elias, sozusagen als prophetischer Messias, die Messiaserwartung des Volkes ersetzt, unwahrscheinlich.

Empfang der Offenbarung am Gottesberg steht, so steht Elia als Urbild Jhwh-getreuer Gegenwartsdeutung. Gleichzeitig verkörpert er Zukunft, denn er ist nicht gestorben, sondern in den Himmel entrückt worden (II Reg 2,11) und kann aus dem göttlichen Bereich wieder entsandt werden.[1007]

War Mose Dtn 18,18 und Dtn 34,10 das Ideal eines Propheten, auf das sich auch der נָבִיא im XII berief, avanciert am Ende des Kanonteils Nebi'im Elia zum *Propheten par excellence*.[1008] Dieser wird sonst nur zweimal als Prophet bezeichnet, I Reg 18,22.36 und II Chr 21,12. Beide Passagen entfalten wiederum Facetten des theologischen Programms, das auch schon mit der Kurzform seines Namens verbunden ist. Elia verkörpert das Prophetentum, das Gotteserkenntnis [im Volk wirkt], Gericht ankündigt und es zur Umkehr führt.

Arndt Meinhold beschreibt in einem Aufsatz zu Ehren Siegfried Wagners Parallelität und Unterschiedlichkeit zwischen Mose und Elia. Beiden gemein ist die exklusive Erfahrung, auf dem Gottesberg Horeb eine Gottesbegegnung haben zu dürfen. Gott selbst schützt sie in dieser Begegnung vor seiner Gegenwart.[1009] An beiden zog er vorüber (עבר יְהוָה Ex 34,6; II Reg 19,11). Mose baute einen Altar und zwölf Steinmale (Ex 24,4), Elia baute einen Altar aus 12 Steinen (I Reg 18,30.32). Das Opfer Elias und das Opfer Moses wurden vom Feuer verzehrt (I Reg 18,38; Lev 9,24).[1010] Wenn ein Mose-Typos Pate für die Eliageschichte gestanden hat, ist es Mose als Prophet.[1011] Meinhold zeigt, dass dies insofern in I Reg 19 eine Rolle spielt, als Jhwh die Feindklage Elias nicht gelten lässt, er sei der einzige übriggebliebene Prophet und aus sein Leben sei in Gefahr. Nein, Jhwh bewahrt ihn und erweckt ihm einen Nachfolger, Elischa an seiner Statt, einen einzelnen Propheten.[1012]

In Mal 3,22 f stehen sie als Urbilder nebeneinander, Mose für die Tora und Elia für die Propheten.[1013] Die beiden Verse bestimmen das Verhältnis in der Spannung von Gegenwart (Mal 3,22) und Zukunft (Mal 3,23).

Mit den Attributen הַגָּדוֹל וְהַנּוֹרָא erfolgt eine Zuschreibung an den Tag Jhwhs, die auf die gleichlautenden Attribute des Königs Jhwh Mal 1,14 rekurriert, die in seinem Handeln offenbar werden. Wie die Metaphern des VI. Diskussionswortes beschreiben auch sie, dass hinter dem Tag Jhwhs der Königsgott steht. Das

---

1007 Zur Interpretation Elias in der antiken Wirkungsgeschichte siehe Meinhold: BK XIV/8, 422–426.

1008 Ähnlich auch Hill: AncB 25D, 386.

1009 Meinhold: Mose und Elia, 28. Zur Konzeption auch schon Blenkinsopp: Prophecy, 121.

1010 Snyman: Eschatology, 68.

1011 Meinhold: Mose und Elia, 29.

1012 Meinhold: Mose und Elia, 29.

1013 Repräsentativ auch Berry: Design, 295. Chapman: Law, 147.

Wortpaar bringt folglich nicht die furchtbaren Nachwirkungen des göttlichen Gerichtstages zum Ausdruck,[1014] sondern das Offenbarwerden der Größe und Macht Jhwhs. Analog ist mit dem auf Mal 3,10b.11 rekurrierenden לָכֶם »euch zugute« die Sendung Elias als ein für Israel heilvolles Ereignis qualifiziert.

Mal 3,24a expliziert das Kommen Elias. Er wird das Herz von Vätern zu Kindern und das Herz von Kindern zu Vätern wenden. Eine bestimmte Generation ist nicht angesprochen, die Worte stehen undeterminiert und geschlechtsunspezifisch,[1015] gemeint sind wohl die Vätergeneration und die Kindergeneration.[1016] Der Satz ist mehrdeutig: Elia hatte schon einmal die Herzen Israels zu wenden vermocht (I Reg 18,36ff). Damals richtete sich die Umkehr auf Gott. Die Formulierung lässt zwar die Vater-Sohn-Metaphorik des XII (z. B. Hos 11,1; Mal 1,6; 2,10; 3,17), besonders der Maleachischrift assoziieren. Mal 3,24 als Metapher zu deuten und auf das Verhältnis von Gott als Vater und Israel als Kind zu beziehen, ist nicht möglich,[1017] da von den Vätern im Plural die Rede ist. Die Deutung auf der metaphorischen Ebene steht durch die mannigfachen Referenzen zur Vater-Sohn-Metaphorik innerhalb der Maleachischrift im Raum (Mal 1,6; 2,10; 3,6.17), bleibt aber eine Assonanz.

Auf der wörtlichen Ebene schildert Mal 3,24a den Generationenkonflikt zwischen Eltern und Kindern, der den Extremfall sozialer Auflösung darstellt.[1018] Wilhelm Rudolph verankerte diesen sozialgeschichtlich in hellenistischer Zeit.[1019] Betrachtet man den literarischen Horizont des Anhangs, mutet es unwahrscheinlich an, dass ein konkretes zeitgeschichtlich fassbares Problem im Hintergrund steht. Zwischen Eltern und Kindern gibt es immer einen Generationenkonflikt. Vielmehr scheint es um die Ausgewogenheit einer grundlegenden religiösen Lebenseinstellung zu gehen, die an die Erkenntnis Elias anknüpft: »Ich bin nicht besser als meine Väter.« (I Reg 19,4).[1020] Dem geht der Eifer Elias voraus, der gewissermaßen die Söhne-Generation repräsentiert,[1021] während die Vätergeneration die Sinnhaftigkeit des Überkommenen und Bewährten erkannt hat. Die

---

1014 Hill: AncB 25D, 386.
1015 Meinhold: BK XIV/8, 422.
1016 Willi-Plein: ZBK.AT 24.4, 287.
1017 So Mathys: Anfang, 38; auch Assis: Moses, 212; vgl. auch Reeder: Malachi 3:24, 702f.
1018 Fischer: HThKAT 11,2, 494; vgl. Jer 47,3.
1019 Rudolph: KAT XIII/4, 292.
1020 Auch Kessler: HThKAT 13,12, 311. Dass dies der Grund gewesen sein könnte, Elia hier zu referieren, weil er das Eingeständnis einschließt, seine prophetische Aufgabe verfehlt zu haben, umkehrte und korrigierte, was er vorher nicht vermocht hatte, meint auch Assis: Moses, 211.
1021 Im Anschluss an Willi-Plein: ZBK.AT 24.4, 287. So auch Grünwaldt: Ver-wandlungen, 51; vgl. ebenfalls die Gleichsetzung von Pinhas und Elia in der Wirkungsgeschichte (Meinhold: BK XIV/8, 156).

Hinwendung des Erfahrenen geht in der Abfolge von Mal 3,24 der des Kindes voraus, was diese nicht der im Elterngebot des Dekalogs geforderten Verantwortung enthebt. Damit ist Grundsätzliches über den Religionsvollzug gesagt: Religion muss sich immer zwischen beiden Polen bewegen, zwischen Tradition und Wachheit gegenüber der gegenwärtigen Situation, zwischen Gesetz und Prophetie, zwischen Form und Dynamik.[1022] Insofern bildet sich der Generationenkonflikt auch im Glauben des Einzelnen ab. Der Glaube darf nicht in der Überlieferung erstarren, er muss Zukunft haben. Die Religion darf nicht in den Traditionen ihrer Wurzeln aufgehen, sie braucht die Eschatologie. In diesem Sinn wird Elia schlussendlich das Herz Israels zum Glauben der Väter wenden.[1023] Auf der wörtlichen Ebene von Mal 3,24 bezieht diese Implikation sich auf die Familie als Ort der Weitergabe der Religion. Diese Deutung wird erst als Reinterpretation von Mal 3,1 plausibel. Bezeichnete der Bote dort eine hermeneutische Funktion für die, die in der Nachfolge des prototypischen Levi die Tora auslegen, ist der Bote nun Elia, eine bereits konkret gewesene Gestalt. Er steht als Urbild des Prophetischen. Von seiner Wiederkunft wird die eschatologische Restauration der Familie, die als Metapher für die Glaubensgemeinschaft steht, wie die jüdische und die christliche Tradition belegen, erhofft.[1024]

Mal 3,24b entfaltet wiederum das Kommen Jhwhs, das den Schilderungen in 3,17–21 gegenüber inkohärent ist. Wendet sich das Vernichtungsgericht dort gegen die Frevler, so besteht mit 3,24 die Möglichkeit, dass Jhwh kommt und das Land mit Vernichtung schlägt. Das Land aber, auch wenn man es als Metapher versteht, ist der Lebensbereich des Gottesvolkes. Dieses hatte innerhalb der Maleachischrift Mal 3,7 die Chance zur Umkehr vor dem Tag, an dem Jhwh seine Gerechtigkeit offenbart. Mal 3,24 muss also in einem weiteren Kontext gedeutet werden.

Zunächst rekurriert אֶרֶץ auf Mal 3,12 und legt somit die Bedeutung »Land« nahe. Das »Land« ist im AT ein theologisch qualifizierter Begriff, der den Lebensraum des Gottesvolkes beschreibt, in das Jhwh sein Volk geführt hat (Ex 33,3; Dtn 6,3; 26,9 u. ö.). Veranschlagt man die für Mal 1,1 vorgenommene Deutung Israels (c. 3.1.2), wird man »Land« in der metaphorischen Bedeutung des Lebens-

---

1022 So die Terminologie Paul Tillichs in seiner SysTheol. I, 214; II, 74: »Unterwerfung unter ein Gesetz ersetzt schöpferische Freiheit – ein charakteristisches Merkmal menschlicher Entfremdung. Beide Typen der Lehre vom Menschen – der dynamische und der formale – beschreiben den existentiellen Zustand des Menschen. Darin liegt ihre Wahrheit, aber auch die Grenze ihrer Wahrheit.« Der Kontext der Interpretation Tillichs ist freilich ein anderer: Innerhalb seiner Ontologie ist diese Polarität eine der drei ontologischen – neben Individualisation und Partizipation, Freiheit und Schicksal (SysTheol I, 206–218). Tillich beschreibt diese Polarität als eine die ganze menschliche Existenz umfassende.

1023 Hills: AncB 25D, 388, Übersetzung mit »forefathers« berücksichtigt nur die eine Seite.

1024 Siehe dazu Reeder: Malachi 3:24, 707–709.

raums des Gottesvolkes verstehen, ähnlich wie גְּבוּל רִשְׁעָה den Lebensraum der Frevler beschreibt (Mal 1,4 f).[1025] Wohl deshalb übersetzt LXX אֶרֶץ in seiner anderen Bedeutung τὴν γῆν.

חֵרֶם ist vor allem ein religiöser Begriff. Die Vernichtung im Krieg ist nur eine Konnotation. Innerhalb des Gottesvolkes ist חֵרֶם eine Strafe, die auf einen kultischen Abfall von Jhwh steht.[1026] Im Bundesbuch wird die Grenze festgelegt, innerhalb derer die Identität eines Jhwh-Gläubigen und der Jhwh-Gemeinschaft profiliert wird. Die Begriffe קדש und חֵרֶם dienen dazu, diese Grenze zu beschreiben (Ex 22,19.30). In diesem Sinne ist Edom עַם חֶרְמִי »Volk meines Banns« (Jes 34,5) – das Gegenbild zum heiligen Volk (Ex 19,6).[1027] Mal 3,24 schreibt so ein Schlussdiktum, wonach das rechte Verhältnis zwischen Tora und Propheten die Heiligkeit des Lebensraumes für das Gottesvolk aufrecht erhält. Geschieht das nicht, droht Vernichtung, wenn die Grundlage des Gottesvolkes, sein in Tora und Propheten Darstellung findender Lebensraum, der basierend auf der Tradition für die Gegenwart immer wieder neu gedeutet werden muss und das Verhältnis zu Jhwh lebendig hält, nicht vorhanden ist. Bisweilen wird vertreten, dass חֵרֶם eine Referenz zu Sach 14,11b ist, so dass nun die Frage ist, ob die dort – ebenfalls im Kontext einer Tag-Jhwhs-Dichtung getroffene Aussage – dass es die Vernichtungsweihe nicht mehr geben wird, zur Disposition steht.[1028] Vielmehr machen Mal 3,22–24 deutlich, dass die Zeit bis zum Kommen Gottes Bewährung ist – im Alltag, in der Ausrichtung des Lebens auf Jhwh unter dem richtigen Verhältnis zwischen Tora und Prophetie.

5.3 Stellung des Epilogs innerhalb des *corpus propheticum*

5.3.1 Im TNK

תּוֹרַת מֹשֶׁה meint eine Tora, die in Schriftfassung vorliegt, publiziert ist und eine gewisse Normativität erlangt hat. Die Formulierung rekurriert innerhalb der Ma-

---

1025 Arndt Meinhold: BK XIV/8, 429, deutet אֶרֶץ wie Mal 3,12 metonymisch für seine Bewohnerschaft; weil bei der Metonymie jedoch mit dem eigentlich Gesagten den Wirklichkeitsbereich des übertragen Gemeinten nicht verlässt, in diesem Fall also die geographische Ausdehnung des Landes, müsste man angesichts eines umfassenderen Verständnis Israels von einer Metapher sprechen.

1026 Schmitz: Cherem, 55.

1027 In griechischer Zeit ist die Abgrenzung gegenüber dem »Fremden«, dem eigentlich die Abgrenzung gegen das Unreine zugrunde liegt, auch für Ägypten überliefert (Assmann: Ägypten, 435–440). Der Mal 2,10–16 geforderte Umgang mit den Mischehen ist nur ein Phänomen.

1028 Lescow: Maleachi, 173; vgl. Hill: AncB 25D, 382.390.

leachischrift auf Mal 2,6–9, und deutet die dort genannte תּוֹרָה als Mosetora. Die Untersuchungen zu den Diskussionsworten haben ergeben, dass ihnen die Idee von Prophetie als Auslegung dieser Tora zugrundeliegt. In ähnlicher Weise liegt dem Deuteronomium die Idee der Verschriftung der Tora zugrunde. Mose wird zum Urbild des Offenbarungsempfängers. Mit der verschrifteten Tora wird diese Offenbarung öffentlich zugänglich. Die Gerechten werden Diener dieser Tora.

Der Prophet Elia tritt in Mal 3,23a an die Stelle des namen- und gestaltlosen Boten aus Mal 3,1a. Er gibt ihm eine Konkretion. Als Urbild des Propheten verkörpert Elia wie Maleachi die Werkzeugfunktion, durchlässig für die göttliche Offenbarung zu sein. Aber historisch war Elia konkret und er war auch fehlbar. Maleachi nicht, denn Maleachi ist keine historische Gestalt. Elia ist hier das Urbild des Prophetentums, eine Funktion von Inspiration. Ob diese »demokratisiert« verstanden wird, in dem Sinne, dass jeder und jede sie in sich trägt, oder ob Elia als Inbegriff eines Institutionenvertreters verstanden wird, ist wohl auch innerhalb der Maleachischrift umstritten (vgl. die Referenz zu Jl 3,1, bzw. zu Mal 3,13–21). In jedem Fall ist die Spannung, die durch die Erwartung der Wiederkunft Elias erzeugt wird, das Zukunftsmoment, das die Prophetie nicht in der Erinnerung an die großen Propheten der Vergangenheit aufgehen lässt. »Gibt es im Zwölfprophetenbuch keinen Propheten mehr (Sach 13), so bleibt doch die Zusage auf die Wiederkunft des einzig noch lebenden, da entrückten älteren Propheten nach Mose und für die Zwischenzeit nur die Tora des Mose als Leitperspektive auch des Kanonteils der Nebi'im.«[1029] Die Tora bedarf aber der Auslegung, also der Prophetie als des hermeneutischen Moments, um Leitperspektive »für die Zwischenzeit« zu sein. Das referentielle Fundament beider Funktionen liegt in der Gottesbergbezeichnung »Horeb« und der damit verbundenen Überlieferungen (Ex 33f; I Reg 19).[1030]

Noch nicht zur Sprache gekommen ist, dass Mal 3,22 Intertextualität mit Dtn 34,9–12, den letzten Versen der Tora aufweisen.[1031] Auf der Textoberfläche referieren תּוֹרַת מֹשֶׁה ... אֲשֶׁר צִוִּיתִי אוֹתוֹ »Tora Moses ..., die ich ihm befohlen habe« (Mal 3,22bα) כַּאֲשֶׁר צִוָּה יְהוָה אֶת־מֹשֶׁה »wie Jhwh Mose befohlen hatte« (Dtn 34,9bβ), unter der Proposition »Mose als exklusiver Prophet« referiert תּוֹרַת מֹשֶׁה (Mal 3,22aβ) נָבִיא כְּמֹשֶׁה ... »ein Prophet wie Mose« (Dtn 34,10a), weiterhin עַל־כָּל־יִשְׂרָאֵל »über ganz Israel« (Mal 3,22bα) לְעֵינֵי כָּל־יִשְׂרָאֵל »vor den Augen ganz Israels« (Dtn 34,12bβ).

1029 Bosshard/Kratz: Maleachi, 46; ähnlich Beck: »Tag YHWHs«, 310.
1030 So auch Lescow: Maleachi, 174.
1031 Zur Diskussion um Dtn 34,10–12 als »Canonical Conclusions as Hermeneutical Guide« sowie der prophetischen Funktion des Mose siehe Chapman: Law, 111–131; auch Redditt: NCBC, 149.

Mal 3,23 referieren הַנָּבִיא »der Prophet« (Mal 3,23aβ) נָבִיא »ein Prophet« (Dtn 34,10a), die Attribute des Tages-Jhwhs הַגָּדוֹל וְהַנּוֹרָא »der große und ehrfurchtge-bietende« (Mal 3,23bβ) das Attribut der Mosetaten וּלְכֹל הַמּוֹרָא הַגָּדוֹל »all das Ehr-furchtgebietende, Große« (Dtn 34,12aβ).

Die Gemeinsamkeiten auf der Textoberfläche weisen auf die Texttiefen-struktur: es geht um die Weitergabe desselben Inhalts // תּוֹרַת מֹשֶׁה ... אֲשֶׁר צִוִּיתִי אוֹתוֹ כַּאֲשֶׁר צִוָּה יְהוָה אֶת־מֹשֶׁה, dass der Befehlshaber sich in Vergangenheit und Zukunft »ehrfurchtgebietend und groß« offenbart hat und darum der Inhalt seiner Of-fenbarung Israel erreicht. Im Dtn gibt Mose Josua die Verantwortung für die göttliche Offenbarung durch Handauflegung weiter. Die Gerechten der Malea-chischrift empfangen sie durch das vergegenwärtigende Gedenken (זכר) an die Tora des Mose. Die Autorität des Mose liegt nach Dtn 34,10, darin, dass nie wieder ein Prophet wie er in Israel aufgestanden wäre, der Jhwh von Angesicht zu An-gesicht erkannt hätte. Das qualifiziert die Autorität der Mosetora. Mit dem inter-textuellen Bezug weist Mal 3,22 nicht nur auf Mose als den Repräsentanten der Tora, sondern auch auf den Abschluss des Schriften*corpus*, das als Tora die fünf Bücher Mosis umfasst. Ähnliche intertextuelle Bezüge lassen sich zum Anfang des Josuabuches (Jos 1,1 f.7.13) finden.[1032] Mal 3,22 weist damit auch auf den ersten Amtswechsel nach Mose. Josua als sein Nachfolger ist somit der erste »Prophet« (Dtn 18,18) im Kanonteil Nebi'im (Propheten).

Mal 3,22 f stellen Elia als Propheten *par excellence* neben Mose. Die Exklusi-vität des Mose, sein Kontakt zu Jhwh פָּנִים אֶל־פָּנִים »von Angesicht zu Angesicht« (Ex 33,11; Dtn 34,10), aus der die Exklusivität der Mosetora als Mittler der Offenbarung sich herleitet, kann und soll nicht hintertrieben werden, wie der intertextuelle Bezug zum Moseepitaph belegt. Die parallele Überlieferung von Mose und Elia am Gottesberg erzählt jedoch davon, dass Elia ihm an Unmittelbarkeit nur wenig nachstand. Ein Aspekt des Auftrags Mosis, der prophetische, ist – so suggerieren es die intertextuellen Bezüge zwischen Mal 3,23 und Dtn 34,10 – nun durch Elia repräsentiert. In die Hand gelegt war sie bereits Josua. Mit Sach 13 ist am Ende des XII die Idee vom Ende der Prophetie und mit Mal 1–3 die Darlegung ihrer neuen Funktion in der Auslegung der Mosetora zugrundegelegt. Daher kann aus Mal 3,23 geschlossen werden, dass Elia hier nicht nur der Repräsentant der Prophetie, sondern auch der Repräsentant dieses Schriften*corpus* ist, das von den Sendungen der Propheten an Israel erzählt.

1032 Kessler: HThKAT 13,12, 308.

Es kann weder für Mal 3,22[1033] noch für 3,23 f[1034] gezeigt werden, dass sie einzeln einen sinnvollen Abschluss weder der Maleachischrift noch des XII setzen.[1035] Natürlich führen sie thematisch das große Thema der Offenbarungsmittlerschaft, das die Maleachischrift durchzieht, fort. Die auf der Textoberfläche aufgerufenen Rekurrenzen werden inhaltlich aber neu verarbeitet.[1036] Sie sind gegenüber den vorangegangenen Textabschnitten inkohärent.

Mose und Elia »zusammenzustellen, diente der Synthese und Rangfolge beider, der Tora und der Propheten«[1037]. Mal 3,22–24 als *einen* Text zu betrachten, liegt im Horizont von »Tora und Propheten«.[1038] Präsentische und eschatologische Perspektive wechseln in diesen Versen. Für die Gegenwart bedeutet das: Die Offenbarung, die in der Tora niedergeschrieben ist, ist umfassend. Alles muss im Lichte dessen gesehen und demgegenüber verantwortet werden, was in der Tora grundgelegt ist.[1039] Durch die unvollendete Perspektive in Mal 3,23 bleiben jedoch alle Kanonteile in Wechselbeziehung und durch diese Pluralität der Stimmen erhält das AT seine charakteristische Struktur.[1040] Textlinguistisch referieren Mal 3,22–24 die Kanonteile Tora und Nebi'im. Damit ist noch keine Aussage darüber getroffen, ob sie auch am Ende der Textgeschichte dieser beiden Kanonteile stehen. Die unterschiedliche Anordnung der Verse Mal 3,22.23 f belegt, dass sie in ein

---

1033 So z. B. Willi-Plein: ZBK.AT 24.4, 284, die Mal 3,22 als den älteren Abschluss und zwar der Maleachischrift versteht.

1034 So z. B. Schwesig: Rolle, 272, der zeigen will, dass Mal 3,23 f vor allem auf die letzten drei Diskussionsworte verweisen; darüber hinaus auf das XII (273 f), und dann auch auf den Prophetenkanon mit Elia als dem Mose ebenbürtige Gestalt, Mal 3,22 soll hingegen vor dem Hintergrund von Dtn 34 und Jos 1,8 kanontheologische Funktion zukommen (Schwesig: Rolle, 270 f). Für Willi-Plein: ZBK.AT 24.4, 284, sind Mal 3,23 f eine hebräische rezensionelle Erweiterung, auf die auch die »eschatologischen« Ergänzungen 3,19a.bα und 3,21a.bα zurückgehen sollen. Ohne diese Verse wird jedoch nicht der Konflikt des VI. Diskussionswortes geklärt.

1035 Gegen Assis: Moses, *passim*. Assis baut seine Argumentation auf »keywords« (209.214 f) auf; Rekurrenzen sind jedoch Träger eines Textsinns. Assis macht selber auf die Inkohärenz aufmerksam, z. B.: »The function of the prophet ›and he shall turn‹ (וְהֵשִׁיב) parallels the function of the priest in 2,6.« (209) Auch gegen Wöhrle: Abschluss, 252.

1036 Gegen Kessler: HThKAT 13,12, 303, der der Meinung ist, dass erst der Anhang der Maleachischrift ihr im Kanon ihren Platz zuweise.

1037 Meinhold: Mose und Elia, 34.

1038 Chapman: Law, 131–146. Vgl. Krieg: Mutmaßungen, 213 f, auf Grundlage von Sir 44,1–50. Gegen Kessler: HThKAT 13,12, 304, der in zwei Anhänge gliedert: Mal 3,22 als späterer Anhang weise auf die Tora; Mal 3,23 auf das *corpus propheticum*.

1039 Rendtorff: Theologie I, 6. Barton: Meaning, 26, beschreibt, dass die Schriftgelehrten, die die Endgestalt der Schriften in ihrer Hand hatten, kanonische Schriften intendierten.

1040 Chapman: Approach, 129. Zur Funktion des Anhangs ferner: Bosshard/Kratz: Maleachi, 27–46; Childs: Introduction, 495 f; Meinhold: BK XIV/8, jeweils z. St.; Nogalski: Processes, 204–206; Rudolph, KAT, 291; Steck: Abschluss, 127–136.

Stadium der Textgeschichte gehören, in dem die Abfolge noch offen, aber im Blick war, wie im Folgenden gezeigt wird.[1041]

5.3.2 In der Septuaginta

Zur Begründung der These, Mal 3,22.23 f stellten zwei Anhänge dar, wird meist die Überlieferung der LXX angeführt, die 3,22 an den Schluss setzt.[1042] Andere Textzeugen wie 4QXII^a bestätigen MT. Dass die Septuaginta die Reihenfolge der Verse vertauscht, liegt meiner Meinung nach nicht kompositionsgeschichtlich darin begründet, dass die Anhänge zu unterschiedlichen Zeiten angefügt wurden. Die differierende Anordnung entstand aufgrund der kanonischen Zusammenstellung der Prophetenbücher in der LXX. Dort schließt Jesaja an die Maleachischrift an. Wenn an dessen Ende der eschatologisch wiederkehrende Elia verheißen wird, kann nicht im Anschluss die Prophetie des Jesaja beginnen.[1043] Die Änderung, dass Elia mit der Apposition »Tischbiter« bestimmt wird und nicht mit הַנָּבִיא, spricht dafür, dass die kanontheologische Funktion von Mal 3,22–24 im MT erkannt und verändert wurde.

Die LXX setzt den Vers in den Zusammenhang von Mal 3,19–23, lässt dort ein neues Kapitel beginnen und bezeichnet den Tag Mal 3,19 als Tag Jhwhs. Somit wird mit Mal 3,22 (LXX Mal 4,4) nicht die Gesamtkonzeption von Tag-Jhwhs-Aussagen im XII vollendet, sondern der Prophet Elia tritt als Vorbote zu dem in 3,19–21 (LXX Mal 4,1–3) geschilderten Tag Jhwhs auf.[1044] Die Mahnung zum Gedenken an das

---

1041 Die Streitfrage in der Forschungsdebatte ist, ob man aufgrund der unterschiedlichen Kanonabfolgen überhaupt so etwas wie »canon-conciousness« der Autoren (Chapman: Law, 144) annehmen darf. Im Fall von Mal 3,22–24 belegen diese Unterschiede so etwas. Allerdings wird man darüber, ob die Textcorpora in der uns bekannten Fassung vorlagen, keine Aussage treffen können, weil der Entstehungsprozess offensichtlich noch ein offener war. Chapman: Law, 144, ist der Meinung, dass die Verse ursprünglich die Maleachischrift abgeschlossen haben, und dass ihre Integrationsfähigkeit dafür den Ausschlag gegeben hat, sie ans Ende des Zwölfprophetenbuchs zu platzieren. Die intertextuellen Bezüge geben eine andere These zu bedenken.
1042 Vgl. z. B. Lescow: Maleachi, 168. Zur jahrhundertealten Diskussion siehe Ziegler: Septuaginta XIII, 339.
1043 So die Buchabfolge z. B. im *Codex Vaticanus* und *Codex Alexandrinus*.
1044 Meinhold: BK XIV/8, 416 f. Die kanontheologische Funktion des Verses, aus der sich die Deutung der »Tora des Mose« als Pentateuch ergibt, versuchte Willi-Plein: ZBK.AT 24.4, 286, in ihrem Kommentar zu relativieren. Danach wäre Mal 3,22 der ursprüngliche Schlussvers des Mal gewesen, bevor eine hebräische Ergänzungsschicht, die zur Vorlage der LXX führte, die Eliaverheißung zusammen mit den vorhergehenden eschatologischen Versen einfügte; eine Annahme, die ich aufgrund der Textstruktur von Mal 3,13–21 für unwahrscheinlich halte. Die Argumente aus Sir 49,1–14 sprechen eher dafür, dass der Siracide die LXX-Variante auslegt.

Gesetz (Mal 3,24; LXX Mal 4,6) wird in den gleichen Horizont gestellt. Dessen Einhaltung wird am Tag Jhwhs Fluch und Segen offenbar machen.

Vielleicht spielte beim Umstellen von Mal 3,22 an das Ende des Buchs auch wirklich eine Rolle, was in den jüdischen Bibelausgaben bis heute Umsetzung findet – dass ein Buch nicht mit einer Vernichtungsandrohung enden kann und deswegen Mal 3,22 (MT) am Ende noch einmal wiederholt wird. Doch ist dieser Gedanke, der auch in der Forschung gern zur Begründung der Textabfolge in der LXX verwendet wird,[1045] zweitrangig.

1045 Meinhold: BK XIV/8, 402; Kessler: HThKAT 13,12, 302.

6 Redaktionsgeschichtliche Überlegungen zur Entstehung der Maleachischrift

Die exegetische Forschung zum Zwölfprophetenbuch beschäftigt schon eine ganze Weile die Frage seiner Entstehung. Die Maleachischrift scheint – den Ergebnissen der vorangegangenen Kapitel zufolge – aufgrund der in ihr literarisch umgesetzten Idee an den Schluss des XII gesetzt worden zu sein. Die textlinguistischen Beobachtungen haben in c. 4 und 5 einige Hinweise darauf erbracht, dass der Text der Maleachischrift gewachsen ist. Die Aufgabe der Textinterpretation liegt jenseits der redaktionsgeschichtlichen Fragestellung. Diese fragt nach der möglichen Entstehungsgeschichte des Textes. Sie fragt dies auf der Grundlage literarkritischer Urteile und unabhängig von der Frage nach der Bedeutung des Textes in seiner Endgestalt.[1046] Darum erfolgt die Darstellung textgenetischer Überlegungen erst an dieser Stelle der Arbeit.[1047] Sie kann und will die Interpretation des vorliegenden Textes nicht ersetzen. Die hier vertretenen literarkritischen Urteile sind die diachrone Deutung der Inkohäsionen und Inkohärenzen aus c. 4 und entsprechen weitgehend denen, die auch sonst in der Maleachiforschung vertreten werden. Die dargestellte redaktionsgeschichtliche Hypothese unterscheidet sich. Sie gleicht einem Glasperlenspiel; sie erhebt keinen Anspruch auf historische »Richtigkeit«. Sie versucht, einer Idee nachzuspüren, die die Autoren geleitet haben könnte, die »aktive Lektüre« eines Textes schriftlich niederzulegen. »Aktive Lektüre« meint im Sinne Helmut Utzschneiders den in der Redaktionsgeschichte »Fortschreibung« genannten Vorgang, bei dem jedoch die vorhandenen Texte rezipiert und weitergedacht werden.[1048]

Dieses Kapitel gliedert sich in drei Teile. Der erste referiert skizzenartig die Menge der redaktionsgeschichtlichen Entwürfe, die die Maleachischrift meist als Teil des XII in den Blick nehmen. Der zweite stellt den literarkritischen Befund in der Maleachischrift unter Berücksichtigung der in der Forschungsliteratur vorfindlichen Argumente dar. Der dritte versucht unter Einbeziehung motiv- und

---

1046 Kessler hat in seinem Kommentar jedem Kapitel einen Abschnitt »Literarkritik« beigegeben. Darin macht er auf literarkritische Probleme aufmerksam, konstatiert jedoch jeweils, das Diskussionswort als einheitlich zu betrachten mit der Begründung: »Doch warum sollte nur ein Ergänzer, nicht aber ein ursprünglicher Autor in der Lage sein, spannungsvolle Einheiten zu verfassen?« (Kessler: HThKAT 13,12, 187) Synchrone und diachrone Betrachtung verfolgen jedoch unterschiedliche Fragestellungen.
1047 Vgl. dazu den Beitrag von Krispenz: Frage, 217: »[Es] ist zu fragen, ob literarkritische Urteile überhaupt möglich sind, ehe noch eine fundierte Vorstellung von der Beschaffenheit und Eigenart des Textes erarbeitet ist.«
1048 Utzschneider: Schriftprophetie, 383.

religionsgeschichtlicher Erkenntnisse aus den dargestellten literarkritischen Entscheidungen den Entstehungsprozess der Maleachischrift zu rekonstruieren. Dieser wird, soweit möglich, in die Redaktionsgeschichte des Zwölfprophetenbuchs eingeordnet.

6.1 Stand der Forschung

Unter den Arbeiten, die davon ausgehen, dass der Text der Maleachischrift redaktionell gewachsen ist, gibt es zwei, die diesem Prozess eine wesentliche hermeneutische Funktion zuschreiben. Theodor Lescow hat in seiner bereits erwähnten, 1993 erschienenen Maleachimonographie gezeigt, dass die Grundtexte der sechs Diskussionsworte der Maleachischrift *tôrôt* gewesen seien, die in einem dialogischen Prozess ausgelegt und angeeignet werden. Diesen Vorgang beschrieb er als einen »neuen Typus von Prophetie«[1049]. Einen inneralttestamentlichen Auslegungsprozess, dem ein narrativer Text zugrundeliegen kann, zeigte Helmut Utzschneider anhand des II. Diskussionswortes auf. Mal 1,8b–10 sei demnach ein prophetischer Text, der den historischen Kontext eines Loyalitätskonfliktes der Priesterschaft gegenüber der persischen Hegemonialmacht thematisiert. Der literarische Prozess der Textgenese wird in der externen Kotextualität zu Gen 32; 33,10 f greifbar.[1050] Mal 1,8b–10 rezipieren ihn mit deutlichen Anspielungen und holen ihn als Deutekategorie mit persuasiver Funktion in den genannten historischen Kontext. Desweiteren stellt Utzschneider für dieses Diskussionswort Beispiele prophetischer Auslegung der juridischen Überlieferung der Tora dar, wobei diese noch deutlicher in der LXX als im MT zu beobachten sei. Das Wachstum der prophetischen Texte in sich bezeichnet er als »innere Kotextualität«, die dadurch gekennzeichnet sei, dass sie sich als »Texterweiterung im Basistext niederschlägt, sich dabei aber thematisch in das Gefüge des Basistextes einfügt und dessen Thematik differenziert und fortführt. Mit ›Redaktion‹ ist dieser literarische Sachverhalt nicht zutreffend umschrieben, auch Walther Zimmerlis Terminus der ›Fortschreibung‹ nimmt den Vorgang noch nicht hinreichend genau in den Blick. Ich [sc. Utzschneider] würde lieber von ›aktiver Lektüre‹ reden, um damit hervorzuheben, daß zunächst die Lektüre, die Rezeption, eines gegebenen Textes der grundlegende Akt ist.«[1051]

1049 Lescow: Maleachi, 148.
1050 Utzschneider: Schriftprophetie, 383 f.392. Zur Forschungsgeschichte und Problematik innerbiblischer Schriftauslegung vgl. den Aufsatz von Schmid: Schriftauslegung, 1–22.
1051 Utzschneider: Schriftprophetie, 382f.

Darüber hinaus hat es etliche Entwürfe gegeben, die versucht haben, die Maleachischrift in den Entstehungsprozess des Zwölfprophetenbuchs einzuordnen, insbesondere ihr Verhältnis zur Sacharjaschrift. Überlegungen zur Entstehung des XII sind schon mehrere hundert Jahre alt.[1052] Die seitdem gewonnenen Einsichten hat jüngst Jakob Wöhrle am Beginn seiner Dissertation in einer differenzierten Forschungsgeschichte dargelegt.[1053] Hier werden einige Entwürfe aufgegriffen, deren Erkenntnisse für die Einordnung der Maleachischrift ins XII entscheidend oder weitreichend sind.

Otto Eißfeldt legte in seiner »Einleitung ins Alte Testament« die vielfach rezipierte und weiterentwickelte These dar, Maleachi als Fortschreibung von Sach 1–8 zu betrachten: »Man wird also c. 9–11 einer- und c. 12–14 andererseits als zwei verschiedene Büchlein aufzufassen haben, und dazu paßt, daß jedes seine besondere Überschrift hat und beide Überschriften wenigstens am Anfang gleich lauten [...] Da eine genauso beginnende Überschrift auch über dem sog., aber in Wahrheit anonymen [...] Buche Maleachi steht, so scheint sich der Sachverhalt so zu erklären, daß der Redaktor des Zwölfprophetenbuches an den letzten mit Namen bekannten Propheten, also an Sacharja, drei anonyme Sammlungen, nämlich Sach 9–11, 12–14 und Maleachi angehängt und ihnen allen die Überschrift Ausspruch, Wort Jahwes ... vorangestellt hat, so den Anfang der einzelnen Sammlungen markierend.«[1054] Diesen Eindruck könnten zum Beispiel die *Codices Palatini II* erhärten, die vor Mal 1,1 zwar mit *pᵉtûḥâ*, jedoch nicht mit den sonst üblichen drei Leerzeilen den Beginn der Prophetenschrift markieren. Wilhelm Rudolph vertrat 1976 in seinem Kommentar die These, dass Mal bereits an Sach 1–8 angehängt war als Sach 9–14 eingefügt wurden. Dies könne aus der Exegese von Mal 1,1; Sach 12,1 und 9,1 geschlossen werden, dernach die Letztgenannten Nachbildungen von Mal 1,1 seien.[1055] In der Folge explizierten am weitgehendsten Bosshard/Kratz 1990 die bis heute allgemein akzeptierte Annahme, dass Maleachi eine Fortschreibung von Sach 1–8 sei. Danach sei der Grundtext von Mal, zu dem sie Mal 1,1–2,9 (ohne 1,14a); 3,6–12 rechnen, »durch Probleme und Mangelerfah-

---

1052 Z. B.: Keil: Propheten, bes. 1–6; de Wette: Lehrbuch, 346 f.

1053 Wöhrle: Sammlungen, 3–22.

1054 Eißfeldt: Einleitung⁴, 595; im Anschluss an Ewald: Propheten, 80 f. Bisweilen wurde darauf aufmerksam gemacht, dass in der Parma-Bible (Ms. Parma No. 2808) – keine Leerzeilen vor Mal 1 – gehalten sind, wie es eigentlich vorgeschrieben ist (siehe Seite 69). Der *Codex* hält den Abstand aber generell zwischen den Schriften des XII nicht ein und kann darum für das Argument eines Sacharja-Maleachi-Zusammenhangs nicht in Anspruch genommen werden. Vgl. *Codices Palatini II.* The Parma Bible (Ms. Parma No. 2808, formerly de Rossi No. 2). Ed. Alexander Sperber. Copenhagen 1959, 230, vgl. 226.225.224 u. ö. Gegen die These, die Überschriften gingen auf denselben Autor zurück: Redditt: NCBC, 110 f.

1055 Rudolph: KAT XIII/4, 253.

rungen in der nachexilischen Tempelgemeinde (wohl noch zur Perserzeit) veranlasst [...], die als Gegenerfahrungen zu den in Hag/Sach 1–8 mit dem Tempelbau verbundenen Heilsaussichten begriffen und dementsprechend durch die Fortschreibung dieser Schriften im ›Zwölfprophetenbuch‹ eschatologisch und mit prophetischer Autorität verarbeitet wurden«[1056]. Die zweite Wachstumsschicht sei wesentlich durch Spaltungen innerhalb von Priesterschaft und Volk sowie einen bevorstehenden Gerichtstag gekennzeichnet.[1057] Sie ist gleichzeitig mit Sach 14 oder später ins XII eingeschrieben worden. Maleachi sei eventuell dann im Zuge der Endredaktion des XII, die gleichzeitig die der Nebi'im gewesen sei, als 12. Buch der Kleinen Propheten verselbständigt worden.[1058] Dieser »Schlußschicht« Mal III weisen sie 1,14a; 2,10–12; 3,22–24 zu.[1059]

Odil Hannes Steck folgt in seinem Buch »Der Abschluß der Prophetie« (1991) ihrer literargeschichtlichen Einordnung grundlegend, wobei er hinsichtlich Mal 2,13–16 Zweifel anmeldet. Er nimmt an, dass die Fortschreibungen II und III innerhalb des XII und parallel zu einem vergleichbaren Prozess im Jesajabuch entstanden sind, wobei der Zusammenhang des *corpus propheticum* bereits im Blick gewesen sei. Die von Bosshard/Kratz mit Mal I bezeichnete Schicht versteht auch er als Fortschreibung von Sach 1–8 und datiert sie in die erste Hälfte des 5. Jh. In der Folgezeit seien Vorstufe I (Sach 9,1–10,2) und Vorstufe II (Sach 10,3–11,3) hinzugekommen und damit ein literarischer Übergang zu Mal 1,2–5 gestaltet worden. Daran anschließend sei erstmals eine Redaktion, die das XII als Ganzes bearbeitet hat, am Werk gewesen, die sowohl im Jesajabuch als auch im XII um das Jahr 312 v.Chr. den »Abschluß der Amtstätigkeit des Propheten aufgezeichnet«[1060] hat. Die von Bosshard/Kratz mit Mal II bezeichnete Schicht weist Steck als FS XII III derselben Redaktion wie Sach 14 und Jes 63,9–66,24 zu.[1061] Die theologische

---

1056 Maleachi, 36f; im Anschluss auch Odil Hannes Steck.
1057 Bosshard/Kratz: Maleachi, 37. Steck meint, dass diese Redaktion gerade die Teilung in Priester- und Volksteil in den Hintergrund rückt und die Aussagen auf das Gericht 3,1–4.13–21 zulaufen lässt (Abschluß, 54). Der Einschätzung, dass Sach 14 vorausgesetzt ist, folgt er, ebenso dem Bezug zu Jes 66.
1058 Bosshard/Kratz: Maleachi, 45. Kaiser: Grundriß, 161, denkt diesen Prozess innerhalb der Redaktion des XII: »Da die Überschrift Mal 1,1 mit der von Sach 9,1 und 12,1 zusammenhängt, dürfte die Verselbständigung zu einem eigenen Buch bei der Anfügung von Sach 9–11 oder wahrscheinlicher bei der von Sach 12–13+14 erfolgt sein. Als Zeitpunkt dafür käme zumal die Anfügung von Sach 14,1–3 bzw. die Einfügung der 1. Ergänzungsschicht in Frage.« Die neueste Auflage der Zengerschen Einleitung übernimmt wiederum die Bosshard/Kratzsche These (Einleitung[8], 697f).
1059 Bosshard/Kratz: Maleachi, 45.
1060 Steck: Abschluß, 87.
1061 Steck: Abschluß, 43.91.

Intention dieser Schicht rechne im Weltgericht mit Überlebenden aus den Völkern, wobei das Heilsvolk in Jerusalem gesehen wird. Jes 66,1 lehne den Tempel ab – in diesem Zusammenhang sei das Zulassen von jüdischen Tempeln im Ausland zu verstehen: Soll vielleicht einer feindlichen Priesterschaft (66,5) der Boden entzogen werden, »daß man ebenso wie mit der Entschränkung der Kultgemeinde 56,1–7 damit das ptolemäische Konzept vom Tempelstaat in Jerusalem treffen wollte und sich dafür der persisch-hellenistischen Auffassung bediente, daß Jahwe, dem Schöpfer, in seiner weltweiten Unermeßlichkeit gar kein ›Haus‹ angemessen wäre?«[1062] Die Phasen des Gerichts für Völker und Heilsvolk sind in Sach und Mal parallel zur Darstellung des Jesajabuchs gestaltet.[1063] Im Unterschied zur Jes-III-Schicht ist XII-III die im Endgericht untergehende Frevlergruppe nicht angeredet und in der Gegenwart personell noch nicht ausgegrenzt.[1064] Zeitgeschichtlich verankert Steck diese Redaktion in der Ptolemäerzeit bzw. in der Folgezeit (240–220 v. Chr.).

James Nogalski legte 1993 dar, dass Mal als Abschluss des Zwölfprophetenbuchs innerhalb einer mit Jl zusammenhängenden Schicht (Jl-related-layer) komponiert worden sei.[1065] Mit Bosshard/ Kratz und Steck ist er der Meinung, dass Maleachi ursprünglich an Sach 7–8 anschloss. Das Buch sei jedoch keine Fortschreibung, sondern hat als prophetische Disputation unabhängig existiert. Diese sei zum theologischen Zweck eines thematischen Gegengewichts zur hoffnungsvollen Botschaft in Sach 7; 8 ausgewählt worden. Als die Maleachischrift eingefügt war, wurde sie um Passagen wie z. B. 1,2–5; 3,10 f.16ff erweitert, die einen größeren literarischen Horizont im Blick haben und am Ende mit dem »Buch des Gedächtnisses« das gesamte XII bezeichnen. Präziser als Bosshard/Kratz verortet er die Verbindungen zwischen Sach 8,9ff und Mal 1,1–14 und kommt zu dem Schluss, dass Sach 8,9ff geschrieben worden sind, um den Kontrast zwischen Sach 7; 8 und Mal hermeneutisch im gleichen Gewand wirken zu lassen.[1066] An Bosshard/Kratz und Steck kritisiert Nogalski, dass ihre Hypothese nicht die Verbindungen zu Jl und Ob erkläre.[1067] Die Buchüberschrift Mal 1,1 versteht er als Überschrift zur Mal;

1062 Steck: Abschluß, 98.
1063 Steck: Abschluß, Tabelle Seite 56.
1064 Steck: Abschluß, 100.
1065 Nogalski: Processes, 211; er polemisiert vor allem gegen die durch Ronald Pierce in die Diskussion gebrachte Annahme eines Haggai-Zechariah-Malachi-*Corpus*: vor allem die Fortschreibungsprozesse von Sach 9–14, aber auch von Mal 1,2–5; 3,9ff könnten nicht innerhalb dieses *Corpus* erklärt werden.
1066 Nogalski: Processes, 200.
1067 Nogalski: Processes, 211 Anm. 95.277.

Sach 9,1 und 12,1 sind dem nachgebildet. Die Maleachischrift mit Erweiterungen datiert er kurz vor das Ende der Perserzeit.[1068]

1996 erschien ein Beitrag von Paul L. Redditt, in dem er drei übergreifende Thesen vertritt: 1. Das Buch Maleachi war (mit Ausnahme von 3,22–24) ursprünglich an Hag/Sach 1–8 angehängt, um zu erklären, warum die in diesen Büchern erwartete Zukunft sich noch nicht ereignet hat. 2. Mal 3,22–24 sind geschrieben, um einen Kanon einschließlich des Dtn, (wenn nicht des ganzen Pentateuch,) die deuteronomistischen früheren Propheten und die 12 Propheten genannten im XII abzuschließen. 3. Mit der auf zwölf gesetzten Anzahl der Prophetenschriften wurde Sach 9–14 an das frühere Sach-*Corpus* angefügt. Diesen Thesen versucht Redditt mit einer möglichst genauen Einordnung der Maleachitexte in den Entstehungsprozess des XII ein Fundament zu geben: Seinen Forschungen gemäß bestand das XII um 520 v.Chr. aus einer dtr Sammlung der Bücher Hos, Am, Mi, Zef. In einem zweiten Stadium entsteht eine weitere Sammlung (Hag-Sach). Als drittes wird Mal zu Hag/Sach hinzugefügt: Dessen erste Schicht (Mal 1,6–2,9; 2,13–16) stammt aus dem Zeitraum zwischen 480–430 v.Chr. und ist gegen die Priester gerichtet. Ein anderes Text*corpus* (Mal 2,17–3,1; 1,2–5; 3,6–7; 3,8–12; 3,13–15; 2,10.12) ist an die Laien adressiert und entstand kurz vor 423 v.Chr.[1069] Als viertes verflocht der Redaktor das überlieferte Material und komponierte Mal 1,1; 3,1b–4; 3,16–21, um Sach 1–8 zu kontrastieren. In diesem Stadium wurde Mal Bestandteil des XII.[1070] Mal 3,22–24 sind später.[1071] Der Redaktor dieses Textes fügte einen Kanon zusammen, der mit Dtn (oder Gen) begann und auch die vorderen Propheten einschloss. Für diesen ersten Redaktor des XII, ebenfalls Autor von Mal 3,22–24, war die Funktion der alten Propheten, Gottes Volk an das Mosegesetz zu erinnern, ausschlaggebend. Der Plot des XII müsse von Mal 3,22–24 her verstanden werden.[1072] Auf einer fünften Stufe wurden Sach 9–14 eingefügt, ein unabhängig vom XII entstandenes *corpus*, das einen größeren Horizont im Blick hat als das XII, und zwar erst nach dessen Abschluss, wobei Sach 13,9 der größte Indikator dafür sei. Sach 9–14 sind Produkt einer Randgruppe, die einen divergierenden Denkansatz präsentiert. Mit 13,2–6 impliziert dieser die Verdammung mündlicher Prophetie; die Wertschätzung des geschriebenen Wortes der

---

1068 Nogalski: Processes, 212.

1069 Redditt: Redaction, 253. Die Jahreszahl wird an der Abwesenheit Nehemias (Neh 13) festgemacht.

1070 Redditt: Redaction, 254.

1071 Redditt: Redaction, 251.

1072 Redditt: Redaction, 255.267.

letzten Propheten steht wiederum klar hinter der Sammlung der XII.[1073] Vor allem gaben Sach 9–14 kein Extrabuch ab, um die Zwölfzahl zu erhalten.

Aaron Schart vertrat 1998 die Position, dass Jona und Maleachi einem Zehnprophetenbuch hinzugefügt worden seien, wobei dies nicht mit redaktionellen Aktivitäten in den anderen Schriften des XII verbunden war.[1074] Die Abfolge der Diskussionsworte in der Maleachischrift sei der Themafolge Bund – Bundesbruch – Bundeserneuerung verpflichtet. Nach eingehender Betrachtung der literarkritischen Analyse von Bosshard/Kratz resümiert er, dass die dort herausgestellten Stichwortverbindungen eher auf einen Rahmen schließen lassen, der um ein literarisches *corpus* gelegt wurde, das Hag, Sach und Mal umfasst. Die Mal-Grundschicht sei bewusst an Hag-Sach 1–8 angehängt worden, um zu erklären, warum der Segen, den Hag und Sach in Aussicht gestellt haben, noch nicht eingetreten ist. Bedingung ist, dass auch der Kultbetrieb am neuen Tempel stimmt. Schart empfindet die literarkritische Scheidung von Mal in Grund- und Erweiterungsschicht nicht überzeugend; die Bezüge zu Sach ließen sich noch vermehren, wenn man die anderen Teile von Mal dazunähme. Methodisch wendet er ein, dass nur der wörtliche Bezug literarischer Art ist, ein Teil der Bezüge aber semantisch nicht signifikant genug, um literarische Abhängigkeiten nachzuweisen. Deswegen plädiert er weiterhin dafür, »Mal im Großen und Ganzen als einheitlich anzusehen«[1075]. Für sekundär hält er nur Mal 3,22–24 und 3,1b–4. »Mal 3,1b–4 sei eingefügt, um der Einbindung des Mal in das Zwölfprophetenbuch dadurch zu dienen, daß die in Mal enthaltene eschatologische Konzeption mit dem im JOK [Joël-Obadja-Korpus] enthaltenen Tag-Jhwhs-Konzept verbunden wird. Mal 3,22–24 dürfte demgegenüber noch einen späteren Nachtrag darstellen.«[1076] Die Spezifika der Maleachischrift als Abschluss des XII fasst Schart in fünf Punkten zusammen:[1077]

1. Der kommende Tag wird deutlicher als in Sach als Gerichtstag gesehen, an dem Individuen, nicht Völker gerichtet werden.
2. Hin und wieder wird angedeutet, dass Völker durchaus den Namen Jhwhs respektieren (Mal 1,5; 1,11), womit Mal Jona nahesteht.
3. Umkehr (Mal 3,7) wird als Umkehr zum Praktizieren der Tora betont.
4. Die Erwartung des kommenden Gerichtstages wird für bestimmte Argumentationszusammenhänge instrumentalisiert, so dass das Vertrauen auf Jhwhs

---

1073 Reddit: Redaction, 261.
1074 Schart: Entstehung, 283.
1075 Schart: Entstehung, 295.
1076 Schart: Entstehung, 295.
1077 Schart: Entstehung, 297 f.

zukünftig erfahrbare Gerechtigkeit dem Gottesfürchtigen hilft, vertrauensvoll auf das Gottesrecht zu setzen.

5. Jahwegemäßes Verhalten muss sich eindeutig an der Tora ausrichten (Mal 2,6–9).

Den Untersuchungen Scharts zufolge gibt Mal Anleitung, inwiefern die Visionen aus Sach zur Bewältigung von Alltagssituationen hilfreich sein könnten. Mal 3,22f.24 betrachtet er als Abschluss der Nebi'im mit den von Steck, Zenger u. a. bekannten Parallelen in Dtn 34 und Jos 1. Das Verhältnis beider Anhänge sei bewusst in der Schwebe belassen.[1078] Zu Datierungsfragen der Maleachischrift äußert Schart sich nicht. 2003 fügte er in einem Aufsatz eine dezidierte Kritik der Bosshard/Kratzschen These hinzu.[1079] Er versucht, plausibel zu machen, dass Mal 1,1 auch redaktionsgeschichtlich an Sach 14 anschloss. Seine Argumente dafür sind die Überschriften, die thematische Verbindung zwischen der Heiligkeit des Ortes (Sach 14,20 f) und dem Tempel (Mal 1) und die durch die Königsmetapher für Jhwh gegebene lexematische Verbindung. Mit der hermeneutischen Plausibilität dieser Abfolge begründet er seine redaktionsgeschichtliche These.

Einen umfassenden Beitrag zur Entstehung des XII hat Jakob Wöhrle vorgelegt. In seiner Studie hat er die Existenz einer Grundschicht der Maleachischrift erarbeitet, die er als durchdacht gestaltete Komposition beschreibt. Sie sei eine kultprophetische Schrift, deren einzelne Worte in einer Ringstruktur gehalten sind;[1080] diese datiert er ins 5. Jh. Die Diskussionsworte II-IV seien dann einer kultkritischen Überarbeitung unterzogen worden,[1081] die die Priester für das Darbringen minderwertiger Opfergaben verantwortlich macht, während die Grundschrift an Laien gerichtet war. Diese Schicht datiert er kurz nach der ersten, ebenfalls ins 5. Jh. Eine dritte Redaktion, genannt »die Fromme-Frevler-Redaktion«, der er Mal 3,16–18.20–21 zurechnet, verortet er ebenfalls in persischer Zeit.[1082] Eine folgende Redaktion, die Fremdvölkerschicht II, hatte er schon mehrfach in den Redaktionsschichten des XII aufgespürt. Ihr verdanke die Maleachischrift ihre Überschrift und einen Teil des I. Diskussionswortes (Mal 1,4.5). Dieses Fragment gehöre in die griechische Zeit. Dem folgen noch eine »Gnadenschicht« (Mal 1,9a),

---

1078 Schart: Entstehung, 300.
1079 Schart: Putting, 334–337.
1080 Wöhrle: Abschluss, 256f. Zur Grundschicht zählt er: 1,2–3.6*.7b.8a.9b.10b.11b.12*.13–14; 2,10.14–15.16*.17; 3,1a.2.5–6.8–15.19 (255).
1081 Wöhrle: Abschluss, 259. Zur kultkritischen Redaktion zählt er Mal 1,6 (הַכֹּהֲנִים) 7a.10a.12*; 2,1–9.11* (ohne בְיִשְׂרָאֵל וּב).12–13; 3,3–4.
1082 Wöhrle: Abschluss, 261.

die ebenfalls in griechischer Zeit verortet wird und die kanonübergreifenden Nachträge in Mal 3,22–23.24.

Über die Rekonstruktion der Redaktionsprozesse innerhalb des Zwölfprophetenbuches hinaus hat Erich Bosshard-Nepustil die These entfaltet, dass innerhalb des *corpus propheticum*, vor allem im Jesajabuch und im XII parallele Redaktionsvorgänge zu beobachten seien. Danach wären Mal 1,2–5*; 1,6–2,9; 3,6–12 parallel zu einer auf die Ereignisse von 343 v. Chr., das Vorgehen des Artaxerxes III. gegen Sidon und seinen Rückgewinn Ägyptens, reagierende I Jes-Schicht (Jes 19,11–15?; 20,6; *23,1b–14), entstanden. Im Unterschied zum XII, wo »sich [...] das Interesse klar der Gegenwart zu[wendet], den (kultischen) Freveln des Gottesvolkes und dem darum noch ausbleibenden Segen, und der Jahweverehrung der Völker, die sie schon jetzt je an ihrem Ort vollziehen (ohne Edom)«, bleibt dabei die »eschatologische Perspektive der Völker-Red.-Jes grundsätzlich unangetastet. [...] Obwohl die eschatologische Perspektive der Völker-Ergänzungen-XII an sich gültig bleibt, wird im Zwölfprophetenbuch eine – die persische Reichskonzeption voraussetzende – theokratische Position eingenommen.«[1083] Die verbleibenden Verse rechnet er der Diadochenzeit zu.[1084]

Erich Zenger nahm die Bosshard-Nepustilsche These modifiziert in seine Einleitung auf: »Die Endkomposition des Zwölfprophetenbuches hat auffallend starke strukturelle und thematische Entsprechungen zur Endkomposition des Jesajabuches [...]. Höchstwahrscheinlich gehen beide Endkompositionen (›Makroredaktionen‹) auf gleiche Jerusalemer Kreise zurück, die damit zugleich eine chiastische Struktur des Prophetenblocks Jes-Mal schaffen wollten.«[1085] Odil Hannes Steck zufolge sei der Prophetenkanon das Werk redaktioneller Tradentenprophetie, »die vornehmlich in nachpersischer Zeit in immer neuen Ansätzen versucht habe, die eschatologische Perspektive im Kontext mit den rasch wechselnden politischen Konstellationen jeweils auf den neusten Stand zu bringen. Demgegenüber sei der Sammlung der Tora-Gesichtspunkt, unter dem sie jetzt deutlich akzentuiert ist, erst in der letzten Phase gleichsam nachträglich aufgedrückt worden, als um 200 die Schriften Jos-Mal zum Prophetenkanon Nebi'im zusammengefaßt wurden.«[1086] Theodor Lescow hat in der genannten Monographie entgegnet, dass »das Buch Maleachi [...] dafür [...] nicht in Anspruch genommen werden [kann, ...] da Tora von vornherein der leitende Gesichtspunkt bei der Bildung der Nebi'im gewesen ist.«[1087] Pentateuch und Nebi'im seien gleich-

---

1083 Bosshard-Nepustil: Rezeptionen, 443.
1084 Bosshard-Nepustil: Rezeptionen, 444.
1085 Zenger: Einleitung⁸, 626.
1086 Paraphrasierung Stecks: Abschluß, 170–175, bei Lescow: Maleachi, 185.
1087 Lescow: Maleachi, 185 f.

zeitig unter dem gemeinsamen Dach »Tora« entwickelt worden, beim Pentateuch sei dieser Vorgang nur früher zum Abschluss gekommen. Argumentativ stützt Lescow dies mit der Rahmung von Jes 1; 2 und Mal.[1088] Der Buchtitel der Maleachischrift sei im Zuge der Endredaktion der Sammlung Nebi'im um 200 eingefügt worden.[1089]

Die großen redaktionsgeschichtlichen Analysen, die in der Maleachischrift unterschiedliche Schichten trennen, gelangen methodisch allein durch Literarkritik oder aufgrund beobachteter Stichwortaufnahmen, deren textlinguistische Bedeutung jedoch meist unbeachtet bleibt, zu ihrem Urteil. Die Textstrukturen sowie motiv- und religionsgeschichtliche Überlegungen spielen ebenfalls keine Rolle. Problematisch ist ferner, dass oft aus einer Perspektive *die* Textintentionalität definiert wird, beispielsweise aus dem Verhältnis zwischen Gottesvolk und Völkerwelt. Oder dass hermeneutische Grobtendenzen als Fortschreibungsmotiv zugrundegelegt werden, beispielsweise in der Annahme, Maleachi schriebe Sach 1–8 fort, um zu erklären, warum das mit dem Tempelbau in Hag/Sach verheißene Heil noch nicht eingetreten ist. Es ist auffällig, dass die jüngsten Kommentare zur Maleachischrift sich diesen redaktionsgeschichtlichen Modellen nur bedingt anschließen, obwohl auch sie unterschiedliche Textebenen innerhalb der Diskussionsworte erarbeiten.[1090] Die Vorgänge sind viel komplexer, als sie meist in den redaktionsgeschichtlichen Modellen dargestellt werden,[1091] obgleich deren Berücksichtigung großer Text*corpus* Respekt gebührt.

1088 Lescow: Maleachi, 189.

1089 Lescow: Maleachi, 200. Hinsichtlich der Maleachischrift hat Lescow Entscheidendes gesehen; seine Einordnung in den Entstehungsprozess von Tora und Nebi'im ist lediglich thetischer Art.

1090 Für das II. Diskussionswort beispielhaft Meinhold: BK XIV/8, 76; Willi-Plein: ZBK.AT 24.4.

1091 Weil Bosshard/Kratz sich explizit mit Mal auseinandergesetzt haben, hier einige Parameter kritischer Aufnahme: Bestätigt gefunden wurden die von Bossard/Kratz für Schicht I zugrundegelegten Bezüge zwischen II. und V. Diskussionswort, sowie die Annahme, Mal 2,10–3,5 würden davon zeugen, »daß ein ursprünglicher Übergang durch spätere Einflüsse verwischt wurde« (Maleachi, 28), ferner dass die eschatologische Perspektive nur im IV. und VI. Diskussionswort vorkommt. Methodische Einwände: Die sachparallele Frage 2,17 und 3,13, die sie als Indiz einer II. Schicht werten, kann hingegen genauso für eine Fortschreibung wie für dieselbe Redaktionsstufe sprechen. Textlich nicht gedeckt ist die Annahme, es gehe in 2,17–3,5 um eine Spaltung in der Priesterschaft (Maleachi, 37). Diese wird geläutert, der Gerichtsvollzug an den Angesprochenen (2,17) lediglich angekündigt. Hinsichtlich des Läuterungsgerichts tragen Bosshard/Kratz der Inhomogenität innerhalb von 2,17–3,5 nicht Rechnung. Mal 1,2–5 schlagen Bosshard/Kratz als Exposition zu 1,6–2,9 und 3,6–12 der Grundschicht zu. Die Verankerung erfolge über die mittels אָהַב gegebenen Verbindungen. Auch hier wird deutlich, dass Fortschreibungen nicht allein formal begründet werden können. Entscheidend ist die hermeneutische Verankerung – Stichwortverkettungen dienen lediglich als Wegmarken. Hinsichtlich der Bezüge zwischen 1,5 und 3,6–12

6.2 Der literarkritische Befund

Mal 1,1 wird von den meisten Exegeten als selbständige literarische Größe aus der Feder eines Redaktors verstanden.[1092] Literarkritisch spricht dafür der Neueinsatz mit der dialogischen Struktur ab 1,2, fehlende textlinguistische Referenzen zwischen 1,1 und 1,2–5. Lediglich das letzte Wort des I. Diskussionswortes יִשְׂרָאֵל rekurriert anaphorisch auf die Überschrift.

Die Verse Mal 1,2–5 bilden unter den Betrachtungsperspektiven der Textkohäsion und der Textkohärenz eine Einheit.[1093] Jakob Wöhrle hält Mal 1,4f inhaltlich aufgrund ihrer »völkerfeindlichen Tendenz«, formal wegen des Wechsels von Esau zu Edom für einen Nachtrag.[1094] Die Zusammengehörigkeit von Mal 1,3f wird jedoch in der Texttiefenstruktur deutlich (siehe Seite 82f.). Der Wechsel des Eponyms »Esau« zu »Edom« beruht auf der Stilisierung Edoms zum Feindtypos. Das I. Diskussionswort enthält kein »Edom geltendes Gerichtswort«[1095], sein Schicksal liegt in der Vergangenheit.

Das II. Diskussionswort Mal 1,6–2,9 hält von den Exegeten, die sich diachronen Fragestellungen widmen, niemand für einen einheitlichen Text. In der älteren Forschung betrachtete man einzelne Verse wie Mal 1,11.14; 2,2.7 für sekundär (vgl. BHS). In der jüngeren Forschung sind Mal 1,8b–10; 1,11–14; 2,3b; 2,4b–8 für Fortschreibungen gehalten worden. Die zugrundeliegenden Kohäsions- und Kohärenzprobleme werden meist ähnlich beurteilt.[1096] Der mit Mal 1,6 beginnende Abschnitt weist keine Rekurrenzen zu Mal 1,2–5 auf. In Mal 1,6 wechseln gegenüber 1,5 die Angeredeten. Der Neueinsatz wird stilistisch durch Alliterationen illustriert. Mal 1,8b löst die Anrede im Singular die im Plural ab, Mal 1,9 geht zurück

---

beispielsweise nehmen Bosshard/Kratz Gen 27,27–29 als Kotext an. Auch dies ist kein Argument für die gleiche literarische Ebene, sondern nur dafür, dass ein Text vor dem Horizont eines dritten Textes fortgeschrieben wurde.
1092 Meinhold: BK XIV/8, 3.
1093 Weyde: Prophecy, 105f.110; Reventlow: ATD 25,2, 134; Meinhold: BK XIV/8, 26. Krieg: Mutmaßungen, 29; dagegen: Lescow: Strukturen, 197f, der v. 3b.4b.5 als Ergänzung betrachtet, die er formal als »nachträgliche Prosaisierung des Grundtextes« (198) beschreibt. Ältere Kommentare wie der von Elliger oder Rudolph thematisieren das Problem nicht, sondern behandeln die Passage als einheitlich.
1094 Wöhrle: Abschluss, 220f.
1095 Wöhrle: Abschluss, 222.
1096 Reddit: NCBC, 155. Vgl. die Abrenzungen bei Meinhold: 1,6–8a/ 8b–10/ 11–13/ 14/ 2,1/ 2.3a/ 3b/ 4a/ 4b–6.8/ 7/9a/9b (BK XIV/8, 76f.79). Die Trennung durch Punkte kennzeichnet einen ›literarkritisch feststellbaren Bruch‹; der Schrägstrich eine redaktionelle Abgrenzung (zur Diskussion der Problemkonstellationen aaO 66–79). Aufgelistet und nach Sprechern geordnet bei Willi-Plein: ZBK.AT 24.4, 247.

in die 2mPl. Die Argumentationsgrundlage des Gleichnisses vom Statthalter wird jedoch verlassen. וְיִחָנֵנוּ hebt sich mit der 1cPl davon ab, wobei nicht deutlich wird, wer im Anschluss an die Gottesrede (Mal 1,8) der Sprecher dieser Gruppe ist. Mal 1,9b geht wiederum zurück in die Anrede in der 2mPl und kann abermals als Gottesrede gelesen werden, wie die אָמַר יְהוָה צְבָאוֹת-Formel angibt. Mal 1,9bα weist mit זֹאת auf 1,6–8a zurück; Mal 1,9bβ mit נשׂא פָנִים auf 1,8bα. Nach dem Imperativ חַלּוּ־נָא (Mal 1,9a) schließt 1,10a nicht kohärent an. Zwar bleibt der Vers Gottesrede, die Angeredeten in der 2mPl, der Halbvers weist jedoch keine lexematischen Konnektoren zum vorangegangenen Vers auf, der inhaltliche Zusammenhang erschließt sich nicht sofort. Ähnlich Mal 1,10b; vor allem 1,10bβ resümiert das bisher Gesagte in neuer Terminologie, indem die Opfer als מִנְחָה bezeichnet werden. Damit wird der Abschnitt 1,11–13 vorbereitet, der den Konflikt aus 1,6–8 auf die Charakteristik des Opfers als Gabe zuspitzt und universal kontextuiert. Dass Mal 1,8b–10 einst ohne 1,11–14 existiert haben sollen, ist darum unwahrscheinlich. Mal 1,8b stellt die Grundlage der Argumentation dar. Mal 1,9 hat darin verknüpfende Funktion.[1097] Die Mal 1,6–8 nachgestaltete dialogische Form in Mal 2,12f steigert stilistisch die anfangs formulierten Vorwürfe im universalen Kontext.[1098] Formal spricht nichts gegen die Zusammengehörigkeit des Abschnitts. Die Argumente dagegen waren in den älteren Kommentaren meist theologisch motiviert.[1099] Mal 1,14a verändert zwar Person und Redeperspektive, 1,14b schließt jedoch syntaktisch stringent an 1,14a an und ist durch Rekurrenzen an 1,11 zurückgebunden. Der Vers ist dadurch trotz der Kohärenzstörung in den Zusammenhang von 1,11–14 eingebettet.[1100] Zudem wäre ohne 1,14a die erneute Priesteranrede 2,1 nicht sinnvoll. Jedoch macht dieser Wechsel eine Beobachtung augenfällig, die auch Jakob Wöhrle dargelegt hat:[1101] dass innerhalb von Mal 1,6–14 bisweilen fraglich ist, ob die vorgebrachte Kritik nicht (auch) die Laien betrifft und die explizite Anrede der Priester in 1,6 einem späteren Autor zugeschrieben werden muss. Das betrifft das Bringen der Opfertiere (1,7f), den Aspekt des Gemein-

---

1097 Mal 1,9–14 als einen Zusammenhang gliedern auch Hill: AncB 25D, 218f; Brandenburg: Wort 11, 134, in seinem durchaus erbaulichen, hinsichtlich der formal-exegetischen Beobachtungen präzise gearbeiteten Kommentar.

1098 Mal 1,11–13 als Gegenstück zu 1,6–10 zu lesen, schlägt auch Verhoef: NICOT, 222, vor. Er hält Mal 1,11 für die zentrale Aussage innerhalb von 1,6–14; vgl. mit der oben benannten Pointe: »The Lord has no need for the sacrifices of his priests in Jerusalem ...«

1099 Vgl. Habets: Vorbild, 26; Tate: Questions, 397f. Mal 1,11 ist in 1,11–14 fest verankert, kann also nicht eliminiert werden (gegen Horst, Elliger und andere Vertreter der älteren Forschung). Vage Meinhold: BK XIV/8, 91; als ein Zusammenhang: Willi-Plein: ZBK.AT 24.4, 255.

1100 Deissler: NEB, 324; van der Woude: Haggai, 104; Elliger: ATD 25,2, 199; Horst: KAT I/14, 265.

1101 Wöhrle: Abschluss, 225–233.

schaftsmahles, das durch die defektiven Opfertiere assoziiert wird (Dtn 15,20), möglicherweise die Formulierung מִיֶּדְכֶם, den Wechsel in die 1cPl (Mal 1,9a).

Mit וְעַתָּה אֲלֵיכֶם bringt Mal 2,1 einen Neueinsatz und hebt sich durch den neuerlichen Wechsel in die 2PPl von 1,14 ab. וְעַתָּה hat jedoch innerhalb des II. Diskussionswortes gliedernden Charakter, so dass der Vers demselben Autor wie Mal 1,9 zugeschrieben werden kann. Das konditionale Gefüge in 2,2a lässt hinsichtlich der Textkohärenz einen schuldigmachenden Tatbestand vermissen. Dieser kann nur aus Mal 1,6–8a erschlossen werden, wodurch wahrscheinlich ist, dass das Dazwischenliegende durch Fortschreibungen hinzugekommen ist. Mit Mal 2,2bα enthält der Vers ein Element, das die vorausgegangene Fluchansage als bereits geschehen beurteilt. Das könnte für eine spätere Textstufe sprechen. Mal 2,3a schließen sich aus der Perspektive der Textkohäsion gut an. Das *futurum instans* und die fehlenden Rekurrenzen zu 2,2, die durch die Zusammengehörigkeit von הִנְנִי und das PtmSg von שלח שֹׁלֵחַ mit göttlichem Subjekt und Anrede in der 2mPl geprägt ist (vgl. Mal 3,1), erfordern möglicherweise eine andere Zuordnung, ebenso das Kohärenzkriterium, dass Segen und Fluch im intertextuellen Bezug (Dtn 28), sowie Mal 3,10–12 auf das ganze Volk bezogen sind. Syntaktisch zusammenhängend schließt Mal 2,4a die *inclusio*. Innerhalb von Mal 2,4b–8, die hinsichtlich der Kohäsion und Kohärenz im Grunde einheitlich wirken, hebt 2,7 sich formal durch die veränderte Erzählperspektive in der 3mSg vom Kontext ab.[1102] Mal 2,9a stellt die Komplementäraussage zu 1,6b dar; daraus resultiert das steigernde וְגַם־אָנִי. Die Anklage aus 1,6 wird – stilistisch wiederum mittels *inclusio* – zum Ziel geführt. Die Wendung לְכָל־הָעָם legt nahe, dass die Priester angesprochen sind, wobei durch die gut belegte Textvariante (Anm. 405) etwas Unsicherheit besteht. Mal 2,9b hat bereits 2,4–8 im Blick und verbindet den Zusammenhang von 2,2.8 mit 1,8b.9b. Das Wortspiel zwischen הִכְשַׁלְתֶּם und וּשְׁפָלִים spricht dafür, dass auch der erste Halbvers bereits 2,8 voraussetzt.[1103] Den Inklusionen wohnt eine zusammenhängende hermeneutische Logik inne, so dass sie wohl einem Autoren(kreis) zugeschrieben werden müssen. Nach 2,9 folgt auf der Kohäsions- und auf der Kohärenzebene eine deutliche Zäsur.

In Mal 2,10–16 veranlassen die Schwierigkeiten, das Thema des Abschnitts zu bestimmen, die Frage, ob die Passage ursprünglich als Diskussionswort konzipiert worden ist oder ob sie aus Fortschreibungen besteht, die von einem späteren Autor

---

1102 BHS deklariert ihn als sekundär; Renker: Tora, 72: deutlich sekundär, die Hochschätzung des Priesters habe nur Sach 3,8 ein Analogon. Die spätere Hinzufügung des Verses teilen aufgrund der Erzählperspektive viele Exegeten.

1103 Dass Mal 2,9 ursprünglich auf 2,1 gefolgt sein soll (Meinhold: BK XIV/8, 76), ist zudem unwahrscheinlich, weil die Funktion des Torasprechens durch die Priester und das weisheitliche Motiv vom Wandeln auf dem Weg noch gar nicht eingeführt waren.

zu einem Diskussionswort gestaltet worden sind. 2,10 ist in Metaphorik, Funktion und mit einem Parallelismus 1,6 nachgestaltet. Mal 2,11 ist eine Entfaltung von 2,10b. Die Kohärenz mit 2,12 ist evident.[1104] Die Ortsangabe בְּיִשְׂרָאֵל וּבִירוּשָׁלָם ist nicht sekundär, wie BHS annimmt; sie ist hinsichtlich der Textkohärenz für das Verständnis des Eponyms Juda für die Monarchien geradezu erforderlich. Mit Sicherheit ist die Einleitung von 2,13 literargeschichtlich zu begründen. Fasst man die Vergehen in 2,8 als prophetische Aufgabe der Leviten als ein Teil, so könnte der Vers »als Zweites« hier angeschlossen haben. Der Inhalt des Verses legt den kultischen Zusammenhang nahe; zudem würde der Vers sich in diesem Zusammenhang gut in die Inklusionsstruktur des II. Diskussionswortes einfügen: Mal 2,13b würde mit 1,9b.10b eine *inclusio* des gesamten Entfaltungsteils (וְעַתָּה Mal 1,9–2,8) bilden.[1105] Mal 2,14 setzt ohne einen Indikator von Textkohäsion zum Vorangegangenen neu ein. Mal 2,14b (עַל) beantwortet die Frage aus 2,14a (עַל־מָה). Mal 2,15, die oftmals sogenannte *crux interpretum* der Maleachischrift, trägt diese Zuschreibung auch wegen der Kohärenzstörung im Anschluss an 2,14. Die im ersten Moment als solche anmutende Doppelung von 2,15b in 2,16b erweckt nicht den Anschein einer stilistischen Figur, wobei hier aufgrund der ›Textverderbnis‹ nur wenig handfestes Argumentationsmaterial gegeben ist. Die Redeformel אָמַר יְהוָה אֱלֹהֵי יִשְׂרָאֵל wird nicht sekundär sein; sie hat emphatisch apologetische Funktion nach der 2,16aα theologisch anstößigen Formulierung.[1106]

Mal 2,17–3,5 führen mit ihrem Lösungsansatz das II. Diskussionswort fort.[1107] Mal 3,1.5 beantworten die Frage aus 2,17, was durch das Leitwort מִשְׁפָּט zum Ausdruck gebracht wird. Mal 3,1b ist gegenüber 3,1a inkohärent; das »plötzliche Kommen des Herrn« hat anaphorisch keine Referenz. Zudem wird über אָדוֹן in der 3PSg geredet, während Mal 3,1a Gottesrede ist. Zwischen Mal 3,2 und 3,3 besteht ein Motivwechsel. Mal 3,2b vergleicht den Boten mit dem Feuer des Schmelzers; Mal 3,3a bezieht das Partizip מְצָרֵף auf den Boten. Diese Inkohärenz spricht für die unterschiedliche Einordnung der Verse, wobei der Vergleich אֵשׁ מְצָרֵף sich im Anschluss an Mal 3,1b auch auf יוֹם בּוֹאוֹ beziehen könnte. Dann würde das logische Subjekt in Mal 3,3a jedoch weiterhin יוֹם בּוֹאוֹ sein; der Motivwechsel wiederum der

---

1104 BHS hält Mal 2,11b.12 für »wahrscheinlich hinzugefügt«; auch Wöhrle: Abschluss, 236; Sellin: KAT 12, 550 f; vgl. aber Willi-Plein: ZBK.AT 24.4, 256.258, die die Ergänzung nach Mal 2,12a enden lässt; Meinhold: BK XIV/8, 187.211 f: Mal 2,10/ 11–12.13/ 14a.b–16 (Die Trennung durch Punkte kennzeichnet literarkritisch einen »Bruch«; der Schrägstrich eine redaktionelle Abgrenzung).
1105 Literarkritisch fällen auch Wöhrle: Abschluss, 237; Meinhold: BK XIV/8, 187, ein entsprechendes Urteil, jedoch halten sie Mal 2,13 redaktionsgeschichtlich für den späteren Vers.
1106 Gegen Wöhrle: Abschluss, 239.
1107 Vgl. auch Snyman: Investigating, 1038.

Indikator der Inkohärenz.[1108] Mal 3,3 f setzen Mal 1,11–13 voraus und verbinden das Läuterungsgericht an den Levisöhnen mit dem das XII übergreifenden Thema des יְהוָה יוֹם. Mal 3,3 f sind wohl erst sekundär der Tag-Jhwhs-Perspektive unterstellt worden. Formal spräche dafür der Anschluss der Perfekt-Konsekutivformen Mal 3,3 f an 3,1a.[1109] Unter Voraussetzung des Zusammenhanges von Sach 13,7–9; 14, wurde der Zusammenhang durch Mal 3,1b.2 fortgeschrieben.[1110] Mal 3,1b hebt sich formal als Bindeglied zwischen 3,1a und 3,2 ab. Er ist Mal 3,2 parallel gebildet und konstituiert durch die inkludierenden Formen von בוֹא die Referenz, die 3,2 aufnimmt. Mit der Anrede אַתֶּם ist derselbe Personenkreis im Blick wie 2,17. Mal 3,1b etabliert durch die Tempora seiner Verbformen die Zweistufigkeit zwischen dem Kommen des Boten und dem Kommen Jhwhs.[1111] Aufgrund dieser Struktur halte ich es für unwahrscheinlich, dass die beiden Langzeilen Mal 3,1b in unterschiedlichen Stadien der Textgeschichte aufgenommen worden sind.[1112] Erst der folgende Vers Mal 3,2 setzt die Referenzen zur Tag-Jhwhs-Vorstellung und ist vermutlich dem für den Eintrag der Tag-Jhwhs-Konzeption in die Maleachischrift zuständigen Autor zuzuschreiben.[1113] Die Läuterung der Levisöhne wird so als Vorstufe zum Tag-Jhwhs gedeutet. Diese wird in Mal 3,1b koordiniert, so dass beide demselben Autor entstammen müssten. Möglicherweise ist die Vierzahl der Unrechttäter in Mal 3,5 um die *personae miserae* erweitert worden,[1114] möglich ist auch, dass die Doppelung der Viererstruktur stilistischer Art ist. Im Hintergrund dürfte Sach 7,10 stehen, ein Text, der ebenfalls sozialkritische Züge mit Reflexionen über das neu zu definierende Prophetenamt verbindet.

1108 Gegen Wöhrle: Abschluss, 242.

1109 Gegen Elliger: ATD 25, 207 f; Horst: HAT 14, 271; Renker: Tora, 76–78; Rudolph: KAT XIII/4, 279; Beck:»Tag YHWHs«, 268; Meinhold: BK XIV/8, 243.

1110 So auch Bosshard/Kratz: Maleachi, 42f. In der Abfolge von Sach 13 und 14 wird damit ebenfalls wenn nicht Zweistufigkeit, so doch ›Zweiphasigkeit‹ des Tags Jhwhs etabliert.

1111 Vgl. Seite 168; Weyde: Prophecy, 291ff; Deissler: NEB, 330; Koenen: Heil, 56, betrachtet neben dem in sich geschlossenen Zusatz Mal 3,2–4 Mal 3,1bβ als später. Wallis: Wesen, 232.234.236, sieht Mal 3,1–4 als an die Priester gerichtet; Rudolph: KAT XIII/4, 279, bestimmt Mal 3,1bβ.3.4 als sekundär; Krieg: Mutmaßungen, 32–35.72f.116–120, hält Mal 2,15a.17; 3,1–2.5b innerhalb des Abschnitts 2,14–3,6 für originär, die Aussagen in der 3mSg hingegen für sekundär; für die Einheitlichkeit des Diskussionswortes: Reventlow: ATD 25, 151; Smith: WBC 32, 326; Hill: AncB 25D, 260. Wöhrle: Abschluss, 241, ist der Meinung, dass Mal 3,2 nicht zu dem Nachtrag 3,1b gehöre, weil sonst das Kommen des Bote nicht ausgeführt würde. Wird es, mit 3,3f. Zudem sprechen die Tag-Jhwhs-Formulierungen für die Zugehörigkeit zu 3,1b.

1112 Ebenso Lescow: Strukturen, 204 Anm. 9.

1113 Vgl. auch die Ähnlichkeit im Aufbau mit Mal 3,19.

1114 Meinhold: BK XIV/8, 281.

Mal 3,6–12 werden von den meisten Exegeten als einheitlich betrachtet.[1115] Alwin Renker betrachtete 3,8aβ und 3,9aβ als identisch und ließ das ursprüngliche Diskussionswort mit 3,9aα enden.[1116] Jakob Wöhrle hält einzig 3,7 für später.[1117] Dafür, dass die Zusammenstellung beider Verse (Mal 3,6f) nicht ursprünglich ist, scheint die Irritation auf der Ebene der Textkohärenz zu sprechen, eben ob לִמִימֵי אֲבֹתֵיכֶם die Erzvätergeneration oder die Sinaigeneration meint. Mal 3,8 nimmt hingegen die Anspielungen aus 3,6 wieder auf. Auf die Doppelung der dialogischen Struktur, die der im II. Diskussionswort entspricht, wurde oben aufmerksam gemacht. Auch Arndt Meinhold zeigt in seinem Kommentar, dass 3,7 im Grunde eine strukturelle Vorbildung der Form des gesamten Diskussionswortes darstellt, und somit eine eigene Argumentationsstrategie vertritt.[1118] Unter literarkritischen Gesichtspunkten ist auch die nicht eingeleitete, syntaktisch freistehende Antwort הַמַּעֲשֵׂר וְהַתְּרוּמָה (Mal 3,8b) auffällig, zumal 3,10a nur das Bringen des Zehnten fordert und Erweiterungen meist in der Wiederholung zu finden sind. Oben ließ sich keine sichere Signifikanz eines intertextuellen Bezugs zeigen, dass תְּרוּמָה (Mal 3,8b) den Zehnten vom Zehnten im Sinne von Num 18 meint, den die Leviten darzubringen haben. Wäre dies jedoch der Fall, wäre auch in diesem Diskussionswort – wie im II. – dieses Changieren zwischen Volk und/oder Priester zu beobachten. Einige Exegeten wiesen auf die überwiegend priesterschriftliche Prägung hin.[1119] Sollte 3,8b auch an die Priester gerichtet sein, ist der parallel gestaltete Ausruf [1120] הַגּוֹי כֻּלּוֹ, ein Indiz dafür. Mal 3,10, wo der ›ganze‹ Zehnte gefordert wird, ohne die Abgabenerhebung zu erwähnen, gehörte dann auf eine andere literarische Ebene.

Die csVerbindung אֶרֶץ חֵפֶץ ist *homoioteleuton*, was den Abschlusscharakter des Verses betont. Die Formulierung bildet das Gegenstück zur Aussage 1,10bα und kann deswegen als Lösung des Konflikts im II. Diskussionswort verstanden

---

1115 Meinhold: BK XIV/8, 299; Zenger: Einleitung[8], 698; Bosshard/Kratz: Maleachi, 36f; im Anschluss ebenso Odil Hannes Steck; anders Redditt: Redaction, 253. Er trennt Mal 3,6.7 von 3,8–12, rechnet jedoch beide einer literarischen Schicht zu.

1116 Renker: Tora, 79f.

1117 Wöhrle: Abschluss, 246.

1118 Meinhold: BK XIV/8, 296. Mal 3,7b rechnet er nicht dazu; der Halbvers gehört jedoch in diese Argumentationsstrategie. Dass formal keine Verbindung zwischen 3,7 und 3,8 besteht, bemerkten schon Wallis: Wesen, 232, und Redditt: Setting, 247.

1119 Bulmerincq, Maleachi II, 419; Meinhold: BK XIV/8, 313; O'Brien: Priest, 99; Weyde: Prophecy, 332, versteht die Passage ganz in dtn Tradition. Rudolph: KAT XIII/4, 284, streicht mit BHS die Abgabenerhebung.

1120 Zum Aufbau der Verse Mal 3,8f siehe Meinhold: BK XIV/8, 297. Hill: AncB 25D, 308, versucht die Anrede als »reminder« daran zu erklären »that Yahweh had reconstructed Israel as a *gôy* with its own govermental structure and territorial holdings«.

werden.[1121] Die אָמַר יְהוָה צְבָאוֹת-Formel beschließt zudem das Diskussionswort, ein pointierter Abschluss, der wohl ursprünglich die Maleachischrift abgeschlossen hat.[1122]

Mal 3,13–21 werden sowohl in den älteren Kommentaren wie dem von Karl Elliger oder Friedrich Horst, in Alwin Renkers Monographie als auch in neuerer Zeit in Monographien wie denen von Armin Schmitt[1123], Karl William Weyde, Paul-Gerhard Schwesig, sowie im Kommentar von Arndt Meinhold als literarisch einheitlich betrachtet.[1124] Andere Exegeten machen literarkritische Beobachtungen dagegen geltend. Mal 3,16, um den es hier in erster Linie geht, setzt sich durch die Partikel אָז, bei der nicht eindeutig ist, worauf sie sich bezieht, den Wechsel der Erzählperspektive und der Zeitstufe, sowie den Wechsel von Poesie in narrative Prosa von den voraufgehenden Versen 3,13–15 ab. Inhaltlich meinen einige, dass die Adressaten in 3,13 nicht dieselben sein können wie in 3,16. Ihr Argument ist jedoch ein theologisches. Die Gottesrede, in der Jhwh die Reden der Adressaten zitiert, wird von dem in narrativem Stil gehaltenen Vers abgelöst, in dem von Jhwh in der 3PSg und von den Adressaten in der 3PPl unter Verwendung dreier ו-Imperfektformen geredet wird. Das hat einige Exegeten dazu veranlasst, Mal 3,16 als redaktionell zu betrachten.[1125] Folgt man dieser literarkritischen Entscheidung, ist man weiterhin genötigt, 3,17 als sekundär einzuordnen, der zwar wieder als Jhwh-Rede erscheint, aber in der Folge von 3,15 die Adressaten in 3,17 als Gottesfeinde

---

1121 Zur Parallelität des II. und V. Diskussionswortes: Stuart: Malachi, 1362, der kein Interesse an kompositionsgeschichtlichen Fragen hat. Die meisten Exegeten meinen jedoch aufgrund anderer Entscheidungen hinsichtlich der Adressatenfrage, dass hier der Spannungsbogen, der mit Mal 1,4 beginnt, zum Ziel kommt. Vgl. Weyde: Prophecy, 382 f; Koenen: Heil, 61 f, vermutet dies mit Bezug auf Mal 1,5; Meinhold: BK XIV/8, 299.

1122 So auch die Anm. 1121 Genannten, sowie Zenger: Einleitung[8], 697 f.

1123 Begründung: Wende, 259 Anm. 71.

1124 Unentschieden Berquist: Setting, 124.

1125 Childs: Introduction, 496; Reventlow: ATD 25, 158; Lescow: Maleachi, 138–143, hält Mal 3,14b.15b19.21bα für Zusätze, mit denen der Grundtext zu einer Predigt ausgearbeitet worden sei; Mal 3,16+17.20aβb für Glossen. Nogalski: Processes, 206–212, rechnet 3,16–18 zu einer Redaktion, zu der auch 1,2–5 und 3,10 f gehören, und die Mal in den Kontext des XII gestellt habe. McKenzie/Wallace: Covenant, 265, betrachten 3,16–21 als redaktionelles Stück, das an ein versprengtes Maleachifragment (Mal 3,13–15) angefügt worden ist. Beck: »Tag YHWHs«, 283 f.286–297: hält Mal 3,13–15,19*.20[21bβ] für die Grundschicht, Mal 3,16 f.18.21(a.bα) für eine Ergänzungsschicht. Krieg: Mutmaßungen, 37 f, und die entsprechend als sekundär gekennzeichneten Passagen im Textanhang, trägt diesem Problem Rechnung, indem er אָז als sekundär betrachtet und Mal 3,16b.17 ebenfalls. Das Jhwh-Zitat 3,15 deutet er, indem er 3,16a ohne אָז als Ausführung des 3,15 den Gottesfürchtigen zugeschriebenen Zitats interpretiert. Folgerichtig lässt er die Adressaten 3,20a ebenfalls weg. Lauber: Maleachi, 28 f, schließt sich in seinen literarkritischen Beobachtungen eng an Krieg an und hält Mal 3,13–15.19–21 für originär, 3,16–18 für sekundär.

ansprechen würde. Dann wäre 3,18 die Antwort auf das als Gottesrede formulierte fingierte Gespräch 3,13–15. Mal 3,19–21 schließen sich daran schlecht an, denn die Terminologie für die Gerechten (3,16) wäre nicht eingeführt. Vor allem aber wäre die dreigliedrig komponierte Szenerie des eschatologischen Tages von Mal 3,17–21 zerstört. Man könnte ferner überlegen, 3,18 als Schlusspunkt eines ursprünglichen Diskussionswortes zu betrachten, was strukturell einige Ansatzpunkte hätte: Die Gottesrede würde an dieselben Adressaten fortgesetzt, es gäbe keinen Tempuswechsel, die Richtigstellung dessen, dass es doch nicht vergeblich ist, Gott zu dienen (3,14), würde durch die Referenz עבד אֱלֹהִים erfolgen. Das würde der Argumentationsstrategie des VI. Diskussionswortes entsprechen. Der beständige Gottesdiener würde sich als צַדִּיק erweisen, wie es für ihn typisch ist.[1126] Dann würde man 3,16 f.19–21 als Fortschreibung des Diskussionswortes verstehen. Doch was wäre die Intention dieser Grundschicht? Ein Trostwort an die 3,13 Angeredeten? »Wenn ihr Gott dient, werdet ihr die Frucht eures צַדִּיק-Seins schon noch sehen.« Ratlos stünden sie am Ende des Zwölfprophetenbuchs da: »Und wie?« Dies und der oben dargestellte Aufbau des Textes veranlassen, das VI. Diskussionswort als einheitlich zu betrachten.

Mal 3,22–24 werden aufgrund der oben beschriebenen Präsupposition als einheitlich betrachtet (vgl. Seite 241 f)[1127] Mal 3,23b zitiert Jl 3,4, eine Modifikation der Formulierung aus 2,11b. Die Störungen der Textkohäsion, die fehlenden Rekurrenzen und Deiktika, sind jedoch auffällig. Lediglich die Rede in der 1PSg stellt ein Kontinuum dar. Textlinguistisch lässt sich ferner ein Zusammenhang mit Mal 3,2 beschreiben. Auch Mal 3,2 zitiert Jl 2,11b (וּמִי מְכַלְכֵּל + Obj.). Jl 2,11b bildet somit eine Proposition, die sämtliche Tag-Jhwhs-Ereignisse der Maleachischrift innerhalb der referentiell verbundenen Verse Mal 3,2.23 als deren Explikation erscheinen lässt.[1128]

1126 LXX und V lassen nach Mal 3,18 ein neues Kapitel beginnen; auch die meisten Parascheneinteilungen setzen hier eine Zäsur (Tabelle Seite 69).
1127 Mit Bosshard/Kratz: Maleachi, 45 f; Steck: Abschluss, 127. Gegen die Mehrheit, z. B. Beck: »Tag YHWHs«, 298; Mathys: Anfang, 39; Meinhold: BK XIV/8, 405; Reventlow: ATD 25,2, 160; Weyde: Prophecy, 388.402. Dass das Verhältnis »bewusst in der Schwebe gelassen« sei, meint Schart: Entstehung, 300.
1128 Gegen Schwesig, der meint, dass die »Uminterpretation« auf den Tag des Bundesboten zurückgenommen werde (Rolle, 272).

6.3 Hypothese über die Entstehung der Maleachischrift

6.3.1 Deutung der Abgabenpraxis am 2. Tempel im Spiegel von Dtn 28

Aufgrund der Beobachtungen in Textkohärenz und Stilistik wird Mal 1,6 als ursprünglicher Anfang der Maleachischrift – die in diesem Stadium ihre Überschrift und daher die Zuweisung an Maleachi noch nicht trug – zu betrachten sein. Das mit 1,6 beginnende II. Diskussionswort wies mehrere Erweiterungen auf, die jeweils in das Stilmittel der *inclusio* eingebettet wurden. Auffällig waren die Affinitäten zum V. Diskussionswort,[1129] die Verdoppelung der dialogischen Struktur, das Changieren in der Anrede von Priestern und Laien,[1130] die Intertextualität mit Dtn 28, die Lösung des Konflikts aus 1,6–10 in 3,12, sowie etliche Rekurrenzen auf der Textoberfläche. Daher schließe ich auf eine Grundschicht von 1,6 (ohne הַכֹּהֲנִים).7b.8a.10bα; 2,2 (ohne 2bα); 3,7.10–12. Mal 3,12 war der ursprüngliche Schluss des Textes. Stilistisch ist sein Anfang mit Alliterationen, sein Ende mit dem *homoioteleuton* dargestellt.

Diese Grundschicht schien einen Text zu bilden, der eine aktuelle Problematik auf der Schriftgrundlage von Dtn 28 deutet. Mal 1,6–8; 3,10 lassen erkennen, dass die Abgabenpraxis am wieder aufgebauten Tempel ein Problem war. Der Text begann in 1,6 mit einem weisheitlichen Spruch. Er basiert auf dem vierten Gebot und bringt die Grundsätzlichkeit des Anliegens zum Ausdruck. Weil »Vater« metaphorisch gedeutet wird, werden die Verstöße, um die es im folgenden gehen wird, gegen das Gottesverhältnis im Kern gedeutet. Die Konsequenzen dieses Verstoßes begründet der Text aus dem Zeugnis der Schrift. Die in Dtn 12; 14 und 18 enthaltenen Anordnungen über die Erstlinge und den Zehnten werden in der Gegenwart nicht befolgt. In Dtn 28 sind die Segens- und Fluchverheißungen an die Erfüllung oder Nichterfüllung dieses Gesetzes gebunden. Folglich werden in der Auslegung Segen und Fluch (Mal 2,2; 3,10 f) konkret an die Darbringung der Erstlinge (Dtn 15,21) und die Abgabe des Zehnten (Dtn 12; 14,22–28; 18,1–8) geknüpft. Mal 1,6–3,12* deuten somit Einzelgebote, auf deren Einhaltung es in der Gegenwart ankäme, im Zusammenhang eines im Dtn umfassend formulierten Bedingungsgefüges.

1129 Die thematische Verbindung beider Diskussionsworte wurde mehrfach gesehen, z.B. von Elliger: Propheten II, 198; Hill: AncB 25D, 323; die formale z.B. von Meinhold: BK XIV/8, 77.
1130 Das stellt auch Wöhrle: Abschluss, 225–27, fest. Unterstützend die Beobachtung der »schwachen« Einrede als stilistischem Mittel: Willi-Plein: ZBK.AT 24.4, 246.Vgl. auch den Streit um die Vater-Sohn-Metaphorik in Bezug auf die Priester: Wellhausen: Propheten, 204; Elliger: ATD 25,2, 195; Rudolph: KAT XIII/4, 261; Reventlow: ATD 25,2, 139.

Dass der Autor dieses Textes Dtn 12–28 kennt, kann aufgrund der intertextuellen Bezüge geschlossen werden.[1131] Zugleich müsste man annehmen, dass dem Text eine gewisse Autorität zuerkannt wurde, auf dessen Grundlage die Behebung der Missstände in der Gegenwart eingefordert werden konnte.

Joseph Blenkinsopp hatte angenommen, dass die soziokulturelle Situation, die im Text Niederschlag findet, in die frühnachexilische Zeit gehört.[1132] Viele folgten ihm darin. Oftmals ist auch versucht worden, eine Chronologie der wirtschaftlichen Verhältnisse zwischen Neh 5, Neh 10, Neh 12, Neh 13 und Mal 3,6–12 herzustellen.[1133] Methodisch ist das nicht möglich, weil das Besser oder Schlechter ohne Sekundärquellen nicht aus den literarischen Texten erhoben werden kann. Es kann schon in der Wahrnehmung des jeweiligen Autors stark differieren, ferner muss es nicht notwendig einen Entwicklungsgedanken zum Besseren oder Schlechteren implizieren.

Falls die Einschätzung historisch zutrifft, Nehemia die Neuordnung der Tempelabgaben zuzuschreiben (Neh 12,44–47; 13,12), könnte der Text zu seiner Zeit verortet werden.[1134] Unsicherheit bleibt, weil die Auskunft der Bücher Esra/Nehemia, dass die Leviten bestellt wurden, den Zehnten einzutreiben (Esr 8,33; Neh 10–12) kein Zeugnis dafür ist, dass dies ein einmaliger Akt war (vgl. Neh 12,47[1135]). Eine kurze Abwesenheit Nehemias verursachte der biblischen Darstellung zufolge

---

1131 Siehe Anm. 487. Dass der Text schon existierte, ist Konsens. Entstehung etwa seit der Regierungszeit Josias nehmen an: Braulik: NEB.AT 15, 11; Lohfink: Sicherung, 305–323; Perlitt: Dtn-Studien; Veijola: Redaktion, 153–175. Dafür, dass das Dtn ein exilischer Entwurf für die Restitution Israels nach dem Exil sei, plädierte Hölscher: Komposition, 161–255, und in neuerer Zeit Kratz: Komposition, 118 f.

1132 Blenkinsopp: Prophetie, 198 ff.

1133 Verhoef: Tithing, 121, meint, dass Mal 3,6–12 die Zustände nach der Reform Nehemias spiegele, Meinhold: BK XIV/8, 313, hingegen, dass die Zustände Neh 5 sich gegenüber Mal 3 extrem verschlechtert hätten. Köstenberger/Croteau schrieben einen Aufsatz unter dem Titel »Will a Man Rob God?« (Mal 3:8), in dem sie die Forderung des Zehnten gesamtbiblisch betrachten, dabei aber vom Grundansatz her mit dem Missbrauch von Bibeltexten zum Eintreiben des Zehnten aufräumen möchten: »It also showed that the only proper recipients of the tithe were the Levites and that the Levites have not been replaced by pastors ...« (77)

1134 Glazier-McDonald: Malachi, 17; Schaper: Priests, 179; auch die von Kessler veröffentlichte neue Sozialgeschichte, 155, geht von einem Zusammenhang der Wirksamkeit Nehemias und Mal 1,6–8; 3,8–10 aus, ebenso Keel: Geschichte II, 1083.

1135 »Und in den Tagen Serubbabels [ca. 520] und in den Tagen Nehemias [ca. 445–433] lieferte ganz Israel die Anteile für die Sänger und die Torwächter, den täglichen Bedarf; den Leviten aber brachten sie Weihegaben und die Leviten brachten diese den Aaroniden.« (Übersetzung Zürcher Bibel) Aufgrund solcher Synchronisierungen zwischen Tempelbau und den Reformmaßnahmen Esras und Nehemias, die Projektionen auch für andere Texte wahrscheinlich machen, kommt die Rekonstruktion eines historischen Bildes der Perserzeit aus den biblischen Texten der Sisyphusarbeit gleich.

den Einbruch der neugeschaffenen Ordnung und erforderte ihre nochmalige (?) Restitution (Neh 13,10.13). Mal 1,6–3,12* setzen nicht die Berichte der Bücher Esr/ Neh voraus, sondern haben möglicherweise denselben historischen Einsatz Nehemias für diese Restitution im Blick. Dass die Texte aufeinander bezogen wären, kann nicht gezeigt werden.

Wann die Einführung dieser in der Maleachischrift eingeforderten Abgaben- regelung bzw. ihre Restituierung historisch einzuordnen ist, entzieht sich unserer Kenntnis. Jedenfalls wird es leichter gewesen sein, eine sicher nicht unumstrittene Abgabenregelung in einer nicht sehr wohlhabenden Bevölkerung durchzusetzen, wenn man sich dabei auf eine anerkannte Autorität stützte. Möglicherweise wurde der Text also verfasst, um die Forderung der Erstlinge und des Zehnten theologisch zu untermauern. Der Text passt zu dem, was andere alttestamentliche Texte über das Wirken Nehemias erzählen, beweiskräftige Belege haben wir nicht.

6.3.2 »Aktive Lektüre« I im Spiegel der Jakob- und der Sinaiüberlieferung

Der Autor der Idee der ersten Fortschreibung, Schriftauslegung als Prophetie zu deuten, nimmt Mal 1,6–3,12* zur Grundlage und komponiert eine Schrift für das Ende des XII. Dabei legt er die Jakobgeschichten der Genesis für die Situation des Gottesvolkes in der Gegenwart aus.

In der Betrachtung von Mal 1,6–2,2 war mehrfach ein Changieren in der Anrede zwischen Volk und Priestern festgestellt worden. Darum nehme ich an, dass der als Grundschicht herausgearbeitete Text sich ursprünglich an das ge- samte Volk richtete. Die Differenzierungen in Schuldanteile von Priestern und Laien wechseln stark und sind in den beiden Abschnitten nicht kohärent. In Mal 2,2 handelt es sich gerade nicht um priesterliche Aufgaben im speziellen Sinn. Die in Mal 1,8 angeprangerte Opferpraxis, die auf Dtn 15,21 weist, ist zwar an den Dienst des Priesters gebunden,[1136] gebracht wurden die Erstlinge jedoch von allen. Dass der Autor nun die Anrede auf die Priester zuspitzt,[1137] dürfte darin liegen, dass seine Idee »aktiver Lektüre« in einem erweiterten Amtsverständnis des Priesters liegt. Vielleicht fügt er deswegen in Mal 1,7 explizit das »Darbringen auf dem Altar« hinzu. Mal 1,7 f haben – wie oben gezeigt – keine argumentative Funktion. Sie machen vielmehr durch die Doppelung der dialogischen Struktur

---

1136 Vgl. Lev 17; Preuß: Theologie, 260.
1137 Vgl. auch Wöhrle: Abschluss, 259.

den ursprünglichen Zusammenhang mit dem V. Diskussionswort deutlich.[1138]
Wenn die These stimmt, setzt Mal 1,9a mit dem plötzlichen Wechsel in die 1cPl
(וִיחָנֵּנוּ) die Unterscheidung zwischen Priestern und Volk bereits voraus und verdeutlicht sie. Der Imperativ richtet sich an die Priester – die von ihrem Dienst
abhängige Gnade Jhwhs betrifft alle.

Auch in Mal 3,6–12* stellt der Autor der ersten »aktiven Lektüre« Eindeutigkeit
her. Die Jakobsöhne sind im AT niemals Priester.[1139] Darum fügt er in Mal 3,9 –
nachdem er den Text mit der Bemerkung הַמַּעֲשֵׂר וְהַתְּרוּמָה auf die Priester zugespitzt
hatte – die Formulierung הַגּוֹי כֻּלּוֹ ein. Die darin enthaltene Forderung, mit dem
Zehnten auch die Hebe zu bringen, setzt das Angesprochensein der Leviten und
somit des vom Volk unterschiedenen Tempelpersonals voraus.

Mit Mal 3,6.8.9 deutet der Autor die Darstellung aus 3,7.10–12 vor dem Hintergrund von Gen 28,10–22 neu. Anlass dafür ist Gen 28,22. Diese neu gedichteten
Verse (3,6.8 f) enthalten genau die Anspielungen, die die Intertextualität zwischen
beiden Texten konstituieren. Ferner erscheinen Mal 3,8 f in einer *inclusio*, die
durch das Verb קבע gesetzt ist, und mit dieser Paronomasie auf die Vorgeschichte
von Gen 28 anspielt. Durch die Hinzufügung dieser Verse entsteht die signifikante
Doppelung der dialogischen Struktur auch im V. Diskussionswort, und die ursprüngliche Zusammengehörigkeit mit dem II. Diskussionswort wird deutlich. Der
aufmerksame Leser bekommt durch sie einen Hinweis, wo er eine Antwort auf 1,6–
8; 2,2 findet. Mal 3,8–9 sind ebenfalls in einer *inclusio* gehalten, was die Hypothese
stützt, die Ergänzung gehe auf den Autor zurück, der auch das II. Diskussionswort
in dieses Stilmittel kleidete.

Das Lexem קבע (Mal 3,8 f) weist auf eine Verbindung zu Mal 1,11–13. Man hat
sich oft gefragt, warum die makelhaften Opfer in Mal 1,13 unter גָּזוּל »Geraubtes«
subsumiert worden sind, obgleich dieser Sachverhalt sonst nie im AT Gegenstand
der Opferkritik ist. קבע begegnet – abgesehen von den vier Belegen in Mal 3,8 f –
nur in Prov 22,22 f. Just an dieser Stelle inkludiert das Synonym גזל den Doppelvers.
Diese Assoziation evoziert[1140] eine Deutung, wonach mit dem Raub an Gott selbst
der Betrug der sozial Schwachen verbunden ist. Zu einem funktionierenden Kult

---

1138 So in der LXX nachvollziehbar: Das in Mal 1,7.8 entstandene und nicht eindeutige Nebeneinander von מִזְבֵּחַ und שֻׁלְחָן interpretiert die LXX, indem sie unter letzterem den Schaubrottisch versteht (Anm. 436).

1139 Jakob ist in der Tradition sogar der einzige »Nichtpriester« unter den Erzvätern (vgl. dazu
Kugel: Elevation, 19ff).

1140 Auffällig ist der Bezug auf die sozialethische Ebene, auf der in dieser »Schicht« der Maleachischrift ein Schwerpunkt liegt. Es ist methodisch jedoch nicht möglich, Intertextualität
aufgrund zweier gleicher Lexeme, die möglicherweise nicht dem »Propositionsarsenal« ange-
hören, vorzunehmen. Inwiefern Prov überliefert und rezipiert wurden, ist nicht sicher. Meinhold
datierte die Endfassung ins 3. Jh. v. Chr. (ZBK.AT 16.1, 39 f).

gehört im Kern die Sorge um den Schwachen – ein Tenor, der die gesamte Fortschreibung bestimmt.[1141] Besonders beeindruckend wäre an dieser theologischen Argumentation, dass der Levit im Dtn ursprünglich zu den *personae miserae* gehört (Dtn 14,29; 16,11.14 u. ö.). Die Gründungsgeschichte seines Priestertums – wie sie in Mal 2,4–8 aufgeschrieben ist – setzt somit beim Grundgedanken an, dass er selbst zu den Geringsten gehört und zu denen, die auf das Gerechtigkeitsempfinden ihrer Mitmenschen angewiesen sind.

Die sozialethische Dimension wird gleich zu Beginn der Fortschreibung in Mal 1,9 assoziiert, der auf Sach 7,2 referiert, ein Vers, der ebenfalls Bestandteil einer Passage ist, die in erster Linie ethisches Wohlverhalten als das Gott gemäße und von den Propheten seit alters proklamierte hinstellt. Die Änderung von פְּנֵי־יְהוָה zu פְּנֵי־אֵל erwächst aus der Intertextualität mit Gen 32 (Utzschneider) und erklärt so den Wechsel von Gottesrede in ›Prophetenrede‹ in Mal 1,9. Aus Gen 32f ist dann die dreimal innerhalb des II. Diskussionswortes begegnende Formulierung נשׂא פָנִים (Gen 32,21) entnommen, die den gesamten Fortschreibungstext inkludiert (Mal 1,8b–2,9) und so die Pointe des Zusammenhangs in den Maleachitext einträgt. Das Darbringen eines Opfers bedeutet nicht automatisch das Gelingen der Gottesbeziehung! Auch hier ist eine der Jakobgeschichten aus der Genesis Grundlage der Textauslegung für die Gegenwart.

Mal 1,9 gehört inhaltlich zu 1,11–13. Die Inkohäsionen zwischen den einzelnen Teilversen könnten spekulieren lassen, ob vielleicht Mal 1,8b und 1,10a als ironische Bemerkungen in Form von Randglossen an den ursprünglichen Text geschrieben worden waren, die dann mit der Fortschreibung in den Text integriert wurden. Mal 1,8 gibt jedenfalls den Ansatzpunkt für den Argumentationsgang »מִנְחָה«. Die מִנְחָה אֶרְצֶה מִיֶּדְכֶם-*inclusio* ist durch אֶרְצֶה an 1,8 gebunden und in einem geschlossenen Gedankengang bis 1,13 entfaltet.

1141 Vgl. die Einteilung der Maleachischrift durch Hieke: Kult, 74, in einen »eher ethisch orientierten Bereich« (I, III, IV, VI) und einen »eher kultisch orientierten Bereich« (II, V). Jan Assmann beschreibt den Zusammenhang beider Bereiche als ein Spezifikum der israelitischen Religion. In Ägypten ist »Ma'at eine letztfundierende Ordnung und übergeordnete Norm, die alle Ordnungen sowohl der Gerechtigkeit als auch des Kults umgreift.« (Assmann: Politische Theologie, 56). Mit dem Auszug aus Ägypten wird die sozio-politische Handlungssphäre von Recht und Gerechtigkeit in die theo-politische verschoben. Dabei entsteht der radikal neue Gedanke, Gott selbst zum Gesetzgeber zu machen (vgl. Jes 1,11–17; Am 5,21–24; Mi 6,6–8; Ps 50). Gerechtigkeit wird zur heilsrelevanten Handlungsnorm, die Gottesnähe vermittelt. Die beiden Handlungsziele des ägyptischen Königs, unter den Menschen Gerechtigkeit herzustellen und die Götter zufrieden zu stellen, fallen in eins. Der Gott Israels lässt sich mit Opfern nicht besänftigen – er fordert Gerechtigkeit.

Mal 1,11–13 nehmen die um 1,7 ergänzte Fassung auf (שָׁלְחַן אֲדֹנָי מְגֹאָל הוּא). Sie stellen damit der Kultkritik in 1,6–8 die Universalität des Gottesdienstes für Jhwh gegenüber.

Weil die Grundfrage dieses Autors das Amtsverständnis ist, der mit einem wiederholten Vorwurf an die Priester schließt, ist der Abschnitt insgesamt an die Priester adressiert (1,6b), auch wenn der Schuldanteil der Laien im ersten Teil eine wichtige Rolle spielt. Dieser wird mit 1,14 nochmals explizit herausgestellt. Seine formale Andersartigkeit lässt sich mit keiner Variante literarischer Schichtung begründen. Er scheint ein an Dtn 27 angelehnter Fluchsatz zu sein, der als Paradigma in den Text eingefügt wurde, um die Laien nicht aus der Verantwortung zu entlassen, nachdem der Text an die Priester adressiert worden war. Der Wechsel in den Fluchsatz betont, dass es hauptsächlich um die Schuld des Einzelnen (Laien) geht und spitzt die Vergehen in der Opferpraxis auf die Einlösung eines Gelübdes zu.[1142] Der Einzelne initiiert das Opfer (Mal 1,8). Der Gegensatz zu 1,14b zeigt die kosmologische Tragweite der Nachlässigkeit des Einzelnen. Mal 1,14b bringt den schließenden Teil der *inclusio*, die – wie oben gezeigt wurde – konstitutives Element des Textaufbaus ist, so dass auch der Fluchsatz, der überdies auf eine Aufgabe der Leviten weist (vgl. Dtn 27,14ff), vom Autor des Gesamtabschnitts stammen müsste. Möglicherweise setzt der Vers Sach 14 voraus und stellt der Völkerwallfahrt zum Zion seine Position gegenüber.[1143] Falls dies der Fall ist, müsste der Vers auf einer späteren Stufe der Textüberlieferung hinzugefügt worden sein.

וְעַתָּה in Mal 2,1 bezeichnet einen Neueinsatz, der nach dem mit 1,9 beginnenden Gedankengang die zweite Abrechnung einleitet. Die bedingte Fluchandrohung wird mittels der הַמִּצְוָה הַזֹּאת-*inclusio* auf die Priester bezogen.[1144] Mal 2,1–4a* sind ohne 2,4b–8* nicht sinnvoll – welche Intention könnte ein Text verfolgen, der mit der sarkastisch dargestellten Suspendierung der Priester endet, ohne eine neue Perspektive zu zeigen? Grammatikalisch gibt es auch keinen Grund zur Trennung; das redende Subjekt wechselt lediglich von der Anrede zur Erzählperspektive. Formal könnte hier ebenfalls das Stilmittel der *inclusio* ein Anhaltspunkt dafür sein, dass der Gesamtzusammenhang auf einen Autor zurückgeht.

1142 Hieke: Kult, 35; den Aspekt der Verantwortung des Einzelnen benennt auch Redditt: NCBC, 167.

1143 So auch eine Vermutung bei Oesch: Bedeutung, 193.

1144 Die Debatte um die Kohärenz und Deutung von 2,3 muss hier nicht geführt werden; siehe dazu Meinhold: BK XIV/8, 71 f.141–145, und den instruktiven Beitrag von Utzschneider: Schriftprophetie, 389, dort auch zur Intertextualität mit Dtn 18,3 und Ex 28,12ff in der LXX.

Den Priestern wird in Mal 2,4b–8 Levi als Ideal vorgehalten – was er tut, ist aber kein Opferkult, sondern der Dienst des gerechten Weisen. Er legt die Tora aus. Die Figur Levi umschließt die Mose- und die Aaronfunktion (c. 4.2.2.5). Diese Konzeption, die genealogisch mit Ex 6,14–25 grundgelegt ist und mit seinen intertextuellen Bezügen Dtn 33,8–11 voraussetzt, lässt vermuten, dass der Text in einer Zeit entstanden ist, in der es den Pentateuch als Schriften*corpus* bereits gab.[1145] Mal 2,7 ist später eingefügt worden. Er bindet mit der Bezeichnung des Priesters als מַלְאַךְ יְהוָה die hermeneutische Funktion Maleachis (3,1) in Bezug auf die Schriftauslegung an die Autorität der Institution zurück. Diese anaphorisch rekurrierende Interpretation von Mal 3,1 erfolgte vielleicht im gleichen Zuge wie die kataphorisch rekurrierende in Mal 3,23a.

Stilistisch arbeitet der Autor dieser Komposition mit der *inclusio*. Dieses Stilmittel findet er in Mal 2,2 vor und wählt es zur Ausgestaltung des gesamten II. Diskussionswortes (+ Mal 3,8 f). Die umfassende *inclusio* mittels der Wurzel בזה (Mal 1,6b/1,9a) lässt den Gesamttext des II. Diskussionswortes schließlich als Einheit erscheinen und dreht brillant den Spieß der im Widerstreit Liegenden um. Mal 2,9 gehört entweder auf dieselbe literarische Ebene oder auf die nächste. In der vorliegenden Textgestalt inkludiert der Vers den Gesamtzusammenhang, indem er alle Teile verbindet: den bereits vorhandenen mittels בזה, den ersten וְעַתָּה-Teil mittels נשׂא פָנִים, den zweiten וְעַתָּה-Teil, Priesterschelte und Levibund, mittels אֵינְכֶם und שׁמר. Dafür, dass 2,9 erst auf die nächste Ebene gehört, spricht formal die אָמַר יְהוָה צְבָאוֹת-Formel, die den Zusammenhang in 2,8 abschließt. Möglicherweise wurde 2,9 erst eingefügt, als das III. Diskussionswort zu einem eigenen Abschnitt gestaltet wurde, um die Zusammengehörigkeit und Geschlossenheit des Zusammenhangs von 1,6–2,9 deutlich zu machen. Beide Varianten haben ihr Für und Wider und können ungeklärt nebeneinander stehenbleiben, weil sie für das Gesamtverständnis des Textes keinen Bedeutungsunterschied eröffnen.

Einer »aktiven Lektüre« der Levibundpassage ist wohl die Fortschreibung des III. Diskussionswortes zu verdanken, die auf der Tradition vom Eifer Levis gründet. Sie ist darum als ›Prophetenrede‹ gehalten. Doch bevor es dazu kam, sind Fragmente dieses Textes bereits dagewesen. In der Analyse hatten wir gesehen, dass in Mal 2,10–16 formal kaum ein Vers zum anderen passt. Der literarkritische Befund hatte Inkohäsionen und Inkohärenzen vor und nach Mal 2,13 gezeigt; die Einbindung von 2,15 ist so problematisch, dass auf darauf basierende Thesen verzichtet wird. Mal 2,13 (ohne 2,13aα) hingegen scheinen nicht hinzugefügt worden, sondern bereits vorhanden gewesen sein. Der Vers nimmt Mal 1,10–13 auf. Im jetzigen Zusammenhang spricht er denen, die eine Mischehe eingegangen sind,

---

1145 Beyerle: Mosesegen, 117.

die Tauglichkeit ihrer Opferpraxis ab. Kryptisch schließt sich daran die Einrede der Adressaten, durch die der Abschnitt die Form eines Diskussionswortes bekommt. Das veranlasst mich zu der Annahme, dass Mal 2,13 eigentlich 2,8 fortschreibt – hin zu 3,1a.3–5. Der Bote kommt zur Läuterung der verdorbenen Priesterschaft, damit sie wieder ihren Dienst – Levi getreu – ausüben kann. Dem positiven Levibild in 2,4–8 sind in 3,3f die Levisöhne gegenübergestellt. Die Formulierung בְּנֵי לֵוִי weist darauf hin, dass nicht Leviten als *clerus minor*, sondern wiederum die Priesterschaft im umfassenden Sinn gemeint ist. Mal 3,3f setzen 1,11–13 voraus. Die Unmöglichkeit dort: Überall auf der Welt wird Jhwh eine reine Gabe dargebracht, nur nicht in Jerusalem. Jetzt (3,3f) wird dieser Zustand bereinigt; die Gabe Judas und Jerusalems wird angenehm sein, *expressis verbis* wird das betont. Die Idee dieser Fortschreibung basiert auf der Erzählung vom eigenmächtigen Handeln Moses und der Levisöhne in Ex 32,26–30. Dieses nicht von Jhwh legitimierte Wüten motiviert den Einsatz einer Vermittlungsinstanz zwischen Jhwh und Mose: הִנֵּה מַלְאָכִי יֵלֵךְ לְפָנֶיךָ »siehe, mein Bote wird vor dir gehen«. Dieser Bote Jhwhs begegnet bereits Ex 23,20.23, im Epilog des Bundesbuches, als der, der Israel in die Gebiete der Fremdvölker vorangeht. Der Wechsel in die Gottesrede in Mal 3,1a erklärt sich aus dem fast identischen Zitat (Ex 23,20.23). Daran schloss sich Mal 3,3. Die vorerst nicht eschatologisch verstandene, metaphorisch auf weisheitlichen Vorstellungen wie denen in Ps 17,3; 66,10; Prov 17,3; 25,4; 27,21 fußende Läuterung der Levisöhne durch den Boten soll den Dienst der Priester, dem Urbild Levi entsprechend, wieder ermöglichen. Die wahre prophetische Aufgabe besteht in der richtigen Anweisung des Volkes zum toragemäßen Leben, zum Tun von Gerechtigkeit, wie es in Mal 3,5 gefordert wird.

Mit dieser Komposition entsteht ein Text für das Ende des XII. Er beschreibt literarisch die gewandelte Vorstellung herkömmlicher Prophetie zum Schriftgelehrtentum. Die Tora ist nun Grundlage aller Prophetie; ihre Auslegung ist wahre Prophetie. Inspiratives Moment bleibt allein der Bote, Maleachi, der dieser Schrift den Namen gibt. Die Figur des Boten verkörpert die Intention dieser Komposition. Sie stellt die Institution in die Nähe der Offenbarung des göttlichen Willens; enthebt sie aber gleichzeitig eines unmittelbaren Automatismus ihrer Mittlerfunktion. Der göttliche Wille bleibt unverfügbar. Die konkreten Mittlergestalten der Institution sind immer fehlbar, wie die Zustände am Jerusalemer Tempel belegen.

Aus der Summe der Argumente schließe ich, dass die Maleachischrift in der eben beschriebenen Fassung für den Schluss des XII komponiert worden ist. Die Überschrift Mal 1,1 weise ich ebenfalls dieser Ebene zu. Sie ist Hag 1,1 nachgebildet und stellt dar, dass Maleachi in die Funktion des Propheten eintritt. Maleachi ist eine literarisch-prophetische Figur – kein Individuum, sondern die Verkörperung des göttlichen Willens, des Inspirativen, dem entsprechend die Tora für die jeweilige Gegenwart ausgelegt werden soll. Das gibt der Maleachischrift ihren Namen, und deswegen sind Erweiterungen von Mal 1,1 wie im Targum »dessen Name Esra, der Schreiber ist«, textimmanent angelegt. Auf diese literarische Ebene gehören auch die אָמַר יְהוָה צְבָאוֹת-Formeln, die durch ihren Unterschied zur sogenannten Botenformel mit כֹּה das neue Verständnis der Prophetie zum Ausdruck bringen. Das Wort ergeht nicht mehr, Jhwh hat bereits gesprochen.

Wenn es stimmt, dass die Komposition des XII eine Geschichte der Prophetie darstellt,[1146] dann ist die Maleachischrift in diese Komposition eingeschrieben worden, als dessen Gesamtanlage intendiert war (also nicht in ein separates Haggai-Sacharja-*Corpus*). Die großen thematischen Bögen zum Hoseabuch sind in dieser ›Schicht‹ jedoch noch nicht greifbar, sondern erst in der folgenden. Für die Fertigstellung des XII ist erst mit seiner Bezeugung beim Siraciden (Sir 49,10) um 175 v.Chr.[1147] ein *terminus ante quem* gegeben.

Diese Komposition setzt wahrscheinlich den Pentateuch voraus und die in Neh 8 dargestellte Handhabung der Tora. Rolf Rendtorff ist der Meinung, dass Neh 8–10 mit der »Tora Moses« (8,1) oder »Tora Gottes« (8,8; 10,29) den Pentateuch meint und dieser sowohl in der Diaspora als auch in Jerusalem bekannt war. Die große Toravorlesung Esras berichte nicht von einer Promulgation eines neuen Gesetzes, sondern eher von einem wichtigen Beitrag zur Konsolidierung Israels im persischen Großreich, beispielsweise durch die Bestimmungen zur Feier des Laubhüttenfestes (Dtn 31). Auffällig sei zudem, dass Esra bei dieser »Vorlesung« deutlich zurücktritt; die Leviten lesen (8,8).[1148] Die Erwähnung des Statthalters (Mal 1,8) legt die Datierung in die Perserzeit nahe, also vor 332 v.Chr.[1149] Historische Ereignisse werden nicht explizit.

6.3.3 »Aktive Lektüre« II zum Schlussstein des Zwölfprophetenbuchs

Eine zweite Bearbeitung erweitert den Text, indem sie seine Schlussposition am Ende des XII ausgestaltet. Die intertextuellen Bezüge zum Jesajabuch, die nicht in allen Überlieferungen auf den Beginn des *corpus propheticum* weisen, können nicht textgenetisch gedeutet werden.

1146 Schart: Entstehung, 28, auch Barton: Meaning, 24.

1147 Sir 49,10; Gertz: Grundinformation, 612, nimmt an, dass das um 240 fertiggestellt wurde; Zenger: Einleitung[8], 625, etwas später; mit Steck um 240–220 v.Chr.

1148 Rendtorff: Esra, 89–91. Zum Prozess des Werdens der Tora zu einem normativen schriftlich fixierten corpus und der Schwierigkeit, diesen zu fassen, siehe c. 7.

1149 Vgl. auch die Übersetzung der LXX mit τῷ ἡγουμένῳ σου, aber auch Anm. 46.

Die Untersuchung der Bezüge innerhalb der Maleachischrift ergab, dass das I. in auffälliger Weise mit dem VI. Diskussionswort verbunden ist. Die Untersuchung der Metaphern des VI. Diskussionswortes zeigte überdies intertextuelle Bezüge zum Beginn des XII.[1150]

Oben wurde dargelegt, dass Mal 1,2–5 in 1,6–2,9 aus textlinguistischer Sicht nicht weitergeführt werden, was dafür spricht, dass der Abschnitt später vorgesetzt wurde.[1151] Ein Indiz dafür, dass Mal 1,2–5 den Zusammenhang des II. und V. Diskussionswort bereits voraussetzen, ist der Bezug auf Dtn 28 in Mal 1,4aα, der an sich keine Intertextualität konstituiert, sich aber an die Intertextualität von Mal 2,2; 3,7.10–12 mit Dtn 28 anlehnt. Die Bezüglichkeit auf die Jakob-Esau-Überlieferung wird aufgenommen und zwar erstmalig so, dass nicht eine Geschichte der Genesis für die Gegenwart aktualisiert, sondern anhand der beiden Eponyme Jakob und Esau ein theologisches Problem in nie dagewesener Weise thematisiert und zugespitzt wird. Vor dem Hintergrund von Dtn 28 werden Segen und Fluch *in persona* einander gegenüber gestellt. Die Affinitäten des I. Diskussionswortes zum V. *und* zum VI. sprechen dafür, dass es das Ende des V. als Schluss des Buches im Blick hatte und bei der Abfassung des VI. wiederum als Gegenüber diente.

Dass Mal 1,2–5 und Mal 3,13–21 aus der Hand eines Verfasser(kreise)s stammen, legen neben der kurzen אָמַר יְהוָה-Formel (1,2; 3,13) auch die auffallende Häufung von Chiasmen[1152] nahe. Mal 1,2–5 nehmen die Symbolik des Feindes im Begriff Esau/Edom auf, wie sie aus anderen Gerichtstexten (Ob; Jes 34; 63,1–6) bekannt ist.[1153] Ferner ist בזה der Begriff, den Gen 25,24–34 verwenden, um zum Ausdruck zu bringen, wie Esau sein Erstgeburtsrecht verachtete. In Mal 1,6ff ist es ein Schlüsselbegriff für das Vergehen der Adressaten.[1154] Damit wird in beiden Fällen eine Entschluss Jhwhs verachtet, der letztlich Segen verheißt. Auch in Bezug auf Esau und die Frevler in der Maleachischrift scheint durch, dass die Bedingung des Segens, die Toraobservanz, die ein Ausdruck der Treue Jhwh gegenüber ist, nicht eingehalten wird. Dieser Aspekt des Gottesfeindes wird typologisch im I. Diskussionswort an Esau/Edom angedeutet.

Ferner könnte die Parascheneinteilung bezeugen, dass Mal 1,2–5 als eine Art hermeneutischer Schlüssel vor 1,6–2,9 verstanden wurden. In dieser Funktion

---

1150 Wie z. B. die Wegmetaphorik, das Backofen-Motiv; die theologische Auseinandersetzung mit der Liebe Gottes, Heilungsmetaphorik; die Vater-Sohn-Metaphorik liegt schon auf der Ebene von Mal 1,6 ff.

1151 So auch Redditt: Redaction, 253. Vgl. Böckler: Gott, 319.

1152 C. 4.1.1; c. 4.6.1; Schwesig: Rolle, 248 f.

1153 Vgl. zur Parallelität von 1,2–5 und Mal 3,13–21 und der Interpretation äußerer und innerer Feinde auch Keel: Geschichte II, 1084.

1154 Vgl. die Tabelle Seite 101; auch Clendenen: NAC 21 A, 256.

werden die Zwillinge zum Paradigma der Gegenwartsdeutung, und zwar in der theologischen Zuspitzung des Problems von Frevlern und Gerechten, das unter dem veränderten Verständnis Israels im persischen Großreich die Reformulierung der in den Fremdvölkersprüchen formulierten theologischen Feindbilder an das Ende des Zwölfprophetenbuches setzt. Dieser Horizont ist mit Sach 14 in der kanonischen Abfolge des XII bereits geweitet.[1155] Die Exklusivität Israels in Mal 1,2–5 steht nicht im Konflikt dazu, wie Mal 1,11–13 zeigen. Der Zusammenhang könnte durch die verkürzte אָמַר יְהוָה-Formel in 1,2a und 1,13b kenntlich gemacht sein. Mit ihrem dritten Vorkommen in der Maleachischrift entsteht ein Bezug zu Mal 1,11–14. Dieses Referenzsystem verweist auf die Passagen, die sich mit dem theologischen Problem »Israel in der Völkerwelt« auseinandersetzen. Die mit Mal 1,2–5 letztmalig im Zwölfprophetenbuch thematisierte Fremdvölkerfrage wird mit 3,13–21 auf die Ebene des Individuums gehoben. Das Thema der Fremdvölker wird damit *ad acta* gelegt. Semantisch besteht zwischen Esau/Edom als dem Frevlertypos in Mal 1,4 und dem Frevler in 3,19.21 bereits kein Unterschied mehr. Mit den Begriffen vom Frevler und Gerechten wird eine Terminologie etabliert, die besonders in den Psalmen und Proverbien auftritt. Die Klassifizierung in Frevler und Gerechte war bereits in den beiden Textpassagen 1,9–14; 2,1–9 angelegt. Die Ehrfurcht Levis (Mal 2,7) ist das Urbild für den Gottesfürchtigen (Mal 3,16).

Diese zur letzten Tag-Jhwhs-Dichtung im XII ausgestaltende Schicht interpretiert das Gerichtshandeln des IV. Diskussionswortes. Mal 3,1b.2 deuten die Läuterung der Levisöhne in 3,3f als Läuterungsgericht, das nun eine Vorstufe zum Tag Jhwhs darstellt. Das Kommen Jhwhs in Mal 3,5 erfährt mit dem VI. Diskussionswort seine Deutung als Jhwh-Tag. Der göttliche Rechtsakt, dessen Vorstufe mit Mal 3,1b–4 die Läuterung der Söhne Levis beinhaltet, betrifft in 3,13–21 alle.[1156]

1155 Vom Ansatz ähnlich Bosshard/Kratz: Maleachi, 41. Auch die beiden Monographien von Beck und Schwesig legen dar, dass Sach 9–14 bereits Bestandteil des XII waren, als Mal 3,13–21 abgefasst wurden. Der von Schart: Putting, 338–343, vorgeschlagene redaktionsgeschichtliche Anschluss der Maleachischrift an Sach 14 erscheint mir erst auf dieser Ebene plausibel. Sach 13 fundiert den Bruch zwischen Sach 1–8 und Mal und gibt mit der Abfolge von Sach 13,7–9 und Sach 14 die Basis für die eschatologisch ausgerichteten Texte der Maleachischrift. Stichwortverbindungen lassen sich jedoch an allen »Nahtstellen« zeigen und können für redaktionsgeschichtliche Hypothesen nur in kritischer Reflexion ihrer Funktion zugrundegelegt werden. Die von Schart herausgearbeitete hermeneutische Botschaft dieser Abfolge illustriert lediglich die Sinnhaftigkeit der Komposition des uns vorliegenden Endtextes. Geteilt wird seine Idee, ›Maleachi‹ als »hermeneutical guide« der letzten drei Bücher des XII aufzufassen.

1156 Dagegen Koenen: Heil, 64, der Mal 3,2–4 für später hält als 3,13–21, weil die Aussageabsicht in 3,2–4 sich seiner Meinung nach erst von 3,13–21 nahelegt. Der Verfasser von 3,2–4 will das Kommen Jhwhs, das mit 3,1bα schon eingefügt ist, explizieren. Auch die Beschreibung der Veränderung der Intentionalität der Grundschicht von 2,17; 3,1.5 durch die Fortschreibung von 3,13–21

Mit dieser Fortschreibung wird die Vorstellung eines zweiphasigen Gerichts etabliert, dessen erste Phase 3,1–4 und dessen zweite Phase 3,5.17–21 entfalten. Aaron Schart meinte, dass die Maleachischrift ihren Platz im XII an dieser Stelle aufgrund des Tags-Jhwhs bekam.[1157] Davon wird man schon auf einer früheren Stufe der Textgenese ausgehen müssen.

Mit den aus dieser »aktiven Lektüre« entstandenen Texten (Mal 3,1b.2.13–21) erfährt die Maleachischrift eine Eschatologisierung. Der Jhwh-Tag wird ein aus der Geschichte herausgenommenes Ereignis, das durch die Sonnenmetaphorik, die אֲשֶׁר אֲנִי עֹשֶׂה-Formel und Bezüge zu Jes 1,10–17 Reminiszenzen an den Mythos der Vernichtung von Sodom und Gomorrha aufweist. Die Frage der Theodizee angesichts von Frevlern und Gerechten wird in Gen 18,16–33 aufgeworfen und erfährt, nachdem in den Nebi'im fast immer das Missverhältnis von Tun und Ergehen beklagt worden ist, in Mal 3,13–21 eine Antwort, die eschatologisch das Offenbarwerden der göttlichen Gerechtigkeit zusichert.

Wahrscheinlich gehören auch die Ergänzungen, die Mal 2,10.13 zum II. Diskussionswort ausgestaltet haben, auf diese literarische Ebene, die um die Identität Israels ringt. Jedenfalls setzen Mal 2,10–16* sowohl Mal 1,11–13 als auch Mal 2,4b–8 voraus. Das Diskussionswort ist dem Motiv vom Eifer Levis entsprungen. Es ist die »aktive Lektüre« der Levibundpassage vor dem Hintergrund der Jakobüberlieferung, deren historischen Kontext die Mischehenfrage darstellt.[1158] Wie im I. und V. Diskussionswort ist auch hier das ganze Volk angeredet, nicht die Priester. Theologisch passt dieser Text, so wie ich ihn verstehe, in den Horizont des I. Diskussionswortes, das die Besonderheit der Gottesbeziehung Israels propagiert, wie sie in großer metaphorischer Sprache auch in Hos 1–3 beschrieben wird. Im Changieren zwischen der metaphorischen Rede über das Verhältnis zwischen Gott und Israel und dem zwischenmenschlichen Eheverhältnis gewinnt dieses Diskussionswort seine Brisanz. Für die oben präferierte Deutung spricht die Rechtfertigung von Jakobs Betrug in der Priesterschrift. Während Jakob den Erstgeburtssegen, der nach älteren Quellen Esau zugestanden hätte, durch Betrug erhält, bekommt er ihn nach P, weil er keine fremden Frauen heiratete (Gen 26,34 f; 27,46; 28,1–9).[1159] Der von Elliger zum Zusatz erklärte Teil der Ortsangabe in Mal

---

ist ungenau – so werden die Frevler am Tag Jhwhs nicht in einem »Läuterungsgericht« verbrannt (Heil, 65), sondern »mit Stumpf und Stiel« ausgerottet (Mal 3,19by).

1157 Schart: Entstehung, 295.301 f.

1158 Gen 31. Das dritte Diskussionswort als »corrective instruction«, die aufgrund der versagenden Priesterschaft von Mal 2,1–9 notwendig geworden ist, als Lehrtext zu verstehen, schlägt auch Hill: AncB 25D, 223, vor.

1159 Keel: Geschichte II, 1075.

2,11a וּבְיִשְׂרָאֵל gehört dazu, weil das Eponym »Juda« auf den königlichen Ahnherren rekurriert (siehe S. 152).

Ebenso wie in den beiden vorangegangenen Kapiteln stellt sich auch auf dieser Ebene die Frage der zeitgeschichtlichen Einordnung. Die Datierung der Maleachischrift insgesamt wird oftmals auch aufgrund der Mischehenfrage entschieden. Das Argument für seine Einordnung vor Esra/Nehemia ist, dass die Mischehenfrage hier nicht so radikal entschieden werde wie dort.[1160] Stimmt die oben vorgeschlagene Lesart von Mal 2,10–16 (c. 4.3.2), wird hier ebenso radikal entschieden wie in Esr 9. Das Thema wird theologisch fundiert, indem es mit der Grundeinstellung des Menschen zu Jhwh konfrontiert und auf Grundlage der Tora diskutiert wird. Anstelle von Esra steht Levi, der für Jhwh Eifernde (Gen 34; Ex 32). Diese Art der Theologisierung spricht sogar dafür, das III. Diskussionswort später als Esr 9 zu datieren; ebenso auch das Levitenbild beider Texte: Joachim Schaper schrieb, dass Esra in der Mischehenfrage radikal einschritt und sich dabei wohl der Leviten bediente.[1161] Das ist in Esr/Neh jedoch gar nicht deutlich. Auch Leviten hatten Mischehen vollzogen (Esr 9,1; 10,23 f). Esra hatte der Darstellung zufolge darauf geachtet, dass genug Levisöhne aus dem Exil mitziehen (Esr 8,15), ohne dass ein Zusammenhang zu seiner inneren Mission (Esr 7,10) explizit wird. Nach Neh 8,7 legen die Leviten die Tora aus. In Neh 10,38 erhalten sie die Aufgabe, den Zehnten einzutreiben, wobei ein Aaronide sie begleiten soll (10,39). 284 Leviten gab es in der Heiligen Stadt (11,18), es wohnten aber auch einige außerhalb. Esr/ Neh legen Wert auf die Kontinuität ihres Stammbaums (Neh 12). Zur festlichen Einweihung der Stadtmauer holte man sie extra von ihren Landsitzen (12,27). Während Nehemias Abwesenheit wurden alle bereits errungenen Reformen wieder vernachlässigt (Neh 13) – woraufhin dieser bei seiner Rückkehr die Leviten zurückholt (13,10 f). Er bestellt sie auch zur Wacht über den Sabbat (13,22). Im Vorgehen gegen die Mischehen kommt ihnen jedoch keine Rolle zu (13,23–28). Das erledigt Nehemia selbst. Der Bund der Priesterschaft und der Leviten (13,29), der

---

1160 Zenger: Einleitung[8], 696 f; Elliger: ATD 25,2, 178; Horst: HAT I/14, 263; Glazier-McDonald: Malachi, 15 f; Reventlow: ATD 25,2, 130; Meinhold: BK XIV/8, 12, vgl. Meinhold: TRE 22, 7. Vor Esr/ Neh, zeitgleich jedoch der Einschub 2,11 f: Marti: Dodekapropheton, 457; auch Rudolph: KAT XIII/ 4, 248 f, nimmt Gleichzeitigkeit an und wundert sich, warum Maleachi in Esr/Neh und Chr nicht erwähnt ist, was jedoch in dessen literarischem Charakter begründet ist. Ungefähr zeitgleich auch Keel: Geschichte II, 1083. Vgl. Pohlmann: Esra, 488 f, der auf die prolevitischen Tendenzen im Nehemiabuch i. G. zu Esra hinweist. Darin stehen I/II Chr Neh nahe, ebenso Mal. Pohlmann bemerkt, dass der vorbildlich auftretende Esra das verspielte Renommee der Jerusalemer Priesterschaft wieder gewinnen will, was für die Späterdatierung spricht. Vgl. auch Hengel: Schriftauslegung, 22.
1161 Vergleiche dazu und zu ihrer Funktion als Übersetzer und Schriftausleger: Schaper: Priester, 256 ff.

damit befleckt wird, bezieht sich vielleicht auf die schriftliche Vereinbarung aus Neh 10,1–3. Oder sind Neh 13,28 f ein noch späterer Reflex auf Maleachi?[1162] Aus den Texten Esr/Neh kann geschlossen werden, dass die Stilisierung Levis zum Eiferer für Jhwh gegen die Mischehe mit großer Wahrscheinlichkeit (noch) nicht bekannt war, zumindest aber nicht aufgegriffen wurde.

Die Datierung der Maleachischrift in diesem Textstadium in die griechische Zeit[1163] kann anhand der relativen Chronologie der Textabfolge in Hag-Mal gefestigt werden. Setzen Mal 3,13–21 aufgrund der Tag-Jhwhs-Dichtung Sach 12–14 voraus, dann auch den Beginn der griechischen Vorherrschaft, wahrscheinlich die Ptolemäerzeit (Sach 14,18 f).[1164] Für diese Einordnung spräche der religionsgeschichtliche Hintergrund der Flügelsonnenmetapher und die mit ihr verbundene Heilungsmetaphorik, sofern sie ein Gegenbild zum Herrscherkult der Ptolemäer darstellt, das Jhwh als den wahren König der Welt propagiert.[1165] In Ägypten, dem Land mit dem am vollkommensten ausgebauten Königskult, wurden, nachdem Alexander sich in Memphis nach ägyptischem Ritus krönen lassen und das Geheimnis seiner Gottessohnschaft mit seiner Reise nach Siwa dem mythischen Fundament seiner Herrscherlegitimation beigefügt hatte,[1166] die Ptolemäer als Pharaonen, Söhne des Re, verehrt. Unter Ptolemaios Soter I. nahm der Gott Sarapis die Stelle ein, die unter Alexander noch Amon innehatte. In griechischen Angaben über Sarapis spielt die Verbindung von Ewigkeit und Königtum eine große Rolle.[1167] Seit Ptolemaios II. erfuhren die lebenden und toten Ptolemäer in allen Tempeln neben den Göttern Adoration. Mit unterschiedlichen Nuancierungen sind diese Formen der Herrscherlegitimation bis zum Ende der ptolemäischen

---

1162 So Hieke: NSKAT 9/2, 257, der einen Zusammenhang zwischen Jer 33,17–22 und Mal 2,4–8 liest; ebenso Gunneweg: KAT XIX/2, 172. Vielleicht weist die Verwendung des PtPlAkt von גאל II Neh 13,29 auf den Zusammenhang mit Mal, wo das sehr selten verwendete Verb Pi/Pu/Hitp (Mal 1,7; Esr 2,62; Neh 7,64; Mal 1,7.12) gehäuft vorkommt?

1163 Vgl. dazu Mathys: Testament, 278–293.

1164 So auch Bosshard/Kratz: Maleachi, 45. Zu den vier Indizien absoluter Chronologie: Steck: Abschluß, 22–24. Auch Schwesig: Rolle, 298, datiert aufgrund von Sach 14 Mal 3,13–21 in die Ptolemäerzeit, ebenso Meinhold: BK XIV/8, 356.

1165 Siehe c. 4.6.2.6. Vgl. Hölbl: Geschichte, 81 f. Da das AT kaum Polemik gegen die persische Oberherrschaft durchscheinen lässt (so Willi: Jehud, 44; anders Achenbach: Vollendung, 137) und scharfe Polemik zur Zeit eines untergehenden Großreiches nicht wahrscheinlich ist, stärkt die Argumente für die Datierung in die Ptolemäerzeit. Utzschneider votierte dafür, aufgrund des Bezugs auf die Errichtung des Heiligtums in Leontopolis durch Onias IV. Mal 1,11–14 in Zeit des Ptolemaius Philometor zu datieren (Künder, 84ff). Dafür finden sich im Text keine Anhaltspunkte. Jedoch wäre möglich, schon in der Proklamation des Königtums Jhwhs in 1,11–14 einen Reflex auf die Ptolemäerherrschaft zu sehen und Mal 1,2–5; 3,13–21 entsprechend später zu datieren.

1166 Haag: Zeitalter, 39; Huß: Ägypten, 55.70 f.

1167 Koch: Geschichte, 494.

Hegemonie Palästinas (198 v. Chr.) unter Ptolemaios V. belegt.[1168] Weil die religionsgeschichtlichen Vergleiche der Metaphorik im VI. Diskussionswort eher in ägyptische Kontexte wiesen, sei mit dieser Jahreszahl der *terminus ante quem* gesetzt, der dem mit Sir 48,10 gegebenen nicht wesentlich vorausliegt. Auch die universale Konzeption – im Unterschied zu der möglicherweise persisch geprägten von der Völkerwallfahrt zum Herrscher der Erde – spricht eher für die Einordnung dieser Redaktion der Maleachischrift in die griechische Zeit.

Mal 3,22–24 stellen ein späteres Stadium der Textgeschichte dar. Als man Maleachi in Mal 3,23 mit Elia identifizierte, kennzeichnete man die ursprüngliche Deutung mit Levi anaphorisch und fügte Mal 2,7 ein. Der Bote aus Mal 3,1 erhielt dadurch zwei Konkretionen. Mit Mal 3,22–24 wird der Horizont von ›Gesetz und Propheten‹ etabliert, der in dieser Parallelität nur in Aufnahme der beiden Erzählungen Ex 33 und I Reg 19 gedeckt ist. Entstehungsgeschichtlich ist mit der Aufnahme von Mal 3,24 im »Lob der Väter« bei Jesus Sirach (Sir 48,10) mit dem Jahr 175 v. Chr. der *terminus ante quem* für die Entstehung des Epilogs gegeben.[1169]

In der folgenden Tabelle ist die Hypothese zur Entstehung der Maleachischrift mit den entsprechenden Referenzen veranschaulicht. Die Kapitelangaben in der Kopfzeile verweisen auf die in den letzten drei Kapiteln skizzierten literarischen Entstehungsprozessen.

1168 Der berühmte Stein von Rosetta (Memphis) belegt, dass der griechische König Ptolemaios V. als »lebendige[s] Abbild des Amun und [...] Sohn des Re« bezeichnet wurde (TUAT/A I, 238–239); vgl. Onasch: Königsideologie, 137–155. Ein Vergleich der beiden Dekrete zeigt, dass ersteres eindeutig griechisch dominiert ist, letzteres ägyptisch (Herz: Ptolemaier, 86). Auch ikonographische Zeugnisse belegen, dass die Ptolemaier sich im Kleid pharaonischer Herrschersymbolik, als Söhne des Sonnengottes, präsentieren ließen. Die Darstellung mit Strahlenaureole ist ihnen jedoch gemein (Bergmann: Strahlen, *passim*).

1169 Rudolph: KAT XIII/4, 293. Krieg: Mutmaßungen, 213ff, zeigte die Strukturparallele des zweigliedrigen Geschichtsschemas in Mal und Jesus Sirach.

Vers	c. 6.3.1	c. 6.3.2	c. 6.3.3 "aktive Lektüre" III	Referenzen
1,1			Ausspruch,	Jer 23,33–40
				Sach 9,1; 12,1
			Wort Jhwhs an Israel durch meinen Boten	Hag 1,1

I. Diskussionswort

1,2–5			Ich liebe euch, hat Jhwh gesagt.	
			Ihr aber sagt: Wodurch liebst du uns?	
			Hat nicht Jakob einen Bruder Esau?	Gen 25,19–34
			Spruch Jhwhs. Jakob gewann ich lieb, aber Esau begann ich zu hassen, und ich setzte sein Gebirge zur Verwüstung und seinen Erbbesitz für die Schakalweibchen der Wüste. Wenn Edom sagte: Wir wurden zerstört, aber wir wollen die Trümmer wieder aufbauen! So hat Jhwh Zebaoth gesagt: Sie mögen aufbauen – ich aber werde einreißen.	
			Und man wird sie ›Gebiet des Frevels‹ nennen und ›Volk, dem Jhwh für immer zürnt‹. Eure Augen werden es sehen und	Mal 3,18
			ihr werdet sagen: Groß erweist sich Jhwh über das Gebiet Israels hinaus!	Dtn 11,1–7

II. Diskussionswort

1,6			Ein Sohn ehrt (den) Vater und ein Knecht seinen Herrn.	Ex 20,12 // Dtn 5,16
			Und wenn ich Vater bin – wo ist meine Ehre?	
			Und wenn ich Herr bin – wo ist die mir gebührende Ehrfurcht?	
			hat Jhwh Zebaoth zu euch gesagt, Priester, Verächter meines Namens.	Gen 25,34
			Ihr aber sagt: Wodurch verachten wir deinen Namen?	
1,7a			Ihr bringt auf meinem Altar unreine Speise dar.	
			Ihr aber sagt: Wodurch verunreinigen wir dich?	
1,7b.8			Mit eurem Gerede: Der Tisch Jhwhs, verachtenswert ist er.	
			Denn ihr bringt Blindes zum Opfer dar [und meint]: Es ist nicht schlimm.	Dtn 15,21
			Denn ihr bringt Lahmes und Krankes dar [und meint]: Es ist nicht schlimm.	
1,9a			*Bring es doch deinem Statthalter – wird er Gefallen an dir finden oder wird er dein Angesicht erheben?*	Gen 32f
			hat Jhwh Zebaoth gesagt. Und jetzt besänftigt doch das Angesicht Gottes, dass er uns gnädig sei.	Gen 32f; Sach 7,2; 8,21f
9b			Aus eurer Hand ist dies geschehen – kann man euretwegen [überhaupt euer] Angesicht erheben? hat Jhwh Zebaoth gesagt.	Num 6,24–26

Vers	c. 6.3.1	c. 6.3.2	c. 6.3.3 "aktive Lektüre" III	Referenzen
10a			*Wer von euch würde die Türflügel verschließen, dass ihr nicht mehr vergeblich meinen Altar erleuchtet?*	
10bα	Ich habe	kein Gefallen an euch		Mal 2,17; 3,12
10bα			hat Jhwh Zebaoth gesagt	
10bβ			und eine Gabe gefällt mir nicht aus eurer Hand.	Mal 1,13; 2,13
11–13			Ja, vom Aufgang der Sonne bis zu ihrem Untergang ist mein Name groß unter den Völkern, an jedem Ort lässt man Opfer aufsteigen, dargebracht meinem Namen, eine reine Gabe, ja, groß ist mein Name unter den Völkern, hat Jhwh Zebaoth gesagt. Ihr aber entweiht ihn mit eurem Gerede: Der Tisch des Herrn kann verunreinigt werden und seine Frucht, seine Speise ist verachtet. Und ihr sagt: Siehe, welche Mühsal. Und ihr blast ihn an, hat Jhwh Zebaoth gesagt, und bringt Geraubtes, das Lahme und das Kranke. Ihr bringt es als Gabe – soll ich etwa an ihr Gefallen haben aus eurer Hand? hat Jhwh gesagt.	= Ps 113,3a; = 50,1b [Num 16,6f] Prov 22,23 Mal 1,2; 3,13
14a			Verflucht sei ein Betrüger, der in seiner Herde ein tadelloses Männliches hat und es gelobt und (an stelle dessen) dem Herrn Verstümmeltes opfert!	Dtn 27,26; Lev 22,19.21
14b			Ja, ein großer König bin ich, hat Jhwh Zebaoth gesagt und mein Name ist ehrfurchtgebietend unter den Völkern.	Ps 47,3; 99,3; Mal 3,23
2,1			Und jetzt an euch, Priester, das, was euch gesetzlich zusteht!	
2,2aα			Wenn ihr nicht hört und wenn ihr euch nicht zu Herzen nehmt, meinem Namen Ehre zu geben, hat Jhwh Zebaoth gesagt,	Dtn 28,15ff
2,2a			werde ich den Fluch gegen euch senden und ich werde eure Segnungen verfluchen	Dtn 28,15ff; Mal 3,9
2,2bα			und ich habe sie bereits verflucht,	
2,2bβ			weil ihr es euch nicht zu Herzen nehmt.	
2,3			Siehe, ich schreie euch die Nachkommenschaft an – ich streue den Inhalt der Gedärme in eure Gesichter, die Exkremente eurer Feste, man trägt euch zu ihnen.	Mal 3,1; Mal 3,11
2,4a			Und ihr werdet erkennen, dass ich das, was euch gesetzlich zusteht, zu euch geschickt habe,	
2,4b			um des Bestehens meines Bundes mit Levi willen, hat Jhwh Zebaoth gesagt.	Num 25,10–13; Ex 32,26–29; Dtn 33,8–11; Neh 13,29b; Jer 33,19–22

Vers	c. 6.3.1	c. 6.3.2	c. 6.3.3 "aktive Lektüre" III	Referenzen
2,5			Mein Bund mit ihm bestand: Das Leben und den Frieden, sie gab ich ihm, Ehrfurcht, dass er mir Ehrfurcht erwies, und vor meinem Namen erschrak er.	
2,6			Wahrheitsgemäße Tora war in seinem Mund und Verkehrtheit wurde nicht auf seinen Lippen gefunden, in Frieden und Geradheit wandelte er mit mir, viele ließ er umkehren von der Sünde.	
2,7			Denn die Lippen des Priesters sollen Erkenntnis bewahren und Tora sucht man aus seinem Mund, denn ein Bote Jhwhs ist er.	[Hag 1,13]
2,8			Ihr aber seid abgewichen vom Weg und habt straucheln lassen viele in der Tora. Ihr habt zugrundegerichtet den Bund des Levi, hat Jhwh Zebaoth gesagt.	= Dtn 11,28ab = 31,29ab
2,9a			Ich meinerseits mache euch nun zu Verachteten, zu Niedriggeschätzten vom ganzen Volk,	Mal 1,6
2,9b			weil ihr meine Wege nicht bewahrt und bei[m] (der) Tora[sprechen] Ansehen der Person übt.	Mal 2,2; 1,8b.9b

III. Diskussionswort

Vers	c. 6.3.1	c. 6.3.2	c. 6.3.3 "aktive Lektüre" III	Referenzen
2,10			Ist nicht *ein* Vater für uns alle, hat nicht *ein* Gott uns geschaffen? Warum handeln wir treulos, einer gegen seinen Bruder, zu entweihen den Bund unserer Väter?	Mal 1,6 Gen 31,44
2,11f			Juda handelte treulos und ein Greuel wurde getan in Israel und in Jerusalem, denn Juda entweihte das Heilige Jhwhs; das er [eigentlich] liebte, und heiratete die Tochter eines anderen Gottes. Jhwh soll ausrotten von dem Mann, der sie tut, Schoß und Spross von den Zelten Jakobs, auch [wenn er] Darbringer einer Gabe für Jhwh Zebaoth [ist].	Jer 3,7 Gen 49,8–12 Mal 1,7.10
2,13aα			Und dies tut ihr als Zweites:	
2,13aβγb			Tränen bedecken den Altar Jhwhs, Weinen und Klagegestöhn wegen des nicht mehr Zuwendens zur Gabe und des wohlgefälligen Nehmens aus eurer Hand.	Mal 1,10–13
2,14			Aber ihr sagt: Warum? Weil Jhwh Zeuge ist zwischen dir und der Frau deiner Jugend, gegen die du treulos gehandelt hast, dabei ist sie deine Gefährtin und die Frau deines Bundes.	Gen 31,43–54

Vers	c. 6.3.1	c. 6.3.2	c. 6.3.3 "aktive Lektüre" III	Referenzen
2,15abα			Und kein einziger täte das und ein Rest Geistes für ihn und was ist dieser eine? Einer, der Nachkommenschaft Gottes sucht? Hütet euch um eures Geistes willen	[Esr 9,2]
15bβ			und gegen die Frau deiner Jugend soll man nicht treulos handeln.	
16a			Wenn er Wegschicken hasst, hat Jhwh, die Gottheit Israels, gesagt, deckt er Gewalttat über sein Gewand, hat Jhwh Zebaoth gesagt.	Ex 32,27a
16b			Hütet euch um eures Geistes willen und keinesfalls dürft ihr treulos handeln.	Mal 2,15
IV. Diskussionswort				
2,17			Ihr ermüdet Jhwh mit euren Worten; ihr aber sagt: Worin ermüden wir? Mit eurem Gerede: Jeder, der Böses tut, ist gut in den Augen Jhwhs und an ihnen hat er Gefallen. Oder wo ist die Gottheit des Rechts?	[Jes 30,18b]
3,1a	Siehe, ich sende meinen Boten, und er bereitet den Weg vor mir.			Ex 23,20.23; 32,34 Jes 40,3
3,1b			Und plötzlich wird kommen zu seinem Tempel der Herr, den ihr sucht, und der Bote des Bundes, an dem ihr Gefallen habt, siehe er wird dann gekommen sein, hat Jhwh Zebaoth gesagt.	Mal 2,7
3,2a			Aber wer wird ertragen den Tag seines Kommens und wer wird bestehen bei seinem Erscheinen?	Jl 2,11b Nah 1,6
3,2b			Denn er ist wie das Feuer des Schmelzers und wie das Laugensalz des Wäschers	Sach 13,9 Jer 2,2
3,3f	und wird sitzen, der Schmelzer und Reiniger des Silbers, und reinigen die Söhne Levis, und er wird sie läutern wie Gold und Silber und sie werden für Jhwh sein, als die, die Gabe in Gerechtigkeit darbringen. Und angenehm wird sie für Jhwh sein, die Gabe Judas und Jerusalems, wie in den Tagen der Vorzeit und den ersten Jahren.			Ex 32,26; Mal 3,12.17 Mal 1,11
3,5	Und ich werde mich euch zum Recht nahen und werde ein schneller Zeuge sein gegen Zauberer und gegen Ehebrecher und gegen Meineid Schwörende und gegen die, die den Lohn des Lohnarbeiters			Dtn 31,26 [Dtn 18,10; Ex 22,17] Ex 20,14; Dtn 5,18 Lev 19,12; Dtn 24,14;

Vers	c. 6.3.1	c. 6.3.2	c. 6.3.3 "aktive Lektüre" III	Referenzen
			drücken, Witwe und Waise und den Fremdling beugen	Sach 7,10; Dtn 24,17; Ex 22,20 f]
3,5			und keine Ehrfurcht vor mir haben, hat Jhwh Zebaoth gesagt.	Mal 2,5; 3,16
V. Diskussionswort				
3,6			Fürwahr, ich bin Jhwh, ich habe mich nicht geändert,	Gen 28,13
			und ihr seid Jakobsöhne, ihr habt nicht Zurückhaltung geschafft.	Gen 28,22
3,7a	Seit den Tagen eurer Väter seid ihr von meinen Satzungen abgewichen und habt [sie] nicht bewahrt. Kehrt um zu mir, damit ich zu euch umkehren kann,			Dtn 28,45; Sach 1,5 f Sach 1,3
	hat Jhwh Zebaoth gesagt.			
3,7b	Ihr aber sagt: Worin sollen wir zu dir umkehren?			
3,8			Kann der Mensch Gott berauben? Denn ihr beraubt mich.	Prov 22,23
			Ihr aber sagt: Worin berauben wir dich? Der Zehnte und die Abgabenerhebung!	
3,9			Mit dem Fluch seid ihr verflucht und mich beraubt ihr, Volk als ganzes.	Mal 2,2
3,10aαβ	Bringt den ganzen Zehnten zum Schatzhaus, so dass Nahrung in meinem Haus ist und versucht mich doch auf diese Weise,			Gen 28,22
3,10aγ	hat Jhwh Zebaoth gesagt			
3,10b	ob ich nicht für euch die Schleusen des Himmels öffne und Segen für euch ausgieße bis kein Platz mehr ist.			Dtn 28
3,11abα	Und für euch den Fresser anschreie, dass er für euch nicht verderbe die Frucht des Feldes und nicht unfruchtbar werde für euch der Weinstock auf dem Feld,			Mal 2,3 Dtn 28
3,11bβ	hat Jhwh Zebaoth gesagt.			
3,12	Und wahrhaft glücklich nennen werden euch alle Völker, denn ihr, ihr werdet sein ein Land des Wohlgefallens, hat Jhwh Zebaoth gesagt.			Dtn 28,8.25; Ps 72,17; Mal 3,4; 3,17.19.21
VI. Diskussionswort				
3,13			Stark waren eure Worte gegen mich, hat Jhwh gesagt.	
			Ihr aber sagt: Was beredeten wir denn gegen dich?	
3,14			Ihr sagtet: Nichts ist es, Gott zu dienen, und – was ist der Gewinn, dass wir sein zu Bewahrendes bewahrt haben, und (dass wir) in Trauer gegangen sind wegen Jhwh Zebaoth?	Sach 3,7
3,15			Aber jetzt: Wir preisen glücklich die Arroganten: Sowohl auferbaut worden sind	Mal 3,12; Ps 1,1

Vers	c. 6.3.1	c. 6.3.2	c. 6.3.3 "aktive Lektüre" III	Referenzen
			die Freveltäter; auch haben sie Gott versucht und sind entkommen.	
3,16			So redeten einst die Gottesfürchtigen unter sich, einer mit dem anderen, und Jhwh merkte auf und er hörte*, und ein Gedächtnisbuch wurde vor ihm geschrieben für die Gottesfürchtigen und seinen Namen Achtenden.	Mal 3,5 Est 6,1f; Ex 32,32f
3,17a			Und sie werden für mich sein – hat Jhwh Zebaoth gesagt– am Tag, den ich mache, ein besonderes Eigentum,	Mal 3,4 Ex 19,5
3,17b			und ich will schonend mit ihnen umgehen, wie einer schonend mit seinem Sohn umgeht, der ihm dient.	Mal 1,6
3,18			Dann ihr werdet wieder [den Unterschied] sehen zwischen Gerechtem und Frevler, zwischen einem, der Gott dient, und einem, der ihm nicht gedient hat.	Ex 3,12
3,19			Denn siehe, der Tag kommt, brennend wie der Backofen. Und alle Arroganten und jeder, der Frevel tut, werden Stroh sein. Und dieser kommende Tag wird sie versengen – hat Jhwh Zebaoth gesagt	Jes 13,9; Sach 14,1 Hos 7,6 Ob 18
3,19bγ			der ihnen weder Wurzel noch Zweig übrig lässt.	Ps 1,3
3,20f			Für euch aber, die meinen Namen fürchten, wird aufstrahlen die Sonne der Gerechtigkeit und Heilung ist in ihren Flügeln. Und ihr werden herausgehen und springen wie Mastkälber. Und ihr werdet die Frevler zertreten, denn sie werden Asche unter den Sohlen eurer Füße sein am Tag, den ich mache, hat Jhwh Zebaoth gesagt.	II Sam 23,4 Ex 15,26 Ps 110,1 Mal 3,17
Anhang				
3,22			Gedenkt der Tora des Mose, meines Getreuen, die ich ihm geboten habe am Horeb über ganz Israel, Satzungen und Rechtssätze.	Dtn 34,10
3,23f			Siehe, ich bin dabei, euch Elia, den Propheten, zu senden, bevor der Tag Jhwhs kommt, der große und ehrfurchtgebietende.	Mal 3,1 Jl 3,4

Vers	c. 6.3.1	c. 6.3.2	c. 6.3.3	"aktive Lektüre" III	Referenzen
				Und er wird kehren das Herz der Väter zu den Kindern und das Herz der Kinder zu den Vätern, damit ich nicht komme und das Land mit Vernichtung schlage.	

7 Prophetie als Schriftauslegung

Am Ende des Zwölfprophetenbuches betritt mit Maleachi ein *angelus novus* die Bühne. Er ist keine Prophetengestalt. Der Bote steht anstelle der sonst in den Überschriften der Prophetenschriften genannten Prophetengestalt. Er übernimmt die Funktion des Propheten, aber er ist gestaltlos. Nimmt er Gestalt an, ist er fehlbar. Der Bote steht für ein inspiratives Moment, eine hermeneutische Funktion, die die in der Vergangenheit ergangene, schriftlich fixierte und autorisierte Offenbarung für die Gegenwart und dem göttlichen Willen gemäß auslegen lässt. In der Abfolge der Schriften im XII ist sowohl in den jüdischen Überlieferungen als auch in der Tradition der LXX-Überlieferungen mit Sach 13,2–6 das Ende der Prophetie gesetzt. Danach besteht rechtmäßige Prophetie im Auslegen der Tora (Mal 2,6).

Die erste damit verbundene und am Ende dieser Arbeit noch offen Frage ist, ob die Tora, die der Auslegung der Söhne Levis anbefohlen ist, bereits die mit einer gewissen Autorität ausgestattete schriftlich niedergelegte Mosetora in der uns bekannten Überlieferung als normativ anerkanntes Medium der Offenbarung meint.

In der Auslegungsgeschichte von Mal 2,4–8 hat sich – auch aufgrund der Frühdatierung – hartnäckig die Deutung gehalten, Tora meine hier eine spezifische Priestertora.[1172] Die Etymologie des Wortes תּוֹרָה ist nicht genau verifizierbar.[1173] Tora ist wohl ursprünglich eine Einzelweisung, die im profanen Bereich von den Eltern oder einem Weisheitslehrer, im kultischen Bereich vom Priester erteilt wurde. Beide Formen sind im AT belegt, erstere z. B. Prov 3,1, die andere z. B. Hag 2,11 f. Die Form weisheitlicher Torunterweisung habe Israel geholfen, seine tiefste Katastrophe als Volk Gottes zu überleben und ihm eine bleibende Identität zu verleihen.[1174] Der dieser Erfahrung erwachsenen Glaubenshaltung entsprechend bezeugt auch der viermal innerhalb von Mal 2,4–9 gebrauchte Begriff, dass Tora idealiter aus einer Haltung der Ehrfurcht Gott gegenüber heraus gesprochen wird. Die Formulierung תּוֹרַת אֱמֶת bringt zum Ausdruck, dass eine Toraauskunft eine hohe Anforderung an die Wahrhaftigkeit des Priesters stellt. Phänomenologisch geschieht diese in einem mündlichen Sprechakt, über dessen Grundlage nichts gesagt wird. Sie könnte ebenso ein kodifiziertes Gesetzes*corpus* wie

---

1172 Begrich: priesterliche Tora, 64. Renker: Tora, 236. Moenikes: Tora, 50 f, übernimmt für die Texte im XII Begrichs These.
1173 Lopéz: ThWAT VIII, 599 f; Liedke/Petersen: THAT II, 1032. Achenbach: RGG⁴ 8, 476, leitet wieder eindeutiger vom Stamm ירה III »zeigen«, Hi »unterweisen« her.
1174 Veijola: Thora, 86.

mündlich tradiertes Wissen sein, das wiederum sozial-ethische ebenso wie kultisch-religiöse Vorschriften umfassen könnte.

Die Idee von Prophetie auf Grundlage der am Gottesberg ergangenen göttlichen Offenbarung liegt schon dem Prophetengesetz (Dtn 18,9–22) zugrunde. Darin tritt ein Prophet in der Nachfolge des Mose in das Amt des Offenbarungsmittlers ein (siehe c. 2.2). Mit dieser Idee verbunden ist die einer schriftlichen Fassung der תּוֹרָה, die von den levitischen Priestern bewahrt wird, wie das Königsgesetz (Dtn 17,18) erzählt.[1175] Im Levispruch des Mosesegens (Dtn 33,10) eint Levi als Ahn des Mose (Ex 6,14–25) die Funktionen des Dienstes am Altar und der Lehre. Dtn 33,10a rekurriert innerhalb des Dtn auf 17,18 und bringt so zum Ausdruck, dass das Sprechen der Tora auf der schriftlich festgehaltenen Offenbarung des Mose basierte. Mal 2,6f setzen diese Bedeutung Levis voraus (siehe c. 4.2.2.5).

Die Vielzahl intertextueller Bezüge zwischen der Maleachischrift und Texten aus dem Pentateuch festigt diese These. Die Texttiefenstruktur zeigt dabei, dass die Texte der Maleachischrift Auslegungen sind. Mit dem dtn Gesetz und der Jakobüberlieferung (Gen 25–35) deuten die Autoren der Maleachischrift Themen des Kultes, der Ämter und der Identität des Gottesvolkes im II., III. und V. Diskussionswort. Die Auslegung der Jakobüberlieferung wird im I. Diskussionswort hinsichtlich des Selbstverständnisses Israels theologisch zugespitzt. Die benannten intertextuellen Bezüge bezeugen durchweg die Texte aus dem Pentateuch als Prätexte. Auch wenn die Texte der Genesisüberlieferung durch die Intertextualität mit der Maleachischrift einen Bedeutungszuwachs erfahren, so bleiben sie ohne die Präsupposition der Maleachitexte verständlich, während umgekehrt die Texte der Maleachischrift vor dem Hintergrund der Genesisüberlieferung bisweilen erst einen tieferen Sinne erschließen lassen. Ferner basieren die Deutungen Israels nicht nur auf der Erzählüberlieferung ihres Ahns, sondern haben appellativen Charakter, was den Rückschluss auf ihre Normativität zulässt. Die Intertextualitätsindikatoren legen nahe, dass diese Überlieferung schriftlich niedergelegt war, ferner, dass die Jakobüberlieferung der Genesis sowie Dtn 28 Bestandteil dieser zumindest autoritativ verstandenen Schriftensammlung gewesen sein müssen. Kompositionsgeschichtlich belegen einige der intertextuellen Bezüge der Maleachischrift zu Texten des Pentateuch, die sehr späten Redaktionsschichten zugerechnet werden, dass die Autoren der Maleachischrift den Pentateuch kannten, wobei man bei solcherlei Argumentation leicht Zirkelschlüssen unterliegen

---

1175 Schaper: Tora als Text, 52–56.

kann.[1176] Die Referenzen beweisen nicht die Normativität einer der uns bekannten Fassungen der Tora.

Zwar bezeugt die Mal 2,6 ähnliche Formulierung aus Neh 9,13 תּוֹרוֹת אֱמֶת in ihrem Kontext, dass es ein Buch der Tora Jhwhs gab und dass dieses öffentlich vorgelesen wurde. Nimmt man an, dass die Beichte aufgrund des gerade gehörten Inhalts dieser Tora geschah, wird man ihr auch autoritativen Charakter zuschreiben können. Innerhalb des großen geschichtlichen Rückblicks, dessen Sprecher im MT unbestimmt bleibt, und den in der LXX Esra einnimmt, bezeichnen תּוֹרוֹת אֱמֶת jedoch Einzelanweisungen der am Sinai empfangenen Offenbarung. Dennoch mag der zeitgeschichtliche Anhaltspunkt, dass auch die Maleachischrift mit dem Mischehenproblem befasst ist und dieses aus einer als normativ hingestellten Deutung der Genesisüberlieferung heraus zu lösen bemüht ist, dafür sprechen, dass die Maleachischrift dieselbe Bedeutung von Tora zugrunde legt und somit dieselbe Öffentlichkeit, wie es die Bücher Esra/Nehemia beschreiben.[1177] Dass die dort genannte Tora des Mose mit dem Pentateuch in einer der uns bekannten Fassungen identisch ist, lassen Stellen wie Esr 6,18 und Neh 10,35 bezweifeln.[1178] Und ob die Maleachischrift demgegenüber in eine spätere Zeit gehört, lässt sich schwer sagen. Die Grundideen in Dtn 17 f und Mal 2,4–8, Prophetie als Schriftauslegung im durch einen Mittler gesprochenen Wort zu verstehen, entsprechen sich.[1179] Der Targum belegt mit seiner Wiedergabe von Mal 1,1, die Maleachi mit dem Schreiber Esra identifiziert, dass seine Offenbarungsgrundlage als die mit Esra in Verbindung gebrachte תּוֹרָה verstanden wurde. Allerdings ist dies ein spätes Zeugnis der Auslegungsgeschichte.

Für Mal 3,22 gilt es unter den meisten Exegeten als sicher, dass »Tora des Mose« den Pentateuch meint. Doch auch dies lässt sich nur aus den intertextuellen Bezügen zu Dtn 34 sowie der Stellung und Struktur des Textes erschlie-

---

1176 So auch O'Brien: Priest, 111; auch Beyerle: Mosesegen, 129: »Die hinter Mal 2 zu vermutende dtr Tradition, ihre Verbindung mit בְּרִית lässt ein Toraverständnis annehmen, das ein umfassendes, nahezu abgeschlossenes Gesetzeswerk favorisierte.« Vgl. auch Oesch: Bedeutung, 192 ff.
1177 Dazu Schorch: Communio lectorum, 171–174.
1178 Sie enthalten Anordnungen, die in der Tora oder im Buch des Mose gefordert werden, jedoch im Pentateuch nicht enthalten sind. Vgl. dazu Miletto: Torot, 256 f, oder auch Schmid: Abschluss, 160: »Es hat so viele ›Endredaktionen‹ des Pentateuch gegeben, wie jetzt Textzeugen vorliegen.« (Zusätzlich zu denen, die uns nicht [mehr] vorliegen.)
1179 Steins: Konzepte, 32–34, vertritt im Anschluss an Chapman die These von der »›kanonischen Gleichursprünglichkeit‹ von Gesetz und Propheten« (34). Wenngleich die Autoren der Maleachischrift auch viel später auf Dtn 17 f Bezug genommen haben könnten, läge in dieser Parallelität zumindest ein Beleg dafür, dass nicht nur die »Anhänge«, sondern bereits die Komposition etlicher Textpassagen innerhalb eines Rahmens geschah, der ihnen eine Autorität gab.

ßen.[1180] Die Quellenlage biblischer Überlieferung macht die Annahme eines normativen Schriften*corpus* ausgesprochen schwierig. Die Fassung des Samaritanus mit seinen Unterschieden gegenüber dem masoretischen Text spricht gegen die Normativität *einer* Textfassung. Das muss jedoch nicht heißen, dass nicht an *einem Ort eine* bestimmte Fassung normative Gültigkeit gehabt haben könnte. Die normative Handhabung der Tora als Gesetzescorpus setzte sich erst allmählich durch, wie die Samaria-Papyri belegen (abgefasst zwischen 385–335).

> Z. B. DJD XXVIII, 7; vgl. Gropp: Samaria Papyri, 42–45. Anders offensichtlich wird die Autorität der Schrift in Elephantine behandelt, wie der Passa-Brief (419 v. Chr.) belegt, der ein Schreiben eines Juden Chananja an die Gemeinde in Elephantine ist. Er teilt dieser den Inhalt eines Erlasses des Königs Darius II. an den Satrapen Arsames mit, den er vermutlich selbst überbracht hat. Abgesehen von dem diplomatischen Umgang im Hinblick auf den Schlachtritus (gegenüber dem ägyptischen Umfeld), entsprechen die Anweisungen denen der Tora (Ex 12,1–20; Lev 7,20 f; 23,5–8.15 f; Num 28,16–18.25).

Andererseits gibt es noch im 2. Jh. Hinweise, dass der Pentateuch nicht als das anerkannt normative Schriften*corpus* gewertet wurde. Darüber hinaus belegen einige Qumranschriften, vor allem die Tempelrolle, Gesetzesbestimmungen, die nicht dem Pentateuch entstammen, in der Gemeinde aber als Tora galten.[1181] Tora muss also auch in später Zeit noch nicht eine bestimmte Fassung des Pentateuch meinen. Wohl aber kann der penible Aufbau und die Weitergabe der Texte im Pentateuch[1182] bezeugen, dass ihm am Ort seiner Tradierung hohe Autorität eingeräumt wurde. Nach dem Zeugnis des Aristeasbriefes (ca. 130–120 v. Chr.) beauftragte Ptolemaios II. (283–247 v. Chr.) 72 jüdische Schriftgelehrte mit der Übersetzung τοῦ νόμου τῶν Ἰουδαίων βιβλία »der Bücher des Gesetzes der Juden« (Aristeas §30).[1183] Nachdem man sich der Korrektheit der Übersetzung vergewissert hatte (v. 310), wurde der Text nach seiner öffentlichen Bekanntgabe als heilig und unveränderlich erklärt (v. 311), seine Autorität als Gesetz für die Juden in Alexandria (v. 4 f) somit deklariert.

Die Stellung der Maleachischrift als letzte im Zwölfprophetenbuch, die Konzeptionalität dieser Stellung, die in ihr umgesetzte Auslegung der Jakobgeschichte der Genesis sowie die aufgeführten antiken Quellen liefern einige Argumente dafür, dass die Tora mit dem Umfang der fünf Bücher Mose im Jerusalem der Ptolemäerzeit mit dem Anspruch einer gewissen Normativität gelesen und tradiert

---

1180 Siehe auch dazu Schmid: Abschluss, 161–169.
1181 Miletto: Torot, 258.
1182 Vergleiche dazu z. B. Ziemer: Zahlen, *passim*.
1183 Meisner: Aristeasbrief, 35–88. Die Datierung in die Ptolemäerzeit wird heute für relativ zuverlässig gehalten.

worden ist. Die Maleachischrift ist somit auch eine Programmschrift, in der ein neues Offenbarungsmedium und die Transformation im Amtsverständnis der bisherigen Offenbarungsmittler vorgestellt werden. Maleachi tritt in der beschriebenen Botenfunktion Mal 1,1 an die Stelle, die im Buch Haggai der Prophet innehat. Innerhalb der Maleachischrift rekurriert die Botensendung in Mal 3,1 auf die Überschrift. Dort wiederum wird mittels einer signifikanten Referenz von Mal 3,1 auf Ex 23,20ff/Ex 32,34 die Sinaiperikope evoziert, auf deren Grundlage das Prophetenamt eine Reformulierung erfährt. Der Bote ist die wegweisende Instanz auf dem einzig heilbringenden Lebensweg (Ex 23,20ff), der Hermeneut des auf dem Gottesberg geoffenbarten göttlichen Willens. Von Jhwh gesandt, tritt er als Mittlerinstanz ein. In der Maleachischrift wird der Bote zum Hermeneuten der Tora, des neuen Offenbarungsmediums. Er ist selber gestaltlos. Seine Verkörperung kann ein Amtsträger sein wie der Priester (Mal 2,7), aber auch Elia (Mal 3,23). In der Geschichte wurde er einst sogar Mose vorgesetzt, als es um das rechte Verstehen der göttlichen Willenskundgabe ging und dieser gerade nicht für das göttliche Wort durchlässig war (Ex 32).

Die zweite Frage, die am Ende dieser Arbeit thematisiert werden soll, ist religionsphänomenologischer Art. Sie wird mit dem Wiederaufbau des zweiten Tempels virulent, da der Kult an diesem Tempel nicht mit der Kultur innerhalb des politischen Systems identisch ist, sondern ein winziger Teil von ihr. Umgekehrt gibt es auch »sektoriale Ausgliederungen« jüdischer Religionsausübung, das sogenannte Diasporajudentum. Theo Sundermeier führte für die mit dem Auseinanderklaffen von Religion und Kultur entstehende religionsphilosophische Frage die Unterscheidung zwischen »primärer« und »sekundärer« Religion ein.[1184] Jan Assmann hat mit der »Mosaischen Unterscheidung« mit großer Wirkung diese Frage in die Diskussion der alttestamentlichen Wissenschaft gebracht. Seitdem hat es eine rege Debatte darum gegeben, ob und wann es in der Religionsge-

---

1184 Diesel: Religion, 25; Sundermeier: Was ist Religion? 38–47. Danach ist primäre Religionserfahrung die Religion der Kleingruppe resp. Stammeskultur. Sie ist gesellschaftlich grundgelegt und prägt Ethik und Kultur. Sie ist unmittelbar, stellt sich im Kultus dar, orientiert sich am Lebens- und Jahreszyklus, lobsingt dem Leben und will Lebensminderung abwehren. Die sekundäre Religionserfahrung stellt demgegenüber keine höhere Stufe dar; auch finden sich in jeder Religion immer beide Dimensionen der Religionserfahrung. Ausschlaggebend ist die Veränderung zur Großgesellschaft, die den Anspruch der Universalität, andererseits die Individualisierung und die Forderung des inneren Glaubensvollzugs mit sich bringt. Die mythische, analoge Denkweise wird rationalisiert, Religion wird tradierbar. Die primäre Religionserfahrung grundiert das Vorverständnis und bildet den Deuterahmen, aus dem heraus das Neue begriffen wird. Vgl. zu diesem Vorgang innerhalb der jüdischen Religion Nissinen: Elemente, 159–170.

schichte Israels einen Impuls hin zur sekundären Religion gegeben hat.[1185] Rüdiger Schmitt hat plausibel ausgeführt, dass auch die Religion Israels nach dem Exil »sowohl auf der Ebene des offiziellen Kultes, wie ihn die priesterschriftlichen Ritualtexte repräsentieren, als auch auf der Ebene der familiären Religion am zutreffendsten als primäre, kosmotheistische Religion bezeichnet werden kann, da sie sich im Bereich der offiziellen religiösen Vollzüge im Wesentlichen als auf die in-Gang-Haltung der Schöpfung bezogen, sowie welt-, sinn- und handlungsbezogen im Assmannschen Sinn darstellt ...«[1186] Am Ende des Zwölfprophetenbuches werden vier Aspekte greifbar, die literarisch eine Veränderung hin zu Phänomenen sekundärer Religion beschreiben.

Die Maleachischrift bringt das an den Tempel gebundene Religionsverständnis ins Wanken, einerseits durch Relativierung seiner ausschließlichen Heilsrelevanz, andererseits in der damit verbundenen universalen Kontextualisierung des Jhwhglaubens. Das Judentum in der Provinz Jehud, geschweige denn am Jerusalemer Tempel, ist eben nicht das ganze Judentum. Das kosmotheistische Weltbild wird neu gedeutet, ohne dass das herkömmliche aufgegeben würde.

In der Haggai- und Sacharjaschrift symbolisiert der Bau des Tempels das Kommen des Heils (Hag 2,18–23). Er ist das Zentrum der Welt, der Ort der Freude (Sach 8,18), zu dem die Völker kommen werden, um Jhwhs Antlitz zu suchen (Sach 8,20–23). Nach dem großen Gericht werden die Übriggebliebenen der Völker nach Jerusalem ziehen, um Jhwh, dem König der Welt, Verehrung teilwerden zu lassen (Sach 14,16). Im Hintergrund dieser Deutung steht die Vorstellung des im Himmel thronenden Jhwhs. Ein Abbild seines Himmelsthrones ist der Tempel auf dem Zion. Doch bereits in Sach 14 finden sich zwei Ansätze zu einer Reformulierung dieses Weltbildes:

Die Verehrung des Weltenherrschers Jhwh (Sach 14,16b) wird durch die jährliche Wallfahrt der Übriggebliebenen aus den Völkern zum Zion geschehen. Dieser ist zwar mythisch als Ort des Tempels angedeutet (Sach 14,8), jedoch fällt kein Wort für den Tempel, auch der Kult spielt keine Rolle; Ziel ist die Feier des Laubhüttenfestes. Dieses muss aufgrund der meist vorgenommenen Datierung von Sach 14 schon die Tradition des Tora-Verlesens, wie sie mit Dtn 31 und Neh 8 beschrieben ist, beinhaltet haben.[1187] An diesem Fest kann die Deutung sekundärer Religionserfahrung anschaulich gemacht werden. Das ursprüngliche Erntefest, dessen Züge in Lev 23; Dtn 16, auch Sach 14 noch greifbar sind, erfährt eine

---

1185 Siehe die umfassende Darstellung zur Begrifflichkeit bei Wagner: Religion, 3ff; zum »Eigensinn« der Begrifflichkeit bei Sundermeier und – davon abweichend – Assmann siehe Diesel: Religion, 24; zur alttestamentlichen Diskussion siehe Schmitt: Religion, 147–149.
1186 Schmitt: Religion, 149f.
1187 Zur Datierung ins 3. Jh. Rudolph: KAT XIII/4, 164; Willi-Plein: ZBK.AT 24.4, 223.

Theologisierung. Mit der Erinnerung an die Wüstenwanderung stellt das Laubhüttenfest Israel geistig wieder an den historischen Ort ›vor dem Eintritt ins Land‹. Der Auftrag zum Verlesen der Tora beim Laubhüttenfest (Dtn 31,9–13) ist der Auftrag zum Vollzug eines Rituals, durch das Israel wieder in die Ursituation eintritt, aus der seine Lebensordnung entspringt.[1188] Das Erntefest wird zu einem Hauptfest einer spezifischen Religion, bei dem deren Identität, die in der Überlieferung der Tora festgehalten ist, im Mittelpunkt steht. Die Völker dürfen in Sach 14 an diesem im Kern auf die Identität Israels gerichteten Fest Anteil haben. Das gilt sogar für Ägypten, wenn es bereit ist, sein dieser auf der Tora basierenden Weltordnung Jhwhs diametral entgegenstehendes politisches Selbstverständnis zu überschreiten. Die Verehrung Jhwhs als König der Welt (Sach 14,9.16b) ereignet sich somit im Anerkennen der Tora, nicht im Tempelkult.

Das zweite Moment einer sich verändernden Weltsicht in Sach 14 liegt in der Ausdehnung des heiligen Bereichs: Wenn auf den Pferdeschellen und allen Kochtöpfen Judas und Jerusalems קֹדֶשׁ לַיהוָה »heilig für Jhwh« zu lesen ist, wird zum Ausdruck gebracht, dass der profane Bereich geheiligt ist. Die Grenze zwischen heilig und profan wird überschritten und der profane Bereich des Alltags in den sakralen integriert.[1189] Entsprechend gewinnen Fragen der Lebensführung und der Ethik stärkere Bedeutung für die Religionsausübung.

Spielt der Kult in Sach 14 keine Rolle, wird in der Maleachischrift ein Bild entworfen, das den Jerusalemer Tempel in seiner exklusiven Heilsbedeutung relativiert (Mal 1,11–14). Zuerst wird ihm bzw. dem dort stattfindenden Kult die weltweite Verehrung Jhwhs gegenübergestellt. Die sich verfehlt habenden Priestern werden mit Levi konfrontiert, dem Urbild des Priesters und Propheten (Mal 2,4–8). Das Eponym ›Levi‹ suggeriert die Mittlerrolle als Priester *und* Prophet, die der von Jhwh offenbarten Weltordnung, die in der Tora niedergelegt ist, verpflichtet ist. Jhwh, der König der Welt, ist Garant der göttlichen Gerechtigkeit. Die in Mal 1,6–13 beschriebenen Zustände stellen die Vorstellung infrage, dass diese durch die Hand einer festen Institution aufgerichtet werden könnte. Sie stellen infrage, dass es allein der von Jhwh am Sinai eingesetzte und in Jerusalem ausgeführte Kult sei, der die heilvolle Gegenwart Jhwhs herbeiführt. Der Priesterkritik eignet ein weisheitlicher Zug. Mal 2,5f zeigen, dass der Kult rechtes Verhalten einschließt. Den Levisöhnen, der gegenwärtigen Priesterschaft, die ihrer Mittlerrolle gerade nicht gerecht wird, wird Maleachi gesandt. Der Bote (Mal 3,1), Hermeneut des göttlichen Willens, erwirkt durch sein läuterndes Handeln die Umkehr

1188 Dazu ausführlich Taschner: Mosereden, 296–315.
1189 Gegen Hausmann: Jerusalem, 398, die von einer »Profanisierung des Kultes« spricht. Das Umgekehrte ist der Fall – die Heiligung des Alltäglichen.

der Priesterschaft. Ihre Läuterung macht das Darbringen der Opfergabe – auch in Israel und Jerusalem (im Unterschied zu 1,11) – wieder möglich. Sie besteht im kultischen und ethischen Handeln aus einer Haltung der Gerechtigkeit heraus. Das alltägliche Tun von Gerechtigkeit ist eine (Opfer)Gabe für Jhwh (Mal 3,4 f). Angesichts der *personae miserae* und im Aufstehen gegen zerstörerische Kräfte in der Gesellschaft fordert es die Opferbereitschaft von Menschen, die für sie eintreten. Der Laie wird nicht aus der Verantwortung entlassen (vgl. auch 3,6–10); die Levisöhne haben wegweisende Funktion.

Die also trotz des wiederaufgebauten Tempels weiterhin offene Frage nach der heilvollen Gegenwart Jhwhs und seiner Gerechtigkeit erfährt im letzten Diskussionswort der Maleachischrift eine mehrdimensionale Beantwortung. Eine besteht in der Eschatologisierung der Heilsgegenwart auf den Tag Jhwhs. Eine Vorstufe dessen beschreiben Mal 3,1b–4, die durch referentielle Bezüge in den Kontext der Tag-Jhwhs Vorstellung (Mal 3,17–21) gerückt werden. Vor dem Horizont von Ex 32,26–29 wird dem Eifer der geläuterten Levisöhne eine Grenze gesetzt. Ihre Weisungsfunktion beinhaltet das wahrheitsgemäße Sprechen der Tora, mehr nicht. Sie sind nicht befugt, den vermeintlichen göttlichen Willen mit Gewalt durchzusetzen. Das Vollstrecken des Gerichts bleibt Jhwh anheimgestellt. Am Ende wird er sein Recht aufrichten (3,5.17–21). Das Offenbarwerden seiner gerechten Herrschaft kommt im Aufgang der geflügelten Sonne zur Darstellung. Eine zweite Ebene der Antwort auf die Frage nach der Heilsgegenwart Jhwhs liegt in der Individualisierung, gemäß derer der Einzelne die Verantwortung für den rechtmäßigen Gottesdienst trägt. Schon an der Darstellung Levis in Mal 2,5 f war auffällig, dass diese eher eine weisheitlich geprägte Beschreibung des Gerechten ist als ein Priesterporträt. Sein Lebenswandel und dessen bzw. seiner Torapredigt Wirkung erscheinen als die zwei entscheidenden Charakteristika dieses Idealtypus. Mit Mal 3,5 kommt zum Ausdruck, dass das unethische Verhalten des Einzelnen diesem Idealbild zuwiderläuft und dieser Einzelne auch zur Verantwortung gezogen wird. *Expressis verbis* wird die Tragweite der individuellen Entscheidung des Einzelnen, Gott zu dienen oder nicht, mit Mal 3,18 formuliert. Die aktive Rolle des Gerechten innerhalb des kosmotheistischen Weltbildes kommt in der Maleachischrift nur implizit zum Tragen. In Levi ist sie vorgebildet (Mal 2,5 f), jedoch repräsentiert er in diesem Zusammenhang auch das institutionalisierte Mittleramt. Mal 3,13–16a beschreiben eher das Leiden des Gerechten und sein Aufbegehren gegen die Ungerechtigkeit der Welt. Die Offenbarung der göttlichen Gerechtigkeit gemäß dem Tun des Menschen wird ihnen eschatologisch verheißen, und wird ihre vehement eingebrachte Theodizeefrage verstummen lassen. Dann dürfen sie, die rehabilitierten Gerechten, den Triumphgestus vollziehen (Mal 3,21). In der Maleachischrift ist die Entscheidung zur ›Wallfahrt zum Laubhüttenfest‹, nämlich die Entscheidung, Gott zu dienen, an keinen konkreten Ort gebunden.

Auch wird sie nicht kollektiv von Völkern vollzogen. Die Entscheidung trifft der Einzelne. Gerecht ist, wer Gott dient, Frevler, wer ihm nicht gedient hat (Mal 3,18). In der Bildsprache des VI. Diskussionswortes wird die Königsfunktion der Gerechten angedeutet. Sie sind Jhwhs besonderes Eigentum, ihr Eintreten für sein Königtum ist im Buch des Gedächtnisses festgehalten, über ihnen geht die geflügelte Sonne, Zeichen der Königsherrschaft Jhwhs und seiner Gerechtigkeit, auf, sie vollziehen den Triumphgestus seines Sieges über die Feinde. Von einer institutionalisierten Mittlergestalt ist im VI. Diskussionswort nicht mehr die Rede. Der Gerechte tritt in die Königsfunktion ein, in der er sich in seiner Welt, seinem Lebensbereich, durch die Tora beherrschen lässt (vgl. Dtn 17,18–20; Ps 1,1–3).[1190] Ein Kennzeichen sekundärer Religion ist die normative Auslegung der literarischen Tradition.

Ein weiteres Merkmal einer sekundären Religion ist ein Bekenntnis zu dieser Religion im sozioreligiösen Sinne, wie es mit Mal 2,10–16 gefordert wird.[1191] Der Religionsvollzug dieses Gottesvolks ist nicht im Kern an eine kultische Institution gebunden. Normative Grundlage der jüdischen Gemeinschaft ist die Tora. Die Realisierung der Gemeinschaft vollzieht sich in Treue zu den Geboten der Tora, die im immer wachen Hören auf Jhwhs Stimme für die Gegenwart ausgelegt werden. Durch die Typologisierungen geschieht die »Aufhebung der Geschichte«.[1192] Die Maleachischrift bezeugt die identitätsbildende Bedeutung der normativen Texte. Die Botschaft Maleachis ist an Israel gerichtet – nicht an eine Kultgemeinde in Jerusalem, sondern an die Gesamtheit, alle ›zwölf Stämme‹ umfassende Größe.[1193] Israel schließt sowohl die ethnischen Gruppierungen in der Diaspora als auch die jüdischen Bewohner der Verwaltungseinheit Jehud ein. Sein Staat ist das Achaimenidenreich, später das Ptolemäerreich. Der zweite Tempel ist von Anfang an universal ausgerichtet.[1194] Der dort stattfindende Kult ist dem König der Erde, Jhwh Zebaoth, gewidmet. Diese 23mal in der Maleachischrift begegnende Gottesbezeichnung bringt diesen Horizont in nahezu rhythmisierter Wiederkehr sprachlich zum Ausdruck. Mal 1,11 beschreibt den Ort des weltweiten Gottesdienstes mit

---

1190 Der Gedanke findet sich auch bei Platon: »Die wahre Herrschaft kann nicht im Staat, nur in der Seele gesucht werden. Wahrhaft König ist der Mensch nur für sein eigenstes Herrschaftsgebiet« (Vonessen: Ideenlehre II, 56).

1191 Auf diese beiden Aspekte (ohne Schriftbelege) macht Nissinen: Elemente, 166, im Kontext der Wandlungen der hellenistisch-römischen Zeit aufmerksam.

1192 Zu diesem die Basiskonstellation Kanon und Gemeinschaft auszeichnenden Begriff sowie den drei weiteren, auf deren Grundlage die Bedeutung der Maleachischrift deutlich wird: Steins: Kanonisch lesen, 50–53.

1193 Vgl. die Beschreibung Willis: Leviten, 89, für die Chronik, die mit ihrer Funktion des Levitismus wohl auch für die Maleachischrift gilt.

1194 Zur universalen Konzeption des zweiten Tempels Willi: Leviten, 81–83.

בְּכָל־מָקוֹם als Anspielung auf die universale Ausdehnung des Kultortes für Jhwh. Nach einschlägiger Kritik des Kultbetriebes am Jerusalemer Tempel (Mal 1,6–8) wird dargestellt, dass »nicht der Kult als solcher [...] Israels Proprium zum Ausdruck [bringt], sondern seine Übereinstimmung mit der als Schrift festgehaltenen Tradition Israels«.[1195] Für diese Funktion steht Levi, Priester und Prophet zugleich. Sein hermeneutisches Korrektiv für die Auslegung der Schrift in Bezug auf die als בְּרִית qualifizierte Lebenshaltung ist Maleachi.

Das kosmotheistische Weltbild bleibt als mythisches Bild bestehen, wird aber entpolitisiert, entritualisiert und transzendiert. Gottes Gegenwart überschreitet einerseits das Weltgeschehen und realisiert sich gleichzeitig in einer personal gedachten Beziehung zum Gerechten.

Die entscheidenden Argumente dafür sind die Individualisierung der Entscheidung über den praktischen Religionsvollzug, die Entinstitutionalisierung des Zustandekommens der Heilsgegenwart Gottes und die normative Auslegung der literarischen Tradition. Diese Neuerungen werden in ihrer kosmologischen Bedeutung neben den offiziellen Kult gestellt. Dieses Weltbild ist nicht alternativ zum herkömmlichen zu verstehen, sondern stellt eine Deutung des alten in einem veränderten Kontext dar. Wie jedes Weltbild zeichnet auch dieses eine religiöse Weltsicht, die beansprucht, dem Menschen die Welt und sich selbst verständlich zu machen. Sie thematisiert »die interpretative Grundstruktur [...] und [gibt] ihm zugleich Handlungsanweisungen im Umgang mit den vorfindlichen Mächten [...].«[1196] Diese wird dem Leser vorgestellt, wenn er nach Formen der Deutung für sein eigenes Leben sucht.

In Schriftenabfolgen der jüdischen Tradition steht die Maleachischrift am Ende der Nebi'im. Sie schließt damit die Geschichte der Prophetensendungen ab und zeichnet ein neues Verständnis der Prophetie als Schriftauslegung. Einige *codices* lassen darauf den Psalter folgen. Mit dem ›Tor zum Psalter‹ geschieht eine weitere Transformation des prophetischen Verständnisses. Der Beter, exemplarisch David, wird zum Propheten. Martin Kleer formulierte es so: »David ist im Psalter der exemplarisch Gerechte, Weise und Toratreue, an dem sich die Verheißungen des Ps 1 auch ›in der Nacht‹, den dunklen Stunden des Lebens, erfüllt haben.«[1197] Seine Lieder sind Prophetie, insofern sie Tradition und Überliefertes für die Gegenwart reformulieren. Schon die Aneignung der Psalmen im Sprechakt, die aktuelle Artikulation der überlieferten Texte, wird so zu einer prophetischen Äußerung. Das Amt des Propheten ist an keine feste Institution mehr gebunden,

---

1195 Willi: Leviten, 89.
1196 Janowski: Weltbild, 4; Zitat dort aus Dux: Logik, 168.
1197 Kleer: Sänger, 125. Zur Prophetisierung Davids in der Chronik und den damit verbundenen Kanonaspekten siehe Steins: Mose, 125–131.

sondern das Prophetische liegt in der einfachen Aktualisierung des göttlichen Wortes im Hier und Jetzt. Torakenntnis und Gesang, Tradition und Reformulierung bestimmen die Rede des Glaubenden mit seinem Gott, prägen ihn und lassen sich umgekehrt durch seinen Lebensvollzug formen. Wie der Schriftauslegung wohnt auch dem Psalmengesang ein prophetisches Moment inne, nämlich das des Zugangs zur Offenbarung Gottes, die unter dem Wort »Tora« gefasst wurde. Beides hatte seine Berechtigung. Die Fünfteilung des Psalters erzählt, was in späterer Zeit ein Zitat aus dem haggadischen Midrasch (MTeh 78,1) bezeugt:

> »Dass dir nicht ein Mensch sage: Psalmen sind keine Thora!
> Sie sind Thora und auch die Propheten sind Thora.«

8 Literaturverzeichnis

8.1 Texteditionen, Grammatiken, Lexika und methodische Grundlagen

Assmann, Jan: Ägyptische Hymnen und Gebete. OBO.S. Fribourg, Göttingen ²1999.

Becker, Uwe: Exegese des Alten Testaments. Tübingen 2005.

Beentjes, Pancratius C.: The Book of Ben Sira in Hebrew. A text edition of all extant hebrew manuscripts and synopsis of all parallel hebrew Ben Sira Texts. VT.S LXVIII. Leiden, New York, Köln 1997.

Berges, Ulrich: Synchronie und Diachronie. BiKi 62 (2007), 249–52

Beyerlin, Walter (ed.): Religionsgeschichtliches Textbuch zum Alten Testament. ATD Ergänzungsreihe. Göttingen ²1985.

Biblia Hebraica Stuttgartensia. Ed. Karl Elliger, Wilhelm Rudolph u. a. Stuttgart ⁴1990. [MT]

Biblia Hebraica Quinta 13. The Twelve Minor Prophets. Ed. Adrian Schenker u. a. Stuttgart 2010.

Biblia Sacra. Iuxta Vulgatam Versionem I+II. Ed. Robertus Weber. Stuttgart 1969. [V]

Bibliotheca Rabbinica I-V. Eine Sammlung alter Midraschim. Zum ersten Mal ins Deutsche übertragen von August Wünsche. Leipzig 1881–1885 (Reprint Hildesheim 1993).

Blum, Erhard: Die Komplexität der Überlieferung. Zur diachronen und synchronen Auslegung von Gen 32,23–33. In: Ders.: Textgestalt und Komposition. FAT 69. Tübingen 2010, 43–84.

Brockelmann, Carl: Hebräische Syntax. Neukirchen-Vluyn ²1956 (Nachdruck 2004).

Brunner, Hellmut: Ägyptische Weisheitsliteratur. Zürich, München ²1991.

Davies, Graham I.: Ancient Hebrew Inscriptions. Corpus and Concordance. Cambridge a. o. 1991, 97, Nr. 2097.

Dictionary of deities and demons in the Bible. Ed. Karel van der Toorn, Bob Becking and Pieter W. van der orst. Leiden u. a. ²1999. [DDD]

Die alt- und reichsaramäischen Inschriften. The Old- and Imperial Aramaic Inscriptions. Band II: Texte und Bibliographie. Ed. Dirk Schwiderski. Berlin 2004.

Der Babylonische Talmud. Neu übertragen durch Lazarus Goldschmidt. XII Bände. Darmstadt ²1967 (Nachdruck 1996).

Die Mischna. I. Seder. Seraim: 7./8. Traktat: Maase´ot, Maaser Scheni [vom Zehnten, vom zweiten Zehnten]. Übersetzt von Wolfgang Bunte. Berlin 1962.

Die Schrift. Verdeutscht von Martin Buber gemeinsam mit Franz Rosenzweig. Vol. 1–4. Stuttgart ¹⁰1976 (Lizenzausgabe 1992).

Discoveries in the Judean Desert XVI. Qumran Cave 4. XI Psalms to Chronicles. Ed. Emanuel Tov (Chief) u. a. Clarendon Press Oxford 2000. [DJD]

Etymologisches Wörterbuch des Deutschen II. Ed. Wolfgang Pfeifer. Berlin 1989.

Flavius Josephus. Über die Ursprünglichkeit des Judentums. Contra Apionem. Ed. Folker Siegert. SIJD 6/2. Göttingen 2008.

Flavius Josephus. Jüdische Altertümer. Übersetzt und mit Einleitung und Anmerkungen versehen von Heinrich Clementz. Band I-II. Halle 1899.

Gesenius, Wilhelm: Hebräisches und Aramäisches Handwörterbuch über das Alte Testament. Bearbeitet und herausgegeben von Herbert Donner. Berlin ¹⁸2013. [Ges¹⁸]

Gesenius, Wilhelm: Hebräische Grammatik. Völlig umgearb. von Emil Kautzsch. Leipzig ²⁸1909. [GK]

Hartl, Johannes: Metaphorische Theologie. Grammatik, Pragmatik und Wahrheitsgehalt religiöser Sprache. Münster 2008.

Helbig, Jörg: Intertextualität und Markierung. Untersuchungen zur Systematik und Funktion der Signalisierung von Intertextualität. Heidelberg 1996.

Jenni, Ernst: Die hebräischen Präpositionen 3: Die Präposition Lamed. 2000.

Jerusalemer Bibellexikon. Ed. Kurt Henning. Neuhausen-Stuttgart ⁴1998. [JBL]

Kaegi, Adolf: Benselers Griechisch-Deutsches Wörterbuch. Leipzig ¹⁹1990.

Köhler, Ludwig und Walter Baumgartner: Hebräisches und aramäisches Lexikon zum Alten Testament. 4 Lieferungen. Leiden ³1967–1990. [K-B³ I-III]

Krispenz, Jutta: Die doppelte Frage nach Heterongenität und Homogenität. In: Utzschneider, Helmut und Erhard Blum (eds.): Lesarten der Bibel. Stuttgart 2006, 215–232.

Lexikon der Ägyptologie. Bd. I-VI. Otto, Eberhard; Helck, Wolfgang und Wolfhart Westendort (eds.). Wiesbaden 1975–1986. [LÄ]

Linke, Angelika / Nussbauer, Markus / Paul R. Portmann: Studienbuch Linguistik. RGL 121. Tübingen ⁵2004, 241–292.

Lisowski, Gerhard: Konkordanz zum Hebräischen Alten Testament. Nach dem von P. Kahle in der Biblia Hebraica ed. R. Kittel besorgten Masoretischen Text. Stuttgart ³1998.

Meisner, Norbert: Aristeasbrief, in: Kümmel, Werner Georg und Hermann Lichtenberger (eds.): Jüdische Schriften aus hellenistisch-römischer Zeit. Bd. 2: Unterweisung in erzählender Form. Gütersloh 1973, 35–88.

Meyer, Hugo [ed.]: Der Obelisk des Antiochos. München 1994.

Meyer, Rudolf: Hebräische Grammatik. Berlin, New York 1992 (Nachdruck).

Novum Testamentum Graece. Ed. Barbara et Kurt Aland. Stuttgart ²⁸2012.

Patrologiae cursus completus. Series Graeca. Ed. Jacques-Paul Migne. Paris Bd. 2 (1844); Bd. 12 (1862); Bd. 23 (1857); Bd. 27 (1887). [PG]

Platons Ideenlehre Band II. Der Philosoph als König. Ed. Franz Vonessen. Die Graue Edition, Kusterdingen 2003.

Die Religion in Geschichte und Gegenwart. 6 Bände. Ed. Kurt Galling. Tübingen ³1957–1965. [RGG³]

Die Religion in Geschichte und Gegenwart. 8 Bände. Ed. Hans Dieter Betz u. a. Tübingen ⁴1998–2005. [RGG⁴]

Ricœur, Paul: Die lebendige Metapher. München ³2004.

Schollmeyer, Anastasius: Sumerisch-babylonische Hymnen und Gebete an Šamaš. SGKA.E 1. Paderborn 1912.

Schwemer, Anna Maria: *Vitae prophetarum.* JSHRZ/I Lfg. 7. Gütersloh 1997.

Seiler, Stefan: Intertextualität. In: Utzschneider, Helmut und Erhard Blum (eds.): Lesarten der Bibel. Stuttgart 2006, 275–294.

Septuaginta Deutsch. Ed. Kraus, Wolfgang und Martin Karrer. Stuttgart 2009.

Septuaginta. Id est Vetus Testamentum graece iuxta LXX interpres edidit Alfred Rahlfs. Vol. I + II. Stuttgart 1935. [LXXᴿ]

Septuaginta. Vetus Testamentum Graecum. Auctoritate Societatis Litterarum Gottingensis editum. XIII Duodecim prophetae. Göttingen 1943. [LXX]

Septuaginta. Duodecim prophetae. Ed. Joseph Ziegler. Göttingen ³1984.

Sethe, Kurt: Dramatische Texte zu altägyptischen Mysterienspielen. Untersuchungen zur Geschichte und Altertumskunde Aegyptens 10. Leipzig 1928.

Stierle, Karlheinz: Intertextualität. In: Kimmich, Dorothee u. a. (eds.): Texte zur Literaturtheorie der Gegenwart. Stuttgart 1996 [2003], 349–359.

Texte aus der Umwelt des Alten Testaments. Alte Folge. 3 Bände. Ed. Otto Kaiser. Gütersloh
   1982–1997. [TUAT/A]
Texte aus der Umwelt des Alten Testaments. Neue Folge. Band 3: Briefe. Ed. Bernd Janowski
   und Gernot Wilhelm. Gütersloh 2006. [TUAT/N]
Texte aus der Umwelt des Alten Testaments. Neue Folge. Band 4: Omina, Orakel, Rituale und
   Beschwörungen. Ed. Bernd Janowski und Gernot Wilhelm. Gütersloh 2008. [TUAT/N]
The Bible in Aramaic. III. The latter Prophets according to Targum Jonathan. Ed. A. Sperber.
   Leiden 1962. [Tg]
Theologische Realenzyklopädie. 36 Bände. Ed. Gerhard Müller, Horst Balz und Gerhard Krause.
   Berlin u. a. 1977–2004. [TRE]
Theologisches Handwörterbuch zum Alten Testament. 2 Bände. Ed. Ernst Jenni. München
   ³1978. [THAT]
Theologisches Wörterbuch zum Alten Testament. 8 Bände. Ed. Gerhard Johannes Botterweck
   und Heinz-Josef Fabry. Stuttgart 1973–2000. [ThWAT]
Tillich, Paul: Systematische Theologie, Bände 1–2. Berlin, New York 1987.
Vetus Testamentum Hebraicum cum variis lectionisbus. Ed. Benjamin Kennicott. Vol. I und II.
   Oxford 1776 und 1780.
Waltke, Bruce Kenneth and Michael Patrick O'Connor: An Introduction to Biblical Hebrew
   Syntax. Winona Lake 1990 (Nachdruck 1997).

*In eckige Klammern gesetzt sind die Kürzel, die in dieser Arbeit verwendet werden. Alle übrigen
Abkürzungen entsprechen Schwertner, Siegfried: Abkürzungsverzeichnis. TRE. Berlin, New York 1976,
bzw. den konventionellen Vorgaben durch Duden. Lexikonartikel werden im Folgenden nicht einzeln
aufgeführt. Internetquellen und -texte sind vollständig in den Anmerkungen zitiert.*

8.2 Kommentare und Einleitungen

8.2.1 Kommentare zu Maleachi

Achtemeier, Elizabeth: Nahum – Malachi. A Bible Commentary for Teaching and Preaching.
   Atlanta 1986.
Adamson, James T. H.: Malachi. NBCom. Grand Rapids ³1970, 804–805.
Alden, Robert L.: Malachi. EBC 7. Grand Rapids 1985, 701–725.
Baldwin, Joyce G.: Haggai, Zechariah, Malachi. TOTC. London 1972.
Bennett, T. Miles: Malachi. BBC 7. Nashville 1972, 366–394.
Bewer, Julius A.: The Book of the Twelve Prophets. HAB 2. New York 1949.
Brandenburg, Hans: Die Kleinen Propheten II: Haggai, Sacharja, Maleachi (mit Esra und
   Nehemia). Das lebendige Wort. Giessen, Basel ²1982.
Bulmerincq, Alexander von: Der Prophet Maleachi. Band I: Einleitung in das Buch Maleachi.
   ACUD B Humaniora 3,4+7. Dorpat 1921–1926. Band II: Kommentar zum Buche des
   Propheten Maleachi. ACUT(D) B Humanoira 15,19,23,26+27. Tartu 1929–1932.
Chary, Théophane: Aggée-Zacharie-Malachie. SBi. Paris 1969.
Chisholm, Robert B.: Interpreting the Minor Prophets. Grand Rapids 1990.
Clendenen, Ewell Ray and Richard A. Taylor: Haggai, Malachi. NAC 21 A. Nashville 2004.

Coggins, Richard J.: Haggai, Zechariah, Malachi. OTGu. Sheffield 1987 (Reprint 1996).

Craigie, Peter C.: Twelve Prophets. The Daily Study Bible Series vol. 2. Philadelphia 1985.

Deissler, Alfons: Zwölf Propheten III. Zefanja, Haggai, Sacharja, Maleachi. NEB 21. Würzburg 1988.

Dentan, Robert C. and Willard L. Sperry: Malachi. IntB 6. New York 1956, 1117–1144.

Dods, Marcus: The Post-Exilian Prophets. Handbooks for Bible Classes and Private Students. Edinburgh 1879 [Reprint 2009].

Driver, Samuel Rolles: The Minor Prophets. CeB 2. New York 1906.

Duhm, Bernhard: Anmerkungen zu den Zwölf Propheten. Giessen 1911.

Eiselen, Frederick Carl: The Minor Prophets. New York 1907.

Elliger, Karl: Das Buch der zwölf Kleinen Propheten II. ATD 25. Göttingen [8]1982.

Ewald, Georg Heinrich August: Die Propheten des Alten Bundes I. Göttingen [2]1867.

Frey, Hellmuth: Das Buch der Kirche in der Weltwende. Die kleinen nachexilischen Propheten. BAT 24. Stuttgart [6]1977.

Gailey, James Herbert: Micah to Malachi. LBC. London 1962.

Glazier-McDonald, Beth: Malachi. The Women's Bible Commentary. Louisville 1992, 232–234.

Henderson, Ebenezer: The Twelve Minor Prophets. Grand Rapids 1858 (Reprint 1980).

Heschel, Abraham J.: The Prophets. 2 Volumes. New York 1962.

Hill, Andrew E.: Art.»Malachi, Book of«. The Anchor Bible Dictionary IV. New York 1992, 478–485.

Hill, Andrew E: Malachi: A New Translation with Introduction and Commentary. AncB 25D. New York 1998 (Nachdruck 2008).

Hitzig, Ferdinand: Die zwölf Kleinen Propheten. KEH I. Leipzig [4]1881.

Isbell, Charles D.: Malachi. Grand Rapids 1980.

Isopescul, Octavian: Der Prophet Malachias. Einleitung, Übersetzung und Auslegung. Wien 1908.

Jones, G. H.: Haggai, Zechariah and Malachi. TBC. London 1962.

Kaiser, Walter C.: Micah-Malachi. CCS.OT 21. Waco, Tex. 1992.

Keil, Carl Friedrich: Die zwölf kleinen Propheten. Gießen, Basel [3]1888.

Kodell, Jerome: Lamentations, Zechariah, Malachi, Obadiah, Joel, Second Zechariah, Baruch. OTMes 14. Wilmington 1983.

Kessler, Rainer: Maleachi. HThKAT 13,12. Freiburg im Breisgau u. a. 2011.

Laetsch, Theodore: The Minor Prophets. St. Louis 1956.

Lattey, Cuthbert: The Book of Malachi. London 1935.

Maier, Gerhard: Der Prophet Haggai und der Prophet Maleachi. WStB AT. Wuppertal 1985.

Marti, Kurt: Das Dodekapropheton. KHC XIII. Tübingen 1904.

Mason, Rex A.: The Books of Haggai, Zechariah and Malachi. CNEB. Cambridge 1977.

Meinhold, Arndt: Maleachi. BK XIV/8. Neukirchen 2006.

Merrill, Eugen H.: Haggai, Zechariah, Malachi. An Exegetical Commentary. Chicago 1994.

Moore, Thomas V.: A Commentary on Haggai and Malachi. GSC. London 1974.

Nötscher, Friedrich: Zwölfprophetenbuch oder Kleine Propheten. Würzburg 1948.

Nowack, Wilhelm: Die kleinen Propheten. HAT III/4. Göttingen [3]1922.

Ogden, Graham S. und Richard R. Deutsch: A Promise of Hope – A Call to Obedience. A Commentary on the Books of Joel and Malachi. ITC. Grand Rapids 1987.

Orelli, Hans Conrad von: The Twelve Minor Prophets. Edinburgh 1893.

Packard, Joseph: The Book of Malachi. Lange's Commentary on the Minor Prophets. New York 1902, 1–35.

Perowne, Thomas T.: Haggai, Zechariah, and Malachi. CBSC. Cambridge [2]1901.

Petersen, David L.: Zechariah 9–14 and Malachi. A Commentary. OTL. London 1985.

Pressel, Wilhelm: Commentar zu den Schriften der Propheten Haggai, Sacharja und Maleachi. Gotha 1870.

Pusey, Edward Bouverie: The Minor Prophets. Vol. 2. 1860 (Reprint Grand Rapids 1977).

Raschi (Solomon ben Isaak): Commentary on the Minor Prophets. Vol. 1. Ed. by I. Maarsen. Amsterdam 1930.

Redditt, Paul L.: Haggai, Zechariah, Malachi. NCBC. Grand Rapids 1995.

Reinke, Laurenz: Der Prophet Malachi : Einleitung, Grundtext und Übersetzung nebst einem vollständigen philologisch-kritischen und historischen Commentar. Giessen 1856.

Reventlow, Henning: Die Propheten Haggai, Sacharja und Maleachi. ATD 25,2. Göttingen 1993.

Robinson, Theodore H. und Friedrich Horst: Die Zwölf Kleinen Propheten. HAT I/14. Tübingen [3]1964.

Rudolph, Wilhelm: Haggai – Sacharja 1–8 – Sacharja 9–14 – Maleachi. KAT XIII/4. Berlin 1981.

Schuller, Eileen M.: The Book of Malachi. IntB 7. Nashville 1996, 841–877.

Sellin, Ernst: Das Zwölfprophetenbuch. ATD 25,2. Leipzig [2-3]1930.

Smit, Gerrit: De kleine profeten III: Habakuk, Haggai, Zacharia, Maleachi. Groningen, Den Haag 1934.

Smith, George Adam: The Book of the Twelve Prophets II. ExpB. New York 1905.

Smith, John Merlin Powis: A Critical and Exegetical Commentary on Haggai, Zechariah, Malachi and Jonah. ICC II. Edinburgh 1912, 1–88.

Smith, Ralph L.: Micah-Malachi. WBC 32. Waco, Tex. 1984.

Stendebach, Franz Josef: Prophetie und Tempel. Haggai – Sacharja – Maleachi – Joel. SKK AT 16. Stuttgart 1977.

Stuart, Douglas: Malachi. In: McComiskey, Thomas (ed.): The Minor Prophets III. Zephaniah, Haggai, Zechariah, Malachi. Michigan 1998.

Verhoef, Pieter A.: Maleachi. COT. Kampen 1972.

Verhoef, Pieter A.: The books of Haggai and Malachi. NICOT. Grand Rapids, Michigan 1987 (Nachdruck 2003 und 2007).

Vuilleumier, René: Malachie. CAT 9. Neuchâtel 1981.

Wellhausen, Julius: Die Kleinen Propheten. Berlin [4]1963.

Willi-Plein, Ina: Haggai, Sacharja, Maleachi. ZBK.AT 24.4. Zürich 2007.

Woude, Adam Simon van der: Haggai. Maleachi. De Prediking van het Oude Testament. Nijkerk 1982.

8.2.2 Sonstige Kommentare und Einleitungen

Beuken, Willem A. M.: Jesaja 1–12. HThKAT 10,1. Freiburg i. Br. 2003.

Berges, Ulrich: Jesaja 40–48. HThKAT 10,4. Freiburg i. Br. 2008.

Boecker, Hans Jochen: 1. Mose 25,12–37,1 Isaak und Jakob. ZBK.AT 1,3. Zürich 1992.

Braulik, Georg: Deuteronomium 1–16,17. NEB.AT 15. Würzburg 1986. Ders.: Deuteronomium 16,18–34,12. NEB.AT 28. Würzburg 1992.

Conrad, Edgar W.: Zechariah. Readings. Sheffield 1999.

Dohmen, Christoph: Exodus 19–40. HThKAT 2,2. Freiburg im Breisgau u. a. 2004.

Eißfeldt, Otto: Einleitung in das Alte Testament unter Einschluß der Apokryphen und Pseudepigraphen sowie der apokryphen- und Pseudepigraphischen Qumrān-Schriften. Tübingen [4]1976.

Fischer, Georg: Jeremia. HThKAT 11,1+2. Freiburg im Breisgau u. a. 2005.

Gertz, Jan Christian: Grundinformation Altes Testament. Eine Einführung in Literatur, Religion und Geschichte des Alten Testaments. Göttingen [3]2009.

Görg, Manfred: Richter. NEB 31. Stuttgart 1993.

Greenberg, Moshe: Ezechiel 1–20.21–37. Aus der amerikanischen Original-Ausgabe übersetzt von Dafna Mach. HThKAT 12,1–2. Freiburg im Breisgau u. a. 2001–2005.

Gunneweg, Antonius H. J.: Nehemia. KAT XIX/2. Gütersloh 1987.

Höffken, Peter: Das Buch Jesaja. Kapitel 40–66. NSKAT 18, 2. Stuttgart 1998.

Hossfeld, Frank-Lothar und Erich Zenger: Psalmen 51–100. HThKAT 14,2. Freiburg im Breisgau u. a. [3]2000.

Jacob, Benno: Das Buch Exodus. Herausgabe des 1943 beendeten Manuskripts. Stuttgart 1997.

Jacob, Benno: Das Buch Genesis. Berlin, Schocken 1934 (Nachdruck Stuttgart 2000).

Japhet, Sara: II Chronik. HThKAT 25,2. Freiburg im Breisgau u. a. 2003.

Kaiser, Otto: Einleitung in das Alte Testament. Gütersloh [5]1984.

Kaiser, Otto: Grundriß der Einleitung in die kanonischen und deuterokanonischen Schriften des Alten Testaments Bd. 2: Die prophetischen Werke mit einem Beitrag von Karl-Friedrich Pohlmann. Gütersloh 1994.

Kessler, Rainer: Micha. HThKAT 13,6. Freiburg im Breisgau u. a. [2]2000.

Meinhold, Arndt: Die Sprüche. ZBK.AT 16/1+2. Zürich 1991.

Rendtorff, Rolf: Das Alte Testament. Eine Einführung. Neukirchen-Vluyn [6]2001.

Rendtorff, Rolf: Leviticus 1,1–10,20. BK III/1. Neukirchen-Vluyn 2004.

Wanke, Gunther: Jeremia. Teilband I+II. ZBK.AT 20,1+2. Zürich 1995–2003.

Werlitz, Jürgen: Die Bücher der Könige. NSKAT 8. Stuttgart 2002.

Werner, Wolfgang: Jeremia. Teilband I+II. NSKAT 19,1+2. Stuttgart 1997–2003.

Wette, Wilhelm Martin Leberecht de: Lehrbuch der historisch-kritischen Einleitung in die kanonischen und apokryphischen Bücher des Alten Testamentes. Berlin [6]1845.

Wolff, Hans Walter: Hosea. BK XIV/1. Neukirchen-Vluyn [4]1990.

Zenger, Erich (ed.): Einleitung in das Alte Testament. Stuttgart [8]2011.

8.3 Monographien und Essays

Achenbach, Reinhard: Grundlinien redaktioneller Arbeit in der Sinai-Perikope. In: Otto, Eckart und ders. (eds.): Das Deuteronomium zwischen Pentateuch und Deuteronomistischem Geschichtswerk. FRLANT 206. Göttingen 2004, 56–80.

Achenbach, Reinhard: Levitische Priester und Leviten im Deuteronomium. ZAR 5 (1999), 285–309.

Achenbach, Reinhard: Die Vollendung der Tora. Studien zur Redaktionsgeschichte des Numeribuches im Kontext von Hexateuch und Pentateuch, BZAR 3, Wiesbaden 2003.

Ahn, Gregor: Religiöse Herrscherlegitimation im achämenidischen Iran. Die Voraussetzungen und die Struktur ihrer Argumentation. Leiden u. a. 1992.

Albertz, Rainer: Religionsgeschichte Israels in alttestamentlicher Zeit, Teil 2: Vom Exil bis zu den Makkabäern. Göttingen [2]1997.

Arndt, Timotheus: Die Tora leuchtet besser. In: Albani, Matthias (ed.): Gottes Ehre erzählen. FS Hanns Seidel. Leipzig 1991, 257–262.

Arneth, Martin: Psalm 19 – Tora oder Messias? In: Achenbach, Reinhard; ders. und Eckart Otto (eds.): Tora in der hebräischen Bibel. Tora in der Hebräischen Bibel: Studien zur Redaktionsgeschichte und synchronen Logik diachroner Transformationen. BZAR 7. Wiesbaden 2007, 312–339.

Assis, Elie: Moses, Elijah and the Messianic Hope. A New Reading of Malachi 3,22–24. ZAW 123 (2011) 207–220.

Assis, Elie: Structure and Meaning in the Book of Malachi. In: Day, John (Ed.): Prophecy and the Prophets in Ancient Israel. London, New York 2010, 354–369.

Assmann, Jan: Ma'at. Gerechtigkeit und Unsterblichkeit im Alten Ägypten. Becksche Reihe 1403. München 2001.

Assmann, Jan: Herrschaft und Heil. Politische Theologie in Altägypten, Israel und Europa. München, Wien 2000.

Auld, A. Grame: What Was a Biblical Prophet? Why Does it Matter? In: Exum, J. Cheryl and Hugh Godfrey Maturin Williamson (eds.): Readings from Right to Left. FS David J. A. Clines. JSOT.S 373. Sheffield Academic Press 2003, 1–12.

Avemarie, Friedrich: Esaus Hände, Jakobs Stimme. Edom als Sinnbild Roms in der frühen rabbinischen Literatur. In: Feldmeier, Reinhard; Heckel, Ulrich und Martin Hengel (eds.): Die Heiden. Juden, Christen und das Problem des Fremden. Tübingen 1994, 177–208.

Bartlett, John R.: Edom and the Edomites. JOTS.S 77. Sheffield 1989.

Barton, John: The Canonical Meaning of the Book of the Twelve (first publ. 1996). In: Ders.: The Old Testament: Canon, Literature and Theology: Collected Essays of John Barton. JSOT.SS 375. Aldershot u. a. 2007.

Bauer, Lutz: Zeit des Zweiten Tempels – Zeit der Gerechtigkeit. Zur sozio-ökonomischen Konzeption im Haggai-Sacharja-Maleachi-Korpus. BATAJ 31. Frankfurt am Main u. a. 1992.

Baumann, Gerlinde: Die prophetische Ehemetaphorik und die Bewertung der Prophetie im Zwölfprophetenbuch. Eine synchrone und diachrone Rekonstruktion zweier thematischer Fäden. In: Redditt, Paul L. and Aaron Schart (eds.): Thematic Threads in the Book of the Twelve. BZAW 325. Berlin, New York 2003, 214–231.

Beck, Martin: Das Dodekapropheton als Anthologie. ZAW 118 (2006) 558–581.

Beck, Martin: Der »Tag YHWHs« im Dodekapropheton. Studien im Spannungsfeld von Traditions- und Redaktionsgeschichte. BZAW 352. Berlin, New York 2005.

Becker, Uwe: Die Entstehung der Schriftprophetie. In: Lux, Rüdiger und Ernst-Joachim Waschke (eds.): Die unwiderstehliche Wahrheit. Studien zur alttestamentlichen Prophetie. FS Arndt Meinhold. ABG 23. Leipzig 2006, 3–20.

Becker, Uwe: Die Wiederentdeckung des Prophetenbuchs. Tendenzen und Aufgaben der gegenwärtigen Prophetenforschung. BThZ 21/1 (2004) 30–60.

Beckwith, Roger: The Old Testament Canon of the New Testament Church and its Background in Early Juaism. Michigan 1985/2003.

Begrich, Joachim: Die priesterliche Tora. In: Volz, Paul; Stummer, Friedrich und Johannes Hempel (eds.): Werden und Wissen des Alten Testaments. BZAW 66. Berlin 1936, 63–88.

Behrens, Achim: Prophetische Visionsschilderungen im Alten Testament. Sprachliche Eigenarten, Funktion und Geschichte einer Gattung. Alter Orient und Altes Testament 292. Münster 2002.

Bergmann, Marianne: Die Strahlen der Herrscher. Theomorphes Herrscherbild und politische Symbolik im Hellenismus und in der römischen Kaiserzeit. Mainz 1998.

Berquist, Jon L.: The Social Setting of Malachi. BTB 19 (1989) 121–126.
Berry, Donald K.: Malachi's Dual design: The Close of the Canon and What Comes Afterward. In: Watts, James W. and Paul R. House (eds.): Forming Prophetic Literature: Essays on Isaiah and the Twelve in Honor of John D. W. Watts. JSOT.SS 235. Sheffield 1996, 269–302.
Bertholet, Alfred: Die Stellung der Israeliten und der Juden zu den Fremden. Freiburg i. B. 1896.
Beyerle, Stefan: Der Mosesegen im Deuteronomium. Eine text-, kompositions- und formkritische Studie zu Deuteronomium 33. BZAW 250. Berlin, New York 1997.
Biberger, Bernd: Umkehr als Leitthema im XII? ZAW 123 (2011) 565–579.
Bienkowski, Piotr: The Edomites: The Archaeological Evidence from Transjordan. In: Edelman, Diana V. (ed.): You Shall Not Abhor an Edomite for He is Your brother: Edom and Seir in History and Tradition. Archaeological and Biblical Studies 3. Atlanta 1995, 41–92.
Bilić, Niko: Jerusalem an jenem Tag. Text und Botschaft von Sach 12 – 14. FzB 117. Würzburg 2008.
Blenkinsopp, Joseph: Geschichte der Prophetie in Israel. Von den Anfängen bis zum hellenistischen Zeitalter. Aus dem Amerikanischen übersetzt von Erhard S. Gerstenberger. Stuttgart u. a. 1998.
Blenkinsopp, Joseph: Prophecy and Canon. London 1977.
Blocher, Felix: Sonnen- und Mondsymbolik nach Altorientalischen Darstellungen aus der 2. Hälfte des 2. und der 1. Hälfte des 1. Jahrtausends v. Chr. unveröffentlichte Habilitationsschrift, Universität Heidelberg 1995.
Blum, Erhard: Esra, die Mosetora und die persische Politik. In: Ders.: Textgestalt und Komposition. Exegetische Beiträge zu Tora und Vordere Propheten. FAT 69. Tübingen 2010, 177–205.
Blum, Erhard: Noch einmal: Jakobs Traum in Bethel – Gen 28,10–22. In: Ders.: Textgestalt und Komposition. FAT 69. Tübingen 2010, 21–41.
Boda, Mark J.: Freeing the Burden of Prophecy: Maśśā' and the Legitimacy of Prophecy in Zech 9–14. Bib 87 (2006) 338–57.
Boecker, Hans Joachim: Bemerkungen zur formgeschichtlichen Terminologie des Buches Maleachi. ZAW 78 (1966) 78–80.
Böckler, Annette: Gott als Vater im Alten Testament. Traditionsgeschichtliche Untersuchungen zur Entstehung und Entwicklung eines Gottesbildes. Gütersloh 2000.
Böhme, W.: Zu Maleachi und Haggai, ZAW 7 (1887) 210–217.
Bosshard-Nepustil, Erich: Rezeptionen von Jesaja 1–39 im Zwölfprophetenbuch. Untersuchungen zur literarischen Verbindung von Prophetenbüchern in babylonischer und persischer Zeit. OBO 154. Fribourg, Göttingen 1997.
Bosshard, Erich und Reinhard G. Kratz: Maleachi im Zwölfprophetenbuch. BN 52 (1990) 27–46.
Bosshard-Nepustil, Erich und Ludwig D. Morenz: Königtum in Edom. In: Dies. (eds.): Herrscherpräsentation und Kulturkontakte. Ägypten – Levante – Mesopotamien. Münster 2003, 145–196.
Botha, Phil J.: Die belang van Maleagi 1:2–5 vir die verstaan die boek. SK 21 (2000) 495–506.
Botha, Phil J.: Honor and Shame as Keys to the Interpretation of Malachi. OTE 14 (2001) 392–403.
Botterweck, Gerhard Johannes: Jakob habe ich lieb – Esau hasse ich. Auslegung von Malachias 1,2–5. BiLe 1 (1960) 28–38.

Botterweck, Gerhard Johannes: Ideal und Wirklichkeit der Jerusalemer Priester. Auslegung von Mal 1,6–10; 2,1–9*. BiLe 1 (1960) 100–109.

Botterweck, Gerhard Johannes: Schelt- und Mahnrede gegen Mischehen und Ehescheidung. Auslegung von Mal 2,10–16*. BiLe 1 (1960) 179–185.

Botterweck, Gerhard Johannes: Die Sonne der Gerechtigkeit am Tage Jahwes. Auslegung von Mal 3,13–21. BiLe 1 (1960) 253–60.

Brooke, George J.: Was the Teacher of Righteousness Considered to be a Prophet? In: Troyer, K. de u. a. (eds.): Prophecy after Prophets? CBET 52. Leuven 2009, 99–118.

Brandt, Peter: Endgestalten des Kanons. Das Arragement der Schriften Israels in der jüdischen und der christlichen Bibel. BBB 131. Berlin 2001.

Brunner, Hellmut: Altägyptische Religion. WB-Forum 34. Darmstadt ³1989.

Buber, Martin: Recht und Unrecht. Deutung einiger Psalmen. Klosterberg-Basel 1952, 63–74.

Chapman, Stephen B.: A Canonical Approach to Old Testament Theology? Horizons in Biblical Theology 25 (2003) 121–145.

Chapman, Stephen B.: The Law and the Prophets. A study in Old Testament canon formation. FAT 27. Tübingen 2000.

Childs, Brevard S.: Critique of Recent Intertextual Canonical Interpretation. ZAW 115 (2003) 173–184.

Childs, Brevard S.: Introduction to the Old Testament as scripture. Philadelphia 1979 (⁸1993).

Clark, David G.: Elijah as Eschatological High Priest: An Examination of the Elija Tradition in Mal. 3:23–24. [Diss. Uni of Notre Dame 1975].

Clendenen, Ewell Ray: The Interpretation of Biblical Hebrew Hortatory Texts: A Textlinguistic Approach to the Book of Malachi. Arlington 1989.

Cohen, Naomi: From Nabi to Mal'ak to »Ancient Figure«. JJS 36 (1985) 12–24.

Conrad, Edgar W.: Forming the Twelve and Forming Canon. In: Redditt, Paul L. and Aaron Schart (eds.): Thematic Threads in the Book of the Twelve. BZAW 325. Berlin, New York 2003, 90–103.

Conrad, Edgar W.: Messengers in Isaiah and the Twelve. JSOT 91 (2000) 83–97.

Conrad, Edgar. W.: The End of the Prophecy and the Appearance of Angels/Messengers in the Book of the Twelve. JSOT 73 (1997) 65–79.

Cutler, Charles: ער ועֹנה in Malachi ii. 12. JBL 24 (1905) 176–178.

Dahlberg, Bruce T: Studies in the Book of Malachi. Columbia University PhD 1963. (unpublished; University Microfilms)

Dahmen, Ulrich: Leviten und Priester im Deuteronomium. BBB 110. Bodenheim 1996.

Deuel, David C.: Malachi 3:16: »Book of Remembrance« or »Royal Memorandum«? An Exegetical Note. MSJ 7 (1996) 107–111.

Diesel, Anja: Primäre und sekundäre Religions(erfahrung) – das Konzept von Th. Sundermeier und J. Assmann. In: Wagner, Andreas (ed.): Primäre und sekundäre Religion als Kategorie der Religionsgeschichte des Alten Testaments. Internationales Symposium. Heidelberg 2005. BZAW 364. Berlin, New York 2006, 23–44.

Dux, Günter: Die Logik der Weltbilder. Sinnstrukturen im Wandel der Geschichte. stw 370. Frankfurt a. M. 1982.

Ebach, Jürgen: Herzenssachen. Bibelarbeit über Maleachi 3. In: Ders.: In den Worten und zwischen den Zeilen. Eine neue Folge theologischer Reden. Erev-Rav-Hefte: Biblische Erkundungen 6. Wittingen 2005, 9–24.

Ebach, Jürgen: Schriftstücke. Biblische Miniaturen. Gütersloh 2011.

Eslinger, Lyle: Hos 12:5a und Genesis 32:29. A Study in Inner-Biblical Exegesis. JSOT 18 (1980) 91–99.

Fantalkin, Alexander und Oren Tal: The Canonization of the Pentateuch: When and Why? ZAW (2011) 1–18.

Finsterbusch, Karin: Weisung für Israel. Studien zu religiösem Lehren und Lernen im Deuteronomium und in seinem Umfeld. FAT 44. Tübingen 2005.

Fischer, Georg: Das Mosebild der Hebräischen Bibel. In: Otto, Eckart (ed.): Mose. SBS 189. Stuttgart 2000, 84–120.

Fischer, Irmtraud: Levibund versus Prophetie in der Nachfolge des Mose. Die Mittlerkonzepte der Tora bei Maleachi. In: Dohmen, Christoph und Christian Frevel (eds.): Für immer verbündet. Studien zur Bundestheologie der Bibel. FS Frank-Lothar Hossfeld. SBS 211. Stuttgart 2007, 61–68.

Fischer, Irmtraud: Tora für Israel – Tora für die Völker. SBS 164. Stuttgart 1995.

Fishbane, Michael: Form and Reformation of the Biblical Priestly Blessing. JAOS 103 (1983) 115–121.

Floyd, Michael H.: The משׂא *maśśā'* as a Type of Prophetic Book. JBL 121 (2002) 401–422.

Freedman, David Noel: The Formation of the Canon of the Old Testament. The Selection and Identification of the Torah as the Supreme Authority of the Postexilic Community. In: Firmage, Edwin Brown et al. (eds.): Religion and Law. Biblical – Judaic and Islamic Perspectives. Winona Lake 1990, 315–331.

Freuling, Georg: »Wer eine Grube gräbt …« Der Tun-Ergehen-Zusammenhang und sein Wandel in der alttestamentlichen Weisheitsliteratur. Neukirchen-Vluyn 2004.

Fuller, Russell: The Blessing of Levi in Dtn 33, Mal 2, and Qumran. In: Bartelmus, Rüdiger; Krüger, Thomas und Helmut Utzschneider (eds.): Konsequente Traditionsgeschichte. OBO 126. FS Klaus Baltzer. Fribourg, Göttingen 1993, 31–44.

Gertner, M.: The masorah and the Levites. Appendix: An Attempt at an Interpretation of Hos XII. VT 10 (1960) 241–284.

Gese, Hartmut: Jakob und Mose: Hosea 12:3–14 als einheitlicher Text. In: van Henten and Jan Willem (ed.): Tradition and re-interpretation in Jewish and early Christian literature. Studia post Biblica. FS Jürgen C. H. Lebram. Leiden 1986, 38–47.

Glazier-McDonald, Beth: Intermarriage, Divorce, and the *bat-'ēl nēkār:* Insights into Mal 2:10–16. JBL 106 (1987) 603–611.

Glazier-McDonald, Beth: Malachi: The Divine Messenger. SBLDS 98. Scholars Press Atlanta 1987.

Glazier-McDonald, Beth: *Mal'ak habberît:* The Messenger of the Covenant in Mal 3:1. Hebrew Annual Review 11 (1987) 93–104.

Grabbe, Lester L.: A Priest Is Without Honor in His Own Prophet: Priest and Other Specialists in the Latter Prophets. In: Ders. and Alice Ogden Bellis (eds.): The Priests in the Prophets. The Portrayal of Priests, Prophetes and Other Religious Specialists in the Latter Prophets. JSOT.SS 408. London, New York ²2006, 79–97.

Grätz, Sebastian: Das Edikt des Artaxerxes. Eine Untersuchung zum religionspolitischen und historischen Umfeld von Esra 7,12–26. BZAW 337. Berlin, New York 2004.

Graffy, Adrian: A Prophet Confronts His People. The Dispitation Speech in the Prophets. AnBib 104. Rom 1984.

Grohmann, Marianne: Fruchtbarkeit und Geburt in den Psalmen. FAT 53. Tübingen 2007.

Gropp, Douglas M.: The Samaria Papyri and the Babylonio-Aramean Symbiosis. In: Semitic papyrology in context (2003) 23–50.

Gruen, Erich S.: Diaspora. Jews amidst Greeks and Romans. Cambridge, London 2002.

Grünwaldt, Klaus: Von den Ver-Wandlungen des Profeten. Die Elia-Rezeption im Alten Testament. In: Ders. und H. Schroeter: Was suchst du hier, Elia? FS Werner H. Schmidt und Horst Seebass. Hermeneutica 4. Rheinbach/Merzbach 1995, 43–54.

Guillaume, Philippe: The Unlikely Malachi-Jonah Sequence (4QXIIa). Journal of Hebrew Scriptures 7 (2007), 2–10.

Gunkel, Hermann: Die Propheten als Schriftsteller und Dichter: In: Die großen Propheten. Übersetzt und erklärt von von H. Schmidt. SAT II. Göttingen ²1923.

Haag, Ernst: Das hellenistische Zeitalter. Israel und die Bibel im 4.–1. Jahrhundert v. Chr. Stuttgart 2003.

Haag, Ernst: Gottes Bund mit Levi nach Maleachi 2. Historische und theologische Aspekte des Priestertums im Alten Testament. Trierer theologische Zeitschrift: Pastor bonus 107 (1998) 25–44.

Habets, Goswin: »Ich habe euch lieb.« Die Grundsatzerklärung. Eine Exegese von Mal 1,2–5. Theresianum 47 (1996) 431–465.

Habets, Goswin: Vorbild und Zerrbild. Eine Exegese von Mal 1,6–2,9. Theresianum 41 (1990) 5–58.

Häusl, Maria: Gott als Vater und Mutter und die Sohnschaft des Volkes in der Prophetie. In: Irsigler, Hubert [ed.]: Mythisches in biblischer Bildsprache. QD 209. Freiburg u. a. 2004, 258–289.

Hanson, Paul D.: Das berufene Volk: Entstehung und Wachsen der Gemeinde in der Bibel. Neukirchen-Vluyn 1993.

Hausmann, Jutta: Jerusalem und die Völker. In: Lux, Rüdiger und Ernst-Joachim Waschke (eds.): Die unwiderstehliche Wahrheit. Studien zur alttestamentlichen Prophetie. FS Arndt Meinhold. ABG 26. Leipzig 2006, 389–399.

Heath, Elaine A.: Divorce and Violence: Synonymous Parallelism in Malachi 2:16. ATJ 28 (1996) 1–8.

Hengel, Martin: »Schriftauslegung« und »Schriftwerdung« in der Zeit des Zweiten Tempels. In: Ders. und Hans Löhr (eds.): Schriftauslegung im antiken Judentum und im Urchristentum. WUNT 73. Tübingen 1994, 1–71.

Hermisson, Hans-Jürgen: Diskussionsworte bei Deuterojesaja. EvTh 31 (1971) 665–680.

Hermisson, Hans-Jürgen: Kriterien »wahrer« und »falscher« Prophetie im Alten Testament. Zur Auslegung von Jer 23,16–22 und Jer 28,8–9. In: Barthel, Jörg; Jauss, Hannelore und Klaus Koenen (eds.): Studien zu Prophetie und Weisheit. Gesammelte Aufsätze. FAT 23. Tübingen 1998, 59–76.

Herz, Peter: Die frühen Ptolemäer bis 180 v. Chr. In: Gundlach, Rolf und Hermann Weber (eds.): Legitimation und Funktion des Herrschers. Vom ägyptischen Pharao zum neuzeitlichen Diktator. Stuttgart 1992, 51–97.

Hieke, Thomas: Kult und Ethos. Die Verschmelzung von rechtem Gottesdienst und gerechtem Handeln im Lesevorgang der Maleachischrift. SBS 208. Stuttgart 2006.

Hill, Andrew: Dating the Book of Malachi. A Linguistic Reexamination. In: Meyers, Carol L. (ed.): The Word of the Lord Shall Go Forth. FS David Noel Freedman. Winona Lake 1983, 77–89.

Hinz, Walther: Darius und die Perser. Eine Kulturgeschichte der Achämeniden. Baden-Baden 1976.

Hölbl, Günther: Geschichte des Ptolemäerreiches. Politik, Ideologie und religiöse Kultur von Alexander dem Großen bis zur römischen Eroberung. Darmstadt 1994 (Nachdruck 2004).

Hölscher, Gustav: Komposition und Ursprung des Deuteronomiums. ZAW 40 (1922) 161–255.

Homerski, Jozef: »Tag Jahwes« bei dem Propheten Maleachi. CoTh 64 (1994) 5–17.

Hossfeld, Frank-Lothar: Der Dekalog. Seine späten Fassungen, die originale Komposition und seine Vorstufen. OBO 45. Fribourg, Göttingen 1982.

Hossfeld, Frank-Lothar und Ivo Meyer: Prophet gegen Prophet. Eine Analyse der alttestamentlichen Texte zum Thema: wahre und falsche Propheten. BBB 9. Fribourg 1973.

Hugenberger, Gordon Paul: Marriage as a Covenant. A Study of Biblical Law and Ethics Governing Marriage Developed from the Perspektive of Malachi. VT.S LII. Leiden u. a. 1994.

Huß, Werner: Ägypten in hellenistischer Zeit 332–30 v. Chr. München 2001.

Hvidberg, Flemming Friis: Weeping and Laughter in the Old Testament. Leiden, København 1962.

Irsigler, Hubert: Vom Mythos zur Bildsprache. Eine Einführung am Beispiel der »Solarisierung« JHWHs. In: Ders. (ed.): Mythisches in biblischer Bildsprache. Gestalt und Verwandlung in Prophetie und Psalmen. QD 209. Freiburg, Basel, Wien 2004, 9–42.

Jacobs, Bruno: Religion der Achaimeniden. In: »Pracht und Prunk der Großkönige – Das persische Weltreich«. Stuttgart 2006, 212–221.

Janowski, Bernd: Das biblische Weltbild. Eine methodologische Skizze. In: Ders. und Beate Ego (eds.): Das biblische Weltbild und seine altorientalischen Kontexte. FAT 32. Tübingen 2001, 3–25.

Janowski, Bernd: JHWH und der Sonnengott. Aspekte zur Solarisierung JHWHs in vorexilischer Zeit. In: Ders.: Die rettende Gerechtigkeit. BThAt 2. Neukirchen Vluyn 1999, 192–220.

Janowski, Bernd: Rettungsgewißheit und Epiphanie des Heils. Das Motiv der Hilfe Gottes »am Morgen« im Alten Orient und im Alten Testament. Bd. I: Alter Orient. WMANT 59. Neukirchen-Vluyn 1989.

Janowski, Bernd: Die Tat kehrt zum Täter zurück. In: Ders.: Die rettende Gerechtigkeit. BThAT 2. Neukirchen Vluyn 1999, 167–191.

Janowski, Bernd: Wie ein Baum an Wasserkanälen. In: Hartenstein, Friedhelm (ed.): »Sieben Augen auf einem Stein« (Sach 3,9). Studien zur Literatur des Zweiten Tempels. FS Ina Willi-Plein. Neukirchen-Vluyn 2007, 121–140.

Jeremias, Jörg: Zur Theologie Obadjas. In: Lux, Rüdiger und Ernst-Joachim Waschke (eds.): Die unwiderstehliche Wahrheit. Studien zur alttestamentlichen Prophetie. FS Arndt Meinhold. ABG 26. Leipzig 2006, 269–282.

Jeremias, Jörg: Das Wesen der alttestamentlichen Prophetie. ThLZ 131/1 (2006) 4–14.

Käser, Walter: Beobachtungen zum alttestamentlichen Makarismus. ZAW 82 (1970) 225–250.

Kaim, Barbara: Das geflügelte Symbol in der achämenidischen Glyptik. AMI 24 (1991) 31–34 Tf. 7–10.

Kaiser, Otto: Der eine Gott und die Götter der Welt. In: Kratz, Reinhard G.; Krüger, Thomas und Konrad Schmid: Schriftauslegung in der Schrift. FS Odil Hannes Steck zum 65. BZAW 300. Berlin, New York 2000, 335–352.

Kaiser, Otto: Die Ausländer und die Fremden im Alten Testament. In: Biehl, Peter u. a. (eds.): Heimat – Fremde. Jahrbuch der Religionspädagogik 14. Neukirchen-Vluyn 1998, 65–83.

Kartveit, Magnar: Sach 13,2–6: Das Ende der Prophetie – aber welcher? In: Tångberg, Arvid (ed.): Text and Theology. FS Magne Sæbø. Oslo 1994, 143–156.

Kasher, Aryeh: Jews, Idumaeans and Ancient Arabs. Relation of the Jews in Eretz-Israel wioth the Nations of the Frontier and the Desert during the Hellenistic and Roman Era. Texte und Studien zum Antiken Judentum 18. Tübingen 1988.

Keel, Othmar: Feinde und Gottesleugner. Stuttgart 1969.

Keel, Othmar: Die Geschichte Jerusalems und die Entstehung des Monotheismus. OLB 4/1+2. Ein Handbuch und Studienreiseführer zum Heiligen Land. Göttingen 2007.

Keel, Othmar: Wer zerstörte Sodom? ThZ 35 (1979) 10–17.

Keel, Othmar [; Uehlinger, Christoph] und Max Küchler: Orte und Landschaften der Bibel. Band I + II. Göttingen 1982–84.

Keel, Othmar und Christoph Uehlinger: Göttinnen, Götter und Gottessymbole. Neue Erkenntnisse zur Religionsgeschichte Kanaans und Israels aufgrund bislang unerschlossener ikonographischer Quellen. QD 134. Fribourg u. a. ⁵2001. [GGG]

Kessler, Rainer: Strukturen der Kommunikation bei Maleachi. In: Lubs, Sylke u. a. (eds.): Behutsames Lesen. Alttestamentliche Exegese im interdisziplinären Methodendiskurs. FS Christoph Hardmeier. ABG 28. Leipzig 2007, 232–244.

Kessler, Rainer: Die Theologie der Gabe bei Maleachi, in: Hossfeld, Frank-Lothar und Ludger Schwienhorst-Schönberger (eds.): Das Manna fällt auch heute noch. Beiträge zur Geschichte und Theologie des Alten, Ersten Testaments. FS Erich Zenger. HBS 44. Freiburg 2004, 392–407.

Kessler, Rainer: Maleachi – ein dramatisches Gedicht. In: Gehrig, Stefan und Stefan Seiler (eds.): Gottes Wahrnehmungen. FS Helmut Utzschneider. Stuttgart 2009, 160–176.

Kessler, Rainer: Sozialgeschichte des alten Israel. Eine Einführung. Darmstadt ²2008.

Kleer, Martin: »Der liebliche Sänger der Psalmen Israels«. Untersuchungen zu David als Dichter und Beter der Psalmen. BBB 108. Bodenheim 1996.

Klostermann, August: Die Gottesfurcht als Hauptstück der Weisheit. Rede beim Antritt des Rektorats der königlichen Christian-Albrechts-Universität zu Kiel am 5. März 1885. Kiel 1885.

Koch, Heidemarie: Iranische Religion im achaimenidischen Zeitalter. In: Kratz, Reinhard G. (ed.): Religion und Religionskontakte im Zeitalter der Achaimeniden. Gütersloh 2002, 11–26.

Koch [Kokh], Heidemarie: Persepolis and its Surroundings. Tehran 2006.

Koch, Klaus: »Vom Aufgang der Sonne bis zu ihrem Untergang ist mein Name groß unter den Völkern«. Maleachis Beitrag zum Verhältnis von Monotheismus und Polytheismus. In: Lux, Rüdiger und Ernst-Joachim Waschke (eds.): Die unwiderstehliche Wahrheit. Studien zur alttestamentlichen Prophetie. FS Arndt Meinhold. ABG 26. Leipzig 2006, 401–414.

Koch, Klaus: Profetenbuchüberschriften. Ihre Bedeutung für das hebräische Verständnis von Prophetie. In: Graupner, Axel u. a. (ed.): Verbindungslinien. FS Werner H. Schmidt. Neukirchen-Vluyn 2000, 165–186.

Koch, Klaus: Geschichte der ägyptischen Religion. Von den Pyramiden bis zu den Mysterien der Isis. Stuttgart, Berlin, Köln 1993.

Koch, Klaus: Gibt es ein Vergeltungsdogma im Alten Testament? In: Ders.: Spuren des hebräischen Denkens. Beiträge zur alttestamentlichen Theologie. Gesammelte Aufsätze Band 1. Neukirchen-Vluyn 1991 (Erstveröffentlichung 1955), 65–103.

Koch, Klaus: Şädäq und Ma'at. Konnektive Gerechtigkeit in Israel und Ägypten? In: Janowski, Bernd; Assmann, Jan und Michael Welker (eds.): Gerechtigkeit. Richten und Retten in der abendländischen Tradition und ihren altorientalischen Ursprüngen. München 1998, 37–64.

Köckert, Matthias: Leben in Gottes Gegenwart. Studien zum Verständnis des Gesetzes im Alten Testament. FAT 43. Tübingen 2004.

Köckert, Matthias: Zum literarischen Ort des Prophetengesetzes Dtn 18 zwischen dem Jeremiabuch und Dtn 13. In: Kratz, Reinhard Gregor und Hermann Spieckermann (eds.): Liebe und Gebot. Studien zum Deuteronomium. FS Lothar Perlitt. FRLANT 190. Göttingen 2000, 80–100.

Koehl-Krebs, Hélène: L'intertextualité comme méthode d'investigatione du texte biblique. L'example de Malachie 3,20. BN NF 121 (2004) 61–76.

Koenen, Klaus: Heil den Gerechten – Unheil den Sündern! Ein Beitrag zur Theologie der Prophetenbücher. BZAW 229. Berlin, New York 1994.

Koenen, Ludwig: Die Adaption ägyptischer Königsideologie am Ptolemäerhof. In: Ders.: Egypt and the Hellenistic World. Löwen 1983, 143–190.

Köstenberger, Andreas J. and David A. Croteau: »Will a Man Rob God?« (Malachi 3,8): A Study of Tithing in the Old and New Testament. BBR 16 (2006) 53–77.

Kratz, Reinhard Gregor: Die Komposition der erzählenden Bücher des Alten Testaments. UTB 2157. Göttingen 2000.

Kratz, Reinhard Gregor: Die Propheten Israels. München 2003.

Kratz, Reinhard Gregor: Israel im Jesajabuch. In: Lux, Rüdiger u. a. (eds.): Die unwiderstehliche Wahrheit. FS Arndt Meinhold. ABG 23. Leipzig 2006, 85–103.

Krause, Joachim J.: Tradition, History, and Our Story: Some Observations on Jacob and Esau in the Books of Obadiah and Malachi. JSOT 32 (2008), 475–486.

Kreuzer, Siegfried: »Zebaoth – der Thronende.« VT 56 (2006) 347–362.

Krieg, Matthias: Mutmaßungen über Maleachi. Eine Monographie. AThANT 80. Zürich 1993.

Kugel, James: Levi's Elevation to the Priesthood in Second Temple Writings. HthR 86 (1993) 1–64.

Kugler, Robert A.: From Patriarch to Priest. The Levi-Priestly Tradition from Aramaic Levi to Testament of Levi. SBL. Early Judaism and its literature 9. Atlanta 1996.

Kutter, Juliane: Nūr-ilī: die Sonnengottheiten in den nordwestsemitischen Religionen von der Spätbronzezeit bis zur vorrömischen Zeit. AOAT 346. Münster 2008.

Lang, Bernhard: Vom Propheten zum Schriftgelehrten. Charismatische Autorität im Frühjudentum. In: Heinrich v. Stietencron (ed.): Theologen und Theologien in verschiedenen Kulturkreisen. Düsseldorf 1986, 89–114.

Lauber, Stephan: »Euch aber wird aufgehen die Sonne der Gerechtigkeit« (vgl. Mal 3,20). Eine Exegese von Mal 3,13–21. Arbeiten zu Text und Sprache im Alten Testament 78. St. Ottilien 2006.

Lauber, Stephan: Animadversiones. Das Buch Maleachi als literarische Fortschreibung von Sacharja? Eine Stichprobe. Bib 88 (2007) 214–221.

Lauber, Stephan: Textpragmatische Strategien im »Disputationswort« als gattungsbildendes Kriterium. ZAW 120 (2008) 341–365.

Lauber, Stephan: Zur Ikonographie der Flügelsonne. ZDPV 124 (2008) 89–106.

Lescow, Theodor: Dialogische Strukturen in den Streitreden des Buches Maleachi. ZAW 102 (1990) 194–212.

Lescow, Theodor: Das Buch Maleachi. Texttheorie – Auslegung – Kanontheorie. AzTh 75. Stuttgart 1993.

Leuchter, Mark: »The Prophets« and »The Levites« in Josiahs Covenant. ZAW 121 (2009) 31–47.

Levin, Christoph: Verheißung des neuen Bundes in ihrem theologiegeschichtlichen Zusammenhang ausgelegt. FRLANT 137. Göttingen 1985.

Liwak, Rüdiger: »Sonne der Gerechtigkeit, gehe auf zu unsrer Zeit ...« Notizen zur solaren Motivik im Verhältnis von Gott und König. In: Dörrfuß, E. M. u. a. (eds.): Am Fuß der

Himmelsleiter – Gott suchen, den Menschen begegnen. FS Peter Welten. Berlin 1996, 111–120.

Lods, Adolphe: Die Propheten und die Entstehung des Judentums. 1937.

Lohfink, Norbert: Die Sicherung der Wirksamkeit des Gotteswortes durch das Prinzip der Schriftlichkeit der Tora und durch das Prinzip der Gewaltenteilung nach den Ämtergesetzen des Buches Deuteronomium (Dt 16,18–18,22). In: Ders. Studien I, 305–323.

Lohfink, Norbert: Ich bin Jahwe, dein Arzt. In: Ders..: Studien zum Pentateuch 4. Stuttgart 1988, 91–155.

Lux, Rüdiger: »… damit ihr erkennt, dass Jhwh Zebaot mich gesandt hat«. Erwägungen zur Berufung und Sendung des Propheten Sacharja. In: Lux, Rüdiger und Ernst-Joachim Waschke (eds.): Die unwiderstehliche Wahrheit. Studien zur alttestamentlichen Prophetie. FS Arndt Meinhold. ABG 26. Leipzig 2006, 373–388.

Lux, Rüdiger: Das Zweiprophetenbuch. Beobachtungen zu Aufbau und Struktur von Haggai und Sacharja 1–8. In: Zenger, Erich (ed.), »Wort JHWHs, das geschah…« (Hos 1,1). Studien zum Zwölfprophetenbuch. HBS 35. Freiburg u. a. 2002, 191–217.

Maier, Christl: Jeremia als Lehrer der Tora. Soziale Gebote des Deuteronomiums in Fortschreibungen des Jeremiabuches. FRLANT 196. Göttingen 2002.

Maier, Johann: Die Sonne im religiösen Denken des antiken Judentums. ANRW II 19.1 (1979) 346–412.

Maier, Johann: Israel und »Edom« in den Ausdeutungen zu Dtn 2,1–8. In: Ders.: Judentum – Ausblicke und Einsichten. FS Kurt Schubert. Judentum und Umwelt 43. Frankfurt a. M. 1993, 135–184.

Mann, Thomas: Joseph und seine Brüder I. Frankfurt 1960.

Marx, Alfred: Les offrandes végétales dans l'Ancien Testament. Du tribut d'hommage au repas eschatologique. SVT 57. Leiden u. a. 1994.

Mathys, Hans-Peter: Das Alte Testament – ein hellenistisches Buch. In: Ulrich Hübner und Ernst Axel Knauf (eds.): Kein Land für sich allein. FS Manfred Weippert. OBO 186. Fribourg, Göttingen 2002, 278–293.

Mathys, Hans-Peter: Vom Anfang und vom Ende: Fünf alttestamentliche Studien. BEATAJ 47. Frankfurt am Main 2000.

Mathys, Hans-Peter: Prophetie, Psalmengesang und Kultmusik in der Chronik. In: Huwyler, Beat (ed.): Prophetie und Psalmen. AOAT 280. FS Klaus Seybold. Münster 2001, 281–296.

Mayer-Opificius, Ruth: Die geflügelte Sonne – Himmels- und Regendarstellungen im Alten Vorderasien. UF 16 (1984), 189–236.

McKane, William: משא in Jer 23,33–40. In: Emerton, John Adney (ed.): Prophecy. FS Georg Fohrer. BZAW 150. Berlin, New York 1980, 35–54.

McKenzie, Stephen L. and Howard N. Wallace: Covenant Themes in Malachi. CBQ 45 (1983) 549–563.

Meinhold, Arndt: Mose und Elia. Leqach 2 (2002) 22–38.

Meinhold, Arndt: Die theologischen Vorsprüche in den Diskussionsworten des Maleachibuches. In: Mommer, Peter; Schmidt, Werner H. und Hans Strauß (eds.): Gottes Recht als Lebensraum. FS Hans Jochen Boecker. Neukirchen-Vluyn 1993, 197–209.

Meinhold, Arndt: Weisheitliches in Obadja. In: Janowski, Bernd (ed.): Weisheit außerhalb der kanonischen Weisheitsschriften. Gütersloh 1996, 70–86.

Meinhold, Arndt: Zustand und Zukunft des Gottesvolkes in der Maleachischrift. In: Ders. und Rüdiger Lux (eds.): Gottesvolk. Beiträge zu einem Thema biblischer Theologie. FS Siegfried Wagner. Berlin 1991, 175–192.

Miletto, Gianfranco: Von den Torot zur Torah. Die Gleichstellung des Pentateuch mit der Torah in ihrem historischen Kontext. Henoch 26 (2004) 251–263.

Mills, Watson E.: Zechariah and Malachi. Bibliographies for biblical research. Old Testament series 22c. Lewiston, NY [u. a.] 2002.

Moenikes, Ansgar: Tora ohne Mose. Zur Vorgeschichte der Mose-Tora. BBB 149. Berlin, Wien 2004.

Morgan, D. M.: Land and Temple as Structural Thematic marks of Coherence for the Hebrew Edition of the Book of the Twelve. BN 145 (2010) 37–55.

Mudliar, Ishwaran: A textual study of the Book of Malachi. PhD The John Hopkins University 2005.

Muender, Rand Michael: Discovering the Macrostructure of the Book of Malachi: Mal 1:1–12 as a Test Case. FM 18,3 (2001) 88–105.

Münderlein, Gerhard: Kriterien wahrer und falscher Prophetie. Entstehung und Bedeutung im Alten Testament. Europäische Hochschulschriften 33. Bern, Frankfurt am Main, Las Vegas [2]1979.

Neef, Heinz-Dieter: Aspekte alttestamentlicher Bundestheologie. In: Avemarie, Friedrich und Hermann Lichtenberger (eds.): Bund und Tora. WUNT 92. Tübingen 1996, 1–23.

Niccacci, Alviero: Poetic Syntax and Interpretation of Malachi. LASBF 51 (2001) 55–107.

Niehr, Herbert: JHWH als Arzt. Herkunft und Geschichte einer alttestamentlichen Gottesprädikation. BZ 35/1 (1991) 3–17.

Nielsen, Kirsten: Der Baum in der Metaphorik des Alten Testaments. In: Neumann-Gorsolke, Ute und Peter Riede (eds.): Das Kleid der Erde. Pflanzen in der Lebenswelt des Alten Israel. Stuttgart, Neukirchen Vlyun 2002, 114–131.

Nissinen, Marti: Elemente sekundärer Religionserfahrung im nachexilischen Juda. In: Wagner, Andreas (ed.): Primäre und sekundäre Religion als Kategorie der Religionsgeschichte des Alten Testaments. BZAW 364. Berlin, New York 2006, 159–170.

Nogalski, James D.: Redactional Processes in the Book of the Twelve. BZAW 218. Berlin, New York 1993.

Nogalski, James D.: Literary precursors to the Book of the Twelve. BZAW 217. Berlin, New York 1993.

Nogalski, James D.: The Day(s) of YHWH in the Book of the Twelve. In: Redditt, Paul L. and Aaron Schart (eds.): Thematic Threads in the Book of the Twelve. BZAW 325. Berlin, New York 2003, 192–213.

O'Brien, Julia M.: Historical Inquiri As Liberator and Master: Malachi As A Postexilic Document. In: Dies. (ed.): The Yahweh/Baal Confrontation and Other Studies in Biblical Literature and Archeology. SBEC 35. 1995, 57–79.

O'Brien, Julia M.: Malachi in Recent Research. Currents in Research: Biblical Studies 3 (1995) 81–94.

O'Brien, Julia M.: Priests and Levite in Malachi. SBL.DS 121. Atlanta 1990.

Oesch, Josef M.: Die Bedeutung der Tora für Israel nach dem Buch Maleachi. In: Zenger, Erich (ed.): Die Tora als Kanon für Juden und Christen. HBS 10. Freiburg u. a. 1996, 169–211.

Oesch, Josef M.: Petucha und Setuma. Untersuchungen zu einer überlieferten Gliederung im hebräischen Text des Alten Testaments. OBO 27. Göttingen 1979.

Onasch, Christoph: Zur Königsideologie der Ptolemäer in den Dekreten von Kanopus und Memphis (Rosettana). APF 24/25 (1976) 137–155.

Otto, Eckart: Das Deuteronomium im Pentateuch und Hexateuch: Studien zur Literaturgeschichte von Pentateuch und Hexateuch im Lichte des Deuteronomiumrahmens. FAT 30. Tübingen 2000.

Otto, Eckart: Kritik der Pentateuchkomposition. ThR 60 (1995) 163–191.

Paas, Stefan: Bookend Themes? Malachi, Hosea en het »Boek van de Twaalf«. NTT 58 (2004) 1–17.

Pering, Birger: Die geflügelte Scheibe in Assyrien. AfO 1932/33, 281–296.

Pfeiffer, Egon: Die Disputationsworte im Buche Maleachi. Ein Beitrag zur formgeschichtlichen Struktur. EvTh 19 (1959) 546–568.

Pfeiffer, Henrik: Das Heiligtum von Bethel im Spiegel des Hoseabuches. FRLANT 183. Göttingen 1999.

Pierce, Ronald: Literary Connectors and a Haggai-Zechariah-Malachi-Corpus. JETS 27 (1984) 277–89.

Podella, Thomas: Das Lichtkleid JHWHs. Untersuchungen zur Gestalthaftigkeit Gottes im Alten Testament und seiner altorientalischen Umwelt. FAT 15. Tübingen 1996.

Pohlig, James N.: An Exegetical Summary of Malachi. Dallas 1998.

Pohlmann, Karl-Friedrich: Esra als Identifikationsfigur im Frühjudentum. Beobachtungen und Erwägungen zu Esra 9. In: Hossfeld, Frank-Lothar und Ludger Schwienhorst-Schönberger (eds.): Das Manna fällt auch heute noch. Beiträge zur Geschichte und Theologie des Alten, Ersten Testaments. FS Erich Zenger. HBS 44. Freiburg u.a., 486–498.

Pola, Thomas: Das Priesertum bei Sacharja. FAT 35. Tübingen 2003.

Polaski, Donald C.: Malachi 3:1–12. Int 54 (2000) 416–18.

Preuß, Horst Dietrich: Einführung in die alttestamentliche Weisheitsliteratur. Stuttgart 1987.

Preuß, Horst Dieter: Theologie des Alten Testaments I + II. Stuttgart u.a. 1991 und 1992.

Rad, Gerhard von: Das Geschichtsbild des chronistischen Werkes. Stuttgart 1930.

Rashad, Mahmoud: Iran. Geschichte, Kultur und [lebendige] Traditionen; antike Stätten und islamische Kunst in Persien. Dumont Kunstreiseführer. Ostfildern ⁵2008.

Redditt, Paul L.: The Book of Malachi in it's Social Setting. CBQ 56 (1994) 240–255.

Redditt, Paul L.: The Formation of the Book of the Twelve: A Review of Research. In: Redditt, Paul L. and Aaron Schart (eds.): Thematic Threads in the Book of the Twelve. BZAW 325. Berlin, New York 2003, 1–26.

Redditt, Paul L.: The God who loves and hates. In: Penchansky, David and ders. (eds.): Shall Not the Judge of All the Earth Do What Is Right? Studies on the Nature of God in Tribute to James L. Crenshaw. Winona Lake 2000, 175–190.

Redditt, Paul L.: Zechariah 9–14, Malachi, and the Redaction of the Book of the Twelve. In: Watts, James W. und Paul R. House (eds.): Forming Prophetic Literature: Essays on Isaiah and the Twelve in Honor of John D. W. Watts. JSOT.SS 235. Sheffield 1996, 245–68.

Reeder, Carlyn A.: »Malachi 3:24 and the Eschatological Restoration of the ›Familiy‹.« CBQ 69 (2007) 695–709.

Rendtorff, Rolf: How to read the Book of the Twelve as a Theological Unity. In: Nogalski, James D. and Marvin A. Sweeney (eds.): Reading and Hearing the Book of the Twelve. SBL.SS 15. Atlanta 2000, 75–87.

Rendtorff, Rolf: Der »Tag Jhwhs« im Zwölfprophetenbuch. In: Zenger, Erich (ed.): Wort JHWHs, das geschah (Hos 1,1). HBS 35. Freiburg u.a. 2002, 1–11.

Rendtorff, Rolf: Noch einmal: Esra und das »Gesetz«. ZAW 111 (1999) 89–91.

Rendtorff, Rolf: Theologie des Alten Testaments Bd. 1: Kanonische Grundlegung. Neukirchen-Vluyn 1999.

Renker, Alwin: Die Tora bei Maleachi. Ein Beitrag zur Bedeutungsgeschichte von tôrā im Alten Testament. FThSt 112. Freiburg im Breisgau 1979.

Rösch, Perdita: Die Hermeneutik des Boten. Der Engel als Denkfigur bei Paul Klee und Rainer Maria Rilke. München 2009.

Römer, Thomas: Introduction: The Book of the Twelve – Fact or Fiction? In: Zvi, Ehud ben and James D. Nogalski (eds.): Two Sides of a Coin: Juxtaposing Views on Interpreting the Book of the Twelve / Twelve Prophetic Books. Analecta Gorgiana 201. Piscataway, New Jersey 2009, 1–10.

Rösel, Martin: Warum Gott »Herr« genannt wird. FAT 29. Tübingen 2000.

Röttger, Hermann: Mal'ak Jahwe – Bote von Gott. Die Vorstellung von Gottes Boten im hebräischen Alten Testament. Regensburger Studien zur Theologie 13. Frankfurt am Main 1978.

Rogge, Eva: Statuen der 30. Dynastie und der ptolemäisch-römischen Epoche. In: Corpus Antiquitatum Aegyptiacarum. Lose-Blatt-Katalog Ägyptischer Altertümer. Kunsthistorisches Museum Wien. Ägyptisch-altorientalische Sammlung. Lieferung 11. Mainz/Rhein 1999, ÄS 79 und ÄS 80.

Roschinski, Hans P.: Geschichte der Nabatäer. Bonner Jahrbücher 180 (1980) 129–154.

Roth, Martin: Israel und die Völker im Zwölfprophetenbuch. Eine Untersuchung zu den Büchern Joel, Jona, Micha und Nahum. FRLANT 210. Göttingen 2005.

Runesson, Anders, Olssin, Birger and Donald D. Binder: The Ancient Synagogue from its Origins to 200 C.E.: A Source Book. AJECS 72. Leiden, Boston 2007.

Sänger, Max: Maleachi. Eine exegetische Studie über die Eigenthümlichkeit seiner Redeweise. Jena 1867.

Scalise, Pamela J.: To Fear or Not to Fear: Questions of Reward an Punishment in Malachi 2:17–4:3. RExp 84 (1987) 409–418.

Schaper, Joachim: Priester und Leviten im achämenidischen Juda. Studien zur Kult- und Sozialgeschichte Israels in persischer Zeit. FAT 31. Tübingen 2000.

Schaper, Joachim: The Priests in the Book of Malachi and Their Opponents. In: Grabbe, Lester L. and Alice Ogden Bellis (ed.): The Priests in the Prophets. The Portrayal of Priests, Prophetes and Other Religious Specialists in the Latter Prophets. JSOT.SS 408. London, New York [2]2006, 177–188.

Schaper, Joachim: Tora als Text im Deuteronomium. In: Morenz, Ludwig D. und Stefan Schorch (eds.): Was ist ein Text? Berlin, New York, 2007, 49–63.

Schart, Aaron: Die Entstehung des Zwölfprophetenbuches. BZAW 260. Berlin, New York 1998.

Schart, Aaron: Putting the Eschatological Visions of Zechariah in their Place: Malachi as a Hermeneutical Guide for the Last Section of the Book of the Twelve. In: Boda, Mark J. and Michael H. Floyd (eds.): Bringing out the Treasure: Inner Biblical Allusion in Zechariah 9–14. JSOT.S 370. Sheffield 2003, 333–343.

Schenker, Adrian: Ein Königreich von Priestern (Ex 19,6). In: Ders.: Studien zu Propheten und Religionsgeschichte. SBA 36. Stuttgart 2003, 155–161.

Schenker, Adrian: Zeuge, Bürge, Garant des Rechts. Die drei Funktionen des »Zeugen« im Alten Testament. In: Ders.: Recht und Kult im Alten Testament. OBO 172. Fribourg, Göttingen 2000, 3–6.

Schmid, Konrad: Innerbiblische Schriftauslegung. Aspekte der Forschungsgeschichte. In: Kratz, Reinhard Gregor u. a.: Schriftauslegung in der Schrift. FS Odil Hannes Steck. BZAW 300. Berlin, New York 2000, 1–22.

Schmid, Konrad: Der Abschluss der Tora als exegetisches und historisches Problem. In: Ders.: Schriftgelehrte Traditionsliteratur. FAT 77. Tübingen 2011, 159–184.

Schmidt, Werner H.: Die deuteronomistische Redaktion des Amosbuches. Zu den theologischen Unterschieden zwischen dem Prophetenwort und seinem Sammler. ZAW 77 (1965) 168–193.

Schmitt, Armin: Wende des Lebens. BZAW 237. Berlin, New York 1996.

Schmitt, Rüdiger: Die nachexilische Religion Israels. Bekenntnisreligion oder kosmotheistische Religion? In: Wagner, Andreas (ed.): Primäre und sekundäre Religion als Kategorie der Religionsgeschichte des Alten Testaments. BZAW 364. Berlin, New York 2006, 147–158.

Schmitt, Rüdiger: Magie im Alten Testament, AOAT 313, Münster 2004.

Schmitz, Barbara: Dem Untergang geweiht. Cherem – Schlaglichter auf ein biblisches Motiv. WUB 3/2008, 54–57.

Scholem, Gershom: Walter Benjamin und sein Engel. In: Ders.: Walter Benjamin und sein Engel. Vierzehn Aufsätze und kleine Beiträge. Frankfurt 1983, 35–72.

Schorch, Stefan: Communio lectorum. In: Schaper, Joachim (ed.): Die Textualisierung der Religion. FAT 62. Tübingen 2009, 167–184.

Schroer, Silvia: Beobachtungen zur Aktualisierung und Transformation von Totenweltmythologie im Alten Israel. Von der Grabbeigabe bis zur Rezeption ägyptischer Jenseitsbilder in Mal 3,20. In: Irsigler, Hubert (ed.): Mythisches in biblischer Bildsprache. Gestalt und Verwandlung in Prophetie und Psalmen. QD 209. Fribourg 2004, 290–310.

Schroer, Silvia: »Im Schatten deiner Flügel.« Religionsgeschichtliche und feministische Blicke auf die Metaphorik der Flügel Gottes in den Psalmen, in Ex 19,4; Dtn 32,11 und in Mal 3,20. In: Kessler, Rainer u. a. (eds.): »Ihr Völker alle, klatscht in die Hände«. Exegese in unserer Zeit 3. FS Erhard S. Gerstenberger. Münster u. a. 1997, 296–316.

Schwesig, Paul-Gerhard: Die Rolle der Tag(JHWHs)-Dichtungen im Dodekapropheton. BZAW 366. Berlin, New York 2006.

Schwesig, Paul-Gerhard: Sieben Stimmen und ein Chor. Die Tag-*Jhwhs*-Dichtungen im Zwölfprophetenbuch. In: Lux, Rüdiger und Ernst-Joachim Waschke (eds.): Die unwiderstehliche Wahrheit. Studien zur alttestamentlichen Prophetie. FS Arndt Meinhold. ABG 26. Leipzig 2006, 229–240.

Scoralick, Ruth: Priester als »Boten« Gottes (Mal 2,7)? Zum Priester- und Prophetenbild des Zwölfprophetenbuches. In: Lux, Rüdiger und Ernst-Joachim Waschke (eds.): Die unwiderstehliche Wahrheit. Studien zur alttestamentlichen Prophetie. FS Arndt Meinhold. ABG 26. Leipzig 2006, 415–430.

Shedid, Abdel Ghaffar: Das Grab des Sennedjem. Ein Künstlergrab der 19. Dynastie in Deir el Medineh. Mainz 1994.

Singer, Karl Helmut: Die Metalle Gold, Silber, Bronze, Kupfer und Eisen im Alten Testament und ihre Symbolik. FzB 43. Würzburg 1980.

Snyman, S. D.: Antitheses in Malachi 1,2–5. ZAW 98 (1986) 436–438.

Snyman, S. D.: Different Meanings a Text May Acquire: The Case of Malachi 1:11. AcTSup 6 (2004) 80–95.

Snyman, S. D.: Eschatology in the book of Malachi, OTE 1 (1988) 63–78. 12 (1952/53) 533–54. Snyman, S. D.: Maleagi 1:9–'N Crux Interpretum [Mal 1:9: A Crux Interpretum]. AcT 25 (2, 2005) 90–103.

Snyman, S. D.: Once again: Investigating the identity of the three figures mentioned in Malachi 3:1. VeE (2006) 1031–44.

Snyman, S. D.: A structural approach to Malachi 3:13–21. OTEs NS 9 (1996) 486–496.

Stead, Michael R.: The intertextuality of Zechariah 1–8. Library of Hebrew Bible/ Old Testament studies 506. New York u. a. 2009.

Steck, Odil Hannes: Zur Abfolge Maleachi – Jona ind 4Q76 (4QXIIᵃ). ZAW 108 (1996) 249–253.

Steck, Odil Hannes: Der Abschluß der Prophetie im Alten Testament. Ein Versuch zur Vorgeschichte des Kanons. BThSt 17. Neukirchen-Vluyn 1991.

Steinberg, Julius: Die Ketuvim – ihr Aufbau und ihre Botschaft. BBB 152. Hamburg 2006.

Steins, Georg: Amos 7–9 – das Geburtsprotokoll der alttestamentlichen Gerichtsprophetie? In: Hossfeld, Frank-Lothar und Ludger Schwienhorst-Schönberger (eds.): Das Manna fällt auch heute noch. Beiträge zur Geschichte und Theologie des Alten, Ersten Testaments. FS Erich Zenger. HBS 44. Freiburg, Basel, Wien 2004, 585–608.

Steins, Georg: Kanonisch lesen. In: Utzschneider, Helmut und Erhard Blum (eds.): Lesarten der Bibel. Untersuchungen zu einer Theorie der Exegese des Alten Testaments, Stuttgart 2006, 45–64.

Steins, Georg: Mose, dazu die Propheten und David. Tora, Toraauslegung und Kanonstruktur im Lichte der Chronikbücher. In: Steins, Georg und Johannes Taschner: Kanonisierung – die hebräische Bibel im Werden. BThS 110. Neukirchen-Vluyn 2010, 107–132.

Steins, Georg: Zwei Konzepte – ein Kanon. Neue Theorien zur Entstehung und Eigenart der Hebräischen Bibel. In: Steins, Georg und Johannes Taschner: Kanonisierung – die hebräische Bibel im Werden. BThS 110. Neukirchen-Vluyn 2010, 8–45.

Stemberger, Günther: Propheten und Prophetie in der Tradition des nachbiblischen Judentums. In: Baldermann, Ingo (ed.): Prophetie und Charisma. JBTh 14. Neukirchen-Vluyn 1999, 145–174.

Stier, Fridolin: Gott und sein Engel im Alten Testament. ATA XII/2. Münster 1934.

Stokes, Ryan E.: I, Yhwh, Have Not Changed? Reconsidering the Translation of Malachi 3:6; Lamentations 4:1; and Proverbs 24:21–22. CBQ 70/2 (2008) 264–276.

Strelocke, Hans: Ägypten und Sinai. DuMont Kunst-Reiseführer. Ostfildern 1997.

Sundermeier, Theo: Was ist Religion? Religionswissenschaft im theologischen Kontext. Gütersloh ²2007.

Swetnam, James: »Malachi 1:1: An Interpretation.« CBQ 31 (1969) 207 f.

Tai, Nicholas Ho Fai: The End of the Book of the Twelve. Reading Zechariah 12–14 with Joel. In: Hartenstein, Friedhelm; Krispenz, Jutta und Aaron Schart (eds.): Schriftprophetie. FS Jörg Jeremias. Neukirchen 2004, 341–350.

Taschner, Johannes: Die Mosereden im Deuteronomium. FAT 59. Tübingen 2008.

Tate, Marvin E.: Question for Priests and People in Malachi 1:2–2:16. RExp 84 (1987) 391–407.

Then, Reinhold: »Gibt es denn keinen mehr unter den Propheten?« Zum Fortgang der altjüdischen Prophetie in frühjüdischer Zeit. BEATAJ 22. Frankfurt a. M. 1990.

Thon, Johannes: Pinhas ben Eleasar – der levitische Priester am Ende der Tora. Traditions- und literargeschichtliche Untersuchung unter Einbeziehung historisch-geographischer Fragen. ABG 20. Leipzig 2006.

Tiemeyer, Lena-Sofia: Giving a Voice to Malachi's Interlocutors. SJOT 19/2 (2005) 173–192.

Tilly, Michael: Jerusalem – Nabel der Welt. Überlieferung und Funktionen von Heiligtumstraditionen im antiken Judentum. Stuttgart 2002.

Thompson, Henry O.: Malachi: a bibliography. Delhi 1995.

Tooze, George Andrew: Framing the Book of the Twelve: Connection between Hosea and Malachi. [Diss. Denver, Colorado Seminary]. Denver 2002.

Utzschneider, Helmut: Künder oder Schreiber? Eine These zum Problem der »Schriftprophetie« aufgrund von Mal 1,6–2,9. Beiträge zur Erforschung des Alten Testaments und des Judentums 19. Frankfurt am Main u. a. 1989.

Utzschneider, Helmut: Die Schriftprophetie und die Frage nach dem Ende der Prophetie. Überlegungen anhand von Mal 1,6–2,16. ZAW 104 (1992) 377–394.

Vanoni, Gottfried: Elija, Jona und das Dodekapropheton. In: Zenger, Erich (ed.): Wort JHWHs, das geschah (Hos 1,1). HBS 35. Freiburg u. a. 2002, 113–121.

Veijola, Timo: Bundestheologische Redaktion im Deuteronomium (1996). In: Ders.: Moses Erben. Studien zum Dekalog, zum Deuteronomismus und zum Schriftgelehrtentum. BWANT 149. Stuttgart 2000, 153–175.

Veijola, Timo: Thora als Inhalt und Lehre der deuteronomistischen Literatur. In: Ders.: Leben nach der Weisung. Exegetisch-historische Studien zum Alten Testament. FRLANT 224. Göttingen 2008, 81–86.

Veijola, Timo: Moses Erben. Studien zum Dekalog, zum Deuteronomismus und zum Schriftgelehrtentum. BWANT 149. Stuttgart 2000.

Veijola, Timo: Verheißung in der Krise. Studien zu Literatur und Theologie der Exilszeit anhand des 89. Psalms. AASF B 220. Helsinki 1982.

Verhoef, Pieter A.: Tithing – A Hermeneutical Consideration. In: Skilton, Johne H. (ed.): The Law and the Prophets. FS Oswald Thompson Allis. Phillipsburg, NJ 1974, 115–127.

Wagner, Andreas: Primäre/sekundäre Religion und Bekenntnisreligion als Thema der Religionsgeschichte. In: ders. (ed.): Primäre und sekundäre Religion als Kategorie der Religionsgeschichte des Alten Testaments. Internationales Symposium. Heidelberg 2005. BZAW 364. Berlin, New York 2006, 3–22.

Wagner, Andreas: Sprechakttheorie in Hebraistik und Exegese. In: Lemaire, André (ed.): International Organization for the Study of the Old Testament. Congress volume Basel 2001. Leiden u. a. 2002, 55–83.

Wallis, Gerhard: Wesen und Struktur der Botschaft Maleachis. In: Maass, Fritz (ed.): Das ferne und nahe Wort. FS Leonhard Rost. BZAW 105. Berlin 1967, 229–237.

Wander, Bernd: Gottesfürchtige und Sympathisanten. WUNT 104. Tübingen 1998.

Waschke, Ernst-Joachim: Der Nābî'. Anmerkungen zu einem Titel. Leqach 4 (2004) 59–69.

Watts, John D. W.: A Frame for the Book of the Twelve: Hosea 1–3 and Malachi. In: Nogalski, James and Marvin A. Sweeney (eds.): Reading and Hearing the Book of the Twelve. SBL. SS 15. Atlanta 2000, 209–217.

Watts, John D. W.: Introduction to the book of Malachi. Review & Expositor 84 (1987) 373–381.

Weber, Beat: »Dann wird er sein wie ein Baum ...« (Ps 1,3) Zu den Sprachbildern von Ps 1. In: Hecke, Pierre van und Antje Labahn (eds.): Metaphors in Psalms (Bibliotheca Ephemeridum theologicarum Lovaniensium). Leuven 2009. [Manuskript]

Weiß, Hans-Friedrich: Propheten – Weise – Schriftgelehrte. Zur Kategorie des »Prophetischen« im nachexilischen Judentum. Franz-Delitzsch-Vorlesung Heft 8. Münster 1999.

Wellhausen, Julius: Prolegomena zur Geschichte Israels. Berlin ³1886.

Wengst, Klaus: Vom Aufgehen der Sonne der Gerechtigkeit. JK 66 (Sonderheft 2005) 21–31.

Werlitz, Jürgen: Amos und sein Biograph. Zur Entstehung und Intention der Prophetenerzählung Am 7,10–17. BZ 44 (2000) 233–251.

Weyde, Karl William: Prophecy and Teaching. BZAW 288. Berlin, New York 2000.

Wiesehöfer, Josef: Das antike Persien von 550 v. Chr. bis 650 n. Chr. Zürich u. a. 1994 (Nachdruck 1998).

Wilke, Alexa F.: Kronerben aus Weisheit. Gott, König und Frommer in der didaktischen Literatur Ägyptens und Israels. FAT 20. Tübingen 2006.

Willi, Thomas: Juda – Jehud – Israel. Studien zum Selbstverständnis des Judentums in persischer Zeit. FAT 12. Tübingen 1995.

Willi, Thomas: Leviten, Priester und Kult in vorhellenistischer Zeit. Die chronistische Optik in ihrem geschichtlichen Kontext. In: Ego, Beate; Lange, Armin und Peter Pilhofer (eds.): Gemeinde ohne Tempel. Community without temple. Zur Substituierung und Transformation des Jerusalemer Tempels und seines Kults im Alten Testament, antiken Judentum und frühen Christentum. WUNT 118. Tübingen 1999, 75–98.

Willi-Plein, Ina: Opfer und Kult im alttestamentlichen Israel. SBS 153. Stuttgart 1993.

Willi-Plein, Ina: Wort, Last oder Auftrag? Zur Bedeutung von מַשָּׂא in Überschriften prophetischer Texteinheiten. In: Lux, Rüdiger und Ernst-Joachim Waschke (eds.): Die unwiderstehliche Wahrheit. Studien zur alttestamentlichen Prophetie. FS Arndt Meinhold. ABG 26. Leipzig 2006, 431–438.

Willi-Plein, Ina: Warum mußte der Zweite Tempel gebaut werden? In: Ego, Beate; Lange, Armin und Peter Pilhofer (eds.): Gemeinde ohne Tempel. Community without temple. Zur Substituierung und Transformation des Jerusalemer Tempels und seines Kults im Alten Testament, antiken Judentum und frühen Christentum. WUNT 118. Tübingen 1999, 57–73.

Winter, Urs: Der Lebensbaum im Alten Testament. In: Ute Neumann-Gorsolke und Peter Riede (eds.): Das Kleid der Erde. Pflanzen in der Lebenswelt des Alten Israel. Stuttgart, Neukirchen Vluyn 2002, 138–162.

Witte, Markus: Orakel und Gebete im Buch Habakuk. In: Ders. und Johannes F. Diehl (eds.): Orakel und Gebete. FAT 2/38. Tübingen 2009, 67–91.

Wöhrle, Jakob: Die frühen Sammlungen des Zwölfprophetenbuches. Entstehung und Komposition. BZAW 360. Berlin, New York 2006.

Wöhrle, Jakob: Der Abschluss des Zwölfprophetenbuches. Buchübergreifende Redaktionsprozesse in den späten Sammlungen. BZAW 389. Berlin 2008.

Worschech, Udo: Das Land jenseits des Jordan. Biblische Archäologie in Jordanien. Wuppertal 1991.

Woude, Adam Simon van der: Der Engel des Bundes. Bemerkungen zu Maleachi 3,1c und seinem Kontext. In: Jeremias, Jörg und Lothar Perlitt (eds.): Die Botschaft der Boten. FS Hans Walter Wolff. Neukirchen 1981, 289–300.

Woude, Adam Simon van der: Malachi's Struggle for a Pure Community: Reclections on Malachi 2:10–16. In: Henten, Jan Willem van et al. (eds.): Tradition and Reinterpretation in Jewish and Early Christian Literature. FS Jürgen C. H. Lebram. Studia Post-Biblica 36. Leiden 1986, 65–71.

Zayadine, Fawzi: Die Zeit der Königreiche Edom, Moab und Ammon (12.–6. Jh. v. Chr.). In: Mittmann, Siegfried und Pierre Amiet (eds.): Der Königsweg. 9000 Jahre Kunst und Kultur in Jordanien und Palästina. Ausstellungskatalog. Mainz /Rh. 1987.

Zehnder, Markus Philipp: A fresh Look at Malachi II 13–16. VT 53 (2003) 224–259.

Zeitler, John P.: ›Edomite‹ Pottery from the Petra Region. In: Bienkowski, Piotr (ed.): Early Edom and Moab. The Beginning of the Iron Age in Southern Jordan. Sheffield 1992, 167–176.

Zenger, Erich: Der Psalter als Buch. In: Ders. (ed.): Der Psalter in Judentum und Christentum. FS Norbert Lohfink. HBS 18. Freiburg im Breisgau, u. a. 1998, 1–57.

Ziegert, Carsten: Das Altargesetz Ex 20,24–26 und seine kanonische Rezeption. BN 141 (2009) 19–34.

Ziemer, Benjamin: Erklärung der wichtigsten »demographischen« Zahlen des Numeribuches aus ihrem kompositionellen Zusammenhang. VT 60 (2010) 271–287.

Zobel, Konstantin: Prophetie und Deuteronomium. BZAW 199. Berlin, New York 1992.

Zvi, Ehud ben: Twelve Prophetic Books or »The Twelve«: Preliminary Considerations. In: Watts, James W. and Paul R. House (eds.): Forming Prophetic Literature: Essays on Isaiah and the Twelve in Honor of John D. W. Watts. JSOT.SS 235. Sheffield 1996, 125–156.

Register der Bibelstellen mit Apokryphen

Gen 35,26 187
Gen 36 81, 86 – 88
Gen 37,2 187
Gen 38,15 202
Gen 41,32 178
Gen 42,9 242
Gen 46,11 125
Gen 46,26 187
Gen 46,34 155
Gen 48,1 110
Gen 48,9 f. 109
Gen 49 129
Gen 49,2 187
Gen 49,7 121
Gen 49,8 – 12 152, 290
Gen 50,17 30

Ex 2,1 f. 133
Ex 2,12 – 14 58
Ex 2,22 133
Ex 3,2 176
Ex 3,12 211, 292
Ex 4,10 30
Ex 4,20 133
Ex 4,24 148
Ex 5,1 158
Ex 6,14 – 25 131, 133, 278, 295
Ex 6,16 125
Ex 6,20 131
Ex 6,25 133 f.
Ex 6,26 70, 133
Ex 10,5 195
Ex 12,1 – 20 297
Ex 14,31 30
Ex 15,7 235
Ex 15,15 88
Ex 15,26 292
Ex 16,10 176
Ex 17,7 189
Ex 17,8 – 16 86
Ex 18,2 – 6 133
Ex 19 219
Ex 19,2 79
Ex 19,3 79
Ex 19,5 f. 218 f., 248, 293
Ex 20,5 f. 86, 287
Ex 20,12 108, 287

Ex 20,14 35, 178, 290
Ex 20,16 178
Ex 20,18 f. 29
Ex 20,24 – 26 118
Ex 21,4 96
Ex 21,7 – 11 155
Ex 22,2 225
Ex 22,17 35, 178, 290
Ex 22,19 248
Ex 22,20 f. 36, 179, 291
Ex 22,30 248
Ex 23 59
Ex 23,1 223
Ex 23,7 223
Ex 23,20 – 33 5, 42, 53, 55 – 59, 118, 166,
   172, 279, 290, 298
Ex 24 57
Ex 24,4 37, 245
Ex 25,27 110
Ex 25,30 110
Ex 27 118
Ex 28,12 ff. 123, 277
Ex 28,30 129
Ex 29,14 123
Ex 29,35 241
Ex 31,1 27
Ex 32 30, 57, 59, 130 – 133, 159, 181 f., 232,
   284, 298
Ex 32,7 57
Ex 32,8 100
Ex 32,10 57 f.
Ex 32,11 112
Ex 32,13 30, 217
Ex 32,14 58
Ex 32,26 – 30 57 f., 125, 130, 137, 173, 181,
   279, 288, 290, 301
Ex 32,26 – 33,6 173
Ex 32,27 58, 132, 143, 158, 290
Ex 32,30 58
Ex 32,32 217
Ex 32,32 f. 57, 217, 292
Ex 32,33 58, 217
Ex 32,33 – 35 132
Ex 32,34 30, 57 f., 59, 128, 172 f., 181, 290,
   298
Ex 33 286
Ex 33,2 5, 58

Ez 44,15 131
Ez 44,16 201
Ez 44,22 160
Ez 45,13 – 17 192

Hos 1,1 22, 38, 44
Hos 1,2 25, 31
Hos 1 – 3 240, 283
Hos 2,4 156
Hos 2,17 – 19 156
Hos 2,18 – 22 156
Hos 2,19 f. 39
Hos 3,1 178
Hos 4,1 128
Hos 4,4 – 6 27 f., 59
Hos 4,5 27
Hos 4,6 28, 128
Hos 4,12 39
Hos 4,19 203
Hos 5,1 33
Hos 5,3 141, 153
Hos 5,4 39, 153
Hos 5,7 144, 152
Hos 6,4 27
Hos 6,5 27
Hos 6,7 144, 151
Hos 7,4 234
Hos 7,6 234, 292
Hos 9,7 27, 39
Hos 9,7 f. 27
Hos 9,15 86
Hos 10,6 97
Hos 11,1 84, 246
Hos 12 6, 50, 52, 54, 60
Hos 12,4 f. 49 f.
Hos 12,5 54
Hos 12,5 f. 53
Hos 12,6 54
Hos 12,11 27, 51
Hos 12,13 50, 54
Hos 12,14 27, 31, 50 f., 240
Hos 14,10 100, 127

Jl 1,1 44
Jl 1,4 195
Jl 1,5 235
Jl 1,8 155

Jl 1,9 97
Jl 1,13 97
Jl 2,1 38, 234
Jl 2,1 – 11 235
Jl 2,5 176, 235
Jl 2,11 168, 176, 271, 290
Jl 2,14 97
Jl 2,18 207
Jl 3,1 27, 38, 249
Jl 3,1 – 5 244
Jl 3,4 242, 244, 271, 292
Jl 4,18 235
Jl 4,19 88

Am 1,4 176
Am 1,7 176
Am 1,9 214
Am 1,10 176
Am 1,12 176
Am 2,6 – 16 32
Am 2,11 32, 71
Am 2,12 32
Am 3,7 30
Am 4,1 168
Am 4,2 234
Am 5,5 35
Am 5,14 f. 171
Am 5,15 86
Am 5,18 – 20 64
Am 5,21 – 24 276
Am 5,22 97, 111
Am 6,4 230
Am 7,1 – 8 31
Am 7,10 – 17 32, 40
Am 7,12 – 16 31
Am 8,3 118
Am 9,13 233

Ob 3 224
Ob 7 156
Ob 8 82, 92
Ob 10 88
Ob 10 – 14 88
Ob 13 149
Ob 18 95, 176, 235, 292

Jon 1 68

Autorenregister

Stichwortregister